***ACCESO GRATIS** a la Lectura en la Nube*

Para visualizar el libro electrónico en la nube de lectura envíe junto a su nombre y apellidos una fotografía del código de barras situado en la contraportada del libro y otra del ticket de compra a la dirección:

ebooktirant@tirant.com

En un máximo de 72 horas laborables le enviaremos el código de acceso con sus instrucciones.

CONVENIO 190 DE LA OIT SOBRE VIOLENCIA Y ACOSO

NORMAS DE LA COLECCIÓN:

Admisión de originales:

Los originales serán evaluados por el Consejo científico y sometidos a informe externo por expertos anónimos. Cualquiera de los evaluadores puede hacer observaciones o sugerencias a los autores, siempre y cuando el trabajo haya sido aceptado. Se comunicarán a los autores, en su caso, concediéndoles un período de tiempo suficiente para introducir las modificaciones oportunas.

CONVENIO 190 DE LA OIT SOBRE VIOLENCIA Y ACOSO

Directores:

Juan Antonio Altés Tárrega

Sergio Yagüe Blanco

tirant lo blanch

Valencia, 2024

En caso de erratas y actualizaciones, la Editorial Tirant lo Blanch publicará la pertinente corrección en la página web www.tirant.com.

Esta obra colectiva está realizada en el marco del Proyecto I+D de Generación del *Conocimiento sobre Violencia, Trabajo y Género (VITRAGE), Ref. PGC2018-094912-B-I00, del Programa Estatal de Generación de Conocimiento y fortalecimiento científico y tecnológico del sistema de I+D+i del Ministerio de Ciencia, Innovación e Universidades* y ha sido cofinanciada por la *Conselleria de Innovació, Universitats, Ciència y Societat Digital de la Generalitat Valenciana,* a través de las subvenciones concedidas para la *Organización y difusión de congresos, jornadas y reuniones científicas, tecnológicas, humanísticas o artísticas de carácter internacional (AORG) del Programa para la promoción de la investigación científica, el desarrollo tecnológico y la innovación en la Comunitat Valenciana* en su convocatoria de 2022.

Todas las contribuciones autoriales están realizadas bien en el marco del Proyecto de I+D+i antes citado o bien son fruto de la participación en el Congreso Internacional "Convenio 190 de la OIT: consecuencias de su ratificación en el ordenamiento laboral español", tras la realización de un proceso de evaluación y selección posterior al que tuvo lugar para la participación en dicho evento científico.

EDITA: TIRANT LO BLANCH
C/ Artes Gráficas, 14 - 46010 - Valencia
TELFS.: 96/361 00 48 - 50
FAX: 96/369 41 51
Email: tlb@tirant.com
www.tirant.com
Librería virtual: www.tirant.es
DEPÓSITO LEGAL: V-1272-2024
ISBN: 978-84-1056-284-4
MAQUETA: Tink Factoría de Color

Si tiene alguna queja o sugerencia, envíenos un mail a: *atencioncliente@tirant.com.* En caso de no ser atendida su sugerencia, por favor, lea en *www.tirant.net/ index.php/empresa/politicas-de-empresa* nuestro procedimiento de quejas.

Responsabilidad Social Corporativa: http://www.tirant.net/Docs/RSCTirant.pdf

Autores

Juan Antonio Altés Tárrega
María José Aradilla Marqués
Gabriella de Chiara
Talita Corrêa Gomes Cardim
Pilar Fernández Artiach
Celia Fernández Prats
Fernando Fita Ortega
Mileidy García Plá
Elena García Testal
José María Goerlich Peset
Adoración Guamán Hernández
María Teresa Igartua Miró
Eider Larrazabal Astigarraga
Miren Edurne López Rubia
Alex Minculeasa Copcea
Belén Morant Torán
Thereza Christina Nahas
Cayetano Núñez González
Rodrigo Palomo Vélez
María Pons Carmena
Óscar Requena Montes
José Miguel Sánchez Ocaña
Luiz Antonio da Silva Bittencourt
Nancy Sirvent Hernández
Sergio Yagüe Blanco

Índice

Parte I
CONTROL DE CONVENCIONALIDAD

Capítulo 1
APLICACIÓN JUDICIAL DE LOS TRATADOS INTERNACIONALES. ASPECTOS CRÍTICOS

José María Goerlich Peset

Parte II
ÁMBITO DE APLICACIÓN DEL CONVENIO 190 OIT: LOS CONCEPTOS DE «VIOLENCIA Y ACOSO» Y «VIOLENCIA Y ACOSO POR RAZÓN DE GÉNERO»

Capítulo 2
LAS DIMENSIONES DE LA NOCIÓN DE «VIOLENCIA Y ACOSO» EN EL TRABAJO DEL CONVENIO 190 DE LA OIT

Sergio Yagüe Blanco

Capítulo 3

VIOLENCIA Y ACOSO EN EL TRABAJO A LA LUZ DEL CONVENIO OIT 190 Y DE LAS NUEVAS NORMAS ESPAÑOLAS DE 2022 Y 2023 (LEY 15/2022, LO 10/2022 Y LEY 4/2023)

María Pons Carmena

Capítulo 4

NOVEDADES LEGISLATIVAS EN LA PROTECCIÓN LABORAL DE LAS MUJERES FRENTE A LA VIOLENCIA

Elena García Testal

Capítulo 5

EL CONCEPTO DE VIOLENCIA DE GÉNERO EN EL DERECHO ESPAÑOL: IMPLICACIONES DE LOS NUEVOS ESTÁNDARES INTERNACIONALES Y DEL CONVENIO 190 OIT EN EL ALCANCE DE SU PROTECCIÓN EN EL ÁMBITO DEL TRABAJO

BELÉN MORANT TORÁN

Parte III
COLECTIVOS VULNERABLES

Capítulo 6

EL CONVENIO 190 DE LA OIT Y LA VIOLENCIA CONTRA LAS PERSONAS TRANS

ÓSCAR REQUENA MONTES

Capítulo 7

EL TRABAJO SEXUAL A LA LUZ DEL CONVENIO 190 DE LA OIT

FERNANDO FITA ORTEGA

Capítulo 8

LA LUCHA CONTRA LA VIOLENCIA Y EL ACOSO LABORAL POR MOTIVOS SEXOGENÉRICOS EN SITUACIONES DE DESCENTRALIZACIÓN PRODUCTIVA

Adoración Guamán Hernández

Capítulo 9

IMPACTO DE LA NORMATIVA DE LA OIT EN LA PROTECCIÓN DE LAS EMPLEADAS DE HOGAR FRENTE A LAS VIOLENCIAS SEXUALES

Alex Minculeasa Copcea

Capítulo 10

LA NECESARIA REFORMA DE LA LEY DE VOLUNTARIADO A RAÍZ DE LA RATIFICACIÓN POR ESPAÑA DEL CONVENIO 190 DE LA ORGANIZACIÓN INTERNACIONAL DEL TRABAJO

NANCY SIRVENT HERNÁNDEZ

Parte IV

LA PREVENCIÓN DE RIESGOS LABORALES EN EL CONVENIO 190 DE LA OIT

Capítulo 11

ALCANCE Y APLICACIÓN DEL CONVENIO 190 DE LA OIT Y PREVENCIÓN DE RIESGOS LABORALES

CAYETANO NÚÑEZ GONZÁLEZ

Capítulo 12

MEDIDAS PREVENTIVAS FRENTE A LA VIOLENCIA Y EL ACOSO: CONVENIO 190 OIT, REGULACIÓN INTERNA Y APLICACIÓN PRÁCTICA

María Teresa Igartua Miró

Capítulo 13

PREVENCIÓN DE RIESGOS, VIOLENCIA Y ACOSO EN EL TRABAJO DOMÉSTICO, A LA LUZ DE LOS CONVENIOS 189 Y 190 DE LA OIT

Pilar Fernández Artiach
Elena García Testal

Capítulo 16

LOS PROTOCOLOS DE ACOSO SEXUAL Y ACOSO POR RAZÓN DE SEXO TRAS LAS NOVEDADES NORMATIVAS DE 2022

Miren Edurne López Rubia

Capítulo 17

LA CONTRATACIÓN PÚBLICA ESTRATÉGICA COMO FORMA DE TUTELA ADMINISTRATIVA ANTE LA VIOLENCIA EN EL TRABAJO

José Miguel Sánchez Ocaña

Capítulo 18

LOS PLANES DE IGUALDAD Y LOS PROTOCOLOS CONTRA EL ACOSO SEXUAL EN LA CONTRATACIÓN PÚBLICA

EIDER LARRAZABAL ASTIGARRAGA

Capítulo 19

SEGURIDAD SOCIAL, VIOLENCIA Y ACOSO

CELIA FERNÁNDEZ PRATS

Capítulo 20

LA VIOLENCIA EN EL CONCEPTO DE ACCIDENTE DE TRABAJO

María José Aradilla Marqués

Parte VI
LA VIOLENCIA Y EL ACOSO LABORAL EN EL DERECHO COMPARADO

Capítulo 21

EL CONVENIO N.º 190 DE LA OIT Y LA PROTECCIÓN DE LA TRABAJADORA VÍCTIMA DE VIOLENCIA DE GÉNERO. ANÁLISIS COMPARATIVO DE LOS INSTRUMENTOS JURÍDICOS ADOPTADOS EN ITALIA Y ESPAÑA

Ph. D. Gabriella de Chiara

Capítulo 22

VIOLENCIA Y ACOSO LABORAL EN CHILE. HACIA LA RATIFICACIÓN DEL CONVENIO 190 DE LA OIT

Rodrigo Palomo Vélez

Capítulo 23

LA APLICACIÓN DEL CONVENIO 190 OIT EN BRASIL

Thereza Christina Nahas

Capítulo 24

EL CONVENIO 190 DE LA OIT Y LA (IM) POSIBILIDAD DE SU RATIFICACIÓN EN BRASIL EN SU CONTEXTO REGLAMENTARIO ACTUAL

LUIZ ANTONIO DA SILVA BITTENCOURT

Capítulo 25

EL CIBERACOSO LABORAL A LA LUZ DEL CONVENIO 190 DE LA OIT. TUTELA LEGAL EN CUBA

MILEIDY GARCÍA PLÁ

PARTE I
CONTROL DE CONVENCIONALIDAD

Capítulo 1

Aplicación judicial de los tratados internacionales. Aspectos críticos

JOSÉ MARÍA GOERLICH PESET
Catedrático de Derecho del Trabajo y de la Seguridad Social
Universitat de València
Jose.M.Goerlich@uv.es

1. INTRODUCCIÓN

Cuando recibí la amable invitación para cerrar este evento, me pareció que podía ser adecuado que mi aportación consistiera en una reflexión de alcance general sobre las cuestiones que plantea la aplicación judicial interna de los tratados internacionales. No estoy pensando, por supuesto, en analizar los retos que el *Convenio 190 de la OIT, sobre la violencia y el acoso*, pueda plantear en el ordenamiento español. Este era precisamente el objeto de las jornadas que se me ofreció clausurar, cuyas ponencias y comunicaciones se incorporan en este volumen. Mi objetivo es más bien ofrecer una visión amplia de una cuestión que en los últimos tiempos ha pasado a primer plano del debate jurídico laboral.

La reciente ratificación de la versión revisada de la *Carta Social Europea* —en adelante, CSE(r)— (BOE de 11 de junio de 2021), en efecto, ha hecho que el llamado control de convencionalidad se haya puesto de moda. Ello es, en parte, consecuencia de las quejas presentadas, primero por UGT y luego por CCOO, ante el Comité Europeo de Derechos Sociales —en adelante CEDS— al amparo del Protocolo Adicional a la CSE(r) en el que se establece un sistema de reclamaciones colectivas. Sin embargo, el tema que se plantea en ellas, la adecuación de los criterios legales en materia de indemnización por despido injusto a los estándares internacionales, ha venido planteándose con anterioridad, y de forma reiterada, en pronunciamientos de instancia y de suplicación. Hasta tal punto es así que no es fácil ofrecer ahora un panorama de las diferentes aproximaciones judiciales (vale como muestra de él, Beltrán de Heredia Ruiz, 2023, p. 44 ss.); ni siquiera de los planteamientos doctrinales al respecto puesto que el debate en curso es de fuerte intensidad (para una síntesis, Goerlich Peset, 2023).

Por otra parte, no es esta la única cuestión que ha merecido la atención del iuslaboralismo. No en vano, el Tribunal Supremo ha afrontado en varias ocasiones durante el último año problemas relacionados con el control de convencionalidad: primero, la posible exigencia de preaviso extintivo en el desaparecido contrato de emprendedores (SSTS 268/2022, 28 marzo, y 421/2022, 11 mayo); después, la adecuación al derecho internacional del igualmente desaparecido despido por absentismo (SSTS 270/2022, 29 marzo, 888/2022, 2 noviembre, y 489/2023, 6 julio); y, finalmente, aunque de forma incidental, la valoración de los despidos durante la pandemia y su calificación como improcedentes o nulos (STS 841/2022, 19 octubre). Con ello, por lo demás, no se agotan las cuestiones abiertas. Más recientemente, hemos tenido noticia de la reapertura en el ámbito de la suplicación del debate sobre la necesidad o no de ofrecer la posibilidad de defenderse de los cargos formulados en contra previamente a la adopción de la decisión del despido (art. 7 convenio 158 OIT; STSJ Baleares 68/2023, 13 febrero) o la de la posible revisión de la bien consolidada doctrina de TJUE y TS en relación con el tratamiento de las guardias localizadas a la luz de la Carta Social (Vila Tierno, 2023).

Por supuesto, el Convenio 190 OIT no parece llamado a plantear grandes problemas desde esta perspectiva. Se ha señalado que la mayor parte de sus preceptos requieren actuaciones normativas específicas en el ámbito interno. Únicamente los tres primeros artículos (prácticas prohibidas y ámbitos subjetivo y objetivo de la protección) parecen reunir las condiciones necesarias para tener el carácter *self executing* que requiere la aplicación directa (Sanguineti Raymond, 2022). Cabe pensar, pues, que su puesta en práctica no incrementará el número de cuestiones controvertidas, sin perjuicio de que pudiera ser interesante reorganizar el tratamiento normativo actualmente disperso (Moreno Márquez, 2023). Con todo, su ratificación ofrece la oportunidad para volver a reflexionar sobre todas ellas y, más en general, sobre el llamado control de convencionalidad.

Tuve la oportunidad de hacerlo en un artículo publicado a principios de 2021 (Goerlich Peset, 2021) en el que suscitaba algunas objeciones frente a los fenómenos de aplicación directa de determinadas normas internacionales que observaba a mi alrededor. He visto también, que, en la literatura posterior, mi aproximación ha sido objeto de críticas: se ha considerado *desconcertante* mi preocupación por la seguridad jurídica que deriva del control difuso de convencionalidad, cuando "la inestabilidad jurídica la causan las instancias legislativas que adoptan normas contrarias a los compromisos adquiridos y no las jurisdiccionales que precisamente, gracias al control de convencionalidad, preservan el Estado de derecho" (Salcedo Beltrán, 2021, p. 77); o se ha afirmado que mi preocupación por la diferente legitimidad democrática de legislador y jueces y tribunales no resistiría "la menor crítica"; y ello, "paradójicamente", no haría "sino reforzar y consolidar la teoría del control de convencionalidad" (Jimena Quesada, 2022, p. 89). Tras su lectura, me queda la impresión de que estas objeciones no dan cuenta completa de las ideas que intentaba sostener entonces. Mi intención no era, desde luego, cuestionar en su conjunto el control de convencionalidad. A través de un esquema argumental más amplio, pretendía únicamente mostrar los excesos en los que podía haber incurrido el análisis teórico y la aplicación práctica por parte de los jueces y tribunales del orden social. Seguramente me expliqué mal y, por tanto, no puedo sino agradecer a la organización de este evento que me permita cerrarlo y, sobre todo, que me dé la oportunidad de volver a ordenar mis ideas e intentar explicarme.

El esquema de mi intervención es muy simple. Partiré de una reflexión general sobre la relevancia del Derecho internacional del trabajo (2), para considerar después los problemas que plantea su aplicación en el derecho interno, tanto desde la perspectiva material como desde la perspectiva formal. En este último terreno analizo el lugar de las normas internacionales en el ordenamiento interno, así como las competencias que corresponden a los jueces en su aplicación (3); en aquel, que desde mi punto de vista constituye el problema nuclear, las cuestiones que suscita la determinación de la propia norma internacional (4). Por último, haré unas reflexiones conclusivas sobre el tema, en un intento de aclarar mi posición al respecto (5).

2. LA RELEVANCIA DE LAS NORMAS INTERNACIONALES DEL TRABAJO

Por supuesto, hay que partir de la enorme importancia que tienen las normas internacionales del trabajo. Tradicionalmente, se ha asociado a los problemas que la desigualdad genera sobre las relaciones internacionales, siendo esta una idea que se encuentra presente en los textos fundacionales de la OIT así como en los tratamientos teóricos sobre el Derecho Internacional del Trabajo. Si ya en 1919 el preámbulo de la Constitución de la OIT partía de que la existencia de "condiciones de trabajo que entrañan tal grado de injusticia, miseria y privaciones para gran número de seres humanos, que el descontento causado constituye una amenaza para la paz y armonía universales", la Declaración de Filadelfia (1944), integrada como anexo en aquella, aludía, entre los principios fundamentales de la Organización que se reafirmaban, a que "la pobreza, en cualquier lugar, constituye un peligro para la prosperidad de todos" de modo que "la lucha contra la necesidad debe proseguirse con incesante energía dentro de cada nación y mediante un esfuerzo internacional continuo y concertado". Desde la perspectiva teórica, los estudios clásicos han insistido, entre otras, en esta función de las normas internacionales del trabajo (Valticos, 1977, p. 119 ss.). Y los análisis más recientes la reiteran puesto que es particularmente evidente la necesidad de acción internacional, aunque se base en principios formales diferentes, en un contexto de creciente globalización, que además discurre a velocidades diferentes en la faceta financiera y económica y en la social (Maupain, 2012).

La aproximación laboralista tradicional a la relevancia de las normas internacionales ha de ser, además, completada desde una perspectiva más general, que pone a esta en relación con la protección de la dignidad humana y la necesaria expansión de las diferentes formas de tutela de los derechos humanos. Desde este punto de vista más amplio, la cuestión que nos ocupa se inserta en el marco del llamado sistema multinivel de protección de los derechos humanos, que incluye también los derechos sociales, y cuyos adecuados funcionamiento y efectividad imponen que las normas internacionales que los reconocen y garantizan tengan virtualidad suficiente como para cubrir los fallos que en este terreno pudieran detectarse en el derecho interno. En este sentido, el concepto que será reiteradamente aludido en las consideraciones que siguen, el de control de convencionalidad, se origina en, y guarda una clara relación, con la efectividad de este sistema multinivel (por todos, Perotti Pinciroli, 2021, p. 7 ss.).

Desde cualquiera de las dos perspectivas, la posibilidad de que las normas internacionales se proyecten en el interior de los Estados obligados por ellas es, pues, algo necesario, incluso en los países con los sistemas jurídicos más avanzados. Sin embargo, la inserción de las normas internacionales en el derecho interno no deja de plantear problemas que, en su mayor parte se relacionan con el hecho de que los principios y conceptos básicos sobre los que descansa el funcionamiento del ordenamiento jurídico se han reconstruido en torno a las normas de derecho interno. De este modo, la inserción de aquellas que se generan más allá de nuestras fronteras no deja de abrir problemas de ajuste. Estos problemas se mueven, en mi opinión, en dos planos diferentes. De un lado, desde una perspectiva material, se relacionan con las dificultades para la identificación de la norma y de su alcance, en el sentido que tradicionalmente hemos asignado a estas expresiones; de otro, y ahora desde una perspectiva formal, no dejan de ser problemáticos los mecanismos mediante los que la norma internacional penetra en el ordenamiento interno y se interrelaciona con las existentes en él.

Creo que el debate que se está produciendo en los últimos tiempos en relación con la aplicación de las normas internacionales en España, se ha centrado en este último aspecto, dando por supuesto que el primero es sencillo. A mi juicio, sin embargo, se habría de plantear justo al revés: aunque no dejan de presentar aspectos problemáticos, los aspectos formales, esto es la manera en que las normas internacionales se incorporan al ordenamiento en una posición de supremacía, están a estas alturas bastante claros. Lo más complejo es la precisa identificación del alcance de aquellas. Por eso a continuación los expondré en orden inverso al que indica la lógica dogmática.

3. EL CONTROL DE CONVENCIONALIDAD

Comenzar por la perspectiva formal nos lleva directamente al llamado control de convencionalidad. Aunque se trata de una noción importada en fecha relativamente reciente de la experiencia interamericana en materia de garantía internacional de derechos humanos, lo cierto es que la realidad que se designa con ella hace referencia a problemas conocidos desde antiguo y estudiados tradicionalmente en la teoría general de las fuentes del derecho. En efecto, detrás de la noción se esconden dos cuestiones: de un lado, la determinación de la ubicación que corresponde a las normas contenidas en convenios y tratados internacionales en el sistema de fuentes; de otro, la competencia para resolver los conflictos que puedan aparecer en el interior del indicado sistema. Cualquiera de ambos se encuentra suficientemente cerrado en la actualidad. El primero, claramente desde hace más tiempo; el segundo, por acción de la jurisprudencia constitucional, en fecha relativamente reciente.

Por lo que se refiere, en primer lugar, a la ubicación de las normas internacionales en el sistema de fuentes contamos con dos normas clave. La más antigua (1974) es el art. 1.5 CC; la más reciente (1978), el art. 96 CE. La combinación de ambos preceptos permite alcanzar fácilmente dos conclusiones. La primera es que las normas internacionales forman parte del ordenamiento interno, una vez han sido objeto de ratificación y publicación. Y la segunda es que ocupan un lugar privilegiado en el sistema de fuentes, encontrándose en su cúspide. Por un lado, la idea de que "las normas jurídicas contenidas en los tratados internacionales no serán de aplicación directa en España en tanto no hayan pasado a formar parte del ordenamiento interno mediante su publicación íntegra en el *Boletín Oficial del Estado*" (art. 1.5 CC) viene reiterada en nuestra Constitución cuando afirma que "los tratados internacionales válidamente celebrados, una vez publicados oficialmente en España, formarán parte del ordenamiento interno" (art. 96.1). Por otro, y por lo que se refiere al lugar privilegiado que ocupan en el sistema de fuentes, viene claramente establecido en el segundo inciso de este último precepto que afirma que las disposiciones de estos tratados "sólo podrán ser derogadas, modificadas o suspendidas en la forma prevista en los propios tratados o de acuerdo con las normas generales del Derecho internacional", lo que impide que, una vez incorporadas al ordenamiento interno, puedan quedar afectados por las normas de éste. Únicamente, la propia Constitución prevalece sobre ellas puesto que no se admite la celebración de tratados que contengan "estipulaciones contrarias" a ella (art. 95.1 CE; cfr. art. 78 LOTC). Estas conclusiones vienen claramente avaladas por las reglas que la *Ley 25/2014, de 27 de noviembre, de Tratados y otros Acuerdos Internacionales*, dedica a esta cuestión: la incorporación de las normas internacionales ratificadas al ordenamiento interno tras su publicación se recoge en su art. 28.2; su prevalencia "sobre cualquier otra norma del ordenamiento interno en caso de conflicto con ellas, salvo las normas de rango constitucional", en el art. 31.

El problema principal desde esta perspectiva formal se encuentra en el segundo aspecto: la determinación de cómo se hace efectiva esta preeminencia de las normas internacionales. Obsérvese que el hecho de que se proyecte sobre "cualquier otra norma del ordenamiento interno" implica poner en cuestión el principio de legalidad y el llamado "monopolio del rechazo" de las normas con rango de ley, que, en modelos como el nuestro, parece corresponder a la jurisdicción constitucional. Los jueces y tribunales, en este sentido, quedan "sometidos únicamente a la Constitución y al imperio de la Ley" (art. 1 LOPJ) lo que dificulta aceptar que puedan evitar la aplicación de una ley por su contradicción con una norma superior. De hecho, el art. 5.2 LOPJ les obliga, en caso de que este conflicto se plantee con la Constitución, a suscitarlo ante el Tribunal Constitucional planteando la correspondiente cuestión de inconstitucionalidad. No es de extrañar, por ello, que históricamente se haya pensado que el control de convencionalidad se habría de resolver a través una suerte de control mediato de constitucionalidad por vulneración del art. 96 CE (Galiana Moreno, 1980). De hecho, esto es lo que ocurre en otros países de nuestro entorno como Italia (Díez-Picazo Giménez, 2023, p. 97 ss.; Perotti Pinciroli, 2021, p. 6).

Sin embargo, todo apunta en un sentido diferente. Varias disposiciones de la citada Ley 25/2014 se mueven en la línea de entender que cabe una aplicación de los tratados por los jueces y tribunales que desplace a cualquier norma interna, excepto las constitucionales. La previsión de sus efectos "desde la fecha que el tratado determine o, en su defecto, a partir de la fecha de su entrada en vigor" (art. 28.2), la obligación de "observancia" que se impone al conjunto de los poderes públicos (art. 29), la previsión de su "aplicación directa" (art. 30.1) y el taxativo "prevalecerán" que emplea el ya citado art. 31 son claros indicios de ello. De hecho, la jurisprudencia constitucional ha ido evolucionando claramente en esta línea. Destaca en este sentido la STC 140/2018, de 20 de diciembre. La argumentación de los recurrentes ante el Tribunal Constitucional se basaba en que una determinada reforma de la LOPJ contradecía las previsiones de determinados tratados suscritos por España y, por tanto, vulneraba el art. 96 CE. Sin embargo, con extensa cita de precedentes anteriores, el TC descarta que el control de convencionalidad forme parte de sus competencias exclusivas. Sobre la base de la literalidad del precepto, entiende que "la constatación de un eventual desajuste entre un convenio internacional y una norma interna con rango de ley no supone un juicio sobre la validez de la norma interna, sino sobre su mera aplicabilidad". De este modo, el "control de convencionalidad en el sistema español en una mera regla de selección de derecho aplicable, que corresponde realizar, en cada caso concreto, a los jueces y magistrados de la jurisdicción ordinaria". Así pues, "queda, en principio, extramuros de las competencias del Tribunal Constitucional", con la salvedad de las aplicaciones manifiestamente irrazonables que pudieran entrar en colisión con el derecho fundamental a la tutela judicial efectiva (art. 24 CE). Por lo demás, esta reconstrucción del control de convencionalidad difuso, no concentrado, esto es, en un determinado órgano, el Tribunal Constitucional, sino atribuido a todos los que componen la jurisdicción ordinaria, ha sido reiterada en posteriores pronunciamientos (por ejemplo, SSTC 120/2021, de 31 de mayo, y 156/2021, de 16 de septiembre), alguno de los cuales referido específicamente a la materia laboral, y precisamente a uno de los casos de cuestionamiento de la normativa interna a la luz de los estándares internacionales (STC 118/2019, de 16 de octubre, en relación con el despido objetivo por absentismo).

De este modo, es claro que nuestro ordenamiento consagra un control de convencionalidad difuso. No se concentra en un determinado órgano, el Tribunal Constitucional, sino que se atribuye a los que componen la jurisdicción ordinaria. A la postre, se supera la visión tradicional, basada en "el imperio de la ley" al que se refiere el art. 1 LOPJ, y con ello se atribuye a jueces y tribunales el formidable poder de imponer su criterio sobre la voluntad expresada por el legislador.

4. LA IDENTIFICACIÓN DE LA NORMA INTERNACIONAL

Nada que objetar a esta aproximación a la cuestión que nos ocupa. La prevalencia del derecho internacional implica, desde luego, la garantía de los valores que encarna más allá de las veleidades que pueda protagonizar el legislador interno; y, por tanto, es imposible ponerla en cuestión. Sin embargo, como ya he indicado, desde mi punto de vista el problema no se encuentra tanto en afirmarla sino más bien en otro plano diferente, de carácter sustantivo, relacionado con la propia identificación de las normas internacionales que han de ser objeto de directa y prevalente aplicación por jueces y tribunales. En este sentido, quisiera llamar la atención sobre las diferentes aproximaciones que hacen las normas internas que estamos considerando. A veces se utiliza de forma genérica la expresión "tratados internacionales" como sujeto de los predicados relacionados con la eficacia de las normas internacionales. Así ocurre en el primer inciso del art. 96.1 CE. Sin embargo, en otros casos, se utiliza una redacción que permite diversificar el contenido de los tratados. Es el caso del art. 1.5 CC que se refiere a las "normas jurídicas contenidas en los Tratados"; y la misma expresión se utiliza en el art. 31 Ley 25/2014, precisamente cuando se regula el aspecto clave de la "prevalencia de los tratados".

Esta última forma de referirse a las normas internacionales da entrada a una segunda reflexión que gira en torno a las especialidades que presentan en relación con las que podemos denominar «normales», esto es las internas. No se trata tanto de afirmar que no todos los contenidos de una determinada fuente formal del derecho tienen carácter de regla jurídica, puesto que esto también ocurre con los documentos normativos que se generan en el ordenamiento interno. Más bien me sirve como pretexto para recordar algunos conceptos clave del Derecho Internacional Público que no deben perderse de vista a la hora de aplicar las normas que lo integran y, en concreto, los tratados y convenios internacionales que son su fuente escrita por excelencia. En este sentido, creo que resulta esencial recordar que este particular sistema jurídico viene integrado por normas que regulan las relaciones entre estados soberanos, que, en atención a ello, se encuentran en posición de igualdad. Esta idea tiene dos consecuencias que no podemos perder de vista.

La primera se refiere a la génesis de las normas contenidas en los tratados que se basa en un principio de consenso. Ello tiene como consecuencia que, en muchas ocasiones, contengan principios genéricos: se trata de normas que utilizan conceptos muy abiertos. Es posible que esto suceda en tratados bilaterales; pero es seguro que acontecerá en los convenios de carácter multilateral. Aunque formalmente todos los Estados que los aceptan ocupan la misma posición, lo cierto es que integran sociedades profundamente diversas en aspectos económicos, culturales, etc. De este modo, los enunciados normativos que aceptan por consenso solo pueden consistir en principios genéricos que abren espacios de libertad para la posterior concreción interna. En cuanto a la segunda, se relaciona con los destinatarios de las normas internacionales. En este sentido, es un lugar común entre los estudiosos del derecho internacional que los protagonistas del Derecho Internacional son, fundamentalmente, Estados y Organizaciones Internacionales. Solo excepcionalmente se incluyen entre ellos a los sujetos privados. La personalidad jurídica internacional está limitada a aquellos, a los que se añade una serie de supuestos controvertidos. Pero los individuos quedan tradicionalmente al margen de los derechos y obligaciones, que solo se refieren a los sujetos. Es verdad que hace tiempo que, en el marco de las organizaciones internacionales, se ha ido abriendo la idea de que puedan existir organismos especializados en la aplicación, a los que los individuos pueden recurrir (Juste Ruiz. José et al., 2018, p. 125 ss.; Pastor Ridruejo, 2021, p. 195 ss.); e incluso que, en algunos casos, estas posibilidades llegan bastante lejos. “Las cotas más avanzadas” se han logrado en algunas instituciones regionales: aparte las peculiaridades que se advierten en el ámbito de la supracionalidad creada en la Unión Europea, cabe traer a colación el ámbito de la protección internacional de los derechos humanos mediante instancias jurisdiccionales internacionales, Tribunal Europeo o Corte Interamericana de Derechos Humanos (Juste Ruiz et al., 2018, p. 149). Pero no todos estos organismos tienen las mismas facultades (Pastor Ridruejo, 2021, p. 197). Veamos con algo más de detalle estas dos ideas.

4.1. El requisito de la autoejecutividad

El primero de estos dos aspectos nos conduce al problema tradicional de diferenciar las normas internacionales en función de que sean autoejecutivas o no. La cuestión del carácter *self-executing* es, desde luego, un clásico en el ámbito de la aplicación de las normas del derecho internacional puesto que solo las que disponen de él tienen entidad suficiente para prevalecer sobre las normas internas. Por el contrario, de no ser autosuficientes, no pueden desplazarlas toda vez que requieren integración de sus contenidos mediante posteriores desarrollos en el ordenamiento interno del Estado obligado. Se trata de una idea tradicionalmente afirmada por doctrina y jurisprudencia y que, en la actualidad, está expresamente recogida en el art. 30.1 Ley 25/2014, al que luego me referiré.

La doctrina ha insistido, en efecto, en que la aplicación directa de las normas internacionales "depende, en primer término, de la precisión e incondicionalidad de su formulación", de modo que "el órgano de aplicación debe contar con una disposición susceptible de ser aplicada en sí misma" (Remiro Brotons et al., 2010, p. 353). Y se trata de una idea recogida por la jurisprudencia. Como señala la STS cont. 19 marzo 1998, rec. 3048/1992, la interpretación tradicional había excluido la aplicación directa de las normas contenidas en los tratados: "la antigua doctrina dominante entre los internacionalistas clásicos… (sostenía) el criterio de que los Tratados y Convenios Internacionales no eran en sí mismo fuente creadora de nuestro Derecho interno, sino una regla vinculante entre los Estados signatarios, que para dotarla de fuerza de obligar respecto de sus ciudadanos necesitaba un acto jurídico interno adecuado". Pero frente a ello, "la más reciente jurisprudencia..., la práctica, en función de las relaciones internacionales y la consagración plena de las organizaciones supranacionales, ha llevado al reconocimiento de los Tratados y su aplicación entre los Estados signatarios como Derecho interno, cumplidas las formalidades previstas para formar parte de nuestro Derecho jurídico interno, sin necesidad de que se produzca ninguna otra disposición confirmadora de lo que ya pasó a ser Derecho interno". Sin embargo, esta aplicación directa "viene condicionada por el carácter *self-executing* de sus disposiciones, es decir, que su relación sea lo suficientemente precisa para consentir esa aplicación directa sin necesidad de un ulterior desarrollo legal y reglamentario que represente la voluntad de los Estados contratantes".

Esta aproximación no parece haber variado tras la aprobación de la Ley 25/2014. Es cierto que su art. 30.1, al afirmar que "los tratados internacionales serán de aplicación directa, a menos que de su texto se desprenda que dicha aplicación queda condicionada a la aprobación de las leyes o disposiciones reglamentarias pertinentes" parece partir de que la regla general es la directa aplicación de los Tratados, de modo que se presumiría su carácter *self-executing;* es más, en una aproximación maximalista aquella solo vendría impedida si la literalidad del tratado la condicionara de forma expresa ("de su texto se desprenda") a las posteriores decisiones normativas internas. La doctrina internacionalista, sin embargo, viene entendiendo que el art. 30.1 Ley 25/2014 no establece una presunción de este tipo, sino que se limita a recoger los criterios interpretativos elaborados por la jurisprudencia. En realidad, afirma Díez-Hochleitner (2018, p. 1398), "el precepto se limita a establecer que los tratados que no requieren de normas nacionales de desarrollo para su aplicación gozan de aplicabilidad directa, circunstancia que debe deducirse del tratado". Por supuesto, si se establece un condicionante expreso respecto al posterior desarrollo interno, la norma internacional no tendrá tal eficacia. Pero cuando esto no ocurre —lo que ocurre habitualmente— habrá que analizar el texto para determinar si, en atención a sus características formales, puede o no considerarse autoejecutivo en el sentido tradicionalmente exigido por la jurisprudencia (Díez-Hochleitner, 2018, p. 1399).

Con independencia, pues, de la primacía formal del derecho internacional, hay que partir de que no todo el contenido de los tratados internacionales integra verdaderas normas que puedan ser directamente aplicables en el ámbito interno. Únicamente adquiere tal condición aquella parte a la que pueda asignarse este carácter autoejecutivo. Ello obliga a realizar un análisis casuístico de cada texto, como viene haciendo la jurisprudencia. En esta línea, por ejemplo, se han considerado directamente aplicables los arts. 27.1 y 70.2 del Acuerdo sobre los aspectos de los derechos de propiedad intelectual relacionados con el comercio, anexo 1C de los Acuerdos de comercio alcanzados en Marrakech el 15 de abril de 1994 (BOE de 24 de enero de 1995). Esta vez es la sala de lo civil del TS, en su sentencia 309/2011, 10 mayo, la que vuelve a recordar que las normas internacionales forman parte del ordenamiento interno una vez se publican "con valor superior incluso a las normas de legalidad ordinaria, por aplicación de los artículos 96.1 CE y 1.5 CC". Y este se hace efectivo cuando, como en el caso que se enjuicia, los preceptos contenidos en el tratado "son normas claras, precisas e incondicionales, que no precisan de mecanismo complementario, como desarrollo legal o reglamentario, y que tienen carácter sustantivo civil generando derechos y obligaciones para los particulares (en cuanto que las patentes constituyen derechos de carácter patrimonial)". En estos casos, "nos hallamos ante normas del ordenamiento jurídico interno, auto-ejecutivas (*self-executing*) y de aplicación directa por los órganos jurisdiccionales". Con anterioridad, la propia sala de lo civil había reconocido, en relación ahora con la protección de las marcas, que el art. 6 bis del convenio de la Unión de París tiene eficacia directa por ser autoejecutivo en la medida en que "describe un supuesto de hecho y vincula al mismo unas consecuencias jurídicas de una manera suficientemente precisa como para hacer innecesaria la posterior intervención del legislador interno" (sent. 105/2009, 26 febrero).

Por su parte, una serie de sentencias más recientes, dictadas en relación con la adecuación de nuestras normas sobre enseñanza de la religión católica a las previsiones de los Acuerdos con la Santa Sede, diferencian en su contenido algunas normas que pueden tener este carácter de otras al que difícilmente se le puede reconocer. En palabras del pronunciamiento que encabeza la saga (STS cont. 1189/2018, 11 julio), algunas de las incluidas en el *Acuerdo sobre Ense-*

ñanza y Asuntos Culturales (BOE 15 diciembre 1979) "podrían recibir una aplicación interna por sí mismas —por ser normas completas, que se autoejecutan o *selfexecuting*— como son las del apartado segundo del artículo II que disponen que "por respeto a la libertad de conciencia, dicha enseñanza" [la de la religión católica] "no tendrá carácter obligatorio para los alumnos"". Pero otras no lo son al requerir posterior concreción en el derecho interno. En este sentido, "las referencias que se contienen en el apartado primero del artículo II a conceptos como planes o niveles educativos, o disciplinas fundamentales, no resultan aplicables en forma automática, o por sí mismas, en nuestro ordenamiento —es decir, son *not self executing*— porque sin la normativa interna dictada por el Estado para el cumplimiento del Acuerdo carecen de la concreción necesaria para su aplicación en la esfera interna". De este modo, el Acuerdo ofrece que han de ser concretados en ella.

Son estas las ideas, por lo demás, que subyacen en los más recientes pronunciamientos de la sala de lo social del TS en relación con la aplicación del control de convencionalidad a los que he hecho referencia al inicio de estas consideraciones. Por más que las diferentes soluciones alcanzadas en relación con los dos conflictos interpretativos resueltos han llevado a algunos comentaristas a afirmar la existencia de dos sensibilidades diferentes en relación con la aplicación de las normas internacionales (Molina Navarrete, 2022, p. 248 y 249), en mi opinión responden a la misma filosofía. Aunque la STS 268/2022, 28 marzo, ha procedido a aplicar directamente el art. 4.4 CSE entendiendo que el desistimiento del desaparecido contrato de emprendedores había de ir necesariamente precedido por el preaviso al que aquel alude, lo cierto es que lo hace sobre la base de un enjuiciamiento del carácter autoejecutivo de esta regla (conforme, Nogueira Guastavino, 2022). No en vano se hace alusión al art. 30.1 Ley 25/2014 y, sobre todo, se afirma que "el contenido de la CSE es muy heterogéneo", de modo que "no es seguro que todo él posea la misma aplicabilidad directa en el ámbito de una relación de Derecho Privado como es el contrato de trabajo". Se advierte, en este sentido, que, "incluso tras la vigencia de la versión revisada, solo a la vista de cada una de las prescripciones que alberga cabe una decisión sobre ese particular" y, por tanto, la solución que se adopta "no prejuzga lo que proceda en otras materias". La sentencia, al imponer un análisis casuístico de los textos internacionales, se sitúa, pues, en la misma línea que la prácticamente coetánea STS 270/2022, 29 marzo, en relación con la adecuación a las normas internacionales del derogado art. 52.d) ET cuya *ratio decidendi* se encuentra en la afirmación de que "el ejercicio del control de convencionalidad por la jurisdicción ordinaria debe realizarse en aquellos supuestos en que la norma internacional ofrezca claridad y certeza, evitando la inseguridad jurídica".

4.2. Norma internacional y acción derivada de los organismos internacionales

La segunda reflexión conduce, por su parte, a la determinación del valor que corresponde en el derecho interno a la documentación generada por los organismos creados por tratados y convenios internacionales en garantía de sus disposiciones. No es infrecuente que se establezcan específicos mecanismos de vigilancia y control del cumplimiento de estas normas cuya fisonomía es muy variada, tanto por lo que se refiere a su configuración como respecto a los efectos de su aplicación. En relación con lo primero, en ocasiones se limitan al establecimiento de determinadas obligaciones informativas a cargo de los Estados. Pero, en otros casos, incluyen la posibilidad de presentar quejas por las organizaciones internacionales o por otros Estados. No es infrecuente que, en fin, que se abran a sujetos diferentes en cuyo caso, aparecen estructuras cuasijurisdiccionales o, directamente, jurisdiccionales. Obviamente, en función de cómo se configuren, los resultados de estos procedimientos tienen efectos diferentes. En ocasiones, se mueven únicamente en el terreno del Derecho internacional. Se trata de documentos que adquieren la forma de observaciones o recomendaciones, que son objeto de un seguimiento más o menos intenso, y cuyos efectos se despliegan en aquel ámbito, generando determinadas obligaciones informativas o específicas responsabilidades para los estados frente a otros estados u organizaciones internacionales. Pero se detectan también casos en los que los particulares pueden ser responsables o exigir responsabilidades a los sujetos incumplidores.

No hace falta insistir en que la determinación del valor jurídico de toda esta documentación derivada es un aspecto clave en el debate al que actualmente estamos asistiendo en relación con la aplicación del control de convencionalidad respecto a la normativa jurídico-laboral interna. Aunque, como indiqué al principio, existe algún otro tema afectado, la actual turbulencia interpretativa existente en relación con la adecuación de los efectos del despido a las normas internacionales sobre el particular está íntimamente relacionada con este aspecto. La idea de que nuestro sistema de indemnizaciones tasadas no se ajusta a la legalidad internacional se relaciona no tanto con la ratificación en 2021 de la CSE(r) como, sobre todo, con la doctrina que el CEDS ha establecido al respecto en sus informes y decisiones anteriores. La previsible estimación de las quejas presentadas al respecto por UGT, primero, y CCOO, después, no hará sino incrementar la importancia de este aspecto.

Por supuesto, la determinación de la eficacia que cabe asignar a esta documentación puede resolverse de forma simple, mediante el recurso a la idea de que los criterios emitidos por los organismos de vigilancia del correcto cumplimiento de los tratados integran una suerte de interpretación auténtica y que, por tanto, tienen la misma eficacia que las normas a las que se refieren (Salcedo Beltrán, 2021, en relación específicamente con informes y decisiones del CEDS; más en general, Garrido Palacios, 2021, p. 106 y 107). Sin embargo, creo que las cosas no son tan sencillas. La doctrina internacionalista, en efecto, viene entendiendo que, como regla general, las resoluciones de las organizaciones internacionales no son fuentes del derecho internacional (Pastor Ridruejo, 2021, p. 155 ss.). Aun reconociendo que estos organismos ostentan una competencia normativa externa, esta suele concretarse en recomendaciones, que no resultan obligatorias, salvo que tenga un sistema especifico de control o se acepten por el Estado afectado, o decisiones, que sí lo son, aunque "no tienen siempre el mismo alcance", ni por los Estados afectados —individuales o generales— ni por la capacidad para imponer obligaciones de forma directa ni, por lo que aquí interesa, para que estas alcancen a los particulares (Diez de Velasco, 2014, p. 140 ss.). Por otro lado, incluso si las previsiones de los tratados incluyen el carácter vinculante de las decisiones adoptadas por estos organismos, una cosa es que este efecto se despliegue frente a los Estados y otra bien diferente que los mismos alcancen a los particulares. A falta de específica previsión en el propio tratado o convenio que los instituye, la adquisición de efectos respecto de estos último requiere específicos actos de incorporación al ordenamiento interno —como mínimo, su publicación—. Así se desprende del análisis doctrinal (Juste Ruiz et al., 2018, p. 468 ss.; Remiro Brotons et al., 2010, p. 352), que se basa en la doctrina del Consejo de Estado (dictamen 9 septiembre 1993, exp. 984/1993).

En este contexto más articulado, salvo en contadas excepciones, no parece fácil aceptar que los operadores judiciales internos queden sujetos, a la hora de verificar el control de convencionalidad, a los criterios establecidos por los diferentes organismos de garantía establecidos por las normas internacionales. Ni sobre todo resulta fácil justificar que los mismos puedan ser impuestos a las relaciones entre privados, sin que exista una específica norma que así lo establezca. Al margen los efectos propios de los que se adoptan en el ámbito de la Unión Europea, fundados en el art. 93 CE, únicamente las sentencias del Tribunal Europeo de Derechos Humanos pueden desplegar eficacia directa sobre este tipo de relaciones; y ello solo ha sido posible, tras una tormentosa serie de episodios jurisprudenciales (Juan Casadevall, 2005), tras una expresa reforma de nuestra legislación interna que posibilita, en ciertos casos de carácter excepcional, la interposición del recurso de revisión (cfr. art. 5 bis LOPJ, introducido por LO 7/2015, 21 julio). La posibilidad de que otras decisiones produzcan efectos directamente es sumamente dudosa, como ha advertido la reflexión doctrinal que ha analizado con detalle las que emanan del CEDS (San Cristóbal Villanueva, 2021).

Esta reconstrucción tiene ahora, por lo demás, expreso refrendo normativo. En efecto, nuestro legislador acaba de confirmar, como no podía ser de otra manera, que no toda la documentación producida por los diferentes comités u otros órganos existentes en las organizaciones internacionales para supervisar la aplicación de convenios y tratados ha de tener el mismo tratamiento en el derecho interno. Llamo la atención al respecto sobre el art. 7 *Ley 15/2022, de 12 de julio, integral para la igualdad de trato y la no discriminación*, que establece criterios para la interpretación por los tribunales de las cuestiones vinculadas al tema que la motiva. Establece en concreto que “la interpretación del contenido de esta ley, así como la actuación de los poderes públicos, se ajustará con los instrumentos internacionales aplicables de los que el Estado sea parte en materia de derechos humanos, así como con la jurisprudencia emitida por los órganos jurisdiccionales internacionales y demás legislación aplicable, y tendrá en cuenta las recomendaciones y resoluciones adoptadas por los organismos internacionales multilaterales y regionales". Nuestra jurisdicción queda vinculada por "la jurisprudencia emitida por los órganos jurisdiccionales internacionales", pues *ajustarse*, según el Diccionario de la Lengua, no es sino "hacer y poner algo de modo que case y venga justo con otra cosa" o "conformar, acomodar algo a otra cosa, de suerte que no haya discrepancia entre ellas". Pero solo ha de *tener en cuenta* "las recomendaciones y resoluciones adoptadas por los organismos internacionales multilaterales y regionales". Dado que esto último implica, según el propio Diccionario, tenerlas presentes o considerarlas, habría que pensar que, a diferencia de las sentencias emitidas por el TEDH que se integrarían directa y forzosamente en el control de convencionalidad, recomendaciones y decisiones de otros organismos únicamente serían un elemento más a ponderar con otros aspectos, fundamentalmente, el imperio de la ley. No serían, sin embargo, adecuados para desplazarla en los casos en los que la norma interna sea clara.

Por supuesto, ello no supone reenviarlas a un limbo jurídico en el que resultan completamente intrascendentes. De entrada, en el plano estrictamente internacional, pueden desvelar la existencia de un incumplimiento por parte del Estado y acaso pueden servir para justificar su responsabilidad frente a los perjudicados por aquél. Este efecto, que ha sido sugerido por algún autor (Gil y Gil, 2021, p. 39), se observa en algún pronunciamiento jurisprudencial del máximo nivel. En este sentido, la STS cont. 17 julio 2018, rec. 1002/2017, que se suele poner como ejemplo de la eficacia en el ordenamiento interno de las decisiones alcanzadas por comités creados para vigilar el correcto cumplimiento de tratados y convenios internacionales, se mueve precisamente en este terreno. Por otro lado, no parece posible negar el papel que pueden desarrollar a la hora de concretar el alcance y las exigencias de las normas internacionales. De hecho, hemos visto como las sentencias de la sala de lo social del TS que han afrontado en época reciente cuestiones relacionadas con el control de convencionalidad las han utilizado con normalidad. Si la valoración del CEDS respecto al contrato de emprendedores es aludida en tres pasajes diferentes de la STS 268/2022, la inmediata STS 270/2022 toma en consideración, como previamente había hecho la STC 118/2019, los criterios del *Comité de Expertos en Aplicación de Convenios y Recomendaciones de la OIT*. Esta función, sin embargo, se agota en *tener en cuenta* esta documentación derivada, como un factor más en el proceso de aplicación del derecho. Ello posibilita seguramente recurrir a la técnica de la *interpretación conforme* en caso de que la norma legal en presunto conflicto con la internacional admite sentidos diferentes. Pero no afecta a la exigencia de que exista una verdadera norma internacional, ratificada, publicada y lo suficientemente detallada como para ser considerada *self-executing* para posibilitar el desplazamiento de la norma legal.

5. REFLEXIONES FINALES

Fiel al propósito que formulé más arriba, llega el momento de hacer algunas reflexiones finales sobre mi punto de vista respecto de la cuestión de la aplicación de las normas internacionales por los tribunales españoles. Creo que, de lo que antecede, se concluye fácilmente que no discuto en absoluto ni la prevalencia que corresponde a aquellas sobre las normas ni la posibilidad de que sean los jueces y tribunales ordinarios los que la aprecien directamente, sin necesidad de recurrir a la intermediación de la jurisdicción constitucional. Con independencia de que puedan existir construcciones diferentes a la que ha terminado por imponerse en nuestra legislación y en la interpretación jurisprudencial, a estas alturas no parece posible replantear el carácter difuso del llamado control de convencionalidad.

Otra cosa es, sin embargo, la forma en que debe ser ejercitado, aspecto en el que se concentran mis críticas. Se ha señalado al respecto que "el control de convencionalidad exige un ejercicio responsable", puesto que "usado con torpeza o desenvoltura... puede amparar decisiones extravagantes y arbitrarias y plantear un riesgo grave de inseguridad jurídica y de uso alternativo del derecho" (Gil y Gil, 2021, p. 39 y 40). Esta idea se encuentra también detrás de la idea de que las normas internacionales abren "resquicios" que pueden ser utilizados por "los órganos (judiciales) inferiores inducidos por sagaces juristas" para forzar su alcance (Nogueira Guastavino, 2022).

De hecho, el redescubrimiento de las normas internacionales que se ha producido de un tiempo a esta parte se relaciona con el intento evidente, y a veces incluso expresamente reconocido, de truncar una evolución de las internas que se reputa regresiva. Si tradicionalmente se había partido de su escasa influencia en el derecho interno pues este superaría ampliamente los mínimos que garantizaban (García-Perrote Escartín, 1997, p. 16), las reformas laborales de principios de la década anterior han llevado a percibirlas como una garantía frente al proceso de degradación de los niveles de protección (Falguera i Baró, 2016, p. 70 ss.; Martínez Moreno, 2016, p. 96 y 97, 114). A la postre, la norma internacional acabaría convirtiéndose en una suerte de trinchera en tiempos de reformas consideradas regresivas (García-Perrote Escartín & Mercader Uguina, 2020, p. 344 ss.) pues se le asigna la función de "recuperar elementos tuitivos que se han ido perdiendo con las sucesivas reformas laborales, en particular la de 2012" (Garrido Palacios, 2021, p. 100; véanse también, pp. 109 ss.).

Es verdad que, frente a la denuncia de la interpretación sesgada que puede estarse haciendo de la normativa internacional, cabe argüir que es igualmente sesgada la reconstrucción de la cuestión sobre la base de la restricción de su alcance real. En el fondo, cabría pensar, la carga ideológica de ambas posturas es similar, aunque sea de signo opuesto. Pienso, sin embargo, que esta consideración no es enteramente cierta. Sabemos, en efecto, que en el proceso de interpretación y aplicación de las normas siempre interfieren consideraciones subjetivas: inevitablemente, las convicciones del operador se incorporan a la forma en la que se aproxima a las cuestiones que ha de resolver, en la selección de las técnicas para afrontarlas y en su ponderación. Pero sabemos también que esta falta de neutralidad puede venir paliada por una aplicación lo más rigurosa posible de los principios que ordenan la actividad interpretativa. Desde este punto de vista, creo que la aplicación de las normas interpretativas no puede depender fundamentalmente de la voluntad judicial, sino que debe venir condicionada por imperativos derivados de la lógica argumentativa. La tarea judicial en relación con normas y documentos internacionales no implica solo conocerlos y optar por aplicarlos —las "capacitación" y "voluntad positiva" a la que se refiere Jimena (2022, p. 89 y 90)—; requiere una aproximación algo más sosegada que tome en consideración los criterios metodológicos clave que presiden su aplicación.

La determinación del carácter autoejecutivo de las normas internacionales es, desde luego, un aspecto clave en este sentido como hemos visto más arriba. En efecto, una de las cuestiones que ha levantado más dudas en relación con el reconocimiento del control difuso de convencionalidad se relaciona con las enormes dificultades que genera la determinación del alcance real de las normas internacionales. El problema no es tanto que se haya confiado a los jueces ordinarios; más bien se encuentra en haberlo reconstruido como un mero problema de selección de la norma aplicable, similar a otros que se resuelven en la jurisdicción ordinaria, perdiendo de vista las singularidades de aquellas y, en concreto, que tienden a tener un "significado amplio, con múltiples interpretaciones posibles" (Perotti Pinciroli, 2021, p. 27). Ello es particularmente evidente en relación con "los tratados internacionales sobre derechos humanos... (que) no dejan de estar —como declaraciones de derechos que son— cargados de valores y plagados de cláusulas generales" (Díez-Picazo Giménez, 2023, p. 106). En un contexto en el que la aplicación de la convencionalidad aparece como un «simple» ejercicio de determinación de la norma aplicable, es fácil caer en la tentación de aplicar las normas internacionales utilizando las técnicas propias de los conflictos interpretativos de derecho interno. Los términos amplios utilizados en un texto internacional tienden así a convertirse en verdaderos conceptos jurídicos indeterminados, susceptibles de aplicación directa. Es lo que está ocurriendo, a mi juicio, con las nociones de "indemnización adecuada" y "reparación apropiada" que utilizan los arts. 10 del convenio 158 OIT y 24 CSE(r) para delimitar los posibles efectos del despido injusto.

Es muy probable, sin embargo, que este tipo de conceptos, sobre los que en gran medida está basculando el control de convencionalidad desarrollado por los órganos judiciales inferiores en el ámbito social, sean más bien "conceptos jurídicos incompletos en la esfera interna", como ha indicado la jurisprudencia contencioso-administrativa en relación con algunos de los utilizados en el Acuerdo educativo con la Santa Sede. Seguramente, la utilización de estos términos amplios por los tratados internacionales no se relaciona con la apertura de márgenes a la aplicación judicial del derecho en el ámbito de las relaciones entre particulares pues este objeto parece ajeno a la naturaleza y función del derecho internacional. Mira más bien a la necesidad de respetar las diferencias existentes en los Estados obligados —"el amplio abanico de miembros, idiomas y culturas" al que se refiere STS social 31 octubre 2001, rec. 102/2001, a efectos de interpretar el convenio 173 OIT— que disponen de margen para concretarlos en el ámbito interno. Las propias normas internacionales sobre régimen de despido valen como ejemplo de ello. Si bien el art. 24 CSE(r) reconoce el "derecho de los trabajadores despedidos sin razón válida a una indemnización adecuada o a otra reparación apropiada", en el art. 24.4 de su Anexo (que forma parte integrante de la Carta como se desprende del art. N) reenvía inequívocamente al ordenamiento interno la forma en que deben ser determinadas: "se entiende que la indemnización o cualquier otra reparación apropiada en caso de despido sin que medien razones válidas deberá ser fijada por las leyes o reglamentos nacionales, por los convenios colectivos o por cualquier otro procedimiento adecuado a las circunstancias nacionales".

Por otro lado, es muy dudoso que recomendaciones, informes, decisiones y, más en general, el conjunto de la documentación emitida por los órganos de vigilancia de convenios y tratados pueda ser utilizada para salvar este problema. Como hemos visto, las funciones de este tipo de entidades se mueven en el terreno de la verificación de la conducta de los estados en relación con sus obligaciones internacionales y no se dirigen, salvo en muy contadas ocasiones, a la intervención en las relaciones entre particulares y a la generación de obligaciones para estos. De ahí que sea necesario, como se advierte de forma nítida en el comentado art. 7 Ley 15/2022, diferenciar los (escasos) supuestos en los que estos se produce —la "jurisprudencia emitida por los órganos jurisdiccionales internacionales"— de aquellos otros en los que no ha lugar —"las recomendaciones y resoluciones adoptadas por los organismos internacionales multilaterales y regionales"—.

La utilización indiscriminada de este tipo de documentación implica, de un lado, la alteración de los criterios que presiden la aplicación de las normas internacionales, puesto que pueden alteran el carácter auto ejecutivo sin las garantías formales necesarias —ratificación y publicación—. Y ello sin contar con otros efectos colaterales que generan, en relación con la seguridad jurídica. De un lado, en el sistema multinivel de protección de los derechos, las cuestiones pueden ser replanteadas y pueden permanecer abiertas durante largos períodos de tiempo. Nada impide que una cuestión hipotéticamente rechazada por el CEDS pudiera volver a ser planteada ante la OIT o ante el Comité del Pacto Internacional. De otro, pueden aparecer contradicciones entre los criterios elaborados por los diferentes órganos. De hecho, ya están comenzado a surgir. La firme doctrina del CEDS en relación con los efectos del despido sin causa *ex* art. 24 CSE(r), que en un futuro no demasiado lejano conducirá con toda probabilidad a la estimación de las quejas de UGT y de CCOO, contrasta con el hecho de que los órganos de la OIT abordados por las confederaciones sindicales mayoritarias tras la reforma laboral de 2012 no formularan grandes objeciones a la modificación de los efectos del despido injusto por entender que el art. 10 convenio 158, cuyo paralelismo con aquél es más que evidente, dejaría margen a los estados signatarios para su concreción (Gutiérrez Pérez, 2014, en especial, p. 298 ss.). El reciente episodio de la valoración del tiempo de guardias suministra un ejemplo adicional de este tipo de contradicciones, contraponiéndose ahora la doctrina del CEDS con la elaborada por el propio TJUE. Se ha sugerido la aplicación de un criterio de favorabilidad para resolver este tipo de cuestiones (Garrido Palacios, 2021, p. 107 ss.; Vila Tierno, 2023, p. 12 ss.); y ello podría venir avalado incluso por el segundo párrafo del art. 7 Ley 15/2022. Pero lo cierto es que carecemos de criterios adecuados para abordarlos, sobre todo cuando entren en conflicto criterios internacionales y supranacionales (Nogueira Guastavino, 2020, p. 445 ss., 2022), lo que no puede dejar de implicar un aumento de la incertidumbre.

En este contexto, mi aportación anterior no miraba tanto a cuestionar la legitimidad democrática de los órganos del poder judicial sino a destacar el formidable poder que el control difuso de convencionalidad deposita en ellos y a la necesidad de ejercerlo con la autocontención que habitualmente practican los órganos jurisdiccionales que disponen de él, tanto el que ostenta la jurisdicción constitucional como el propio TEDH. Después de todo, las nociones que se utilizan en el sistema multinivel son tan abiertas como las que tradicionalmente han empleado las Constituciones y, por tanto, "su interpretación requiere, así, métodos similares a los utilizados en la interpretación constitucional" (Díez-Picazo Giménez, 2023, p. 106). Esta aproximación tiene diferentes consecuencias. De entrada, como ha señalado Nogueira (2022), seguramente se ha de preferir el uso de otras técnicas de resolución de conflictos y, en concreto, de la «interpretación conforme» "por ser más respetuosa con el principio democrático —representado por las mayorías parlamentarias que aprueban la norma nacional—" que la unilateral dejación de la norma nacional por el parecer de un órgano judicial. Pero, sobre todo, que el ejercicio del control de convencionalidad solo excepcionalmente habría de conducir al desplazamiento de la aplicación de las normas legales. Se hace necesario extremar la precaución de modo que "la inaplicación de la norma interna sólo podrá ser decidida cuando de forma *clara y cierta* sea contradictoria con la norma internacional de referencia" (García Murcia, 2022).

Por lo demás, y, para terminar, no puede olvidarse que los derechos protegidos por normas internacionales en el sistema multinivel tienen presencia expresa en nuestro ordenamiento interno; y precisamente en la Constitución, cuyo intérprete supremo es el Tribunal Constitucional (arg. ex 123.1 CE). Desde este punto de vista, se ha señalado la necesidad de que el control difuso de convencionalidad no discurra al margen de los canales ordinarios de verificación de la constitucionalidad de las normas legales e, incluso, en la necesidad de extremar el control en amparo de la motivación de las sentencias de la jurisdicción ordinario que se fundamenten en él (Alonso García, 2020, p. 49). También en este terreno, la doctrina establecida el año pasado por la Sala de lo Social del TS es sumamente interesante en la medida en que ha protagonizado lo que en otro lugar he denominado «recomposición de la jerarquía» entre las diferentes instancias aplicativas de las normas internacionales (Goerlich Peset, 2022). Frente a la idea de que la remisión del control de convencionalidad a la competencia de la jurisdicción ordinaria supondría la minusvaloración de la doctrina del Tribunal Constitucional al respecto que se consideraría no vinculante para los órganos judiciales que la componen, la STS 270/2022, de 29 de marzo, ha sostenido que "la atribución a la jurisdicción ordinaria del control de convencionalidad en modo alguno supone que el TC no pueda examinar si una norma interna es contradictoria con un tratado internacional, debiendo hacer hincapié en que las resoluciones del TC vinculan a todos los jueces y tribunales (art. 5.1 de la LOPJ)".

6. REFERENCIAS BIBLIOGRÁFICAS

Alonso García, Ricardo (2020). El control de convencionalidad: cinco interrogantes. *Revista Española de Derecho Constitucional*, n.º 119, pp. 13-51.

Beltrán de Heredia Ruiz, Ignasi. (2023). Decisiones judiciales y "ruido": el caso de la indemnización complementaria a la legal tasada en el despido improcedente. *Temas Laborales: Revista Andaluza de Trabajo y Bienestar Social*, n.º *166*, 39-64.

Diez de Velasco, Manuel (2014). *Las Organizaciones Internacionales, 16ª edición*. Madrid: Tecnos.

Díez-Hochleitner, Javier (2018). Artículo 96. En Pérez Tremps, P; Saiz Arnaiz, A. (Dirs.), *Comentario a la Constitución Española. Libro-Homenaje a Luis López Guerra. 2 Tomos 40 Aniversario 1978-2018*. Valencia: Tirant lo Blanch, pp. 1393-1406.

Díez-Picazo Giménez, Luís M.ª (2023). Variaciones sobre el control de convencionalidad. *Teoría y Realidad Constitucional*, n.º 51, pp. 89-107.

Falguera i Baró, Miguel À. (2016). La normativa de la OIT y su translación en el ordenamiento interno por la Sala de lo Social del Tribunal Supremo. Algunas reflexiones de futuro tras la última reforma laboral. *Lex Social: Revista de Los Derechos Sociales*, Vol. 6, n.º 1, pp. 33-71.

Galiana Moreno, Jesús M. (1980). La vigencia en España de los tratados internacionales de carácter laboral. En *Derecho del trabajo y de la Seguridad Social en la Constitución: ponencias revisadas presentadas al Simposio sobre este tema celebrado en el Centro de Estudios Constitucionales en mayo-junio 1979*, pp. 161-184.

García Murcia, Joaquín (2022). Despido por absentismo y control de convencionalidad. *Revista de Jurisprudencia Laboral (RJL)*, n.º 5.

García-Perrote Escartín, Ignacio (1997). Concepto, contenido y eficacia del derecho social internacional y del derecho social comunitario. *Revista Del Ministerio de Trabajo y Asuntos Sociales: Revista Del Ministerio de Trabajo e Inmigración*, n.º 2, pp. 15-54.

García-Perrote Escartín, Ignacio; Mercader Uguina, Jesús R. (2020). La protección de los trabajadores frente al despido en la historia de la OIT. *Revista Del Ministerio de Trabajo y Economía Social*, n.º 147, pp. 325-351.

Garrido Palacios, Miguel Á. (2021). A vueltas con el control de convencionalidad: avances y retrocesos de la aplicación de la norma internacional en el ordenamiento jurídico laboral español. *Labos: Revista de Derecho Del Trabajo y Protección Social*, Vol. 2, n.º 2, pp. 99-115.

Gil y Gil, José L. (2021). Aplicación por el Juez nacional de los instrumentos de la OIT. *Revista General de Derecho Del Trabajo y de La Seguridad Social*, n.º 59.

Goerlich Peset, José M.ª (2021). (Re)descubriendo el control de convencionalidad: ¿activismo o autocontención judicial? *Labos: Revista de Derecho Del Trabajo y Protección Social*, Vol. 2, n.º 1, pp. 4-17.

(2022, May 11). *El control de convencionalidad ante el Tribunal Supremo: sentencias de 28 y 29 de marzo de 2022*. El Foro de Labos.

(2023). Control de convencionalidad y regulación del despido en España. *Revista de Investigaciones Jurídicas. Escuela Libre de Derecho* [en prensa].

Gutiérrez Pérez, Miguel (2014). Examen de la reforma laboral de 2012 a la luz del Convenio 158 OIT: el reciente informe de la OIT. *Revista General de Derecho Del Trabajo y de La Seguridad Social*, n.º 39.

Jimena Quesada, Luís (2022). El Comité Europeo de Derechos Sociales: valor jurídico de sus resoluciones. *Documentación Laboral*, n.º 125, pp. 75-90.

Juan Casadevall, Jorge de (2005). La problemática ejecución de sentencias del TEDH en el derecho español. *Revista de Las Cortes Generales*, n.º 66, pp. 93-136.

Juste Ruiz, José; Castillo Daudí, Mireia; Bou Franch, Valentín (2018). *Lecciones de Derecho Internacional Público*, 3ª Edición. Valencia: Tirant lo Blanch.

Martínez Moreno, Carolina (2016). El marco internacional para la tutela de los derechos laborales. *Lex Social: Revista de Los Derechos Sociales*, Vol. 6, n.º 1, pp. 94-119.

Maupain, F. (2012). *L'OIT à l'épreuve de la mondialisation financière. Peut-on réguler sans contraindre?* (Organisation internationale du Travail (Institut international d'études sociales), Ed.).

Molina Navarrete, Cristóbal (2022). Despido y control de convencionalidad: ¿el Tribunal Supremo «abre la veda» de la indemnización disuasoria? A propósito de las Sentencias del Tribunal Supremo 268/2022, de 28 de marzo, y 270/2022, de 29 de marzo. *Revista de Trabajo y Seguridad Social. CEF*, n.º 469, pp. 241-252.

Moreno Márquez, Ana M.ª (2023). El convenio 190 de la OIT sobre violencia y acoso en el trabajo y sus implicaciones en el ordenamiento laboral español. *Temas Laborales: Revista Andaluza de Trabajo y Bienestar Social*, n.º 166, pp. 93-138.

Nogueira Guastavino, Magdalena (2020). El Derecho internacional social europeo y los Convenios Fundamentales de la OIT: luces y sombras del proclamado control difuso de convencionalidad en España. *Revista Del Ministerio de Trabajo y Economía Social*, n.º 147, pp.421-451.

(2022). Contrato de apoyo a emprendedores: el empresario puede desistir libremente durante el periodo de prueba, pero debe preavisar con 15 días de antelación. Aplicación y límites del control difuso de convencionalidad. *Revista de Jurisprudencia Laboral (RJL)*, n.º 4.

Pastor Ridruejo, José A. (2021). *Curso de Derecho Internacional Público y Organizaciones Internacionales*, 25ª Edición. Madrid: Tecnos.

Perotti Pinciroli, Ignacio G. (2021). El control de convencionalidad en el Derecho español: ¿una importación defectuosa? *Revista Electrónica de Estudios Internacionales (REEI)*, n.º 41.

Remiro Brotons, Antonio; Riquelme Cortado, Rosa M.ª; Orihuela Calatayud, Esperanza; Diex-Hochleiyner, Javier; Perez-Prat Durban, Luís. (2010). *Derecho Internacional. Curso general.* Valenia: Tirant lo Blanch.

Salcedo Beltrán, Carmen (2021). El Comité Europeo de derechos sociales: legis interpretatio legis vim obtinet en su máxima esencia y resistencia. *Revista de Trabajo y Seguridad Social. CEF*, n.º 460, pp. 73-123.

San Cristóbal Villanueva, Juan M. (2021). La aplicación de la Carta Social Europea por los órganos jurisdiccionales españoles: reflexiones desde la perspectiva de la regulación de los recursos de casación laboral. *Revista de Trabajo y Seguridad Social. CEF*, n.º 460, pp. 175-204.

Sanguineti Raymond, Wilfredo (2022). El Convenio 190 de la OIT sobre la violencia y el acoso y los desafíos de su aplicación por los Estados. *Trabajo y Derecho*, n.º 95.

Valticos, Nicolás (1977). *Derecho internacional del trabajo.* Madrid: Tecnos.

Vila Tierno, Francisco (2023). Una necesaria revisión de la doctrina del Tribunal Supremo sobre el tiempo de trabajo en las guardias localizadas conforme al contenido de la Carta Social Europea y su interpretación por el Comité Europeo de Derechos Sociales. *Lex Social: Revista de Derechos Sociales*, Vol. 13, n.º 1, pp. 1-16.

PARTE II
ÁMBITO DE APLICACIÓN DEL CONVENIO 190 OIT: LOS CONCEPTOS DE «VIOLENCIA Y ACOSO» Y «VIOLENCIA Y ACOSO POR RAZÓN DE GÉNERO»

Capítulo 2

Las dimensiones de la noción de «violencia y acoso» en el trabajo del Convenio 190 de la OIT

SERGIO YAGÜE BLANCO
Profesor Ayudante Doctor de Derecho del Trabajo y de la Seguridad Social
Universitat de València
Sergio.Yague@uv.es

1. LA RELEVANCIA DEL NUEVO CONVENIO DE LA OIT

El 21 de junio de 2019 fue aprobado por la Conferencia Internacional del Trabajo (en adelante, CIT), en su 108ª reunión (reunión del centenario) el que es, hasta ahora, el último instrumento normativo *técnico* vinculante de la Organización Internacional del Trabajo: el *Convenio n.º 190/2019 de la OIT, sobre la eliminación de la violencia y el acoso en el trabajo* (el penúltimo si se tiene en cuenta el recién aprobado *Convenio n.º 191/2023, sobre un entorno de trabajo seguro y saludable,* aunque este tiene por fin enmendar otros Convenios vigentes para incorporar referencias a la seguridad y salud). El Convenio n.º 190, viene acompañado por la *Recomendación n.º 206* —homónima— que, aunque no es jurídicamente obligatoria, proporciona orientaciones sobre el modo de aplicar el Convenio y cuyas disposiciones *deberían* considerarse junto con las de aquel.

En su conjunto, la nueva normativa es novedosa porque proporciona un marco de actuación integral, consensuado y de carácter internacional para abordar la violencia y el acoso en los entornos laborales. Es un marco de actuación integral, en tanto que propone la adopción de medidas para afrontar y erradicar todas las manifestaciones de violencia y acoso que puedan surgir en los entornos laborales, proporcionando una respuesta desde distintos ámbitos de la disciplina jurídica (laboral, penal, seguridad y salud, igualdad y no discriminación) y con una triple intervención preventiva, sancionadora y reparadora. Es consensuado, no solo por el carácter tripartito del organismo que lo aprueba, sino también porque busca la implicación de los agentes sociales tanto en el diagnóstico e identificación de aquellos sectores, profesiones o colectivos de personas trabajadores que pueden quedar más expuestos a ciertas manifestaciones de violencia, como en la implementación de medidas en el ámbito de sus competencias (art. 8.b y 4.3 C.190 OIT). Y lógicamente, es una norma de ámbito internacional que nace con vocación de ser aplicada en diferentes contextos geográficos y socioeconómicos con distintos estándares de protección. Es, en consecuencia, una disposición de mínimos que pretende acabar con un panorama normativo fraccionado y con importantes lagunas de tutela frente a la violencia en el trabajo, ya se tome como ámbito de referencia el ordenamiento internacional, el supranacional-regional o las legislaciones nacionales. En efecto, incluso en países como España con un estándar de protección avanzado hay vacíos de protección, porque la violencia evoluciona adaptándose a las nuevas formas y sistemas de trabajo y al desarrollo de la tecnología.

No obstante, dicho carácter de mínimos no debe llevar al equívoco pues, en realidad, se trata de una norma ambiciosa, en tanto en cuanto que, una vez ratificada, "los Miembros tienen la importante responsabilidad de promover un entorno general de *tolerancia cero* frente a la violencia y el acoso con el fin de facilitar la prevención de este tipo de comportamientos y prácticas, y que todos los actores del mundo del trabajo deben abstenerse de recurrir a la violencia y el acoso, prevenirlos y combatirlos". Y en este sentido, despliega obligaciones tanto para las autoridades nacionales, como para las empresas, las personas trabajadoras y sus representantes legales. Además, esta *cultura de tolerancia cero* no debe traducirse solo en la lucha contra aquellas manifestaciones más graves de violencia y acoso laboral —parte de ellas ya conocidas y tipificadas normativamente—, sino que ha de comportar un cambio de paradigma tratando de corregir también pequeños actos que habitualmente son invisibles o que se han normalizado o tolerado pero que constituyen el caldo de cultivo idóneo para la violencia laboral.

En este sentido, se "reconoce el derecho de toda persona a un mundo del trabajo libre de violencia y acoso" (art. 4.1 C.190 OIT), casi como un nuevo Derecho humano que se integra en el núcleo duro del trabajo decente y que está llamado —en opinión de un sector de la doctrina (Lousada Arochena, 2019, p. 57)— a incorporarse a la *Declaración de la OIT relativa a los principios y derechos fundamentales en el trabajo y su seguimiento* aprobada en la 86ª CIT de 1998, recientemente enmendada en la 110ª reunión de la CIT de 2022 para incluir el derecho a la seguridad y salud. Y es que, tal y como propugna el preámbulo del Convenio, no cabe entender el trabajo decente sin la interiorización de una "cultura del trabajo basada en el respeto mutuo y en la dignidad del ser humano para prevenir la violencia y el acoso".

Y de nuevo aquí encontramos otra de sus mayores aportaciones. El Convenio dispone una batería de medidas agrupadas en tres bloques de materias: 1) la prohibición expresa de violencia y acoso laboral, que tendrá que ser incorporada en las legislaciones nacionales, junto con el establecimiento de sanciones disuasorias; 2) la prevención; y 3) la protección de la víctima, garantizando el acceso vías de recurso y reparación y a medidas de apoyo. Pero, sin lugar a duda, de todos estos tipos de intervención, predomina el carácter preventivo de la norma, habida cuenta de la vulneración de múltiples derechos humanos que puede conllevar la violencia y el acoso en el trabajo si llega a materializarse. Y esta lógica preventiva asociada a la gestión de riesgos psicosociales en la empresa impregnará todo el contenido de la norma, como podrá comprobarse más adelante.

En cualquier caso, todas estas medidas pivotan sobre la definición de violencia y acoso que establece el Convenio 190 OIT. Este es el objeto de este trabajo, analizar los contornos de los nuevos conceptos de violencia y acoso que dispone la norma internacional. Y ello, con un fin doble: de un lado, contrastar con las categorías de violencia ya acoso contempladas en el ordenamiento español para identificar aquellas manifestaciones de violencia todavía no contempladas normativamente (cabe remitir a capítulos posteriores); y, del otro lado, delimitar el centro de imputación normativa sobre el que desplegará efectos el conjunto de actuaciones preventivas y reparadoras que prevé la norma internacional (que también serán analizadas en otras partes de esta obra).

2. PRECEDENTES SOBRE VIOLENCIA Y ACOSO LABORAL

No cabe duda de que la *piedra angular* del Convenio 190 OIT es su ámbito de aplicación material: los conceptos de violencia y acoso que establece (Correa Carrasco, 2021, p. 18). Este era el objetivo prioritario desde su concepción establecer un marco internacional que establezca una definición y un ámbito para la acción proporcionado un enfoque claro, amplio e integral para prevenir y erradicar la violencia laboral (OIT, 2016, pp. 1-2).

Para un Estado como el español que cuenta con un estándar de protección que iguala o incluso supera en algunos aspectos el que establece el Convenio, la principal consecuencia de su ratificación incidirá en el plano de las definiciones normativas. En términos generales, España cumple con las medidas que incorpora el Convenio para luchar contra la violencia laboral, aunque la aplicación efectiva de dicha tutela es difícil para aquellas manifestaciones de violencia y acoso no definidas normativamente. En efecto, y sin ánimo de extenderme para no duplicar contenidos con capítulos posteriores, la conceptualización del acoso y la violencia laboral existente en la legislación española es deudora de los tipos previstos en el Derecho de la Unión Europea, que se circunscribe básicamente a la protección del acoso discriminatorio por diversas causas, pero con especial atención al sexo. En consecuencia, se omiten otras manifestaciones no contempladas como, por ejemplo, el acoso moral no discriminatorio, cuya apreciación por los tribunales ha sido interpretada de forma excesivamente restrictiva, exigiendo la concurrencia de requisitos de difícil valoración. Por ello, como puede comprobarse en las actas de las dos sesiones de la CIT que fueron necesarias para la aprobación de la norma, el debate se centró mayoritariamente en la delimitación de los conceptos de violencia y acoso laboral. Y es que se insistía en la necesidad de identificar, etiquetar, definir y prohibir expresamente las diversas formas que puede adoptar, porque hay evidencias de que cuando las legislaciones solo prohíben ciertas conductas, el resto pasan desapercibidas para las estrategias prevención y protección nacionales y empresariales (OIT, 2016, pp. 2 y ss.; OIT, 2018, pp. 8 y ss.).

Esta necesidad destacada contrasta con la escueta definición que proporciona la norma. Aunque puede adelantarse que se trata de una definición muy amplia, que permite englobar casi cualquier manifestación de violencia y que toma en cuenta los precedentes internacionales y supranacionales, tanto de carácter vinculante como de *soft law*.

En efecto, el propio preámbulo de la norma recuerda la existencia de importantes instrumentos internacionales que constituyeron el punto de partida teniendo en cuenta los bienes jurídicos que tutelan, aunque no se haga desde una perspectiva estrictamente laboral y tampoco comprenda todas las posibles conductas existentes. Normas como la *Declaración Universal de Derechos Humanos*, el *Pacto Internacional de Derechos Civiles y Políticos*, el *Pacto Internacional de Derechos Económicos, Sociales y Culturales*, la *Convención Internacional sobre la Eliminación de Todas las Formas de Discriminación Racial*, la *Convención sobre la Eliminación de Todas las Formas de Discriminación contra la Mujer*, la *Convención Internacional sobre la Protección de los Derechos de Todos los Trabajadores Migratorios y de sus Familiares* y la *Convención sobre los Derechos de las Personas con Discapacidad*.

Incluso, la propia OIT, aunque no había abordado de forma explícita el tratamiento de la violencia y el acoso, ha desempeñado desde sus orígenes una importante labor sentando los mimbres para erradicar cualquier manifestación de violencia laboral a través de la aprobación de una serie de Convenios y Recomendaciones orientados a la protección de la dignidad de los trabajadores a través de la consolidación de unos derechos laborales y sindicales básicos. Estos son los *Convenios Fundamentales*[1], aquellos que contienen los principios y derechos fundamentales recogidos en la Declaración de la OIT de

---

1 Convenios n.º 87/1948 (libertad sindical), n.º 98/1949 (negociación colectiva), n.º 29/1930 y 105/1957 (trabajo forzoso), n.º 138/1973 y 182/1999 (trabajo infantil), n.º 100/1951 y 111/1958 (igualdad retributiva y eliminación de la discriminación en el empleo) y n.º 155/1981 y 187/2006 (seguridad y salud).

1998. Así, el art. 5, dispone que con la finalidad de prevenir y erradicar la violencia y el acoso laboral, "todo Miembro deberá respetar, promover y llevar a efecto los principios y derechos fundamentales en el trabajo, a saber, la libertad de asociación y el reconocimiento efectivo del derecho de negociación colectiva, la eliminación de todas las formas de trabajo forzoso u obligatorio, la abolición efectiva del trabajo infantil y la eliminación de la discriminación en materia de empleo y ocupación, *un entorno de trabajo seguro y saludable*, así como fomentar el trabajo decente y seguro" (el inciso remarcado ha sido añadido por el art. 1.4 C.191 OIT). Incluso, entre algunas de sus normas más recientes que regulan el régimen de determinado colectivo profesional, la OIT ha incluido entre los derechos profesionales la protección eficaz contra la violencia y el acoso (*Convenios n.º 189/2011, sobre trabajadores domésticos* y *Convenio sobre trabajo marítimo, 2006, MLC,* tras las enmiendas de 2016)[2].

A estas disposiciones, cabría añadir algunas existentes en el ámbito regional. En los informes y estudios de la OIT realizados para el análisis del estado de la cuestión previo a la aprobación del Convenio se destaca que el marco normativo europeo es el más avanzado por la influencia de dos importantes organizaciones internacionales que han desempeñado un papel esencial: el Consejo de Europa y la Unión Europea. Cabe destacar, en el ámbito de la primera, la *Carta Social Europea* o el *Convenio n.º 210/2011, del Consejo de Europa sobre prevención y lucha contra la violencia contra las mujeres y la violencia doméstica*

---

2 El art. 5 del primero prevé que los Estados miembros deben adoptar medidas para asegurar que los y a las empleadas domésticas gocen de una protección efectiva contra todo tipo de abuso, acoso y violencia. La pauta B4.3.1. del segundo, determina que la autoridad competente debe asegurarse de que se tengan en cuenta las implicaciones para la seguridad y salud que conllevan la intimidación y el acoso. Además, debe destacarse la existencia de otras normas no vinculantes también dirigidas a colectivos específicos, como la *Recomendación n.º 200/2010 OIT sobre el VIH y el sida*, la *Recomendación n.º 204/2015, sobre la transición de la economía informal a la economía formal* y la *Recomendación n.º 205/2017, sobre el empleo y el trabajo decente para la paz y la resiliencia.* En todas ellas, se incluyen referencias que instan a los Miembros a prohibir y prevenir ciertas conductas violentas, aunque no se definen.

(conocido como *Convenio de Estambul*), ratificado por España[3]. En cuanto a la Unión Europea, organización de carácter supranacional, su mayor aportación ha venido por la aprobación de una serie de normas antidiscriminatorias. Hasta cuatro Directivas en materia de igualdad de trato y prohibición de la discriminación fueron adoptadas en la década de los dos mil, aunque atendiendo a distintas causas prohibidas (*Directiva 2000/43/CE relativa a la aplicación del principio de igualdad de trato de las personas independientemente de su origen racial o étnico*; *Directiva 2000/78/CE, de 27 de noviembre de 2000 relativa al establecimiento de un marco general para la igualdad de trato en el empleo y la ocupación*; *Directiva 2002/73/CE, de 23 de septiembre de 2002 que modifica la Directiva 76/207/CEE del Consejo relativa a la aplicación del principio de igualdad de trato entre hombres y mujeres en lo que se refiere al acceso a la formación y a la promoción profesionales, y a las condiciones de trabajo*; y la *Directiva 2006/54/CE de refundición de la normativa comunitaria relativa a la aplicación del principio de igualdad de oportunidades e igualdad de trato entre hombres y mujeres en asuntos de empleo y ocupación*[4] —que deroga y sustituye la anterior Directiva 2002/73/CE—).

Sin embargo, y a excepción de estas últimas, en el derecho internacional no existen definiciones sobre qué debe entenderse por violencia y/o acoso laboral. Y las contenidas en el ordenamiento comunitario se circunscriben a solo algunas manifestaciones concretas. En cambio, sí que hay multitud de informes y normas de *soft law* (recomendaciones, directrices, etc.) dictadas por diversas organizaciones internacionales que han influido notablemente en la delimitación de los conceptos manejados por el Convenio 190 OIT. Estas son cruciales, como se irá comentando a lo largo del capítulo, para hacer una labor integrativa de las nociones del nuevo convenio.

---

3 El 10-04-14 (BOE n.º 137 de 06-06-14); en vigor desde el 01-08-14.

4 Respectivamente, DO n.º L 180 de 19-07-00; DO n.º L 303 de 02-12-00; DO n.º L 269 de 05-10-02; DO n.º L 204 de 26-07-06.

3. LA NOCIÓN DE «VIOLENCIA Y ACOSO» DEL CONVENIO 190 OIT Y SUS DIMENSIONES

La primera parte del Convenio 190 OIT, denominada definiciones, delimita el ámbito objetivo de la norma. Es decir, el tipo de conductas que deben activar la tutela preventiva y reparadora que prevé la norma internacional. El articulo 1 dispone:

> 1. A efectos del presente Convenio:
> a) La expresión «violencia y acoso» en el mundo del trabajo designa un conjunto de comportamientos y prácticas inaceptables, o de amenazas de tales comportamientos y prácticas, ya sea que se manifiesten una sola vez o de manera repetida, que tengan por objeto, que causen o sean susceptibles de causar, un daño físico, psicológico, sexual o económico, e incluye la violencia y el acoso por razón de género, y
> b) la expresión «violencia y acoso por razón de género» designa la violencia y el acoso que van dirigidos contra las personas por razón de su sexo o género, o que afectan de manera desproporcionada a personas de un sexo o género determinado, e incluye el acoso sexual.
> 2. Sin perjuicio de lo dispuesto en los apartados a) y b) del párrafo 1 del presente artículo, la violencia y el acoso pueden definirse en la legislación nacional como un concepto único o como conceptos separados.

Una primera observación que puede hacerse a la luz del tenor literal de la norma es que no se distingue entre violencia y acoso, sino que los define como un concepto único. Tampoco se distingue entre las diferentes categorías o manifestaciones específicas de violencia y acoso, únicamente se hace referencia a aquellas que guardan relación con el sexo o el género, incluyendo el acoso sexual por su mayor prevalencia entre mujeres y personas que se identifican o asocian a estereotipos de género femenino.

Esta opción legislativa quedaría justificada porque, de este modo, sin desglosar tipos de conducta constitutivos de actos violentos en el ámbito laboral, se da cabida a una mayor variedad de situaciones reprochables y punibles, toda vez que proporciona flexibilidad a los legisladores nacionales para la regulación y articulación de medidas necesarias, habida cuenta de las divergencias terminológicas y semánticas en los diferentes Estados miembros y la falta de un concepto unívoco en el derecho internacional (OIT, 2019-a, p. 4). Aunque tampoco debe pasar desapercibido, si se atiende a los debates que hubo tanto en el seno de la reunión tripartita de expertos de la comisión normativa como en las dos reuniones de la CIT necesarias para aprobar el convenio (2018 y 1019), que con la opción final no se compromete en exceso a los legisladores nacionales (OIT, 2019-b, p. 18). Y es que una norma de carácter abierto y amplio es susceptible de ser ampliamente ratificada, mientras que un ámbito de aplicación material excesivamente prescriptivo puede encontrar renuencias por parte de los Miembros de la OIT.

Con todo, el Convenio 190 OIT otorga libertad a los legisladores nacionales, permitiendo que puedan definir los conceptos de violencia y acoso tanto de forma conjunta como separada, así como para desarrollar y concretar las diferentes manifestaciones de violencia en el trabajo atendiendo a su contexto y circunstancias. Eso sí, pero preservando una noción mínima de violencia y acoso de validez universal (Velázquez Fernández, 2019, p. 124). También quedaría abierta la posibilidad de detallar más la regulación si, en un futuro, se llega a un consenso sobre la distinción de este tipo de conductas, lo cual implicaría la revisión de la actual regulación (art. 19 C.190 OIT).

La opción política seguida finalmente tiene sus inconvenientes y sus ventajas. De un lado, es claro que una diferenciación conceptual conlleva mayor claridad y seguridad jurídica, toda vez que permite distinguir y graduar las medidas preventivas, sancionadoras y reparadoras a aplicar según las manifestaciones de violencia y acoso. Además, se ha constatado que cuando las legislaciones nacionales solo incluyen ciertas manifestaciones de violencia, en la práctica el resto de las formas quedan excluidas de las estrategias de intervención estatales y empresariales (OIT, 2018-a, pp. 105-107). Pero, del otro lado, un tratamiento conjunto y omnicomprensivo sirve para evitar lagunas de protección. En este sentido, el concepto violencia y acoso tipificado pretende acabar con una fragmentada y dispersa normativa internacional que no define con precisión cuáles son las conductas prohibidas y que olvida identificar otras.

En cualquier caso, debe aplaudirse que la definición contiene elementos suficientes para abarcar un extenso abanico de conductas prohibidas. Y ello es debido a la amplitud con la que se configuran los dos elementos que determinan los contornos del ámbito de aplicación objetivo: el tipo de conducta antijurídica y el potencial resultado lesivo.

3.1. La omnicomprensiva delimitación del tipo de conducta prohibida

La norma se limita a definir violencia y acoso como un "conjunto de comportamientos y prácticas inaceptables, o de amenazas de tales comportamientos y prácticas", sin distinguir entre las distintas manifestaciones de violencia o acoso. Esta técnica permite incluir cualquier tipo de conducta potencialmente lesiva de derechos humanos, pues como se dirá más adelante se pone el foco más en el posible daño que puede causar que en la forma de exteriorizarse.

De este modo, puede afirmarse con rotundidad que quedan comprendidas todas aquellas manifestaciones de violencia y acoso ya reconocidas e identificadas tanto en el derecho internacional y en el resto de *soft law.* Sobre estas últimas, más relevantes por su papel delimitador que las primeras, son especialmente trascendentes dos documentos de la OIT cuyo objeto inmediato es lucha contra la violencia laboral, solo que, en lugar de tener un alcance general, se dirigen a sectores de actividad específicos: las *Directrices marco para afrontar la violencia laboral en el sector de la salud* (2002) y el *Repertorio de recomendaciones prácticas sobre violencia en el trabajo en el sector de los servicios y medidas para combatirla* (2003) (en adelante, DMVLS OIT-2002 y RPVTSS OIT-2003).

El primero de ellos, elaborado por la OIT en colaboración con otras organizaciones de carácter internacional y dirigido a empleadores y trabajadores del sector de la salud (público, privado y en régimen de voluntariado) establece que "la *violencia laboral* está constituida por *incidentes* en los que el personal sufre *abusos, amenazas o ataques* en circunstancias relacionadas con su trabajo —incluidos los viajes de ida y vuelta a él— que *pongan en peligro,* implícita o explícitamente, *su seguridad, su bienestar o su salud*". Esta delimitación, que no es otra cosa que una adaptación de una definición previa dada por la Comisión Europea, es revisada en el texto de las Recomendaciones Prácticas OIT-2003 que, destinada a un conjunto de colectivos del sector servicios más amplio que la sanidad (educación, hostelería, transporte, etc.), concibe la *violencia en el lugar de trabajo* como "toda *acción, incidente* o *comportamiento que se aparta de lo razonable* mediante el cual una persona es *agredida, amenazada, humillada o lesionada* por otra en el ejercicio de su actividad profesional o como consecuencia directa de la misma".

En ambas nociones podemos identificar algunos rasgos presentes en la definición del Convenio 190. Así, además del carácter pluriforme que puede tener la violencia y el acoso, de la noción primera cabe destacar que también pone el acento en la posible consecuencia dañosa: la puesta en peligro de la seguridad y salud de la persona trabajadora. Esto es, no es necesario que el *daño* se materialice, sino que basta con la existencia del *riesgo* (sobre esta cuestión se volverá más adelante). De la segunda, es reseñable la comparación entre los términos "conjunto de comportamientos y prácticas *inaceptables*" empleados por el C.190 OIT y "toda acción, incidente o comportamiento *que se aparta de lo razonable*" de las Recomendaciones Prácticas.

Pero los referentes empleados no se agotan con los documentos de la OIT, pues también constituyeron disposiciones básicas para la configuración de los conceptos de violencia y acoso algunos textos de ámbito regional, especialmente, los adoptados en el marco del diálogo social europeo (OIT, 2018-a, p. 46): el *Acuerdo marco europeo sobre el acoso y la violencia en el trabajo* [COM/2007/0686] (en adelante, AMEAVT UE-2007) y las *Directrices multisectoriales para solucionar la violencia y el acoso de terceros relacionados con el trabajo (2010)* (en adelante, DMVAT UE-2010). Este último texto se retomará más adelante para analizar una de las dimensiones de la violencia, la externa.

Sin embargo, si se atiende al AMEAVT UE-2007 —cuyo objetivo de proporcionar un marco programático para identificar, prevenir y hacer frente al acoso y a la violencia en el trabajo— puede comprobarse, por sus términos, como la noción de violencia y acoso positivada en el Convenio es claramente deudora del concepto empleado por la Unión Europea no solo por el elemento definitorio de violencia y acoso, sino también por su tratamiento conjunto. Así, "el acoso y la violencia son la expresión de *comportamientos inaceptables* adoptados por una o más personas y pueden tomar muy diversas formas, algunas más fácilmente identificables que otras. La exposición de las personas al acoso y a la violencia puede depender del entorno de trabajo".

Todos estos textos describen rasgos característicos de la violencia y el acoso que deben considerarse comprendidos dentro del concepto amplio y omnicomprensivo del Convenio 190 OIT. Antes de proceder a su análisis debe preciarse que las diversas formas en que puede presentarse la violencia y el acoso en el lugar de trabajo y que van a exponerse a continuación, son compatibles entre sí. Por tanto, una misma conducta subsumible dentro del ámbito de aplicación del Convenio puede reunir diversas variables comprendidas dentro de las dimensiones siguientes.

3.1.1. Según su forma de exteriorización: de la violencia física a la económica

Ya se señaló que en los distintos informes y estudios previos de la OIT donde se dejaba constancia de la necesidad de "distinguir entre las diversas formas de violencia y acoso y en el contexto en que estas se producen, ya que tal vez se necesitaran diferentes respuestas". Especialmente, se requería mayor atención normativa para aquellos tipos que no han sido abordados en normas internacionales o que han sido objeto de un tratamiento limitado, como las agresiones físicas, el acoso laboral o moral y el acoso sexual (OIT, 2018-a, pp. 2-6). Incluso, durante la tramitación se planteó la posibilidad de incluir una lista ejemplificativa de diversas formas de manifestarse los actos de violencia y acoso ya reconocidas y sobre las que hay un amplio consenso, pero finalmente se descartó[5]. Con todo, el tenor literal de la norma omite cualquier referencia a cualquier forma de violencia o acoso, salvo las que se ejercen por razón del sexo o género. Y es que,

---

5 La Oficina técnica, por si era demandada su incorporación por la CIT, proponía las siguientes: violencia sexual, incluidas la violación y la agresión sexual; maltrato físico, como la agresión física, la agresión con lesiones, el homicidio y el intento de homicidio; agresión verbal; maltrato psicológico, intimidación, acoso moral y persecución; acoso sexual; amenazas; acecho; y violencia doméstica, con inclusión del control coactivo, en la medida en que repercuta en el mundo del trabajo (OIT, 2018-b, p. 26).

en realidad es irrelevante su forma de expresión, la norma pretende que se desplieguen actuaciones de diverso tipo contra cualquiera de sus manifestaciones.

Tradicionalmente, se ha distinguido entre *violencia física, psicológica* y *sexual* (AMEAVT UE-2007). Basándose en las nociones proporcionadas por la OMS, en las DMVLS OIT-2002 se delimita la *violencia física* como el "empleo de la fuerza física contra otra persona o grupo, que produce daños físicos, sexuales o psicológicos. Se incluyen en ella las palizas, patadas, bofetadas, puñaladas, tiros, empujones, mordiscos y pellizcos". Mientras que la *violencia psicológica* consiste en el "uso deliberado del poder, o amenazas de recurso a la fuerza física, contra otra persona o grupo, que pueden dañar el desarrollo físico, mental, espiritual, moral o social. Comprende el abuso verbal, la intimidación, el atropello, el acoso y las amenazas[6]". Aunque el uso de la *violencia física personal* (agresiones, ataques[7]) ha sido siempre más notorio en el lugar de trabajo y la segunda ha pasado desapercibida, en la actualidad está ganando terreno y se posiciona como uno de los problemas laborales prioritarios por su frecuencia, intensidad y potencial gravedad. Por su parte, la *violencia sexual* o *acoso sexual* —pudiéndose emplear ambos de forma indistinta como se verá más adelante— consiste en una "conducta no correspondida ni deseada, de carácter sexual, que resulta ofensiva para la otra persona y es causa de que esta persona se sienta amenazada, humillada, o avergonzada".

Aunque la OIT no contaba —hasta la aprobación del C.190 OIT— con ninguna norma de carácter vinculante que defina y proteja a las personas trabajadoras del acoso sexual, de forma indirecta puede recabarse la tutela en los convenios que versan sobre la igualdad y la

---

6 *Abuso*: "Comportamiento que humilla, degrada o indica de otro modo una falta de respeto a la dignidad y valor de una persona". *Intimidación/atropello*: "comportamiento ofensivo y repetido en el tiempo, con intentos vengativos, crueles o maliciosos de humillar o minar a un empleado o grupo de empleados". *Amenaza*: "promesa de recurso a la fuerza física o al poder (es decir, la fuerza psicológica), que produce miedo al daño físico, sexual, psicológico u otras consecuencias negativas en las personas o grupos a los que se dirige".

7 "Comportamiento intencionado que daña físicamente a otra persona. Se incluye la agresión sexual".

lucha contra la discriminación (n.º 100/1951 y n.º 111/1958). Por tanto, el fundamento base de esta noción de acoso sexual manejada por la OIT es el principio de discriminación y la lucha contra la violencia hacia la mujer derivada de las relaciones de poder. Debe recordarse en este punto que esta manifestación del acoso se encuentra expresamente contenida en la definición del art. 1 C.190 OIT, dentro del más amplio concepto de *violencia y acoso por razón de género.* Es indiscutible en la actualidad que el acoso sexual se considera un tipo de violencia contra las mujeres por su mayor prevalencia en el sexo femenino, constituyendo otra manifestación más de la discriminación y la desigualdad histórica entre mujeres y hombres. No obstante, en la medida en que implícitamente queda ya incluida dentro de la noción de violencia por razón de género no habría sido necesaria su mención expresa como no se mencionan otras manifestaciones. Con todo, si finalmente se incorporó fue porque la elaboración del Convenio coincidió temporalmente con numerosos debates públicos suscitados al hilo del movimiento *#YoTambién* (*#MeToo*).

En marco normativo europeo sí que hay importantes normas vinculantes que delimitan el concepto de *acoso sexual.* De un lado, la Directiva 2006/54 (citada), cuyos art. 2.1.d lo identifica como "la situación en que se produce cualquier comportamiento verbal, no verbal o físico no deseado de índole sexual con el propósito o el efecto de atentar contra la dignidad de una persona, en particular cuando se crea un entorno intimidatorio, hostil, degradante, humillante u ofensivo". Del otro, el Convenio de Estambul (citado), al cual también se adhirió la Unión Europea[8], y cuyo art. 40 tiene un tenor literal muy similar al de las directivas comunitarias antidiscriminación[9].

---

8 *Resolución del Parlamento Europeo, de 12 de septiembre de 2017,* considerando que así se garantizaría la complementariedad entre el plano regional y nacional.

9 "Las Partes adoptarán las medidas legislativas o de otro tipo necesarias para que toda forma de comportamiento no deseado, verbal, no verbal o físico, de carácter sexual, que tenga por objeto o resultado violar la dignidad de una persona, en particular cuando dicho comportamiento cree un ambiente intimidatorio, hostil, degradante, humillante u ofensivo, sea castigado con sanciones penales u otro tipo de sanciones legales".

El acoso o violencia sexual, puede contener tanto elementos de violencia física como psicológica no deseados por la víctima. Tal y como dispuso el *Comité para la eliminación de la discriminación contra la mujer* (en adelante, Comité CEDAW), creado por la *Convención sobre la Eliminación de Todas las Formas de Discriminación contra la Mujer de 1979* (en adelante, CEDAW)[10] —en su *Recomendación general n.º 19/1992 sobre la violencia contra la mujer*—, "el hostigamiento sexual incluye conductas de tono sexual tal como contactos físicos e insinuaciones, observaciones de tipo sexual, exhibición de pornografía y exigencias sexuales, ya sean verbales o de hecho. Ese tipo de conducta puede ser humillante y puede constituir un problema de salud y de seguridad; es discriminatoria cuando la mujer tiene motivos suficientes para creer que su negativa le podría causar problemas en relación con su trabajo, incluso con la contratación o el ascenso, o cuando crea un medio de trabajo hostil" (art. 11). En efecto, como se desprende la noción expuesta, el acoso sexual tiene dos manifestaciones: la primera el acoso *quid pro quo* o *chantaje*, mediante el cual se condiciona algún aspecto relacionado con el empleo a la aceptación o rechazo de un acto de contenido sexual; la segunda, el denominado *entorno de trabajo hostil* o *acoso ambiental*, consistente en un continuo de conductas de degradación y contaminación del entorno laboral mediante manifestaciones u acciones de carácter sexual ofensivas (con mayor detalle, Altés Tárrega, 2008, pp. 36-40; Ramos Quintana, 2018, p. 95-96). La *Comisión de Expertos en Aplicación de Convenios y Recomendaciones* (CEACR) de la OIT ya consideró en 2012 que una legislación sobre el acoso sexual que pretenda considerarse efectiva debe comprender necesariamente ambas formas (OIT, 2018-a, p. 12). Por tanto, ambas deben considerarse incluidas, como se desprende también de los debates en el seno de las reuniones de la CIT y Guía sobre la aplicación del Convenio publicada por la Oficina Internacional del Trabajo

---

10 Conocida así por sus siglas en inglés, la Resolución 34/180, de 18 de diciembre de 1979, es un tratado internacional de Naciones Unidas considerado como el documento jurídico internacional más importante en la historia de la lucha sobre todas las formas de discriminación contra las mujeres. El comité CEDAW es un órgano de expertos independientes creado para supervisar su aplicación también conocido por el acrónimo CEDAW (por sus siglas en inglés).

(OIT, 2021, p.12) y la *Nota Técnica n.º 2 OIT: El acoso sexual en el mundo del trabajo*, publicada por la OIT en 2020 sobre el Convenio 190[11].

A estas tres formas de exteriorización de la violencia y el acoso cabe añadir una más: la *violencia económica*. Se trata de un concepto que está en plena conformación normativa y que cada vez está recibiendo más atención doctrinal (véase el capítulo cuarto). No hay en este momento de una definición internacional que sea jurídicamente vinculante.

La ONU, declaró en su Asamblea General de 2006 que "la violencia económica entraña negar a una mujer el acceso a los recursos básicos o el control sobre ellos", dentro del concepto de *violencia dentro de la pareja*[12]. *Y en su Resolución 58/147, de 22 de diciembre de 2003, sobre la eliminación de la violencia contra la mujer en el hogar*, reconoce que "la violencia en el hogar puede incluir privaciones económicas y aislamiento, y ese tipo de comportamiento puede constituir un peligro inminente para la seguridad, la salud o el bienestar de la mujer". En este sentido, la Recomendación n.º 19/1992 del Comité CEDAW determina que "en las relaciones familiares, se somete a las mujeres de cualquier edad a violencia de todo tipo, como lesiones, violación, otras formas de violencia sexual, violencia mental y violencia de otra índole, que se ven perpetuadas por las actitudes tradicionales. La falta de independencia económica obliga a muchas mujeres a permanecer en situaciones violentas. La negación de sus responsabilidades familiares por parte de los hombres puede ser una forma de violencia y coerción. Esta violencia compromete la salud de la mujer y entorpece su capacidad de participar en la vida familiar y en la vida pública en condiciones de igualdad"[13]. En consecuencia, la *Entidad*

---

11 Disponible en https://www.ilo.org/global/topics/violence-harassment/resources/WCMS_739804/lang—es/index.htm

12 Punto 11.3, A/61/122/Add.1, de 06-07-06.

13 Se profundiza en esta idea en la *Recomendación n.º 35/2017, sobre sobre la violencia por razón de género contra la mujer, por la que se actualiza la recomendación general núm. 19*. Por su parte, en la *Recomendación n.º 21/1994 sobre la igualdad en el matrimonio y en las relaciones familiares*, pone de relieve cómo las actividades desempeñadas por las mujeres, principalmente en la esfera privada o doméstica, se han considerado inferiores en todas las sociedades, situación que se ha trasladado a las reglamentaciones de los estados. Así,

de las Naciones Unidas para la Igualdad de Género y el Empoderamiento de las Mujeres-ONU Mujeres, en sus recomendaciones para la elaboración de la legislación sobre la violencia doméstica recomienda incluir una definición amplia que incluya la violencia económica[14]. Da cuenta dicha resolución de las distintas legislaciones existentes que contemplan la violencia económica o patrimonial.

Por su parte, el Convenio de Estambul también la identifica como un tipo de *violencia contra las* mujeres, más concretamente como *violencia doméstica* (art. 3), aunque no define qué es exactamente. Con todo, debe destacarse la notable influencia que esta última norma ha tenido en la delimitación de la noción violencia y acoso seguida por el Convenio 190 OIT. En efecto, el artículo 1.1.a habla de cualquier comportamiento y práctica inaceptable que cause un daño físico, psicológico, sexual y también económico, en los mismos términos que se recoge en el art. 3 del Convenio de Estambul (OIT, 2018-a, p. 14)[15]. Bien es cierto que el Convenio 190, al igual que el Convenio de Estambul, no reconocen expresamente la violencia económica como manifestación comprendida dentro de la noción de violencia y acoso, sino que se incluyen la noción de *daño económico*. Violencia económica es la forma en que se exterioriza una conducta prohibida; el daño, el resultado de dicha conducta. Con todo, la inclusión del concepto de daño, además de provenir de textos internacionales sobre violencia de género, surge a resultas de los debates en el seno de las reuniones de la CIT sobre los efectos de la violencia doméstica en el

---

"cuando la mujer no puede celebrar un contrato en absoluto, ni pedir créditos, o sólo puede hacerlo con el consentimiento o el aval del marido o un pariente varón, se le niega su autonomía jurídica. [...] Las restricciones de esta índole limitan seriamente su capacidad de proveer a sus necesidades o las de sus familiares a cargo".

14 Véase: http://www.endvawnow.org/es/articles/398-definition-of-domestic-violence.html

15 En dicho informe, se recoge también la definición dada por el Banco Mundial en 2015 que considera violencia económica a "toda conducta o comportamiento que entraña el uso o abuso del consentimiento de la pareja respecto de sus recursos financieros o bienes, e incluye la privación, retención o sustracción de dinero o bienes, o el uso de otros medios para someter o intentar someter financieramente a la mujer mediante el control de los recursos financieros".

trabajo. Por ello, la Oficina técnica propuso la inserción del "concepto de «daño económico» *entre las posibles finalidades* o *consecuencias* de la violencia y el acoso" OIT, 2018-b, p. 24). Así, "la inclusión de «daño económico» junto con daño físico, psicológico o sexual asegura que se contemplan todas las formas de violencia" (OIT, 2021, p. 8). Sin embargo, creo que podrían formularse dos precisiones.

La primera es obvia, y es que no tiene por qué haber una correlación entre violencia y daño económicos, pues este último puede derivarse también de otras manifestaciones de violencia física, psicológica o sexual y no necesariamente quienes lo sufran han de ser únicamente las mujeres (ej. gastos médicos, atención psicológica, costes de litigación, etc.). En este sentido, "el daño económico podría consistir en la pérdida de ingresos o en daño a la propiedad, pero también en restricciones al acceder a recursos financieros, la educación o el mercado de trabajo, en particular limitar la capacidad de una persona para permanecer o avanzar en el mercado de trabajo" (OIT, 2021, p. 8).

Y la segunda, que, aunque es un tipo de violencia contra la mujer, por su mayor prevalencia, su origen no tiene por qué situarse estrictamente en el ámbito doméstico o privado. Es cierto que la violencia doméstica puede tener efectos devastadores sobre la conservación del puesto de trabajo y el mantenimiento de la víctima en el mercado laboral, pues para proteger su salud e integridad física la víctima puede verse en la disyuntiva de tener que elegir entre su empleo o su protección. De ahí la importancia de que el ordenamiento jurídico contemple medidas desde la normativa laboral que permitan compatibilizar sus especiales circunstancias personales con el mantenimiento del empleo (permisos, reordenación del tiempo de trabajo, movilidad geográfica, etc.). A mayor abundamiento, la conservación del trabajo es clave para mantener la autonomía financiera y evitar que las mujeres permanezcan en situaciones violentas en el ámbito doméstico (Recomendación n.º 19/1992 Comité CEDAW), viéndose en caso contrario abocadas a la expulsión del mercado laboral con el consiguiente riesgo de exclusión social. Pero la violencia económica es una institución polisémica y con sustantividad propia (Rodríguez Ruiz, 2022). Por tanto, a mi parecer, la violencia económica también puede provenir del ámbito productivo o incluso institucional, mediante prácticas o usos sociales tolerados que ponen en riesgo la independencia económica de la mujer, como la existencia de sectores productivos y profesiones altamente feminizados y con condiciones de trabajo significativamente precarias, o que se desenvuelven en la economía informal, la discriminación en el acceso al empleo y la promoción profesional, la desigualdad retributiva, las barreras de acceso a las estructuras de representación de las personas trabajadoras para defender sus intereses profesionales (en esta línea, Allona, 2023).

3.1.2. Según su sistematicidad: de actos puntuales a conductas reiteradas en el tiempo

El art. 1.1.a) C.190 OIT considera que constituye violencia y acoso todo comportamientos y práctica inaceptables "ya sea que se manifiesten una sola vez o de manera repetida". La doctrina ha señalado, con base en los precedentes comunitarios e internacionales sobre los que parece existir consenso, que el elemento diferenciador básico entre el concepto de violencia y acoso es su carácter reiterado (Altés Tárrega, 2008; Valdés Dal-Ré, 2013, p.59). En efecto, de algunos de los acuerdos, directrices y recomendaciones citados con anterioridad se desprende que el acoso tiene un carácter continuado o acumulativo.

En este sentido, en el año 2000 la OIT definió el acoso laboral como toda "acción verbal o psicológica de índole *sistemática, repetitiva o persistente* por la que, en el lugar de trabajo en conexión con el trabajo, una persona o un grupo de personas hiere a una víctima, la humilla, ofende o amedrenta". Dos años después, en las DMVLS OIT-2002, aunque no vuelve a definir el acoso, lo identifica igualmente con conductas repetidas y sistemáticas comprendidas dentro del concepto de *violencia psicológica personal,* aquella por la que "se ejerce *muchas veces mediante un comportamiento repetido,* de un tipo que, en sí mismo, puede ser relativamente poco importante pero que, al acumularse, puede llegar a ser una forma muy grave de violencia. Si bien puede bastar un único incidente, *la violencia psicológica consiste a menudo en actos repetidos, indeseados, no aceptados,* impuestos y no correspondidos, que pueden tener para la victima un efecto devastador".

Por su parte, el AMEAVT UE-2007 incluye entre las formas que pueden presentarse la violencia y el acoso en lugar de trabajo, aquellas que pueden "constituir incidentes aislados" o "comportamientos sistemáticos". Más adelante diferencia entre violencia y acoso. La primera se da "cuando se produce la agresión de uno o más trabajadores o directivos en situaciones vinculadas con el trabajo". De este modo, parece identificar la conducta como un incidente puntual. En cambio, se habla de acoso "cuando se maltrata a uno o más trabajadores o directivos *varias veces y deliberadamente*, se les amenaza o se les humilla en situaciones vinculadas con el trabajo". Así pues, diferencia entre ambos es que constituyan incidentes aislados (violencia) o que representen comportamientos sistemáticos (acoso). Y es que, el acoso suele traducirse en un proceso en el que, además, pueden identificarse diferentes fases (Morales Ramírez, 2016, p. 75)[16].

El concepto de acoso laboral jurídicamente relevante es heredado de ciencias de la salud como la medicina o la psicología. En este sentido, por acoso laboral hay que entender "toda conducta abusiva (gesto, palabra, comportamiento, actitud...) que atenta por su repetición o sistematización, contra la dignidad o la integridad psíquica o física de una persona, poniendo en peligro su empleo o degradando el ambiente de trabajo" (Hirigoyen, 2001, p. 19). Quizás, la definición más conocida y extendida es la de Leymann, en la cual se identifica con "aquella situación en la que una persona o grupo de personas ejercen una violencia psicológica extrema, de forma sistemática y recurrente (al menos, una vez por semana) y durante un tiempo prolongado (más de seis meses) sobre otra persona en el lugar de trabajo, con la finalidad destruir las redes de comunicación de la víctima o víctimas, destruir su reputación, perturbar el ejercicio de sus labores y lograr finalmente que esa persona o personas acaben abandonando el lugar de trabajo" (1993, p. 23)[17].

---

16 En la literatura científica pueden encontrase diferentes taxonomías y número de fases. *La NTP n.º 476/1998 INSST: El hostigamiento psicológico en el trabajo: mobbing* identifica cuatro fases: 1) conflicto, 2) mobbing o estigmatización, 3) intervención desde la empresa y 4) exclusión de la vida laboral.

17 Esta definición ha sido asumida por el INSST (NTP n.º 476/1998, citada) como por nuestros tribunales (Batista Machín, 2005, p. 22; Molina Navarrete, 2021, p. 99)

No obstante, el principal problema jurídico reside en determinar cuánta reiteración y prolongación en el tiempo requiere la conducta acosadora para evitar un planteamiento excesivamente rígido que impida obtener una tutela judicial efectiva, debiendo probablemente estarse a las circunstancias de cada caso concreto (Gorelli Hernández y Gómez Álvarez, 2003). Por lo que, para evitar una situación de indefensión de la víctima, parece adecuado que la norma no exija una concreción de la frecuencia mínima de la conducta ni un parámetro de temporal de referencia (Rodero Ródenas, 2004, p. 32-33)[18].

Lo que sí parece claro es que un acto aislado y ocasional de violencia verbal no puede ser constitutivo de acoso (Batista Machín, 2005, p. 20). Así las cosas, "una sola agresión verbal, a menos que vaya precedida de múltiples pequeñas agresiones, es un acto de violencia, pero no acoso moral [...] Una agresión esporádica no puede ser más que la expresión de una reacción impulsiva" (Hirigoyen, 2001, pp. 30-31). Con todo, al respecto cabría formular dos precisiones. La primera es que esta regla de reiteración se ve exceptuada cuando se trata de acoso sexual en el trabajo, pues es bastante con que exista una única manifestación de la conducta de contenido sexual no deseada (Altés Tárrega, 2002; Molina Navarrete, 2019-a, p. 147). Y la segunda, que el elemento de la reiteración no tiene por qué identificarse con cualquier manifestación de violencia laboral. En efecto, este es un concepto más amplio que puede incluir sucesos ocasionales que igualmente requieran una intervención cuando revistan la intensidad o gravedad suficiente. El principal problema, como se puso de manifiesto tanto por el grupo de expertos (OIT, 2016, p. 35-46) como en el documento base del Convenio elaborado para la 107ª Reunión de la CIT (OIT, 2018-a, pp. 49-82), es que la práctica legislativa de los Estados miembro suele centrarse en la regulación del acoso laboral, lo que conlleva que ciertos incidentes puntuales, especialmente, de violencia física (agresiones) no queden asegurados por parte de la

---

18 Por ejemplo, en nuestro país la doctrina judicial viene realizando una aplicación flexible sin exigir unos parámetros concretos de frecuencia y reiteración como se dispone en la NTP n.º 476/1998), aunque excepcionalmente algunas decisiones judiciales rechazan la apreciación del acoso por incumplimiento del requisito temporal (con detalle, Molina Navarrete, 2019-a, p. 147-148).

normativa social. Ello no es óbice para que el Derecho penal sancione dichas conductas, pero no se lleva a cabo una acción preventiva, reparadora y sancionadora desde la legislación social (Durán Bernardino, 2017, p. 3)

La propia comisión normativa tuvo en cuenta esta circunstancia en la redacción del precepto del Convenio 190 para evitar que únicamente se protejan a los trabajadores de aquellos comportamientos que tienen un carácter repetido y, por el contrario, se excluyan aquellos otros puntuales o aislados. Por eso, se llevó a cabo la sustitución de la palabra *continuo* de comportamientos y prácticas inaceptables por *conjunto* —tal y como constaba en la redacción inicial— (OIT 2019-a, p. 4-5)[19]. Esto implica que la protección que pretende dispensar la nueva norma de la OIT va más allá de aquellas conductas violentas que, comúnmente, se identifican con el acoso laboral y en las que se han centrado los esfuerzos normativos, caracterizados por su carácter continuo y sistemático, y que son en las que se han centrado básicamente las legislaciones internas (al menos, al dar un tratamiento jurídico-laboral). Tratar la conducta prohibida como una situación única es positivo porque acaba con las intensas discusiones doctrinales acerca de si, para apreciar la existencia de acoso —conducta hasta ahora protegida mayoritariamente en los ordenamientos nacionales— se necesita una sola conducta o varias. No obstante, se ha criticado que la redacción no haya sido más clara, pues el vocablo *conjunto* de comportamientos puede suscitar dudas sobre si la exigencia de varios actos violentos, y llevar al entendido de que cuando el precepto acepta "que se manifiesten una sola vez" se esté refiriendo únicamente a la violencia y acoso sexual (Ribeiro Costa, 2021, pp. 33-34).

En definitiva, cualquier acto de violencia laboral, independiente o combinado, deberá ser contemplado desde la lógica preventiva, sancionadora y reparadora que establece el Convenio, eso sí, atendiendo siempre a un criterio de proporcionalidad y adecuación.

---

19 "La utilización del término «conjunto» aclara que puede entenderse que la violencia y el acoso engloban comportamientos independientes o una combinación de comportamientos, incluidos comportamientos que se intensifican" (OIT, 2021, p. 8).

3.1.3. Según la gravedad del acto: del ilícito penal a comportamientos «inaceptables»

La violencia y el acoso pueden constituir una amplia gama de conductas atendiendo a su gravedad. Tal y como ya establecía el AMEA-VT UE-2007 los actos de violencia laboral pueden "ir desde casos poco importantes de falta de respeto hasta actos más graves, como infracciones penales que requieren la intervención de las autoridades públicas". En la mayoría de los países miembros de la OIT, la legislación penal proporciona una tutela punitiva contra manifestaciones cualificadas y más reprochables de violencia y acoso. Pero al margen de estas conductas que el Derecho penal tipifica por superar un umbral de gravedad, la efectiva tutela va a depender, como muestra la experiencia, de la existencia de un marco normativo que defina y prohíba aquellas conductas que deben erradicarse.

La definición contenida en el art. 1.1.a C.190 OIT no incorpora la dimensión de la gravedad, sino que se limita a calificar como *inaceptables* a las conductas constitutivas de violencia y acoso. El término plantea algunos interrogantes desde el momento en que es un concepto jurídico indeterminado y que entraña notables dosis de subjetividad, pues juega un papel esencial la percepción de la víctima-trabajadora. Por ejemplo, frente a ciertas manifestaciones de violencia como la verbal o psicológica, resulta harto complicado discernir qué comportamientos resultan o no aceptables, o qué nivel de intensidad y/o frecuencia es el que debe activar una actuación preventiva o reparadora. Así, se ha planteado que la expresión *inaceptable* puede significar, en términos alternativos, que, o bien la norma pretende incluir cualquier comportamiento en su campo de acción —en cuyo caso sería ociosa su mención—, o bien puede estar admitiendo una modulación judicial, permitiendo que algunas conductas queden extrarradio del Convenio por ser "más suaves o aceptables" (Suárez González, 2020, p. 392).

Debe llamarse la atención que la indeterminación y subjetividad de la palabra *inaceptable* no dista en exceso de la fórmula empleada por las Directivas comunitarias, que definen cualquier tipo de acoso de los previstos como *comportamientos no deseados*. Al hilo de estos términos se ha considerado —en el ámbito del acoso por razón de sexo y del acoso sexual— que la apreciación de la existencia de acoso —entiéndase ahora violencia o acoso en un marco más general— puede depender tanto de factores subjetivos —el carácter indeseado (o en este caso inaceptable) por parte de la víctima— como objetivos —la gravedad de la conducta del agresor—. Si bien, no parece razonable exigir ambos factores conjuntamente, ni que uno deba prevalecer sobre el otro, sino que deben evaluarse ambos al enjuiciar la conducta agresora. Por tanto, tan relevante es una acción poco grave pero indeseada/inaceptable por la víctima, como un comportamiento grave, aunque haya habido sumisión por parte de esta. Esto es, la configuración de violencia y acoso en el trabajo debe "permitir un análisis alternativo de los dos elementos en el caso concreto" (Medeiros Oliveira, 2005, pp. 263-267; García Jiménez, 2019, pp. 108-109). Parece ser que esta es la lectura correcta del término *inaceptable,* debiendo la calificación de la conducta basarse tanto en consideraciones subjetivas como objetivas (OIT, 2021, p. 8). En efecto, el hecho de que el análisis de la violencia en el trabajo se vea influido por un componente altamente subjetivo como es la percepción del propio trabajador, no quiere decir que este deba ser obviado. Al contrario, la prevención de la violencia y acoso en el trabajo requiere tanto la evaluación del riesgo psicosocial a como la realizada al riesgo objetivo de seguridad (García Jiménez, 2019, p. 108-109).

Ello no implica que todas las respuestas jurídicas deban ser igual de contundentes, ni tampoco que las definiciones de acoso y violencia tengan que ser la misma para todos los ámbitos jurídicos en los que puede presentarse (Molina Navarrete, 2021, p. 102). Lógicamente, el derecho penal continuará contemplando aquellos tipos agravados (véase, Altés Tárrega, 2021). Pero la represión del acoso también puede llevarse a cabo desde otros ámbitos del derecho punitivo, como el Derecho administrativo —que se centra en las responsabilidades empresariales por acción u omisión (Altés Tárrega, 2022, p. 98)— o el laboral —para sancionar la conducta de personas trabajadoras que incurran en este tipo de conductas mediante las facultades disciplinarias del empresario, siendo clave el papel de la negociación colectiva en la tipificación y graduación de infracciones y sanciones—.

Pero la protección que dispensa el C.190 OIT va más allá de una acción reactiva contra ciertas conductas que puedan ser encuadradas en cualquiera de estos ámbitos punitivos, pues debe focalizarse principalmente en la prevención. Y para ello, no es necesario que se materialice ninguno de dichos comportamientos tipificados penal, administrativa o laboralmente como violencia y/o acoso, sino que requiere una actuación sobre fases previas al surgimiento de la conducta agresora. En este sentido, se debe intervenir sobre conflictos interprofesionales y situaciones de mal clima laboral, prever situaciones de abuso, contemplar el riesgo objetivo de seguridad en determinadas ocupaciones, etc. En consecuencia, el término *inaceptable* debe vincularse a un cambio cultural que permita modificar actitudes y sensibilidades que pueden pasar casi inadvertidos pero que, de perpetuarse y desarrollarse, pueden dar lugar a situaciones de vulnerabilidad de la víctima (ej. mostrar, enviar o difundir palabras o imágenes ofensivas; formular comentarios sarcásticos o maliciosos; realizar bromas inapropiadas o burlas; mostrar un comportamiento provocativo; excluir a una persona, etc. Véase OIT, 2021, p. 9). De ahí, la importancia del *enfoque inclusivo* del Convenio con especial atención a las consideraciones de género y a los colectivos vulnerables (arts. 4.2 y 6), así como del bloque de normas de orientación, formación, educación y sensibilización (arts. 4.2 y 11).

En definitiva, la amplitud de los términos atendiendo a la gravedad de la conducta responde a la necesidad de adoptar un enfoque preventivo que requiere actuar sobre estadios previos a la materialización de la conducta agresora, evaluando y combatiendo el riesgo psicosocial de violencia y acoso antes de que llegue a actualizare. La propia definición ni siquiera exige que dichas prácticas inaceptables lleguen a materializarse, basta con la mera amenaza de su realización (García Celaá, 2019, p. 176). Otra cosa bien diferente es que en un plano reactivo frente a dichas conductas (represión y reparación) puedan graduarse las respuestas jurídicas atendiendo a un criterio de proporcionalidad.

Por ello también es esencial adoptar un enfoque integrado para erradicar la violencia en el trabajo, que viene a significar dos cosas (OIT, 2021, p. 23-24). De un lado, la necesidad de combinar diversos tipos de medidas de intervención (prevención y protección; control de la aplicación y vías de recurso y reparación; y orientación, formación y sensibilización). Del otro, abordar la lucha contra la violencia laboral en el mundo de trabajo desde diferentes planos jurídicos (art. 4.2 C.190 OIT), implicando "la legislación relativa al trabajo y al empleo, la seguridad y salud en el trabajo, la igualdad y no discriminación y el derecho penal, según proceda" (punto 2 de la R.206 OIT). Por supuesto, se ha de incluir entre los métodos de aplicación a los convenios colectivos (art. 12 C.190 OIT). Así pues, en el desarrollo de dicho enfoque integrado, "todo miembro deberá reconocer las funciones y atribuciones diferentes y complementarias de los gobiernos, y de los empleadores y de los trabajadores, así como de sus organizaciones respectivas, teniendo en cuenta la naturaleza y el alcance variables de sus responsabilidades respectivas" (art. 4.3 C.190 OIT).

3.1.4. Según el origen de la fuente de violencia: interna o externa

El AMEAVT UE-2007 también distingue, entre las diversas formas de violencia y acoso laboral posibles atendiendo a su origen, pudiendo darse "entre colegas, entre superiores y subordinados o provenir de terceros como clientes, usuarios, pacientes, alumnos, etc.".

En efecto, de acuerdo con la clasificación más extendida de los tipos de violencia laboral, existen tres tipos atendiendo a la relación existente entre agresor y víctima[20]: 1) *violencia tipo I* es aquella en la que la persona agresora no mantiene ningún tipo de relación legítima de trato con la víctima —ni siquiera una relación comercial (cliente o proveedor) o de servicios (usuario, paciente, alumno, etc.)—, sino que se da con ocasión de robos o atracos a establecimientos comerciales, bancarios, de almacenamiento de objetos de valor, etc.; 2) *violencia tipo II*, en la que sí que hay algún tipo de relación profesional de intercambio de bienes y/o servicios —relación comercial o de servicios, no laboral— entre quien perpetúa el acto violento y la víctima, normalmente, la persona agresora recibe un

---

[20] Realizada por la *California Division of Occupational Health and Safety* (Cal/OSHA). Véase la *NTP n.º 489/1998 del INSST: Violencia en el lugar de trabajo.*

servicio por parte de la empresa que emplea a la víctima (sanidad, centro educativo, transporte público, establecimientos comerciales, etc.); y, en fin, 3) *violencia tipo III*, en la cual víctima y agresor tienen o han tenido una implicación laboral con la empresa (puede que el perpetuador sea un extrabajador), ya exista una relación de igualdad o de jerarquía entre ambos, y frecuentemente se debe a conflictos interpersonales de tipo profesional o personal —en este último caso, cuando existe o ha existido una relación personal entre ambos sujetos (sentimental, de amistad o de parentesco); también incluida en alguna taxonomía posterior como *violencia tipo IV* (Vidal Marti, 2020, p. 4)—.

El tercer tipo, la que tiene lugar entre los trabajadores, incluidos directores y supervisores, es violencia interna. Los dos primeros, referidos a violencia externa o de terceros, que es la existente entre trabajadores (incluidos directores y supervisores) y toda persona presente en el lugar de trabajo (RPVTSS OIT-2003). La diferenciación es harto necesaria, pues no solamente predominarán unas manifestaciones o tipos de conducta violenta o acosadora según los casos, también producen diferentes consecuencias que deben repararse. En consecuencia, requerirá también diferentes estrategias preventivas (Pérez Bilbao y otros, 2006, p. 77; García Jiménez, 2019, pp. 105 y ss.).

La *violencia interna* (tipo III) tiende a tener un carácter más reiterativo y sistemático, definiendo comportamientos constitutivos de acoso, incluido el acoso sexual. Puede darse en el marco de relaciones *horizontales* (entre compañeros, iguales) o *verticales* (entre personas trabajadoras y sus superiores). En este último plano, puede describir actos que se perpetúan en sentido descendente (superior-subordinado, identificable en inglés como *bossing*) o *ascendente* (subordinado-superior), teniendo el primero un carácter más frecuente y, además, agravado, en tanto en cuanto se abusa de una situación de poder formal —que puede ser constitutivo de delito (Altés Tárrega, 2021, p. 52)[21]—.

---

21 Menos frecuente es la violencia y el acoso vertical ascendente, ejercidos por una o varias personas trabajadoras hacia su superior, y que suele estar vinculada a algún motivo discriminatorio como el sexo, la nacionalidad, una discapacidad, etc. (Lousada Arochena, 2019, p. 61). También se apun-

Por su parte, la *violencia externa* o *de terceros* agrupa dos tipos atendiendo a la relación entre las personas implicadas que también presentan perfiles propios (tipos I y II). La primera, aquella en la que no hay ningún tipo de relación profesional entre agresor y víctima, suele caracterizarse por el empleo mayoritario de la violencia física, con altos niveles de intensidad y elevadas probabilidades de materialización de daño físico, aunque su ocurrencia es menos frecuente. La segunda, aunque no posee consecuencias tan traumáticas, tiene una probabilidad y periodicidad más elevada, a razón del contacto frecuente y habitual derivado de la relación profesional entre el sujeto perpetuador y el sujeto pasivo de la violencia. Mayoritariamente, se exterioriza como agresiones físicas con consecuencias más leves, abusos verbales y amenazas.

Sin embargo, un rasgo común a estos dos tipos de violencia externa es la escasa atención desde una perspectiva preventiva. Y es que, tradicionalmente se ha tenido la falsa creencia de que este tipo de violencia es inevitable con base en dos argumentos: 1) que se trata de un riesgo inherente al puesto de trabajo que su ocupante debe asumir; y 2) que se trata de una violencia impredecible y aleatoria (NTP n.º 489 INSST; Pérez Bilbao y otros, 2006, p. 84).

Quizás por ello esta dimensión de la violencia ha recibido una especial atención tanto por parte de la OIT como de la UE, que han aprobado una serie de documentos de carácter práctico y no vinculante para orientar la prevención del riesgo de violencia externa. En el primer caso, las ya analizadas DMVLS OIT-2002, aprobadas para el sector sanitario, en el que hay un alto porcentaje de personas trabajadoras, principalmente mujeres, habida cuenta de que es un sector feminizado. No obstante, pese a contemplar la dimensión de la violencia externa —derivada, principalmente, de la afectación de las instituciones de salud por la violencia doméstica y la violencia callejera—, tiene un carácter más genérico e incorpora escasas medidas preventivas específicas, más allá de identificar puestos de trabajo que

---

tan otras razones como actos de rebeldía por desacuerdo con decisiones tomadas por el superior o revelaciones contra conductas de parcialidad, arrogancia o autoritarismo de este (Velia Artigas, 2007, p. 80).

entrañan situaciones de riesgo especial[22] y establecer la necesidad de incorporar medidas de información y sensibilización dirigidas a pacientes y usuarios. Mayor trascendencia tiene el Repertorio de Recomendaciones Prácticas aprobadas en 2003 (RPVTSS OIT-2003) que, por la naturaleza de las actividades que comprende en su ámbito de aplicación (todo el sector terciario de la economía, público y privado), en contacto permanente con el público, establece un conjunto de medidas siguiendo la estructura del Convenio 190. Por lo demás, pese a la amplitud de la conceptualización de la violencia externa, a efectos de estas recomendaciones, la víctima es "todo trabajador o empleado que es objeto de violencia en el lugar de trabajo", lo que excluye los posibles actos violentos ejercidos por trabajadores a sujetos ajenos a la organización.

Posteriormente, y también en el marco del dialogo social europeo se adoptaron las DMVAT UE-2010. Este documento se elabora con vocación de marcar unas pautas carácter práctico que orienten la actuación preventiva de empleadores, trabajadores y representantes sindicales. Se parte de la premisa de que la violencia de terceros difiere considerablemente de la llevada a cabo entre sujetos de dentro de la organización y, por tanto, requiere un enfoque particular para reducir su impacto económico y sobre la seguridad y salud de los trabajadores. Su conceptualización sigue el sendero marcado por el Acuerdo Marco y deja constancia de que, en cuanto a sus manifestaciones, la violencia externa o de terceros puede revestir cualquiera de las dimensiones de exteriorización, intensidad y gravedad o frecuencia ya analizadas[23]. También alude a las múltiples causas que

---

22 Los que trabajan solos (trabajo nocturno, en domicilios); los que trabajan en contacto con el público; los que trabajan con objetos de valor (dispensación de medicamentos, con equipos caros); los que trabajan con personas necesitadas (adicciones, pacientes psiquiátricos); los que trabajan en un entorno cada vez más "abierto" a la violencia (servicios de urgencias); los que trabajan en condiciones de especial vulnerabilidad (con condiciones de trabajo precarias y con escasez de personal).

23 En cuanto las formas de manifestación (física, psicológica, verbal o sexual), la intensidad y gravedad ("desde casos de falta de respeto hasta amenazas más serias y acoso físico"; incluso algunas "pueden llegar a constituir delito penal dirigido al trabajador y su reputación, o a la propiedad del empleador o cliente, y pueden estar organizados o ser imprevistos, y requerir la

pueden motivar al agresor (desde problemas mentales a antipatías, o causas discriminatorias) y delimita el lugar de trabajo de forma amplia, ya que puede consistir "en el espacio público o en un entorno privado, pero siempre en la esfera laboral".

Es reseñable que como una de las principales medidas preventivas que incorporan tanto las RPVTSS OIT-2003 como las DMVAT UE-2010 para prevenir y proteger la violencia externa o de terceros, se remite a la aprobación de una política empresarial, en términos similares que el art. 9.a) C.190 OIT y con un contenido y alcance también similar al contemplado en el punto 7 R.206 OIT. Por lo demás, en cuanto a los métodos de aplicación previstos en estos tres instrumentos citados, predomina la remisión al diálogo social y al papel autorregulador de empleadores y trabajadores y sus organizaciones representativas tanto a nivel empresarial como sectorial[24].

Pues bien, los arts. 1 a 3 C.190 OIT, que delimitan su ámbito de aplicación, guardan silencio respecto a la violencia externa o de terceros. Con todo, la norma no desconoce que existen sectores de actividad más expuestos a este tipo de violencia y acoso externos y, por tanto, prevé que deban adoptarse medidas preventivas. Así, en el art. 4 C.190 OIT, al establecer que los Estados deben adoptar un enfoque inclusivo e integrado para prevenir y eliminar la violencia en el mundo del trabajo, alude a que dicho enfoque "debería tener en cuenta la violencia y el acoso que impliquen a terceros, cuando proceda". Por su parte, el punto 8 R.206 OIT señala que estas circunstancias deberán ser atendidas en la evaluación de riesgos laborales. Dicho con otras palabras, el ámbito de aplicación del Convenio no queda delimitado solo en los artículos 1 a 3 (Ribeiro Costa, 2021, p. 40).

---

intervención de las autoridades públicas"), frecuencia (desde incidentes aislados a reiteraciones sistemáticas), etc.

24 Algunos estudios muestran que el tratamiento que realiza la negociación colectiva es insuficiente y carece de eficacia real, centrándose en la faceta punitiva y no en la preventiva cuando se articula alguna regulación (Durán Bernardino, 2017). En consecuencia, a nivel global, y de igual modo en España, se trata de un terreno normado mayoritariamente desde el Derecho penal (Velázquez Fernández, 2009), habida cuenta de la correlación entre violencia física y externa.

Surge la duda, a la luz del tenor literal de algunos de los preceptos citados, si, a diferencia de algunos de los instrumentos internacionales anteriores, el Convenio 190 va más allá y pretende una tutela en la que la víctima pueda ser tanto la persona trabajadora como el tercero ajeno a la organización. Y es que debe partirse de que el art. 3 del Proyecto del Convenio 190 disponía que "a los efectos del presente convenio, l*as víctimas y los autores de actos de violencia y acoso* en el mundo del trabajo *pueden ser* empleadores o trabajadores, o sus respectivos representantes, *o terceros, inclusive clientes, proveedores de servicios, usuarios, pacientes o el público*" (véase OIT, 2019-a, p. 17). Dicha redacción no se incorporó finalmente y se sustituyó por la actual, referente al ámbito de aplicación subjetivo, pero no queda claro a la luz de las discusiones generadas en el seno de la 107ª reunión de la CIT si la eliminación obedece a una voluntad de exclusión porque dicha protección entra en el ámbito de tutela de la salud pública y excede de la esfera laboral o si se hizo por entenderse redundante, en la medida en que ya contenía una definición suficientemente amplia para considerarla incluida (véase Ribeiro Costa, 2021, p. 41). Así, algunas autoras señalan que el enfoque adoptado por la norma también abarca a terceros como víctimas, no solo como infractores (Coto Aubone, 2020, p. 3). Otras, pese a valorar esta interpretación —y la redacción original del Proyecto del Convenio— como una verdadera consagración de una violencia y acoso externas, no consideran que, a la luz de la redacción final, sea suficiente para entender que los Estados miembros, a la hora de adaptar su normativa, deban incluir a los terceros también como víctimas (Ribeiro Costa, 2021, pp. 41-45). En nuestra opinión, los legisladores internos —partiendo de que no se trata de una norma del Convenio que tenga un carácter *self-executing*— no pueden hacer una interpretación restrictiva y excluir que los clientes, pacientes, usuarios, etc., puedan ser considerados también como víctimas. Y ello, atendiendo a los siguientes argumentos: 1) el art. 4 dice que se debe "tener en cuenta la violencia y el acoso que impliquen a terceros", y estos pueden ser tanto víctima como agresor; 2) solo así sería compatible con la implementación de la cultura de *tolerancia cero* contra la violencia y acoso que se propugna (el preámbulo subraya que la tolerancia de estos comportamientos es incompatible con empresas socialmente responsables y afectan a la reputación empresarial, a la productividad y al compromiso de los trabajadores); 3) el punto 8.b de la Recomendación propone que, en la evaluación de riesgos, debería prestarse especial atención a los peligros y riesgos que *impliquen a terceros*, sin concretar tampoco su rol. Si bien, esta redacción también fue modificada respecto del Proyecto, cuyo punto 9, era mucho más taxativo al señalar que en la evaluación de riesgos se deberían tener en cuenta factores que aumentan las posibilidades de violencia y acoso, "en particular los peligros y riesgos psicosociales, *incluidos los generados por*: a) *terceras personas* como los clientes, los proveedores [...]" (OIT, 2019-a, p. 22); 4) en fin, tampoco parece razonable, a la luz del art. 177 del Convenio n.º 155 OIT y del art. 6.4 de la *Directiva Marco sobre seguridad y salud*[25] (art. 24 LPRL), que la empresa permanezca impasible ante actos de su personal que generen un riesgo de violencia y acoso en supuestos de colaboración interempresarial en un mismo lugar o centro de trabajo.

En definitiva, considero que el Convenio 190 OIT va más allá que las RPVTSS OIT-2003 y que la empresa debería valorar el riesgo que sus trabajadores puedan generar, así como también debería actuar contra cualquier manifestación violenta que se perpetúe dentro del ámbito al que alcanzan sus facultades de dirección, con independencia de que el sujeto pasivo sea un tercero ajeno a la organización, pudiendo aplicarse responsabilidades administrativas hacia la empleadora en caso contrario.

3.1.5. Según los bienes jurídicos afectados: del acoso moral al acoso discriminatorio, con especial atención al género o sexo

Los actos de violencia y acoso en el trabajo tienen un carácter pluriofensivo, en la medida en que son susceptibles de lesionar multitud de derechos humanos como la libertad y la dignidad humana, la integridad física y moral, la igualdad de oportunidades o el derecho a la vida, entre otros. Ahora bien, aunque cualquier manifestación de

---

[25] *Directiva 89/391/CEE, de 12 de junio de 1989, relativa a la aplicación de medidas para promover la mejora de la seguridad y de la salud de los trabajadores en el trabajo* (DO n.º L 183 de 29-06-89).

violencia y acoso puede dañar la dignidad y la integridad moral, en función del tipo concreto de comportamiento violento ejercido, también pueden ser vulnerados otros bienes jurídicos (Vallejo Dacosta, 2006, pp. 65-66; Valdés Dal-Ré, 2013, pp. 62-71; Robles Carrillo, 2014, pp. 817-818; Velázquez Fernández, 2021, 290-293). Por ejemplo, con el acoso discriminatorio se vulnera el derecho a la igualdad y la interdicción de discriminación, y con el acoso sexual se atenta contra la intimidad personal de la persona trabajadora —y también contra la igualdad cuando la víctima es una mujer y el sujeto activo un hombre—, mientras que la integridad física puede verse dañada tanto con los actos de violencia física como de violencia sexual.

Dicho esto, el ordenamiento internacional ha centrado sus esfuerzos en el acoso discriminatorio. Desde el ámbito de la OIT hay que destacar sobre todo el *Convenio n.º 111/1958, sobre la discriminación* (empleo y ocupación), una de sus normas fundamentales, que, aunque no incorpora mención expresa al respecto, el acoso discriminatorio queda incluido en la propia definición de discriminación como su manifestación más grave y perjudicial, tal y como ha dictaminado la CEAR de la OIT en numerosas ocasiones (OIT, 2021, p. 3). En las DMVLS OIT-2002, siguiendo las causas de discriminación establecidas en el art. 1 de dicho Convenio se define el acoso como toda "conducta no correspondida ni deseada que se basa en la edad, discapacidad, condición de seropositivo, circunstancias familiares, sexo, orientación sexual, género, raza, color, idioma, religión, creencias u opiniones políticas, sindicales u otras, origen nacional o social, asociación con una minoría, propiedad, nacimiento u otra condición, y que afecta a la dignidad de los hombres y mujeres en el trabajo".

Sin embargo, como ya se dijo, la principal contribución a la lucha contra el acoso discriminatorio procede del Derecho comunitario y sus directivas antidiscriminación (antes citadas). Todas ellas incorporan unas nociones similares, pero atendiendo a diferentes causas prohibidas. Así, la Directiva 2000/43/CE, que establece un marco para luchar contra la discriminación racial o étnica, considera que hay acoso "cuando se produzca un comportamiento no deseado relacionado con el origen racial o étnico que tenga como objetivo o consecuencia atentar contra la dignidad de la persona y crear un entorno intimidatorio, hostil, degradante, humillante, u ofensivo" (art.

2.3). Con idéntico tenor literal, se define también el acoso en el artículo 2.3 de la Directiva 2000/78/CE que, pese a su genérico título, tiene un alcance limitado en la medida en que amplía la protección a un listado cerrado de causas: por motivos de religión o convicciones, de discapacidad, de edad o de orientación sexual (Altés Tárrega, 2008, p. 14).

Junto a estas, la Directiva 2006/54/CE, que aborda la discriminación desde una perspectiva de género con la finalidad de combatirla y prevenirla en todos los aspectos relacionados con el empleo, incluido el acceso al mismo, la formación y la promoción profesional, califica los conceptos de *acoso relacionado con el sexo* y *acoso sexual* como conductas que resultan contrarias al principio de igualdad entre mujeres y hombres y que constituyen una forma de discriminación por razón de sexo prohibida a la que se ha decidido otorgar un tratamiento singular y específico desde instancias comunitarias. Por *acoso [relacionado con el sexo]* debe entenderse cualquier "situación en que se produce un comportamiento no deseado relacionado con el sexo de una persona con el propósito o el efecto de atentar contra la dignidad de la persona y de crear un entorno intimidatorio, hostil, degradante, humillante u ofensivo". Aunque ambos tipos de acoso, sexual y por razón de sexo, se regulan conjuntamente porque el primero tiene una mayor prevalencia sobre mujeres, deben diferenciarse. Así las cosas, "el acoso sexual en cualquiera de sus manifestaciones (chantaje o acoso sexual ambiental) ha de tener un contenido sexual; de índole o naturaleza sexual, expresión que se utiliza en referencia a las conductas directa o indirectamente encaminadas a la consecución de una satisfacción de carácter carnal, mientras que el acoso por razón de sexo se refiere a cualquier comportamiento realizado en función del sexo de una persona, y no es lo mismo el contenido sexual que el contenido sexista" (Vallejo Dacosta, 2006, p. 62).

En definitiva, la regulación del acoso en la UE se circunscribe a aquel que está ligado a concretas causas de discriminación, motivo por el cual se le conoce como como *acoso causal* (Ballester Pastor, 2006, p. 11) o *discriminatorio* (Valdés Dal-Ré, p. 58). Pero no hay un referente normativo específico para aquellas conductas antijurídicas que, sin estar motivadas por una causa discriminatoria, también sean perjudiciales para las personas trabajadoras en la medida en que atentan contra su dignidad personal, esto es, el denominado *acoso psicológico, acoso moral* o, simplemente, *acoso laboral* (Rodríguez-Piñero Royo, 2002; Ballester Pastor, 2006, p. 7; Correa Carrasco, 2006, p. 44). Es decir, aquella en la que "el acosador puede actuar sin atacar las condiciones personales del trabajador, con el único objetivo de tornar el ambiente de trabajo insoportable y crear un ambiente entorno laboral hostil y degradante" (Vicentine Xavier, 2011, p. 30). En este caso, la conducta puede obedecer a multitud de razones que van desde antipatías personales a problemas mentales del autor, pero no están basadas en la pertenencia de la víctima a un grupo o colectivo determinado (Altés Tárrega, 2008, p. 43). De acuerdo con la *Resolución del Parlamento Europeo de 20 de septiembre de 2001 sobre el acoso moral en el lugar de trabajo* [2001/2339(INI)], este tipo de acoso puede deberse a fallos en la organización del trabajo, en el sistema de información interna y/o en la dirección, a niveles de trabajo o de exigencia demasiados elevadas o demasiado bajas, de fallos en la política de personal del empleador o de su actitud o sus contactos con los empleados, a problemas organizativos o tensiones entre trabajadores sin resolver durante demasiado tiempo o a intentos de exclusión por parte de determinadas personas.

Pues bien, este último acoso, precisamente, es el género que engloba al resto de modalidades o especies como el acoso sexual y el discriminatorio, incluido por razón de sexo. En consecuencia, se da la paradoja de que se ha regulado antes la especie que el género (Rodríguez-Piñero Royo, 2002). A mayor abundamiento, el concepto de acoso discriminatorio se construye sobre la base de una de sus manifestaciones, el acoso sexual, que es la tipificación originaria en el derecho europeo (Robles Carrillo 2014, p. 812)[26].

La opción política de regular un subtipo de acoso —que no es el único ni tampoco el principal— antes que una categoría general tiene sus consecuencias prácticas en cuanto al vacío de protección referente a un tipo de acoso general. Y es que, si bien toda vulneración del principio de igualdad y no discriminación constituye un atentado a la dignidad humana, no toda ofensa a la dignidad afecta al principio de no discriminación. El acoso que se construye sobre la dignidad per-

---

[26] Véase el proceso de conformación normativa (ídem, pp. 814-820).

mite la formulación de un concepto autónomo que responde a una perspectiva esencialmente individual, pero el acoso discriminatorio solo admite una conceptualización desde una perspectiva colectiva, que obliga a emplear el parámetro de la comparación —para valorar el trato diferente— y requiere la presencia de una motivación —o causa prohibida basada en la pertenencia del sujeto a un colectivo vulnerable— (Robles Carrillo, 2014, pp. 818 y 816-817). Así pues, la noción de acoso comunitario no comprende aquellas conductas en las que no está presente el elemento relacional o grupal (Vicentine Xavier, 2011, p. 91). En síntesis, el principio de no discriminación no ofrece una cobertura para toda modalidad de acoso como sí lo hace el derecho a la dignidad, que ampararía todo tipo de acoso, obedezca o no a motivos discriminatorios. Por ello, una correcta tutela comunitaria requeriría un tratamiento diferenciado y una definición técnica y precisa de la conducta[27], como ha puesto de manifiesto en reiteradas ocasiones las propias instituciones comunitarias[28]. Estas carencias se trasladan igualmente al ordenamiento español que, como se ha dicho, cuenta con aquellas definiciones que de forma imperativa ha tenido que incorporar al acervo interno por transposición del derecho comunitario. La falta de un concepto interno de acoso laboral normativo ha provocado que los tribunales hayan construido una noción jurisprudencial de acoso laboral que viene exigiendo unos elementos del tipo que elevan el grado de exigencia para apreciar la existencia y aplicar la tutela laboral (Molina Navarrete, 2019-a, p. 146-147; 2019-b, p. 122; Correa Carrasco, 2019, p. 166 y ss.).

Aunque el ordenamiento comunitario sí que cuenta con una conceptualización más clara y precisa del acoso laboral. Si bien, estas nociones, circunscritas a los dos ámbitos que se comentarán a continuación, tienen un alcance limitado. El primero es el ya analizado

---

27 En cualquier caso, si se ha privilegiado la lucha contra la discriminación frente a la tutela de la dignidad en el trabajo en la UE es debido al modelo de distribución de competencias entre la organización supranacional y los Estados miembros que la integran (Robles Carrillo, 2014, p. 809).

28 Por ejemplo, Resolución del Parlamento de 20-09-01, citada; *Resolución del Parlamento Europeo, de 11 de septiembre de 2018, sobre las medidas para prevenir y combatir el acoso sexual y psicológico en el lugar de trabajo, en los espacios públicos y en la vida política en la Unión* [2018/2055(INI)].

AMEAVT UE-2007, donde en términos más amplios y omnicomprensivos se define el acoso —también la violencia— como aquella conducta que, pudiendo provenir de uno o más sujetos, se lleva a cabo "con la finalidad o el efecto de perjudicar la dignidad de la víctima, dañar su salud o crearle un entorno de trabajo hostil". No obstante, cabe recordar que el AMEAVT no es un instrumento jurídico vinculante.

El segundo ámbito es la normativa de la administración comunitaria, aunque no tiene un alcance general sino limitado al cuerpo de funcionarios de la Unión Europea. Así, el art. 12bis.3 del *Estatuto de los funcionarios de las Comunidades Europeas*[29], introducido por el *Reglamento (CE/Euratom) n.º 723/2004 del Consejo, de 22 de marzo* (DO n.º L 124 de 27-02-04), entiende por acoso psicológico "cualquier conducta abusiva que se manifieste de forma duradera, reiterada o sistemática mediante comportamientos, palabras, actos, gestos o escritos de carácter intencional que atenten contra la personalidad, la dignidad o la integridad física o psíquica de una persona" [30]. Idéntico tenor literal tiene la definición contenida en el art. 14 de la *Decisión (UE) 2016/1351 del Consejo, de 4 de agosto de 2016, relativa al Estatuto del personal de la Agencia Europea de Defensa, y por la que se deroga la Decisión 2004/676/CE* (DO n.º L 210 de 12-08-16).

Con este estado de cosas, el art. 1.1.a C.190 OIT formula una concepción amplia de violencia y acoso que omite cualquier referencia a los bienes jurídicos o derechos humanos afectados. Se centra, como ya se dijo y como se retomará más adelante, en la mera posibilidad de dañar a la víctima, sea cual sea la naturaleza del daño y sea cual sea el derecho humano lesionado o susceptible de ser quebrantado. De este modo, no solo incluye los acosos discriminatorios positivados en el derecho internacional y supranacional, sino también el más

---

29 Reglamento n.º 31 (CEE) 11 (CEEA), por el que se establece el Estatuto de los funcionarios y el régimen aplicable a otros agentes de la Comunidad Económica Europea y la Comunidad Europea de la Energía Atómica (DO n.º 45 de 14-06-62).

30 Definición heredera de la proporcionada por la psiquiatra francesa Marie-France Hirigoyen (2001, p. 19; véase apartado 3.1.2).

amplio acoso laboral. Y por ello resulta ociosa la mención expresa al acoso sexual, como también se dijo antes.

Respecto a esto último, a pesar de que la norma solo hace referencia expresa al acoso y violencia basados en el género, no hay motivos para considerar excluidos aquellos que se producen por otras causas de discriminación prohibidas. Si se hace mención expresa solo a esta causa se debe a que la lucha por la igualdad de sexo o género es un objetivo estratégico de la OIT para el trabajo decente. Además, ha de recordarse que el origen de este Convenio está en la reunión de la CIT 2009 cuando, se propuso la aprobación de una norma que tenía por objeto —más amplio— perseguir la igualdad como eje esencial del trabajo decente (OIT, 2018, p. 2). De esta manera, el Convenio muestra una especial sensibilidad con esta causa de discriminación, hasta el punto en que la perspectiva de género aparece recogida en el preámbulo como un principio inspirador de su regulación.

3.1.6. Según la motivación del agresor: de la «subjetiva» intención de dañar a la «objetivación» de la conducta del sujeto activo

Uno de los requisitos que suele manejarse para estimar que se ha producido una conducta calificable como acoso laboral es la finalidad perversa del agresor de destruir psicológicamente a la víctima. Especialmente, en el caso del acoso moral o psicológico, a falta de una definición normativa, no ha sido infrecuente que los órganos judiciales de nuestro entorno, incluidos los españoles, hayan exigido como elemento constitutivo la intención de causar un daño a la víctima destruyendo su reputación, creando un ambiente de trabajo hostil y provocando su autoexclusión y abandono del puesto de trabajo (Véase, Molina Navarrete, 2019-a, 2019-b y 2021).

En cambio, la jurisprudencia comunitaria pronto fue creando una interpretación tendente a la objetivación tanto del *acoso sexual* como del *acoso psicológico* en el ámbito de la función pública. De hecho, se ha resaltado que la principal aportación del Tribunal de Justicia ha sido la creación de una corriente hermenéutica integradora y conciliadora entre las distintas nociones de acoso existentes en las normas comunitarias. En el caso del acoso psicológico, este proceso de objetivación se produjo por una triple vía: además de la exclusión de la intencionalidad del autor de la conducta en las resoluciones judiciales, también se relativizó el valor de la percepción de la víctima y se identificó el fenómeno del acoso psicológico como una realidad objetiva para cualquier observador imparcial (Robles Castillo, 2014, p. 844; con más detalle, sobre la evolución pp. 832-844). En concreto, si se llegó a la conclusión de que la intención de dañar de la persona agresora no es un elemento constitutivo de la conducta definida en las normas de la Función Pública comunitaria, fue con base en los siguientes argumentos:

El primero se basa en la literalidad de la norma, que no comprende una intención maliciosa del autor como elemento necesario. Como recuerda la jurisprudencia comunitaria en interpretación del art. 12.bis del Estatuto de sus funcionarios el concepto de acoso psicológico se define por dos elementos acumulativos (unidos por la conjunción "y"). Así, en primer lugar, se trata de

> "una «conducta abusiva» que [...] se materializa mediante comportamientos, palabras, actos, gestos o escritos que se manifiesten «de forma duradera, reiterada o sistemática» [...] y que supone la existencia de acciones reiteradas o continuadas que sean «intencionales», y no «accidentales». En segundo lugar, este concepto exige que tales comportamientos, palabras, actos, gestos o escritos hayan tenido como efecto atentar contra la personalidad, la dignidad o la integridad física o psíquica de una persona. Por tanto, no es necesario probar que los comportamientos, palabras, actos, gestos o escritos controvertidos se hayan realizado con la intención de atentar contra la personalidad, la dignidad o la integridad física o psíquica de una persona. En otras palabras, puede haber acoso psicológico sin que se haya demostrado que el acosador haya pretendido, mediante sus acciones, desacreditar a la víctima o degradar intencionadamente sus condiciones de trabajo. Basta con que estas acciones, siempre y cuando fueran realizadas voluntariamente, hayan dado objetivamente lugar a las referidas consecuencias" (Sentencia del Tribunal General (Sala Primera), de 13 de julio de 2018, *Michela Curto*, asunto T-275/17, ap. 76 y 77, y las numerosas sentencias citadas).

El segundo argumento es de tipo teleológico, pues exigir la prueba de dicha intencionalidad de la conducta complicaría en exceso la apreciación del acoso, privando a las normas de su efecto útil (Sentencia del Tribunal de Función Pública (Sala Primera), de 26 de febrero de 2013, *Vassilliki Labiri*, asunto F- 124/10, ap. 65-68).

El tercer argumento, deviene de la comparación del concepto de acoso psicológico con los del acoso discriminatorio contenidos en las Directivas citadas, en un intento de convergencia hermenéutica entre ambas nociones como se ha dicho antes. Así, manifiesta el Tribunal de Función Pública (Sala Primera), que

> "sería difícilmente comprensible que el legislador comunitario, después de haber considerado, en la Directiva 2000/78, que un comportamiento que, sin tener como objetivo, tenga, no obstante como consecuencia degradar la dignidad de una persona constituye un acoso, haya decidido en 2004, en el momento de la reforma del Estatuto, reducir el nivel de protección judicial garantizado a los funcionarios y a los otros agentes restringiendo, al adoptar el artículo 12 bis, apartado 3, del Estatuto, el acoso psicológico a aquellos comportamientos que tengan como objetivo atentar contra la dignidad de una persona" (Sentencia de 9 de diciembre de 2008, *Q/Comisión*, asunto F 52/05, ap. 139). No queda enervada dicha conclusión por el hecho de que el propio Estatuto contemple la noción de acoso sexual empleando los mismos términos que la Directiva, esto es, "que tenga por objeto o efecto" (ap. 142-144).

Pues bien, el Convenio califica como comportamientos inaceptables aquellas "que tengan por objeto, que causen o sean susceptibles de causar, un daño físico [...]". La definición "no incluye la intención como uno de sus elementos constitutivos". En este sentido, sigue los criterios de la CEAR sobre el Convenio n.° 111/1988, sobre la discriminación, que ha señalado que la ausencia o existencia de intención del agresor no es pertinente para verificar si hay acoso. Así pues, el Convenio n.° 190 sigue "un enfoque pragmático y centrado en las víctimas", que se centra en la inaceptabilidad de la conducta del agresor con el fin de preservar el derecho a la dignidad humana (OIT, 2021, p. 10)[31]. Y debe traerse a colación aquí de nuevo, como se dijo al principio, que la noción de violencia y acoso del Convenio

---

[31] Por ello, se ha puesto de manifiesto que se echa de menos la mención a este derecho como elemento integrante de la definición, aunque sea recogido en el preámbulo del Convenio (Igartua Miró, 2020, p. 49).

es en buena medida deudora de las nociones contempladas en los instrumentos de la Unión Europea.

Así, una inmensa mayoría de la doctrina científica converge al entender que la nueva norma internacional de la OIT configura una noción objetiva de violencia y acoso, en la medida en que no es necesaria la intencionalidad o culpa para que reciba tal calificación (Velázquez Fernández, 2019, p. 125 y 2021, p. 187). Eso es, tanto las violencias intencionales como las no intencionadas quedan comprendidas dentro del concepto de violencia y acoso que establece el Convenio (Lousada Arochena, 2019, p. 60; Arbonés Lapena, 2020, p. 408; De Vicente Pachés, 2020, p. 82; Pons Carmena, 2020, p. 38; Molina Navarrete, 2021, p. 104 y ss.; Ribeiro Costa, 2021, p. 35; Moreno Márquez, 2022, p. 100).

Sin embargo, dista de ser una conclusión pacífica, pues también hay voces autorizadas entre la doctrina que consideran que la definición contenida en el art. 1.1.a C.190 OIT no se muestra clara y rotunda. Así, el profesor Correa Carrasco señala que la noción no elude la necesaria concurrencia del elemento teleológico o intencional (también considera que la nueva definición protege de las violencias intencionadas, Quintero Lima, 2021, p. 309). Para ello, se arguyen los siguientes argumentos (Correa Carrasco, 2021, pp. 19 y ss.):

En primer lugar, un argumento gramatical derivado de la comparación entre el tenor literal del concepto de violencia y acoso del Convenio con el de las Directivas antidiscriminación que, de forma más clara, se refieren a cualquier comportamiento no deseado "que tengan por objeto o como consecuencia atentar contra la dignidad de la persona". Y es que, así planteado en términos dicotómicos resulta más evidente que la fórmula empleada por la OIT que alude a comportamientos "que tengan por objeto, que causen o sean susceptibles de causar un daño". En este sentido, la versión española parece plantear —por la ubicación de la *coma*— la alternativa entre la finalidad y la realización del daño (a diferencia de la otras, como la inglesa, en la que las tres son alternativas; Ribero Costa, 2021, p. 34). Por tanto, este sector, entiende que el Convenio diferencia entre dos elementos acumulativos y esenciales que no deben confundirse: el *elemento intencional* ("que tenga por objeto") y la *potencialidad lesiva* ("que causen o sean susceptibles de causar un daño"). Y es que mientras que en el segundo factor es claro que no es necesario que se materialice el daño efectivo para apreciar la concurrencia de acoso (baste con la mera presencia del riesgo), el primero no cuenta con alternativa posible, de modo que, con independencia de que los comportamientos inaceptables produzcan un daño efectivo o solo tengan la virtualidad de causarlo, la intención del agresor es siempre malévola.

El segundo argumento consiste en que solo exigiendo la intencionalidad se evitaría una excesiva ampliación del ámbito aplicativo del Convenio hacia otras situaciones, que si bien pueden generar también riesgos psicosociales (mal clima, conflictos interpersonales, situaciones de abuso de poder, déficits en la organización, etc.) y deben desplegar acciones preventivas —pues también son *prácticas inaceptables*—, deben diferenciarse del acoso por su relevancia jurídica. Así las cosas, este último merece una protección cualificada, habida cuenta de que atenta contra el derecho fundamental de la dignidad y la integridad moral. Al respecto, el elemento teleológico resulta útil para discriminar entre unos u otros, "ya que confiere unidad de sentido al conjunto de actos (de diversa índole y temporalmente dispersos) en los que aquella [la conducta acosadora] se expresa, que, de otro modo, podrían resultar irrelevantes o anodinos" (Correa Carrasco, 2021, p. 25).

Y, en fin, la finalidad de provocar un aislamiento social de la víctima y destruir su autoestima y capacidad profesional sirve también para distinguir de otras manifestaciones violentas. Así, de la violencia física, en la medida en que esta suele ser fruto de un impulso reactivo mientras que el acoso conlleva cierta premeditación; o del acoso sexual, en el que la creación del entorno hostil o intimidatorio deriva de actos con connotaciones sexuales; y de los acosos discriminatorios, motivados por una condición de la víctima o su pertenencia a colectivo amparado por la tutela antidiscriminatoria.

A nuestro parecer, el convenio establece una noción objetiva de violencia y acoso, pues aún sin el elemento subjetivo de la intención del autor son conductas que deben prevenirse y prohibirse. Es, por tanto, la relevancia que la norma da a la seguridad y salud lo que hace la indagación en las motivaciones del agresor carezcan de relevancia (en este sentido también, Pons Carmena, 2020, p.40). De acuerdo con el espíritu del Convenio, no es al daño a lo que se debe de anticipar la prevención, sino a la misma aparición del riesgo psicosocial. Hay recordar que la normativa preventiva, tanto los Convenios n.º 155 y 187 OIT, como la Directiva marco (transpuesta por la LPRP), imponen como máxima a seguir la situación de *riesgo laboral cero.* De ahí que entre los principios de la acción preventiva establezca en primer lugar, evitar el riesgo y cuando ello no sea posible, evaluarlo y combatirlo. Ello quiere decir que la mera presencia de *factores de riesgo psicosocial negativos* en las condiciones de trabajo debe activar la prevención para evitar que se desencadene el *riesgo psicosocial.* Y, precisamente, la existencia de relaciones interpersonales conflictivas son un factor de riesgo sobre el que se debe actuar por su influencia negativa en la generación del riesgo laboral (la violencia y el acoso)[32]. En cambio, si hablamos de indagar en los motivaciones psicológicas y subjetivas del agresor puede tener sentido en el ámbito de la protección de la víctima y represión del agresor, pero casa mal con la lógica preventiva porque la averiguación de la intencionalidad del autor solo se produce cuando la conducta violenta o acosadora ya se ha materializado[33]. Ello no es óbice para que, de probarse la intención de causar un daño por parte del agresor, pueda ser un criterio agravante para calificar la conducta a efectos de la sanción.

3.2. El resultado lesivo: daño físico, psicológico, sexual o económico

En otro orden de cosas, por lo que respecta al resultado lesivo, puede concretarse en daños físicos, psicológicos, sexuales y/o económicos. Como ya se dijo antes, el Convenio no especifica todas las posibles manifestaciones de violencia y acoso porque el art. 1.1.a pone el énfasis más en la posibilidad de causar daños que en la concreta

---

32 Véase NTP n.º 476/1998 INSST y el *Criterio Técnico n.º 104/2021, sobre actuaciones de la Inspección de Trabajo y Seguridad Social en riesgos psicosociales*: 6

33 En este sentido, la STC n.º 56/2019, de 6 de mayo, que afirma que es preciso que la conducta sea deliberada, y no fruto de hechos accidentales, pero no es exigible que se demuestre una intencionalidad del sujeto activo de causar un daño a la víctima, ya que la protección de los derechos fundamentales "no puede quedar supeditada a la indagación de factores psicológicos y subjetivos de arduo control".

forma que reviste la conducta. Al respecto, creo que resulta oportuno exponer dos breves consideraciones.

La primera, es que el concepto de daño es, de igual manera, considerablemente amplio. Incluye la salud física o mental de la persona trabajadora; la libertad sexual, su intimidad y dignidad; incluso, un daño económico, en la medida en que la violencia puede llegar a apartar a la víctima de su puesto de trabajo y hasta del mercado laboral.

Y, la segunda, es que dicho resultado no consiste necesariamente en la producción de un daño efectivo, sino que basta con que sea susceptible de causarlo. Es decir, basta con que constituya un riesgo para la seguridad y salud y que la empresa lo conozca para se requiera una actuación preventiva. De este modo, decae como elemento o requisito esencial (De Vicente Pachés, 2020, p. 83). En este sentido, debe señalarse que otro de los elementos constitutivos que tradicionalmente se han exigido judicialmente para aquellas modalidades violencia o acoso no definidas normativamente es la materialización efectiva del daño. Así ha ocurrido especialmente en el caso del acoso moral (Molina Navarrete, 2019-a, p. 133). Ahora bien, la trascendencia de los bienes jurídicos o derechos humanos protegidos requiere que el daño no llegue a producirse, que se intervenga antes[34]. Ahora la norma pone en primer plano la seguridad y salud de las personas trabajadoras (Arbonés Lapena, 2020, p. 414). Esta opción legislativa ha sido aplaudida por la doctrina, impidiendo que el reconocimiento de la situación de acoso se condicione a la prueba del daño, habida cuenta de que la conducta pluriofensiva se dará con independencia de que llegue manifestarse en una dolencia o enfermedad, sin perjuicio de que, de materializarse el daño, sirva para articular mecanismos de reparación de este como puede ser la indemnización por daños y perjuicios (Igartua Miró, 2020, p. 42 y 49-50).

---

[34] En este sentido también se movía la STC n.º 56/2019 afirmando con relación a la integridad personal (art. 15 CE) que no requiere "que la lesión [...] se haya consumado, sino que a efectos de que el derecho invocado se estime lesionado basta con que exista un riesgo relevante de que la lesión pueda llegar a producirse" el daño. La adecuada tutela de estos DD no puede esperar a que se produzca el daño.

Este refuerzo de la dimensión preventiva de la violencia y el acoso (Molina Navarrete, 2021, pp. 109 y ss.), se traduce en un refuerzo de las obligaciones de evaluación y de gestión de un tipo de riesgos laborales que, pese a su indudable inclusión en la ratio de acción de la prevención de riesgos laborales dispuesta por las normas internacionales, comunitarias e internas no es habitual que se haga con el rigor exigido para otorgar la protección eficaz que demanda el marco normativo, y ello es debido a la falta de mención expresa de dichos riesgos psicosociales y a la total ausencia de obligaciones específicas para combatirlos en la normativa aplicable. Por ello, se ha propuesto que la adaptación del Convenio 190 OIT al ordenamiento interno constituye el momento oportuno para que de forma expresa se recoja una mención a los riesgos psicosociales en la LPRL y, sería también deseable un eventual desarrollo reglamentario, a fin de impedir que la aplicación de la normativa común se deje al albur de la interpretación judicial de algunos conceptos indeterminados (Velázquez Fernández, 2019 y 2021, p. 284).

4. A MODO DE CONCLUSIÓN: PRÓXIMOS PASOS TRAS LA RATIFICACIÓN DEL CONVENIO 190 OIT

Como se desprende de todo lo anterior, el C.190 OIT ha establecido un ámbito de material considerablemente más amplio que el previsto en el marco normativo internacional, supranacional y nacional. La primera actuación que debe realizar todo Estado miembro es adoptar una legislación que defina y prohíba la violencia y el acoso en el mundo del trabajo, con inclusión de la violencia y el acoso por razón de género (art. 7). Evidentemente, no se requerirá ninguna actuación si las disposiciones nacionales ya dan pleno cumplimiento de la obligación establecida, aunque en caso de cumplirse de forma parcial lo que se requerirá es una ampliación de los supuestos prohibidos para garantizar la eficacia del Convenio.

En el caso del ordenamiento español sería harto conveniente la aprobación de una norma marco que estableciese una conceptualización de las nociones analizadas, ya que la dispersión normativa existente entraña un elevado grado de inseguridad jurídica e importantes lagunas de protección. Por eso, para garantizar la plena efectividad, a la hora de delimitar una noción de violencia y acoso compatibles con la norma internacional de la OIT, a mi juicio, se abren tres posibilidades:

La primera, que se diseñe un concepto de violencia y acoso en la normativa interna en los mismos términos de amplitud que lo hace el Convenio, configurando una suerte de definición común y omnicomprensiva en la que puedan subsumirse todos los tipos jurídicos existentes. Esta fórmula debería de acabar con la exigencia de ciertos requisitos en sede judicial como son la reiteración y la intencionalidad (Arbonés Lapena, 2020, p. 414). Aunque puede entrañar el riesgo de que sigan quedando fuera del concepto algunas hipótesis de violencia (Ribeiro Costa, 2021, p. 31).

La segunda posibilidad es que las distintas formas de violencia y acoso se tipifiquen expresamente, acogiéndose a la opción que brinda el art. 1.2 de Convenio. Esta opción, que no sería en absoluto extraña teniendo en cuenta que el ordenamiento español ya cuenta con algunas definiciones, debe asegurar que la suma de todos los conceptos cubre todos los espacios que el C.190 OIT tutela (Lousada Arochena, 2019, p. 59). Dicho con otras palabras, debe comprender todas las dimensiones analizadas a lo largo de este capítulo. Por ello, se ha considerado más recomendable diferenciar entre los distintos tipos de violencia y de acoso laboral (Correa Carrasco, 2023).

Y la tercera sería que la definición de los actos de violencia y acoso incorpore de forma explícita los rasgos o contornos que puede tener la conducta (así, debería hacer referencia a la forma de manifestarse —física, psicológica o sexual—, a la fuente —interna o externa—, a la causa —discriminatoria o no—, a su sistematicidad —incluyendo actos tanto de carácter reiterado como aislados—, etc.).

Sería aconsejable que tanto en el primer como en el tercer caso se acompañara con un listado no exhaustivo de las manifestaciones más comunes y conocidas (opción segunda), junto con una cláusula de cierre que deje abierta la posibilidad a incluir nuevas manifestaciones que puedan surgir en el futuro como consecuencia de la evolución de la tecnología y las nuevas formas de organizar el trabajo.

En cualquier caso, sea cual sea la técnica empleada, resulta crucial la participación de los agentes sociales en el proceso de adaptación de la legislación interna.

Aunque hay cierta convergencia doctrinal en que la ratificación del Convenio debe comportar cambios y ajustes normativos (por todos, Correa Carrasco, 2023; Moreno Márquez, 2022, p. 94), debe tenerse en cuenta que la parte de la disposición normativa internacional que define el campo de aplicación, a diferencia de otros pasajes, es autoejecutiva (*self-executing*), por lo que vinculará a los países que lo ratifiquen desde su entrada en vigor. Esto, ya de por sí, debería implicar un cambio de orientación jurisprudencial al interpretar determinados conceptos. Aunque no parece recomendable que el legislador español no adapte el marco normativo interno, puesto que se incrementaría la confusión derivada de la coexistencia del nuevo concepto establecido por el Convenio junto con los ya existentes en el derecho interno (Velázquez Fernández, 2019, p. 129). Es aconsejable, por tanto, cierta racionalidad normativa.

5. REFERENCIAS BIBLIOGRÁFICAS

Allona, Ana (2023). El Convenio 190 de la OIT y la violencia económica laboral. Valencia: Tirant lo Blanch.

Altés Tárrega, Juan A. (2002). *El acoso sexual en el trabajo.* Valencia: Tirant lo Blanch.

- (2008). *El acoso del trabajador en la empresa.* Valencia: Tirant lo Blanch.
- (2021). La represión penal del acoso en el trabajo. *Labos: Revista de derecho del trabajo y protección social,* Vol. 2, n.º 1, pp. 42-67.
- (2022). El Convenio 190 OIT y la tutela administrativa de la violencia y el acoso en el trabajo. Revista crítica de relaciones de trabajo-LABORUM, n.º 4, pp. 97-121.

Arbonés Lapena, Hilda I. (2020). Una novedad relativa: el Convenio 190 y la Recomendación 206 de la OIT sobre violencia y acoso en el mundo del trabajo. *Revista del Ministerio de Trabajo y Economía Social,* n.º 147, pp. 405-419.

Ballester Pastor, M.ª Amparo (2006). *Guía sobre el acoso moral en el trabajo, edición actualizada según Ley 3/2007.* Sevilla: Consejo Andaluz de Relaciones Laborales.

Batista Machín, Venancio C. (2005). La violencia laboral: el acoso moral en el trabajo. La complejidad de su definición jurídica y sus notas características en el ordenamiento jurídico español. *Revista de la Facultad de Ciencias Jurídicas ULPGC*, n.º 10/11, pp. 8-30.

Chappell, Ducan; Di Martino, Vittorio (2000). *La violencia en el trabajo*, 2º edición. Ginebra: OIT.

Correa Carrasco, Manuel (2006). El concepto jurídico de acoso moral en el trabajo. En Correa Carrasco, M. (coord.) Acoso moral en el trabajo. *Concepto, prevención, tutela procesal y reparación de daños*. Cizur Menor-Navarra: Thomson-Aranzadi, pp. 41-94.

– (2021). El elemento teleológico (intencionalidad lesiva) en el concepto de violencia y acoso laboral contenido en el Convenio 190 OIT. En Correa Carrasco, M.; Quintero Lima, G. (Dirs.), *Violencia y acoso en el trabajo. Significado y alcance del Convenio n.º 190 OIT en el marco del trabajo decente (ODS 3,5,8 de la Agenda 2030)*. Madrid: Dykinson, pp. 17-27

– (2023). Los efectos de la entrada en vigor del Convenio 190 OIT sobre violencia y acoso en el trabajo. *Briefs AEDTSS*, n.º 38/2023.

Coto Aubone, Mariana (2020). El Convenio n.º 190 de la OIT y su regulación respecto a las tecnologías de la información y la comunicación en el mundo del trabajo. *Noticias Cielo*, n.º 9.

De Vicente Pachés, Fernando (2020). El Convenio 190 OIT y su trascendencia en la gestión preventiva de la violencia digital y el ciberacoso. *Revista de Trabajo y Seguridad Social. CEF*, n.º 448, pp. 69-106

Durán Bernardino, Manuela (2017). La violencia física en el ámbito laboral. Evolución del tratamiento convencional. *Revista Internacional y Comparada de Relaciones Laborales y Derecho del Empleo-ADAPT*, Vol. 5, n.º 2, p. 1-21.

García Celaá, Beatriz (2019). ¿Cuándo deben actuar las empresas en materia de protección y prevención de los riesgos psicosociales? ¿Qué limita su responsabilidad? Comentario a la Sentencia del Tribunal Superior de Justicia de Cantabria 226/2019, de 20 de marzo, *Revista de Trabajo y Seguridad Social. CEF*, n.º 437-438, pp. 173-180.

García Jiménez, Manuel (2019). Violencia externa en el lugar de trabajo: marco conceptual y caracterización jurídica. *Revista Internacional y Comparada de Relaciones Laborales y Derecho del Empleo-ADAPT*, Vol. 7, n.º 2, pp. 97-120.

Gorelli Hernández, Juan; Gómez Álvarez, Tomás (2003). El acoso moral. Perspectivas jurídico-laborales. *Revista General de Derecho del Trabajo y de la Seguridad Social*, n.º 2.

Hirigoyen, Marie F. (2001). *El acoso moral en el trabajo.* Barcelona: Ediciones Paidós Ibérica

Igartua Miró, M.ª Teresa (2020). Los canales de denuncia internos (*whistleblowing*) como mecanismo de tutela frente al acoso laboral. *Revista de Trabajo y Seguridad Social. CEF,* n.º 447, pp. 37-69.

Leymann, Heinz (1993). *Mobbing. La persécution au travail.* París: Editions Seuil.

Lousada Arochena, José F. (2019). El Convenio 190 de la Organización Internacional del Trabajo sobre la Violencia y Acoso en el trabajo. *Revista de Derecho Social,* n.º 88, pp. 55-73.

Medeiros de Oliveira, Flavia de P. (2005). *El acoso laboral* (tesis doctoral). Universitat de València.

Molina Navarrete, Cristóbal (2019-a). Del acoso moral (mobbing) al ciberacoso en el trabajo (network mobbing): viejas y nuevas formas de violencia laboral como riesgo psicosocial en la reciente doctrina judicial. *Revista de Trabajo y Seguridad Social. CEF,* n.º 437-438, pp. 143-165.

– (2019-b). La «des-psicologización» del concepto constitucional de acoso en el trabajo: ni la intención ni el daño son elementos el tipo jurídico. *Revista de Derecho Social,* n.º 86, pp. 119-143.

– (2021). Impacto en España del Convenio 190 OIT para la tutela efectiva frene a la violencia en el trabajo: obligados cambios legales y culturales. En Correa Carrasco, M.; Quintero Lima, G. (Dirs.), *Violencia y acoso en el trabajo. Significado y alcance del Convenio n.º 190 OIT en el marco del trabajo decente (ODS 3,5,8 de la Agenda 2030).* Madrid: Dykinson, pp. 91-116.

Mora Cabello de Alba, Laura (2021). El trabajo que queremos, que abre la aplicación conceptual extendida del Convenio 190 de la Organización Internacional del Trabajo. *Revista de Derecho Social,* n.º 93, pp. 81-93.

Morales Ramírez, M.ª Ascensión (2016). Aproximación al acoso laboral desde la legislación comparada. *Boletín Mexicano de Derecho Comparado,* n.º 147, pp. 71-98.

Moreno Márquez, Amanda (2022). El Convenio 190 de la OIT sobre violencia y acoso en el trabajo y sus implicaciones en el ordenamiento laboral español. *Temas Laborales,* n.º 166, pp. 93-137.

Pérez Bilbao, Jesús; Nogareda Cuixart, Clotilde; y otros (2006). *Mobbing, violencia física y acoso sexual,* 2ª Edición. Madrid: Instituto Nacional de Seguridad e Higiene en el Trabajo.

Pons Carmena, M. (2020). Aproximación a los nuevos conceptos sobre violencia y acoso en el trabajo a partir de la aprobación del Convenio OIT

190. *Labos: Revista de derecho del trabajo y protección social,* Vol. 1, n.º 2, pp. 30-60.

Quintero Lima, Gema (2021). Las violencias del trabajo. En Correa Carrasco, M.; Quintero Lima, G. (Dirs.), *Violencia y acoso en el trabajo. Significado y alcance del Convenio n.º 190 OIT en el marco del trabajo decente (ODS 3,5,8 de la Agenda 2030).* Madrid: Dykinson, pp. 307-317.

Ramos Quintana, Margarita I. (2018). Enfrentar la violencia y el acoso en el mundo del trabajo: la discusión normativa de la OIT. *Revista del Ministerio de Trabajo, Migraciones y Seguridad Social,* n.º 138, pp. 91-114.

Ribeiro Costa, Ana C. (2021). El contenido del Convenio n.º 190 de la Organización Internacional del Trabajo: definiciones y ámbito de aplicación - "¿Vino nuevo en odres viejos?" En Correa Carrasco, M.; Quintero Lima, G. (Dirs.), *Violencia y acoso en el trabajo. Significado y alcance del Convenio n.º 190 OIT en el marco del trabajo decente (ODS 3,5,8 de la Agenda 2030).* Madrid: Dykinson, pp. 29-59.

Robles Carillo, Margarita (2014). El concepto de acoso en el derecho de la Unión Europea. *Revista de Derecho Comunitario Europeo,* n.º 49, pp. 805-846.

Rodero Ródenas, María J. (2004). *Protección frente al acoso en el trabajo.* Albacete: Editorial Bomarzo.

Rodríguez Ruiz, Ricardo (2022). La violencia económica y las consecuencias económicas de la violencia. *CGPJ.* Recuperado el 22 de julio de 2023 de www.poderjudicial.es

Rodríguez-Piñero Royo, Miguel (2002). Acoso sexual, acoso moral, acoso discriminatorio [recurso online]. Recuperado (19-09-19) http://www.mobbing.nu/estudios-ERPineiro-acoso.htm.

Sanguineti Raymond, Wilfredo (2022). El Convenio 190 de la OIT sobre violencia y acoso y los desafíos de su aplicación por los Estados. *Trabajo y Derecho,* n.º 95.

Suárez González, Fernando (2020). El Convenio 190 de la OIT y su repercusión en el ordenamiento laboral español. *Revista del Ministerio de Trabajo y Economía social,* n.º 147, pp. 395-403.

Valdés Dal-Ré, Fernando (2013). Derecho constitucional y violencia en el trabajo en España. *Revista Internacional y Comparada de Relaciones Laborales y Derecho del Empleo-ADAPT,* Vol. 1, n.º 4, pp. 49-72.

Vallejo Dacosta, Ruth (2006). Acoso sexual y acoso por razón de sexo: riesgos de especial incidencia en la mujer trabajadora. *Trabajo: Revista iberoamericana de relaciones laborales,* n.º 17, pp. 55-84.

Velázquez Fernández, Manuel P. (2009). La violencia física externa en el trabajo. *Revista d'estudis de la violència,* n.º 7, pp. 1-23.

– (2019). El Convenio 190 de la OIT sobre Violencia y Acoso en el trabajo: principales novedades y expectativas. *Revista de Trabajo y Seguridad Social. CEF,* n.º 437-438, pp. 119-142.

Velia Artigas, María (2007). Violencia en el trabajo. *Faces,* n.º 28, pp. 71-85.

Vicentine Xavier, Alexandre (2011). *La respuesta jurídica frente al acoso moral en el trabajo* (tesis doctoral). Universidad de León.

Vidal Marti, Cristina (2020). La violencia laboral de tipo II desde una perspectiva psicológica. *Apuntes de Psicología,* Vol. 38, n.º 1, pp. 3-12.

Otras fuentes: informes citados

OIT (2016). *Reunión de expertos sobre la violencia contra las mujeres y hombres en el mundo del trabajo.* Ginebra: Oficina Internacional del Trabajo. Recuperado (30-09-19) de https://www.ilo.org/wcmsp5/groups/public/—-dgreports/—gender/documents/meetingdocument/wcms_524929.pdf

– (2018-a). *Informe V (1). Acabar con la violencia y el acoso contra las mujeres y los hombres en el mundo del trabajo.* Ginebra: Oficina Internacional del Trabajo. Recuperado (30-09-19) de https://www.ilo.org/wcmsp5/groups/public/—-ed_norm/—relconf/documents/meetingdocument/wcms_554100.pdf

– (2018-b). *Informe V (2). Acabar con la violencia y el acoso en el mundo del trabajo.* Ginebra: Oficina Internacional del Trabajo. Recuperado (30-09-19) de https://www.ilo.org/wcmsp5/groups/public/—ed_norm/—relconf/documents/meetingdocument/wcms_619813.pdf

– (2019-a). *Informe V (1). Acabar con la violencia y el acoso en el mundo del trabajo.* Ginebra: Oficina Internacional del Trabajo. Recuperado (30-09-19) de https://www.ilo.org/wcmsp5/groups/public/—ed_norm/—relconf/documents/meetingdocument/wcms_637134.pdf

– (2019-b). *Informe V (2A). Acabar con la violencia y el acoso en el mundo del trabajo.* Ginebra: Oficina Internacional del Trabajo, Recuperado (30-09-19) de https://www.ilo.org/wcmsp5/groups/public/—ed_norm/—relconf/documents/meetingdocument/wcms_675575.pdf

– (2021). *La violencia y el acoso en el mundo del trabajo: Guía sobre el Convenio núm. 190 y sobre la Recomendación núm. 206.* Ginebra: Oficina Técnica del Trabajo. Recuperado (15-07-22) de https://www.ilo.org/global/topics/violence-harassment/resources/WCMS_830029/lang-es/index.htm

Capítulo 3

Violencia y acoso en el trabajo a la luz del convenio OIT 190 y de las nuevas normas españolas de 2022 y 2023 (Ley 15/2022, LO 10/2022 y Ley 4/2023)

MARÍA PONS CARMENA
Profesora Contratada Doctora de Derecho del Trabajo y de la Seguridad Social
Universitat de València
Maria.Pons-Carmena@uv.es

1. INTRODUCCIÓN

El presente capítulo tiene por objeto realizar una valoración sobre los nuevos conceptos de violencia y acoso en el trabajo incorporados a nuestro ordenamiento jurídico a partir de la ratificación del Convenio OIT 190. A su vez, se pretende en estas páginas ahondar en el concepto de violencia y acoso por razón de género y acoso sexual desde una perspectiva transversal, siguiendo lo dispuesto en el Convenio 190 OIT y, posteriormente, los dictados de las nuevas normas españolas aprobadas en 2022 y en 2023: la *Ley 15/2022 sobre igualdad de trato y no discriminación*, la *Ley Orgánica 10/2022 de garantía integral de la libertad sexual* y la *Ley 2/2023 para la igualdad real y efectiva de las personas trans y para la garantía de los derechos de las personas LGTBI.* Tales objetivos exigen que se realice, en primer lugar, un repaso a la regulación vigente sobre violencia y acoso en el trabajo en el ordenamiento jurídico español y a los nuevos conceptos introducidos por el Convenio OIT 190. A su vez, en segundo lugar, lo que constituye el punto clave de este artículo, se requiere valorar las virtudes y carencias de las nuevas normas de 2022 y 2023; ello en cuanto a su concepción de la violencia y acoso en el trabajo como actuaciones discriminatorias y la contribución o no de estas normas a erradicar estos comportamientos o actuaciones intolerables.

2. LA REGULACIÓN DE LA VIOLENCIA Y EL ACOSO EN EL TRABAJO EN EL ORDENAMIENTO JURÍDICO ESPAÑOL

El tratamiento de la violencia y acoso en el trabajo en el ordenamiento español viene conformado por un verdadero "arsenal de armas jurídicas" (Molina Navarrete, 2021, p. 21) que, sin embargo, no ha contribuido a que disminuyan estos comportamientos o prácticas inaceptables. Más bien al contrario, y a pesar de la existencia de normativa en España y en otros países de nuestro entorno, la realidad es bien decepcionante: los mecanismos de prevención fallan, posiblemente porque pretenden sancionar en lugar de prevenir o, directamente, porque no existen y si existen no se aplican. A su vez, como ya se ha señalado (Yagüe Blanco, 2020; Pons Carmena, 2020), los mecanismos de tutela, principalmente la judicial, muestran un panorama desalentador tanto en cuanto al número de asuntos que llegan a plantearse por esta vía, con respecto a la realidad del fenómeno —muy pocos—, como los que, de tramitarse, se pronuncian en favor de las víctimas de las situaciones de acoso y violencia, resarciendo adecuadamente por los daños causados (Según datos de 2019 del *Observatorio Vasco sobre Acoso y Discriminación. Estudio de la doctrina judicial en materia de acoso en el Trabajo*, en 8 de cada 10 asuntos no se estiman las pretensiones). Pues bien, la regulación de la violencia y acoso en el trabajo en el ordenamiento jurídico español es extensa, pero está muy dispersa o fragmentada pues se prevé en diferentes normas y en diferentes áreas del derecho. Además, puede considerarse una regulación caótica y en muchas ocasiones da la sensación de que se ha ido legislando por impulsos por la necesidad de ir incorporando normativa comunitaria.

Como posteriormente se verá (vid. infra apartado 3), la aprobación de dos normas en 2022, la *Ley 15/2022, integral para la igualdad de trato y la no discriminación* y la *LO 10/2022 de garantía integral de la libertad sexual*, vienen a completar el panorama normativo español, especialmente en torno a la figura —tradicionalmente denominada— de la violencia o acoso por razón de género o el acoso sexual. Veremos en este punto como el legislador español se ha abierto a nuevos planteamientos o concepciones, superando los mínimos legales exigibles en virtud de lo establecido en el Convenio OIT 190, y estableciendo una nueva normativa específica, integral y diferente, no exenta de problemas formales y/o de sistemática legal pero también algunos otros jurídicos o de interpretación. En términos similares, la reciente aprobación de la *Ley 4/2023, para la igualdad real y efectiva de las personas trans y para la garantía de los derechos de las personas LGTBI*, también nos obliga a estudiar nuevos planteamientos, tanto desde el punto de vista conceptual, como con respecto a la aplicación práctica de la nueva normativa y de las obligaciones que se generan para las empresas en torno a la protección, prevención y tutela de la violencia y acoso en el trabajo; y de las obligaciones en materia de planes de igualdad (con obligación de incluir de forma expresa a las mujeres trans).

2.1. Normas materiales

Así pues, en el plano del derecho material contábamos, con anterioridad a las novedades de 2022 y 2023, con varias normas que trataban y tratan sobre violencia y acoso en el trabajo; son las siguientes:

En primer lugar, el *Estatuto de los Trabajadores* (ET) reconoce el derecho de los trabajadores en la relación de trabajo "al respecto de su intimidad y la consideración debida a su dignidad, comprendida la protección frente al acoso por razón de origen racial o étnico, religión o convicciones, discapacidad, edad u orientación sexual, y frente al acoso sexual y al acoso por razón de sexo" (art. 4.1.e ET). A su vez, el artículo 54.2.g ET considera incumplimiento contractual, causa de despido disciplinario, el acoso por razón de origen racial o étnico, religión, convicciones, discapacidad, edad u orientación sexual al empresario o a las personas que trabajan en la empresa. Por su parte, el *Estatuto Básico del Empleado Público*, aprobado por RD Legislativo 5/2015, tipifica como faltas disciplinarias muy graves de los empleados públicos, por un lado, "el acoso por razón de origen racial o étnico, religión o convicciones, discapacidad, edad u orientación sexual y el acoso moral, sexual y por razón de sexo" (art. 95.2.b); y por otro, "el acoso laboral" (art. 95.2.o).

En segundo lugar, en términos más concretos, ha de destacarse la *Ley 62/2003, de Medidas Fiscales Administrativas y del Orden social*, que incorporó al ordenamiento español las *Directivas: 2000/43, relativa a la aplicación del principio de igualdad de trato de las personas independientemente de su origen racial o étnico*; y la *2000/78, sobre el establecimiento de un marco general para la igualdad de trato en el empleo y en la ocupación*, que pretende luchar contra las discriminaciones basadas en la religión o convicciones, la discapacidad, la edad y la orientación sexual. Esta Ley 62/2003 definió, por vez primera en nuestro ordenamiento, el acoso discriminatorio como "toda conducta no deseada, relacionada con el origen racial o étnico, la religión o convicciones, la discapacidad, la edad, la orientación sexual de una persona, que tenga como objetivo o consecuencia atentar contra su dignidad y crear un entorno intimidatorio, humillante u ofensivo" (art. 28.1).

En tercer lugar, la adopción de la *Ley Orgánica 3/2007, para la igualdad efectiva demujeres y hombres (LOI)* marcó un hito e inició una trayectoria en cuanto a la no discriminación por razón de género en nuestro país. En este sentido, se señaló que tanto el acoso sexual como el acoso por razón de género son actos discriminatorios (art. 7). Asimismo, en esta norma se define, por un lado, el acoso sexual, como "cualquier comportamiento, verbal o físico, de naturaleza sexual que tenga el propósito o produzca el efecto de atentar contra la dignidad de una persona, en particular cuando se crea un entorno, intimidatorio, degradante u ofensivo" (art. 7.1); y, por otro, el acoso por razón de sexo, como "cualquier comportamiento realizado en función del sexo de una persona, con el propósito o el efecto de atentar contra su dignidad y de crear un entorno intimidatorio, degradante u ofensivo" (art. 7.2).

En cuarto lugar, la *Ley Orgánica 1/2004, de protección integral contra la violencia de género*, cuya finalidad es atajar y erradicar la violencia de género con carácter integral y multidisciplinar, incorporando medidas preventivas y de sensibilización, define esta forma de violencia en su art. 1.3: comprende todo acto de violencia física y psicológica, incluidas las agresiones a la libertad sexual, las amenazas, las coacciones o la privación arbitraria de libertad. En esta norma, la violencia de género se configura como una manifestación de discriminación, de la situación de desigualdad histórica de los hombres sobre las mujeres (art. 1.1), si bien con las limitaciones señaladas (García Testal, 2021, p. 62). Por indicación de la DA 7° de esta Ley, se modificaron los siguientes artículos del ET: art. 37.7 (jornada); art. 40.4 (traslado o cambio de puesto de trabajo); art. 45.1.n (suspensión del contrato de trabajo); art. 48.10 (duración de la suspensión contractual); art. 49.1.m (extinción del contrato); art. 52.d. 2° párrafo (despido objetivo) y art. 55.5.b (efectos del despido disciplinario).

En quinto lugar, el *Real Decreto Legislativo 1/2013 sobre derechos de las personas* con discapacidad hizo referencia al *acoso discriminatorio en personas con discapacidad* en su art. 2.f, definiendo este como "toda conducta no deseada relacionada con la discapacidad de una persona que tenga como objetivo o consecuencia atentar contra su dignidad o crear un entorno intimidatorio, hostil, degradante, humillante u ofensivo".

Por último, el *Real Decreto-Ley 6/2019, sobre medidas urgentes de garantía de la igualdad de trato y de oportunidades entre mujeres y hombres en el empleo y la ocupación* incidió en la *prevención del acoso sexual y del acoso por razón de sexo*, y obligó a la puesta en marcha de planes de igualdad en empresas de más de 50 trabajadores a partir de 2022 y, además, estableció un nuevo permiso y formas de ordenación del tiempo de trabajo por razón de violencia de género sobre la mujer funcionaria (art. 49.d EBEP). Esta importante norma incorporó cambios significativos en la LOI, que se materializaron en los *RD 901/2020, por el que se regulan los planes de igualdad,* que es necesario negociar en empresas con más de 50 trabajadores[1] y *RD 902/2020, sobre igualdad retributiva*

1 Para el establecimiento de un plan de igualdad deben seguirse tres fases diferenciadas (art. 45.2 ET): 1) fase de diagnóstico previo, siendo válido el elaborado conforme a la legislación y normativa convencional vigente previa a la reforma; y 2) fase de negociación entre empresa y representación de los trabajadores o consulta, en función del número de trabajadores; (obligatorio en empresas con más de 50 trabajadores). También resultará obligatorio: a. cuando así lo establezca el convenio colectivo aplicable (art. 2.3 RD 901/2020); y b. cuando la autoridad laboral hubiera acordado en un procedimiento administrativo sancionador, la sustitución de las sancio-

entre hombres y mujeres, que regula la auditoria retributiva (arts. 7-8) y el registro retributivo (arts. 5-6), entre otros aspectos, como parte del plan de igualdad para todas las empresas obligadas al establecimiento de este último.

2.2. Tutela Administrativa

En el plano de la *tutela administrativa* ante situaciones de violencia y acoso en el trabajo, el *Real Decreto Legislativo 5/2000, por el que se aprueba el Texto Refundido de la Ley de Infracciones y Sanciones del Orden Social (LISOS)* prevé como infracciones muy graves, las siguientes:

1. el *acoso sexual,* cuando se produzca dentro del ámbito a que alcanzan las facultades de decisión empresarial, "cualquiera que sea el sujeto activo de la misma" (art. 8.13 LISOS); acogiéndose, en este sentido, la posibilidad de atribuir responsabilidad al empresario, no solo por las conductas de acoso cometidas por terceros en dicho ámbito, sino también las que recaen sobre otros sujetos presentes en la organización empresarial que carecen de una relación contractual directa con la misma. En este sentido, la infracción contenida en la LISOS se adecúa perfectamente a los dictados del Convenio 190 OIT en cuanto a su —amplísimo— ámbito de aplicación espacial, temporal y subjetivo, incluyéndose la concepción de la violencia externa (Altés Tárrega, 2022, p. 103);
2. el *acoso discriminatorio,* que define como "acoso por razón de origen racial o étnico, religioso o convicciones, discapacidad, edad y orientación social y el acoso por razón de sexo, cuando se produzcan dentro del ámbito a que alcanzan las facultades de dirección empresarial, cualquiera que sea el sujeto activo del mismo, siempre que, conocido por el empresario, éste no hubiera adoptado las medidas necesarias para impedirlo" (art. 8.13 bis LISOS; modificado por Ley 4/2023, *vid. infra* apartado 4.3);

---

nes accesorias por la elaboración y aplicación de dicho plan (art. 2.3 RD 901/2020).

3. y, en general, "los actos del empresario que fueren contrarios al respeto de la intimidad y consideración debida a la dignidad de los trabajadores" (art. 8.11 LISOS), pudiéndose encuadrar en este último artículo, el denominado *acoso moral*.

La comisión de cada una de estas infracciones da lugar a unas responsabilidades empresariales específicas —básicamente ser excluidos por un periodo de 6 meses a dos años y/o perder ayudas y bonificaciones al empleo y la obligación de elaborar un plan de igualdad, aun no estando legalmente obligado a ello— y, también, a la correspondiente sanción administrativa general —multa— prevista en la LISOS para las infracciones muy graves en materia de relaciones laborales (art. 40.1 LISOS)[2]. En caso de que las conductas de violencia o acoso pudiesen ser constitutivas de delito, y para salvaguardar el principio *non bis in ídem*, "el funcionario actuante habrá de informar de ello al Jefe de la Inspección de Trabajo y éste, de estimar la concurrencia de ilícito penal, lo comunicará al órgano competente para resolver" (art. 5.1 RD 928/1998). En este sentido, la ITSS está obligada a incoar de oficio el proceso penal (art. 22 Ley 23/2015 de la ITSS).

2.3. Derecho Penal

En cuanto al Derecho Penal, el *Ley Orgánica 10/1995, del Código Penal* tipifica varios tipos de acoso, entre estos, los siguientes:

---

2 Las infracciones muy graves en materia de relaciones laborales se sancionarán según tres grados distintos (mínimo, medio y máximo) en atención a "la negligencia e intencionalidad del sujeto infractor, fraude o connivencia, incumplimiento de las advertencias previas y requerimientos de la Inspección, cifra de negocios de la empresa, número de trabajadores o de beneficiarios afectados en su caso, perjuicio causado y cantidad defraudada, como circunstancias que puedan agravar o atenuar la graduación a aplicar a la sanción cometida" (art. 39.2 LISOS). En concreto, las infracciones muy graves en su grado mínimo se sancionan con multas comprendidas entre 7501 a 30.000 euros; en su grado medio entre 30.001 a 120.005; y en su grado máximo entre 120.006 a 225.018 euros (art. 40.1.c LISOS).

1. El *acoso de acecho o predatorio* (art. 172 ter), relativo a supuestos en los que, sin llegar a producirse necesariamente el anuncio explícito o no de causar algún mal (amenazas) o el empleo directo de violencia para coartar la libertad de la víctima (coacciones), se producen conductas reiteradas que menoscaban gravemente la libertad y el sentimiento de seguridad de la víctima, a la que se somete a persecuciones o vigilancias constantes o actos continuos de hostigamiento.

2. El *acoso laboral* (art. 173.1 segundo párrafo, previsto a partir de la reforma del Código Penal por LO 5/2010), está configurado por su ubicación como un atentado a la integridad moral, y se considera un delito de tipificación muy rígida. Así, se prevé que cuando el acoso tenga lugar "en el ámbito de cualquier relación laboral o funcionarial" y "prevaliéndose de la relación de superioridad", constituirá acoso grave, exigiéndose que "se realicen de forma reiterada actos hostiles o humillantes aun cuando no lleguen a constituir trato degradante". Se prevé la pena de prisión de seis meses a dos años; y

3. El *acoso sexual*, que está comprendido entre los delitos contra la libertad y la indemnidad sexuales (art. 184). Los elementos del tipo son: 1. solicitud sexual (no se exige que se obtenga el favor sexual pero sí que se coloque a la víctima en una situación objetiva y gravemente intimidatoria, hostil o humillante); 2. es necesario que exista una relación en el ámbito laboral, docente o de prestación de servicios entre el sujeto activo y el pasivo; 3. provocación de situación intimidatoria, hostil o humillante. La pena prevista para el tipo básico es de tres a cinco meses de prisión o multa de seis a diez meses. Las situaciones de superioridad laboral docente o jerárquica y las especiales circunstancia de la víctima (edad, vulnerabilidad o enfermedad) conllevan penas mayores (subtipos agravados, arts. 184.2 y 184.3).

El Código Penal (versión LO 1/2015), recoge las nuevas redacciones establecidas por la LO 1/2004 en punto a las medidas de protección contra la *violencia de género*. En concreto, destacan las siguientes disposiciones: art. 153 sobre *malos tratos*; art. 171 apartados 4,5 y 6 sobre *amenazas*; art. 172.2 *coacciones*; art. 468 sobre *quebrantamiento de condena;* art. 620 sobre vejaciones leves, entre otros.

2.4. La Ley 31/1995, de Prevención de Riesgos Laborales (LPRL)

Por lo demás, en nuestra norma preventiva, la Ley 31/1995 no se encuentran referencias expresas a la violencia y acoso en el trabajo, como riesgos psicosociales que son. La Inspección de Trabajo y Seguridad Social (ITSS) llegó a dictaminar (*Criterio técnico 34/2003*) que el acoso laboral quedaba fuera del ámbito sustantivo y sancionador de la ITSS. No obstante, una amplia doctrina judicial y académica, que ha acabado siendo respaldada por el TC, viene considerando no sólo que el acoso, y demás riesgos psicosociales, son daños derivados del trabajo (art. 4.3 LPRL), sino también que el deber de protección del empresario (art. 14.1 LPRL) alcanza a la protección frente el acoso. En este sentido, el empresario deberá garantizar la seguridad y salud de sus trabajadores en todos los aspectos relacionados con el trabajo (evaluar riesgos, información, consulta, participación y vigilancia de la salud) y realizará la prevención de riesgos laborales mediante la adopción de cuantas medidas sean necesarias al objeto de cumplir con sus obligaciones de protección; ello incluye desarrollar una acción permanente de seguimiento y de mejora continua de la identificación, evaluación y control de los riesgos (art. 14.2 LPRL). En todo caso, ha de prevalecer "el más alto nivel posible" de prevención y de protección, sin escatimar en costes, como principio que inspiró la Directiva marco de seguridad y salud 391/1989, de la que derivan cada una de las normas estatales de los Estados miembros de la Unión Europea.

Además, como riesgos psicosociales relacionados con el trabajo que son la violencia y el acoso en el ámbito laboral, estas actuaciones pueden conllevar un recargo de prestaciones de seguridad social por falta de medidas de seguridad y salud en el trabajo (STC 4 de marzo de 2014, Rec. 788/2013).

Puede apreciarse que la normativa laboral, en punto a la tipología y clasificación de la violencia y acoso en el trabajo es, cuanto menos, un poco caótica, y se encuentra dispersa en diversas normas. Además, es relevante señalar que no contamos en el ámbito laboral con una definición legal de acoso moral, aunque este hecho no ha sido óbice para que se haya ido elaborando un concepto jurisprudencial de *acoso moral* o *mobbing*, y para que se hayan ido construyendo los elementos objetivos y subjetivos de esta figura a partir de la doctrina judicial.

En todo caso, puede apreciarse que, a salvo de la normativa recogida en el Derecho Penal, principalmente el acoso sexual previsto desde 1995 —aunque reformado con posterioridad—, la regulación de la violencia y el acoso en el ámbito laboral es fruto de una construcción por aluvión, por impulsos o por la necesidad de ir incorporando normativa comunitaria o, lo que es peor, por modas, sin convicción. Quizás cierta dispersión normativa podría justificarse únicamente en torno a la protección de la denominada violencia de género que, por su singularidad, requiere de un tratamiento específico, integral y diferente, lo que justificaría en parte esta falta de sistematización normativa (Pérez del Rio, 2012, p. 145).

3. VIOLENCIA Y ACOSO POR RAZÓN DE GÉNERO Y ACOSO SEXUAL EN EL CONVENIO 190 OIT

En cuanto al concepto de violencia y acoso en el trabajo recogido en el Convenio 190 OIT (art. 1.1), es significativo señalar que prevalece un concepto único y general de violencia y acoso: "la expresión violencia y acoso en el mundo del trabajo designa un conjunto de comportamientos y de prácticas inaceptables, o de amenazas de tales comportamientos o prácticas, ya se manifiesten de una sola vez o de manera repetida, tengan por objeto, que causen o sean susceptibles de causar daños físicos, psicológicos, sexuales o económicos" (art. 1.1.a). Pero, por razones que debemos explicar, se hace una distinción, se menciona expresamente, como algo separado, la violencia y acoso por razón de género (art.1.1.a) ("Y, dentro de este concepto —general de acoso y violencia en el trabajo—, se incluye la violencia y acoso por razón de género"). A su vez, en el apartado siguiente, apartado b, se definen la violencia y acoso por razón de género como "aquellos que van dirigidos contra personas por razón de su sexo o género, o que afectan de manera desproporcionada a personas de un sexo o género determinado, e incluye el acoso sexual" (art. 1.1.b).

Pues bien, junto a la necesidad de abordar las razones que justifican la distinción entre violencia y acoso "general" y violencia y acoso "por razón de género", convendría también investigar el alcance de la referencia a "por razón de género o sexo", y si esta locución, en la letra del Convenio 190 OIT, incluye o no identidad de género y/u orientación sexual. Posteriormente se analizarán las repercusiones que tiene la adopción de la nueva normativa española de 2022 y 2023.

3.1. La violencia y el acoso en el trabajo afecta mayoritariamente a las mujeres, por su condición de mujeres

Es un hecho evidente, como pone de manifiesto reiteradamente la Recomendación 206 OIT que acompaña al Convenio OIT 190 —pero sin carácter obligatorio para los Estados que ratifiquen este último—, que la violencia y el acoso en el mundo del trabajo y el acoso sexual afectan mayoritariamente a mujeres y niñas. Lo recuerda también la propia Exposición de motivos del Convenio OIT 190 que, además, reconoce la necesidad de la adopción de un enfoque inclusivo e integrador que tenga en cuenta las consideraciones de género, y "que aborde las causas subyacentes y los factores de riesgos, entre ellos los estereotipos de género, las formas múltiples e intersectoriales de discriminación y el abuso de las relaciones de poder por razón de género" (párrafo 13).

Abordar las causas subyacentes y los factores de riesgo que contribuyen a la mayor incidencia de acoso y violencia en las mujeres es una tarea ardua; como también lo es poder distinguir lo que son causas de lo que son factores de riesgo. En la Recomendación 206 OIT que acompaña al Convenio 190 se apuntan como "factores que aumentan la probabilidad de acoso y violencia en el trabajo" (en general, sin especificar que se trate de la violencia y acoso por razón de género) los siguientes: la discriminación, el abuso de poder y las normas de género, y causas culturales y sociales que fomentan la violencia y el acoso (apartado 23.a); y los peligros y riesgos psicosociales (apartado 8). En todo caso, en el trasfondo de la violencia y acoso contra las mujeres se encuentra una relación de poder desigual perpetuado a lo largo de la historia.

A pesar de que no existe una definición única de "violencia contra las mujeres", si existe un cierto consenso internacional sobre su identificación con la "violencia por razón de género"; ello es así a partir de la "declaración sobre la eliminación de la violencia contra la Mujer, Plataforma de acción de *Beijing, 1995 (ONU),* en la que se estableció que la *violencia contra las mujeres o por razón de género* es "todo acto de violencia sexista que tiene como resultado posible o real un daño físico, sexual o psíquico, incluyendo las amenazas, la coerción o la privación arbitraria de libertad, tanto si se produce en la vida pública como en la privada".

A su vez, puede afirmarse que existe un amplio conjunto de normas internacionales y europeas que confluyen en la identificación de la violencia de género, la violación de derechos humanos y la discriminación por razón de sexo y optan por una definición amplia y omnicomprensiva del concepto "violencia de género" y, es por ello que, a partir del *Convenio de Estambul de 2011,* que determina un cambio sustancial, se declara por primera vez la *violencia de género contra las mujeres* como violación de los derechos humanos y como forma de discriminación contra las mujeres. Sin embargo, los ordenamientos nacionales han optado por un alcance mucho más limitado del concepto, reservando las formas más graves para el ámbito estrictamente penal. Además, generalmente, han concebido como "violencia" sólo la de carácter físico (agresión), y se ha optado por dar un tratamiento privilegiado a la violencia de género ejercida en el ámbito de la relación de pareja; y ello resulta limitado (Rivas Vallejo, 2022, p. 2).

Es evidente que la pretensión del Convenio OIT 190 y de la Recomendación 206 que lo acompaña es reconocer la realidad de la violencia contra las mujeres y darle visibilidad. Ahora bien, cuando en el Convenio 190 OIT se menciona a la violencia o acoso "que van dirigidos contra las personas *por razón de su sexo o género* o que afectan de manera desproporcionada a personas de un sexo o género determinado...", ¿se está refiriendo exclusivamente a las mujeres?

En favor de esta afirmación estaría lo dispuesto en la Recomendación 206 (apartado 16), que establece medidas para mitigar la violencia y acoso *"contra las mujeres":* a) tribunales con personal especializado; b) una tramitación diligente y eficiente de los casos; c) asistencia y asesoramientos jurídicos para los denunciantes y para las víctimas; d) guías y otros medios de información disponibles en los idiomas al uso del país; y e) la inversión de la carga de la prueba, si procede, en procedimientos distintos de los penales. Ahora bien, por otro lado, el apartado 17 establece las vías de recurso y de reparación de las víctimas de violencia y acoso *"por razón de género"* (apartado 17)[3], destacándose, en este sentido, la relativa a que "los inspectores de trabajo y los agentes de otras autoridades competentes, según proceda, deberán recibir información específica sobre las cuestiones de género para poder detectar y tratar la violencia y el acoso en el mundo del trabajo, incluidos los peligros y riesgos psicosociales, la violencia y el acoso por razón de género y la discriminación ejercida contra determinados grupos de trabajo" (apartado 20).

Sí se pronuncia la Recomendación OIT 206 sobre la "violencia doméstica" y su impacto en el mundo del trabajo, aconsejando la adopción de las siguientes medidas: a) licencia para las víctimas de violencia doméstica; b) modalidades de trabajo flexibles y protección para las víctimas de violencia de género; c) protección temporal contra el despido, según proceda, salvo que el motivo del mismo no esté relacionado con la violencia doméstica y sus consecuencias; d) la inclusión de la violencia doméstica en la evaluación de riesgos en el lugar de trabajo; e) un sistema de orientación hacia mecanismos públicos de mitigación de la violencia doméstica, cuando existan; y f) la sensibilización sobre los efectos de la violencia doméstica (apartado 17).

En definitiva, puede apreciarse que en la redacción del Convenio 190 OIT se ha sido especialmente *cauto* y se han utilizado términos tradicionales, aceptados por todos: *por razón de género* y *violencia doméstica*. Ello no deja de ser sorprendente por dos motivos: 1) no queda claro si estamos hablando de violencia y acoso *contra las mujeres* o de

---

3 "Deberían comprender" medidas como: a) apoyo a las víctimas para reincorporarse en el mercado de trabajo; b) servicios accesibles, según proceda, de asesoramiento e información; c) un servicio de atención telefónica disponible las 24 horas; d) servicios de emergencia; e) atención y tratamiento médico y apoyo psicológico; f) centros de crisis, incluidos los centros de acogida; y g) unidades especializadas de la policía o de agentes con formación específica para ayudar a las víctimas.

violencia y acoso "por razón de sexo, género, identidad de género y/u orientación sexual"; y 2) es llamativo la utilización del concepto *violencia doméstica* por las propias limitaciones que contiene el mismo; que en nuestro país han sido sobradamente puestas de manifiesto por la doctrina, con ocasión del análisis de la LO 1/2004, se excluye del concepto la violencia ejercida por hombres contra mujeres si no han sido o son cónyuges y/o han tenido o tienen una relación de afectividad con ellas- (García Testal, 2021). Como se verá posteriormente, la *Ley Orgánica 10/2022, de garantía integral de la libertad sexual,* en vigor desde el 8 de marzo de 2023, vendría a reparar estas insuficiencias.

3.2. La reticencia a incorporar referencias a la discriminación por razones de identidad de género y de orientación sexual

Lo que sí queda claro, en la letra del Convenio OIT 190, es la existencia de una reticencia manifiesta a mencionar la identidad de género y la orientación sexual como motivos de discriminación distintos de los relativos al *género,* y/o cualquier referencia a las personas no binarias. En este sentido, como también se abordará, nuestra nueva normativa interna de 2022 y 2023 (Ley 15/2022, LO 10/2022 y Ley 4/2023) van más allá de lo dispuesto en la norma internacional objeto de estudio.

Las razones por las cuales no se hace referencia en la norma internacional, ni a la identidad de género ni a la orientación sexual, hay que buscarlas en los antecedentes a la elaboración del Convenio 190 OIT. La redacción original del Convenio sí incluía referencia al colectivo LGTBI. Sin embargo, durante la tramitación hasta su aprobación algunos países se mostraron totalmente reticentes a incorporar en la norma internacional cualquier referencia a la identidad de género y a la orientación sexual como motivos de discriminación (entre ellos, República Islámica de Irán, Kuwait y Polonia. Informe 2A, p. 19). Es relevante también que determinadas organizaciones empresariales, por ejemplo, la CGECI —*Confederación General de Empresas de Côte d'Ivore*—, se pronunciaría expresamente en favor de "eliminar referencias específicas a las personas lesbianas, gays, bisexuales o transgénero"; mientras que otras patronales, se pronunciaron, por el contrario, en favor de incluir referencias a las personas LGTBI, considerando que éstas también se ven afectadas de forma desproporcionada por la violencia por razón de género (como la CEOE, CEPYME, NEF (Federación de Empleadores de Namibia), NHO (Confederación de empresas de Noruega); CONFIEP (Confederación de Nacional de Instituciones Privadas de Perú) y VBO-FEB (Federación de Empresas Belgas).

En cualquier caso, es muy significativo resaltar la necesidad de dar visibilidad a la discriminación y a los actos de violencia y acoso que sufren las personas no binarias en el mundo y, desde luego, sin ninguna duda la adopción del Convenio 190 OIT hubiera sido una buena oportunidad. Como se señala desde Amnistía Internacional (es.amnesty.org), la diversidad de género *se castiga muy duramente* en muchos países (incluso darse un beso es un delito). En algunos, además, se les tortura para obtener confesiones sobre su *desviación* y se les *viola* para *curarlos* de ella. Según datos de Amnistía internacional, en *11 países* del mundo, la homosexualidad podría suponer *pena de muerte*; y en *70 países* del mundo, se tipifican como ilegales las relaciones consentidas entre personas del mismo sexo, y conllevan *pena de cárcel* en la mayoría de los casos y también *castigos físicos*. En muchísimos, *en casi todos estos países*, sufren de forma diaria *discriminación* y *crímenes de odio*. El *discurso homofóbico (transfóbico y bifóbico)* de muchos gobernantes[4] y políticos, de medios de comunicación, y de entes religiosos del mundo fomenta un clima de intolerancia y discriminación contra la diversidad de género y de orientación social y alienta (*facilita/ conduce a*) la violencia y el acoso contra estas personas[5].

---

4 El presidente de Zimbabue, Robert Mugane, llegó a decir públicamente que los homosexuales son peores que cerdos o perros" o como algunos políticos de Letonia, Lituania, Bulgaria o Polonia se han opuesto a la celebración de actos de apoyo a la igualdad del colectivo LGTBTI (+). En Rusia también se hostiga a estas organizaciones (es.amnesty.org).

5 En países como Letonia, Lituania, Bulgaria, Croacia, Serbia, Hungría, Moldavia o Rusia es frecuente la vulneración del derecho a la libertad de expresión y reunión. En África siguen sufriendo abusos o discriminación en países como Camerún, Kenia, Senegal, Tanzania, Togo y Uganda. En América, Brasil sigue siendo el país más mortífero del mundo para las personas trans. En países como Argentina, Bahamas, El Salvador, Haití, Honduras, Jamaica, República dominicana o Venezuela, se mantienen niveles elevados

Desgraciadamente, hasta hace relativamente muy poco tiempo, año 2018, la transexualidad era considerada por la Organización Mundial de la Salud (OMS) como una enfermedad mental (Clasificación Internacional de Enfermedades, CIE-11). El colectivo de las personas transgénero sigue sufriendo en la actualidad un elevado grado de discriminación y de estigmatización social; y, desgraciadamente, de crímenes de odio. La protección jurídica efectiva de estas personas no puede limitarse a aquellas que se han sometido a una operación de cambio de sexo, sino que debe desarrollarse una conceptualización de la identidad de género que sea amplia e inclusiva, basándose en el respeto a los derechos fundamentales que le son inherentes (STJUE de 26 de junio de 2018, asunto C-415/16); en este sentido, la nueva norma *Ley 4/2023, para la igualdad real y efectiva de las personas trans y para la garantía de los derechos de las personas LGTBI* es sin duda un paso relevante.

3.3. El Convenio OIT 190 busca que su normativa se aplique a todos

En cualquier caso, tanto el Convenio OIT 190 como la Recomendación 206 que le acompaña buscan que la normativa se aplique a TODOS; es decir, a todas las personas relacionadas con el mundo del trabajo, en el más amplio sentido, superando la tradicional distinción entre acoso y violencia por motivos discriminatorios y los que no se apoyan en causas de discriminación. Prueba de ello, la amplitud de los ámbitos de aplicación subjetivo y espacial del Convenio 190 OIT.

de crímenes de odio, apología del odio y de la discriminación, así como asesinatos y persecuciones contra activistas LGTBI+; en Asia, países como Indonesia o Malasia, las personas LGTBI sufren hostigamiento, discriminación y violencia. En Oriente medio y norte de África, en Baréin, Egipto, Irán, Marruecos y Túnez, entre otros, se detiene y encarcela a las personas LGTBI por actos licenciosos o conducta inmoral.

3.3.1. El ámbito de aplicación subjetivo del Convenio 190 OIT es muy amplio

En cuanto al ámbito de aplicación subjetivo, el amplio enfoque del Convenio OIT es muy significativo en la medida en que van a quedar bajo su protección todas las personas que trabajan, pero no solo ellas. En este sentido, el art. 2.1 del Convenio se refiere a los trabajadores asalariados "según se definen en las legislaciones y prácticas nacionales" pero también a las personas que trabajan, "sea cual sea su situación contractual". Entre estos últimos el Convenio incluye expresamente a las personas en formación, pasantes, aprendices, los trabajadores despedidos, los voluntarios, las personas en busca de empleo y los postulantes a un empleo, y los individuos que ejercen la autoridad, las funciones o la responsabilidad de un empleador. Ha de destacarse también que el Convenio hace referencia a "terceros ajenos a la relación laboral" (art. 4.2), tradicionalmente denominada violencia externa, generalmente ejercida por usuarios de servicios públicos contra empleados públicos durante o como consecuencia del ejercicio de sus funciones legítimamente atribuidas (art. 2 b Protocolo de actuación en la Administración General del Estado sobre violencia externa de 2015). Se han señalado también otros puestos de trabajo susceptibles de sufrir una mayor incidencia de situaciones de violencia ejercida por terceros: a) trabajos realizados en franjas horarias de escasa frecuencia de compañeros, clientes, usuarios y/o público en general, por ejemplo, los realizados en horario nocturno, fines de semana, periodo de vacaciones o de descanso, etc. (servicios de mantenimiento, limpieza, seguridad y otros); b) trabajos en los que se está en contacto con objetos de valor o moneda (joyerías, establecimientos financieros, cobradores de servicios y/o productor, etc.); c) trabajos con colectivos problemáticos o conflictivos (establecimientos penitenciarios, de reinserción de menores, psiquiátricos, etc.); d) trabajos de seguridad y de inspección: se trata de trabajos que están dirigidos a constatar el cumplimiento de normativa, cumplir órdenes legales o que pueden conllevar una actuación sancionadora.

Ahora bien, uno de los temas que fue objeto de amplio debate durante la elaboración del Convenio OIT 190 fue el relativo a la conveniencia o no de incluir en el contenido de la norma una relación de los grupos de personas más vulnerables a la hora de sufrir acoso y violencia en el trabajo. Como se ha señalado, el Convenio busca que la normativa se aplique a todos, con independencia de que reconozca que existen personas o grupos más susceptibles de sufrir violencia y acoso; en este sentido, en el Convenio se menciona que las normas nacionales y las políticas que puedan adoptarse... deben garantizar el derecho a la igualdad y la no discriminación a personas "pertenecientes a uno o varios grupos vulnerables" o "a grupos en situación de vulnerabilidad" (art. 6). En la Recomendación OIT 206, además de mostrar una preocupación por las "consideraciones de género" (punto 2), se establece la conveniencia de que los Estados adopten medidas legislativas y de otra índole para proteger, por un lado, a los trabajadores migrantes (punto 10) y, por otro, a los trabajadores y empleadores de la economía informal y sus asociaciones (punto 11).

En cuanto a los trabajadores migrantes, la Recomendación incide, en particular, en la necesidad de proteger a las trabajadoras migrantes contra la violencia y el acoso en el mundo del trabajo, con independencia de su estatus migratorio, en los países de origen, tránsito y destino, según proceda. Sobre los trabajadores y empleadores de la economía informal, la Recomendación (punto 11) señala que, "al facilitar la transición de economía informal a la formal, los Miembros deberían proporcionar recursos y asistencia a los trabajadores y empleadores de la economía informal, y a sus asociaciones, para prevenir y abordar la violencia y el acoso en ésta". La OIT utiliza el término economía informal para referirse a las actividades económicas que —en la legislación y en la práctica— no están cubiertas o están insuficientemente cubiertas por los sistemas formales. El trabajo en la economía informal crece cada año en determinados países en los que la economía no genera empleos suficientes, aumentando en consecuencia el número de trabajadores y empleadores sin garantías laborales ni de seguridad social. Sin duda, se trata de una realidad de inmensa entidad que requiere una actuación integral, no sólo con ocasión de la violencia y acoso en el trabajo, que también, sino en cuanto a su desprotección en términos generales, en el ámbito del trabajo decente.

3.3.2. El ámbito de aplicación espacial del Convenio 190 OIT es muy amplio

El ámbito de aplicación espacial del Convenio OIT 190 es muy amplio y va más allá del lugar físico y del tiempo de trabajo. En este sentido, lo dispuesto en el art. 3 del Convenio: a) el lugar de trabajo "incluye espacios públicos y privados" cuando sean lugar de trabajo; b) también se consideran lugar de trabajo: "el lugar donde se paga al trabajador, donde éste toma su descanso o donde come, o en los que utiliza instalaciones sanitarias o de aseo y en los vestuarios"; c) los desplazamientos hacia y desde el trabajo, los viajes, los eventos o actividades sociales o de formación relacionados con el trabajo, también se asimilan al lugar de trabajo; y, por último, también se encuentra incluido en el concepto lugar de trabajo, d) "el marco de las comunicaciones que estén relacionadas con el trabajo, incluidas las realizadas por medio de tecnologías de la información y de la comunicación". En este punto se está haciendo referencia al ciberacoso como forma de violencia y acoso, incluso más allá del estricto ámbito laboral. Que se reconozca que la violencia y acoso pueden tener lugar más allá del lugar físico del trabajo es claramente significativo por los muchos retos que se plantean en la actualidad, y que lo harán en mayor medida en el futuro, por el hecho de que cada vez es más frecuente que los trabajadores estén vinculados con su lugar de trabajo por medio de la tecnología: trabajo en plataformas digitales, teletrabajo, trabajo a distancia, etc.

4. LAS NUEVAS NORMAS DE 2022 Y 2023 Y SUS REPERCUSIONES EN LA REGULACIÓN DE LA VIOLENCIA Y ACOSO EN EL TRABAJO

Una vez ratificado el Convenio 190 OIT por España y vistas sus principales bondades —básicamente: la amplitud del concepto de violencia y acoso en el mundo del trabajo, la consideración de la violencia y el acoso como riesgos psicosociales que afectan a la dignidad de la persona y la necesidad de ahondar en materia preventiva—, en vigor desde el 25 de mayo de 2023, nos encontramos en nuestro país con una superposición de novedades legislativas que afectan tangencialmente a la conceptualización de la violencia y acoso en el trabajo y, especialmente, al régimen administrativo sancionador y al punitivo penal de estos fenómenos. Como toda novedad, las modificaciones normativas son bien recibidas. Ahora bien, en ocasiones existen contradicciones y lagunas; bien es cierto que, en general, aunque se requiere una mayor claridad, las nuevas normas responden a demandas históricas en favor de la igualdad y la no discriminación y en favor de un —muy— necesario respecto a la diversidad y, en definitiva, de la dignidad de las personas; especialmente de aquellas que forman parte de colectivos tradicionalmente discriminados y objeto de mayor violencia y acoso (personas LGTBI y personas trans).

4.1. La Ley 15/2022, integral para la igualdad de trato y la no discriminación

La primera norma objeto de referencia es la *Ley 15/2022, integral para la igualdad de trato y la no discriminación*, que proviene de un proyecto del PSOE de 2011 y que busca ser un marco único y general, transversal, para el tratamiento de la igualdad y de la prohibición de discriminación. En su Exposición de motivos se realiza un interesante repaso normativo y se especifica que esta norma pretende "convertirse en el mínimo común normativo que contenga las definiciones básicas del derecho antidiscriminatorio español"; ... "conscientes de que, en su estado actual, la dificultad de la lucha contra la discriminación no se halla tanto en el reconocimiento del problema como en la protección real y efectiva de las víctimas".

Así, esta norma persigue un doble objetivo: tanto prevenir y erradicar cualquier forma de discriminación, como proteger a las víctimas, "intentando combinar el enfoque preventivo con el enfoque reparador", el cual tiene también un sentido formativo y de prevención general. Para ello, el texto articulado se caracteriza por tres notas: "es una ley de garantías, una ley general y una ley integral". Además, como también se explica en la Exposición de motivos, La Ley 15/2022 viene también a incorporar diversas directivas antidiscriminatorias de la UE y a elevar a rango normativo relevante doctrina del TJUE en esta materia.

El ámbito de aplicación de la norma (art. 2) viene determinado por el reconocimiento expreso de distintas causas de discriminación; ninguna de ellas es nueva pero sí es relevante que se reconozcan como tales; y, sobre todo, que se reconozcan expresamente a todas las personas "con independencia de su nacionalidad, de si son menores o mayores de edad o de si disfrutan o no de residencia legal". Los motivos o causa de discriminación que se establecen son los siguientes: "nacimiento, origen racial o étnico, sexo, religión, convicción u opinión, edad, discapacidad, orientación o identidad sexual, expresión de género, enfermedad o condición de salud, estado serológico y/o predisposición genética a sufrir patologías o trastornos, lengua, situación socioeconómica, o cualquier otra condición o circunstancia personal o social".

Puede apreciarse que muchos de estos motivos de discriminación no están reconocidos ni en el art. 14 CE, ni en el art. 17 ET. Es llamativo, en todo caso, la mención a la enfermedad como causa de discriminación, por ejemplo, a efectos de calificación de nulidad de los despidos y, también, en relación con lo dispuesto en el art. 9.5 de la Ley 15/2022: "el empleador no podrá preguntar sobre las condiciones de salud del aspirante al puesto" (¿y en otros supuestos, como la promoción?).

En otro orden de cosas, el artículo 4.3 de la Ley 15/2022 recoge un principio general de transversalidad y el artículo 7 se orienta a maximizar la interpretación antidiscriminatoria en un doble sentido: 1. obligando a aplicar los instrumentos internacionales (normativa, jurisprudencia, recomendaciones y resoluciones) (art. 7.1); y 2. obligando a elegir la interpretación que proteja con mayor eficacia a las personas o grupos afectados por conductas discriminatorias o intolerantes (art. 7.2). Nótese, además que el art. 30 de la Ley 15/2022 reafirma la inversión de la carga de la prueba, de tal forma que, cuando la parte actora alegue discriminación y aporte indicios fundados de su existencia, corresponderá a la parte demandada la aportación de una justificación objetiva y razonable, suficientemente probada, de las medidas adaptadas y de su proporcionalidad. Por lo demás, el art. 6 de la Ley 15/2022 recoge interesantes definiciones de: discriminación por asociación y discriminación por error (art. 6.2); discriminación múltiple e interseccional (art. 6.3); represalias (art. 6.6); acoso discriminatorio (art. 6.4); entre otras.

Con respecto a este último, el acoso discriminatorio, el art. 6.4 de la Ley 15/2022 señala que "constituye acoso a los efectos de esta Ley, cualquier conducta realizada por razón de alguna de las causas de discriminación previstas en la misma, con el objetivo o la consecuencia de atentar contra la dignidad de una persona o grupo en que se integra y de crear un entorno intimidatorio, hostil, degradante, humillante u ofensivo". Puede observarse que está definición está muy en la línea de la recogida en la Ley 62/2003, que definió por vez primera el acoso discriminatorio en nuestro ordenamiento jurídico (art. 28.1), y en el art. 2.1 f del RD Legislativo 1/2013 sobre acoso discriminatorio en personas con discapacidad. Básicamente se trata de las mismas definiciones, pero se amplían las causas de discriminación.

Lo que sí es llamativo es el régimen administrativo sancionador previsto en la Ley 15/2022, pues se produce una superposición con el régimen previsto en la LISOS. Por un lado, la Ley 15/2022 señala su carácter de norma supletoria con respecto a las normas de las CCAA, en lo referente a su régimen de infracciones y sanciones (arts. 46-52 Ley 15/2022); pero, por otro, también este régimen sancionador previsto en la Ley 15/2022 parece excluirse con respecto al orden social, pues expresamente el art. 46.2.2º párrafo dice "En el orden social, el régimen aplicable será el regulado por la LISOS, texto refundido RD Legislativo 5/2000"; además, en materia de discapacidad, será de aplicación el RD Legislativo 1/2013. No llega a comprenderse la utilidad de "anunciar" el establecimiento de un régimen general, que pretende "ser un mínimo común normativo que contenga garantías básicas..." para posteriormente limitar su alcance. Se produce además la paradoja de que las sanciones en el caso del acoso discriminatorio, según la Ley 15/2022, oscilan entre 40.001 y 500.000 euros (art. 48.1.c); mientras que, en la LISOS, a las infracciones muy graves en materia de relaciones laborales, entre las que se encuentra el acoso discriminatorio (art. 8.13 bis), les corresponde una multa entre 7501- 225.018 euros[6]. Además, los criterios de graduación de las sanciones en una y otra norma también son distintos.

Bien es cierto que la definición del acoso discriminatorio previsto en la LISOS (art.8.13 bis LISOS) no casa, ni con lo dispuesto en el Convenio OIT 190, ni con lo previsto en la Ley 15/2022 que estamos analizando, pues en ninguna de estas normas se exige que el acoso discriminatorio "sea conocido por el empresario", como si exige la LISOS en la tipificación de la infracción que regula, exigiendo además, no sólo que conozca que se está produciendo o se ha producido una situación de acoso sino también "que no hubiera —la empresa— adoptado las medidas necesarias para impedirlo. Elementos del tipo que deberían ser eliminados. Se ha señalado muy acertadamente (Altés Tárrega, 2022, p.119), que es crucial que se elimine de los tipos infractores toda referencia a la necesidad de que exista un conocimiento del comportamiento por parte de la empresa. "No se hace eco la norma de la débil posición en que se encuentran las víctimas de acoso, conviviendo en un entorno hostil en el que reciben muy pocos ánimos, que suelen esconder su situación y que, en ocasiones, reciben tal daño psicológico que llegan a verse como merecedoras de la conducta. Ahondando en esta cuestión, hay que tener en cuenta que, desde un punto de vista jurídico, se olvida que estamos ante derechos subjetivos de los trabajadores frente a la empresa. Se está, por tanto, ante auténticos derechos de protección que obligan a la empresa a implicarse para que no se produzcan y que, cuando sucedan, se sancionen adecuadamente. La empresa, en consecuencia, no puede mantener una conducta pasiva esperando el momento de actuar y debe actuar preventivamente, evaluando los riesgos de que ocurran estos comportamientos".

Por lo demás, la Ley 15/2022 está ligada a la LO 6/2022, de 12 de julio, que modifica el Código Penal en dos puntos: 1. art. 22 CP relativo a las circunstancias agravantes de la responsabilidad criminal (añadiendo nuevos motivos —*antigitanos*, edad, identidad sexual o

---

[6] En concreto, las infracciones muy graves en su grado mínimo se sancionan con multas comprendidas entre 7501 a 30.000 euros; en su grado medio entre 30.001 a 120.005; y en su grado máximo entre 120.006 a 225.018 euros (art. 40.1.c LISOS).

de género, razones de género, de aporofobia o de exclusión social, discapacidad, con independencia de que tales condiciones o circunstancias concurran efectivamente em la persona sobre la que recaiga la conducta—); y 2. el art. 510 CP relativo a los delitos cometidos con ocasión del ejercicio de derechos fundamentales y libertades públicas, que sufre una profunda, y muy interesante, modificación[7].

4.2. La Ley Orgánica 10/2022, de garantía integral de la libertad sexual

La promulgación de la *Ley Orgánica 10/2022, de garantía integral de la libertad sexual*, coloquialmente conocida como la Ley "del sí es sí", fue significativa al considerarse esta norma como muy necesaria ante el incremento exponencial de violencias sexuales; y, especialmente, ante la necesidad de "reparar" el desconcierto causado por el pronunciamiento de la Audiencia Provincial de Navarra en el caso de "la manada" de 2016; recuérdese que la violación en grupo fue calificada como un delito de abusos sexuales continuados, en lugar de agresión sexual o violación, porque la víctima en este desgraciado asunto, nunca dijo "no".

En todo caso, ha de resaltarse que esta LO 10/2022 busca la "garantía y protección integral del derecho a la libertad sexual y la erradicación de todas las violencias sexuales" (art. 1.1) ... "a través de la adopción y puesta en práctica de políticas efectivas..." (art. 1.2); y de medidas de protección integral y de prevención frente a las violencias sexuales estarán encaminadas a los siguientes fines: a) mejorar la investigación; b) fortalecer las medidas de sensibilización ciudadana

---

7 Se elevan las penas de 1-3 años a 1-4 años; en ambos casos con multa de 6-12 meses para "quienes públicamente fomenten, promuevan o inciten directa o indirectamente al odio, hostilidad, discriminación o violencia contra un grupo o una parte del mismo, o contra una persona determinada por motivos racistas, antisemitas, *antigitanos*, etc." (art. 510.1.a); "quienes produzcan, elaboren, posean con la finalidad de distribuir, faciliten a terceras personas el acceso, distribuyan, difundan o vendan escritos o cualquier otra clase de material o soportes que por su contenido sean idóneos para fomentar, promover o incitar directa o indirectamente al odio..." (art. 510.1.b); etc.

y de prevención; c) garantizar los derechos de las víctimas de violencias sexuales, incluyendo la autonomía económica de las mismas; d) garantizar la reparación integral de las víctimas; e) establecer un sistema integral de tutela institucional; f) garantizar la adecuada formación y capacitación de las personas; entre otras (art.1.3 LO 10/2022).

El art. 3.1 de la LO 10/2022 define las violencias sexuales en los términos siguientes: "cualquier acto de naturaleza sexual no consentido o que condicione el libre desarrollo de la vida sexual en cualquier ámbito público o privado, incluyendo el ámbito digital..." "se incluye el feminicidio sexual". Se incluyen, además, como violencias sexuales, los delitos previstos en el Título VIII del Libro II Código Penal —delitos contra la libertad sexual[8]—, la mutilación genital femenina, el matrimonio forzado, el acoso con connotación sexual y la trata con fines de explotación sexual". Además, se establece expresamente que la LO 10/2022 es de aplicación "a mujeres, niñas y niños que hayan sido víctimas de violencias sexuales en España, con independencia de su nacionalidad y de su situación administrativa; o en el extranjero, siempre que sean de nacionalidad española..." (art. 3.2 Ley 10/2022).

Se dice que la mayor virtud de esta norma es que pone el consentimiento por fin en el centro de la doctrina legal sobre libertad sexual. Lo cierto es que el consentimiento ya estaba previsto en la legislación contra los delitos sexuales (evidentemente, el sexo consentido entre adultos no es delito). También la sumisión química estaba ya prevista en el Código Penal (a quienes se sirvieran de "fármacos, drogas o cualquier sustancia natural o química para abusar sexualmente de alguien). Por no decir de los denominados efectos inesperados e indeseados de esta norma denominada pionera.

En el Código Penal ya no existe el delito de abuso sexual. Ahora, cualquier acto que atente contra la libertad o indemnidad sexual

---

8 El Titulo VII del Libro II del Código Penal comprende los siguientes delitos: las agresiones sexuales (arts. 178-180); las agresiones sexuales a menores de 16 años (art. 181-183 bis); el acoso sexual (art. 184); los delitos de exhibicionismo y provocación sexual (arts. 185-186); los delitos relativos a la prostitución y explotación sexual y corrupción de menores (arts. 187-189 ter).

de una persona realizado sin su consentimiento es constitutivo de delito de agresión sexual. Y el "consentimiento expreso" es la clave en la nueva norma. "Solo se entenderá que hay consentimiento expreso cuando se haya manifestado libremente, mediante actos que, en atención a las circunstancias del caso, expresen de manera clara la voluntad de la persona". De esta forma, las víctimas ya no tendrán que acreditar que han sufrido violencia o se han resistido pues todo acto sin consentimiento será agresión. Como es sabido, la eliminación de la distinción entre abuso y agresión sexual (disposición final 4º LO 10/2022), en el sentido de que todo acto sexual sin consentimiento expreso será considerado agresión sexual, supuso, hasta su contrarreforma por Ley Orgánica 4/2023, una rebaja en la horquilla de las actuales penas aplicables, provocando una cadena de rebajas de condenas y de excarcelaciones, a las que se intenta poner remedio. Según datos del CGPJ, actualizados a 14 de abril de 2023, las condenas reducidas hasta el momento alcanzan las 978 y, en 104 casos, han supuesto la liberación anticipada de condenados, según datos recopilados hasta el 31 de marzo.

En cualquier caso, la LO 10/2022 viene a subsanar algunas carencias importantes; entre ellas la establecida en la LO 1/2004 que daba un tratamiento "privilegiado" a la violencia ejercida en el ámbito de la relación de pareja, olvidando cualquier otro ámbito; omisión que ahora subsana el art. 3.1 de la LO 10/2022. A su vez, esta deja claro que la identidad de género es una categoría distinta de la de género, y en este punto se produce un claro avance con respecto a lo dispuesto en el Convenio 190 OIT, con carácter previo a la aprobación de la *Ley 4/2023 para la igualdad efectiva de las personas trans y garantía de derechos de las personas LGTBI.*

En este sentido, ha de tenerse en cuenta que la LO 10/2022 hace referencia a la violencia de género de las mujeres en su Exposición de motivos, pero posteriormente, en su art. 2.d establece como motivos de discriminación: el sexo, el género, la orientación y la identidad sexuales; dejando claro que tanto la identidad de sexual —mejor dicho, la identidad de género— y la orientación sexual, son "categorías jurídicas" diferentes del sexo o género (binario). A su vez, el art. 2e de la LO 10/2022, referente al principio de atención a la discriminación interseccional y múltiple, también menciona como factores de discriminación, tanto la identidad sexual como la orientación sexual. Se ha señalado (Rivas Vallejo, 2022, p. 9), que hubiera sido deseable la unificación de la terminología en materia "inclusiva". Pues, ha de tenerse presente que la Ley 15/2022, en sus arts. 3.1 a y b, menciona la "identidad sexual y la expresión de género" y la LO 6/2022 complementaria a esta de modificación del Código Penal, añade "razones de género" al distinguir sexo, orientación o identidad sexual y razones de género.

En cualquier caso, la LO 10/2022 también afecta de lleno al plano laboral como así se menciona en el art. 3.2. Por su parte, el art 12 establece la obligación para las empresas relativa a "promover condiciones de trabajo que eviten la comisión de delitos y otras conductas contra la libertad sexual y la integridad moral en el trabajo"; ello en los términos ya previstos en el art. 48 de la LOI. Así, deberán arbitrarse procedimientos de prevención y para dar cauce a las denuncias y también establecer medidas —negociadas con los representantes de los trabajadores— como la elaboración de códigos, campañas, protocolos de actuación o acciones de formación. "Las empresas deberán incluir en la valoración de riesgos... la violencia sexual... debiendo formar e informar de ello a sus trabajadores (art. 12.2 último párrafo).

Las empresas tendrán que asegurar que han creado un clima de trabajo en el que no se tolerará la violencia sexual. Nótese que ya en el art. 27.2 de la Ley 15/2022 se establece responsabilidad empresarial por incumplimiento de obligaciones preventivas; que además ya gozan de protección general en virtud de la LPRL. Además, en el Código Penal —según redacción dada por la LO 10/2022—, se regula la responsabilidad penal de las personas jurídicas (art. 31 bis) y dos tipos penales que deberán prevenir las empresas: 1. el acoso sexual "en el ámbito de una relación laboral" (art. 184.1 CP)[9]; 2. el delito

---

9 La nueva redacción del art. 184.1 CP castiga con pena de prisión de 6-12 meses a quien "solicite favores de naturaleza sexual, para si o para un tercero, en el ámbito de una relación laboral", cuando tal comportamiento provoque a la víctima "una situación objetiva y gravemente intimidatoria, hostil o humillante". La pena será de 1-2 años si tal circunstancia se produce "prevaliéndose de una situación de superioridad laboral".

contra la integridad moral en el ámbito laboral (art. 173.1 CP)[10]; y 3. se amplían los supuestos del sexting (art. 197.7 CP)[11].

Por lo demás, la LO 10/2022 introduce numerosas modificaciones en las normas siguientes: ET (DA 14ª); EBEP (DF 15ª); LGSS (DF 16ª); LO 1/2004 violencia de género (DF 9º) [12]; LO 3/2007 igualdad hombres y mujeres; y LETA (DF 11º).

Con respecto a las modificaciones operadas en el Estatuto de los Trabajadores, la más relevante es la prevista en la nueva redacción del art. 40.4 ET, que prevé una extinción voluntaria del contrato de trabajo con indemnización de 20 días de salario por año de servicio (tope 12 mensualidades), que se podrá solicitar por las personas afectadas por violencias sexuales, una vez se haya efectuado un cambio previo de centro de trabajo —movilidad geográfica— durante un mínimo de 6 meses; además, se trata de víctimas de violencias sexuales sufridas dentro o fuera de la empresa e incluso en el extranjero. Otras modificaciones en el Estatuto de los Trabajadores afectan al reconocimiento, a las víctimas de violencias sexuales, de los dere-

---

10 Se castiga a quien "en el marco de la relación laboral" y prevaliéndose de su relación de superioridad realice contra otros, de forma reiterada actos hostiles o humillantes que supongan un grave acoso contra la víctima, sin llegar a constituir trato degradante. La pena será de 6 meses a 2 años de prisión.

11 Se castiga con pena de prisión de 3 meses-1 año a quien, sin autorización de la persona afectada, "difunda, revele o ceda a terceros imágenes o grabaciones audiovisuales de aquella que hubiera obtenido con anuencia en un domicilio o en cualquier otro lugar fuera del alcance de la mirada de terceros", si al difundirlas menoscaba gravemente su intimidad. La LO 10/2022 agrega un párrafo que establece que también se impondrá una multa "a quien reciba las imágenes y las difunda, revele o ceda a terceros sin el consentimiento de la persona afectada". Las empresas serán penalmente responsables si sus directivos o empleados cometen estas conductas siempre que obtengan "algún tipo de beneficio directo o indirecto" por las mismas.

12 La LO 10/2022 modifica los siguientes artículos de la 1/2004 contra la violencia de género: art. 3 (planes de sensibilización); art. 17 (garantía de los derechos de las víctimas); art. 18 (derecho a la información); art. 19 (derecho a la atención integral); art. 19 bis (derecho a la atención sanitaria); art. 21 (derechos laborales y de Seguridad Social); art. 22 (programa específico de empleo); art. 23 (acreditación de situaciones de violencia de género); arts. 28 bis, 28 ter (derecho a la reparación); entre otros.

chos ya previstos para las víctimas de violencia de género y víctimas de terrorismo; en concreto, en los siguientes artículos: art. 37.8 ET (reducción de jornada, reordenación del tiempo de trabajo, trabajo a distancia); art. 45.1.n ET (suspensión del contrato de trabajo); art. 49.1.m ET (extinción del contrato); art. 53.4.b ET (nulidad extinción por causas objetivas); art. 55.5.b ET (despido nulo).

Ahora bien, como se señalará en el apartado siguiente al hilo del análisis de la Ley 4/2023 (*vid., infra* apartado 4.3), un grave error de técnica legislativa (o aún peor) ha provocado que todos estos artículos del ET vuelvan a su redacción anterior a la LO 10/2022, por indicación de la DF 14º de la *Ley 4/2023 para la igualdad real y efectiva de las personas trans y para la garantía de los derechos de las personas LGTBI.*

Así, los derechos de contenido laboral, previstos en el art. 38 de la LO 10/2022, son los que provocaron los cambios de redacción en el Estatuto de los trabajadores comentados; ahora bien, por culpa de la falta de coordinación entre diferentes textos legales (Ley "sí solo es sí", "Ley trans" e incluso la nueva Ley de empleo) —y Ministerios— se han dejado sin efecto los derechos de protección de las víctimas de violencias sexuales. En todo caso, el art. 38.1 Ley 10/2022 reconocía a tales víctimas de violencias sexuales derechos que afectan a la ordenación de su prestación laboral y, en particular, el derecho a reducir o reordenar su tiempo de trabajo, el derecho a la movilidad geográfica, al cambio del centro de trabajo, a la adaptación de su puesto de trabajo y a los apoyos que precise. Se establecía asimismo, la suspensión de la relación laboral con reserva de puesto y a la extinción (con desempleo y ayudas económicas) y, también, el derecho a que sus ausencias o faltas de puntualidad motivadas por la situación física o psicológica derivada de las violencias sexuales se consideraran justificadas y fueran remuneradas "cuando así lo determinen los servicios sociales o servicios de salud"... "según proceda, sin perjuicio de que dichas ausencias fueran comunicadas por la trabajadora a la empresa a la mayor brevedad" (art. 38.4 Ley 10/2022). Por tanto, en realidad se trataba de una aproximación a las figuras de las víctimas de violencia de género y de terrorismo, pero quizás con un plus de protección (en caso de violencias sexuales) en cuanto se mencionaba un específico derecho de "apoyo por razón de discapacidad para su reincorporación" (art. 38.3 Ley 10/2022). También en este art. 38: se prevé protección por desempleo (art. 38.2); la celebración de contratos de interinidad con persona desempleada para sustituir a víctima de violencia sexual, con bonificación del 100 por 100 de las cuotas empresariales a la seguridad Social (art. 38. 3), entre otros aspectos.

Por lo demás, en el art. 39 de la Ley 10/2022 se prevé un programa específico de empleo, en el marco de los planes anuales de empleo (art. 11 LE), que deberá incluir un programa de acción específico para las víctimas inscritas como demandantes de empleo (y favorecer el empleo por cuenta propia); en el art. 41 se establecen ayudas económicas a las víctimas de violencias sexuales (6 meses de subsidio por desempleo pero que puede incrementarse hasta 12, 18 o 24 meses según discapacidad superior al 33 por 100 o hijos a cargo), compatibles que otras ayudas ya existentes (por ejemplo el PAE); el art. 42 menciona el acceso prioritario de las víctimas de violencias sexuales al parque público de vivienda; y el art. 54 regula la pensión de orfandad y la prestación de orfandad para hijos e hijas de las víctimas de violencias sexuales, con independencia de su filiación natural o por adopción.

4.3. La Ley 4/2023 para la igualdad real y efectiva de las personas trans y para la garantía de los derechos de las personas LGTBI

Como se explica en su Exposición de motivos, el objetivo de la Ley 4/2023 es desarrollar y garantizar los derechos de las personas LGTBI y de las personas trans, erradicando las situaciones de discriminación que sufren, para asegurar que en España se pueda vivir la orientación sexual, la expresión de género, las características sexuales y la diversidad familiar con plena libertad. La aprobación de Ley 4/2023 supone un verdadero avance hacía la justicia social, teniendo presente que estos colectivos sufren notables discriminaciones y situaciones de acoso y violencia en diversos ámbitos, manifestándose las mismas incluso de la manera más cruel; según señala la Exposición de motivos, el 15 por 100 de las personas trans ha sufrido ataques físicos en los últimos años.

Con respecto al colectivo trans, la nueva Ley 4/2023 sigue la senda iniciada por la *Ley 3/2007, reguladora de la rectificación registral de la mención relativa al sexo de las personas,* que reconoció a las personas trans mayores de edad y de nacionalidad española la posibilidad de modificar su sexo en el registro, sin necesidad de someterse a un procedimiento quirúrgico de reasignación de sexo y sin procedimiento judicial previo; aunque manteniendo la necesidad de disponer de un diagnóstico de disforia de género y de haber sido tratado médicamente con terapia hormonal al menos 2 años —con alguna excepción—. Ahora, la Ley 4/2023, apoyándose en derechos fundamentales como el principio de libre desarrollo de la personalidad (art. 10.1 CE), el derecho a la intimidad (art. 18.1 CE) y en diversa doctrina judicial (STC 99/2019, de 18 de julio; STS 685/2019, de 17 de diciembre; entre otras), establece la posibilidad de rectificación registral a los mayores de 16 años (art. 43.1); a los menores entre 14 y 16 años —podrán solicitarlo por sí mismas "asistidas en este procedimiento por sus representantes legales"— (art. 43.2); y los menores entre 12 y 14 necesitarán autorización judicial (art. 43.4). En cualquiera de estos casos, el ejercicio del derecho a la rectificación registral "en ningún caso podrá estar condicionado a la previa exhibición de un informe médico o psicológico relativo a la disconformidad con el sexo mencionado en la inscripción de nacimiento, ni a la previa modificación de la apariencia o función corporal de la persona a través de procedimientos médicos, quirúrgicos o de otra índole" (art. 44.3 Ley 4/2023). En sentido, la regulación prevista en la Ley 4/2023 es, en este punto, la respuesta a una demanda de las personas trans y de sus familias, en el caso de menores.

Como no podría ser de otra manera, la Ley 4/2023 viene a erradicar cualquier tipo de LGTBI —fobia— "toda actitud, conducta o discurso de rechazo, repudio, prejuicio, discriminación o intolerancia hacia las personas LGTBI por el hecho de serlo, o ser percibidas como tales (art. 3.m)", homofobia (art. 3.n); bifobia (art.3.ñ); y transfobia (art. 3 o). A tal objeto, la Ley establece determinados principios de actuación dirigidos a los poderes públicos, regula derechos y deberes y prevé medidas específicas destinadas a la prevención, corrección y eliminación, en los ámbitos públicos y privados, "de toda forma de discriminación; así como el fomento de la participación de las personas LGTBI en todos los ámbitos de la vida social y la superación de los estereotipos que afectan negativamente a la percepción social de estas personas" (art. 1.2).

Así, a partir de un artículo 3 en el que se contienen las definiciones principales a los efectos de la Ley (tipos de discriminación, definiciones de orientación sexual, identidad sexual, expresión de género, etc.), que deberían servir de orientación para normas futuras y provocar una revisión de normas pasadas para equiparar la terminología a utilizar (ley 15/2022, por ejemplo), la norma define los criterios de actuación de los poderes públicos (arts. 4-9), a los que "obliga" a "desarrollar todas las medidas necesarias para reconocer, garantizar, proteger y promover la igualdad de trato y no discriminación por razón de orientación e identidad sexual, expresión de género o características sexuales de las personas LGTBI y sus familias" (art. 4). A su vez, la norma prevé en su Título I lo siguiente:

1. Se elaborará una estrategia estatal cuatrienal para la igualdad de trato y no discriminación de las personas LGTBI (art. 10).

2. Se promoverá su acceso al empleo público (arts. 11 y 12) y en el privado (arts. 14-15); en este último ámbito se prevé la obligación de establecer un protocolo de actuación contra la violencia y el acoso en empresas de más de 50 trabajadores, las medidas serán pactadas en negociación colectiva y acordadas con los representantes de los trabajadores, "en los términos que se desarrollarán reglamentariamente" (art. 15.1).

3. Se prevén medidas en el ámbito de la protección y promoción de su salud (arts. 16-19), prohibiendo específicamente la técnica de aversión, conversión o contracondicionamiento, en cualquier forma (art. 17), y las prácticas de modificación genital a menores de 12 años (art. 19.2). En el caso de menores 12-16 "solo se permitirán esas prácticas a solicitud de la persona menor, siempre que, por su edad y madurez, pueda consentir de manera informada a la realización de dichas prácticas" (art. 19.2). Además, se garantiza el acceso a las técnicas de reproducción asistida, sin discriminación por motivos de identidad sexual (art. 16.2).

4. En el ámbito educativo (arts. 20-24), muy necesario: se modificarán los currículos de las distintas etapas educativas, se promoverá la formación, docencia e investigación en diversidad

sexual, de género y familiar (art. 20.4); detección precoz de indicadores de maltrato; entre otras medidas.

5. La norma prevé también medidas en otros ámbitos: cultura, ocio y deporte (arts. 25-26); medios de comunicación social e internet (arts. 27-29); familia, infancia y juventud (arts. 30-35); ámbito de la acción exterior y la protección internacional (arts. 36-38); medio rural (arts. 39-41); y turismo (arts. 42).

El Título II de la norma viene dedicado al establecimiento específico de medidas para la igualdad real y efectiva de las personas trans (arts. 43-61), comenzando con la ya comentada rectificación registral de la mención relativa al sexo de las personas (arts. 43-51), de suma trascendencia; en este sentido, se ha dicho, que la "autodeterminación de género", es el corazón de la nueva ley (Calaza López, 2023, p. 4). Posteriormente, en el capítulo II se establecen unas líneas generales de actuación de los poderes públicos en los términos siguientes:

1. Se prevé una estrategia estatal para la inclusión de las personas trans de carácter cuatrienal con medidas de acción positiva en los ámbitos laboral, educativo, sanitario y de vivienda (art. 52.2).

2. En el ámbito laboral, se prevé el diseño de acciones positivas y planes específicos para el fomento del empleo del colectivo trans (arts. 54-55); y, específicamente, se menciona que "en la elaboración de planes de igualdad y de no discriminación se incluirá expresamente a las personas trans, con especial atención a las mujeres trans" (art. 55.3). Habrá que ver cómo se articula esta obligación en el ámbito empresarial y si, en virtud de lo dispuesto en el art. 15 de la Ley 4/2023, antes comentado, se está hablando de un doble plan: para hacer frente a la violencia y acoso contra personas LGTBI en empresas de más de 50 trabajadores (art. 15.1), por un lado; y un plan de igualdad y no discriminación para personas trans, con especial atención a las mujeres trans (art. 55.3), por otro lado, y cómo acomodar estas obligaciones con las ya previstas en el RD 901/2020 sobre planes de igualdad y su registro.

3. Se prevén asimismo determinadas medidas en el ámbito de la salud (arts. 56-59); en el educativo (arts. 60-61).

Por lo demás, el Título III de la norma se dedica establecer medidas relativas a la protección efectiva y reparación frente a la discriminación y a la violencia por LGTBIfobia (arts. 62-75), en términos similares a los establecidos en la Ley 15/2022 integral para la igualdad de trato y no discriminación, pero haciendo especial referencia a la protección de los derechos de personas LGTBI en situaciones especiales: personas menores de edad (art. 70); personas con discapacidad o en situación de dependencia (art. 71); personas extranjeras (art 72); personas mayores (art. 73); personas intersexuales (art. 74); y personas en situación de sinhogarismo (art. 75).

Los arts. 76-82 de la Ley 4/2023 prevé, finalmente, su propio régimen de infracciones y sanciones administrativas; dejando claro que, en el ámbito social, el régimen aplicable será el regulado por la LISOS. La propia Ley 4/2023 (DF 6°) efectúa determinadas modificaciones en esta norma; en concreto, en los artículos: art. 8.12 y 8.13 bis (se añade "orientación e identidad sexual, expresión de género o características sexuales" en la definición del acoso discriminatorio); art. 10.bis.2d (*idem* con respecto a discriminaciones en SE o cooperativas europeas); y art. 16.1.c (*idem* en cuanto a la discriminación en el acceso al empleo). Con respecto a este último art. 16.1c LISOS se ha producido la siguiente paradoja: tanto la Ley 4/2023 como la nueva Ley de Empleo (Ley 3/2023) han modificado el mismo día el art. 16. 1 c LISOS. La ley 3/2023 establece como infracción muy grave, establecer condiciones que constituyan discriminaciones para el acceso al empleo por motivos, entre otros, de salud[13]. Mientras que la Ley 4/2023 (Ley trans) elimina dicha mención a la salud.

---

[13] Art. 16.1.c (según redacción dada por *Ley 3/2023, de Empleo*): establece como infracción muy grave "solicitar datos de carácter personal en cualquier proceso de intermediación o colocación o establecer condiciones, mediante la publicidad, difusión o por cualquier otro medio, que constituyan discriminaciones para el acceso al empleo por motivos de edad, sexo, discapacidad, salud, orientación sexual, identidad de género, expresión de género, características sexuales, nacionalidad, origen racial o étnico, religión o creencias, opinión política, afiliación sindical, así como por razón de lengua, dentro del Estado español, o cualquier otra condición o circunstancia personal o social".

Por lo demás, se han puesto de manifiesto, por último, determinados errores de técnica legislativa al derogar la Ley 4/2023 (DF 15°) un precepto de la ya derogada Ley de empleo; no es admisible que se cite una norma ya derogada; tampoco lo es que la DF 14° de la Ley 4/2023 *obligue* a volver a la redacción original —antes de la LO 10/2022— de los arts. 37.8, 40.4, 40.5, 45.1.n, 49.1m, 53.4.b y 55.5b del ET. No existe una explicación alguna ... la Ley 4/2023 ha hecho desaparecer la específica protección de las víctimas de violencia sexual que fue introducida hace unos meses (Goerlich Peset, 2023, p. 3). Todo ello evidencia una falta coordinación entre los Ministerios, en su representación en el Consejo de ministros, y pone en entredicho el propio papel de otras instituciones del Estado de derecho, así como la labor de los grupos parlamentarios en el Congreso, desgraciadamente.

5. CONSIDERACIONES FINALES

Primera. Con carácter previo a la aprobación de las nuevas normas de 2022 y 2023, nuestro país ya contaba con una larga tradición legal y jurisprudencial en materia de no discriminación e igualdad de trato. Bien es cierto que cada una de las normas aprobadas en 2022 y 2023, como se ha comentado, vienen a responder a *demandas históricas en favor de la igualdad y de la justicia social* de determinados colectivos que no podían demorarse por más tiempo. A su vez, como también se ha señalado, las tres normas aprobadas afectan a la conceptualización del acoso y de la violencia en el trabajo, y muy especialmente a la *violencia y acoso por razón de género y al acoso sexual*. En este sentido, como puntos positivos y más relevantes de las nuevas normas, cabría señalar los siguientes: se visibilizan la lucha contra la no discriminación —se legalizan expresamente algunas causas de discriminación— y la defensa de la igualdad, de la justicia social y de la libertad sexual; se generalizan, normalizan y normativizan el lenguaje inclusivo (identidad de género, orientación sexual, expresión de género, intersexualidad, familia LGTBI, etc.) y las diferentes formas y tipos de discriminación (por asociación, por error, múltiple, intersectorial, etc.); se reconoce el derecho a la "autodeterminación de género" y al cambio en el registro sin necesidad de dos años de medicación ni certificado de disforia. Además, en el plano laboral, se reconocen a las víctimas de violencias sexuales los mismos derechos ya previstos para las víctimas de violencia de género y de terrorismo; y se prevé la adopción de todo tipo de medidas de prevención, protección y eliminación de la violencia y acoso; promover el acceso al empleo, etc.

Como puntos negativos, ya se ha comentado que la premura, la falta de coordinación entre Ministerios y la falta de diligencia en la tramitación parlamentaria han provocado no solo auténticos fallos, superposiciones normativas y derogaciones de lo derogado o de lo recientemente aprobado, sino también situaciones de suma gravedad que debieran haber provocado mayores reacciones políticas. A su vez, la adopción de la reciente Ley 4/2023 para la igualdad real y efectiva de las personas trans y la garantía de los derechos de las personas LGTBI ha provocado una división sin precedentes en el ámbito del feminismo nacional.

Lo cierto es que esta Ley, junto con la LO 10/2022 de garantía integral de la libertad sexual, vienen a reparar claras insuficiencias e injustificadas injusticias de nuestra normativa nacional, afectando de lleno también al alcance de los conceptos de violencia y acoso en el trabajo. En este sentido, las nuevas normas españolas de 2022 y 2023 vienen a aclarar que, en nuestro país, la orientación sexual y la identidad de género son motivos de discriminación más allá del sexo o género; y que las diferentes formas y tipos de violencias sexuales son todas aquellas mencionadas en la nueva LO 10/2022 (art. 3); superando con creces lo dispuesto en el Convenio OIT 190, o ampliando su alcance más allá de lo que puede hacerse a nivel internacional por la existencia de importantes reticencias, ya comentadas, que tuvieron lugar durante la elaboración del mismo. Así, la protección jurídica específica y reforzada frente al acoso y la violencia en el ámbito laboral, y en todos los demás ámbitos, debe ofrecerse a las personas que la sufren con mayor frecuencia (no solo las mujeres, sino también el colectivo LGTBI, las personas trans y las personas que sufren discriminaciones múltiples). Todo ello sin olvidar que el Convenio 190 OIT busca que su normativa se aplique a todos, a todas las personas relacionadas con el mundo del trabajo en su más amplio sentido subjetivo, espacial y temporal, como hemos tenido ocasión de relatar en las páginas anteriores. Ello con los matices siguientes: 1. la reticencia, o más imposibilidad práctica, del Convenio OIT 190 de incorporar referencias a la identidad de género y a la orientación sexual; 2. la mención a las personas "pertenecientes a uno o a varios grupos vulnerables" o "a grupos en situación de vulnerabilidad" (art. 6 del Convenio); y 3. la preocupación por los trabajadores migrantes y por los trabajadores y empleadores de la economía informal (puntos 10 y 11 de la Recomendación 206 OIT).

Segunda. En cualquier caso, a mi juicio, la mayor virtud del Convenio 190 OIT es que nos obliga a plantearnos algo fundamental: que la violencia y el acoso son riesgos psicosociales que afectan a la dignidad de la persona. Y, a partir de ahí, nos impone la *necesidad de reforzar el enfoque preventivo.* Así pues, el Convenio OIT 190, sin desconocer que el fenómeno de la violencia y acoso afecta mayoritariamente a las mujeres pero obligando a la protección de todas las personas trabajadoras, permite ligar la violencia y el acoso directamente con la seguridad y salud en el trabajo, exigiendo a los Estados, tanto adoptar normativa que obligue a las personas empresarias a identificar peligros y riesgos de violencia y acoso (art. 9.b), como a adoptar medidas apropiadas que garanticen a la persona trabajadora el derecho a alejarse de una situación de riesgo para su vida, salud o seguridad (art. 9.c); y que, en general, la violencia y el acoso deben abordarse "en las políticas nacionales pertinentes, como las relativas a la seguridad y salud en el trabajo, la igualdad y la no discriminación y la migración" (art. 11.a).

En este sentido, *es esencial que puedan ligarse la violencia y el acoso, como riesgos relativos a la seguridad y salud de la persona, a los derechos fundamentales*, pues estas conductas inaceptables afectan a la dignidad de la persona (art. 10 CE), a su integridad física y/o moral incluido un posible trato degradante (art. 15 CE) y, en muchas ocasiones, a su intimidad (art. 18.1). Y ello es esencial, no solamente por el acceso a la protección extraordinaria que ofrece, en nuestro caso, la Constitución, sino también porque la tutela exclusivamente antidiscriminatoria, resarce pero no aborda el origen de los problemas; es decir, ligar el acoso y la violencia con la protección de la seguridad y salud de los trabajadores y con el ataque a la dignidad de la persona exige, como lo hace el Convenio OIT 190, y sobre todo la Recomendación

OIT 206 que le acompaña, que se adopten por los Estados normas de carácter preventivo, que incluyan una evaluación de riesgos, unos protocolos de actuación que corrijan las situaciones de partida y la cultura empresarial. Como se ha podido comprobar, a pesar de que está pendiente el necesario desarrollo reglamentario, la Ley 4/2023 prevé, de forma no muy clara (arts. 15.1 y 55.3), la obligación de establecer tanto planes de igualdad (al estilo RD 901/2020), como protocolos frente a la violencia y el acoso en el trabajo.

Tercera. Se ha comentado también que, con la aprobación el Convenio OIT 190 y la introducción de un nuevo concepto general de violencia y acoso (art. 1.1), se ha superado la tradicional distinción entre la violencia y acoso discriminatorios y los que no lo son. A partir de la STC 56/2019, en línea con lo dispuesto en el Convenio 190 OIT, se desligan los comportamientos inaceptables de la intención o no discriminatoria (pues toda violencia y acoso es discriminatorio y atenta contra derechos fundamentales = igualdad, dignidad y libertad sexual) y, por ello, pueden constituir violencia y acoso actuaciones —o la ausencia de ellas— sin necesidad de tener que probar determinados motivos o finalidades discriminatorias. Ahora bien, a pesar de la doctrina sentada por la STC 56/2019, lo cierto es que, con respecto al acoso, *los tribunales siguen exigiendo reiteración, prolongación en el tiempo, posición de poder, resultados lesivos y plus de gravedad...* Por ello, la aprobación de las nuevas normas de 2022 y 2023 eran muy necesarias; indispensables para incidir en la erradicación de las discriminaciones y de las actuaciones de violencia y acoso, como manifestaciones —que no como causas y/o requisitos— de las mismas.

Cuarta. A pesar de las diferencias, de las realidades tan diferentes que se viven en los distintos países —desde la tolerancia a la pena de muerte—, *se comparte una problemática común* en cuanto a que la *violencia y acoso por razón de género y el acoso sexual* afectan a derechos esenciales (fundamentales) de la persona como la dignidad, la integridad física y moral, la intimidad, el honor y la salud; A su vez, puede afirmarse también, que afectan principalmente a mujeres y niñas, pero también a los colectivos LGTBI y trans. Además, *los mecanismos de prevención fallan,* quizás porque pretenden sancionar más que prevenir o, directamente, porque no existen y, si existen, no se aplican.

Ello a pesar de la existencia de normas legales que obligan a la persona empresaria a identificar, evaluar y controlar riesgos, prevenir, informar, consultar y proteger (art. 14 LPRL); y al establecimiento de planes y protocolos de actuación y erradicación de discriminaciones y violencias —senda iniciada por el RDL 6/2019 que incidió en la prevención del acoso sexual y por razón de sexo y obligó a la puesta en marcha de planes de igualdad y que culmina, hasta la fecha, con la Ley 4/2023—. En este sentido, puede afirmarse con respecto al futuro impacto de las nuevas normas de 2022 y 2023, y más allá de las repercusiones jurídicas que se han comentado y sus posibles efectos en la prevención, protección y tutela de la violencia y el acoso en el trabajo, que existe un importante *problema de asignación de recursos, de dotación presupuestaria suficiente*, para mejorar tanto la prevención y la formación, como la protección de las víctimas. En muchas ocasiones el problema no es esencialmente jurídico, sino político y/o de asignación de recursos: más medios para prevención, para las oficinas de atención a las víctimas, equipos psicosociales, médicos-forenses, etc.; en definitiva, incidir en juzgados y fiscalía (y ello es competencia del Ministerio de Justicia).

6. REFERENCIAS BIBLIOGRÁFICAS

Altés Tárrega, Juan A. (2022). El Convenio 190 OIT y la tutela administrativa de la violencia y el acoso en el trabajo. *Revista crítica de relaciones laborales, Laborum*, núm. 4, pp. 97-121.

Bastida Domínguez, María (2018). Del cristal al acero: nuevas barreras para nuevos tiempos. *Revista de Trabajo y Seguridad Social, CEF*, Núm. 429, pp. 223-262.

Calaza López, Sonia (2023). Lesbianas, Gais, Bisexuales, Transexuales e Intersexuales (LGTBI): Libertad, igualdad y fraternidad. *Actualidad Civil*, nº 3, marzo, editorial LA LEY, pp. 1-4.

García Testal, Elena (2021). Empleo y desempleo de las víctimas de violencia de género: garantías y facilidades de acceso y mantenimiento del empleo en España, *Labos: Revista de Derecho del Trabajo y Protección Social*, 2 (2), pp. 58-81.

Goerlich Peset, José M.ª (2023). ¿Qué ha pasado con los derechos de las víctimas de violencia sexual? Blog del foro de Labos, 7 de marzo de 2023.

Molina Navarrete, Cristóbal (2019). Del acoso moral (*mobbing*) al ciberacoso en el trabajo (*network mobbing*): viejas y nuevas formas de violencia laboral como riesgo psicosocial en la reciente doctrina judicial, *Revista de Trabajo y Seguridad Social, CEF*, 437-438 (agosto-septiembre 2019), pp. 143-165.

(2021). Impacto en España del Convenio 190 OIT para la tutela efectiva frente a la violencia en el trabajo, obligados cambios legales y culturales. En Correa Carrasco, M.; Quintero Lima, G. (Dirs.), *Violencia y acoso en el trabajo. Significado y alcance del Convenio n.º 190 OIT en el marco del trabajo decente (ODS 3,5,8 de la Agenda 2030)*. Madrid: Dykinson, pp. 91-116.

Pérez del Rio, Teresa (2012). La violencia de género en el empleo como violación del derecho a la integridad física y psíquica y su prevención. La función de los interlocutores sociales, *Lan Harremanak/* 25, pp. 123-154

Pons Carmena, María (2020). Aproximación a los nuevos conceptos sobre violencia y acoso en el trabajo a partir de la aprobación del Convenio OIT 190. *Labos: Revista de Derecho del Trabajo y Protección Social*, Vol. 1, n.º 2, pp. 30-60.

Rivas Vallejo, Pilar (2022). La violencia sexista a la luz de las inminentes novedades legislativas, *IUSLABOR* 2/2022.

Yagüe Blanco, Sergio (2020). Convenio núm. 190 de la OIT sobre violencia y acoso: Delimitación de su ámbito de aplicación ante la posible ratificación por España. *Revista General de Derecho del Trabajo y de la Seguridad Social*, n.º 57.

Capítulo 4

Novedades legislativas en la protección laboral de las mujeres frente a la violencia

ELENA GARCÍA TESTAL
Profesora Titular de Derecho del Trabajo y de la Seguridad Social
Universitat de València
Elena.Garcia@uv.es

1. INTRODUCCIÓN

Situar el contexto en que se produce la aprobación de la *Ley Orgánica 10/2022, de 6 de septiembre, de garantía integral de la libertad sexual* (en adelante, LOGILS), exige referirse a dos exigencias, de diferente entidad pero similar importancia: de un lado, la necesidad de cumplir compromisos internacionales asumidos por España derivados de la ratificación de dos convenios internacionales; de otro lado, la necesidad de dar respuesta a las significativas exigencias sociales de menor tolerancia ante las violencias sufridas por las mujeres. En efecto, a los compromisos derivados de normas internacionales deben sumarse las presiones de la sociedad española como respuesta a resoluciones judiciales nada satisfactorias que elevaron el nivel de intolerancia frente a la violencia contra las mujeres, incrementándose su visibilidad y rechazo social ante el carácter estructural de la violencia vinculado a una cultura de desigualdades de poder y distribución de roles claramente discriminatoria.

En el primer sentido, es preciso referirse al *Convenio del Consejo de Europa sobre Prevención y Lucha contra la violencia contra las mujeres y la violencia doméstica* (en adelante, Convenio de Estambul). Como se sabe, el Convenio de Estambul, suscrito en Estambul el 11 de mayo de 2011, y ratificado por España el 10 de abril de 2014 —BOE del 6 de junio de 2014 y entrada en vigor se produce el 1 de agosto de 2014—

prevé un mecanismo de seguimiento y evaluación de los estados que han ratificado para asegurar el cumplimiento de las disposiciones del convenio: se trata de un grupo de expertos en la lucha contra la violencia contra las mujeres y la violencia doméstica que ponen a nuestra disposición, en el año 2020, el *Primer Informe de Evaluación del Grupo de Expertos en Acción contra la Violencia contra las Mujeres y la Violencia Doméstica (GREVIO)*[1] sobre las medidas legislativas y de otra índole que dan efecto en España a las disposiciones del Convenio. GREVIO insta a España a mejorar la implementación del Convenio de Estambul en relación a las formas de violencia que reciben menor atención en las leyes, las políticas públicas y los programas españoles, adoptando un enfoque holístico en la prevención, protección y persecución de todas las formas de violencia previstas en el Convenio, de particular importancia en relación con la violencia sexual, el acoso sexual, el matrimonio forzoso, la mutilación genital femenina y el aborto/esterilización forzosos (GREVIO, 2020, p. 18).

Son varias las cuestiones identificadas que requerían acción urgente: fortalecer las medidas destinadas a prevenir y combatir la violencia que afecta a mujeres expuestas a discriminación interseccional; reforzar la formación de profesionales como agentes policiales, trabajadores de la salud y docentes, y evaluar las diferentes capacitaciones disponibles para el poder judicial; mejorar la prestación de servicios de apoyo, en particular mediante la adopción de medidas efectivas para garantizar una provisión de alojamiento suficiente; y reforzar el marco legal sobre violencia psicológica, acoso, violencia sexual, acoso sexual y mutilación genital femenina (GREVIO, 2020[2]). Todas ellas cuestiones que se abordan en la LOGILS.

Por otro lado, en segundo lugar, el Convenio número 190 de la OIT, aprobado en junio de 2019 por la Conferencia Internacional del Trabajo de la OIT, es el primer tratado internacional que aborda la prevención de la violencia y el acoso en el trabajo desde un enfoque inclusivo, integrado y con perspectiva de género. Su adopción es relevante por múltiples factores, pero especialmente porque efectúa

---

1 https://www.coe.int/en/web/istanbul-convention/grevio

2 Véase el Apéndice I del informe que contiene la lista de propuestas y sugerencias de GREVIO.

un doble reconocimiento: el derecho de toda persona a un trabajo libre de violencia y acoso, incluidos la violencia y el acoso por razón de género; y la vinculación de la violencia y el acoso en el mundo del trabajo con la salud psicológica, física y sexual de las personas, es decir, con la prevención y gestión de la seguridad y salud en el trabajo (Pons Carmena, 2020; Yagüe Blanco, 2020). El Convenio 190 OIT fue ratificado por España en el año 2022, y su entrada en vigor se demoró al mes de mayo de 2023[3].

Ambos compromisos internacionales ponen al legislador español frente a la necesidad de revisar el ordenamiento jurídico interno y dar respuestas a la protección de las mujeres frente a la violencia. Al menos frente a dos tipos de violencia: la violencia sexual —y en ese caso abordarla mediante un programa de protección integral— y la violencia y acoso en el mundo laboral —y en ese caso de forma imprescindible con perspectiva de género, pues las mujeres son las principales víctimas de la violencia también en el mundo laboral.

Pues bien, previamente a la aprobación de la LOGILS en España existía un marco jurídico pionero en la protección integral de las mujeres frente a la violencia de género (la LO 1/2004, de medidas de protección integral contra la violencia de género —LOVG—), y, además, coexistía una regulación que protegía a las trabajadoras

---

[3] Hay otros instrumentos internacionales que pueden incluirse derivados de la acción de Naciones Unidas. En efecto, Naciones Unidas, a través del *Comité para la Eliminación de todas las formas de Discriminación contra la Mujer* (CEDAW) o el *Grupo de trabajo sobre discriminación contra la mujer en la legislación y en la práctica,* habían recomendado a España la ampliación del marco normativo para incluir un abordaje integral frente a esta violencia, el impulso de acciones para eliminar los estereotipos de género que sustentan la violencia sexual, la puesta en marcha de recursos asistenciales adecuados para las víctimas y la recopilación de datos estadísticos sobre estas violencias para el desarrollo de políticas públicas eficaces.
Igualmente se requería abordar las situaciones de interseccionalidad, y así lo puso de manifiesto el *Comité sobre los Derechos de las Personas con Discapacidad de Naciones Unidas* que recomendó a España la adopción de todas las medidas apropiadas para combatir la violencia de género contra las mujeres con discapacidad psicosocial y para prevenir, investigar y ofrecer reparaciones por las violaciones de sus derechos humanos, enjuiciando a las personas responsables.

frente al acoso sexual —de contenido sexual— y frente al acoso por razón de género; y desde el punto de vista sancionador se mantenían las disposiciones normativas que daban una respuesta penal a la violencia sexual contra las mujeres[4].

Lo que se reprochaba al estado español era la inexistencia de un conjunto de políticas públicas y de medidas destinadas de forma integral a la prevención de estas conductas violentas y la protección de las víctimas de esa violencia.

En efecto, creo que la LOGILS debe observarse como una ley integral frente a las violencias sexuales que vulneran varios derechos fundamentales de las mujeres a la libertad, a la igualdad y a la dignidad de la persona, a la integridad física y moral y, en el caso del feminicidio sexual, también el derecho a la vida.

También creo que es preciso hacer referencia a la necesidad de analizar el ámbito de aplicación, de la LOGILS, especialmente para descartar que estemos ante una norma exclusivamente sancionadora y de contenido jurídico penal —solo la disposición final cuarta se destina a modificar determinados preceptos del Código Penal, entre los cuales se encuentran los Delitos contra la libertad sexual, posteriormente reformados de nuevo[5]—, pese a que el contenido jurídico penal es el que más ha llamado la atención mediática.

Los primeros preceptos de la LOGILS se dedican a identificar su finalidad, y su ámbito objetivo, subjetivo y territorial. La finalidad declarada es la adopción y puesta en práctica de políticas efectivas, globales y coordinadas entre las distintas administraciones públicas competentes, a nivel estatal y autonómico, que garanticen la sensibilización, prevención, detección y la sanción de las violencias sexuales. Estas políticas incluyen todas las medidas de protección integral pertinentes que garanticen la respuesta integral especializada frente a

---

[4] Título VIII del Libro II de la Ley Orgánica 10/1995, de 23 de noviembre, del Código Penal.

[5] Ley Orgánica 4/2023, de 27 de abril, para la modificación de la Ley Orgánica 10/1995, de 23 de noviembre, del Código Penal, en los delitos contra la libertad sexual, la Ley de Enjuiciamiento Criminal y la Ley Orgánica 5/2000, de 12 de enero, reguladora de la responsabilidad penal de los menores.

todas las formas de violencia sexual, la atención integral inmediata y recuperación de todos los ámbitos en los que se desarrolla la vida de las mujeres, niñas, niños y adolescentes, en tanto víctimas principales de todas las formas de violencia sexual (*vid.* art. 1 LOGILS).

El ámbito de aplicación objetivo de la ley orgánica comprende las violencias sexuales "entendidas como cualquier acto de naturaleza sexual no consentido o que condicione el libre desarrollo de la vida sexual en cualquier ámbito público o privado, incluyendo el ámbito digital", y a efectos estadísticos y de reparación, el feminicidio sexual, entendido como homicidio o asesinato de mujeres y niñas vinculado a las conductas definidas en violencias sexuales, esto es, los delitos previstos en el Título VIII del Libro II del Código Penal, la mutilación genital femenina, el matrimonio forzado, el acoso con connotación sexual y la trata con fin de explotación sexual. No se trata pues de un catálogo cerrado de actuaciones, sino de un listado abierto (Álvarez Cuesta, 2023, p. 14).

En cuanto al ámbito subjetivo y territorial incluye a "las mujeres, niñas y niños que hayan sido víctimas de violencias sexuales en España, con independencia de su nacionalidad y de su situación administrativa; o en el extranjero siempre que sean de nacionalidad española". No quedan incluidos los hombres adultos víctimas de violencia sexual.

Esta protección debe ampliarse con la prevista en la Ley 4/2023, de 28 de febrero, para la igualdad real y efectiva de las personas trans y para la garantía de los derechos de las personas LGTBI. El artículo 68 de la Ley 4/2023 incluye el derecho de las víctimas de violencia a la asistencia integral y especializada y el artículo 69 incluye medidas de protección frente a la violencia en el ámbito familiar, incluyendo medidas de contenido laboral. Así en caso de sentencia condenatoria por un delito de violencia doméstica, o una orden de protección o algún tipo de medida cautelar aprobada por resolución judicial en favor de la víctima podrá solicitar la reordenación de su tiempo de trabajo, la movilidad geográfica y el cambio de centro de trabajo a sus empleadores.

En ese conjunto de disposiciones y políticas coordinadas encontramos diferentes áreas de actuación, de las que destacaré sólo algunas: la investigación y producción de datos (Título I), la prevención y detección (Título II), que incluye medidas de prevención y sensibilización, en el ámbito educativo, sanitario, sociosanitario y de servicios sociales, campañas de concienciación, medidas de prevención en el ámbito digital y de la comunicación, en el ámbito publicitario, en el ámbito laboral (art. 12), en la Administración Pública, los organismos públicos y los órganos constitucionales, en el ámbito castrense, en instituciones residenciales y en centros penitenciarios, de detención, o de internamiento involuntario de personas, la elaboración de protocolos específicos de detección, actuación y derivación en el ámbito educativo, social y sanitario, con especial atención a las víctimas menores de edad y con discapacidad (arts. 18 y ss.); la formación y especialización profesional (art. 23 y ss.); un título, el título IV, dedicado al Derecho a la asistencia integral especializada y accesible, en el que el Capítulo II relativo a la "Autonomía económica, derechos laborales y vivienda" incluye en su artículo 38 los "Derechos laborales y de Seguridad Social", y un Título VII, en el que se aborda el denominado Derecho a la reparación, que la norma extiende posteriormente a las víctimas de violencia de género (Disposición Final novena que modifica la LOVG).

Quisiera señalar que abordar la lectura de la LOGILS permite recordar la atención que la LOVG había dado a las víctimas de violencia de género por el planteamiento integral, interdisciplinar, u holístico que requiere abordar una cuestión de tantos matices y aristas como es la violencia contra las mujeres. También las reacciones que la norma está provocando recuerda las que provocó en muchos ámbitos la LOVG.

Ambas normas, la LOVG y la LOGILS en su afán de protección integral han incluido medidas específicas en materia laboral permitiendo adaptar las obligaciones profesionales a su situación personal, constituyendo un ejemplo de flexibilización de las condiciones laborales y adaptación a las circunstancias personales de las trabajadoras, con indudable perspectiva de género.

Ambas normas jurídicas deben entenderse como manifestación de la encomienda que la CE efectúa a los poderes públicos para promover la efectividad de la igualdad real, que impone el art. 9.2 de la CE: el reconocimiento constitucional del derecho a la igualdad por razón de sexo implica la realización del conjunto de acciones necesarias para expulsar de todos los ámbitos de la vida, incluido el ámbito de las relaciones laborales, todas y cada una de las manifestaciones de violencia sobre las mujeres (Espejo Mejías, 2022).

2. REVISIÓN DE LOS ASPECTOS LABORALES LA LEY ORGÁNICA 1/2004, DE 28 DE DICIEMBRE, DE MEDIDAS DE PROTECCIÓN INTEGRAL CONTRA LA VIOLENCIA DE GÉNERO

España fue un país pionero con la aprobación —previa a la ratificación del Convenio de Estambul— de una ley integral frente a la violencia de género, manifestación máxima de las desigualdades entre hombres y mujeres. La LOVG realizó un abordaje integral, desde las perspectivas preventivas, sancionadoras y protectoras de la víctima, así como de carácter multidisciplinar, pero no frente a todos los tipos de violencia contra las mujeres recogidos en el Convenio de Estambul, sino exclusivamente frente a la violencia producida en las relaciones de pareja o expareja. Frente a esta reducción de la violencia de género a la violencia en el ámbito de las relaciones intrapareja —que no puede negarse que continua siendo de necesaria atención, pues las cifras, las estadísticas, y la realidad cotidiana no permiten una tregua— quizás se plantea como necesario, casi veinte años después, ampliar la mirada hacia protección integral a todas las formas de violencia contra la mujer, es decir, todos los actos de violencia basados en el género que implican daños o sufrimientos de naturaleza física, sexual, psicológica o económica.

Además, partiendo de la idea básica de que el trabajo es un instrumento o recurso útil para las víctimas de violencia de género por la independencia profesional, económica y social que les confiere, y lo que supone, además, de mejora de la autoestima personal y alejamiento del agresor, las actuaciones previstas en la LOVG se encaminaron en dos frentes, dependiendo de la situación laboral de las mujeres víctimas de violencia:

- Si se trata de mujeres que han perdido el empleo, debe ponerse el acento en su mayor vulnerabilidad y dependencia económica de la pareja o expareja[6]: para este colectivo es fundamentar impulsar los planes de inserción laboral y las ayudas económicas directas para garantizar el alejamiento del círculo de violencia.

- En cambio si se trata de mujeres que mantienen vigente una prestación de servicios de naturaleza laboral, podemos valorar que su vulnerabilidad es menor, pero que debe actuarse para que mantengan el empleo que indudablemente se verá afectado por la violencia (física o psicológica o económica), que sufren o han sufrido de su pareja o expareja. Para estas víctimas las medidas van a ir destinadas en primer lugar en blindar su relación laboral y solo de modo subsidiario y excepcional en facilitar el abandono temporal o definitivo de la relación laboral como garantía. La normativa debe estar destinada a la protección de sus derechos laborales, el mantenimiento de su puesto de trabajo —pese a las especiales circunstancias de su vida personal—, aunque ello suponga una modificación de las condiciones de trabajo con el objetivo de facilitar la protección de su vida o salud —se articulan medidas de conciliación en relación con el tiempo y el lugar de trabajo—; y de forma excepcional facilitando el cese temporal o definitivo, en la prestación de servicios —por lo que se le facilita la suspensión y/o extinción de su contrato de trabajo—.

Desde 2004 han sido muchas las intervenciones legislativas: la ampliación de los títulos jurídicos que permitían el acceso a los derechos laborales, la referencia a la posibilidad de realizar trabajo a distancia, la atención durante las situaciones de confinamiento derivadas del estado de alarma durante la pandemia del COVID-19, el reconocimiento de que las ausencias al trabajo justificadas en la violencia de género son ausencias retribuidas y el derecho de reparación de las víctimas, añadiendo la LOGILS a la LOVG a través de su Disposición final novena un nuevo Capítulo V sobre el "Derecho a la reparación" dentro Título II sobre los "Derechos de las mujeres

---

6 Alto porcentaje de víctimas de violencia se encuentran en situación de desempleo o de precariedad económica (informe Adecco 2019)

víctimas de violencia de género", compuesto por el artículo 28 bis y el artículo 28 ter.

Simultáneamente otras leyes[7] han impulsado la posible inclusión de medidas o recursos para la prevención de la violencia de género y para la protección de las víctimas en la empresa: me refiero a las opciones laborales que en el ámbito empresarial otorgan los planes de igualdad y los protocolos en las empresas, al menos en dos sentidos: 1) en la medida en que sea posible promover el desarrollo de acciones de sensibilización, información y formación contra la violencia de género entre las personas trabajadoras; y 2) en cuanto a la posibilidad de instaurar procedimientos garantistas en el ámbito empresarial que faciliten el ejercicio de los derechos laborales previstos para las mujeres víctimas.

En este sentido debe entenderse el artículo 8.3 del RD 901/2020, que respecto del contenido del plan de igualdad incorpora la posibilidad de incluir medidas relativas a materias no enumeradas en el artículo 46.2 de la LOI, como la violencia de género.

Desde este punto de vista me parece una línea interesante de actuación la implicación activa de las empresas, con el objetivo de facilitar el ejercicio de las medidas laborales en el ámbito de la empresa, y para ello parece necesaria la inclusión en planes de igualdad la atención en la empresa a las víctimas de violencia de género.

Se trata de garantizar una mayor eficacia en el ejercicio de los derechos de las víctimas de violencia de género, pero también a las víctimas de acoso sexual y de acoso por razón de sexo, pues como se sabe no existen derechos si no existen procedimientos adecuados que los garanticen y sanciones disuasorias de su violación.

El fomento de la implicación de las empresas y orientar su respuesta ante la violencia de género, su prevención, sanción y la protección de las víctimas, como aspectos clave de la responsabilidad social corporativa puede ser una línea de actuación y en este sentido deben impulsarse los procedimientos colectivos de negociación en la

---

7 Como las previsiones incluidas en la *Ley Orgánica 3/2007, de 22 de marzo, para la igualdad efectiva de mujeres y hombres*, por el *RDL 6/2019, de 1 de marzo.*

empresa, sea a través de la negociación colectiva, de la negociación de Planes de Igualdad o de la introducción de protocolos específicos para la gestión de los derechos de las víctimas de violencia de género. El objetivo es anticipar la resolución de conflictos y agilizar el acceso a los derechos destinados a garantizar su protección o su derecho a la asistencia social integral. Así, en caso de desacuerdo o discrepancias entre la empresa y la trabajadora, la remisión a la vía judicial no puede convertirse en la única vía de resolución, debiendo propugnarse el establecimiento de mecanismos de resolución de discrepancias con vistas a conseguir un acuerdo, lo que podría integrar el contenido del convenio colectivo o del plan de igualdad de las empresas. El *Real Decreto 901/2020, de 13 de octubre, por el que se regulan los planes de igualdad y su registro*, y se modifica el *Real Decreto 713/2010, de 28 de mayo, sobre registro y depósito de convenios y acuerdos colectivos de trabajo*, es un buen punto de partida para el desarrollo que se propone.

3. VIOLENCIA Y ACOSO POR RAZÓN DE GÉNERO EN EL CONVENIO 190 OIT Y EN LA NORMATIVA ESPAÑOLA: LA VIOLENCIA EN EL TRABAJO

Parece importante comenzar por recordar que la violencia en el trabajo no siendo un hecho novedoso, sí resulta un fenómeno presente e inagotable precisamente por su carácter voluble como se puede apreciar en las nuevas formas de trabajo y los sistemas de organización del trabajo (Quintero Lima, 2021): desde la presencia de nuevas formas de esclavitud y trabajo forzoso a los sectores especialmente sensibles por las condiciones de vulnerabilidad, como el trabajo agrario o el del servicio doméstico, o las situaciones conocidas en que una persona es obligada a trabajar en condiciones infralegales, incluso infrahumanas, y en un sentido amplio también puede llegar a considerarse violencia la precariedad y la precarización del trabajo, formas de violencia ligadas al trabajo, a las asimetrías de los mercados de trabajo, y de los sistemas de protección social. Lo cierto y seguro es que las condiciones de trabajo precarizadas favorecen el desarrollo de situaciones de violencia y acoso (física o psicológica). Para las mujeres, además, las violencias físicas y psicológicas tienen una deriva sexual, en clave de acoso sexual.

Son tres los instrumentos que la Organización Internacional del Trabajo (OIT) adoptó en 2019: el *Convenio número 190 sobre eliminación de la violencia y el acoso en el mundo del trabajo,* la *Recomendación 206 sobre la eliminación de la violencia y el acoso en el mundo del trabajo,* y la *Resolución relativa a la eliminación de la violencia y el acoso en el mundo del trabajo.* Estos instrumentos reconocen la incompatibilidad de la violencia hacia las mujeres con el trabajo decente, con los derechos humanos en el trabajo y con la igualdad de oportunidades.

La definición de violencia y acoso en el mundo del trabajo que realiza el Convenio 190 OIT: "a) la expresión «violencia y acoso» en el mundo del trabajo designa un conjunto de comportamientos y prácticas inaceptables, o de amenazas de tales comportamientos y prácticas, ya sea que se manifiesten una sola vez o de manera repetida, que tengan por objeto, que causen o sean susceptibles de causar, un daño físico, psicológico, sexual o económico, e incluye la violencia y el acoso por razón de género".

Incluye así aquellos comportamientos o prácticas, y amenazas de tales comportamientos o prácticas, en los que concurren cuatro elementos (Pons Carmena, 2023, p. 86): 1°. se trata de una tipificación de conductas de violencia y acoso basadas en un elemento objetivo o de resultado (producción de un daño o posibilidad de que se produzca); 2°. se acude a un concepto unitario de violencia o acoso (aunque las legislaciones nacionales pueden separar); 3°. no es necesario que se trate de comportamiento o prácticas reiterados; y 4°. sitúa el acoso y la violencia por razón de género y el acoso sexual como subcategorías de la *violencia y acoso general.*

No es baladí que el artículo 1 del Convenio 190 OIT incluya una definición específica para la violencia y acoso por razón de género relativa a la violencia y el acoso que van dirigidos contra las personas por razón de su sexo o género, o que afectan de manera desproporcionada a personas de un sexo o género determinado, e incluye el acoso sexual.

Para el Convenio 190 OIT la expresión *violencia y acoso por razón de género* "designa la violencia y el acoso que van dirigidos contra las personas por razón de su sexo o género, o que afectan de manera desproporcionada a personas de un sexo o género determinado, e incluye el acoso sexual".

La incorporación de la perspectiva de sexo o género en las víctimas de la violencia o acoso en el trabajo pone el acento en quien es la víctima de las actuaciones de violencia, en ningún caso quien es el agresor o en qué contexto se realizan esos actos (Espejo Mejías, 2022).

Pons Carmena (2024) incide en que las principales bondades del Convenio 190 OIT son la amplitud del concepto de violencia y acoso en el mundo del trabajo, la consideración de la violencia y el acoso como riesgos psicosociales que afectan a la dignidad de la persona y la necesidad de ahondar en materia preventiva.

La violencia y el acoso son riesgos psicosociales que afectan a la dignidad de la persona. Y, a partir de ahí, nos impone la necesidad de reforzar el enfoque preventivo. Quizás la mayor virtualidad del Convenio 190 OIT.

En el ordenamiento laboral español las garantías frente a la violencia y acoso en el trabajo se manifiesta en los siguientes niveles (Quintero Lima, 2021):

a) nivel administrativo sancionador con la intervención de la Inspección de Trabajo y de la Seguridad Social) y el posterior procedimiento administrativo sancionador,

b) nivel intervención colectiva: participación de la representación de los trabajadores en la empresa en materia preventiva y de igualdad,

c) nivel reparador: indemnizaciones por daños y perjuicios, y

d) como garantía última, la intervención de los cuerpos y fuerzas de seguridad del estado en los supuestos gravísimos.

En efecto, la LOIE contiene la delimitación de las acciones consideradas acoso sexual[8], constituye siempre una discriminación por razón de sexo, independientemente del sexo y orientación sexual del

---

[8] Al que se refiere el art. 7.1 como cualquier comportamiento, verbal o físico, de naturaleza sexual que tenga el propósito o produzca el efecto de atentar

acosador/a y acosado/a; y del denominado acoso causal por género (o acoso por razón de género, acoso misógino o sexista)[9]. Por su parte, la reciente *Ley 15/2022, de 12 de julio, integral para la igualdad de trato y la no discriminación,* se refiere al acoso discriminatorio por alguna de las causas de discriminación que la propia norma delimita como atentado contra la dignidad de una persona o grupo[10].

Sin embargo, hemos de preguntarnos qué ocurre con los derechos laborales de las víctimas de acoso, pues a diferencia de lo que ocurre desde 2004 con la LOVG, y desde 2022 con las víctimas de violencia sexual, no existe un elenco de derechos en el ámbito de la relación laboral que permita a la víctima de acoso o violencia en el trabajo suspender o modificar su relación laboral para atender su situación de violencia en el trabajo, o que proteja frente a actuaciones injustificadas del empresario.

---

contra la dignidad de una persona, en particular cuando se crea un entorno intimidatorio, degradante u ofensivo.

9 Definido en el art. 7.2 LOIE como cualquier comportamiento realizado en función del sexo de una persona, con el propósito o efecto de atentar contra su dignidad y de crear un entorno intimidatorio, ofensivo o degradante.

10 La ley 15/2022 se refiere al acoso discriminatorio (art. 6.4) entendiendo que constituye acoso cualquier conducta realizada por razón de alguna de las causas de discriminación previstas en la misma, con el objetivo o la consecuencia de atentar contra la dignidad de una persona o grupo en que se integra y de crear un entorno intimidatorio, hostil, degradante, humillante u ofensivo. Aunque este acoso no queda limitado al acoso por razón de género, sino por cualquier otra de las causas de discriminación (el nacimiento, origen racial o étnico, sexo, religión, convicción u opinión, edad, discapacidad, orientación o identidad sexual, expresión de género, enfermedad o condición de salud, estado serológico y/o predisposición genética a sufrir patologías y trastornos, lengua, situación socioeconómica, o cualquier otra condición o circunstancia personal o social). La Ley 15/2022 no abandona la perspectiva de género a las que se refiere el art. 4.4, de manera que en las políticas contra la discriminación se ha de tener en cuenta la perspectiva de género y el impacto en las mujeres y las niñas como obstáculo al acceso a derechos como la educación, el empleo, la salud, el acceso a la justicia y el derecho a una vida libre de violencias, entre otros.

Más allá del reconocimiento de derechos de carácter genérico del art. 4 ET[11], que identifican el acoso con la dignidad y la intimidad de la persona trabajadora, y de las obligaciones empresariales derivadas de la protección de la dignidad, o de las opciones de sanción laboral al configurarse como causa de despido disciplinario[12] o sancionable de forma administrativa[13] o penal de las conductas violentas, tengo la impresión de que se sitúa en peor posición la protección laboral a las víctimas de violencia y acoso en el trabajo que la tutela a las víctimas de violencias ajenas al trabajo respecto a la relación laboral de estas víctimas. Pero, además, creo que la extensión de los derechos a las víctimas de violencia contra las mujeres podría resultar no sólo necesaria sino también adecuada a situaciones de violencia.

---

11 Art. 4.2.e ET: "En la relación de trabajo los trabajadores tienen derecho: e) Al respeto de su intimidad y a la consideración debida a su dignidad, comprendida la protección frente al acoso por razón de origen racial o étnico, religión o convicciones, discapacidad, edad u orientación sexual, y frente al acoso sexual y al acoso por razón de sexo."

12 Causa de despido disciplinario prevista en la letra g del art. 54 ET: "g) El acoso por razón de origen racial o étnico, religión o convicciones, discapacidad, edad u orientación sexual y el acoso sexual o por razón de sexo al empresario o a las personas que trabajan en la empresa".

13 LISOS: art. 8 ap.11: "los actos del empresario que fueren contrarios al respeto de la intimidad y consideración debida a la dignidad de los trabajadores", pudiéndose encuadrar en este el denominado acoso moral (Pons Carmena, 2024); ap. 13: "El acoso sexual, cuando se produzca dentro del ámbito a que alcanzan las facultades de dirección empresarial, cualquiera que sea el sujeto activo de la misma". Señala Pons Carmena (2024) que la infracción contenida en la LISOS se adecúa perfectamente a los dictados del Convenio 190 OIT en cuanto a su —amplísimo— ámbito de aplicación espacial, temporal y subjetivo, incluyéndose la concepción de la violencia externa (Altés Tárrega, 2022, p. 103). Y ap. 13 bis: "El acoso por razón de origen racial o étnico, religión o convicciones, discapacidad, edad y orientación e identidad sexual, expresión de género o características sexuales y el acoso por razón de sexo, cuando se produzcan dentro del ámbito a que alcanzan las facultades de dirección empresarial, cualquiera que sea el sujeto activo del mismo, siempre que, conocido por el empresario, este no hubiera adoptado las medidas necesarias para impedirlo".

Ciertamente existe una opción de introducción en la empresa de derechos de protección de las víctimas a través de las previsiones del art. 48 de la LO 3/2007, en cuanto que prevé la inclusión de "Medidas específicas para prevenir la comisión de delitos y otras conductas contra la libertad sexual y la integridad moral en el trabajo", e impone obligaciones a las empresas relativos a

- la promoción de condiciones de trabajo que eviten la comisión de delitos y otras conductas contra la libertad sexual y la integridad moral en el trabajo, incidiendo especialmente en el acoso sexual y el acoso por razón de sexo, incluidos los cometidos en el ámbito digital;
- la negociación de medidas con los representantes de los trabajadores, tales como la elaboración y difusión de códigos de buenas prácticas, la realización de campañas informativas o acciones de formación.

E igualmente, a los representantes de los trabajadores les conmina a contribuir a prevenir la comisión de delitos y otras conductas contra la libertad sexual y la integridad moral en el trabajo, con especial atención al acoso sexual y el acoso por razón de sexo, incluidos los cometidos en el ámbito digital, mediante la sensibilización de los trabajadores y trabajadoras frente al mismo y la información a la dirección de la empresa de las conductas o comportamientos de que tuvieran conocimiento y que pudieran propiciarlo.

También llama la atención la nula relevancia específica que la LPRL dedica a las violencias psicológicas, que se traslada a la escasa evaluación de conductas constitutivas de violencia ligadas a la prestación laboral. Quizás el impulso a los protocolos de acoso pueda producir mejores resultados, y también la LO 10/2022 se mueve en este impulso, aunque con planteamientos un poco reduccionistas al limitarlo a los puestos ocupados (¿en qué momento? ¿en el de la evaluación de riesgos?) por mujeres.

4. DE LA LEY ORGÁNICA 1/2004, DE 28 DE DICIEMBRE, DE MEDIDAS DE PROTECCIÓN INTEGRAL CONTRA LA VIOLENCIA DE GÉNERO, A LA LO 10/2022, DE 6 DE SEPTIEMBRE, DE GARANTÍA INTEGRAL DE LA LIBERTAD SEXUAL

Como sabemos, el contenido de la LOVG vincula su protección integral exclusivamente para las víctimas de violencia producida en el seno de las relaciones de pareja o expareja.

La norma, aun siendo sin duda un paso trascendental en la lucha contra la violencia, dejaba un vacío importante en la protección de otras mujeres víctimas de otras violencias también por razón de género, más allá del ámbito de las relaciones de pareja (García Testal, 2021, Espejo Mejías, 2022).

En efecto, en la LOVG la protección para combatir la violencia manifestación de la discriminación, desigualdad y relaciones de poder de los hombres sobre las mujeres, se limita a la ejercida por parte de los cónyuges o de quienes estén o hayan estado ligados a ellas por análogas relaciones de afectividad, independientemente de que haya o no convivencia. La protección es integral, en el sentido de establecer no solo la sanción a los agresores, sino también la prevención y erradicación de la violencia, y la protección de la víctima. Dentro de las manifestaciones de violencia incluidas en la LOVG se incluyen las agresiones a la libertad sexual, pero solamente a aquellas en las que el sujeto activo mantenga o haya mantenido una relación de pareja.

Posteriormente a la LOVG, el Pacto de Estado contra la Violencia de Género, adoptado en el Congreso de los Diputados y en el Senado, en diciembre de 2017, incluyendo acuerdos alcanzados entre el Gobierno y el resto de las administraciones, autonómicas y locales, también reconoció la magnitud de los desafíos para la prevención y la adecuada respuesta frente a las violencias sexuales y estableció medidas transversales.

Y en 2021, la *Ley Orgánica 8/2021, de 4 de junio, de protección integral a la infancia y la adolescencia frente a la violencia,* también es una respuesta a la necesidad de introducir en nuestro ordenamiento jurídico los compromisos internacionales asumidos por España en la protección integral de las personas menores de edad, y también efectúa una aproximación integral y una respuesta extensa a la naturaleza multidimensional de sus factores de riesgo y consecuencias.

La LO 8/2021 tiene por objeto garantizar los derechos fundamentales de los niños, niñas y adolescentes a su integridad física, psíquica, psicológica y moral frente a cualquier forma de violencia, asegurando el libre desarrollo de su personalidad y estableciendo medidas de protección integral, que incluyan la sensibilización, la prevención, la detección precoz, la protección y la reparación del daño en todos los ámbitos en los que se desarrolla su vida.

En cuanto a su contenido laboral esta norma prohíbe a las empresas y entidades dar ocupación en cualesquiera profesiones, oficios y actividades que impliquen contacto habitual con personas menores de edad a quienes tengan antecedentes en el *Registro Central de Delincuentes Sexuales y de Trata de Seres Humanos*[14]. También modifica la LISOS para convertir el incumplimiento de este mandato en una infracción sancionable[15].

Como venía señalando, la aprobación de la LOGILS devenía necesaria por el compromiso adquirido con la ratificación por España en el año 2014 del Convenio de Estambul, que define la violencia contra las mujeres como: "[...] todos los actos de violencia basados en el género que implican o pueden implicar para las mujeres daños o sufrimientos de naturaleza física, sexual, psicológica o económica, incluidas las amenazas de realizar dichos actos, la coacción o la privación arbitraria de libertad, en la vida pública o privada". *Y como señala supra* el primer informe de evaluación de la aplicación por parte de España del Convenio de Estambul manifestaba la preocupación por la concentración de esfuerzos en la violencia en el seno de la pareja en detrimento de otras formas de violencia, en particular la violencia sexual e insta a las autoridades españolas a garantizar un conjunto de políticas efectivas, completas y coordinadas a nivel estatal para la

---

14 Art. 57.3.

15 Se añade un apartado 19 al artículo 8 del texto refundido de la *Ley sobre Infracciones y Sanciones en el Orden Social.*

prevención y lucha contra todas las formas de violencia incluidas en el Convenio de Estambul.

Tanto la LOVG como la LOGILS son una expresión de la encomienda que la Constitución Española efectúa a los poderes públicos para promover la efectividad de la libertad e igualdad reales, que impone el art. 9.2 de la CE. Además la intervención legislativa se enmarca en otros preceptos constitucionales, pues trata de garantizar el propio artículo 1.1 —que declara como valores superiores de nuestro ordenamiento la libertad y la igualdad—, el artículo 10 relativo a la dignidad de la persona, los derechos inviolables que le son inherentes y el derecho al libre desarrollo de la personalidad como fundamentos del orden político y la paz social, el principio de igualdad del artículo 14, y los artículos 15 y 17, y su relación con los derechos a la vida y la integridad física y a la libertad y seguridad.

Pues bien, los aspectos laborales de la LOGILS —en sus arts. 12 y 38— responden a diferentes perspectivas: por un lado, se adopta una importante perspectiva de prevención de riesgos que coincide con la perspectiva que el Convenio 190 OIT efectúa de la violencia y acoso en el mundo del trabajo; por otro lado, la perspectiva protectora de la víctima incluye: el establecimiento de canales apropiados para la denuncia, y el establecimiento de medidas directas de protección y amparo de la relación laboral. Es en este último aspecto en la que la LOGILS incorporó el modelo de la LOVG (al menos en su redacción inicial, modificada por la entrada en vigor de la *Ley 4/2023, de 28 de febrero, para la igualdad real y efectiva de las personas trans y para la garantía de los derechos de las personas LGTBI,* que vació el Estatuto de los Trabajadores del contenido relativo a las víctimas de la violencia sexual[16], a menos que entendamos que cuando esta norma se refiere a las víctimas de violencia de género se está refiriendo a las mujeres víctimas de cualquier violencia, y no sólo a las víctimas de violencia en el seno de la pareja[17]).

---

16 La modificación de los arts. 37.8, 40.4 y 5, 45.1.n), 49.1.m), 53.4.b), y 55.5.b) del ET vuelve a producirse con la posterior Ley 4/2003 dejando sin efecto las referencias a las víctimas de violencia sexual.

17 Como señala Fernández Prats (2024): "La explicación de este cambio sólo puede responder a un error legislativo derivado de la paralela tramitación

4.1. Aspectos preventivos de la LOGILS: la salud de las trabajadoras

Puede afirmarse que cuando la LOGILS adopta las medidas de carácter preventivo atendiendo a la salud de las víctimas de violencia sexual está incorporando la perspectiva adoptada por el Convenio 190 OIT.

En este sentido, el artículo 12.1 de la LOGILS incorpora el deber de todas las empresas de promover condiciones laborales en el seno de su organización que eviten la comisión de delitos y otras conductas contra la libertad sexual y la integridad moral en el trabajo, incidiendo especialmente en el acoso sexual y en el acoso por razón de sexo en los términos previstos en el artículo 48 de la LOI.

La promoción de unas condiciones laborales sin violencia ni acoso incluye la aprobación de protocolos de prevención del acoso por razón de sexo o de contenido sexual, incluyendo el establecimiento de canales para facilitar las denuncias y reclamaciones de sus trabajadoras; la realización de acciones dirigidas a evitar todas las formas de violencia sexual que puedan darse en el ámbito digital; la promoción

---

parlamentaria de ambas normas (Goerlich Peset, 2023). Primero se inició la tramitación de la LO 10/2022 que, como se ha indicado, modificó los arts. 37.8, 40.4 y 5, 45.1.n), 49.1.m), 53.4.b), y 55.5.b) ET para equiparar los derechos laborales de las víctimas de violencia de género y de violencia sexual. Posteriormente, se inició la tramitación de la Ley 4/2023 que en su proyecto pretendía la reforma de los mismos preceptos estatutarios para equiparar los derechos laborales de las víctimas de violencia de género y de las personas LGTBI que sufran violencia intragénero. Sin embargo, en la tramitación de esta última norma se incorporaron unas enmiendas que suprimieron las referencias a la violencia intragénero, quedando la redacción de los aludidos preceptos del ET sin esta referencia y sin la incorporación de la violencia sexual que se tramitaba paralelamente en otra norma distinta. La entrada en vigor de la Ley 4/2023 con posterioridad a la LO 10/2022, ha provocado la desaparición de las víctimas de violencia sexual de la normativa laboral, que solo estuvieron vigentes unos meses. Para contribuir aún más a la confusión, las referencias a las víctimas de violencia sexual no se han suprimido de la LGSS, que establece prestaciones específicas para estas víctimas, aunque difícilmente van a poder adquirir virtualidad ya que exigen del ejercicio paralelo de un derecho laboral ahora inexistente. Se impone por tanto con urgencia una corrección legislativa que arroje luz sobre el conflicto que se ha generado".

de acciones de sensibilización: la elaboración y difusión de códigos de buenas prácticas, la realización de campañas informativas, protocolos de actuación o acciones de formación, de las que podrá beneficiarse la plantilla total de la empresa cualquiera que sea la forma de contratación laboral, incluidas las personas con contratos fijos discontinuos, con contratos de duración determinada y con contratos en prácticas; las becarias y el voluntariado y las personas que presten sus servicios a través de contratos de puesta a disposición; la oferta de formación sobre protección integral contra las violencias sexuales a todo el personal a su servicio; la inclusión en la valoración de riesgos de los diferentes puestos de trabajo ocupados por mujeres la violencia sexual entre los riesgos laborales concurrentes, debiendo informar a sus trabajadoras adecuadamente y ofrecer formación al respecto. Esta previsión normativa ha sido objeto de críticas por parte de la doctrina por su escasa relevancia práctica o vacía de contenido (Espejo Mejías, 2022) ya que ni se modifica la Ley de prevención de riesgos laborales (LPRL) para incluir en la normativa de prevención vigente ni se prevé una norma reglamentaria de desarrollo.

En este sentido cabe recordar que la LPRL no efectúa de forma específica ninguna alusión al acoso sexual o al acoso por razón de sexo como posible riesgo a valorar y prevenir en la empresa. Solamente una disposición adicional, la decimoctava de la LPRL, relativa a la protección de la seguridad y la salud en el trabajo de las personas trabajadoras en el ámbito de la relación laboral de carácter especial del servicio del hogar familiar, menciona la violencia hacia las mujeres.

Además, la LO limita a los puestos de trabajo ocupados por mujeres el deber de valorar la violencia sexual como uno de los riesgos laborales de las empresas. Parece que la norma no está contemplando que la ocupación de determinados puestos por mujeres o por hombres puede ser en muchas ocasiones de naturaleza coyuntural.

Debe así recordarse que los aspectos relacionados con la seguridad y la salud ocupan un lugar destacado en el Convenio 190, cuyo artículo 9 ordena a los Estados miembros adoptar leyes que obliguen a las empresas a implantar todas las medidas necesarias para prevenir el acoso y la violencia en los lugares de trabajo. A tal efecto, este precepto exige a las empresas evaluar estos riesgos y adoptar medidas específicas para prevenirlos.

4.2. Aspectos procedimentales: los canales de denuncia

El artículo 12 de la LOGILS establece que las empresas deberán arbitrar, junto a los procedimientos específicos para la prevención de la comisión de delitos y otras conductas contra la libertad sexual y la integridad moral en el trabajo, procedimientos para dar cauce a las denuncias o reclamaciones que puedan formular quienes hayan sido víctimas de estas conductas, incluyendo específicamente las sufridas en el ámbito digital.

Se trata de canales de denuncia para las víctimas de estas conductas, que podrían sumarse a las previstas en la reciente *Ley 2/2023, de 20 de febrero, reguladora de la protección de las personas que informen sobre infracciones normativas y de lucha contra la corrupción*[18], obliga a todas obliga a todas las empresas con 50 o más trabajadores a implementar un canal de denuncias interno, con el objetivo de garantizar la prevención y castigo de la comisión de delitos e infracciones en las empresas en diversas materias. Se trata de una vía de comunicación interna a través de la cual la empresa recibe y gestiona denuncias (o comunicaciones) realizadas por personas vinculadas a la empresa para informar sobre las acciones u omisiones que constituyan infracciones.

4.3. El distintivo empresarial

El artículo 12.3 de la LOGILS, y de forma similar al distintivo empresarial en materia de igualdad que regula el artículo 50 de la LO 3/2007, regula un distintivo empresarial para aquellas empresas que adecúen su estructura y sus normas de funcionamiento al contenido

---

[18] Que incorpora al ordenamiento jurídico interno la *Directiva (UE) 2019/1937 del Parlamento Europeo y del Consejo, de 23 de octubre de 2019, relativa a la protección de las personas que informen sobre infracciones del Derecho de la Unión.*

de la LOGILS. La concreta denominación de este distintivo es «Empresa por una sociedad libre de violencia de género».

El procedimiento específico, esto es, los requisitos para su otorgamiento, las facultades derivadas de su obtención y las condiciones de difusión institucional de las empresas que lo obtengan, así como el proceso de revisión periódica y, en su caso, las causas de retirada de este distintivo, deberá definirse y concretarse a través de un real decreto.

4.4. Los derechos en el ámbito de la relación laboral para la protección de la víctima de violencia sexual

El art. 38 de la LOGILS incorpora la protección laboral de las víctimas de forma paralela a la LOVG reconociendo una serie de derechos a las víctimas que encuentren incompatibilidades entre la atención a su salud, física o mental, la atención por los servicios sociales, o judiciales, de las consecuencias de la violencia sexual y la relación laboral, con ánimo de facilitar su compatibilidad y permitir a las víctimas el mantenimiento de su empleo. Para ello establece el derecho a la reducción o a la reordenación de su tiempo de trabajo, a la movilidad geográfica, al cambio de centro de trabajo, a la adaptación de su puesto de trabajo y a los apoyos que precisen por razón de su discapacidad para su reincorporación —todos ellos destinados al mantenimiento de la relación—, pero también, permitiendo el acceso a la suspensión de la relación laboral con reserva de puesto de trabajo[19] y a la extinción del contrato de trabajo.

---

[19] El período de suspensión tendrá una duración inicial que no podrá exceder de seis meses, salvo que de las actuaciones de tutela judicial resultase que la efectividad del derecho de protección de la víctima requiriese la continuidad de la suspensión. En este caso, el juez podrá prorrogar la suspensión por períodos de tres meses, con un máximo de dieciocho meses (art. 38.1 último párrafo de la LO 10/2022). Cuando se produzca la reincorporación, esta se realizará en las mismas condiciones existentes en el momento de la suspensión del contrato de trabajo, garantizándose los ajustes razonables que se puedan precisar por razón de discapacidad (art. 38.3 LO 10/2022).

Además reconoce a las víctimas de violencias sexuales el derecho a la protección por desempleo, y facilita a las empresas la formalización de contratos para sustituir a trabajadoras víctimas de violencia sexual que hayan suspendido su contrato de trabajo o ejercitado su derecho a la movilidad geográfica o al cambio de centro de trabajo, estableciendo una bonificación del 100% de las cuotas empresariales a la Seguridad Social por contingencias comunes durante todo el período de suspensión de la trabajadora sustituida o durante seis meses en los supuestos de movilidad geográfica o cambio de centro de trabajo.

Las anteriores disposiciones se completan con la justificación y remuneración de ausencias o faltas de puntualidad al trabajo motivadas por la situación física o psicológica derivada de las violencias sexuales —justificadas por los servicios sociales de atención o servicios de salud, según proceda—, exigiendo a la trabajadora la comunicación a la empresa a la mayor brevedad.

También las trabajadoras por cuenta propia víctimas de violencias sexuales tienen atención, ya que en caso de que cesen en su actividad para hacer efectiva su protección o su derecho a la asistencia social integral se les considerará en situación de cese temporal de la actividad, en los términos previstos en el texto refundido de la *Ley General de la Seguridad Social*, y se les suspende la obligación de cotización durante un período de seis meses que les serán considerados como de cotización efectiva a efectos de las prestaciones de Seguridad Social. Asimismo, su situación será considerada como asimilada al alta[20].

La previsión en el art. 39 de un programa específico de empleo, en el marco de los planes anuales de empleo, de la Ley de Empleo, encuentra un escollo en la aprobación de la nueva Ley 3/2023, de 28 de febrero, que en un nuevo ejemplo de desconexión ministerial ha olvidado incluir este colectivo, que solo en el Eje 4 del Plan Anual se refiere junto a las víctimas de violencia de género a las mujeres víctimas de otras formas de violencia contra la mujer.

---

20 A los efectos de lo previsto en el párrafo anterior, se tomará una base de cotización equivalente al promedio de las bases cotizadas durante los seis meses previos a la suspensión de la obligación de cotizar.

4.5. Los derechos en el ámbito de la relación laboral de las personas LGTBI-Trans víctimas de violencia: la Ley 4/2023, de 28 de febrero, para la igualdad real y efectiva de las personas trans y para la garantía de los derechos de las personas LGTBI

Finalmente, la Ley 4/2023 incluye en su contenido previsiones en relación con la violencia contra las personas LGTBI/trans. En primer lugar, introduce la obligación de negociación con la representación de las personas trabajadoras de un plan de igualdad real y efectiva específico para personas LGTBI/trans, entendido como conjunto planificado de medidas y recursos para alcanzar la igualdad[21], medida que requiere un desarrollo reglamentario similar al contenido en el RD 901/2020 (Álvarez Cuesta, 2023-b). En lo que aquí interesa este plan de igualdad debe incluir un protocolo de actuación para la atención del acoso o la violencia contra las personas LGTBI-trans, según dispone el art. 15 Ley 4/2023. Por otro lado, la Ley 4/2023 incluye la posible modificación de la relación laboral a través de la reordenación de la jornada, la movilidad geográfica o cambio de centro de trabajo de las personas LGTBI que sean víctimas de violencia doméstica. Esta medida se incluye en el marco de la protección integral contra la violencia del capítulo II del Título III[22]. Para estas modificaciones se exige sentencia condenatoria por un delito de violencia doméstica, una orden de protección o cualquier otra resolución judicial que acuerde una medida cautelar en favor de la víctima. La obligación de la empresa a atender la solicitud de cambio queda suavizada por la sumisión a las posibilidades organizativas[23].

---

[21] Obligación que alcanza a las empresas de más de cincuenta personas trabajadoras, que deben realizarlo en el plazo de doce meses a partir de la entrada en vigor de la ley, periodo que se inicia el 2 de marzo de 2023.

[22] Relativo a los mecanismos para la protección efectiva y la reparación frente a la discriminación y la violencia por LGTBIfobia.

[23] Art. 69.3 de la Ley 4/2023.

5. LA VIOLENCIA ECONÓMICA DE GÉNERO: LA PROTECCIÓN PENDIENTE

La violencia económica de género es un tipo de violencia de control sobre la mujer y su independencia económica, que impide su autonomía y merma en gran medida su capacidad de tomar decisiones de forma autónoma. Esta violencia no fue incluida en la LOVG, ni tampoco lo ha sido en la LOGILS, en este caso por no tratarse de una violencia de contenido sexual.

Sí la incluyen algunas leyes autonómicas, como la *Ley 11/2007, de 27 de julio, gallega para la prevención y el tratamiento integral de la violencia de género*[24], la *Ley 13/2007, de 26 de noviembre, de la Comunidad de Andalucía*[25], la *Ley 5/2008, del derecho de las mujeres a erradicar la violencia machista* modificada por la *Ley 17/2020, de 22 de diciembre*[26] o la *Ley 7/2012, de 23 de noviembre, integral contra la violencia sobre la mujer en el ámbito de la Comunitat Valenciana*[27]. Y también el Convenio de Es-

---

24 Artículo 3. c) "Violencia económica, que incluye la privación intencionada, y no justificada legalmente, de recursos para el bienestar físico o psicológico de la mujer y de sus hijas e hijos o la discriminación en la disposición de los recursos compartidos en el ámbito de la convivencia de pareja".

25 Cuyo artículo 3, entre las manifestaciones de violencia de género: incluye la "Violencia económica, que incluye la privación intencionada y no justificada legalmente de recursos, incluidos los patrimoniales, para el bienestar físico o psicológico de la víctima, de sus hijos o hijas o de las personas de ella dependientes, o la discriminación en la disposición de los recursos que le correspondan legalmente o el imposibilitar el acceso de la mujer al mercado laboral con el fin de generar dependencia económica".

26 Artículo 4.2. e) "Violencia económica: consiste en la privación intencionada y no justificada de recursos para el bienestar físico o psicológico de una mujer y, si procede, de sus hijos o hijas, en el impago reiterado e injustificado de pensiones alimenticias estipuladas en caso de separación o divorcio, en el hecho de obstaculizar la disposición de los recursos propios o compartidos en el ámbito familiar o de pareja y en la apropiación ilegítima de bienes de la mujer."

27 En su art. 3.4 señala que "Violencia económica: se considera violencia económica, a efectos de esta ley, toda limitación, privación no justificada legalmente o discriminación en la disposición de sus bienes, recursos patrimoniales o derechos económicos, comprendidos en el ámbito de convivencia de la pareja o en los casos de ruptura de la relación".

tambul, que junto a la violencia física y la psicológica, se refiere a la violencia sexual y económica. De hecho, una de las cuestiones que se ponen de manifiesto en el Informe de evaluación de España por el comité de expertos, es la existencia de un panorama heterogéneo en las diferentes comunidades autónomas en términos de prevención, protección y enjuiciamiento de todas las formas de violencia, consecuencia de tratarse de competencias compartidas entre los gobiernos central y autonómicos (ap. 305). Precisamente, se pone de relieve la coexistencia de una definición de violencia de género en la norma estatal y su coexistencia con diferentes definiciones autonómicas, destacando cómo algunas Comunidades Autónomas se adecuan más fácilmente a la definición de violencia contra la mujer del Convenio de Estambul.

El Gobierno español no es ajeno a que la violencia económica deba ser considerada una forma de ejercer violencia de género, y así podemos ver cómo se recogen datos al respecto de sus manifestaciones en la Macroencuesta de Violencia contra la Mujer-2019[28] y mostraba cómo el 12% de mujeres de 16 años o más que tienen o han tenido pareja habrían sufrido violencia económica[29]. Además, exis-

---

28 La Macroencuesta de Violencia contra la Mujer 2019 (publicada por Ministerio de Igualdad en 2020) recoge los resultados del análisis de realizada a una muestra de 9.568 mujeres representativa de la población femenina residente en España de 16 o más años. El estudio está dividido en cuatro grandes bloques: 1. análisis de la violencia en la pareja actual o en parejas pasadas; 2. análisis de la violencia física y sexual fuera de la pareja; 3. estudio del acoso sexual y del acoso reiterado; 4. mujeres especialmente vulnerables a la violencia: mujeres con discapacidad, mujeres jóvenes de 16 a 24 años, mujeres de 65 o más años, mujeres que han nacido en el extranjero, y mujeres que viven en municipios pequeños. (https://violenciagenero.igualdad.gob.es/violenciaEnCifras/macroencuesta2015/Macroencuesta2019/home.htm).

29 La Macroencuesta de 2019 incluía algunas variables como "Se niega/negaba a darle dinero para los gastos del hogar cuando la pareja", "Le impide/impedía tomar decisiones relacionadas con la economía familiar y/o realizar compras de forma independiente" o "No le deja/dejaba trabajar o estudiar fuera del hogar".

ten peticiones judiciales al Gobierno para que tipifique la violencia económica como una modalidad o forma de violencia de género[30].

La primera cuestión pasaría por delimitar normativamente qué es la violencia económica, dentro del contexto de la violencia de género. Tal y como se ha señalado las relaciones desiguales en el ámbito económico-financiero es otra de las formas de desigualdad de género y puede contribuir a promover, prolongar e intensificar el problema de la violencia de género (Mañas Alcón y Gallo Rivera, 2020), pues se trata de una forma de controlar el acceso de las mujeres a los recursos económicos, disminuyendo la capacidad económica de las mujeres para mantenerse a sí misma, a sus hijos e hijas y sus hábitos de vida previos, dependiendo financieramente del perpetrador y socavando sus posibilidades de escapar del círculo de abuso (Domínguez Fabián, 2023)[31].

La forma más conocida de ejercer violencia de género es el impago de pensiones, pero no es la única. Hay otras formas de generar dependencia del agresor, aumentar la vulnerabilidad y dependencia

---

30 En este sentido, la magistrada del Juzgado de lo Penal nº2 de Mataró (Barcelona), Lucía Avilés, ha pedido al Gobierno que tipifique la violencia económica como una modalidad o forma de violencia de género. Acogiéndose al artículo 4 del Código Penal, que prevé un mecanismo para pedir al Gobierno, exponiendo las razones, que una acción concreta sea objeto de sanción penal, platea que la violencia económica puede ser una forma de violencia de género en sí misma: "En la ley de violencia de género de 2004 no está regulada la violencia económica. El impago de pensiones sí está regulado en el Código Penal. Entonces, cuando este impago forma parte de un caso de violencia de género, si se queda en un Juzgado de Violencia contra la Mujer y se puede tratar como tal. Pero en otros casos, por ejemplo, que un marido deje de pagar la pensión para ejercer violencia tras un divorcio, no". Avilés ha elevado al Gobierno la propuesta de regulación dentro del Código Penal de la violencia económica como una modalidad dentro de la violencia de género, solicitando, además, el establecimiento de cláusulas de responsabilidad civil que permitan una reparación integral del daño causado a las víctimas.

31 Proyecto de investigación ECOVIO, adscrito a la Universidad de Extremadura y financiado por la Unión Europea. Véase en https://www.pikaramagazine.com/2020/11/violencia-economica-un-aspecto-inexplorado-de-la-violencia-de-genero/

de las víctimas (Mañas Alcón y Gallo Rivera, 2020) y obstaculizar la posibilidad de romper el ciclo de violencia. Una de sus características es que actúa casi siempre en conexión con otros actos de violencia, así como su mantenimiento más allá de la permanencia del vínculo de pareja, pues las posibilidades de limitar o anular la autonomía económica de la víctima pueden mantenerse a través de los vínculos filiales.

Así, el denominado control económico —a través de conductas como la negativa a compartir los gastos del hogar cuando la pareja tiene/tenía dinero para otras cosas, o el impedimento a participar en las decisiones relacionadas con la economía familiar y/o realizar las compras de forma independiente—[32] puede considerarse como el comportamiento del abusador para controlar y limitar el acceso y uso de los recursos económicos a la mujer. Además, se trata de una violencia que puede prolongarse más allá de la convivencia, a través de los continuos impagos o retrasos en el pago de los gastos de manutención de los hijos o de otras deudas comunes[33].

En segundo lugar, la *explotación económica*, durante la convivencia, consiste en reducir los recursos existentes de la unidad familiar, endeudando y comprometiendo con sus actuaciones los recursos económicos de la familia y/o de las mujeres. Después de la convivencia, se manifiesta exigiendo a la víctima la asunción de situaciones finan-

---

32 Vid. la Macroencuesta de Violencia contra la Mujer, del Ministerio de Igualdad, 2019. La Macroencuesta vincula la violencia económica con tres comportamientos: la negativa a dar dinero para los gastos del hogar, la obstaculización en la toma de decisiones en la economía familiar y los impedimentos para estudiar o trabajar fuera del hogar.

33 Con ello obliga a la mujer a pedirle el dinero de forma continua, tanto a través de procesos judiciales como por otros medios. Respecto al Control económico, se ha observado que se ejerce en su mayoría durante la relación; que es totalmente diferente cuando ya no hay convivencia centrándose en el impago o retraso de los compromisos de la expareja; que las mujeres que sufrieron violencia de género afirman haber sufrido también control económico cuando convivían; que las mujeres sufren control económico después de la separación, aun cuando antes no lo habían padecido. Véase en https://www.pikaramagazine.com/2020/11/violencia-economica-un-aspecto-inexplorado-de-la-violencia-de-genero/

cieras o retrasando el pago de la hipoteca de la vivienda familiar o dejando sin pagar su parte de deudas comunes[34].

Finalmente, el sabotaje laboral, que incluye actuaciones de la pareja que limitan las posibilidades de acceso al mundo laboral o a la formación[35]. Durante la convivencia, incluye comportamientos y actitudes que limitan y coartan el acceso de las mujeres al trabajo o a la formación que les permitiría mejorar en sus condiciones laborales. Después de la convivencia son acciones que impiden que la mujer pueda acceder o desarrollar su trabajo[36].

6. REFERENCIAS BIBLIOGRÁFICAS

Altés Tárrega, Juan A. (2022). El Convenio 190 OIT y la tutela administrativa de la violencia y el acoso en el trabajo. *Revista Crítica de Relaciones de Trabajo, Laborum*, n.º 4 (2022), pp. 97-121.

Álvarez Cuesta, Henar (2022). Aspectos laborales de la Ley orgánica 10/2022, de 6 de septiembre, de garantía integral de la libertad sexual, *Briefs AEDTSS*.

– (2023-a). La protección laboral y social de las víctimas de violencias sexuales en la Ley Orgánica 10/2022, de 6 de septiembre, de garantía integral de la libertad sexual. *Temas Laborales*, n.º 166/2023, pp. 11-37.

---

[34] La Explotación Económica se ejerce tanto durante como después de la relación; se produce tanto en el caso de convivencias en las que no hay otras formas de violencia de género como en las que sí las había. Véase en https://www.pikaramagazine.com/2020/11/violencia-economica-un-aspecto-inexplorado-de-la-violencia-de-genero/

[35] Es por esta constancia que la Macroencuesta-2019 pregunta sobre las actuaciones del agresor respecto a si "No la deja o no la ha dejado trabajar o estudiar fuera del hogar".

[36] Respecto al sabotaje laboral, se ha observado que se produce en mayor medida durante la relación, y que existe mayor evidencia de sabotaje laboral cuando hay violencia física; además, los incumplimientos, en las custodias, son los principales ejemplos de sabotaje laboral cuando se termina la relación.
Véase en https://www.pikaramagazine.com/2020/11/violencia-economica-un-aspecto-inexplorado-de-la-violencia-de-genero/

– (2023-b). La Ley 4/2023, de 28 de diciembre, para la igualdad real y efectiva de las personas trans y para la garantía de los derechos de las personas LGTBI", *Briefs AEDTSS,* 18/2023.

Ángel Quiroga, Macarena (2023). El reflejo de la violencia de género y de la violencia doméstica en el mundo del trabajo: medidas de protección al amparo del Convenio 190 de la OIT. En Sánchez-Urán Azaña, Y.; García Piñeiro, N.; Vega Ruiz, M.ª L. (Dirs.) *I Congreso Interuniversitario OIT sobre Justicia Social, Trabajo Decente y Objetivos de desarrollo sostenible, Volumen II.* Madrid: Ministerio De Trabajo y Economía Social, pp. 15-30.

Quintero Lima, Gema (2021). Las violencias del trabajo. En Correa Carrasco, M.; Quintero Lima, G. (Dirs.), *Violencia y acoso en el trabajo. Significado y alcance del Convenio n.º 190 OIT en el marco del trabajo decente (ODS 3,5,8 de la Agenda 2030).* Madrid: Dykinson, pp. 307-317.

Domínguez Fabián, Inmaculada (2020). Violencia económica, un aspecto inexplorado de la violencia de género. Disponible en https://www.pikaramagazine.com/2020/11/violencia-economica-un-aspecto-inexplorado-de-la-violencia-de-genero/

Domínguez Fabián, Inmaculada; Devesa Carpio, Enrique; Meneu Gaya, Robert; Encinas Goenchea, Borja; Rodríguez Machado, Alba; Jaime de Pablo, M.ª Ángeles (2023). Capítulo 3. La violencia económica y el tratamiento del impago de pensiones en el ordenamiento jurídico español. En Llorente Sánchez-Arjona, M. y Zafra Espinosa de los Monteros, R. (Dirs.) *La violencia de género en la sombra.* Cizur Menor: Aranzadi, pp. 73-91.

Espejo Mejías, Patricia (2023). La tutela laboral del derecho a la libertad sexual: ¿una protección integral? *Revista de Trabajo y Seguridad Social. CEF,* n.º 472, pp. 97-122.

Fernández Prats, Celia (2024). Seguridad Social, Violencia y Acoso. En Altés Tárrega, J.A.; Yagüe Blanco S. (Dirs.), *Convenio 190 de la OIT sobre violencia y acoso en el trabajo: consecuencias de su ratificación en el ordenamiento laboral español,* Valencia: Tirant lo Blanch.

García Testal, Elena (2021). Empleo y desempleo de las víctimas de violencia de género: garantías y facilidades de acceso y mantenimiento del empleo en España. *Labos: Revista de Derecho Del Trabajo y Protección Social,* Vol. 2, n.º 2, pp. 58-81.

Goerlich Peset, José M. ª (2023). ¿Qué ha pasado con los derechos de las víctimas de violencia sexual? *El Foro de Labos* (7 de marzo de 2023).

Mañas Alcón, Elena y Gallo Rivera, Maria Teresa (2020). La violencia económica en el ámbito de la pareja: otra forma de violencia que perpetúa la desigualdad de género en España. En AAVV *Mujeres y Economía. La brecha de género en el ámbito económico y financiero.* Madrid: Ministerio de Asuntos Económicos y Transformación Digital.

Martín Tovar, Patricia (2022). La Ley Orgánica 10/2022, de 6 de septiembre, de garantía integral de la libertad sexual en el ámbito laboral. *Diario La Ley*, n.º 10155.

Nieto Rojas, Patricia (2022). Medidas laborales en la Ley de Garantía Integral de la Libertad Sexual. *Foro de Labos* (15 de septiembre de 2022).

Pons Carmena, María (2020). Aproximación a los nuevos conceptos sobre violencia y acoso en el trabajo a partir de la aprobación del Convenio OIT 190. *Labos: Revista de derecho del trabajo y protección social*, Vol. 1, n.º 2.

(2023). Más allá de la violencia y el acoso por razón de género: Comentarios al Convenio 190 OIT. En *I Congreso Interuniversitario OIT sobre Justicia Social, Trabajo Decente y Objetivos de desarrollo sostenible, Volumen II.* Madrid: Ministerio De Trabajo y Economía Social, pp. 83-100.

(2024). Violencia y acoso en el trabajo a la luz del convenio OIT 190 y de las nuevas normas españolas de 2022 y 2023 (ley 15/2022, lo 10/2022 y ley 4/2023). En Altés Tárrega, J.A.; Yagüe Blanco S. (Dirs.) *Convenio 190 de la OIT sobre violencia y acoso en el trabajo: consecuencias de su ratificación en el ordenamiento laboral español.* Valencia: Tirant lo Blanch.

Ramos Quintana, Margarita I. (2023). Violencia sexual y relaciones de trabajo: la libertad sexual de las mujeres y las nuevas garantías legales. *Trabajo y Derecho*, n.º 99.

Sáez Lara, Carmen (2022). Violencia sexual, mujer y trabajo. *Revista Galega de Dereito Social*, n.º 16, pp. 9-44

Yagüe Blanco, Sergio (2020). El Convenio núm. 190 de la OIT sobre violencia y acoso: delimitación de su ámbito de aplicación ante la posible ratificación por España. *Revista General de Derecho del Trabajo y de la Seguridad Social*, n.º 57.

Capítulo 5

El concepto de violencia de género en el derecho español: implicaciones de los nuevos estándares internacionales y del Convenio 190 OIT en el alcance de su protección en el ámbito del trabajo

BELÉN MORANT TORÁN
Doctoranda en Derecho del Trabajo y de la Seguridad Social
Universitat de València
belen.morant@uv.es

1. INTRODUCCIÓN

En el último cuarto de siglo hemos asistido en el derecho español a importantes avances legislativos en materia de violencia de género que han llevado a España a situarse en la vanguardia en la lucha contra esta importante manifestación de desigualdad de género y violación de los derechos humanos de las mujeres. La aprobación de la *Ley Orgánica 1/2004, de 28 de diciembre, de Medidas de Protección Integral contra la Violencia de Género* contribuyó significativamente a ello mediante el desarrollo de un marco jurídico progresista que venía a superar la clásica tutela que se había otorgado hasta el momento a la violencia de género y, que pasaba necesariamente por abarcarla desde diferentes ámbitos. Pues bien, tras casi veinte años desde su aprobación es susceptible de ser objeto de una reforma y, es que, durante este período han sido varios los esfuerzos legislativos que se han producido en el ámbito internacional dirigidos a ofrecer una regulación integral que abarcase todos los supuestos de violencia contra las mujeres y violencia doméstica, como son el *Convenio del Consejo de Europa sobre prevención y lucha contra la violencia contra las mujeres y la violencia doméstica, 2011* y el *Convenio sobre la violencia y el acoso, 2019* (núm. 190), con los que España ha suscrito compromisos.

El establecimiento de estos nuevos estándares internacionales respecto a las conductas objeto de protección integral de violencia contra la mujer y violencia doméstica, evidenciaba la necesidad por parte de España de ajustar y, por tanto, actualizar, su regulación en esta materia a las exigencias requeridas. Pese a que algunas de estas cuestiones eran atendidas recientemente, son aún varias las lagunas que siguen pendientes de ser atajadas en relación con los supuestos protegidos de violencia contra las mujeres y violencia doméstica en nuestro ordenamiento jurídico. Ante esta situación, se analiza en las líneas que siguen la conceptualización de la violencia de género que recoge nuestro ordenamiento jurídico interno, comparándola con la recogida en los convenios a los que se ha hecho alusión, con el objeto de evidenciar en que aspectos debe seguir trabajado el legislador español.

2. LA VIOLENCIA EJERCIDA CONTRA LAS MUJERES EN EL ÁMBITO DE LA PAREJA: EL PAPEL PIONERO DE ESPAÑA

De entre el conjunto normativo del ordenamiento jurídico español que se encarga de la regulación de la violencia de género destaca, por su relevancia, la *Ley Orgánica 1/2004, de 28 de diciembre, de Medidas de Protección Integral contra la Violencia de Género* (en adelante LO 1/2004). Y ello porque, no se limita únicamente a tipificar y sancionar la violencia ejercida sobre las mujeres, sino que supera este enfoque tradicional que venían adoptando los tratamientos normativos parciales en esta materia que la precedieron, ofreciendo una respuesta integral y coordinada frente a la violencia de género, que buscaba atender a las recomendaciones de los organismos internacionales. La configuración de este marco legal global entorno a la violencia ejercida contra las mujeres en el ámbito de la pareja, impulsó a España a asumir un papel destacado en la lucha contra el que es uno de los símbolos más brutales de desigualdad en nuestra sociedad.

La LO 1/2004 parte de la consideración de que la violencia de género constituye una indudable expresión de discriminación sobre las mujeres, de la cual la violencia en el ámbito familiar se configura como su expresión más característica por tratarse, el ámbito privado, de un entorno donde el control y dominio sobre la víctima es ejercido más intensamente. Y, es por este motivo, que más allá del conjunto de expresiones en que puede materializarse la violencia ejercida sobre las mujeres que se configuran como una manifestación de discriminación contra la mujer, la LO 1/2004 únicamente se ocupa de una forma muy específica de violencia.

En particular, atiende a la violencia de género entendida como aquella que se ejerce sobre las mujeres cuando su agresor está o estuvo unido a ellas por un vínculo conyugal o, de quienes estén o hayan estado ligados a estas por relaciones similares de afectividad (García Testal, 2014, p.12)[1]. Por lo que no se incluye en su abanico protector cualquier acto de violencia perpetrado contra las mujeres, por el hecho mismo de serlo, en el que sea la propia diferencia sexual la que lo transforme en una forma de discriminación social, así como tampoco lo hace toda violencia que se ejerza contra las mujeres en el ámbito doméstico (García Testal, 2014, p.12).

En este orden de cosas, encuentran idéntica exclusión los actos de violencia que se produzcan en el espacio laboral, siempre que los sujetos que intervengan no tengan ningún tipo de relación afectiva similar a la conyugal, que quedarán regulados en la normativa laboral sobre acoso. Ahora bien, que no aborde el problema de la violencia padecida por las mujeres en el trabajo no obsta a que tenga en cuenta las vinculaciones que la violencia de género puede tener respecto de las relaciones laborales de la víctima (Velasco Portero, Menéndez Sebastián, 2005, p.13). Así se evidencia en el Capítulo II de la LO 1/2004 donde quedan regulados una serie de derechos laborales y de prestaciones de la Seguridad Social en favor de las víctimas de violencia de género cuya razón de ser está orientada a permitir la compatibilización de las necesidades específicas de las víctimas con su

---

1 No será necesario entrar a valorar si ha habido convivencia entre el agresor y la víctima, a los efectos de determinar si estamos ante un caso de violencia de género.

prestación de servicios, o bien, cuando su compatibilización devenga imposible, proteger la extinción de su relación laboral.

Atendiendo al concepto de víctima de violencia de género protegido encuentran acopio bajo el paraguas protector de la LO 1/2004 todos aquellos actos de violencia física, psicológica y sexual, así como los actos constitutivos de atentar contra cualquiera de ellos, como son las amenazas, coacciones o la privación de la libertad.

Este conjunto normativo encargado de la regulación de la violencia de género en el ordenamiento jurídico español ha servido hasta la fecha para abordar un problema que históricamente había permanecido en el ámbito privado, convirtiéndolo así en un asunto de orden público sobre el que las autoridades han de intervenir con el fin de asegurar los derechos de las mujeres que lo sufren.

3. LA VIOLENCIA CONTRA LA MUJER Y LA VIOLENCIA DOMÉSTICA EN LOS INSTRUMENTOS INTERNACIONALES

Si nos situamos en el plano internacional, los esfuerzos legislativos realizados en estos últimos años han ido destinados a proteger de forma integral a las mujeres frente a todas las violencias de las que son objeto. En este sentido, destaca la entrada en vigor del *Convenio del Consejo de Europa sobre prevención y lucha contra la violencia contra las mujeres y la violencia doméstica, en Estambul 2011*, más conocido como el "Convenio de Estambul". Con cuya ratificación por parte de España en el año 2014 e inicio del proceso de transposición al ordenamiento jurídico español, la LO 1/2004, que había sido todo un hito por adelantarse a algunos de los estándares tanto internacionales como europeos, devenía insuficiente en su tratamiento de la violencia contra la mujer y la violencia doméstica.

En este orden de cosas, el Convenio de Estambul, tiene un alcance significativamente más amplio que el regulado en la LO 1/2004, en la medida en que se configura como unos de los compromisos más completos y avanzados contra la violencia de género (Ushakova, 2013, p.45), incluyendo bajo su paraguas protector todas las formas de violencia ejercidas sobre las mujeres, entre las que se contempla la violencia doméstica, por la especial incidencia que esta tiene sobre las mujeres. Encuentran idéntica inclusión los actos de violencia que se sustenten en el género[2], según lo definido por el artículo 3.c del Convenio Estambul, englobando así aquellos actos punitivos que se ejerzan sobre las mujeres por el hecho de serlo, o bien, porque nos encontremos ante una forma de violencia que las afecte desproporcionalmente.

En cuanto a la violencia doméstica, definida en el artículo 3.b del convenio, en contraposición con lo que venía sucediendo en la LO 1/2004 que atendía una forma muy específica de violencia doméstica a la que ya se ha hecho alusión, viene a proponer un tratamiento mucho más amplio al no limitar exclusivamente al ámbito conyugal las conductas objeto de protección. En este sentido, el convenio da un paso más allá a los efectos de determinar los actos perpetrados contra las mujeres que encuentran encuadre dentro de la definición violencia doméstica, condicionándolos únicamente a que se hayan producido en el ámbito espacial de la familia o el hogar.

El convenio, en su artículo tercero relativo a los conceptos clave para su implementación, no entra a detallar que entiende por *unidad familiar, familia* u *hogar,* ni a delimitar quiénes son los sujetos activos de la violencia doméstica protegida en este, a los efectos de determinar quiénes pueden ser sujetos activos de la violencia doméstica. Sin embargo, a los efectos de esclarecer esta cuestión podemos atender al contenido desarrollado en la *Propuesta de Directiva del Parlamento Europeo y del Consejo sobre la lucha contra la violencia contra las mujeres y la violencia doméstica de 2022*, cuya fuente de inspiración es el Convenio de Estambul[3], siendo que su contenido es prácticamente idéntico, ya que ha tratado de hacer obligatorias para todos los estados miembros de la Unión Europea las previsiones contenidas en este. Así las

---

2 Abarca cualquier rol, comportamiento, tarea o atribuciones que socialmente hayan sido o sean considerados propios de las mujeres.

3 Así queda reflejado en el apartado relativo a los objetivos de la Propuesta de Directiva del Parlamento Europeo y del Consejo sobre la lucha contra la violencia contra las mujeres y la violencia doméstica, número de registro COM (2022) 105 final, p.3.

cosas, debido al mayor desarrollo en el esclarecimiento de quienes pueden ser sujetos activos de la violencia protegida que encontramos en la Propuesta de Directiva enunciada, todo parece apuntar a que agresor y víctima no deberán necesariamente encontrarse unidos mediante un vínculo familiar biológico, siendo suficiente que este vínculo sea de carácter legal.

Siguiendo con los tipos de violencia contemplados, encuentran inclusión en las formas de violencia reguladas, todos aquellos que revistan naturaliza física, psicología, sexual y económica. Es en el Convenio de Estambul donde esta última aparece recogida por primera vez[4], normativamente hablando, como una más de las modalidades de violencia de género de las que pueden ser objeto las mujeres, aunque algunas de sus manifestaciones ya se encontraban castigadas, con mayor o menor pena, en nuestro código penal[5]. Sin embargo, pese a que el Convenio de Estambul, obliga a los Estados que lo ratifiquen (artículos 5 y 45) a tomar cuantas medidas legislativas fueren necesarias para que se castiguen los delitos en él tipificados y, se prevea una reparación a las víctimas, esta modalidad de violencia de género aún no ha sido incorporada a la LO 1/2004. En cambio, sí que se ha reforzado el marco legal sobre violencia sexual, para alinearlo con los requisitos del Convenio, mediante la aprobación de la *Ley Orgánica 10/2022, de 6 de septiembre, de garantía integral de la libertad sexual*, siguiendo las recomendaciones del *Grupo de Expertos en la Lucha contra la Violencia contra la Mujer y la Violencia Doméstica* (GREVIO)[6].

---

4 Otro instrumento jurídico que la contempla es la Directiva 2012/29/ UE del Parlamento Europeo y del Consejo, de 25 de octubre de 2012, por la que se establecen las normas mínimas sobre los derechos, el apoyo y la protección de las víctimas de los delitos. Y, más recientemente, la Propuesta de Directiva del Parlamento Europeo y del Consejo sobre la lucha contra la violencia contra las mujeres y la violencia doméstica, COM (2022) 105 final.

5 En concreto, se tipifica y sanciona en el artículo 227 del CP una de las manifestaciones de la violencia económica más común, esto es, el impago deliberado de pensiones como consecuencia de la separación legal o divorcio ya sea establecida en favor del cónyuge o de los hijos en común.

6 Primer Informe de evaluación de GREVIO sobre las medidas legislativas y de otra índole que dan efecto a las disposiciones del Convenio del Consejo de Europa sobre Prevención y Lucha contra la violencia contra las Mujeres y la Violencia Doméstica en España, 2020, pp.16-20.

4. REGULACIÓN INTEGRAL DE LA VIOLENCIA SEXUAL EN EL ORDENAMIENTO JURÍDICO ESPAÑOL: UNA RESPUESTA A LOS ESTÁNDARES INTERNACIONALES

El pasado 7 de septiembre se publicaba en el Boletín Oficial del Estado la *Ley Orgánica 10/2022, de 6 de septiembre, de garantía integral de la libertad sexual*, más conocida como la "ley del solo sí es sí". Nacía con el objetivo de dar cumplimiento a las obligaciones globales en materia de protección de los derechos humanos de las mujeres, las niñas y los niños frente a las violencias sexuales, garantizando y protegiendo, para ello, el derecho a la libertad sexual mediante el establecimiento de un conjunto de políticas que abordan esta cuestión desde una óptica global. Los delitos de naturaleza sexual, tales como la violencia sexual, las agresiones sexuales, la mutilación genital femenina, el acoso sexual y otros, ya venían siendo castigados en el código penal español. Sin embargo, GREVIO, en su primer informe de evaluación de España sobre las medidas tomadas para dar cumplimiento a los requisitos del Convenio de Estambul, señalaba la necesidad apremiante de que el tratamiento otorgado a este fenómeno no quedase limitado a la justicia penal. Y, es por ello, que la mencionada LO 10/2022 da respuesta a estas cuestiones articulando su marco legal regulador alrededor del desarrollo de políticas orientadas a la sensibilización y prevención de todas las formas en las que puede manifestarse la violencia sexual, así como todos los ámbitos en los que pueda producirse, por lo que abarca tanto al ámbito público como privado. La elaboración de mecanismos eficaces de detección de estas conductas que permitan una rápida activación del conjunto de medidas protectoras de las víctimas es otro de los aspectos en los que pone el punto de mira este texto normativo. Y, por último, centra sus esfuerzos en el desarrollo de las sanciones aplicables a los sujetos perpetradores de estos actos, junto con el establecimiento de medidas reparadoras para las víctimas con ocasión de los daños o consecuencias que de esta circunstancia pudieran derivarse.

Así las cosas, el tratamiento global de la violencia sexual que ofrece la LO 10/2022 con la puesta en marcha de un conjunto de medidas integrales e interdisciplinares que implican la actuación institucional y profesional especializada y coordinada, es también observable en lo que a su ámbito de aplicación se refiere. De forma que, quedan incluidas en el ámbito de aplicación objetivo cualesquiera conductas se produzcan que revistan una naturaleza sexual y, en las que haya una carencia del consentimiento necesario de todas las partes que intervienen en ellas, o bien, se condicione el libre desarrollo de la vida sexual de los individuos (artículo 3.1). Además, la presente ley orgánica resulta de aplicación a los colectivos más vulnerables frente a este tipo de violencia, por el alto grado de incidencia que tiene sobre este, estando compuesto por mujeres, menores, con independencia de que estos sean niñas o niños y, personas con capacidad jurídica modificada (artículos 3.2, 3.3 y 3.4)[7].

Al igual que ya hizo la LO 1/2004 en su momento, la LO 10/2022 prevé el desarrollo de una serie de medidas destinadas a garantizar la autonomía económica de las víctimas con el propósito de facilitar su recuperación integral a través de ayudas y medidas en el ámbito laboral y de empleo público que permitan conciliar los requerimientos de la relación laboral o del empleo público con las concretas circunstancias de aquellas trabajadoras o funcionarias que sufran violencias sexuales. De esta forma, con su aprobación se equiparaba la protección en el ámbito de las relaciones laborales que ya venían gozando otros colectivos como las víctimas de violencia de género (Velasco Portero, Menéndez Sebastián, 2005; Gala Durán, 2005; Lousada Arochena, 2009; Faraldo Cabana, 2011; García Testal, 2024) o de terrorismo, a las víctimas de violencia sexual. Aunque dicha equiparación ha tenido una breve vigencia como consecuencia de la publicación *Ley 4/2023, de 28 de febrero, para la igualdad real y efectiva de las personas trans y para la garantía de los derechos de las personas LGTBI*, siendo que en su disposición adicional 14ª hace desaparecer a las víctimas de violencia sexual de los artículos que habían sido modificados del Estatuto de los Trabajadores (arts. 37.8, 40.4, 40.5, 45.1.n), 49.1.m), 53.4.b)

---

[7] Téngase en cuenta que los actos comprendidos en el ámbito objetivo de aplicación y los sujetos protegidos deberán producirse y encontrarse en territorio español, sin que su nacionalidad o situación administrativa sea determinante a los efectos que aquí nos ocupan. Con la salvedad que, de producirse dichos actos en territorio extranjero quedarán protegidos por la presente, aquellos sujetos que poseyeran nacionalidad española.

y 55.5.b)), que volvían a su redacción original. Todo apunta a una falta de coordinación de ambos textos legales, ya que nada se dice en el preámbulo de la norma que justifique esta decisión y, siendo además, que se presume su existencia y aplicación a las víctimas de violencia sexual en algunas de las reglas de protección social reguladas. Con todo ello, deberemos esperar para ver cómo se resuelve esta cuestión que, a diferencia de otros aspectos de la controvertida LO 10/2022, parece no haber suscitado el mismo nivel de preocupación e interés en los medios.

5. LA VIOLENCIA Y EL ACOSO LABORAL: LA PRESENCIA DE PERSPECTIVA DE GÉNERO EN EL CONVENIO Nº.190 OIT

A los esfuerzos legislativos realizados en los últimos tiempos en esta materia, se suma el Convenio sobre la violencia y el acoso de la Organización Internacional del Trabajo (en adelante, Convenio nº.190 OIT), junto con su Recomendación nº.206, con el que la OIT toma la delantera frente a la Unión Europea al abordar con instrumentos vinculantes de carácter internacional la violencia y el acoso en el ámbito laboral. España ratificaba el convenio el pasado el 25 de mayo de 2022, con lo que empezaba su proceso de transposición a nuestro ordenamiento jurídico.

En sus estudios previos partía, entre otros, de la premisa del elevado impacto que tiene la violencia doméstica sobre el empleo de la víctima y de la necesidad de que las organizaciones de empleadores y de trabajadores, así como las instituciones del mercado de trabajo adoptasen medidas destinadas a proteger y apoyar a las víctimas. Sin embargo, pese a que partía con este ambicioso objetivo, finalmente no se llegó a un consenso con el grupo de empleadores que manifestaron sus reservas a asumir medidas sobre un fenómeno que escapa de su esfera de control, junto con el perjuicio que la adopción de dichas medidas podría causar a las pequeñas empresas como consecuencia de su elevado coste financiero. Por lo que, ello se ha traducido en que las escasas referencias a la violencia doméstica que incluía el Convenio nº.190 OIT hayan sufrido matizaciones que las han vaciado de contenido.

Así las cosas, sus principales aportaciones giran en torno a la violencia y acoso en el trabajo, en todas las formas y manifestaciones en las que estas pueden producirse, incluyendo una clara y marcada perspectiva de género, fruto del reconocimiento de la existencia de colectivos más vulnerables frente a la violencia y el acoso. El convenio realiza un reseñable esfuerzo en la delimitación de su ámbito de aplicación, aunque si bien es cierto, la conceptualización del conjunto de conductas constitutivas de violencia y acoso, en términos generales o por razón de género prohibidas, la encontramos en unos términos generales, que responden al objetivo de permitir abordar de manera integral todos los tipos jurídicos existentes de violencia y acoso, al dar una mayor cabida a la inclusión de un variado conglomerado de comportamientos. Sin embargo, en la medida en que esta situación produce un alto grado de ambigüedad para garantizar la plena efectividad en la protección de todas las formas de violencia y acoso en el ámbito de trabajo, sería deseable que el ordenamiento jurídico español ordenase la fragmentaria y dispersa regulación con que contamos, siguiendo con los criterios y estándares que ha asentado la jurisprudencia respecto a todas las conductas en las que esta se puede manifestar. Consiguiendo, con ello, eliminar la inseguridad jurídica que produce la dispersión normativa existente en esta materia que dificulta su prevención y protección adecuada.

Con todo ello, como consecuencia del especial inciso que realiza el Convenio nº.190 OIT en las medidas preventivas, exigiendo a los empleadores tomar las medidas que resulten más apropiadas y acordes con su grado de control, con especial atención a la prevención de riesgos psicosociales, como son la violencia y el acoso en el trabajo, es previsible que algunos de los conceptos sufran reformulaciones que permitan la inclusión de su prevención entre las obligaciones de seguridad y salud.

6. CONCLUSIONES

Los avances que realizó España en la regulación de un marco jurídico progresista en torno a la violencia de género sin duda sentaron un antecedente en la materia en nuestro ordenamiento, que se adelantaba a algunos de los estándares europeos e internacionales. No obstante, este abordaje integral y multidisciplinar que realizaba la LO 1/2004 de la violencia de género, quedaba reducido a un tipo muy específico de violencia, esta es, la sufrida por las mujeres por quienes fueran o hubiesen sido sus cónyuges. De forma que, las medidas preventivas, sancionadoras y protectoras establecidas en favor de las víctimas, dejaban fuera de su alcance a otros tipos de violencia ejercida sobre las mujeres.

Pasados casi diez años después de su aprobación y, con la ratificación por parte de España del Convenio de Estambul para la prevención y lucha contra la violencia contra las mujeres y la violencia doméstica, se planteaba la necesidad de extender la protección otorgada a las víctimas de violencia de género a las víctimas de todos los actos y conductas constituyentes de violencia contra las mujeres, en cumplimiento del mandato constitucional relativo a los valores superiores de nuestro ordenamiento jurídico, el respeto a los derechos y deberes fundamentales, así como a los estándares internacionales sobre esos mismos derechos. Algunas de estas cuestiones han recibido la atención exigida, específicamente por lo que al desarrollo de una protección integral contra la violencia sexual se refiere. Otras, por el contrario, no han corrido idéntica fortuna, como es el caso de la violencia económica, que sigue siendo abordada principalmente a través del derecho penal, pero careciendo de la consideración de una más de las modalidades que puede adoptar la violencia de género. En este sentido, sería más que deseable que se trabajase no solo en una reforma de nuestro Código Penal que permitiese tal inclusión ofreciendo así una respuesta adecuada frente a estos ataques económicos contra las mujeres, sino también que quedase protegida al igual que otras violencias desde diferentes ámbitos jurídicos para dar una protección adecuada y completa a las víctimas que la sufren.

Por lo que al tratamiento ofrecido por el Convenio 190 OIT se refiere en materia de violencia doméstica, no contiene previsiones más allá de señalar la importancia que reviste la contribución por parte de los gobiernos, organizaciones de empleadores y trabajadores y las instituciones del mercado de trabajo a la hora de abordar el impacto que esta violencia tiene sobre las relaciones laborales de las víctimas. No solo eso, sino que destaca la falta de regulación de medidas concretas mediante las cuales cada uno de los actores intervinientes pueda contribuir en el reconocimiento del impacto de la violencia doméstica y, en consecuencia, afrontar y abordar esta misma. Sin embargo, pese a la carencia que encontramos en este punto del convenio, nuestro ordenamiento jurídico suple esta insuficiencia a través de la LO 1/2004 que ya contenía medidas concretas, que implicaban a los diferentes actores sociales intervinientes, destinadas a mitigar el impacto de la violencia de género en el mundo del trabajo.

Finalmente, el abordaje de la violencia y el acoso en el mundo del trabajo, especialmente en lo referente a la configuración de la conceptualización de los términos de violencia y acoso, en términos tanto genéricos como de género, en el ámbito de las relaciones laborales, habida cuenta de la amplitud dada por el Convenio 190 de la OIT configura una oportunidad que, sin duda merece ser aprovechada por el ordenamiento jurídico español, para dotar de racionalidad jurídica a este fenómeno cuya fragmentación y dispersión normativa dificulta notablemente su adecuada prevención y protección.

7. REFERENCIAS BIBLIOGRÁFICAS

Faraldo Cabana, Cristina (2011). El derecho a la reducción de la jornada laboral o a la reordenación del tiempo de trabajo de las trabajadoras víctimas de violencia de género. *Revista Aranzadi Doctrinal,* (6), pp. 165-184.

Gala Durán, Carolina (2005). Violencia de género y Derecho del Trabajo: una aproximación a las diversas medidas previstas. *Relaciones laborales: Revista crítica de teoría y práctica,* (1), pp. 477-506.

García Testal, Elena (2014). *Derechos de las trabajadoras víctimas de la violencia de género.* Valencia: Tirant lo Blanch.

Lousada Arochena, Fernando (2009). Aspectos laborales y seguridad social de la violencia de género en la relación de pareja. *Revista del poder judicial,* (88), pp. 267-299.

Ushakova, Tatsiana (2013). La aportación del nuevo Convenio del Consejo de Europa al debate sobre la violencia de género. *Revista Internacional y Comparada de Relaciones Laborales y Derecho del Empleo,* 1 (4), pp. 31-48.

Velasco Portero, María Teresa; Menéndez Sebastián, Paz (2005). La suspensión del contrato de trabajo de las víctimas de violencia de género como medida de protección integral. Mucho ruido y pocas nueces. *Revista de Trabajo y Seguridad Social. CEF,* (271), pp. 3-64.

PARTE III
COLECTIVOS VULNERABLES

Capítulo 6

El Convenio 190 de la OIT y la violencia contra las personas trans[1]

ÓSCAR REQUENA MONTES
Profesor Ayudante Doctor de Derecho del Trabajo y de la Seguridad Social
Universitat de València
Oscar.Requena@uv.es

"—Entrevistador: *¿Eres mariquita?*
—Aspirante: *¡Qué va! Me encantan las mujeres. Cuando me pongo su ropa me siento más cerca de ellas…*
—Entrevistador: *¿Y no eres marica?*
—Aspirante: *¡No, soy muy hombre! Hasta combatí en la Segunda Guerra Mundial. Pero llevaba ropa interior de mujer debajo del uniforme.*
—Entrevistador: *Me está tomando el pelo…*
—Aspirante: *En confianza… Salté en paracaídas llevando sujetador y medias. No tenía miedo a morir, pero me aterraba que me hiriesen y los médicos descubriesen mi secreto"*.

"Ed Wood" (Burton, 1994)

1. INTRODUCCIÓN

Más allá del —¿superado?— binomio hombría-heterosexualidad, el diálogo extraído de la citada película de Tim Burton refleja, en cierta manera, la violencia que ha venido padeciendo el colectivo LGTBI en nuestra sociedad; o mejor dicho, uno de sus efectos.

---

1 Investigación realizada en el marco del Proyecto de Investigación VITRAGE, que respalda la presente obra colectiva, y del Proyecto de investigación "La regulación de la formación para el empleo ante el reto de la transición digital, ecológica, territorial y hacia la igualdad en la diversidad" (CIGE/2022/171), financiado por la Conselleria de Educación, Universidades y Empleo de la Generalitat Valenciana.

El miedo de esta persona en el anecdótico episodio que se relata no nacería tanto con motivo de la posible pérdida de su propia vida (aunque esto siga causando terror en el colectivo trans —*vid Tabla 1*—), sino de las consecuencias que pueda tener sobre su imagen y honor cierta intromisión en su intimidad, en lo relativo a su forma de ser, sentir y expresarse, en este caso a través de la indumentaria. Tanta ha sido la mofa y persecución que tradicionalmente han padecido las personas travestis, que, paradójicamente, el hecho de vestirse con "ropa interior de mujer" sería, conforme a la segunda acepción del término según la Real Academia de la Lengua Española, una muestra de *hombría*, esto es, de *entereza* y *valor*. Tristemente, no puede calificarse de otro modo cuando, entre otros datos reportados (TGEU, 2022), el 95% de las personas trans asesinadas en todo el mundo en 2022 eran mujeres trans o personas trans femeninas y la mayoría de las víctimas asesinadas tenía entre 31 y 40 años.

Partiendo, pues, de que en nuestra sociedad actual todavía perviven ciertas asociaciones de ideas que violentan la diversidad en todas sus dimensiones (*vid Tabla 1*), en el presente capítulo se discurre en torno a esta cuestión, desde una perspectiva jurídico-laboral, en relación con los conceptos de género, identidad de género y expresión de género.

Tabla 1. Evolución de los delitos de odio

>> Hechos conocidos registrados

HECHOS CONOCIDOS	2019	2020	2021	Variación 2020/2021
ANTISEMITISMO	5	3	11	266,67%
APOROFOBIA	12	10	10	0,00%
CREENCIAS O PRÁCTICAS RELIGIOSAS	66	45	63	40,00%
DELITOS DE ODIO CONTRA PERSONAS CON DISCAPACIDAD	26	44	28	-36,36%
ORIENTACIÓN SEXUAL E IDENTIDAD DE GÉNERO	278	277	466	68,23%
RACISMO/XENOFOBIA	515	485	639	31,75%
IDEOLOGÍA	596	326	326	0,00%
DISCRIMINACIÓN POR RAZÓN DE SEXO/GÉNERO	69	99	107	8,08%
DISCRIMINACIÓN GENERACIONAL	9	10	35	250,00%
DISCRIMINACIÓN POR RAZÓN DE ENFERMEDAD	8	13	21	61,54%
ANTIGITANISMO	14	22	18	-18,18%
TOTAL DELITOS	**1598**	**1334**	**1724**	**29,24%**
INFRAC. ADM. Y RESTO INCIDENTES	**108**	**67**	**78**	**16,42%**
TOTAL DELITOS E INCIDENTES DE ODIO	**1706**	**1401**	**1802**	**28,62%**

Fuente: Ministerio del Interior (AA.VV., 2021, p. 11).

La oportunidad de reflexionar acerca de esta materia se justifica, además, por dos hitos recientes en la legislación española: por un lado, la ratificación[2] del *Convenio número 190 de la Organización Internacional del Trabajo* (OIT, en adelante), y por otro lado, la aprobación y publicación (BOE de 1 de marzo de 2023) de la *Ley 4/2023, de 28 de febrero, para la igualdad real y efectiva de las personas trans y para la garantía de los derechos de las personas LGTBI* (a la que, por economía del lenguaje y conforme a su denominación popular, en lo sucesivo nos referiremos como *Ley trans*). Sobre esta última, desde este momento cabe precisar que, si bien en España ya se contaba con diversas normas específicas sobre esta materia en el ámbito de algunas comunidades autónomas, es la primera vez que se alcanza el consenso necesario en el ámbito estatal para aprobar una Ley de tales características, tras varios intentos fallidos durante el último lustro.

2. IDENTIDAD DE GÉNERO: LA VIOLENCIA EJERCIDA SOBRE LAS PERSONAS TRANS

Partiendo de la premisa de que las identidades son consustanciales a la vida de las personas en sociedad, así como de que el Derecho —como disciplina y como conjunto de principios y normas dirigidas a ordenar y regular las relaciones entre los sujetos que conviven en aquella— requiere de categorías jurídicas, este primer apartado se va a destinar a aclarar algunos términos recurrentes y propios del campo semántico de la identidad de género (1.1), para posteriormente resaltar algunos datos identificativos o característicos del colectivo trans (1.2) y, finalmente, exponer sucintamente la normativa que hasta hace poco tiempo regulaba la posibilidad de rectificar el nombre y el sexo en el Registro Civil (1.3).

---

2 Boletín Oficial del Estado —BOE— de 16 de junio de 2022, habiéndose depositado los instrumentos de ratificación el día 25 de mayo de 2022.

2.1. La identidad sexual o de género

El sistema social, en general, y el ordenamiento jurídico como elemento definitorio del mismo, en particular, se ha ido construyendo paulatinamente sobre unas bases que privilegian a unas identidades frente a otras: hombre frente a mujer —o cualquier otra categoría o expresión de género—, raza blanca frente al resto de razas, matrimonio frente a parejas de hecho u otros tipos de uniones, personas heterosexuales frente a otras orientaciones sexuales, etcétera. Esta idea debe estar presente cuando nos enfrentamos a conceptos como el de género e identidad de género.

De las distintas acepciones del término *género* que recoge el Diccionario de la Real Academia Española de la Lengua (DRAE)[3], la que mejor se ajusta a la temática del presente trabajo es la que lo define como el "grupo al que pertenecen los seres humanos de cada sexo, entendido este desde un punto de vista sociocultural en lugar de exclusivamente biológico". En una primera aproximación, se establece una conexión directa y aparentemente inquebrantable entre las variables *sexo* y *género* (rémora a la comprensión de la vivencia de muchas personas trans binarias), pero inmediatamente después se matiza que esa agrupación por sexo a la que llamamos *género* no es más que un constructo sociocultural que no cabe confundir con la clasificación sexual de carácter biológico (*sexo biológico*). Así pues, aunque suele ocurrir que "la realidad es más compleja que las tipologías que se relatan", que "todas las clasificaciones son arbitrarias" (Guasch y Lizardo, 2017, p. 25) y que cada ser humano presenta unas determinadas características sexuales particulares, "las tipologías (en forma de tipos ideales) permiten circular por la realidad que quiere investigarse" (*ibídem*) y, en ese sentido, desde la ciencia se ha venido representando una clasificación binaria del sexo: diferenciando entre sexo masculino y sexo femenino, excluyendo y *marcando* a quienes no encajan perfectamente en tales patrones, como sucede con las personas intersexuales.

En suma, análogas limitaciones se observan en la identificación de la variable *género*. Los cimientos de la mayoría de sociedades —y

---

3 Puede consultarse en https://dle.rae.es/g%C3%A9nero

especialmente los de aquellas más influyentes— se han basado en una clasificación *binaria* (hombre-mujer) y *androcentrista* del género[4], lo que ha generado, no solo una relación de desigualdad entre los dos géneros, a partir de la cual la mujer ha quedado menospreciada, aislada o excluida, sino también la invisibilización sistemática de aquellas personas que no se identifican —o no lo hacen exclusivamente o permanentemente— con alguno de ellos; en otras palabras, las que escapan de la *cisnormatividad* artificialmente impuesta (González-Salzberg, 2019). Lo preocupante, a los efectos de este capítulo, es que esas ideas han calado en nuestra sociedad, como seguidamente se explicará, y se han visto reforzadas por nuestro ordenamiento jurídico, como se verá en el apartado 1.3.

Expuesta la evolución terminológica y avanzados algunos de los riesgos que plantea, corresponde terminar este subapartado ofreciendo una aclaración en torno al uso de las expresiones *identidad sexual* e *identidad de género*. Al efecto, me permito trasladar aquí la siguiente reflexión (Requena Montes, 2023, pp. 22-23): "En cuanto al debate semántico entre la preferencia por el término *identidad de género* o *identidad sexual*, se parte de la distinción clásica entre sexo y género, sin descartar que una interpretación más amplia y laxa del término *sexo*, que incluiría las variantes de sexo psicológico y sexo social, permitiría acompasar ese término —aun con matices y dependiendo del contexto en que se hable— y hacerlo confluir con el de género. Entendiendo que la identidad —sexual/de género— se refiere a la vivencia interna (sexo psicológico) de cómo una persona se siente identificada con su sexo biológico, que puede ser conforme al asignado al nacer (personas cis) o en desacuerdo con él (personas trans), encajaría mejor el término de identidad sexual. Pero, si la discordancia no se encuentra tanto respecto al sexo biológico sino a los roles asignados a cada uno de ellos, las expectativas de comportamiento exigidas por la sociedad y la expresión pública de los mismos (sexo social y expresión de género), sería más adecuado hablar de identidad de género. Comprendiendo la cuestión de este modo, asumiendo que las identidades trans son muy heterogéneas y advirtién-

---

4 Conforme al DRAE, el androcentrismo es la visión del mundo y de las relaciones sociales centrada en el punto de vista masculino.

dose la falta de consenso entre los operadores jurídicos, se propone aceptar la validez de ambas expresiones y su equivalencia general, sin perjuicio de decantarse por la de identidad sexual cuando se quiera enfatizar la discordancia sexual".

En coherencia con ello, durante este capítulo se empleará la expresión identidad de género (*gender identity*), evitando a su vez la confusión en su traducción al inglés, puesto que el término *sexual identity* se equipara, a menudo, al de *sexual orientation identity* y, desde luego, poco o nada tiene que ver la identidad de género con la orientación sexual. De hecho, *gender identity* es la expresión empleada por los expertos firmantes de los Principios de Yogyakarta, sobre la aplicación de la legislación internacional de derechos humanos en relación con la orientación sexual y la identidad de género, que la definen como "la vivencia interna e individual del género tal como cada persona la siente profundamente, la cual podría corresponder o no con el sexo asignado al momento del nacimiento, incluyendo la vivencia personal del cuerpo (que podría involucrar la modificación de la apariencia o la función corporal a través de medios médicos, quirúrgicos o de otra índole, siempre que la misma sea libremente escogida) y otras expresiones de género, incluyendo la vestimenta, el modo de hablar y los modales"[5].

2.2. *Las personas trans: algunos datos representativos de la violencia padecida*

El término *trans* o *transgénero*[6] se viene usando como concepto *paraguas*, con pretensión de abarcar todas aquellas identidades de

---

5 En cambio, la orientación sexual es definida como "la capacidad de cada persona de sentir una profunda atracción emocional, afectiva y sexual por personas de un género diferente al suyo, o de su mismo género, o de más de un género, así como a la capacidad mantener relaciones íntimas y sexuales con estas personas". Más información sobre los principios de Yogyakarta en: http://yogyakartaprinciples.org/principles-sp/about/

6 Se ha definido la palabra transgénero como un "concepto amplio que incluye a las personas con disconformidad de género como las personas transexuales y/o aquellas que no se identifican exactamente ni con un hombre ni con una mujer según la concepción tradicional de los géneros, con inde-

género diferentes a la identidad cisgénero, como identidad privilegiada y favorecida por la construcción social sexo-genérica a la que se hacía referencia en las páginas anteriores. De ello se deriva que nos encontremos ante un colectivo realmente heterogéneo[7], que además representa una minoría dentro de un grupo también minoritario, heterogéneo y perseguido socialmente durante muchos años, como es el colectivo LGTBIQ+. Este conjunto de siglas aúna la diversidad sexual, de identidad sexual o de género y de orientación sexual, si bien dentro del propio grupo existe consenso a la hora de reconocer que la situación de las personas trans es considerablemente peor —por ejemplo, de cara a conseguir un empleo— que la que padecen el resto de integrantes (IMOP INSIGHTS, 2017, p. 22).

Se desconoce el número de personas trans que viven en España porque la identidad sexual es un dato perteneciente a la intimidad de la persona y protegido como tal, no existiendo un censo oficial. Es decir, a diferencia de la variable sexo, que aparece —innecesariamente, en mi opinión— en el Documento Nacional de Identidad español, la identidad sexual o de género no se exterioriza ni se puede tener en consideración a efectos estadísticos, lo cual da buena cuenta de la invisibilización del colectivo y del estigma que le acompaña. A modo orientativo, la Organización Mundial de la Salud estima que las personas trans representan entre un 0,3 y un 0,5% de la población global, siendo en términos absolutos en torno a veinticinco millones de personas.

Tampoco el —ya citado— informe anual *Trans Murder Monitoring* nos permite hacernos una idea real de las personas trans que son asesinadas cada año a nivel mundial, ya que, entre otras debilidades del estudio, apenas refleja los datos reportados por los países que

---

pendencia de que esta persona se haya sometido o no a una intervención quirúrgica" (FSC-CCOO y FELGBT, 2017, p. 22). Otros estudios diferencian entre personas transgénero y personas no binarias (UGT, 2020, p. 19).

7 Aunque la identidad sexual o de género admite más tipologías, algún estudio ha clasificado al colectivo en mujeres trans, hombres trans, mujeres travestis, hombres travestis, transgénero, no conforme con su género (*gender variant*) y *queer*/otros (FRA, 2015, p. 3). Otro factor a tener en cuenta, pues puede resultar significativo, es la situación laboral de la persona en el momento de la transición.

participan en la investigación. Por consiguiente, sin restarle un ápice de importancia a ninguna de las 327 personas trans y género-diversas reportadas como asesinadas en tan solo un año (entre el 1 de octubre de 2021 y el 30 de septiembre de 2022), resulta más ilustrativo y destacable que la mitad de las personas trans asesinadas cuya ocupación se conoce eran trabajadoras sexuales y, con independencia de su situación laboral, de los casos con datos sobre raza y etnia, las personas trans racializadas representaron el 65% de los asesinatos registrados, mientras que el 36% de las personas trans asesinadas en Europa eran migrantes. Por lo tanto, los datos son indicativos de que estamos ante un colectivo común y extremamente violentado, apreciándose de forma evidente una discriminación interseccional cuando en una misma persona confluye la condición de mujer trabajadora sexual, trans, migrante y racializada[8].

Llegado este momento, la pregunta que cabe hacerse es: ¿por qué? ¿por qué tanto odio y violencia hacia ciertas personas por el simple hecho de identificarse, sentirse y expresarse de una determinada manera? No es fácil encontrar una explicación porque no existe justificación alguna para que casi la mitad de las personas LGTBI —en particular, el 63% de las personas trans[9]— participantes en una encuesta hubiesen sufrido algún tipo de discriminación o acoso en el último año o que el 25% de ellas —el 35% en el caso de personas transgénero— hubiese sufrido agresiones violentas o amenazas con violencia en los últimos cinco años (FRA, 2013).

Con todo, en las páginas precedentes ya se ha anotado una de las posibles causas, quizás la *piedra angular*: la clasificación incompleta y desigual de las categorías sexo-genéricas. Se nos ha educado y hemos aprendido conforme a tales patrones rígidos de vida, unas determinadas relaciones sentimentales y sexuales, un modelo de familia único… Consecuentemente, todo lo que se escapa de lo normativo

---

8 En esta última edición del informe, se denunciaron por primera vez casos de Estonia y Suiza y ambas víctimas eran mujeres trans negras migrantes.

9 Dato recogido en el Preámbulo de la Ley Trans. También se apunta que la discriminación es especialmente elevada en el ámbito laboral, de modo que el 34 % de las identidades trans aseguran haber sido discriminadas en este ámbito.

nos resulta extraño y de la desinformación nacen los miedos a lo desconocido, así como las reservas respecto de lo que se identifica como contrario a la línea de pensamiento *correcta*. En lo que afecta a la percepción de las personas trans, el cine ha hecho un flaco favor al colectivo a lo largo de su historia, pues ha potenciado su estereotipación hacia la marginalidad y la violencia (Feder, 2020). Como consecuencia de toda esa incomprensión, percibida en diversos espacios y en los ámbitos más comunes, como pueden ser el colegio, el trabajo o, incluso, la familia y el círculo de amistades (Doan, 2010, pp. 635-654), muchas personas trans toman la decisión de *sexiliarse*[10], esto es, *refugiarse* en aquellos barrios de grandes ciudades que ofrecen un ambiente menos hostil, donde se sienten menos inseguras, lo cual, sin embargo, tiene un efecto negativo en lo que se refiere a la integración del colectivo, porque reduce su visibilidad, de manera que buena parte de la población —no solo en el medio urbano, sino también en la periferia de las ciudades— ni siquiera es consciente en su día a día de la existencia de este tipo de identidades.

En definitiva, *de aquellos polvos, estos lodos*. Como puede comprobarse, se genera un círculo vicioso que termina perjudicando las oportunidades laborales y a la situación laboral del colectivo. En numerosas ocasiones, durante la etapa escolar se ve afectada la autoestima, las relaciones personales y el rendimiento académico, desembocando a menudo en un abandono prematuro del sistema educativo, que condicionará su empleabilidad a futuro (IMOP INSIGHTS, 2017, p. 68). El mismo informe apunta que la falta de documentación administrativa acorde a la identidad de género ahonda en ese sentimiento de rechazo y desubicación, además de la evidente intromisión en la intimidad que supone la exposición de la disonancia frente a terceros[11]. En los peores casos, ciertos estudios exponen que las víctimas de transfobia suelen idear suicidarse (61,11%), mientras que la mitad de las personas participantes en la encuesta se había autolesionado y un 16,67% se había intentado suicidar (García Nieto, González Sanagustín y Rodríguez-Manzaneque, 2021, p. 27).

---

10 DA 3ª de la Ley Trans.

11 Escena magníficamente representada en la película "Una mujer fantástica" (Lello, 2017).

En congruencia con ello, las fuentes consultadas dan cuenta de que la situación laboral de las identidades trans se caracteriza por una elevadísima tasa de desempleo[12], así como de la tendencia a prestar servicios en la economía informal, sobresaliendo la dedicación al trabajo sexual. Es decir, sectores donde, siguiendo los criterios del apartado 9 de la Recomendación 206 de la OIT —homónima y complementaria del Convenio núm. 190—, la desprotección laboral y de la integridad física y moral es considerablemente superior al de otros empleos, debido a que, además de encontrarse en el sector del *ocio*, suele concurrir en él la prestación de servicio en condiciones de *aislamiento* y *nocturnidad.*

Como corolario de lo anterior y engarce con el siguiente subapartado, la Organización de Naciones Unidas (ONU[13]) ha afirmado lo siguiente: "Las personas trans, independientemente del lugar del mundo en el que vivan, están expuestas a un riesgo más elevado de sufrir violencia, acoso y discriminación. Las violaciones de los derechos humanos de las que son víctimas abarcan desde el acoso, la agresión verbal y la denegación de la atención sanitaria y del acceso a la educación, el empleo y la vivienda hasta la criminalización, la detención y el arresto arbitrarios, la violencia, la agresión física, la tortura, la violación y el asesinato. La exposición a estos y otros abusos conexos puede verse agravada por otros factores, como la edad, el origen étnico, la ocupación, la clase socioeconómica y la discapacidad".

2.3. *El marco normativo y la violencia sistémica e institucional*

Para explicar la evolución del marco normativo español en lo que respecta a la situación jurídica de las personas trans podemos hablar,

---

12 Según un informe del sindicato UGT: "las personas trans encuestadas tienen una tasa de desempleo del doble en relación con el conjunto de la muestra de personas consultadas" (UGT, 2020, pp. 9-11). La muestra contenía 3.344 respuestas válidas, de las cuales 2.084 correspondían a personas heterosexuales y 1.260 cuestionarios de personas LGTB. La distribución entre las siglas fue: 303 de lesbianas, 650 de gais, 307 de bisexuales y 220 de personas trans y no binarias.

13 Disponible en https://www.unfe.org/wp-content/uploads/2017/05/Transgender-Factsheet-Esp.pdf

a grandes rasgos, de cuatro fases. Una primera, preconstitucional, donde la transexualidad estaba perseguida y castigada penalmente. Una segunda etapa en la que se despenaliza esta identidad[14] y, sin embargo, se impone el sometimiento a una operación quirúrgica de reasignación genital a efectos de poder modificar el sexo en el Registro Civil. Requisito que no desaparecería hasta bien entrado el siglo XXI, mediante la aprobación de la Ley 3/2007, de 15 de marzo, reguladora de la rectificación registral de la mención relativa al sexo de las personas. Sin embargo, en esta tercera fase la posibilidad de modificar oficialmente el sexo todavía se supeditaba: por un lado, a tener la nacionalidad española y plenas capacidades mentales, así como a ser mayor de edad[15]; y, por otro lado, a permanecer un periodo de al menos dos años en terapia hormonal para adaptar su apariencia física a su identidad y, de ese modo, conseguir un informe médico que acreditase lo que en términos médicos se hacía denominar *disforia de género*[16]. *Por lo tanto, nos encontrábamos ante requisitos excluyentes* —por nacionalidad, sobre todo—, *patologizantes*[17], *intrusivos* —tanto en lo que respecta a su intimidad como a su salud— y, además, tras

---

14 A través de la Ley 77/1978, de 28 de diciembre, de modificación de la Ley de Peligrosidad y Rehabilitación Social y de su Reglamento, y de la Ley Orgánica 8/1983, de 25 de junio, de reforma urgente y parcial del Código Penal.

15 Pero la STC (Pleno) núm. 99/2019, de 18 de julio (Rec. 1595/2016) declaró inconstitucional ese requisito de edad en la medida que excluía del derecho a aquellas personas que, a pesar de no tener 18 años, sí demostraban "suficiente madurez" y "situación estable de transexualidad".

16 El cumplimiento de este último requisito admitía excepciones cuando, por ejemplo, se demostrase que dicho tratamiento médico no resultaba aconsejable o legalmente posible por razones de enfermedad o edad.

17 En la línea de lo que ya se había recomendado por los Principios de Yogyakarta y doctrinalmente (por todos: Salazar Benítez, 2015, p. 87), en el año 2018 la OMS despatologizó el término médico "disforia de género", extrayéndola del Capítulo V, sobre trastornos mentales y del comportamiento, de la Clasificación Internacional de Enfermedades, 11ª revisión (CIE-11), e integrándola en un nuevo capítulo sobre condiciones relativas a la salud sexual. Igualmente, con la finalidad de terminar con el estigma social con el que cargaba el concepto de transexualidad, este se sustituyó por el de "incongruencia de género": https://www.euro.who.int/en/health-topics/health-determinants/gender/gender-definitions/whoeurope-brief-transgender-health-in-the-context-of-icd-11

la aprobación paulatina de leyes autonómicas que reconocían el derecho a la libre autodeterminación del género, de reconocimiento *desigual* en función de la residencia. En fin, tras varias tentativas que fracasaron[18], la mayor parte de estos obstáculos se han resuelto con la reciente aprobación de la *Ley 4/2023, de 28 de febrero, para la igualdad real y efectiva de las personas trans y para la garantía de los derechos de las personas LGTBI* (aquí, Ley Trans), al reconocer el derecho a la autodeterminación del género (art. 43 y ss.).

Si tenemos en cuenta las fechas, no tan lejanas, de cada una de las fases destacadas, seremos capaces de *comprender* el largo camino de *penitencia* que, a través de la propia normativa, se ha impuesto a las identidades trans hasta reconocérseles el derecho a modificar la mención relativa al nombre (Valdivares Suárez, 2022, p. 98) y al sexo en el Registro Civil. Y, sin embargo, todavía quedan algunas cuestiones de suma importancia por resolver, ya que las grandes olvidadas de la Ley Trans han sido las personas trans migrantes y las personas no binarias.

Cierto sector doctrinal se ha ocupado de analizar detenidamente el grado en que las políticas públicas del Estado español han situado a las personas trans "en una posición de especial vulnerabilidad, provocando una separación entre cuerpos *normales* (privilegiados) y cuerpos *marcados*" (García López, 2019, pp. 161 y ss.). Hablamos, pues, de una noción de vulnerabilidad que huye de la idea de *debilidad*, esa que atrae políticas paternalistas[19], pasando a entender la vulnerabilidad como la "ausencia de un *cordón jurídico y efectivo de pro-*

---

18 A destacar, la "Proposición de Ley sobre la protección jurídica de las personas trans y el derecho a la libre determinación de la identidad sexual y expresión de género", presentada el 23 de febrero de 2018 por el Grupo Parlamentario Confederal de Unidos Podemos-En Comú Podem-En Marea (BOCG núm. 220-1, de 02.03.2018).

19 Ello no es óbice para que se apliquen medidas compensatorias. La violencia institucional llevó a que en Uruguay se aprobase una pensión social reparadora, de unos 315 euros e incompatible con otras prestaciones o pensiones, dirigida a las personas trans nacidas con anterioridad al año 1976 que puedan probar haber sido objeto de discriminación por su identidad de género por parte del Estado (art. 10 de la Ley n.º 19.684, de 26 de octubre de 2018).

tección, de herramientas adecuadas para blindar y defender a las personas de todo abuso y violencia, en calidad de titulares de derechos con capacidad para llevar adelante sus propios proyectos de vida" (Pomares Cintas y Maqueda Abreu, 2022, p. 4). Desde esta perspectiva institucional de la vulnerabilidad, no resulta extraño que las personas trans hayan sido reconocidas por la Organización de Naciones Unidas (ONU) como uno de los colectivos en riesgo "de ser dejado atrás" durante la pandemia provocada por el COVID-19 (UNAIDS, 2020, p. 4; OIT, 2022, p. 26)[20]. Máxime cuando en ellas concurren diversas causas de discriminación.

En relación con estas ideas, desde la Red Global de Proyectos de Trabajo Sexual se ha querido subrayar que las trabajadoras sexuales trans son discriminadas por las propias leyes[21] y "a menudo trabajan sin el derecho de protección recogido por la ley. En estos contextos, las TTS padecen violencia procedente de diferentes personas y agentes, entre ellos las autoridades oficiales como es el caso de la policía" (NSWP, 2015, p. 4). Como se recordará, en España tuvimos que asistir a un episodio absolutamente bochornoso y lamentable, donde un agente de la Policía Local de Benidorm (Alicante) se dedicó a grabar a una trabajadora sexual trans migrante mientras otro de ellos le insultaba y vejaba, transcendiendo el vídeo a las redes sociales y a los medios de comunicación[22]. El contexto en el que transcurrió la escena todavía hace más reprochable la conducta policial, dado que sucedió en el mes de abril de 2020, en plena época pandémica, periodo durante el que las trabajadoras sexuales se vieron particularmente desamparadas (Valdivares Suárez, 2022, pp. 90-102).

---

20 En cambio, "No dejar a nadie atrás" es la promesa central y transformadora de la Agenda 2030 para el Desarrollo Sostenible y sus Objetivos de Desarrollo Sostenible (ODS). Ese lema "no solo implica llegar a los más pobres de los pobres, sino que también requiere combatir la discriminación y las crecientes desigualdades dentro y entre los países, y sus causas fundamentales" (Grupo de las Naciones Unidas para el Desarrollo Sostenible, disponible en https://unsdg.un.org/es/2030-agenda/universal-values/leave-no-one-behind).

21 Se remite al capítulo de esta obra dedicado al trabajo sexual, a cargo del Prof. Fernando Fita Ortega.

22 Vídeo disponible en: https://www.youtube.com/shorts/Ng1SVflOTJ4

3. EL CONVENIO NÚM. 190 DE LA OIT SOBRE VIOLENCIA Y ACOSO: PUNTOS A DESTACAR

El apartado anterior se ha dedicado a aclarar terminológicamente el objeto de estudio del presente capítulo y a intentar transmitir la sensación de acoso y violencia que vienen sufriendo, en mayor o menor grado, todas aquellas personas trans que se atreven a *salir del armario*, esto es, a dejar atrás los miedos y exteriorizar una identidad de género estigmatizada[23]. Como ha quedado demostrado, la violencia hacia estas personas proviene de diversos agentes —incluido el legislador— y en diferentes ámbitos: desde el familiar hasta el de los servicios de salud, pasando por, entre otros, los centros educativos y el lugar de trabajo. Sin ir más lejos, aunque no son condiciones *sine qua non* para que resulte aplicable el Convenio 190, el ejemplo que se ha relatado acontece en el lugar de trabajo y durante la jornada laboral de la trabajadora sexual.

Por otra parte, la adopción del Convenio número 190 de la OIT, sobre la violencia y el acoso, data de 21 de junio de 2019, entrando en vigor con carácter general, y de conformidad con lo establecido en su artículo 14.2, el 25 de junio de 2021. Sin embargo, por lo que respecta al Estado español, pese a haberse ratificado en fechas recientes, su entrada en vigor se produjo el día 25 de mayo de 2023, de conformidad con lo establecido en el apartado 3 de su artículo 14, que exige el transcurso de doce meses desde la fecha de registro de su ratificación[24].

Así pues, cabría preguntarse si ante el reseñado suceso sería de aplicación el Convenio 190 de la OIT, considerando que ocurriese a partir de la mencionada fecha de entrada en vigor, así como todos los matices que envuelven el caso: a saber, la prestación de servicios en el marco de la economía sumergida, la situación (ir)regular de la trabajadora en nuestro país, el individuo o la institución que ejerce

---

23 Se adapta así un término que se ha asociado predominantemente a la orientación sexual (Romero Rodenas y Moraru, 2021, p. 198).

24 El motivo por el que se emplea el tiempo verbal futuro en cuanto a su entrada en vigor se debe a que la redacción del presente trabajo se finaliza a principios del mes de mayo de 2023.

la violencia, etcétera. Para ello, procede conocer, en primer lugar, cuál es el ámbito objetivo y subjetivo de dicha norma internacional.

3.1. El ámbito de aplicación del Convenio 190 de la OIT: la violencia y el acoso en el mundo del trabajo

Dado que las expresiones *violencia y acoso* y *violencia y acoso por razón de género*, definidas a los efectos del Convenio en su artículo 1, han sido exhaustivamente abordadas doctrinalmente, así como en capítulos precedentes de esta obra colectiva, la pretensión aquí en torno a tales conceptos no puede más que centrarse en subrayar aquellas características que resultan más interesantes en lo que afecta a la identidad de género, tras haberse constatado que tal inocua condición personal ha servido en ocasiones como pretexto para descargar el odio sobre las personas trans.

Para comenzar, resulta relevante advertir que tales definiciones deben conectarse necesariamente con el ámbito de aplicación del Convenio, puesto que, como se desprende de los artículos 2 y 3 del mismo, la protección no solo se debe dispensar "durante el trabajo" ni tampoco exclusivamente a los *insiders* —esto es, las personas que ya se encuentran empleadas en el mercado de trabajo—, sino *en el mundo del trabajo*, es decir, recogiendo el "conjunto de comportamientos y prácticas inaceptables, o de amenazas de tales comportamientos y prácticas, ya sea que se manifiesten una sola vez o de manera repetida, que tengan por objeto, que causen o sean susceptibles de causar, un daño físico, psicológico, sexual o económico"[25] a una persona que trabaja —"cualquiera que sea su situación contractual"—, se forma —"incluidos los pasantes y los aprendices" o ejerce como empleador—, pero también —y esto resulta muy importante para cualquier persona o colectivo vulnerable— cuando dicha violencia y acoso re-

---

[25] Desde un autorizado sector doctrinal se ha destacado, entre los puntos positivos de esta definición, el destierro de la acreditación, por un lado, del carácter reiterativo de las conductas de violencia y acoso (en línea con la Nota Técnica de Prevención núm. 854, de 2009, del INSHT, Valdés Dal-Ré, 2013, p. 59) y, por otro lado, de la intencionalidad de la persona o institución agresora (Arbonés Lapena, 2020, p. 414).

caiga sobre "trabajadores despedidos, los voluntarios, las personas en busca de empleo y los postulantes a un empleo".

Habiéndose manifestado en varios estudios que las cifras de empleo que registran las personas trans son considerablemente inferiores a las de la media de la población general, se presume que los motivos pueden encontrarse en la combinación de diversos factores, entre los que podría destacarse la libertad empresarial a la hora de contratar, junto a los prejuicios respecto a las personas trans y la falta de formación y experiencia por parte de las personas empleadoras y los potenciales compañeros. A ello podría sumarse otras características más o menos comunes dentro del colectivo y vinculadas a lo inmediatamente comentado, como la baja cualificación profesional —cuyo germen, como se ha señalado, suele estar en la violencia y el acoso soportado durante las diferentes etapas académicas— o la ausencia de *passing*, esto es, la imposibilidad —más que involuntariedad— de ocultar la disonancia entre, por una parte, el sexo sentido y manifestado y, por otra parte, las características físicas, socioculturales o de cualquier otro tipo asociadas al sexo asignado al nacer.

Asimismo, es oportuna la extensión de la protección al momento de la extinción del contrato de trabajo (entre otras razones, porque un despido basado en la identidad de género sería un claro acto discriminatorio y, por lo tanto, de violencia contra la persona trans), a las personas que prestan servicios en régimen de voluntariado (en especial, si se tiene presente la elevada tasa de desempleo del colectivo y la imprescindible función de formación, visibilización y sensibilización que pueden ejercer los sujetos trans) o en la economía informal[26], así como a las que atraviesan por periodos de desempleo, debido a la reducida empleabilidad que, como se ha indicado, se aprecia en buena parte del colectivo, especialmente en aquellas mujeres trans de mayor edad[27].

26 Conforme al artículo 2.2 del Convenio, a la que se ven abocadas muchas personas trans.

27 Así, se confirma que "en el caso de entrevistadas de más edad, la prostitución fue la salida laboral que encontraron ante la transfobia social que se encontraban" (IMOP INSIGHTS, 2017, p. 68).

En lo que respecta a la expresión *violencia y acoso por razón de género*, como establece expresamente el Convenio, esta se entiende incluida en la —más general— de *violencia y acoso*, por lo que podría pensarse que, más que reconocer un derecho, si acaso viene a reforzarlo con una finalidad pedagógica o a modo de recordatorio (Suárez González, 2020, p. 387), remarcando dos particulares causas de violencia y acoso, como son el sexo o el género. Pero, teniendo en cuenta que el artículo 10.e) del Convenio y los apartados 16 y 17 de la Recomendación 206 de la OIT prevén medidas específicas para este particular motivo de violencia y acoso, puede no ser estéril el debate acerca de si tal concepto abarcaría también a aquellas personas que se ven afectadas como consecuencia de: a) la *expresión* de su *género* —*v.gr.*, piénsense en un varón que gesticule y/o hable conforme a los patrones asociados comúnmente al *género* femenino—, y; b) por la manifestación o expresión de su sexo o *género sentido* cuando este sea discordante con el que le fue asignado al nacer[28]. En ambos casos habría que responder afirmativamente, por las razones que se exponen a continuación.

En efecto, aceptando que los términos *sexo, género, identidad de género* y *expresión de género* representan categorías diferentes[29], y sin desconocer los precedentes normativos sobre acoso por razón de sexo[30], no cabe presumir que la redacción del Convenio se asiente sobre una concepción *binaria* del mundo ni de violencia unilateral.

En primer lugar, la expresión jurídica se reduce a *violencia y acoso por razón de género* —sin mención explícita al sexo—, pero inmediata-

---

28 Atendiendo a un concepto de sexo mutable y no binario, se ha denunciado como incorrecto hablar de "sexo de nacimiento" (Eeames, 2019).

29 En esta línea se ha pronunciado recientemente el Tribunal Constitucional: STC 67/2022, de 2 de junio.

30 *V.gr.*, el art. 2.1.c) de la *Directiva 2006/54/CE del Parlamento Europeo y del Consejo, de 5 de julio de 2006, relativa a la aplicación del principio de igualdad de oportunidades e igualdad de trato entre hombres y mujeres en asuntos de empleo y ocupación*, que, a los efectos de la misma, definió el acoso como "la situación en que se produce un comportamiento no deseado relacionado con el sexo de una persona con el propósito o el efecto de atentar contra la dignidad de la persona y de crear un entorno intimidatorio, hostil, degradante, humillante u ofensivo".

mente se señala que incluye toda violencia y acoso dirigida contra las personas *por razón de su sexo o género*[31]*, por lo que en ningún caso debería reducirse el término violencia y acoso por razón de género* al de *violencia de género* que manejamos en nuestra legislación ni al de violencia contra las mujeres (*cfr.* Pons Carmena, 2018, pp. 48 y 56). Ello sin que tampoco quepa duda de que la violencia contra las mujeres quede recogida en aquél, a pesar de que, como resalta Yagüe Blanco (2020, p. 526), el Convenio no incluya referencia expresa ni siquiera a la violencia doméstica en su art. 1.1.b), aunque sí lo haga en el art. 10.f) y en el preámbulo. En segundo lugar, cuando la norma internacional ofrece un concepto alternativo a la citada expresión, lo hace refiriéndose a "personas de un sexo o género determinado", evitando definiciones reduccionistas tales como "personas de uno u otro sexo" o "personas del sexo opuesto". En tercer lugar, porque la propia OIT (2018, p. 10) afirma que: "La violencia de género puede ser ejercida por los hombres o por las mujeres, en perjuicio de unos o de otras, y sus víctimas pueden ser, por ejemplo, hombres con estilos de vida no convencionales en cuanto al género, como los hombres que son homosexuales (gay), bisexuales o trans, o que son percibidos como tales".

Por consiguiente, aunque se hable de un sexo o género *determinado* y ello vaya en dirección contraria a la teoría *queer*[32], desde una concepción amplia del *género* debe entenderse que sí quedarían bajo

---

31 En la doctrina científica (Rojas Rivero, 2022, p. 413) se ha apuntado que: "En España ya contamos con definiciones expresas del acoso sexual y del acoso por razón de sexo, que creo que pueden considerarse ajustadas al Convenio 190, salvo que se tome la decisión de cambiar el término sexo por género por considerarlo más ajustado a la real identificación de las personas con los roles y expectativas que tiene la sociedad sobre conductas, pensamientos y características que acompañan al sexo asignado a cada persona".

32 "Significa torcido en inglés. Término inglés alternativo a LGBT. También se ha utilizado con propósitos despectivos, y por ese motivo no gusta a algunos gays y lesbianas, pero muchas personas LGBT jóvenes lo utilizan como un modo de autoafirmarse. Describe también toda una corriente de pensamiento que se ha expresado a su vez en un movimiento o corriente social (con presencia especialmente en los EEUU, a partir de los años 80 y 90), que busca potenciar la diferencia humana en sentido amplio y huye de las

el amparo de la prohibición de "violencia y acoso *por razón de género*" —en cualquier caso, se insiste, lo estaría en virtud de la expresión genérica— aquellas conductas, prácticas o amenazas que puedan afectar negativamente a ciertas personas por el mero hecho de ser trans. Como apunta Ramos Quintana (2018, p. 95), una de las aportaciones destacables de la Reunión de expertos de la OIT del año 2016 sobre la violencia contra las mujeres y los hombres en el mundo del trabajo fue la de constatar la necesidad de examinar específicamente las "dimensiones de género en la violencia".

Volviendo a la expresión *en el mundo del trabajo*, ya se ha advertido que no cabe reducirla a aquello que sucede "durante el trabajo", pues el artículo 3 del Convenio incluye en aquélla todo lo que acontezca "en relación con el trabajo o como resultado del mismo". Es notable, pues, la intención de expandir el ámbito de aplicación de la norma internacional a cualquier acto violento que suceda en torno a la actividad laboral, máxime cuando el artículo 2.2 lo extiende a todos los sectores, sin distinción entre lo privado y lo público[33], ni entre economía formal e informal y con independencia de si se desarrolla en zonas urbanas o rurales. En conclusión, podemos hablar de una presunción de aplicabilidad del Convenio, que apenas podría verse superada en caso de que se probase la falta de relación de causalidad o de vinculación entre la situación violenta o de acoso y la prestación de servicios, entendida esta en el amplio sentido que le otorga el propio Convenio.

Por el contrario, esa suerte de *vis atractiva* podría verse limitada en función de cómo se interpreten los artículos segundo y tercero de la norma de referencia. En efecto, al comparar el inicio de los dos preceptos que regulan el ámbito de aplicación del Convenio, debemos cuestionarnos si el mismo resultaría aplicable a la violencia y el acoso en el mundo del trabajo, tanto si la persona trabajadora

---

identidades fijas o estáticas, abogando por la versatilidad y variedad de las potencialidades humanas" (RAINBOW).

[33] Del *Real Decreto Legislativo 5/2015, de 30 de octubre, por el que se aprueba el texto refundido de la Ley del Estatuto Básico del Empleado Público* (EBEP) puede destacarse la equivalente protección que en esta línea se ofrece a los funcionarios públicos a través de los artículos 14.h), 95.2.b) y 96.2.a).

es quien la sufre como si es quien la ejerce o coadyuva a ello —lo que podría deducirse de una lectura aislada del artículo 3—, o si, en cambio, el artículo 3 se limita a establecer un *ámbito objetivo* que viene a completar el genuino *ámbito subjetivo*, acotado en el artículo que le precede. Según este artículo 2, el Convenio *protege* —lo que revela la condición de víctima real o potencial— a los trabajadores y a otras personas en el mundo del trabajo, sin que al parecer quepa incluir entre estas *otras personas* a clientes y usuarios o a proveedores del producto o servicio a prestar por el trabajador[34], dado que no aparecen en la lista ejemplificativa —aparente *numerus clausus*— de colectivos que responden a esas *otras personas* en el mundo del trabajo.

De apreciarse correcta esta segunda interpretación, como así lo entendemos, la limitación aplicativa puede llegar a comprenderse mejor a partir de un supuesto real, extraído de una sentencia[35]. Así, en el marco de un curso de formación profesional dirigido a quince reclusos, de los cuales uno era transexual, el docente "durante la celebración de las clases le dirigía continuamente frases y bromas como "Qué labios tiene", "Qué culo tienes", preguntándole que cuándo le iba a hacer algún trabajo de tipo sexual y le propinaba palmadas en el trasero [...] habiéndose producido a finales de marzo una relación sexual bucal entre ambos a cambio de cierta cantidad de droga, que le fue entregada al día siguiente, en un paquete cerrado que contenía cinco gramos de cocaína...". Sin lugar a dudas, la conducta es especialmente reprochable porque, abusando de la posición de superioridad derivada de su condición de profesor y la situación vulnerable de las personas en prisión, introduce drogas en el establecimiento penitenciario y acosa sexualmente, de forma directa y pública, a la persona trans.

---

34 Sobre estas terceras personas apenas se advierte una recomendación en el sentido de que, cuando se proceda a evaluar los riesgos en el lugar de trabajo, se tengan en cuenta los que "impliquen a terceros como clientes, proveedores de servicios, usuarios, pacientes y el público" (Párr. 8.b R.206).

35 Concretamente, de los Antecedentes de hecho y del Fundamento Jurídico Tercero de la STSJ de Islas Canarias, Santa Cruz de Tenerife, de 16 de mayo de 2002 (Rec. 951/2001).

Pues bien, mientras que tales hechos están tipificados en el ordenamiento jurídico español en los artículos 184, 368 y 369 del Código Penal[36], como acoso sexual y circunstancias agravantes del tráfico de drogas, no cabe duda de que también constituyen un incumplimiento grave y culpable del contrato de trabajo por parte del trabajador y, por lo tanto, causa suficiente para proceder inmediatamente a su despido disciplinario, en virtud de lo previsto en los artículos 5.a), 20 y 54 del Estatuto de los Trabajadores[37]. Nótese, sin embargo, que este último precepto recoge entre las causas de despido disciplinario el acoso sexual o por razón de sexo —art. 54.2.g) ET—, pero únicamente cuando éstos hayan sido sufridos por el empresario o "las personas que trabajan en la empresa". Por consiguiente, sin perjuicio de que pueda proponerse la ampliación legal del ámbito de aplicación de esta cláusula —por ejemplo, al acoso "que acontezca durante el desempeño de su actividad laboral o con ocasión del trabajo"— para cumplir con el mandato de adoptar un enfoque inclusivo, integrado y que tenga en cuenta la violencia y el acoso "*que impliquen a terceros*" (art. 4.2 del Convenio), en el supuesto analizado el tribunal opta acertadamente por aplicar la cláusula de "la transgresión de la buena contractual, así como el abuso de confianza en el desempeño del trabajo" —art. 54.2.d) ET— para justificar el despido (Requena Montes, 2020, p. 23).

En conclusión, a la hora de proteger frente al acoso, tanto el Convenio como la cláusula estatutaria —que castiga con la máxima sanción laboral a quien acose— presentan similares limitaciones por cuanto afecta al ámbito subjetivo de aplicación, que requieren ser resueltas mediante el recurso a otros fundamentos jurídicos y, así, dar cumplimiento a los mandatos previstos en el artículo 4.2 del propio Convenio número 190 de la OIT, entre otros: establecer y fortalecer los mecanismos de control de la aplicación y de seguimiento, velar por que las víctimas tengan acceso a vías de recurso y reparación y a medidas de apoyo y, por supuesto, prever sanciones.

---

36 *Ley Orgánica 10/1995, de 23 de noviembre, del Código Penal.* El artículo 184 ha sido modificado recientemente por la Ley Orgánica 10/2022, de 6 de septiembre, con efectos desde el 7 de octubre de 2022.

37 *Real Decreto Legislativo 2/2015, de 23 de octubre, por el que se aprueba el texto refundido de la Ley del Estatuto de los Trabajadores.*

En fin, aun avanzándose el escepticismo sobre su efectividad, cabría cuestionarse si la aplicación del Convenio al concreto supuesto ejemplificativo se podría admitir desde la perspectiva de la entidad empleadora que se ve perjudicada directa o indirectamente por la conducta de su empleado, en tanto que la norma internacional también protege a "los individuos que ejercen la autoridad, las funciones o las responsabilidades de un empleador". Al respecto, téngase en cuenta que el artículo 185 del Código Penal prevé que una persona jurídica pueda ser responsable del citado delito cuando, entre otros supuestos, quien ha cometido efectivamente el delito lo ha llevado a cabo mediando un incumplimiento grave de los deberes de supervisión, vigilancia y control de su actividad. Y en la misma dirección, desde una perspectiva de prevención de riesgos laborales y en el ámbito administrativo-laboral, se tipifica como infracción muy grave el acoso discriminatorio y el acoso sexual "cuando se produzcan dentro del ámbito a que alcanzan las facultades de dirección empresarial, cualquiera que sea el sujeto activo del mismo", sometiéndose la infracción en caso de acoso discriminatorio a que la persona empleadora fuese conocedora del asunto y "no hubiera adoptado las medidas necesarias para impedirlo".

El artículo 9 del Convenio exige a los Estados adoptar una legislación que exija a los empleadores tomar medidas apropiadas y acordes con su grado de control para prevenir la violencia y el acoso en el mundo del trabajo. En este sentido, el artículo 10.3 de la Ley 15/2022[38] dispone que "la representación legal de los trabajadores y la propia empresa velarán por el cumplimiento del derecho a la igualdad de trato y no discriminación en la empresa por las causas previstas en esta ley y, en particular, en materia de medidas de acción positiva y de la consecución de sus objetivos"[39], siendo que el artículo 4.1 presume el acoso como vulneración del derecho a la igualdad.

---

[38] De 12 de julio, integral para la igualdad de trato y la no discriminación. El artículo 2 prevé la identidad sexual y la expresión de género como causas prohibidas de discriminación.

[39] El artículo 62 del *Proyecto de Ley Trans* (BOCG de 12 de septiembre de 2022) preveía una regla similar, pero desapareció durante la tramitación de la Ley Trans.

Para terminar, sin opción de agotar la casuística (Suárez González, 2020, p. 396), retomando el planteamiento manifestado al introducir este apartado, del análisis del ámbito objetivo y subjetivo del Convenio cabe concluir que el mismo sería perfectamente aplicable —desde el 25 de mayo de 2023— a un supuesto como el padecido en Benidorm por la trabajadora sexual. Desde luego, en clave sancionadora hacia los agentes de la autoridad. En cuando a la víctima, recuérdese que la norma internacional protege a los trabajadores de cualquier sector, incluidos aquellos inmersos en la economía informal, y la agresión verbal se produce con ocasión de su trabajo, lo cual es comprobable tanto por su ubicación como por los comentarios pronunciados por el agente.

3.2. Otras cuestiones destacables del Convenio núm. 190 y de la Recomendación núm. 206 de la OIT

Al mismo tiempo que se aprobaba el Convenio núm. 190 de la OIT, la Conferencia General de dicha institución adoptó otras proposiciones relativas a la violencia y el acoso en el mundo del trabajo, las cuales se consideró oportuno que revistiesen la forma de recomendaciones que complementasen el Convenio. De ese modo se adoptó la Recomendación sobre la violencia y el acoso, 2019; esto es, la Recomendación núm. 206 de la OIT, la cual no impone obligaciones, pero sí contiene orientaciones de carácter más práctico.

A continuación, se han seleccionado algunos pasajes de uno y otro texto, con la finalidad de reflexionar sobre el modo de cumplimiento de dichas reglas o recomendaciones por parte de nuestro ordenamiento jurídico. Así pues, este examen no pretende ser exhaustivo ni procede efectuarlo desde un punto de vista general (Suárez González, 2020, pp. 392-399), sino desde una perspectiva trans y *queer*.

3.2.1. Definición y prohibición de la violencia y el acoso

De conformidad con el artículo 7 del Convenio, "… todo Miembro deberá adoptar una legislación que defina y prohíba la violencia y el acoso en el mundo del trabajo, con inclusión de la violencia y el acoso por razón de género" y, de acuerdo con su artículo 1.2, la legislación nacional puede optar entre definir la violencia y el acoso como un concepto único o como conceptos separados.

Sin ánimo de reiterar las reflexiones expuestas acerca de la elasticidad del concepto de *género* (apartado 2.1 de este capítulo) o de la relativa intercambiabilidad entre la expresión *identidad de género* e *identidad sexual* (apartado 1.1), sí conviene recordar que la negación del derecho a la autodeterminación del género no deja de ser un acto de violencia sistémica contra las personas trans no nacionales, que quedan expresamente excluidas de este derecho, según lo dispuesto en el artículo 43 de la Ley Trans. En efecto, la permanencia del requisito de nacionalidad a efectos de conseguir la titularidad del derecho a la autodeterminación del género parece chocar frontalmente con lo dispuesto en el artículo 72 del mismo texto legislativo, que aboga por que las Administraciones públicas garanticen el derecho a la igualdad y no discriminación de las personas LGTBI "en las mismas condiciones que a las personas de nacionalidad española"; igualmente, va en contra del art. 2 bis.2.i) de la *Ley Orgánica 4/2000, de 11 de enero, sobre derechos y libertades de los extranjeros en España y su integración social*, que reconoce aquel derecho en similares términos.

No en vano, si, como se ha apuntado en páginas anteriores, la falta de una documentación que se corresponda con el sexo o género sentido dificulta las relaciones personales y profesionales (por ejemplo, en una entrevista de trabajo o en la formalización del contrato de trabajo), puede ponerse en tela de juicio que el Estado español esté asumiendo lo dispuesto en los párrafos 10, 12 y 13 de la Recomendación núm. 206 de la OIT, que invitan a adoptar medidas legislativas o de otra índole para proteger a los trabajadores migrantes, y particularmente a las trabajadoras migrantes, contra la violencia y el acoso en el mundo del trabajo, incluso "con independencia de su estatus migratorio". Respecto a esto último, se ha manifestado que no puede elevarse a rango legal la protección de las personas trans en situación irregular, pero, por razones humanitarias, se les debe dispensar la debida protección ante el acoso o la violencia (Suárez González, 2020, p. 396).

Similar sensación de insatisfacción se tiene respecto de las personas no binarias, prácticamente invisibilizadas en la Ley Trans, lo que para un autorizado sector doctrinal es como que la norma *nazca obsoleta* (Rodríguez y Mestre i Mestre, 2021).

En suma, todavía más llamativa ha resultado la eliminación, a través de ella, de la mayoría de derechos reconocidos meses atrás a las víctimas de violencias sexuales mediante la Ley Orgánica 10/2022 (Álvarez Cuesta, 2023); sorpresa mayor cuando, como resultado de una encuesta, el 20% de las personas trans reconocen haber sido víctimas de violencia sexual y, de estas agresiones, en un 56% de los casos se repitieron hasta más de 3 veces y un 61% no se vio defendida por ningún compañero o compañera (UGT, 2020, p. 22). Tal es la perplejidad, que no cabe más que entender que se haya debido a un error de técnica legislativa, por no haber empleado como base las versiones vigentes de los textos a modificar (Goerlich Peset, 2023), pues no sería este el único error de este tipo (Vizcaíno Ramos, 2023). Sea como fuere, el resultado es que, superado el mes desde su entrada en vigor, no se ha corregido.

Por el contrario, resulta plausible que la Ley Trans se detenga a definir el término *transfobia*, entendida esta como "toda actitud, conducta o discurso de rechazo, repudio, prejuicio, discriminación o intolerancia hacia las personas trans por el hecho de serlo, o ser percibidas como tales". De la misma cabría subrayar tanto su amplitud de miras —abarcando, por ejemplo, la discriminación por percepción, asociación o error— cuanto su perfecto encaje con el concepto de violencia y acoso que se maneja en la norma internacional de referencia aquí[40].

3.2.2. Formación y sensibilización

Como se ha observado, los actos transfóbicos y demás conductas que pueden llegar a generar en las personas trans una situación incómoda pueden suceder en cualquier ámbito, pero existen algunos

---

40 A modo de ejemplo, el Plan de igualdad de la empresa Interserve Facilities services, S.A. (BOP Asturias núm. 59, de 25.03.2020) incluía una referencia al "acoso transgénero", coherente con la idea de que los planes de igualdad sean, como la Ley 15/2022, integrales (Núñez González, 2022 y Luque Parra, 2022; art. 55.3 de la Ley Trans).

donde son más frecuentes o más relevantes para el libre desarrollo de su personalidad. Asimismo, en ocasiones, el daño se puede producir sin mediar intencionalidad, simplemente por desconocimiento, prejuicios o falta de empatía. Conscientes de ello, resulta plausible que desde las dos normas internacionales sujetas a examen se promueva la sensibilización y la transmisión de conocimientos destinados a prevenir todas esas situaciones violentas, incluyendo, por supuesto, la formación dirigida a la persona autora de los actos violentos (art. 9.d C190 y párr. 19 R206).

Con perspectiva de identidad de género, se puede comenzar destacando, por su amplitud, la recomendación de llevar a cabo "campañas públicas de sensibilización en los diferentes idiomas del país, [...] que denuncien las actitudes discriminatorias y prevengan la estigmatización de las víctimas, los denunciantes, los testigos y los informantes" (Párr. 23.d R206). En efecto, tan importante es empatizar con la persona potencial o realmente atacada como tener la confianza y los conocimientos necesarios para saber cómo ayudarle. Más si cabe cuando, existiendo el deber de informar de la violencia o acoso sufrido a la dirección de la empresa (art. 10.g C190), sin embargo, desde las organizaciones sindicales se advierte que siete de cada diez personas LGTBI no se atreven a denunciar agresiones a sus superiores en el trabajo y solo se atienden tres de cada diez denuncias (UGT, 2020, p. 21).

Por consiguiente, la accesibilidad a los medios de denuncia (Igartua Miró, 2023, p. 66) y la eficacia de la garantía de indemnidad son aspectos clave y, para ello, es indispensable la formación de jueces, fiscales, inspectores del trabajo, agentes de policía, periodistas, sanitarios, docentes, funcionarios de prisiones, funcionarios de inmigración y otros agentes públicos, de manera que no solo les permita cumplir su mandato sino también asistir a los empleadores y a los trabajadores, y a sus organizaciones (ONU, párr. 23.b y f R206 OIT y art. 14 de la Ley Trans). El párrafo 20 de la Recomendación incide en la formación específica en cuestiones de género que deben recibir los inspectores del trabajo y los agentes de otras autoridades competentes, según proceda, sobre las cuestiones de género para poder detectar y tratar, entre otros aspectos, los peligros y riesgos psicosociales y la discriminación ejercida contra determinados grupos de trabajadores. Esta última también resulta predicable respecto de los demás sujetos del ámbito laboral, es decir, trabajadores, empleadores, representantes sindicales y empresariales y autoridades (Art. 11 C190).

No puede obviarse que, en el caso de las personas trans, su empleabilidad se ve muchas veces afectada por su trayectoria personal en los centros docentes. Y con esa mirada puesta en la prevención de la violencia es francamente significativo el hecho de que el artículo 23 de la Ley Trans, en congruencia con el párrafo 23.e de la Recomendación 206 de la OIT, exija que las Administraciones educativas fomenten el respeto a la diversidad sexual, de género y familiar en los materiales escolares, así como la introducción de referentes positivos LGTBI en los mismos, en todos los niveles de estudios. Se persigue con ello crear un ambiente de convivencia y respeto en las aulas, por lo que también debe ser bienvenido: a) el mandato a las Administraciones públicas para que elaboren protocolos de apoyo y acompañamiento al alumnado trans y contra el acoso transfóbico (art. 61 de la Ley Trans); b) la formación inicial y continua del profesorado en la prevención y gestión de la violencia transfóbica (arts. 22 y 14.b de la Ley Trans), así como; c) la tipificación como muy grave de la infracción consistente en "la elaboración, utilización o difusión en centros educativos de libros de texto y materiales didácticos que presenten a las personas como superiores o inferiores en dignidad humana en función de su orientación e identidad sexual, expresión de género o características sexuales" (art. 79.4.e de la Ley Trans).

En suma, con la pretensión de orientar y ordenar una política coherente, el artículo 10 de la Ley Trans prevé la elaboración de la "Estrategia estatal para la igualdad de trato y no discriminación de las personas LGTBI", la cual incorporará de forma prioritaria las medidas dirigidas a la información, sensibilización y formación en esa materia, prestando especial atención a la sensibilización y prevención de la violencia LGTBIfóbica y a la violencia entre parejas del mismo sexo. Con ello se complementa e impulsa lo contenido en el artículo 48 de la LOI, según el cual, para prevenir el acoso en las empresas, se podrán establecer medidas tales como la elaboración y difusión de códigos de buenas prácticas, la realización de campañas informativas o acciones de formación". En este escenario, los representantes de los trabajadores ganan protagonismo, ya que esas medidas deben ser negociadas con ellos y, por su parte, tienen la obligación de sensibilizar al resto de trabajadores al respecto.

3.2.3. Otros instrumentos útiles para evaluar, detectar y reducir el riesgo de violencia y acoso en las empresas

De la lectura de las últimas normas internacionales, comunitarias y nacionales se deduce que, si tenemos una tarea pendiente, esa es la de conseguir información —*feedback*— sobre cómo se están implementando y qué resultados están cosechando las medidas que en cada campo se proponen para, a partir de ellos, perfeccionar la técnica. El Convenio y la Recomendación no son ajenos a ello. Ambos documentos incentivan la elaboración de repertorios de buenas prácticas, herramientas de evaluación de riesgos y, con carácter general, la recopilación ordenada de datos sobre violencia (Art. 9 C190 y párr. 22 y 23 R206). Buena muestra de ello puede ser el mandato, dirigido a las Autoridades públicas, consistente en "identificar, en consulta con las organizaciones de empleadores y de trabajadores concernidas y por otros medios, los sectores u ocupaciones y las modalidades de trabajo en los que los trabajadores y otras personas concernidas están más expuestos a la violencia y el acoso" (art. 8.b C190). Se trata, de hecho, de algo que, mediante el seguimiento de los informes publicados por las organizaciones sindicales y patronales, se viene haciendo, cada vez con más asiduidad[41].

En este orden de cosas, cabe recordar que los Estados que ratifiquen el Convenio 190 de la OIT deben garantizar el derecho a la

---

41 Mención especial merece, a mi parecer, el estudio que ha publicado la OIT, titulado "Inclusión de las personas lesbianas, gays, bisexuales, transgénero, intersexuales y queer (LGBTIQ+) en el mundo del trabajo: Una guía de aprendizaje" (OIT, 2022). Se trata de un documento extenso, sin carácter normativo pero que contiene mucha información interesante sobre la última jurisprudencia y noticias de otros países, referencias a estudios especializados y, sobre todo, consejos sobre cómo gestionar la presencia de personas LGBTIQ+ en las empresas. Con esta publicación, la OIT amplía el elenco de informes dedicados al colectivo, pudiéndose destacar, asimismo, la Guía sobre diversidad sexual y de género en el ámbito laboral y la Guía rápida para víctimas de delitos de odio por LGTBIFobia.

igualdad y a la no discriminación en el empleo y la ocupación, incluyendo a las "personas pertenecientes a uno o a varios grupos vulnerables, o a grupos en situación de vulnerabilidad que están afectados de manera desproporcionada por la violencia y el acoso en el mundo del trabajo", así como "promover y llevar a efecto [...] la eliminación de la discriminación en materia de empleo y ocupación" (arts. 5 y 6 del Convenio).

Pues bien, respecto a la protección de las personas trans, se puede decir que el Estado español ha "recogido el guante" anticipadamente porque, entre otras medidas que a continuación se explicarán, el artículo 55.2.c) de la Ley Trans dispone que, como medida para impulsar la integración sociolaboral de las personas trans, las Administraciones públicas podrán "monitorizar la evolución de la situación laboral de las personas trans en su territorio de competencia". Además, se ha previsto un estudio sobre el sexilio y, a través del Consejo de Participación de las personas LGTBI, se recopilarán y difundirán las buenas prácticas realizadas por las empresas en materia de inclusión de colectivos LGBTI y de promoción y garantía de igualdad y no discriminación por razón de las causas contenidas en esta ley (art. 15.2 DA 3ª de la Ley Trans).

3.3. El contenido laboral de la Ley Trans: violencia y acoso en el ámbito laboral

Tabla 2. Tipo de agresiones a personas LGTBI

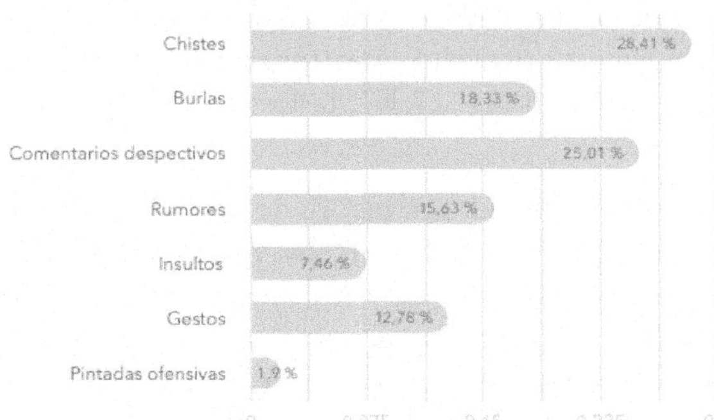

"Cuatro de cada diez trabajadores LGTBI aseguran haber vivido alguna agresión hacia sí o hacia otras personas LGTB en el puesto de trabajo: aproximadamente el 28% reconoce haber sufrido chistes; el 25% comentarios de carácter despectivo; burlas, un 18%; rumores, el 15%; gestos, el 13%; insultos, el 7%; o pintadas ofensivas, el 2% (UGT, 2020, p. 16)".

Fuente: UGT, 2020, p. 16.

En el mismo informe se señala que "existe la percepción generalizada de que las personas LGTBI no tienen las mismas oportunidades que las heterosexuales. Cerca de un 69,31% entre heterosexuales y hasta un 74,52% entre LGTB creen que ser lesbiana, gay, bisexual o transexual es una desventaja en el empleo" (UGT, 2020, p. 15).

Así pues, recordándose que la discriminación también es un tipo de violencia y que la violencia y el acoso en el mundo del trabajo afectan a la salud psicológica, física y sexual de las personas, a su entorno familiar y social y, en definitiva, a su dignidad, veamos cuál es el contenido de la Ley Trans, advirtiéndose desde un primer momento que lo estrictamente laboral brilla por su ausencia. De hecho, si nos tuviésemos que ceñir a las rúbricas incluidas en la Ley Trans, los preceptos a analizar en este epígrafe serían dos (arts. 54 y 55) o, a lo sumo, cuatro (añadiéndose los arts. 14 y 15). Sin embargo, tampoco es así.

3.3.1. Medidas "laborales" a favor del colectivo LGTBI

Comenzando por los dos últimos citados, pese a ser los únicos artículos que recoge esa Sección y titularse esta "Medidas en el ámbito laboral", lo cierto es que, llamativamente, ambos se centran en desarrollar el principio de igualdad de trato y no discriminación del colectivo LGTBI, en su conjunto, en ese ámbito laboral, ordenando el respeto y desarrollo de ese principio a las administraciones públicas (art. 14), a las empresas de más de cincuenta trabajadores (art. 15.1) y al Consejo de Participación de las personas LGTBI (art. 15.2).

Pues bien, buena parte del contenido del artículo 14 resulta ocioso toda vez que, en esencia, ya está previsto en otras normas laborales o transversales; bastaría remitirse al art. 17 ET, la Ley de empleo o la Ley 15/2022.

Por esa razón, siendo reseñable la previsión de indicadores de igualdad que tengan en cuenta la realidad de las personas LGTBI en el sector público y el sector privado, por un lado, y la creación de un distintivo o galardón a favor de las empresas que destaquen por ser referentes en políticas de igualdad y no discriminación de las personas LGTBI, por otro lado, a la vista del contenido del Convenio 190 de la OIT merece especial atención el mandato de fomentar la inclusión en los convenios colectivos de: a) cláusulas de promoción de la diversidad en materia de orientación sexual, identidad sexual, expresión de género y características sexuales y de la diversidad familiar, en primer lugar; b) cláusulas de prevención, eliminación y corrección de toda forma de discriminación de las personas LGTBI, en segundo lugar, y, en fin; c) cláusulas convencionales que regulen procedimientos para dar cauce a las denuncias.

Adicionalmente, alineado con el Convenio 190 y la Recomendación 206 de la OIT, se requiere a las Administraciones públicas que velen por el cumplimiento de tales principios apoyándose en la Inspección de Trabajo y Seguridad Social y otros órganos competentes. Como se ha puesto de manifiesto (véase apartado 2.2.2), este personal de inspección recibirá formación especializada sobre la violencia que sufre el colectivo LGTBI, en virtud de este precepto. Por lo demás, *nada nuevo bajo el sol*, porque el resto de referencias y competencias cuyo reconocimiento a la Inspección de Trabajo se sugieren en el Convenio y en la Recomendación ya estaban cubiertas por la LISOS[42] y la Ley 23/2015, de 21 de julio.

Aterrizando en el ámbito de la empresa, pese a la crítica que siempre se puede hacer en lo que a eficacia de la norma se refiere, por resultar de aplicación únicamente a las empresas de más de cincuenta personas trabajadoras, que apenas supone el 2% del entramado empresarial español, puede considerarse un verdadero salto cualitativo porque establece que estas entidades deben, desde el mes de marzo de 2024, contar con un plan de medidas y recursos dirigido a alcanzar la igualdad real y efectiva de las personas LGTBI, que incluya un protocolo de actuación para la atención del acoso o la violencia contra estas personas LGTBI. Sobre el modo de implementación, habrá de pactarse vía negociación colectiva y contar con el acuerdo de la representación legal de las personas trabajadoras (art. 15.1 Ley Trans). El contenido y el alcance de esas medidas, sin embargo, están pendientes de desarrollo reglamentario.

---

42 *Real Decreto Legislativo 5/2000, de 4 de agosto, por el que se aprueba el texto refundido de la Ley sobre Infracciones y Sanciones en el Orden Social.*

A medida que se vaya avanzando y se revisen los distintos métodos de evaluación, se irá perfeccionando y adaptando el servicio que deben ofrecer las Administraciones públicas. En relación a las personas víctimas de violencia basada en la LGTBIfobia, ese servicio consistirá, en una atención integral y especializada, que comprenderá, al menos: a) información y orientación sobre sus derechos y los recursos que tiene a su disposición; b) asistencia psicológica y orientación jurídica; c) atención a las necesidades laborales y sociales que presente, y; d) si lo requiere, servicios de apoyo para su correcta comunicación (art. 68 y 26 quater de la Ley Trans). Adicionalmente, estas víctimas han visto mejorar su protección procesal *ex* arts. 63.2 y 65 de la Ley Trans, mientras que la Disposición Final 12ª introduce un nuevo apartado 5 en el artículo 17 de la Ley 36/2011 (LRJS) ampliando los sujetos legitimados en el proceso para la defensa de los derechos e intereses de las personas víctimas de discriminación por orientación e identidad sexual, expresión de género o características sexuales.

No puede darse por terminado este epígrafe sin apuntar una medida netamente laboral, dirigida a las víctimas de violencia doméstica. Así, existiendo una sentencia condenatoria por un delito de violencia doméstica, una orden de protección o cualquier otra resolución judicial que acuerde una medida cautelar en favor de la víctima, esta podrá solicitar la reordenación de su tiempo de trabajo, la movilidad geográfica y el cambio de centro de trabajo a sus empleadores, que deberán atender la solicitud en la medida de sus posibilidades organizativas (art. 69.3 de la Ley Trans). A diferencia de los derechos reconocidos a las víctimas de violencia de género, que se han incorporado a los textos normativos laborales, en esta ocasión se ha preferido no modificar tales preceptos. Quizás, de haberse optado por ello, el legislador se hubiese percatado del error manifiesto que supone la desaparición de las referencias a las víctimas de violencias sexuales.

3.3.2. Medidas para la igualdad real y efectiva de las personas trans en el ámbito laboral

En un contexto donde se insiste en la necesidad de hacer efectivas las medidas de igualdad (Ley 15/2022), el artículo 54 de la Ley Trans se queda muy corto. Únicamente obliga a *diseñar*: desde una vertiente más subjetiva, medidas de acción positiva para la mejora de la empleabilidad de las personas trans, que se complementarán con las de la Estrategia estatal para la inclusión social de las personas trans (arts. 52.2 y 54 Ley Trans); y más objetivamente, planes específicos para el fomento del empleo de este colectivo. Por el camino se quedó la previsión normativa de garantizar, con las debidas especificaciones, una cuota o reserva de trabajo a favor de las personas trans, como sí se ha regulado en otros países (Requena, 2020, p. 31).

Por su parte, el artículo 55 recoge una lista ejemplificativa de medidas que pueden implementar las Administraciones públicas. Dado que las tres restantes ya han sido comentadas en otros epígrafes, baste aquí acentuar la facultad de adoptar subvenciones que favorezcan la contratación de personas trans en situación de desempleo. Nuevamente, dado que al *adoptarán* (medidas) le sigue un *podrán* (elegir esta medida) no sabemos si esta opción tendrá éxito o se quedará en "agua de borrajas". Con todo, siempre es positivo que se proponga y visibilice tal posibilidad.

4. CONCLUSIONES

Si la estabilidad de un edificio depende, en buena parte, de la solidez de sus cimientos, en lo que respecta a los ordenamientos jurídicos sucede algo idéntico o muy parecido. Y lo cierto es que el ordenamiento jurídico español, como tantos otros, reposa, en lo que respecta al género, en un modelo *binario* (hombre-mujer) y *androcentrista.* Esta segunda cualidad —la relación desigualdad entre los dos géneros— ha sido objeto de amplio debate jurídico desde hace décadas. En cambio, la transición de uno a otro o el cuestionamiento del número de géneros apenas han generado interés en la doctrina *iuslaboralista,* salvo en contadas y puntuales ocasiones, hasta la última década. ¿Acaso no existían las personas travestis o transexuales? Por supuesto que sí, pero para la mayor parte de la sociedad eran invisibles —por permanecer *encerradas en el armario,* por concentrarse en ciertas zonas geográficas, etc.— y la imagen que llegaba de aquellas que se atrevían a expresar su verdadera identidad transgénero era la del resultado —sexualización, adicción a drogas y/o alcohol, enfermedad— de una experiencia vital realmente dura, causada por la incomprensión —interna y/o externa—, la falta de empatía y la impunidad de los actos violentos cometidos contra ellas.

Así pues, la identidad trans representa un "factor que aumenta las probabilidades de violencia y acoso", habida cuenta de los efectos que tiene el estigma sobre la persona trans —"peligros y riesgos psicosociales"—, derivados del conocimiento o sospecha de su condición (Párr. 8 R206 OIT). En el mundo del trabajo debe prestarse especial atención a esta cuestión en "la gestión de los recursos humanos", así como en lo que respecta a las "condiciones y modalidades de trabajo". No en vano, preocupa la vinculación del colectivo con la economía informal y, en particular, con el trabajo sexual, ya que este generalmente aglutina al menos tres de las condiciones de prestación de servicios más expuestas a violencia y acoso (*ex* apartado 9 de la Recomendación 206), como son el trabajo *nocturno, aislado* y en el sector del *ocio.*

En definitiva, un círculo vicioso sobre el que las instituciones han reaccionado mal —durante demasiado tiempo— y tarde. En efecto, hablamos de una violencia sistemática e institucional cuyo grado, sin duda, ha ido suavizándose, pero aún persiste. Y no cabe afirmar lo anterior únicamente porque todavía se produzcan escenas —como las que se han compartido en este capítulo— que merezcan el mayor reproche, sino porque a pesar de encontrarnos en un periodo legislativo tendente a cubrir ciertas carencias jurídicas y proteger a diversos colectivos vulnerables, no podemos perder de vista que los hábitos sociales vinculados a las relaciones de poder resisten y la política legislativa no debe cesar en la aceleración del cambio favorable a la igualdad real. Y ello requiere romper con el *statu quo.*

En este sentido, por un lado, en cuanto al género, debe valorarse muy positivamente la tendencia que marca la OIT hacia una apertura del concepto, de modo que, sin perjuicio de la debida y específica protección jurídica que merecen las mujeres (en plural: Romero Bachiller, 2022, p. 94), especialmente aquellas en situación de dependencia económica, no se dude al extender ciertas garantías reservadas a esta causa discriminatoria —de género— a otros colectivos que también se ven perjudicados por esos prejuicios y esas relaciones asimétricas que, en nuestra sociedad, provoca el género y su expresión o manifestación.

Por otro lado, en lo relativo a la efectividad del Convenio número 190 de la OIT, pese a que se suele destacar la amplitud de su ámbito de aplicación, tanto en su dimensión objetiva como subjetiva, en las páginas precedentes se ha puesto de manifiesto, mediante dos ejemplos basados en hechos reales, que una interpretación literal tanto de la norma internacional como de nuestras normas laborales preventivas, protectoras y sancionadoras del acoso en el trabajo invita a complementarlas con medidas específicas que ofrezcan especial protección hacia *terceros* y ante las acciones más *inaceptables.* Y al respecto, la Ley Trans, aunque incorpora derechos de trascendental importancia como lo es, principalmente, el derecho a la libre autodeterminación del género, y solo por ello ya se justificaría su aprobación, no puede servir de referente en materia laboral porque su aportación a la mejora del colectivo trans en este ámbito —al menos a corto plazo— es, a mi juicio, muy limitada e incluso, en relación con las víctimas de violencia sexual, contraproducente.

5. REFERENCIAS BIBLIOGRÁFICAS

AA.VV. (2021). *Informe sobre la evolución de los delitos de odio en España 2021.* Ministerio del Interior. Gobierno de España, disponible en https://www.interior.gob.es/opencms/pdf/servicios-al-ciudadano/delitos-de-odio/estadisticas/INFORME-EVOLUCION-DELITOS-DE-ODIO-VDEF.pdf

Álvarez Cuesta, Henar (2023). Ley 4/2023, de 28 de febrero, para la igualdad real y efectiva de las personas trans y para la garantía de los derechos de las personas. *Briefs AEDTSS,* n.º 18/2023.

Arbonés Lapena, Hilda Irene (2020). Una novedad relativa: el convenio 190 y la recomendación 206 de la OIT sobre violencia y acoso en el mundo del trabajo. *Revista del Ministerio de Trabajo y Economía Social,* n.º 147, pp. 405-419.

Doan, Petra L. (2010). The tyranny of gendered spaces – reflections from beyond the gender dichotomy, *Gender, Place & Culture,* vol. 17, nº 5, pp. 635-654, Disponible en http://dx.doi.org/10.1080/0966369X.2010.503121

Eames, L.E. (2019), *Gender, Sexuality, and the APA 7th Edition.* Disponible en https://www.glbtrt.ala.org/news/archives/4361

FRA (2015). *Ser "trans" en la UE: Análisis comparativo de los datos de la encuesta a personas LGBT en la UE (Resumen).* Publications Office of the European

Union. Luxemburgo. Disponible en https://fra.europa.eu/sites/default/files/fra-2015-being-trans-eu-comparative-summary_es.pdf

FRA (2013). *European Union lesbian, gay, bisexual and transgender survey*. European Union Agency for Fundamental Rights.

FSC-CCOO y FELGBT (2017). *Guía de buenas prácticas para el tratamiento de la diversidad sexual y de género en los medios de comunicación*, disponible en https://fsc.ccoo.es/00a27b9693177df496d0b9c1797af6cd000050.pdf

García López, Daniel J. (2019). La marca del Derecho: violencias sistémicas sobre las personas trans. En López, Silvia y Platero, R. Lucas (Eds.) *Cuerpos marcados: Vidas que cuentan y políticas públicas*. Barcelona: Bellaterra, pp. 159-177.

García Nieto, Isidro, González Sanagustín, Lorenzo y Rodríguez-Manzaneque, María (2021). *Personas trans y educación no formal*. Madrid. Disponible en https://felgtbi.org//wp-content/uploads/2021/09/investigacion_educacionnoformal_FELGTB.pdf

Goerlich Peset, José Mª (2023). ¿Qué ha pasado con los derechos laborales de las víctimas de violencia sexual? En *El foro de Labos* (7 de marzo de 2023).

González-Salzberg, Damián A. (2019). *Sexuality and transsexuality under the European Convention on Human Rights: A Queer Reading of Human Rights Law*, Oxford: Hart Publishing.

Guasch, Oscar y Lizardo, Eduardo (2017). *Chaperos: Precariado y prostitución homosexual*, Barcelona: Bellaterra.

Igartua Miró, María Teresa (2023). Los canales de denuncia internos (whistleblowing) como mecanismo de tutela frente al acoso laboral. *Revista de Trabajo y Seguridad Social. CEF*, 447, pp. 37-69.

IMOP INSIGHTS (2017). *Las personas LGBT en el ámbito del empleo en España: Hacia espacios de trabajo inclusivos con la orientación sexual e identidad y expresión de género*, Madrid: Instituto de la Mujer para la Igualdad de Oportunidades (IMIO), disponible en https://www.inmujeres.gob.es/actualidad/NovedadesNuevas/docs/2017/2017LGBTAmbitodelEmpleo.pdf

Luque Parra, Manuel (2022). Proyecto de ley para la igualdad real y efectiva de las personas trans y para la garantía de los derechos de las personas LGTBI: aspectos laborales más relevantes. *Briefs AEDTSS* (21 de septiembre de 2022).

NSWP (2015). *Necesidades y derechos de las personas trans que ejercen el trabajo sexual*. Red Global de Proyectos de Trabajo Sexual. Promover los Derechos Humanos y de la Salud. Documento informativo #9. Disponible en https://www.nswp.org/sites/default/files/trans_sws_spanish_0.pdf

Núñez González, Cayetano (2022). *El Convenio 190 OIT, La Ley 15/2022 y la Guía de la OIT para la inclusión de las personas LGBTIQ+ en el mundo laboral.* Disponible en https://vitrage.blogs.uv.es/2022/07/15/el-convenio-190-oit-la-ley-15-2022-y-la-guia-de-la-oit-para-la-inclusion-de-las-personas-lgbtiq-en-el-mundo-laboral/

Pomares Cintas, Esther y Maqueda Abreu, María Luisa (2022). Mujeres: entre la igualdad y un nuevo orden moral. *Mientras tanto.* Disponible en https://mientrastanto.org/210/notas/mujeres-entre-la-igualdad-y-un-nuevo-orden-moral?action=genpdf&id=10433

Pons Carmena, María (2018). Aproximación a los nuevos conceptos sobre violencia y acoso en el trabajo a partir de la aprobación del Convenio OIT 190. *Labos: Revista de Derecho del Trabajo y Protección Social,* Vol. 1, n.º 2, pp. 30-60. Disponible en https://doi.org/10.20318/labos.2020.5538

RAINBOW. *Glosario de términos LGBT.* Milán: CIG. Disponible en http://www.rainbowproject.eu/material/es/glossary.htm

Ramos, Dominnique Luan (2021). Discriminación interseccional, desarrollo del concepto, inclusión en la jurisprudencia del Sistema Internacional de Protección de Derechos Humanos, el concepto en la jurisprudencia nacional. *Estudios constitucionales* Vol. 19, n.º 2.

Ramos Quintana, Margarita Isabel (2018). Enfrentar la violencia y el acoso en el mundo del trabajo: la discusión normativa de la OIT. *Revista del Ministerio de Trabajo, Migraciones y Seguridad Social,* n.º 138, pp. 91-114.

Requena Montes, Óscar (2023), ¿Apuntalando las bases de un derecho del trabajo con perspectiva de identidad de género? *Lex Social, Revista De Derechos Sociales,* Vol. 13, n.º 1, pp. 1-26.

Requena Montes, Óscar (2020). *Derechos laborales de las personas trans.* Seminario Interdepartamental de la Facultad de Derecho. Universitat de València. Disponible en: https://www.uv.es/uvweb/dret/es/seminario-derecho/cursos-anteriores/2019-2020-1286199036923.html

Rodríguez, Blanca y Mestre i Mestre, Ruth (2021). La 'ley trans' y el futuro del género. *El País.* Disponible en https://agendapublica.elpais.com/noticia/17503/ley-trans-futuro-nero

Rojas Rivero, Gloria P. (2022). Una regulación "auténtica" del acoso laboral a la vista del convenio 190 OIT. En Barcelón Cobedo, S., Carrero Domínguez, C. y de Soto Rioja, S. (Coords.), *Estudios de derecho del trabajo y de la seguridad social: homenaje al profesor Santiago González Ortega.* Consejo Andaluz de Relaciones Laborales, pp. 403-413. Disponible en https://www.juntadeandalucia.es/empleoformacionytrabajoautonomo/portalcarl/carlportal-portlets/documentos?nombre=893cd37d-3e0a-4d5c-993a-d402c14daa38.pdf

Romero Bachiller, Carmen (2022). Interseccionalidad en tiempos de transfobia, o los peligros de leer las luchas feministas como olimpiadas de opresión. En Reverter, S. y Moliní Gimeno, S. (Eds.), *La praxis feminista en clave transformadora.* Castellón de la Plana: Publicacions de la Universitat Jaume I, pp. 81-99.

Romero Rodenas, M.ª José y Moraru, Gratiela-F. (2021). *Lenguaje para avanzar en igualdad.* Albacete: Bomarzo.

Salazar Benítez, Octavio (2015). La identidad de género como derecho emergente. *Revista de Estudios Políticos,* nº 169, pp. 75-107.

Suárez González, Fernando (2020), El Convenio 190 de la OIT y su repercusión en el ordenamiento español. *Revista del Ministerio de Trabajo y Economía Social,* nº 147, pp. 385-404.

Valdés Dal-Ré, Fernando (2013). Derecho constitucional y violencia en el trabajo en España. *Revista Internacional y Comparada de Relaciones Laborales y Derecho del Empleo,* Vol. 1, n.º 4, pp. 49-72.

Valvidares Suárez, María (2022). COVID-19, trabajadoras sexuales y personas trans: en los márgenes del Estado Social. *IgualdadES,* nº 6, pp. 77-107.

Vizcaíno Ramos, Iván (2023). El monumental error de técnica jurídica, relativo a la Ley de empleo, cometido por la disposición final decimoquinta de la Ley trans. *Briefs AEDTSS,* n.º 19/2023.

Yagüe Blanco, Sergio (2020). Convenio núm. 190 de la OIT sobre violencia y acoso: Delimitación de su ámbito de aplicación ante la posible ratificación por España. *Revista General de Derecho del Trabajo y de la Seguridad Social,* n.º 57, pp. 498-538.

Otras fuentes: informes citados

OIT (2022). *Inclusión de las personas lesbianas, gays, bisexuales, transgénero, intersexuales y queer (LGBTIQ+) en el mundo del trabajo: Una guía de aprendizaje.* Disponible, en inglés, en http://www.infocoponline.es/pdf/wcms_846108.pdf

OIT (2018). *Acabar con la violencia y el acoso contra las mujeres y los hombres en el mundo del trabajo.* Conferencia Internacional del Trabajo, 107.ª reunión, Informe V (1). Disponible en https://www.ilo.org/wcmsp5/groups/public/—-ed_norm/—-relconf/documents/meetingdocument/wcms_554100.pdf

Organización Mundial de la Salud, *Transgender health in the context of ICD-11.* Disponible en: https://www.euro.who.int/en/health-topics/health-determinants/gender/gender-definitions/whoeurope-brief-transgender-health-in-the-context-of-icd-11 y https://www.ichatten.no/WHO%20europa%20om%20IOCD%2011.pdf

TGEU (2022). *Trans Murder Monitoring.* Disponible en https://transrespect.org/en/tmm-update-tdor-2022/

UGT (2020). *Hacia centros de trabajo inclusivos. La discriminación de las personas LGTBI en el ámbito laboral en España,* Resumen ejecutivo, pp. 9-11. Disponible en https://www.ugt.es/sites/default/files/resumen_ejecutivo1.pdf

UNAIDS (2020). *Addressing stigma and discrimination in the COVID-19 response.* Disponible en https://www.unaids.org/sites/default/files/media_asset/covid19-stigma-brief_en.pdf

Otras fuentes: referencias cinematográficas

Burton, Tim (Dir.). 1994. *Ed Wood.* Touchstone Pictures

Feder, Sam (Dir.). 2020. *Disclosure. Ser trans en Hollywood.* Disclosure Films, Bow and Arrow Entertainment.

Lello, Sebastián (Dir.). 2017. *Una mujer fantástica.* Coproducción Chile-España; Fabula, Komplizen Film, Setembro Cine.

Capítulo 7

El trabajo sexual a la luz del Convenio 190 de la OIT

FERNANDO FITA ORTEGA
Profesor Titular de Derecho del Trabajo y de la Seguridad Social
Universitat de València
Fernando.Fita@uv.es

1. LA PROSTITUCIÓN COMO REALIDAD POLIÉDRICA Y DISTINTA DE LA TRATA CON FINES DE EXPLOTACIÓN SEXUAL

En el hoy día inexistente debate político sobre la prostitución[1], los posicionamientos abolicionistas priman la ideología frente a las repercusiones que sus postulados acarrean para las trabajadoras sexuales, haciendo valer consideraciones abstractas en torno al tema de la prostitución en un afán de alcanzar respuestas universales, alejadas de las necesidades de quienes se dedican al trabajo sexual (Sánchez Perera, 2022, pp. 11 y ss.)

En el campo estrictamente jurídico, sin embargo, no se sostiene en la actualidad ese planteamiento, como se desprende de toda la normativa internacional y nacional, que toma a las personas, su bienestar, su pleno desarrollo y seguridad, sin distinciones, como ejes gravitatorios desde la proclamación de la *Declaración Universal de Derechos Humanos*. De este modo, como se expone en este texto, la única opción jurídicamente respetuosa con los derechos internacionalmente consagrados consiste en el reconocimiento de derechos al trabajo

---

[1] Inexistente no como consecuencia de la ausencia de posturas divergentes a contrastar, sino porque su materialización no interesa al movimiento abolicionista, que domina el espacio político y mediático.

sexual. Opción esta reforzada con la ratificación del *Convenio 190 de la OIT, de 2019, sobre la violencia y el acoso*[2].

Pese a ser evidente, como consecuencia del discurso interesado que desde el abolicionismo se viene efectuando y que tiende a no establecer distingos entre prostitución y trata, conviene precisar que la prostitución y trata no son dos conceptos equiparables, y que esta última no es, y nunca fue, un fenómeno homogéneo (Acton, 1870, p. 5), siendo que existen muchos escenarios dentro de la misma. Entre la trata con fines de explotación sexual y la prostitución voluntariamente aceptada como opción para mantener un significativamente elevado nivel de vida, coexisten numerosas situaciones intermedias marcadas por la necesidad de encontrar una actividad económica que permita la subsistencia de las trabajadoras sexuales y de los familiares que de ellas dependen (Peris, 1990, pp. 188 y 189). Las mujeres inmigrantes, en muchas ocasiones forzadas a la prostitución como víctimas de trata y que han conseguido liberarse de las redes que las atraparon pero que, una vez asentadas en un nuevo espacio geográfico, aunque a veces sin perder su condición de irregulares, necesitan de ingresos económicos para subsistir y hacer remesas económicas a los familiares que permanecen en sus países de origen. Las mujeres transexuales, expulsadas del mercado laboral como consecuencia de la discriminación y estigma, que ven en la prostitución el único medio de obtener ingresos. Las mujeres desempleadas, que no consiguen un empleo, o uno que les facilite un nivel de ingresos similar al que obtienen por la prostitución y que les permite alcanzar un mínimo nivel de renta. Las mujeres víctimas de violencia de género, quienes en muchas ocasiones se han visto imposibilitadas de continuar en sus puestos de trabajo por el miedo a ser localizadas por sus maltratadores. En todo este abanico intermedio de colectivos que trabajan en la prostitución existe una característica común: la prostitución es el *único* modo de subsistencia.

De hecho, es esta la gran diferencia entre la prostitución como trabajo sexual y la trata de personas con fines de exploración sexual, pues mientras que en todas las manifestaciones de la primera (pros-

---

2 Convenio ratificado por España el 25 mayo 2022; en vigor en nuestro país desde el 25 mayo 2023.

titución como trabajo sexual) es la mujer quien busca directamente obtener un lucro económico que le permita, bien simplemente subsistir, bien mantener un determinado nivel de vida; en la segunda la mujer es explotada ilícitamente para que terceras personas se beneficien económicamente de su actividad. Ignorar la evidencia de las diferentes situaciones en las que se encuentran las prostitutas, reduciendo todo el fenómeno de la prostitución a una única realidad, no es sino una manifestación más de la desmedida tendencia —en muchas ocasiones, nada inocente— a simplificar, aun a costa de falsificar tan frecuente en la labor legislativa (Romagnoli, 1965, p. 161)

2. ¿QUÉ PROTEGER EN UNA EVENTUAL REGULACIÓN DE LA PROSTITUCIÓN?

2.1. Los intereses objeto de tutela en una actuación normativa sobre el trabajo sexual

Antes de entrar a analizar la eventual repercusión del Convenio 190 OIT sobre las disposiciones normativas en torno a la prostitución, cabe interrogarse acerca de los intereses objeto de protección en una actuación legislativa en torno a este fenómeno.

No hace mucho sostuve que, desde mi punto de vista, son cuatro los ejes sobre los que gira una eventual intervención normativa sobre la prostitución: a) la tutela de las mujeres, como colectivo; b) la sociedad, en su conjunto; c) las víctimas de trata; d) la persona que ejerce la prostitución ya sea con objeto de proteger su dignidad, o la situación de vulnerabilidad que la prostituta presenta en el ejercicio de su actividad (Fita Ortega, 2020, pp. 134 y ss.). A los mismos creo que debe añadirse un quinto: e) la ordenación de los movimientos migratorios.

2.1.1. La tutela de las mujeres, como colectivo

Al atender la tutela del colectivo de mujeres en la valoración de las intervenciones normativas sobre prostitución, se efectúa una particular (y excluyente) visión del fenómeno de la prostitución desde una perspectiva de género. Este posicionamiento parte de la consideración de que la legalización de la prostitución redunda en perjuicio de las mujeres, en la medida en que las aboca a una existencia que las degrada como personas, convirtiéndolas en objetos para que seres humanos (varones) obtengan placer (Carmona Cuenca, 2007, p. 64) Esta visión despectiva de la prostituta, que sirve como mecanismo de control sobre el conjunto de la población femenina, imponiendo una determinada forma de conducta (López Precioso y Mestre i Mestre, 2006, p. 51), las coloca en una posición enfrentada a las mujeres en su generalidad, en la medida en que aquellas perpetúan un régimen patriarcal que se impone sobre todas como una forma de dominación del hombre sobre la mujer (Miura, 2001, p. 17). Desde esta perspectiva el abolicionismo concluye que las prostitutas son *enemigas* del feminismo, pues contribuyen a perpetuar los privilegios de los varones y el modelo de dominación de los varones en sus relaciones con las mujeres, implicando un fenómeno excluyente, al apropiarse de una categoría (feminismo) que persigue excluir a personas con puntos de vista distintos (Sánchez Perera, 2022, 30)

Este es el punto de vista con el que dice que se debe afrontar la prostitución el documento de Unidas Podemos *Documento de feminismos. Una transición feminista.* En él se afirma que la prostitución "es una institución que tiene que ver con la desigualdad de género, y es teniendo en cuenta esa desigualdad como hay que afrontarla; es, en realidad, un privilegio masculino que ha sobrevivido a todos los cambios que han vivido las mujeres porque ha sido capaz de adaptarse a ello". En todo caso, el referido documento de Unidas Podemos, añade que la cuestión debe abordarse poniendo en el centro a las mujeres y, sobre todo, atendiendo a las situaciones de vulnerabilidad de las que parte, lo que, en mi opinión, y tal y como se verá posteriormente, debe constituir el eje que debería guiar cualquier medida normativa en torno a tema.

2.1.2. La sociedad, en su conjunto

Desde este punto de vista, la prostitución, es considerada por sí misma como un mal, al que acompañan otros males o desventajas sociales, poniéndose el énfasis en cuestiones tales como la inseguridad ciudadana de los entornos en los que se ejerce la prostitución; la pérdida de valor inmobiliario de los barrios en los que se ejerce; la salud pública, persiguiendo limitar la incidencia de enfermedades venéreas[3]; la depravación moral que —se dice— supone, o la afectación en el crecimiento personal de los menores cuando se ejerce a la vista de todos· Finalidades estas últimas perseguidas, por ejemplo, por la ley italiana de 9 de febrero de 1958, por la que se prohibieron las casas de prostitución, siendo preocupaciones de carácter moral, social e higiénico-sanitario las que forzaron el cambio legislativo (Camargo Hernández, 1958, p. 721. Sobre estos intereses en la acción normativa en materia de prostitución, igualmente, Acton, 187., p. V —prefacio—).

Este bien jurídico —el interés general de la sociedad— sería el tutelado por las opciones *regulacionistas* en el ámbito de la prostitución. Opciones que se olvidan de las personas que realizan el trabajo sexual, y que centran sus esfuerzos en abordar, con toda probabilidad, aspectos mayormente vinculados a la prostitución más precarizada. Así pues, el interés general que puede detectarse en estas opciones normativas es el único que se considera desde esta perspectiva, relegando los intereses de las personas, sin que se tenga en cuenta la necesidad de reconocer los derechos que las trabajadoras sexuales poseen en cuanto que ciudadanas.

2.1.3. Las víctimas de trata

Un tercer bien jurídico a proteger dentro del debate de la prostitución es la lucha contra la trata de mujeres con objeto de explotación sexual. Sin embargo, en no pocas ocasiones se entremezclan, de forma interesada, dos realidades bien diferenciadas como son la trata de personas con fines de explotación sexual y el trabajo sexual, libremente aceptado (lo que justifica el apartado primero de este traba-

---

3 Objetivo expresamente reconocido en diversas medidas normativas adoptadas a lo largo de la historia, como es el caso de la *Contagious Diseases Prevention Act* de 1864 (posteriormente seguida de otras en 1866 y 1869) en el Reino Unido, por la que se pretendía limitar la incidencia de las enfermedades venéreas en los miembros del ejército.

jo). De hecho, cuando se aborda el tema de la trata por el feminismo abolicionista, se insiste en la inexistencia de una prostitución libre al considerar que incluso la que pudiera calificarse como tal (esto es, la llevada a cabo son coacciones, amenazas o engaños) no sería libre, valorando las circunstancias personales o económico-sociales de quienes deciden ejercer como trabajadoras sexuales, dado que su situación de vulnerabilidad derivada de la pobreza, drogodependencia, abuso sexual en la infancia, malos tratos, inmigración... dejaría vacío de contenido el consentimiento *voluntariamente* prestado (Martínez López, 2001, p. 15)

Como recuerda Díez-Picazo, "la dogmática civilista considera la libertad contractual como un componente basilar de la autonomía a fin de que se constituyan entre los sujetos relaciones fundadas sobre el acuerdo" (Díez-Picazo, 2004, p. 9) En torno a esta idea de libertad, cabe destacar que la diferencia entre libertad formal y libertad material a la hora de celebrar un contrato está suficientemente asumida en el derecho del trabajo desde antiguo, puesto que la exigencia de voluntariedad para admitir la validez de los contratos viene condicionada por el hecho de que lo habitual es que se necesite trabajar, ya que es la vía por excelencia para obtener los ingresos necesarios para la subsistencia. En otras palabras, que la voluntad interna no coincida con la externamente manifestada es irrelevante en términos de libertad contractual, siendo lo esencial que la voluntad se haya manifestado sin mediar vicio en el consentimiento (error, dolo, violencia o intimidación —art. 1265 C.C.—) para considerar que el contrato ha sido concertado libremente. Así pues, "la voluntariedad del trabajo equivale a la facultad de decidir sobre su realización sin la presencia de una fuerza inmediata que obligue a ella, y de cuya inobservancia se derive para el sujeto un mal directo de carácter económico o incluso físico" (De la Villa Gil, 1969, p. 111)

Ello, sin embargo, no conlleva necesariamente la desatención de la persona que decide realizar el trabajo sexual, debiendo intervenir el Estado y demás poderes públicos para, como se señala en el artículo 9 de la Constitución Española, "promover las condiciones para que la libertad y la igualdad del individuo y de los grupos en que se integra sean reales y efectivas; remover los obstáculos que impidan o dificulten su plenitud y facilitar la participación de todos los ciudadanos en la vida política, económica, cultural y social".

2.1.4. La persona que ejerce la prostitución

El cuarto bien jurídico que ha sido objeto de atención en los debates en torno a la prostitución consiste en la persona que ejerce la prostitución. Este bien jurídico es contemplado, sin embargo, desde una diferente perspectiva. De una parte, en el argumentario abolicionista se fija la atención en la persona que ejerce la prostitución con objeto de proteger su dignidad, puesto que consideran que la prostitución, "degradación comercializada de la íntima comunicación sexual en beneficio sobre todo de los varones" (Nubiola y Bernal, p. 263) es incompatible con la dignidad de la persona. Por otra, la corriente pro-derechos aboga por colocar a la trabajadora sexual como el interés a proteger en una regulación de la prostitución para hacer frente a la situación de vulnerabilidad que la prostituta sufre en el ejercicio de su actividad (en el fondo, pues, para defender su dignidad, si bien no se considera que ésta se vea afectada por la actividad a la que se dedica la trabajadora sexual, sino por las condiciones en las que aquélla se ejerce).

Estos enfoques resultan antagónicos, pues mientras el primero trata a la prostituta como a un menor, incapaz de saber lo que resulta bueno para ella, el segundo se fija en la prostituta como sujeto de derechos, exigiendo una intervención estatal que proteja a las trabajadoras sexuales de las situaciones de vulnerabilidad que pueden acaecer en el ejercicio de su actividad profesional.

En realidad, como sostiene Cayla, el principio de dignidad podría estar siendo empleado para introducir un grado de confusión tal, que permitiera llegar a subvertir los principios más elementales de una sociedad democrática fundada en los derechos del hombre (2005, p. 100)

2.1.5. Los movimientos migratorios

Junto con los anteriores, cabría añadir el interés del Estado por regular los flujos migratorios. El fenómeno de la globalización ha supuesto un incremento de movilidad de los bienes de producción (bienes, empresas, capitales y trabajadores) provocando el incremento de las desigualdades norte/sur, lo que ha derivado en un auge de los movimientos migratorios como una estrategia de resistencia a las condiciones económicas impuestas por el nuevo orden mundial en el que han participado muchas mujeres, ya sea para participar en la industria del sexo o en otros trabajos (López Precioso y Mestre i Mestre, 2006, p. 23) Ello ha originado un afán por parte de los Estados de controlar los flujos migratorios, dando lugar a un enfoque *trafiquista* de las migraciones internacionales, criminalizando y rechazando toda migración autónoma, lo que legitima políticas restrictivas (ibídem, 2006, p. 9)

2.2. La persona de la trabajadora sexual y sus derechos como bien jurídico a proteger

De entre los diversos bienes jurídicos a proteger, es el de la persona de la trabajadora sexual en el ejercicio de su actividad, con objeto de protegerla ante su situación de vulnerabilidad, el que, sin ningún género de duda, debe prevalecer al resultar el más respetuoso con los derechos humanos. Situar a la persona en el centro de atención, reconociéndole su libre albedrío, resulta esencial y, desde mi perspectiva, absolutamente exigible en atención a toda la normativa internacional y nacional sobre derechos humanos. Ello no supone la asunción de una concepción liberal de autonomía de la voluntad, en la que esta aparezca ilimitada y sin que el Estado pueda intervenir. Todo lo contrario, el Estado debe intervenir incorporando en el ordenamiento jurídico derechos específicos dirigidos a este colectivo, sin que se entregue a los particulares una 'zona protegida', en la que el Estado no tiene otra cosa que hacer que dejar hacer (Díez-Picazo, 2004, p. 8)

2.2.1. El reconocimiento de derechos de la trabajadora sexual: una exigencia acorde con el respeto a los derechos humanos

Así pues, el primero de los motivos por los que debe atenderse a la persona de la trabajadora sexual, como persona adulta que tiene derecho a decidir o escoger, consiste en la necesidad de actuar en defensa de los derechos humanos de las prostitutas, tan reiteradamente ignorados en la historia de la humanidad.

Tradicionalmente se ha venido insistiendo en el hecho de que la existencia de la prostitución supone una vulneración de los derechos humanos, sin que, por parte del ideario abolicionista, se admitan distinciones entre prostitución libremente aceptada y trata de personas con fines de explotación sexual, entendiendo que ambas realidades constituyen una violación de los derechos humanos de niñas y mujeres. (Castellanos Torres y Ranea Triviño, 2014, p. 161) Pocas veces, sin embargo, se ha reparado en que el abandono legislativo y social de la prostituta implica una violación de sus derechos humanos. Desde luego, cabe convenir que la trata de personas, sea para fines de explotación sexual o laboral, supone una flagrante violación de los derechos humanos, pero este hecho no debe permitir pasar por alto que la situación de extrema vulnerabilidad de las trabajadoras sexuales, a la que contribuye la situación de alegalidad actual de la actividad y la falta de reconocimiento de derechos para ellas, las confina a un espacio de marginalidad e invisibilidad donde sus derechos humanos resultan muy frecuentemente pisoteados. Escenario éste que viene agravado por la situación de residencia irregular de muchas de las prostitutas y, que, sin duda, se verá empeorado en caso de implementarse políticas abolicionistas dirigidas a erradicar la prostitución.

Se ha resaltado, en este sentido, que la situación de marginalidad a la que se ven abocadas las prostitutas supone la vulneración de una amplia gama de derechos fundamentales, como el derecho a la vida, la libertad sexual, a la integridad física, a la vivienda[4], a la

[4] Por las dificultades siquiera de alquilar una vivienda, al carecer de contrato que justifique sus ingresos.

familia[5], no siendo infrecuente que la prostituta sea víctima de agresiones físicas, asesinato o violación por parte de mafias, clientes o, incluso, miembros de la policía, sin que la sociedad valore con el mismo repudio que se vive cuando estas agresiones se producen frente a mujeres que nada tengan que ver con la prostitución (Brufao Curiel, 2008, pp. 9 y 10.) El trato que, en no pocas ocasiones, reciben las prostitutas de la policía o de los servicios sociales, el temor a la pérdida de la tutela de sus hijos menores o la situación de irregularidad en la que viven muchas inmigrantes que ejercen la prostitución, no invitan a la denuncia. Guardando estrecha relación con ello, la situación de marginalidad e invisibilidad de las prostitutas las hace objeto de detenciones, arrestos arbitrarios o tratos vejatorios y denigrantes[6]

---

5 En ocasiones de forma indirecta, como consecuencia de las condiciones en las que se ejerce la prostitución, como puede ser el hecho de tener que residir en el propio prostíbulo —opción que muchas veces es la única que posee la prostituta por las dificultades de alquilar—, como se ha dicho anteriormente (en este sentido, por ejemplo, SAP Ciudad Real n.º 219/2016, 9 septiembre 2016 —rec. 11/2016—, donde se indica que si bien "este Tribunal no tiene intención de desmerecer ninguna actividad… estima que el club de alterne no resulta un sitio idóneo para que acuda una menor, ni siquiera para una estancia de fin de semana)"; o por las largas horas de trabajo o por la incompatibilidad horaria. En otras, al considerar el contexto de prostitución como una situación de alto riesgo SAP Jaén n.º 70/2017 de 7 de marzo —rec. 113/2017—) En todo caso, no parece que la privación de la patria potestad por el mero ejercicio de la prostitución sea una tendencia mayoritariamente asumida por los tribunales, siendo esta circunstancia valorada en conjunto con el resto de los factores concurrentes (SAP n.º Girona 45/1999 de 27 de enero, —rec. 201/1998—). Ahora bien, lo que es cierto es que tampoco ayuda el contexto de trabajo sexual a la hora de obtener una resolución favorable en esta materia.

6 El ejemplo de estas actuaciones que más recientemente ha saltado a los medios de comunicación ha sido el de dos miembros de la policía local de Benidorm que, durante la situación de pandemia de 2020, grabaron y difundieron un video en el que trataban de forma vejatoria a una prostituta transexual, que, finalmente, parece que tuvo que abandonar la localidad en la que se produjeron los hechos.
Disponible en https://www.diarioinformacion.com/benidorm/2020/05/06/observatorio-lgtbifobia-denuncia-amenazas-mujer/2261870.html (acceso febrero 2023)

que ponen en entredicho los derechos a la libertad y seguridad personal.

Los ejemplos que cabe observar, entre otros países, como Suecia[7], Francia (Darley, et al., 2018, pp. 13 y ss.) Alemania[8], Holanda, donde el alcalde de Amsterdam llegó a plantear propuestas relativas a chequeo de la salud mental de las prostitutas (Juno & Molly, 2018 capítulo 7) evidencian toda esa situación de violencia ejercida contra las prostitutas, no ya por clientes o mafias, sino por el propio Estado, tanto por el ejercicio de la violencia del Estado o de sus órganos[9], como por la omisión de cualquier intervención en favor de las trabajadoras invisibilizadas, resultando irrelevante que los modelos seguidos por tales Estados sean abolicionistas, prohibicionistas o regulacionistas, poniendo de manifiesto que estas opciones legislativas no hacen sino incrementar la situación de vulnerabilidad de las trabajadoras sexuales, arrinconándolas en los márgenes de la sociedad y, consecuentemente, reforzando el estigma que recae sobre las trabajadoras sexuales (Juno & Molly, 2018; Darley et al., 2018, pp. 13 y ss.) Es así como todas estas violencias repercuten significativamente en las condiciones laborales y las relaciones sociales de las personas que deciden ejercer la prostitución (Martínez Cano, 2020)

Este fue el motivo, precisamente, por el que el *Ontario Superior Court of Justice* de Canadá declaró inconstitucionales, en 2013, las me-

---

7 Así se denuncia en el documental del arte (Association Relative à la Télévision Européenne) *Donde las putas no existen.* https://www.youtube.com/watch?v=MZCdYuTCmUU (acceso febrero 2023)

8 Donde la denominada *Ley de Protección de las Prostitutas* (conocida como *Prostituiertenschutzgesetz* o *ProstSchG*) obliga a que la prostituta se registre como tal (ICRSE, *Professed Protection, Pointless Provisions —overview of the German Prostitutes Protection act (Prostituiertenschutzgesetz— ProstschG).* Disponible en: https://www.sexworkeurope.org/sites/default/files/userfiles/files/ICRSE_Overview%20of%20the%20German%20Prostitutes%20Protection%20Act_May2017_EN_02.pdf (acceso febrero 20223)

9 Un reciente ejemplo de la misma se encuentra en la STS (Penal) de 25 de enero de 2023 (rec. 817/2021) en la que el Tribunal reprende al forense por referirse, en su escrito, a las trabajadoras afectadas como “las chicas”, considerando que el término “chicas” refleja un sesgo valorativo cosificador, predeterminativo del rol de sujeción, que debería desterrarse del lenguaje a emplear por todos los operadores del sistema de justicia.

didas penales introducidas en el país relativas a regentar o residir en un burdel; a la prohibición de vivir de los beneficios de la prostitución y la prohibición de comunicarse en público con fines de prostitución, al ser contrarias a la vida y seguridad de las prostitutas, así como a su libertad de expresión, reconociendo que la regulación de la prostitución es una cuestión compleja y delicada, que requiere un análisis holístico de la cuestión que recoja las diversas implicaciones de una normativa sobre la materia[10].

En esta sentencia, el tribunal entendió que tales prohibiciones no se limitaban a establecer restricciones sobre cómo operan las prostitutas, sino que sus efectos iban más allá, dando un crítico paso adelante, al imponer unas peligrosas condiciones en el ejercicio de la prostitución impidiendo que las trabajadoras sexuales adopten medidas para reforzar su seguridad (*Supreme Court Judgment* de 20 diciembre 2013, caso nº. 34788. Report: [2013] 3 SCR 1101) La posterior reforma, fruto de dicha declaración de inconstitucionalidad, fue nuevamente impugnada a principios de octubre de 2022 ante los tribunales, al entender que exacerba los daños a las trabajadoras sexuales facilitando constantes controles policiales, impide o dificulta un acceso a la vivienda y supone barreras para el acceso a ayudas del Gobierno[11].

Todas las anteriores manifestaciones de la vulneración de derechos fundamentales de las prostitutas vienen a coincidir, desde mi

---

10 En esta sentencia, el tribunal entendió que tales prohibiciones no se limitaban a imponer restricciones sobre cómo operan las prostitutas, sino que sus efectos van más allá, dando un crítico paso adelante, al imponer unas peligrosas condiciones en el ejercicio de la prostitución impidiendo que las trabajadoras sexuales adopten medidas para reforzar su seguridad (Supreme Court Judgement de 20 diciembre 2013, caso nº. 34788. Report: [2013] 3 SCR 1101)

11 En esta nueva reclamación se alega la vulneración de los apartados 7 (derecho a la vida, libertad y seguridad) 15 (derecho a la igualdad por razón de género) de la *Canadian Charter of Rights and Freedoms*, así como a los derechos de expresión y asociación. *Ontario Superior* Court of Justice. Court File No. CV-21-00659594-0000. 3 de octubre 2022.

punto de vista en una: la vulneración de su dignidad[12] —que no constituye sino la base misma de los derechos fundamentales[13]—, al tratarlas como seres incapaces de velar por sus intereses. Como ya señalara en otro estudio (Fita Ortega, 2009), así sucede en buena parte de las decisiones de los tribunales laborales españoles que niegan la posibilidad de que la prostitución se considere como objeto lícito de un contrato de trabajo, haciendo hincapié en que, en la medida en que esa actividad va en contra de la dignidad de las personas, no cabe reconocer tutela legal alguna a quien la ejerce. Se concluye, pues, afirmando que el individuo no es libre para comprometer su propia dignidad, lo que conlleva la paradoja que con el fin de proteger la dignidad de las personas se les priva de una parte de la misma, tratándolas como incapaces y negándoles su poder de decisión al suplantar su libre albedrío por el de la colectividad, dado el hecho de que "ésta sabe mejor que aquél lo que es bueno para él" (Lochak, 2005, p. 35) Desde esta perspectiva, contrariamente a lo que ocurre con los derechos civiles y cívicos fundamentales del ciudadano, la dignidad aparece como un derecho no exigible por sus titulares. Es más, este derecho les es impuesto como una obligación (Thomas, 2002, p. 47)

Este trato a la mujer —prostituta o no— no es en absoluto extraño al derecho. La lucha de la mujer por alcanzar la igualdad no es una batalla sencilla, las conquistas de derecho al voto, o a la igualdad en el matrimonio, han sido relativamente recientes, mientras la plena integración de la mujer en el mercado de trabajo en condiciones de igualdad y no discriminación aún está lejos de ser alcanzada. En efecto, los valores ético-morales y sociales, claramente patriarcales,

---

12 *Todos los seres humanos nacen libres e iguales en dignidad y derechos y, dotados como están de razón y conciencia, deben comportarse fraternalmente los unos con los otros* (artículo 1 de Declaración Universal de Derechos Humanos)

13 Así se afirma en las consideraciones del Presidium a la Carta de Derechos Fundamentales de la Unión Europea, al señalar que "*la dignidad humana no sólo es en sí un derecho fundamental sino que constituye la base misma de los derechos fundamentales...* " de donde se deduce " *en particular, que ninguno de los derechos consignados en la presente Carta podrá utilizarse para atentar contra la dignidad de otras personas y que la dignidad humana forma parte de la esencia de los derechos consignados en la presente Carta. Por lo tanto, no podrá atentarse contra ella, incluso en el caso de limitación de un derecho*".

existentes en torno a la mujer han marcado la normativa laboral[14]. De este modo, las primeras leyes laborales venían equiparando a las mujeres con los menores a efectos de su tratamiento laboral, considerándolas como capas débiles de la población trabajadora, de modo que las diferencias de trato por razones de sexo en el trabajo iban dirigidas a *proteger* a la mujer trabajadora[15]. Una protección que se desplegaba conforme a los valores sociales entonces vigentes[16].

2.2.2. La imposible primacía de los otros intereses jurídicos en juego

La existencia de los otros intereses en juego indicados previamente no puede conducir a ignorar que es la persona que ejerce el trabajo sexual por quien hay que velar. En primer término, porque colocar como interés a proteger la defensa de los derechos fundamentales de las trabajadoras sexuales ante su situación de vulnerabilidad no resulta incompatible con la tutela de los restantes.

Así, por lo que se refiere a la lucha contra la trata de personas, que es un fenómeno que no se dirige exclusivamente a los fines de

---

14 Haciendo, entre otras cosas, que las mujeres tuviesen mayores facilidades para atender los cuidados de los menores, lo que, lejos de poder considerarse una medida de acción positiva para las mujeres, *supone perpetuar un reparto tradicional de funciones entre el hombre y la mujer al mantener a los hombres en una función subsidiaria de las mujeres respecto al ejercicio de su función parental* (SSTJUE *Lommers*, asunto C-476/99, de 19 de marzo de 2002; *Roca Álvarez*, asunto C-104/09, de 20 de septiembre de 2010, o *Maïstrellis*, asunto C-222/14, de 16 de julio de 2015).

15 Así, por ejemplo, según la STC 229/1992, de 14 de diciembre, la existencia de trabajos prohibidos para la mujer es una respuesta histórica a la sobreexplotación de la mano de obra femenina.

16 Es el caso, por ejemplo, del Decreto de 26 de julio de 1957, por el que se regulan los trabajos prohibidos a la mujer y a los menores, que establecía, entre otras, la prohibición del trabajo en las minas a las mujeres atendiendo al *alto concepto que en general al español merece la mujer y la atención que de manera especial debe ser puesta en evitar que un trabajo nocivo pueda perjudicar su naturaleza*. Desde un plano internacional, un claro ejemplo lo constituye el Convenio de la Organización Internacional del Trabajo sobre el trabajo nocturno de las mujeres en la industria, de 1919.

la explotación sexual sino a los más amplios de explotación laboral, no existe contraposición entre sacar de la invisibilidad la prostitución voluntaria y la lucha contra las redes de trata. El hecho de que exista tráfico de personas con fines de explotación sexual no puede servir como argumento para combatir la prostitución voluntaria y hacerla desaparecer, como tampoco el hecho de que exista tráfico de personas con fines de explotación laboral en el campo, construcción, etc., puede llevar a la conclusión de la necesidad de erradicar esas actividades. Tráfico de personas con fines de explotación sexual existe, y hay que combatirlo, pero no mediante la abolición de la prostitución, ya que la medida resultaría claramente inidónea (y, por consiguiente, desproporcionada, al no superar, cuando menos, uno de los tres juicios integrados en el juicio de proporcionalidad), en el sentido de que no se acaba con el tráfico aboliendo la prostitución, sino que lo que se consigue es empeorar las condiciones en las que la prostitución se ejerce. Sobre esta conexión entre prostitución y trata se ha llegado a afirmar que no hay ninguna evidencia que sugiera una transición entre trabajo sexual y tráfico con fines de explotación sexual como realidad generalizada, ni tan siquiera de que el trabajo sexual esté sujeto a un riesgo inherente de tráfico con fines de explotación[17]. Por otro lado, aflorando la parte de la prostitución que no deriva de la trata quizá se pudiera combatir mejor ésta, al dejar de compartir un mismo espacio de forma indiferenciada.

En definitiva, como destaca Mestre i Mestre, en la lucha contra las redes de trata debe evitarse un uso perverso de la categoría de trata, debiendo regresarse al derecho internacional de los derechos humanos y sus categorías jurídicas de esclavitud, servidumbre y trabajo forzado, pues lo que se viene persiguiendo en las disposiciones contra la trata "es el modo en que una persona es captada y mantenida en una situación de explotación y que, como esa es la parte que coincide en gran medida con la lucha contra el tráfico de personas,

---

17 *Ontario Superior Court of Justice.* Court File No. CV-21-00659594-0000. 3 de octubre 2022, apartado 175, p. 73 (alegaciones de las partes) indicándose en el apartado siguiente (176) que las actuaciones policiales contra el tráfico de personas no consiguen combatir esa realidad, sino que repercuten negativamente sobre trabajadoras sexuales, clientes y terceros que no ejercen explotación sobre las trabajadoras sexuales.

hablar de trata y no de explotación ha desviado el foco de atención hacia las fronteras y las migraciones internacionales, dejando de lado las condiciones de trabajo y los marcos que posibilitan «los fines de explotación" (2020).

Relacionado con este aspecto, otro de los intereses que se han visto implicados a la hora de afrontar el tema de la prostitución es del control de los flujos migratorios, intensificados a partir de la década de los 90 con el fenómeno de la globalización. Empleado por el movimiento abolicionista el argumento de que el tráfico de mujeres fomenta la trata, dibujando un perfil de la mujer prostituta migrante como víctima ideal de la trata con fines de explotación sexual dada su credulidad, engañada ante falsas promesas de trabajo, y atribuyéndoles un perfil psicológico con marcadas notas de ingenuidad, pasividad, vulnerabilidad cultural (sometimiento a magias negras) del que resulta que la trabajadora sexual inmigrante es presentada como víctima inocente que no tomó acción o decisión alguna en el proceso migratorio producido sin su beneplácito, la prostituta migrante, se concluye, estaría agradecida de poder regresar a su lugar de origen, puesto que tanto la intención de migrar como la de prostituirse no estuvieron nunca presentes en ellas (Darley et al., 2018, pp. 7 y 8) Con esta presentación de la situación, el discurso abolicionista ha servido de legitimación para la deportación de las trabajadoras sexuales migrantes, llevándose a cabo un uso torticero de la lucha contra la trata, en cuya virtud no se persigue tanto acabar con el fenómeno de la trata, sino perseguir la inmigración clandestina (Gira Grant, 2017; Juno & Molly, 2018) implementando medidas represivas de control y contención de los flujos migratorios laborales contemporáneos de personas en riesgo de exclusión socioeconómica. El apoyo del movimiento abolicionista a este discurso no es, por otra parte, casual o caprichoso, pues sirve a sus propios intereses al servir a los fines del abolicionismo, interesado en impedir que el trabajo sexual sea reconocido como una opción laboral que facilite migrar. Como señala Pomares Cintas, "desterrar la idea del ejercicio de la prostitución como trabajo, como oportunidad laboral para salir de un país y entrar en otro, se convierte en llave política para abrir la puerta a planteamientos represivos en un doble eje: la criminalización del entorno de la prostitución, plataforma, a su vez, de la gran estrategia global: la criminalización de la operación migratoria" (2012, p. 182).

Resulta, pues, imprescindible reconducir la cuestión de la trata a las situaciones de explotación de las personas objeto de la misma, deslindándola de la cuestión del tráfico, y procurar una mejor satisfacción de los intereses de quienes se ven inmersas en esa realidad. Surge de nuevo, por consiguiente, la necesidad de atender a la persona, en este caso objeto de trata, y procurarle derechos que respondan a la verdadera situación en la que se encuentran. Para los supuestos de trata, debería favorecerse la residencia de la víctima en el país con medidas de inserción sociolaboral y atención a cuantas necesidades se deriven de su precaria situación en territorio nacional. Además, en el caso de inmigrantes irregulares (objeto de tráfico) que vivan de la prostitución voluntaria (no objeto de trata) el reconocimiento de derechos al trabajo sexual llegaría a afectarles positivamente en virtud del artículo 36.5 de la *Ley Orgánica 4/2000, de 11 de enero, sobre derechos y libertades de los extranjeros en España y su integración social.* Cabe recordar que este precepto reconoce derechos laborales a quienes trabajen por cuenta ajena en España, aun careciendo de la autorización de residencia y trabajo, dado que esta situación, sin perjuicio de las responsabilidades del empresario a que dé lugar, incluidas las de Seguridad Social, no invalidará el contrato de trabajo respecto a los derechos del trabajador extranjero, ni será obstáculo para la obtención de las prestaciones derivadas de supuestos contemplados por los convenios internacionales de protección a los trabajadores u otras que pudieran corresponderle, siempre que sean compatibles con su situación[18]. En este sentido, cabe indicar que, entre otras prestaciones y derechos, se ha reconocido a los trabajadores extranjeros sin autorización para trabajar el derecho a que el FOGASA asuma la responsabilidad prevista en el art. 33 ET en caso de insolvencia del empresario (STSJ (Social) Santa Cruz de Tenerife de 26 de abril de 2017, rec. 270/2016) o a reclamar una indemnización por despido improcedente (que en el caso no se estima, al no considerar probada la existencia de una relación laboral. STSJ (Social) Madrid de 29 de noviembre de 2021, rec. 598/2021 o STSJ (Social) Cataluña de 26 de noviembre de 2021, —rec. 3286/21—)

---

18 El precepto solamente excluye, expresamente, el derecho a obtener prestaciones por desempleo.

La perspectiva adoptada en este punto sirve, por lo demás, para descartar el argumento de la defensa de la dignidad de las trabajadoras sexuales, en la medida en que una teoría de los derechos fundamentales que sitúe la dignidad en la preocupación social por los intereses básicos de todas las personas constituye una teoría de los derechos más adecuada (Mestre i Mestre, 2016, p. 116) Respecto de este punto basta recordar cuanto ya ha quedado dicho respecto de la contradicción subyacente en el intento de defender la dignidad de la trabajadora sexual privándola de su capacidad de juzgar por sí misma, pudiendo añadir, como ya tuve la oportunidad de avanzar en una ocasión anterior, que la dignidad —o su contrario, la indignidad— no es predicable respecto de la actividad de la prostitución, sino que estos calificativos pueden atribuirse únicamente a las condiciones en las que aquélla se ejerce (Fita Ortega, 2009)

En cuanto a la lucha contra la desigualdad de género existente en el fenómeno de la prostitución, que no es sino una manifestación más de la desigualdad de género existente en la sociedad, cabe destacar que plantear la lucha de género en el seno de la prostitución como herramienta para desmantelar el heteropatriarcado es absolutamente injusto y desproporcionado. Injusto, puesto que supone culpabilizar a la trabajadora sexual de la situación en la que se encuentra la mujer hoy día en la sociedad. La invisibilización del trabajo sexual[19] conduce a la desconsideración de quienes lo prestan como personas, fomentando, ya sea por el imaginario machista o el del feminismo abolicionista, una visión distorsionada de los trabajadores sexuales, en la que aparecen únicamente como sujetos sexualizados. Desde el machismo, porque se fomenta su imaginario fetichista dominador y autocomplaciente; desde el feminismo abolicionista porque, formando parte de ese mismo imaginario, se contempla a la trabajadora sexual como un ser sometido a los deseos y órdenes del macho dominador, sin voz, sin palabra, sin capacidad de discernimiento, sin voluntad. De ahí que se les trate como víctimas, mujeres

[19] Invisibilización normativa y académica (respecto de la falta de preocupación por la investigación sobre el tema por parte de los historiadores, PERIS, 1990, p. 179), posiblemente resultado de la invisibilización social de la prostitución.

sometidas a explotación[20] y privadas, en consecuencia, de la dignidad que deben poseer en tanto que seres humanos, considerándolas seres desgraciados e infelices (*unhappy women*, Acton, 1870). Por este motivo, a la trabajadora sexual que no se reconoce como víctima se le considera un enemigo al que destruir y acallar, pues la prostituta debe odiarse por el hecho de serlo; debe asumir que, en todo caso, y con independencia de sus circunstancias, es una víctima de la trata de personas, debiendo ser educadas para que sean conscientes de su realidad[21]. La trabajadora sexual que se reivindica como sujeto de derechos es considerada, pues, como un enemigo de la sociedad en general, y del propio colectivo de mujeres, en particular, incrementando su estigma.

Por otra parte, perseguir la conquista de la igualdad mediante la restricción de derechos a las trabajadoras sexuales resulta desproporcionado. En efecto, las limitaciones a la prostitución y el vaciado de derechos a las trabajadoras sexuales no pueden quedar justificados por la infundada afirmación de que aquellas avanzan en la conquista de la igualdad de género, protegiendo a las prostitutas y al público en general del trabajo sexual. La lesión a los derechos de las trabajadoras sexuales con relación a sus condiciones de vida (privada

---

20 Claro ejemplo de ello lo constituyen las ayudas que fueron adoptadas por el Ministerio de Igualdad dirigidas a las prostitutas ante la situación provocada por la pandemia del coronavirus, las cuales se enmarcaron en el Plan de contingencia contra la violencia de género ante la crisis de la COVID-19. Es decir, las ayudas se incluyeron en el contexto de las actuaciones realizadas frente a la violencia de género, siendo que fue solamente tras la ampliación de este plan cuando se añadieron medidas adicionales dirigidas a víctimas de trata, explotación sexual y a *mujeres en contextos de prostitución*; https://www.lamoncloa.gob.es/serviciosdeprensa/notasprensa/igualdad/Paginas/2020/170320-covid-viogen.aspx (acceso febrero 2023)

21 Declaraciones del Detective Chief Inspector Warren Stevenson al diario Yorkshire Post el 8 de junio de 2017: "You have this issue that they are prepared to do it, they believe there is nothing wrong in it, they have been brought into this, and they have an element of freedom about their movement, which causes some issues for the investigation. But it is all do-able, we have just got to understand how to investigate, prove it, and protect them, and educate them that they are victims of human trafficking, rather than criminalising them". https://www.yorkshirepost.co.uk/news/crime/could-you-spot-pop-brothel-1775906 (último acceso, febrero 2023)

de derechos sociolaborales y con limitado acceso a derechos básicos, como la vivienda, entre otros) o su seguridad e integridad física, resulta desproporcionada si enfrentamos tales lesiones con los hipotéticos beneficios obtenidos por la sociedad: el supuesto refuerzo a la igualdad por razón de género. Existen, además, otras vías para ir consiguiendo el objetivo de la plena igualdad menos lesivas de derechos fundamentales, como es la generación de una cultura por la igualdad, que se puede fomentar mediante la implementación de leyes y acciones que no supongan restricción de derechos para un colectivo históricamente privado de los mismos.

Cabe concluir, pues, que la batalla por la igualdad mediante la restricción de derechos a las trabajadoras sexuales no supera el test de proporcionalidad empleado por el Tribunal Constitucional español, semejante al juicio de razonabilidad seguido por el Tribunal Europeo de Derechos Humanos, al no tratarse de una medida idónea para alcanzar el fin propuesto, ni necesaria, al existir otras medidas alternativas, ni proporcional en sentido estricto, al implicar un sacrificio de derechos fundamentales muy superior al eventual y especulativo beneficio obtenido. Así pues, en la alternativa sobre cuál deba el objetivo de la respuesta jurídica al tema de la prostitución, ésta no puede ir dirigida a terminar con el patriarcado, sino a asegurar espacios de libertad e igualdad para todas las mujeres (Mestre i Mestre, 2007, p. 14)

Por último, por lo que respecta a la necesidad de atender los intereses de la sociedad en su conjunto, centrados en evitar las molestias\ inconvenientes que para la ciudadanía puede conllevar esta actividad, las normas del derecho administrativo podrían entrar en juego, sin olvidar que nunca deberán poner en riesgo los derechos fundamentales de las trabajadoras sexuales, como el derecho a la vida e integridad física.

2.2.3. La imprescindible valoración de la situación del trabajo sexual desde el prisma de la discriminación

Junto a todos los argumentos señalados anteriormente en favor del reconocimiento de derecho al trabajo sexual, cabría añadir el relativo a la obligación de atender a la discriminación de las trabajadoras sexuales que se está produciendo al tratar a esta categoría de personas como sujetos excluidos de los más elementales derechos fundamentales. Diferenciada la discriminación del principio de igualdad de trato por el factor de diferenciación empleado en cada caso, y que en la discriminación se caracteriza por emplear un criterio que merece especial rechazo por el ordenamiento, dado que para establecer la diferencia de trato se toman en consideración "condiciones que históricamente han estado ligadas a formas de opresión o de segregación de determinados grupos de personas o que se excluyen como elementos de diferenciación para asegurar la plena eficacia de los valores constitucionales en que se funda la convivencia en una sociedad democrática y pluralista" (STS de 29 de enero de 2001. Recud. núm. 1566/2001), es evidente que las personas que ejercen la prostitución han sido, y continúan siendo, un colectivo cuyo trato diferenciado supone una clara discriminación, como ya he tenido ocasión de sostener (Fita Ortega, 2020, p. pp. 135 y ss.).

En efecto, caracterizadas las trabajadoras sexuales por el estigma que las ha acompañado, deshumanizándolas (Sanchez Perera, 2022, p. 53), a lo largo de la historia, esta circunstancia las convierte en un grupo en situación de desventaja cuyo trato diferenciado entra de lleno en el concepto de discriminación, pues la limitación de derechos a las trabajadoras sexuales no hace sino perpetuar y exacerbar las desventajas con las que este colectivo se presenta en la sociedad en virtud de su estatus profesional. Frente a esta situación el ordenamiento jurídico debe proporcionarles protección que, "por mínima que sea, ha de tener en cuenta la realidad social de la que parten…, así como el impacto de las normas y los efectos de las políticas sobre los mismos" (Añón Roig, 2013, p. 129)

Esta diferencia de trato que padecen las trabadoras sexuales solamente resultaría admisible siempre y cuando existiera "una suficiente justificación de tal diferencia, que aparezca al mismo tiempo como fundada y razonable, de acuerdo con criterios y juicios de valor generalmente aceptados, y cuyas consecuencias no resulten, en todo caso, desproporcionadas" (STC 66/2015, de 13 de abril de 2015, fundamento jurídico tercero)· de modo que resulta indispensable que "exista una justificación objetiva y razonable, de acuerdo con criterios y juicios de valor generalmente aceptados, cuya exigencia deba aplicarse en relación con la finalidad y efectos de la medida considerada, debiendo estar presente, por ello, una razonable relación de proporcionalidad entre los medios empleados y la finalidad perseguida" (STC 75/1983, fundamento jurídico segundo).

La cuestión que surge a continuación es la de si las repercusiones que sufren las trabajadoras sexuales derivadas del contexto en que llevan a cabo su actividad, esto es, la limitación de derechos fundamentales como a la seguridad e integridad física, vivienda, trabajo, etc. así como la limitación de su acceso al mercado de bienes y servicios, pueden ser considerados como daños colaterales para alcanzar el ansiado objetivo de acabar con la prostitución como aboga el abolicionismo (Sánchez Perera, 2022, p. 17), constituyendo una justificación objetiva y razonable a las limitaciones de los derechos señalados, o si, por el contrario, no superan el juicio de proporcionalidad al no constituir una justificación razonable. En realidad, la respuesta a este interrogante ya ha sido anticipada, al tratar en el apartado 2.2 del rechazo a los diversos intereses suscitados en el debate del abolicionismo, y que son distintos de los de la tutela de los de derechos de la trabajadora sexual, donde se afirma que ninguno de ellos supera el juicio de proporcionalidad.

Por otra parte, semejante privación de derechos a las trabajadoras sexuales podría, en la peor de las hipótesis —en caso de descartarse el trabajo sexual como criterio directamente discriminatorio—, llegar a configurarse como supuestos de discriminación indirecta por razón de género (en este sentido Beltrán, 2011, 45), pues la prostitución, valorada en este caso como un criterio de diferenciación neutro, coloca en clara situación de desventaja mayoritariamente a la mujer, sea cis o trans, dado que así lo apuntan todos los indicadores, siendo este dato el único sobre el que parece existir consenso. Es más, más allá del género, cabría apreciar otros elementos de discriminación indirecta reconocidos expresamente en la *Ley 15/2022, de 12 de julio, integral para la igualdad de trato y la no discriminación*, como factores de diferenciación discriminatorios (origen racial o étnico, nacionalidad, situación administrativa de residencia, o situación socioeconómica) pudiendo dar pie a casos de discriminación múltiple e interseccional, definidas en los apartados a y b del artículo 6 de esta norma.

3. EL IMPACTO DEL CONVENIO 190 OIT SOBRE EL RECONOCIMIENTO DE DERECHOS AL TRABAJO SEXUAL

3.1. La inclusión del trabajo sexual en el ámbito de aplicación del Convenio 190 OIT

El Convenio n.° 190 de la O.I.T. sobre la violencia y el acoso tiene por objeto asegurar a *trabajadores y a otras personas en el mundo del trabajo*, el respeto, promoción y el disfrute de su derecho a un mundo del trabajo libre de violencia y acoso (art. 4). Para ello persigue alcanzar una prevención frente a los comportamientos que cupiera incluir en esa categoría de violencia y acoso y, en caso de haberse producido, procurar su cese, así como una reparación de los daños causados por los mismos.

En su artículo primero, el Convenio define la violencia y acoso como "un conjunto de comportamientos y prácticas inaceptables, o de amenazas de tales comportamientos y prácticas, ya sea que se manifiesten una sola vez o de manera repetida, que tengan por objeto, que causen o sean susceptibles de causar, un daño físico, psicológico, sexual o económico, e incluye la violencia y el acoso por razón de género". Junto a ello, en el apartado b) de este mismo artículo, el Convenio ofrece una definición de violencia y acoso por razón de género, entendiendo que la misma "designa la violencia y el acoso que van dirigidos contra las personas por razón de su sexo o género, o que afectan de manera desproporcionada a personas de un sexo o género determinado, e incluye el acoso sexual".

Pues bien, el Convenio, ratificado por España (en vigor el 25 de mayo de 2023), reviste aspectos de especial trascendencia, desde mi punto de vista, con relación a la cuestión de la prostitución, los derechos de las trabajadoras sexuales, la actuación de las administraciones y el legislador, así como a ciertas campañas abolicionistas.

Lo primero que interesa destacar en este sentido, es que su ámbito de aplicación incluye no solamente a personas trabajadoras asalariadas (definidas según dispongan las legislaciones nacionales) sino que también se dirige a *otras personas en el mundo del trabajo*, resultando irrelevante su situación contractual (art. 2.1) e incluyendo expresamente a *todos los sectores, público o privado, de la economía tanto formal como informal* (art. 2.2) Obviamente, el reconocimiento formal en nuestro país del trabajo sexual implicaría la aplicabilidad inmediata del Convenio al trabajo sexual, pero aun cuando no fuese así, el ámbito subjetivo del Convenio alcanza a todas las personas en el mundo del trabajo, con independencia de que se desenvuelvan en él dentro de la formalidad o de la informalidad, lo que supondría, en la situación de alegalidad vigente de la prostitución, un importante impulso para empezar a contrarrestar los efectos perniciosos que se derivan de la situación de vulnerabilidad de las trabajadoras sexuales, tal y como se han ido exponiendo a lo largo de este texto, y que generan la situación de discriminación en la que viven las trabajadoras sexuales, favoreciendo el reconocimiento de ciertos derechos de este colectivo que redundaría en la mejora de sus condiciones de vida y de trabajo.

Tras analizar el ámbito subjetivo del Convenio, procede detenerse, a los efectos que aquí interesa, en el análisis de las conductas a las que se refiere el Convenio, esto es, a la violencia y acoso, definidos como "comportamientos, prácticas o amenaza de comportamientos o prácticas, aislados o reiterados que tengan por objeto, que causen o sean susceptibles de causar, un daño físico, psicológico, sexual o económico". Dentro de tales comportamientos o prácticas quedarían incluidas las consecuencias, indicadas en apartados anteriores, derivadas de la situación actual del trabajo sexual, donde a las prostitutas se les está causando, desde luego, tanto un daño psicológico (por la actitud de hostigamiento al trabajo sexual promovido tanto desde redes sociales como desde ciertas instituciones públicas) como un daño económico, al impedirles dar publicidad de sus servicios[22],

[22] Art. 11 de la *Ley Orgánica 10/2022, de 6 de septiembre, de garantía integral de la libertad sexual* por el que se establece la ilicitud de la publicidad que, entre otros aspectos, supongan promoción de la prostitución.

u obstaculizando la prestación de los servicios sexuales al sancionar administrativamente la solicitud, negociación o aceptación de servicios sexuales retribuidos, o expulsando a las trabajadoras sexuales de sus lugares de trabajo. Téngase en cuenta que estas conductas serán sancionables, indica el Convenio, siempre que ocurran durante el trabajo, en relación con el trabajo o como resultado del mismo, bien, entre otros espacios, en el lugar de trabajo, inclusive en los espacios públicos y privados cuando son un lugar de trabajo…; en el marco de las comunicaciones que estén relacionadas con el trabajo, incluidas las realizadas por medio de tecnologías de la información y de la comunicación; o en el alojamiento proporcionado por el empleador.

Junto a la definición de violencia o acoso, el Convenio contempla la de *violencia y acoso por razón de género*, aspecto de importancia extrema en el contexto del trabajo sexual, configurándola como la violencia o acoso dirigida contra las personas por razón de su sexo o género, o que afectan de manera desproporcionada a personas de un sexo o género determinado, e incluye el acoso sexual.

En virtud del consenso existente en torno al carácter feminizado de la prostitución, así como de la importante presencia de personas trans, parece evidente que la violencia o acoso contra el trabajo sexual es reconducible a esta categoría jurídica. De este modo, y con relación al trabajo sexual, sería aplicable lo previsto en el artículo noveno, por el que se obliga a los Estados Miembro a que adopten medidas para exigir a los empleadores que implementen medidas de prevención de riesgos en materia de acoso, incorporen la violencia y el acoso en la gestión de la seguridad y salud, facilitando a trabajadores y personas concernidas formación e información acerca de los peligros y riesgos de violencia y acoso identificados, así como sobre las medidas de prevención y protección correspondientes, adoptando y aplicando una política relativa a la violencia y el acoso.

La promulgación de una normativa sobre prevención del acoso es uno de los aspectos esenciales en las reivindicaciones de las trabajadoras sexuales dado que el contexto de la prostitución es especialmente sensible al riesgo del acoso y la violencia[23]. Por ello, la obligación del empresario de implementar estas medidas preventivas, así como la atribución de responsabilidades en la materia tanto a empresarios como otras personas concernidas, respondería a una de las necesidades más acuciantes en el mundo del trabajo sexual. Esta responsabilidad alcanzaría, además de a los empresarios, a clientes y administraciones públicas, incluibles bajo en concepto de *otras personas concernidas*, las cuales deberían garantizar un entorno que evite o reduzca los riesgos para la integridad física de las prostitutas, protegiéndolas frente al acoso y la violencia.

Resultaría igualmente aplicable, dentro de una política dirigida a evitar la violencia y el acoso por razón de género, la obligación de los Estados Miembro de facilitar que las víctimas de violencia y acoso por razón de género en el mundo del trabajo tengan acceso efectivo a mecanismos de presentación de quejas y de solución de conflictos, asistencia, servicios y vías de recurso y reparación que tengan en cuenta las consideraciones de género y que sean seguros y eficaces (art. 10) así como la obligación de que los Miembros proporcionen orientaciones, recursos, formación u otras herramientas sobre la violencia y el acoso en el mundo del trabajo, incluyendo la violencia y el acoso por razón de género, a los empleadores y a los trabajadores y a sus organizaciones respectivas, así como a las autoridades competentes (art. 11).

En definitiva, se estaría proporcionado unas condiciones —reclamadas desde hace tiempo por las trabajadoras sexuales— que favorecería el objetivo de reducir los riesgos que las condiciones en las que se ejerce el trabajo sexual acarrean para la vida e integridad

---

23 Basta consultar el incesante número de trabajadoras sexuales asesinadas en el ejercicio de su trabajo. Véase: https://roma.corriere.it/notizie/cronaca/22_novembre_18/omicidio-prostitute-roma-assassino-ricostruzione-daff1174-66b3-11ed-a222-843a540a9cec.shtml; https://www.diariodesevilla.es/sociedad/causa-criminal/Milena-asesinato-prostituta-escort-madrid_0_1743126540.html; https://rpp.pe/lima/policiales-crimenes/dos-trabajadoras-sexuales-fueron-asesinadas-en-puente-piedra-e-independencia-noticia-1465755; https://www.ansa.it/english/news/general_news/2022/11/23/prostitute-killer-filmed-murder-of-2-chinese-sex-workers_a5e09dd7-1da6-47fd-9021-8bf2d8440883.html

física de las prostitutas, favoreciendo medidas preventivas y canales de denuncia ante abusos físicos o sexuales de clientes, empresarios o terceros. Esta necesidad no se protege mediante la adquisición del distintivo *espacio libe de prostitución*, tal y como se empecina en demostrar la realidad[24], sino que requiere la adopción de medidas realistas y verdaderamente eficaces.

Junto a ello, la aplicación del Convenio 190 OIT al trabajo sexual, supondría, además, un importante apoyo para poner fin a la campaña de acoso y hostigamiento del trabajo sexual que se está dando hoy día desde el abolicionismo e instituciones públicas, que vienen ejerciendo lo que podría llegar a calificarse como violencia institucional. En este sentido, téngase en cuenta que la definición de violencia y acoso viene referida a un conjunto de comportamientos y prácticas inaceptables, o de amenazas de tales comportamientos y prácticas, ya sea que se manifiesten una sola vez o de manera repetida, "que tengan por objeto, que causen o sean susceptibles de causar, un daño físico, psicológico, sexual o económico", e incluye la violencia y el acoso por razón de género. Lo relevante a la hora de configurar una práctica o comportamiento como violencia o acoso es, pues, la posible producción de un resultado lesivo más que en la concreta forma que revista la conducta causante (Yagüe Blanco, 2020, p. 521)

Con relación a los derechos de participación, el Convenio de la OIT, exige una consulta con las organizaciones de empleadores y de personas trabajadoras interesadas para identificar los sectores u ocupaciones y las modalidades de trabajo en los que los trabajadores y otras personas concernidas están más expuestos a la violencia y el acoso. Esta consulta, como tal, no se ha producido en el planteamiento, desde el poder político, de políticas abolicionistas, pese a que el colectivo de trabajadoras sexuales es, sin ningún género de duda, uno de los que más expuestos se encuentran a situaciones de violencia y acoso. Si bien es cierto que, de momento, el Convenio 190 —y por tanto dicha obligación de consulta— no ha entrado en vigor, habría sido recomendable haberla efectuado dada la existencia de

---

24 En el caso de Francia, se denuncia esta situación en BACHLAKOVA, 2020.

un sindicato de trabajadoras del sexo[25], y la constante reivindicación de este colectivo de que no se adopten decisiones sin escucharlas.

Sobre este punto relativo a los derechos colectivos, el punto 4 de la recomendación 206 OIT sobre la violencia y el acoso, que complementa al Convenio 190, incorpora, dentro de los principios fundamentales a observar en la materia, el refuerzo del derecho de negociación colectiva como medio para prevenir y abordar la violencia y el acoso y, en la medida de lo posible, mitigar el impacto de la violencia doméstica en el mundo del trabajo, apoyando la negociación mediante la recopilación y divulgación de información sobre las tendencias y buenas prácticas con respecto al proceso de negociación y al contenido de los convenios colectivos.

Por último, interesa destacar los remedios que se proponen para garantizar unos espacios libres de violencia y acoso y, en su caso, reparación de los perjuicios ocasionados. El art. 10 del Convenio exige que se garantice un fácil acceso a vías de recurso y reparación apropiadas y eficaces así como a mecanismos y procedimientos de notificación y de solución de conflictos en los casos de violencia y acoso en el mundo del trabajo, que sean seguros, equitativos y eficaces, sugiriendo, como posibles medidas de carácter reparador, la creación de procedimientos de presentación de quejas e investigación y, si procede, mecanismos de solución de conflictos en el lugar de trabajo; la creación de mecanismos de solución de conflictos externos al lugar de trabajo; el acceso a juzgados o tribunales; la previsión de medidas de protección de los querellantes, las víctimas, los testigos y los informantes frente a la victimización y las represalias, así como

---

25 El debate sobre el derecho al registro de los estatutos del Sindicato Organización de Trabajadoras Sexuales (OTRAS) lo zanjó la STS (Social) de junio de 2021, rec. 29/2019, estimando el recurso interpuesto frente a la sentencia de instancia y reconociendo el derecho al registro de los estatutos de este sindicato, aun con el matiz de excluir de su ámbito funcional a la prostitución. Pese a ello, este sindicato es el único registrado que mejor podría representar los intereses de las trabajadoras sexuales, teniendo en cuenta, por lo demás, que sí se encontraría perfectamente legitimado para representar el interés de parte de este colectivo, en concreto el que presta sus servicios de prostitución junto con el de "alterne" (Fita Ortega, 2022, pp. 138-141).

la adopción de medidas de asistencia jurídica, social, médica y administrativa para los querellantes y las víctimas. Sobre este particular el art. 10 del convenio, junto con el apartado decimocuarto de la recomendación, recogen una serie de principios y recomendaciones a tener en cuenta en la protección y reparación del daño causad por acoso o violencia. Tales criterios se centran en la protección de la privacidad de las personas implicadas; establecimiento de sanciones efectivas[26]; acceso efectivo a mecanismos de presentación de quejas y de solución de conflictos, asistencia, servicios y vías de recurso y reparación que tengan en cuenta las consideraciones de género y que sean seguros y eficaces; derecho de la víctima a alejarse de una situación de trabajo sin sufrir represalias u otras consecuencias indebidas si tiene motivos razonables para considerar que ésta presenta un peligro grave e inminente para su vida, su salud o su seguridad, y favorecer que la inspección del trabajo y otras autoridades pertinentes estén facultadas para actuar en caso de violencia y acoso en el mundo del trabajo, incluyendo el dictado de órdenes que requieran la adopción de medidas de aplicación inmediata, o que impongan la interrupción de la actividad laboral en caso de peligro inminente para la vida, la salud o la seguridad de las víctimas.

3.2. La repercusión de la ratificación del Convenio 190 OIT en la normativa española sobre igualdad y no discriminación

De otra parte, la ratificación por parte del Reino de España del Convenio 190 OIT refuerza la necesidad de tener en cuenta el trabajo sexual en la aplicación de la Ley 15/2022, de 12 de julio, integral para la igualdad de trato y la no discriminación. Esta norma, cuyo objeto es el de garantizar y promover el derecho a la igualdad de trato y no discriminación, así como respetar la igual dignidad de las personas en desarrollo de los artículos 9.2, 10 y 14 de la Constitución (art.

26 Sanciones que puedan suponer el derecho a la readmisión del trabajador, el derecho a la extinción indemnizada del contrato a instancias de la persona trabajadora, la fijación de una indemnización por daños; orden de paralización de las conductas de acoso o violencia; o imposición de costas y honorarios de asistencia letrada.

1 Ley 15/2022), tipifica como vulneración del derecho a la discriminación "la denegación de ajustes razonables, el acoso, la inducción, orden o instrucción de discriminar o de cometer una acción de intolerancia, las represalias o el incumplimiento de las medidas de acción positiva derivadas de obligaciones normativas o convencionales, la inacción, dejación de funciones, o incumplimiento de deberes" (art. 4.4). Esta ley incluye en su ámbito de aplicación tanto al trabajo asalariado como al trabajo por cuenta propia, aplicándose al empleo irregular en los términos del art. 36.5 de la *Ley Orgánica 4/2000, sobre derechos y libertades de los extranjeros en España y su integración social.*

Incluidas las trabajadoras sexuales en el ámbito subjetivo del Convenio 190 OIT (por lo menos, sin duda, mientras subsista una situación de alegalidad respecto del trabajo sexual), y partiendo de la consideración de las prostitutas como colectivo vulnerable como se ha expuesta previamente, la definición de acoso de la Ley 15/2022 deberá justarse a lo previsto en el Convenio, lo que resulta de especial importancia pues la norma interna reconoce expresamente el acoso como conducta discriminatoria. En cualquier caso, el Convenio deja en manos de la legislación nacional, tanto que los Estados definan la violencia y el acoso como un concepto único o como conceptos separados, como determinar las prácticas y comportamientos específicos que constituyen violencia y acoso, siendo lo verdaderamente importante que exista una prevención efectiva del conjunto de comportamientos y prácticas inaceptables y una protección contra los mismos (art. 1.2).

Dicho esto, cabe analizar el impacto de esta norma en el trabajo sexual. En primer término, y ya analizada la consideración de quienes ejercen el trabajo sexual como grupo desfavorecido en el apartado 2.2.3 de este texto, el art. 4.4 de la Ley resulta decisivo para perseguir actos de intolerancia de los grupos desfavorecidos, como podrían ser las campañas orquestadas para privar de derechos al trabajo sexual, además de servir de acicate para impedir la inacción de legisladores, administraciones y Cuerpos y Fuerzas de Seguridad del Estado en el reconocimiento de derechos a las trabajadoras sexuales, así como en su eficacia práctica. De este modo, en aplicación de esta ley podrían entenderse, como se ha señalado en el apartado anterior, ilegales las campañas abolicionistas dirigidas contra la prostitución, dado que, no obstante afirmarse que no van dirigidas contra las personas que ejercen la prostitución, resulta que son ellas las principales perjudicadas de una eventual abolición (prohibición) de la prostitución. Así se ha expuesto previamente en este texto, en el que se recogen algunas de las evidencias que sostienen esta afirmación. A pesar de que pudiera objetarse que estas campañas no tienen el objetivo de "atentar contra la dignidad de una persona o grupo en que se integra y de crear un entorno intimidatorio, hostil, degradante, humillante u ofensivo" (lo que no comparto, vistas las declaraciones de gobernantes y las manifestaciones proferidas por grupos abolicionistas en conferencias, medios de comunicación y redes sociales en esta despiadada campaña pro abolicionista), debe tenerse en cuenta que el concepto de acoso discriminatorio no solo queda integrado por las conductas que persigan objetivamente atentar contra la dignidad de las prostitutas, sino que basta con que lleven aparejada la *consecuencia* de atentar contra la dignidad de una persona o grupo en que se integra y de crear un entorno intimidatorio, hostil, degradante, humillante u ofensivo (art. 4) Resulta incontestable, a la vista de los resultados experimentados, que ese ambiente hostil está presente hoy día en nuestra sociedad, regida por un ordenamiento jurídico en el que la prostitución no está todavía abolida, y donde las trabajadoras sexuales mantienen la constante preocupación de encontrar espacios seguros en los que exponer sus argumentos en defensa de sus intereses, viéndose sometidas en muchas ocasiones a una violencia institucional que censura (o pretende censurar[27]) los actos en los que planean intervenir, dado que no interesa el debate sobre la cuestión, sino la imposición del objetivo pretendido. La falta de paridad de armas existente entre un movimiento abolicionista, que cuenta con el respaldo de sectores influyentes de los gobiernos tanto estatal como autonómicos, y la precaria situación de las trabajadoras sexuales, a quienes no resulta fácil —salvo contadas excepciones— dar la cara como consecuencia de trabajar en una actividad fuertemente estigmatizada, avala la anterior conclusión.

---

27 Lo que llevó a la aparición del movimiento *#UniversidadSinCensura* reivindicando la libertad de expresión sobre el trabajo sexual, tras la suspensión de un acto en A Coruña por presiones de colectivos abolicionistas.

Los argumentos esgrimidos a lo largo de este texto deberían bastar —con independencia de que sean susceptibles de mejora o ampliación— para dar validez a los medios de tutela previstos en la norma para lograr la defensa de las trabajadoras sexuales ante el nivel de violencia y acoso imperante hoy día, dirigido a alcanzar la meta de la *abolición*, un objetivo que, en realidad, consiste la declaración meramente formal y legal de *territorio libre de prostitución* más que de erradicación de la prostitución, cuando no se están proponiendo alternativas reales al ejercicio de la misma que hagan desaparecer las verdaderas causas que se encuentran en la base de la actividad, que si bien se centran en una situación de dependencia económica, no constituye la única causa del fenómeno.

En otro orden de consideraciones, la inclusión del trabajo sexual en el ámbito de aplicación de la Ley 15/2022, favorecerá el reconocimiento de un conjunto amplio de derechos de las trabajadoras sexuales, coincidentes en buena medida con sus actuales reivindicaciones, al establecer en su artículo tercero, como ámbito objetivo de aplicación de la ley cuestiones como, entre otras, unas mejores condiciones de trabajo; el refuerzo de los derechos de participación de las trabajadoras sexuales en organizaciones políticas, sindicales, empresariales, profesionales y de interés social o económico; la protección social, las prestaciones y los servicios sociales; el acceso a bienes y servicios a disposición del público, incluida la vivienda; el acceso y permanencia en establecimientos o espacios abiertos al público, así como el uso de la vía pública y estancia en la misma; la seguridad ciudadana; publicidad, medios de comunicación y servicios de la sociedad de la información; internet, redes sociales y aplicaciones móviles; Inteligencia Artificial y gestión masiva de datos, así como otras esferas de análoga significación.

También resulta destacable el empeño que pone el legislador en favorecer la información y asesoramiento, adaptados a las circunstancias de cada persona, para hacer efectivos los derechos reconocidos por la ley, los recursos disponibles, e incluso el asesoramiento jurídico gratuito en el momento inmediatamente previo a la interposición de una denuncia (art. 5.4) creándose para ello la Autoridad Independiente para la Igualdad de Trato y la No Discriminación, regulada en el Título III de la ley.

En definitiva, la ley, que contempla un entramado de responsabilidades administrativas, y, en su caso, penales y civiles por los daños y perjuicios que puedan derivarse, puede jugar como instrumento válido para exigir el reconocimiento de unos derechos históricamente reclamados por el colectivo de trabajadoras sexuales, que más recientemente ha derivado en lo que se conoce como movimiento pro derechos, dando lugar a un régimen jurídico del trabajo sexual orientado hacia aquel que ha servido como referente en el debate de la prostitución, como es el modelo de Nueva Zelanda.

4. REFERENCIAS BIBLIOGRÁFICAS

Acton, William (1870) *Prostitution, considered in its moral, social and sanitary aspects.* London: John Churchill and sons.

Añón Roig, María J. (2013). Principio antidiscriminatorio y determinación de la desventaja. *Isonomía: Revista de teoría y filosofía del derecho,* n.° 39, pp. 127-157.

Bachlakova, Polina (2020). *Long read: How the Nordic model in France changed everything for sex workers.* Disponible en https://www.opendemocracy.net/en/beyond-trafficking-and-slavery/long-read-how-nordic-model-france-changed-everything-sex-workers/ (acceso febrero 2023)

Beltrán, Elena (2011). En los márgenes del derecho antidiscriminatorio: prostitución y derechos de las mujeres. *Anales de la Cátedra Francisco Suárez,* n.° 45, pp. 43-63.

Brufao Curiel, Pedro, (2008). *Prostitución y políticas públicas: entre la reglamentación, la legalización y la abolición.* Estudios de Progreso n.° 33/2008, pp. 9 y 10.

Camargo Hernández, César. (1958). Cuestiones penales. *Anuario de Derecho penal y Ciencias penales* fascículo 3, pp. 237-251. Disponible en https://www.boe.es/biblioteca_juridica/anuarios_derecho/articulo.php?id=ANU-P-1958-20023700254 (acceso febrero 2023)

Carmona Cuenca, Encarna (2007). ¿Es la prostitución una vulneración de derechos fundamentales? En Serra Cristóbal, R. (Coord.) *Prostitución y Trata. Marco jurídico y régimen de derechos.* Valencia: Tirant Lo Blanch, pp. 43-70.

Castellanos Torres, Esther y Ranea Triviño, Beatriz (2014). La perspectiva de género y de los Derechos Humanos en el análisis de la prostitución y la trata de mujeres con fines de explotación sexual. Una aproximación desde la voz de las propias mujeres. *Dilemata* n.º 16, pp. 161-179.

Cayla, Olivier (2005). La plaisir de la peine et l'arbitraire pénalisation du plaisir". En AA.VV. *La liberté sexuelle.* PUF. París.

Darley, Mathilde et al. (2018). Prostitution Policies in France. *Assessing Prostitution Policies in Europe,* halshs-02407699

De la Villa, Luis Enrique (1969). En torno al concepto del Derecho español del Trabajo. *Revista de Trabajo,* n.º 26, pp. 103-118.

Díez-Picazo y Ponce de León, Luis (2004). Contrato y libertad contractual. *THEMIS: Revista de Derecho,* n.º 49, pp. 7-14.

Fita Ortega, Fernando (2009. La prostitución: posible objeto de contrato de trabajo como una manifestación más del trabajo sexual. *Revista de Derecho Social,* n.º 47, pp. 91-108.

(2020). Violación de la prohibición de discriminación en el tratamiento de la prostitución por parte de los tribunales laborales españoles". *RELIES: Revista del Laboratorio Iberoamericano para el Estudio Sociohistórico de las Sexualidades,* n.º 4, pp. 131-151.

(2022). La STS de 1 de junio de 2021 y el derecho de sindicación de las trabajadoras sexuales. *Revista Crítica de Relaciones de Trabajo- Laborum,* n.º 2, pp. 135-141.

Gira Grant, Melissa (2017). *ICE is Using Prostitution Diversion Courts to Stalk Immigrants.* Disponible en https://www.villagevoice.com/2017/07/18/ice-is-using-prostitution-diversion-courts-to-stalk-immigrants/ (acceso febrero 2023).

Juno Mac & Molly Smith (2018). *Revolting prostitutes. The fight for sex workers' rights.* London, New York: Verso.

Lochak, Danièle (2005). La liberté sexuelle, une liberté (pas) comme les autres? En AA.VV. *La liberté sexuelle.* Paris: PUF.

López Precioso, Magdalena y Mestre i Mestre, Ruth (2006). *Trabajo sexual. Reconocer derechos.* Valencia: Ediciones la burbuja.

Martínez Cano, M. (2020). Violencias hacia las personas que ejercen la prostitución en la Región de Murcia. *Revista del Laboratorio Iberoamericano para el Estudio Sociohistórico de las Sexualidades,* n.º 04. pp. 227-251.

Martínez López, Pilar (2001). Apertura del simposio. *Simposio internacional sobre prostitución y tráfico de mujeres con fines de explotación sexual.* Madrid: B.O.C.M.

Mestre i Mestre, Ruth (2007). Trabajo sexual, igualdad y reconocimiento de derechos. En Serra Cristóbal, R. (Coord.) *Prostitución y Trata. Marco jurídico y régimen de derechos.* Valencia: Tirant Lo Blanch, pp. 13-42.

(2016). La protección de los derechos sociales por el Tribunal Europeo de Derechos Humanos. *Cuadernos electrónicos de filosofía del derecho,* n.º 33.

(2020). La jurisprudencia del TEDH en materia de trata de seres humanos y la necesidad de regresar a las categorías jurídicas de esclavitud, servidumbre y trabajo forzado. *RELIES: Revista Del Laboratorio Iberoamericano Para El Estudio Sociohistórico De Las Sexualidades,* n.º 4, pp. 208-226.

Miura, Asunción (2001). Apertura del simposio. *Simposio internacional sobre prostitución y tráfico de mujeres con fines de explotación sexual.* Madrid: B.O.C.M.

Nubiola, Jaime y Bernal, José. (2012). Pornografía. *Diccionario General de Derecho Canónico,* Volumen VI. Pamplona: Aranzadi, Thomson-Reuters.

Pomares Cintas, Esther (2012). La prostitución, rehén permanente del discurso de la trata de personas. *Revista del Laboratorio Iberoamericano para el Estudio Sociohistórico de las Sexualidades,* n.º 4, pp. 173-191.

Peris, M. Carmen (1990). La prostitución valenciana en la segunda mitad del siglo XIV. *Revista d'historia medieval,* n.º 1, pp. 179-199

Sánchez Perera, Paula (2022). *Crítica de la razón puta. Cartografías del estigma de la prostitución.* Madrid: Laovejaroja.

Romagnoli, Umberto (1995). *Il lavoro in Italia. In giurista racconta.* Bolonia: Il Mulino.

Thomas, Hélène (2002. Du lancer de nain comme canon de l'indignité. Le fondement éthique de l'État social. *Raisons Politiques,* n.º 2.

Yagüe Blanco, Sergio (2020). Convenio núm. 190 de la OIT sobre violencia y acoso: delimitación de su ámbito de aplicación ante la posible ratificación por España. *Revista General de Derecho del Trabajo y de la Seguridad Social,* n.º 57, pp. 498-538.

Capítulo 8

La lucha contra la violencia y el acoso laboral por motivos sexogenéricos en situaciones de descentralización productiva

ADORACIÓN GUAMÁN HERNÁNDEZ
Catedrática de Derecho del Trabajo y de la Seguridad Social
Universitat de València
Adoración.Guaman@uv.es

1. INTRODUCCIÓN

En junio del año 2019, la Organización Internacional del Trabajo adoptó el Convenio 190, junto con la Recomendación 206 sobre violencia y acoso, que entró en vigor el 25 de junio de 2021[1]. La adopción del Convenio evidenció la preocupación de la comunidad internacional por la incidencia de la violencia en el ámbito laboral y la voluntad de reconocer el derecho de toda persona a tener una vida libre de violencia y acoso, situaciones que se consideran incompatibles con el trabajo decente.

La perspectiva de género permea sin duda esta norma internacional, que desde su preámbulo otorga un tratamiento específico a la violencia y el acoso por razón de género, adoptando, en sus propios términos, "un enfoque inclusivo, integrado y que tenga en cuenta las consideraciones de género" (art. 4.2 C190).

---

1 El Convenio fue ratificado por España el 8 de marzo del 2022 y según se establece en el instrumento de ratificación, publicado en el BOE de 16 de junio de 2022, entró en vigor el 25 de mayo de 2023. Para un análisis de este convenio y su impacto en el marco jurídico español vid., entre otras muchas contribuciones: Yagüe Blanco, 2020; Correa Carrasco y Quintero Lima, 2021; Ramos Quintana, 2021; Altés Tárrega, 2022.

Casi cuatro años después de la adopción del Convenio se han realizado 25 ratificaciones y a fecha de marzo de 2023 esta norma internacional está en vigor en 11 países[2]. Se trata de un número reducido, en la línea de la débil ratificación de las normas internacionales del trabajo[3], que debe leerse con el preocupante alto número de incumplimiento de los estándares laborales internacionales que cada año señala el Informe General de la Comisión de Expertos en Aplicación de Convenios y Recomendaciones (CEACR). En su Informe de 2023 (OIT, 2023.a) la Comisión ha formulado 656 observaciones, 1263 solicitudes directas. Además, la Comisión ha señalado 36 notas especiales (las conocidas como *notas al pie de página*)[4], reservadas para los casos en los que considera conveniente solicitar a los Gobiernos información adicional por la gravedad o persistencia respecto de los incumplimientos de las normas internacionales del trabajo, la calidad de las memorias o la urgencia de una determinada situación[5]. La cosa no termina ahí, en esa ocasión, 23 países se colocan en una situación de incumplimiento grave de envío de memorias que provocan una "profunda preocupación" a la CEACR.

No existe todavía, por razones obvias, un análisis del cumplimiento del Convenio 190 sobre violencia y acoso en el trabajo. No obstante, las dificultades para su implementación adecuada pueden medirse de manera indiciaria atendiendo al número de incumplimientos respecto de otros convenios que se encuentran íntimamente vincu-

---

2 Lo han ratificado los siguientes países: Albania, Antigua y Barbuda, Argentina, Bahamas, Barbados, Canadá, República Centroafricana, Ecuador, El Salvador, Fiji, Grecia, Italia, Irlanda, Mauricio, México, Namibia, Nigeria, Panamá, Perú, San Marino, Somalia, Sudáfrica, España, Reino Unido de Gran Bretaña e Irlanda del Norte y Uruguay.

3 Debe tenerse en cuenta que una de las grandes debilidades de la OIT es el bajo número de ratificaciones de los Convenios. En la actualidad, solo 18 de los 154 Estados miembros de la Organización han ratificado han ratificado los once Instrumentos fundamentales.

4 Países como Afganistán, Camboya, Líbano, Nicaragua, Bangladesh, Brasil o Costa de Marfil entre muchos otros se ubican en esta larga lista de países bajo la lupa de la Comisión.

5 No puede ignorarse que la CEACR también ha detectado una serie de 34 casos de progreso en 24 países, dos de ellos en España vinculados al cumplimiento de los Convenios 87 y 98.

lados al aprobado en 2019 y que forman parte de los Convenios considerados como fundamentales[6]. Para ello, es importante recordar que, con la decisión adoptada en la 110.ª reunión de la Conferencia Internacional del Trabajo (2022) se enmendó la *Declaración de la OIT relativa a los principios y derechos fundamentales en el trabajo,* de 1998, para incluir dos nuevos Convenios fundamentales[7]: el *Convenio 155 sobre seguridad y salud de los trabajadores* de 1981 y el *Convenio 187 sobre el marco promocional para la seguridad y salud en el trabajo,* 2006[8].

El C190 se encuentra íntimamente relacionado, en primer lugar, con los Convenios 29 (de 1930) y 105 (de 1957) que lideran la lucha contra persistencia del trabajo forzoso[9]. Como señalaba Valdés Dal-Ré (2013), la manifestación más execrable de la violencia laboral es la esclavitud, persistente en nuestros días y estudiada hoy bajo el amplio concepto de *esclavitud moderna* dentro del cual se subsume la categoría de *trabajo forzoso,* cuya definición y prohibición es una de

---

6 Ya existen voces que apuntan a la necesidad de que el Convenio 190 pase a formar parte de los Convenios fundamentales OIT (Olarte Encabo, 2022)

7 Es interesante que la CEACR en su informe de 2023 (OIT, 2023.a) vincule esta decisión con la Resolución adoptada por la Asamblea General de las Naciones Unidas el 26 de julio de 2022 reconociendo el derecho a un medio ambiente limpio, saludable y sostenible como un derecho humano universal.

8 Cabe recordar que, hoy en día, los Instrumentos fundamentales son: *Convenio sobre el trabajo forzoso,* 1930 (núm. 29); *Protocolo de 2014 relativo al Convenio sobre el trabajo forzoso,* 1930; *Convenio sobre la libertad sindical y la protección del derecho de sindicación,* 1948 (núm. 87); *Convenio sobre el derecho de sindicación y de negociación colectiva,* 1949 (núm. 98); *Convenio sobre igualdad de remuneración,* 1951 (núm. 100); *Convenio sobre la abolición del trabajo forzoso,* 1957 (núm. 105); *Convenio sobre la discriminación (empleo y ocupación),* 1958 (núm. 111); *C138 – Convenio sobre la edad mínima,* 1973 (núm. 138); *Convenio sobre seguridad y salud de los trabajadores,* 1981 (núm. 155); *Convenio sobre las peores formas de trabajo infantil,* 1999 (núm. 182); *Convenio sobre el marco promocional para la seguridad y salud en el trabajo,* 2006 (núm. 187).

9 Como es bien sabido, a los textos de referencia señalados hay que sumarles el Protocolo y la Recomendación 203 al Convenio 29, adoptados en 2014. Destaca sobre la cuestión el Informe III (Parte 1B). Estudio general relativo al Convenio sobre el trabajo forzoso, 1930 (núm. 29), y al Convenio sobre la abolición del trabajo forzoso, 1957 (núm. 105). Conferencia Internacional del Trabajo 96.ª reunión, 2007.

las líneas de actuación fundamentales de la OIT que ha afirmado que “el trabajo forzoso es la antítesis del trabajo decente” (OIT, 2009). Por añadidura la prohibición del trabajo forzoso ha quedado recogida dentro de la Agenda 2030 para el Desarrollo Sostenible, aprobada por la Asamblea General de las Naciones Unidas en septiembre de 2015 (párrafo 27) y en la meta 8.7 de los ODS.

En su Estudio General de 2007, la CEACR indicó que, pese a la legislación vigente “existen casos de vestigios de esclavitud y de otras prácticas análogas a la esclavitud que aún perviven en algunos países, a veces vinculadas con raptos de hombres, mujeres y niños, en el contexto de conflictos armados. Persisten prácticas ampliamente extendidas de diferentes formas de servidumbre por deudas y la trata de personas con fines de explotación sexual y laboral, de que pueden ser víctimas no sólo personas adultas sino también adolescentes, niñas y niños. Numerosos son los países donde las personas trabajadoras domésticas quedan atrapados en situaciones de trabajo forzoso y en muchos casos se les impide con amenazas o violencia abandonar el domicilio de los empleadores”. Además, la CEACR alertó del impacto diferenciad sobre personas trabajadores migrantes, mujeres, jóvenes o las personas prevenientes de pueblos y comunidades indígenas (OIT, 2009).

En cuanto a la regulación de su prohibición, baste señalar aquí que el Convenio sobre el trabajo forzoso, 1930 (núm. 29), complementado con el Protocolo y la Recomendación 203 a este Convenio, de 2014[10], afirma que la expresión *trabajo forzoso* designa todo trabajo o servicio exigido a un individuo bajo la amenaza de una pena cualquiera y para el cual dicho individuo no se ofrece voluntariamente”[11]. La propia CEACR ha señalado (OIT, 2018) que “la violencia física y la coacción psicológica se utilizan a veces para obligar a las personas a aceptar trabajo forzoso, según la definición dada en el Convenio

---

10 Vid. Sobre este Protocolo: OIT, 2016.a.

11 La literatura especializada sobre el trabajo forzoso, el marco jurídico para su persecución y las garantías de las víctimas es inabarcable en un texto como el presente. Vid. por todas, además de las ya recogidas en citas anteriores, las siguientes obras: Pérez Alonso, 2017 y 2022; Pérez Alonso y Olarte Encabo, 2020; Rivas Vallejo, 2021.

núm. 29". La amenaza, una expresión de violencia, forma parte por tanto del núcleo definitorio del trabajo forzoso, en palabras de la Comisión, en el estudio antes citado, "la credibilidad y el impacto de las amenazas que se utilicen para obligar a una persona a efectuar un trabajo deben evaluarse desde la perspectiva del trabajador, teniendo en cuenta sus características personales y su situación. Abusar de una persona en situación de vulnerabilidad es una forma de coacción psicológica empleada a menudo para arrancar el consentimiento de las víctimas de trabajo forzoso".

La larga historia de las normas orientadas a prohibir el trabajo forzoso no impide que, en la actualidad, y según los datos y categorías de la OIT (2022), más de 49,6 millones de personas (26,7 mujeres y 22,8 hombres) se encuentran en situación de esclavitud moderna. Dentro de ella, el trabajo forzoso representa el mayor porcentaje de estas nuevas formas de esclavitud, incluyendo a 27,6 millones de personas, de las cuales 23,6 millones son esclavizadas en el sector privado. De este total, 17 millones son víctimas de esclavitud en la economía privada en sectores distintos de la explotación sexual comercial, por ejemplo, servicios, trabajo doméstico, la industria de la construcción, la agricultura, la pesca o el textil, situándose de manera específicamente concentrada en los últimos eslabones de las CGV.

El Informe de la CEACR de 2023 señala un abundante número de casos de incumplimiento de los Convenios 29 y 105, entre los que se pueden destacar los siguientes: trabajo forzoso en el sector agrícola y textil en Argentina; castigo de trabajadores mediante sanciones que implican trabajo obligatorio por su participación pacífica en huelgas en Bielorrusia, Camboya, Eritrea; trabajo forzoso y trata de trabajadores migrantes en Libia o Malasia; esclavitud *por ascendencia* en Mali; contrabando organizado de trabajadores nepalís hacia Qatar, Arabia Saudita y los Emiratos Árabes Unidos; servidumbre en el trabajo en el sector del ladrillo en Nepal; sumisión trabajos forzosos por grupos armados en la República Democrática del Congo; trabajos forzosos *comunales* en Ruanda; trabajo forzoso en el sector del algodón en Turkmenistán, entre muchos otros.

Las mujeres y las niñas están sobrerrepresentadas en la esclavitud moderna. En el trabajo forzoso distinto de la explotación sexual representan el 54% de la población afectada, mientas que, dentro de las víctimas en la industria sexual comercial, las mujeres y las niñas representan el 99 %. Además, 22 millones personas, de las cuales dos tercios son mujeres y niñas, están sometidas a matrimonios forzados. Si bien la violencia física dentro del trabajo forzoso afectaba por igual a hombres y mujeres, el 98 % de las mujeres y las niñas son objeto de violencia sexual (OIT 2022). Se trata por tanto de una práctica discriminatoria anclada en sistema de opresión/dominación patriarcal, cuya expresión en el ámbito de las relaciones de trabajo, en buena medida mediante la violencia laboral por motivos sexogenéricos, se analizará brevemente en las páginas siguientes para justificar la elección del término *subordiscriminación.*

En segundo lugar, la vinculación entre el Convenio 190 y el Convenio 111 ha sido claramente establecida por la propia OIT en su Estudio General de 2023 realizado para la Conferencia Internacional del Trabajo 111 (OIT, 2023.b). Señala este estudio que el Preámbulo y los artículos 5 y 6 del Convenio 190 reafirman que el derecho a la igualdad y a la no discriminación en el empleo y la ocupación, incluyendo a las trabajadoras, es esencial para prevenir y eliminar la violencia y el acoso en el mundo del trabajo. Así, continua la CEACR, "estos instrumentos deben considerarse mutuamente complementarios con el Convenio núm. 111 y la Recomendación núm. 111: mientras que los instrumentos más recientes proporcionan un marco general para abordar específicamente la violencia y el acoso en el mundo del trabajo, incluidas la violencia y el acoso por motivo de género y otros motivos, el Convenio núm. 111 y la Recomendación núm. 111 ofrecen un marco de acción de larga duración para eliminar toda discriminación, incluido el acoso basado en uno o más motivos prohibidos, con respecto a todos los aspectos del empleo y la ocupación". Además, la CEACR (OIT, 2018) ya había señalado el acoso sexual es una forma grave de discriminación por razón de sexo, que queda comprendida en el ámbito de aplicación del Convenio 111.

El C190 sería por tanto una concreción de los Convenios fundamentales sobre igualdad, cuyo cumplimiento está en una situación similar a los relativos al trabajo forzoso. Entre los casos de incumplimiento de los Convenios 100 y 111 sobre igualdad de discriminación y remuneración señalados por la OIT (2023.a), encontramos un amplio número de casos en los que la CEACR ha mostrado su profunda preocupación por la falta de envío de las memorias y la insistencia en situaciones ya comentadas en años anteriores, además señala, entre muchos otros casos, la persistencia de las brechas de género, discriminaciones y violencias sexuales o con causas sexogenéricas. Entre los países más criticados se encuentra Afganistán, Angola, Argelia, Bahréin, Bangladesh o China.

En tercer lugar, la CEACR (OIT, 2023.b) también ha señalado con claridad que el acoso basado en la discriminación en el empleo y la ocupación es un fenómeno grave que tiene consecuencias para la salud y el bienestar de las personas. Como ya había indicado la CEACR (OIT, 2018), es cierto que estos instrumentos no abordan explícitamente la violencia y el acoso, pero estas conductas suponen un riesgo evidente para la salud. Además, la Comisión destacó que los Convenios señalados "engloban tanto la salud física como la salud mental, incluido el estrés relacionado con el trabajo, y proporcionan también herramientas y conceptos útiles que los países ya han aplicado a nivel nacional para combatir la violencia y el acoso en el trabajo"[12].

La juventud del Convenio 190 no implica, por tanto, que la lucha frente a la violencia y el acoso no tuviera ya un asidero en el derecho internacional del trabajo, al contrario, es posible afirmar que la

---

12 En apoyo de esta afirmación, la CEACR recordó en 2018 (OIT, 2018) que distintos órganos de tratados de Derechos Humanos de Naciones Unidas ya habían señalado esta conexión. Así, señaló que "el *Comité para la Eliminación de la Discriminación contra la Mujer*, en su seguimiento de la aplicación de la *Convención sobre la Eliminación de todas las Formas de Discriminación contra la Mujer* (CEDAW), ha considerado que el acoso sexual en el lugar de trabajo constituye una forma de violencia de género que puede perjudicar gravemente la igualdad en el empleo y constituir un problema de salud y de seguridad" en su Observación General sobre el artículo 11 de la Recomendación General núm. 19 (11.º período de sesiones, 1992) y que "el Comité de Derechos Económicos, Sociales y Culturales de las Naciones Unidas ha puesto de relieve que el derecho a condiciones de trabajo equitativas y satisfactorias (según el artículo 7 del Pacto Internacional de Derechos Económicos, Sociales y Culturales) incluye implícitamente la protección contra la violencia y el acoso físico y mental, incluido el acoso sexual" (Observación General núm. 23 (2016) sobre el derecho a condiciones de trabajo equitativas y satisfactorias (artículo 7 del Pacto Internacional de Derechos Económicos, Sociales y Culturales), documento E/C.12/GC/23.

protección frente a las violencias por motivos sexogenéricos se haya anclada en seis Convenios fundamentales. Además, y como narra el estudio previo a la adopción del C190 (OIT 2018), de 80 países miembros de la Organización analizados se identificó una regulación en materia de acoso sexual en: 15 países de las Américas, 25 países de Europa y Asia Central, cuatro países de Asia y el Pacífico, 15 países de África y ninguno de los Estados árabes.

A pesar de este amplio marco normativo internacional y estatal, y de nuevo según los datos de la OIT publicados en 2022, una de cada cinco personas empleadas afirmó, en el año 2021, haber sufrido de violencia y acoso en el trabajo durante su vida laboral (es decir, 743 millones de personas). En todos los tipos de violencia que identifica el informe, física, psicológica y sexual, hay una mayor preponderancia de la violencia hacia la mujer que se dispara en la última tipología.

Valga todo lo anterior para evidenciar el problema sobre el que se construyen estas páginas: la violencia laboral, en concreto aquella vinculada a motivos sexogenéricos, es una realidad frente a la cual ya existe un marco normativo importante, que el Convenio 190 viene a estructurar, sistematizar y reforzar. Sin embargo, la eficacia de este marco normativo internacional se ve cuestionada por la enorme incidencia que las situaciones de violencia y acoso siguen teniendo en el ámbito del trabajo subordinado y por cuenta ajena en determinados países donde se sitúa la producción de sectores extremadamente feminizados como, por ejemplo, el sector del textil. La nueva división internacional del trabajo con una distribución productiva determinada por las Cadenas Globales de Valor (CGV) establece un nuevo terreno de juego para el derecho laboral, nacional e internacional, evidenciando las dificultades para garantizar la protección de determinados derechos y, muy en concreto, frente a la violencia en el trabajo. De hecho, como se evidencia en el apartado segundo de este texto, es posible afirmar que el mantenimiento, e incluso el aumento, de las violencias sexogenéricas laborales a nivel global tiene una vinculación con la localización de la producción que eligen las empresas matrices que gobiernas las CGV.

Analizado el problema principal, la hipótesis que sostiene este texto es la siguiente: ante las dificultades para garantizar la eficacia de las normas laborales vinculada al fenómeno de descentralización global de la producción, es posible plantear como vías complementarias otros instrumentos, no heterónomos o no propios de derecho laboral que se enmarcan dentro del "Derecho Transnacional del Trabajo para las cadenas globales de valor" (Sanguineti Raymond, 2022), muy en particular los Acuerdos Marco Internacionales y las normas de diligencia debida empresarial en derechos humanos y ambiente. Al detalle de estos instrumentos, y de su compatibilidad con los instrumentos de tutela frente al acoso laboral ya existentes en el ámbito español se dedica el apartado tercero de este estudio.

2. LA PERVIVENCIA DE LAS VIOLENCIAS SEXOGENÉRICAS EN EL ÁMBITO LABORAL: UN ANÁLISIS DESDE EL FEMINISMO JURÍDICO CON PERSPECTIVA TRANSNACIONAL

Indudablemente, el mantenimiento, e incluso el aumento, de las violencias sexogenéricas en el ámbito laboral tiene un origen pluricausal y complejo cuyo análisis en este texto se centra en la concreta situación de las Cadenas Globales de Valor. No obstante, y a modo de marco teórico fundamental, es imprescindible comenzar este apartado con un somero recordatorio del carácter androcéntrico del Derecho, en general y del Derecho del Trabajo en particular, desde el encuadre del feminismo jurídico. A continuación, en el apartado segundo, se entra en la particular relación entre violencias sexogenéricas y CGV.

2.1. Violencias sexo-genéricas desde la crítica al derecho antidiscriminatorio: la importancia de los conceptos de subordiscriminación e interseccionalidad

La mención expresa de la necesidad de adoptar un enfoque de género que realiza el C190, y que se desarrolla en la Recomendación 206, es sin duda importante, pero, como hemos visto, el problema reside en determinar cómo se traduce este enfoque en instrumentos normativos que sean capaces de transformar la base androcéntrica y patriarcal sobre la que se ha construido el ordenamiento jurídico en general y el laboral en particular. Sin aceptar esta premisa de carácter estructural, la articulación de mecanismos adecuados para la lucha contra manifestaciones de estas relaciones de subordinación y dominación se convierte en una actuación paliativa y no transformadora. Veamos.

Tamar Pitch (2010), autora fundamental para entender el feminismo jurídico, nos recordaba que "el derecho y los derechos están construidos por y para los varones". La larguísima lucha de las mujeres por convertirse en sujetos de derecho no solo ha debido enfrentarse a la dominación, ocultación y opresión sino también, entre otros múltiples obstáculos, a la producción de normas que bajo la apariencia del reconocimiento de derechos se han orientado al refuerzo de las estructuras patriarcales de género, manteniéndose el androcentrismo en la doctrina jurídica, en la producción de normas y en la aplicación de estas[13]. Si esto puede predicarse del conjunto de las ramas del Derecho, su relevancia en el ámbito *iuslaboral* es mayúscula puesto que nuestra rama del Derecho está firmemente construida sobre la desigualdad de género, la división sexual del trabajo y la invisibilización de los cuidados[14]. En otras palabras y desde

---

13 La importancia del feminismo como instrumento de construcción jurídica contra-hegemónica radica no solo en las conquistas en el plan regulatorio sino, en gran medida, en la disputa en el plano teórico (vid. Barrère Unzueta, 2018; Bodelón, 2019; Fraser, 2021; Picht, 2003; Smart, 1992) Desde el feminismo jurídico se han problematizado, necesariamente, diversas nociones y categorías. Costa (2017) afirmaba que desde el pensamiento feminista se advierte tanto el establecimiento del varón como universal de lo humano, como la marginación y minimización de las mujeres y otras identificaciones disidentes en las formulaciones jurídicas. Así, continua la autora: "el androcentrismo jurídico implica la funcionalidad y complicidad del derecho para consolidar el privilegio y predominio de los varones, adultos, blancos, propietarios y sin discapacidades por sobre cualquier otro grupo". Además, la aceptación del propio carácter androcéntrico y patriarcal, desde el feminismo se ha empujado al Derecho (Bodelón, 2009) a regresar el enfoque hacia lo "social" alejándose de lo formal y de la ortodoxia de la ciencia jurídica iuspositivista.

14 La literatura respecto de la división sexual del trabajo y las discriminaciones sexo-genéricas que vertebran y estructuran las relaciones de empleo y la división de los cuidados es inabarcable, valga aquí una remisión a la si-

la sociología del trabajo, Fudge y Mundlak (2022) han afirmado esto señalando que "el género es un importante dispositivo estructurador de los mercados laborales"; por su parte, Rubbery (2011) ha afirmado, y demostrado con numerosos estudios, que "las instituciones del mercado de trabajo están inextricablemente vinculadas al género".

No deja de ser paradójico que el Derecho del trabajo, ordenamiento basado en el reconocimiento de la asimetría de la relación capital-trabajo y en la articulación de mecanismos de mitigación de esta, ya sea mediante la aceptación de la autotutela ya sea mediante la intervención estatal, no ha sabido apreciar convenientemente el otro eje de discriminación que, junto con el de clase, ha vertebrado y estructurado las relaciones laborales: el género. Pero lo cierto es que aun hoy en día (y a pesar de los avances) es inapelable que las relaciones de poder o subordinación por razón de género son un elemento *estructural* en las relaciones de trabajo asalariado, una de cuyas expresiones es, sin duda, la violencia laboral por motivos sexogenéricos. En este sentido, ya el texto clásico de Mackinnon (1979) explicaba con claridad las razones que imponen aceptar que la relación entre violencias sexogenéricas y discriminación va mucho más allá de un simple vínculo entre ellas. Así, el acoso, en concreto el acoso sexual pero cualquier violencia fundamentada en el género en el trabajo, son mucho más que una manifestación individual de una lesión de un derecho fundamental, son conductas de carácter sistémico que perpetúan (porque se enraízan en ella) la estructura de dominación y subordinación de las mujeres en los esquemas de derecho androcéntrico sobre los que se construyó la organización jurídico-normativa del trabajo. Las brechas de género, los techos de cristal, la feminización de la pobreza laboral, tienen una vinculación *estructural* o sistémica con el uso de formas violentas en el trabajo contra las mujeres, como elemento de control y disciplina. En palabras de Barrère (2010) "los hombres usan conductas tanto de naturaleza sexual como no sexual para comunicar a las mujeres su condición de

---

guiente selección de obras de las sociólogas expertas en el tema: Borderías, 1994; Carrasco, 1999; Ezquerra, 2011; Federici, 2010; Fraser, 2020; Partenio, 2022.

intrusas en el lugar de trabajo"[15]. La violencia no es, por tanto, una forma de discriminación, sino que forma parte de esta, entendiéndola, como sigue señalando Barrère, "desde la perspectiva del sistema sexo-género (de poder intergrupal que subordina a las mujeres)[16], y, por tanto, no desde la bilateralidad o neutralidad de los sexos, ni reducida estrictamente a lo laboral (que representa sólo una parcela de lo social)"[17].

Para distinguir este tipo de discriminaciones, con raíces y consecuencias estructurales y sistémicas, de las que no lo son, Barrère (2018) nos propone el concepto de *subordiscriminación*, que se acoge como idóneo para tratar la cuestión en el ámbito laboral. La autora afirma que se trata de un término que permite designar el conjunto de tratos que "adquiriendo significación en uno o varios sistemas de poder, inferiorizan el estatus de ciertos grupos sociales e impiden que ese estatus cambie (es decir, que lo reproducen)". La idoneidad

---

15 En este texto imprescindible Barrèrre (2010) desentraña el clásico de Mackinnon titulado para desarrollar una interesante crítica al derecho antidiscriminatorio. Así, la autora afirma que "la cultura jurídica se ha resistido, y se sigue resistiendo a relacionar la violencia ("de género") contra las mujeres y la discriminación ("de género" contra las mujeres). Esto es así porque prefiere reservar esta denominación (discriminación) para designar la ruptura de la regla de justicia aristotélica de la igualdad de trato según el esquema comparativo clásico (trato igual a los iguales y trato desigual a los desiguales). De este modo, la discriminación se presenta como un fenómeno comparativo y ocasional, no estructural".

16 De nuevo citando a Mackinnon la autora nos señala que lo característico del acoso (o violencia) sexual o por razón de sexo es su carácter de fenómeno grupal. En efecto, se sufre por la pertenencia a un grupo y tiene como consecuencia el debilitamiento de la posición social de ese grupo y de los individuos que pertenecen al mismo (Barrère, 2010).

17 En este sentido vid. la crítica de Barrère a la vinculación entre violencia y dignidad si esta se hace desde el punto de vista excluyente, conceptualizando a ambas partes de la relación como individuos autónomos, desatendiendo las estructuras de poder y subordiscriminaciones existentes. Para la autora, el acoso sexual, que también es un ataque a la dignidad humana, se explica por la propia violencia que emana del sistema de subordiscriminación sexo-género, que se manifiesta también en el trabajo, donde adquiere formas específicas que, evidentemente, se derivan de la subordinación existente como vínculo sustancial de la relación capital-trabajo.

del término se potencia en el ámbito laboral donde, como decíamos, el elemento de subordinación existente *per se* ha opacado históricamente la percepción de otros ejes de dominación que existen, como existen en el resto de las relaciones sociales y jurídicas, derivadas de los clivajes sexo-genéricos o raciales. Con el concepto de *subordiscriminación,* Barrère nos abre la puerta a una crítica y redefinición del concepto de discriminación y su uso formalista/individualista[18]. Para ello, vincula la discriminación a la opresión y a la dominación para considerar el concepto anclado (vertebrado) por las profundas injusticias enraizadas en normas y estereotipos que sufren algunos grupos[19]. Como es evidente, el derecho antidiscriminatorio clásico, o sencillamente estructurado desde la óptica jurídico-liberal, propone un tratamiento de las situaciones de violencia que no tiene en cuenta

---

18 A lo largo de numerosas obras, la autora ha contestado el concepto de "discriminación indirecta" y el de "discriminación positiva", cuestionando su utilización y su pretendida neutralidad. En particular, puede encontrarse un recorrido por esta obra en Barrèrre y Morondo, 2011.

19 La discriminación por motivos sexogenéricos, por tanto, no puede considerarse, como algo puntual o excepcional sino como un fenómeno sistémico. Así, las actuaciones discriminatorias ni tienen que resultar evidentes ni necesariamente intencionales y el juicio de similitud para valorar la existencia de discriminación no se fundamenta en la concurrencia de una "categoría diferente" sino en la existencia de un sistema de opresión construido sobre ella. Por tanto, "la discriminación constituirá la manifestación individualizada de un sistema de opresión/dominación" lo cual permite ampliar el fenómeno para dar cabida a la idea de "opresión intergrupal" (Barrère y Morondo, 2011). Este planteamiento choca con el más extendido entre la doctrina, que sin contemplar el factor estructural y sistémico ni el elemento de opresión señala la necesidad de que concurra la intencionalidad del agresor y mantiene el análisis del supuesto de hecho en la condición unipersonal de la agredida. En este sentido, Correa Carrasco (2021) llega a afirmar que "si en el acoso discriminatorio es la especial condición de la víctima el elemento que desencadena la conducta ofensiva, en el acoso sexual, la creación de un entorno hostil e intimidatorio deriva de las connotaciones sexuales que están presentes en los actos que conforman la conducta del acosador. En el acoso moral, por su parte, la finalidad del agresor es provocar el rechazo o aislamiento social de la víctima en el entorno laboral, afectando a su autoestima personal y a su capacidad profesional".

los elementos grupales y estructurales y que otorga un tratamiento parcial, *individualizado*[20].

Para concluir este apartado, es interesante referirse a otro concepto al que la CEACR le dedica un análisis específico en su Informe General de 2023 sobre igualdad de género en el trabajo (OIT, 2023.b) y que no es otro que la discriminación interseccional. No se trata de un concepto novedoso, de hecho, la filósofa a la que se viene citando como referente del marco teórico de este texto ha trabajado el concepto en numerosas obras, dando cuenta de su larga trayectoria en el ámbito del derecho antidiscriminatorio estadounidense desde principios de los años noventa del siglo pasado[21]. Ciertamente, la referencia a las discriminaciones múltiples ya existía en el Derecho de la Unión Europea[22], pero la mención y la definición normativa de

[20] Entre otras normas la autora incluye em esta categoría no solo a la CEDAW sino al conjunto de directivas sobre igualdad de trato y a la LOIMH 3/2007. Para una crítica específica del modelo particularista de construcción de la normativa antidiscriminatoria y, en concreto, del esquema establecido por el Derecho de la Unión Europea vid. Álverz del Cuvillo, 2022.

[21] Vid. por todas las obras anteriores sobre el tema Barrère, 2021. En el texto, la autora hace un recorrido desde el nacimiento del derecho antidiscriminatorio estadounidense analiza la obra de Crenshaw, jurista estadounidense que habló de interseccionalidad para evidenciar la falta de tratamiento adecuado de las conductas discriminatorias que afectaban a las mujeres negras, poniendo el acento, como indica Barrère, en la simultaneidad de los ejes de opresión de esas mujeres (raza, género y clase). De hecho, para nuestra autora, la noción de estructuras de poder y dominación es fundamental para conceptualizar de manera adecuada la noción de interseccionalidad.

[22] En concreto, en su obra de 2021, titulada "La introducción de la interseccionalidad en el derecho con especial referencia a la legislación sobre igualdad de mujeres y hombres", Barrère señaló la necesidad de que, más allá de una aplicación jurisprudencial de la interseccionalidad que permite resolver casos en los que interseccionan distintas estructuras de poder u opresión sobre una misma persona o grupo, la interseccionalidad debe entrar en el cuerpo de la ley. A modo de guía para una introducción adecuada de la intereseccionalidad en las normas, señalando explícitamente el problema específico que plantea la lógica de las normas laborales (aspecto en el que se disiente de la autora) Barrèrre (2021) señala que la introducción de la interseccionalidad en la legislación para la igualdad de las mujeres

la *interseccionalidad* ha llegado a nuestro ordenamiento muy recientemente, con el artículo 6.3.b de la ley 15/2022 que indica que "se produce discriminación interseccional cuando concurren o interactúan diversas causas de las previstas en esta ley, generando una forma específica de discriminación"[23].

La CEACR (OIT, 2023.b) por su parte ha recordado que existe una línea muy fina entre los distintos motivos de discriminación y que la discriminación puede producirse en relación con más de un motivo y crear así una desventaja acumulativa. Las formas de discriminación con la que suele interactuar la discriminación por razón de sexo son las vinculadas a la raza, la raza, la nacionalidad, el origen social o la religión, la edad, la situación migratoria, la discapacidad o la salud. En estos casos, la CEACR indicó que la discriminación múltiple e interseccional suele agravar y exacerbar las desigualdades existentes y que el desafío es evitar los enfoques jurídicos específicos o independientes y establecer la posibilidad de presentar denuncias de discriminación por motivos combinados.

---

requiere tres cosas: "a) que en su elaboración o eventual reforma ha de estar presente la voz de las mujeres «interseccionadas»; b) que su alcance se ha de proyectar sobre todo el contenido de la legislación y no sólo sobre una de sus partes (la comúnmente llamada tutela antidiscriminatoria); y c) que ha de incluir medidas que repercutan positivamente (a nivel sistémico e individual) sobre las situaciones vividas por esas mujeres, actualmente eclipsadas".

23 Además, es posible encontrar la mención a la discriminación interseccional en la *Ley Orgánica de 10/2022 de 6 de septiembre de garantía integral de la libertad sexual*; la *Ley Orgánica 1/2023 de 28 de febrero* por la que se modifica la *Ley Orgánica 2/2010, de 3 de marzo de salud sexual y reproductiva y de la interrupción voluntaria del embarazo*; la *Ley 4/2023 de 28 de febrero para la igualdad real y efectiva de las personas trans y para la garantía de los derechos de las personas LGTBI.* Además, se encuentra, sencillamente mencionada, en un buen número de normas autonómicas aprobadas en 2022 y en la *Ley 1/2021, de 24 de marzo de Medidas urgentes en materia de protección y asistencia a las víctimas de violencia de género.*

2.2. *La violencia laboral en la descentralización productiva global: los límites del derecho internacional (y nacional) del trabajo*

Uno de los grandes temas que preocupan a la OIT en los últimos años es cómo asegurar el trabajo decente, y por tanto la ausencia de violencia laboral, en las Cadenas Globales de Valor[24]. La preocupación tiene sobrado fundamento dado que, la misma OIT ha estimado que más de 453 millones de personas en el mundo, es decir, un

---

24 La expresión para definir este fenómeno de descentralización no es cuestión pacífica. La OIT ha utilizado de manera general el concepto de "cadena mundial de suministro", definiéndola como "toda organización transfronteriza de las actividades necesarias para producir bienes o servicios y llevarlos hasta los consumidores, sirviéndose de distintos insumos en las diversas fases de desarrollo, producción y entrega o prestación de dichos bienes y servicio" (OIT, 2016); aun cuando en documentos posteriores ha empleado la denominación "Cadena Global de Valor", más adecuada para describir el fenómeno al que nos referimos, definiendo al misma como: toda la variedad de actividades que se requieren para llevar un producto o servicio desde su concepción, pasando por las etapas intermedias de producción y entrega/prestación a los consumidores finales, hasta su disposición final después del uso. Esto incluye actividades como diseño, producción, marketing, distribución y servicios de asistencia hasta llegar al consumidor final" (OIT, 2021). Los Principios Rectores de Derechos Humanos (PRNU) adoptaron la expresión de "cadena de valor". La definición del término la encontramos en la Guía para la interpretación de los PRNU, que señala que: "la cadena de valor de una empresa está constituida por las actividades que convierten los insumos en productos mediante la adición de valor. Incluye a las entidades con las que mantiene una relación empresarial directa o indirecta y que bien: a) proporcionan productos o servicios que contribuyen a los propios productos o servicios de la empresa; o b) reciben productos o servicios de la empresa". En el ámbito de la Unión Europea, el borrador de Directiva sobre diligencia debida de las empresas en materia de sostenibilidad presentado por la Comisión el 23 de febrero de 2022 utilizó el término "cadena de valor"; la propuesta del Parlamento Europeo, previa al borrador de la Comisión, utilizó el mismo término y la propuesta del Consejo incluyó como novedad la denominación "cadena de actividad". Además, la definición de cadena utilizada por cada una de las tres instituciones no coincide, siendo la del Parlamento la más amplia. Sobre las cadenas entre la doctrina iuslaboralista cabe señalar la obra de Brino, 2020; Sanguineti Raymond, 2022, Guamán Hernández, 2023.

20,6% del empleo global, integran su actividad en una de las empresas que conforman estas cadenas (OIT, 2016).

Además, y retomando lo ya señalado en otras publicaciones (Guamán Hernández, 2023) es necesario recordar que el fenómeno de la descentralización global de la producción tiene un claro impacto de género. En concreto, en las economías periféricas, la presencia de las mujeres en el trabajo en las cadenas de producción es superior a su inserción en el conjunto global del empleo remunerado. Además, en el conjunto de las cadenas, las mujeres están sobrerrepresentadas en empleos de baja remuneración en los niveles inferiores de la cadena donde se practican los salarios más bajos y en empleos que requieren escasa calificación, en cambio, los hombres se distribuyen de forma más regular entre los distintos sectores, ocupaciones y tipos de puestos de trabajo. Dada esta situación, que evidentemente es una plasmación ampliada de la división sexual del trabajo y sus consecuencias, presente en el conjunto de los mercados laborales, la brecha salarial se mantiene y agranda en las cadenas. Además, a las mujeres, y muy especialmente a las migrantes y a las jóvenes, se les aboca a los contratos temporales o a la informalidad laboral, utilizándolas como mano de obra contingente (prescindible en cualquier momento) para hacer frente a los picos o valles de pedidos. Asimismo, las mujeres se insertan de manera predominante en talleres o centros de trabajo informales, invisibles dentro de la cadena de suministro. A todo lo anterior se le suman otras situaciones como el acoso sexual y otras formas de violencia en el lugar de trabajo. Además, es habitual la denegación de licencias por enfermedad, maternidad o para cuidados de familiares, la ausencia de medidas de protección social en general, y de la maternidad en particular (OIT, 2016)

Como ha señalado Barrientos (2019), la transnacionalización de la producción profundiza las estructuras de discriminación existentes, afianzando los marcos de opresión y dominación y exacerbando las discriminaciones en el disfrute de los derechos humanos y el acceso a la justicia de mujeres y niñas (Barrientos, Bianchi y Berman, 2019). Para explicar esto, LeBaron y Gore (2019) apuntan cinco mecanismos a través de los cuales las relaciones de género estructuran patrones de explotación laboral y trabajo forzoso (detectados a través de diversos estudios de campo): la división sexual del trabajo y las normas *generizadas*; las prácticas de desigualdad salarial y las inequidades en el ingreso; el acceso desigual a la propiedad de la tierra; las dificultades específicas en el acceso a la justicia y a la obtención de reparación y las prácticas de reproducción social de los roles de género en la comunidad o familia. Todo lo anterior, continúan LeBaron y Gore, no solo provoca las situaciones anteriormente señaladas (típicas en el conjunto de la relación entre mujer y trabajo remunerado) sino que además colocan a las mujeres en una posición de especial vulnerabilidad ante formas de grave explotación asociadas al mismo, como la violencia (Mezzari, 2016). Más aun, y desde un enfoque sistémico, es posible afirmar que la redistribución global de la producción se está *generificando*, petrificándose las discriminaciones, desigualdades y opresiones en determinados países como ventaja competitiva para atraer la inversión extranjera[25].

Las pruebas de este impacto específico sobre las mujeres son abundantes. En el informe titulado "*Moving the Needle*" publicado por la OIT en el año 2021 se incluye y desarrolla un listado de déficits de trabajo decente que afectan de manera específica a las trabajadoras del sector del textil, entre los cuales se incluyen: una enorme brecha salarial[26]; despidos arbitrarios de trabajadoras embarazadas; estereotipos sobre las capacidades de las mujeres y sus actitudes supuestamente más dóciles; exposición a la violencia y el acoso en el lugar de trabajo; problemas de salud física y mental relacionados con el trabajo; obstáculos a la participación en puestos de supervisión, gestión y liderazgo, etc.

---

25 No es el tema aquí analizado pero merece la pena traer una de las conclusiones establecidas en Guamán (2023): "teniendo en cuenta los parámetros de comportamiento de las ETN al estructurar sus cadenas, encontramos que la colocación de la producción se vincula a lugares geográficos donde los derechos de las mujeres no están plenamente reconocidos o donde existen patrones graves de discriminación por razón de género en el acceso al disfrute de los derechos y a sus garantías, demarcando pautas de distribución y ubicación de la producción *generizadas*, o, dicho en otras palabras, el género *determina* los lugares de instalación de la producción".

26 Según el citado informe, la brecha en este sector en Asia es del 18.5%, pero en algunos países como la India o Pakistán alcanza el 42,2 y el 57,3% respectivamente.

De entre todas estas situaciones, tanto la OIT como las organizaciones de derechos humanos enfocadas en el sector del textil (Global Labor Justice and Asia Floor Wage Alliance, 2019) han llamado la atención sobre la especial incidencia del acoso y la violencia por motivos sexogenéricos dentro del sector, no solo en el lugar de trabajo sino también durante el viaje hacia y desde el trabajo. Según el informe de Better Work de 2019 sobre el sector del textil en Asia:

> "El acoso sexual es un hecho relativamente común en las fábricas de ropa. La industria está compuesta en gran parte por mujeres trabajadoras menores de 30 años, muchas de las cuales migran de áreas rurales o del extranjero para su primer trabajo en el sector formal. Por lo general, la mayoría de los puestos de supervisión y gestión están ocupados por hombres y los desequilibrios de poder son endémicos. Las trabajadoras migrantes en particular se encuentran aislados, apartados de sus redes sociales. A menudo carecen de comprensión del idioma y la cultura de la comunidad de acogida. En su mayoría, ocupan una posición de bajo poder en las fábricas, especialmente en relación con un supervisor de línea, a menudo masculino y extranjero, que evalúa su desempeño. Los supervisores pueden usar su posición para acosar sexualmente a las trabajadoras de sus equipos, y las trabajadoras subordinadas y sin poder de resistencia pueden interpretar dicha conducta como una condición para mantener su empleo o promoción".

Como se señala en este informe, las relaciones de poder desiguales entre el personal femenino y masculino caracterizan al sector, con puestos de gestión y supervisión más propensos a ser ocupados por hombres, sumadas a las presiones comerciales, provocan una continua intimidación mediante abusos verbales o físicos como medio para controlar el trabajo de las mujeres u obligarlas a alcanzar los objetivos de producción. Además, en muchas ocasiones los incentivos y estructuras salariales están vinculadas a exigencias de tipo sexual por parte de sus supervisores.

La reacción de la OIT frente a este tipo de situaciones en las CGV está siendo lenta. Desde el informe de 2016 donde se reconocieron los abundantes problemas que para el trabajo decente constituye esta descentralización global hasta la actualidad han pasado siete años marcados por abundantes estudios, informes y planes de actuación (vid. para un resumen, OIT, 2021)[27]. En su informe sobre Cadenas de 2021, titulado "Análisis de las deficiencias de las medidas normativas y no normativas de la OIT para asegurar el trabajo decente en las cadenas de suministro", la OIT señaló que "el corpus normativo de la OIT corrige la mayoría de los déficits de trabajo decente asociados a las cadenas de suministro, siempre que las medidas se ratifiquen (en el caso de los convenios y protocolos), se pongan en práctica y se apliquen íntegramente a todos los segmentos pertinentes de la población ocupada". Una vez más, la organización hace descansar la responsabilidad sobre los Estados sin enfocarse en los actores económicos transnacionales como culpables sino como *potenciales aliados.* Esta perspectiva, que analizaremos en los epígrafes siguientes, ha sido sostenida por la OIT en la gran mayoría de sus textos en los que, aun criticando algunos de los impactos de las cadenas, ha sostenido su potencial como vías para el desarrollo, algo que, hasta el momento, está lejos de demostrarse.

Además, la OIT también reconoce que solo dos textos con vis normativa (no vinculante) mencionan de manera expresa las cadenas de suministro: la recomendación sobre el VIH y el sida y sobre la transición de la economía informal a la economía formal. Sin embar-

---

27 Entre otras, la propia OIT (2021.d) ha listado los siguientes documentos: Resolución relativa al trabajo decente en las cadenas mundiales de suministro; la Declaración del Centenario de la OIT para el Futuro del Trabajo, adoptada en 2019; el Informe de mitad de periodo sobre la aplicación del programa de acción de la OIT sobre el trabajo decente en las cadenas mundiales de suministro (2019); el informe titulado Intervenciones de la OIT en materia de trabajo decente en las cadenas mundiales de suministro: Examen recapitulativo de las enseñanzas extraídas; qué funciona y por qué, 2010-2019 (2019); el informe de la Alianza 8.7 titulado Erradicar el trabajo infantil, el trabajo forzoso y la trata de personas en las cadenas mundiales de suministro; el documento de trabajo «Decent work in global supply chains: An internal research review» (2019); la Reunión de expertos para promover el trabajo decente y la protección de los principios y derechos fundamentales en el trabajo para los trabajadores de las zonas francas industriales (2017); la Reunión tripartita de expertos sobre el diálogo social transfronterizo (2018); la Reunión técnica sobre la consecución del trabajo decente en las cadenas mundiales de suministro (2020), y el análisis relativo a los programas de cooperación al desarrollo e investigaciones de carácter más general, incluidas las actividades más recientes.

go, señala que fuera del ámbito laboral, las cadenas están presentes en ámbitos normativos dispares, evidenciándose un creciente interés por parte de los Estados de influir en el comportamiento de los actores empresariales con matrices en su territorio. Estos ámbitos regulatorios son: tratados de comercio e inversión (a través de sus cláusulas sociales); la inclusión de disposiciones relativas a prácticas laborales en las normas de contratación pública; la inclusión de disposiciones laborales en las normas de desempeño de los préstamos públicos (OIT, 2021.c). A todo lo anterior, y como experiencias regulatorias expresamente orientadas a la consecución del trabajo decente en las cadenas, encontramos los Acuerdos Marco Internacionales y las leyes de diligencia debida. Estos dos instrumentos de lo que se ha denominado con acierto el *Derecho Transnacional del trabajo* pueden jugar un importante papel en la erradicación de la violencia laboral.

3. LOS INSTRUMENTOS DEL DERECHO TRANSNACIONAL DEL TRABAJO COMO VÍA PARA ESTABLECER LA RESPONSABILIDAD EMPRESARIAL

Alain Supiot recordaba en el año 2015 que la omnipresencia de las Empresas Transnacionales (ETN) en el campo político y económico evidenciaba la crisis jurídica de la noción clásica de responsabilidad (Supiot, 2015). En opinión del autor, la ruptura de las fronteras del comercio y la debilidad de lo público conducen a una irresponsabilidad generalizada que debe remediarse estableciendo nuevas vías de regulación frente a la expansión de la *Lex Mercatoria* (Guamán Hernández, 2021) o el *código del capital global* (Pistor, 2019). Estas nuevas vías de regulación para reestablecer la responsabilidad de un sujeto que ya no se asemeja en absoluto a aquel que vio nacer el derecho laboral, han sido teorizadas e impulsadas en los últimos años, al calor del desarrollo de las CGV y el aumento de las violaciones de derechos humanos y de la naturaleza que se cometen a lo largo de estas. Dentro del ámbito exclusivamente laboral vamos a analizar las arriba mencionadas (AMI y leyes de diligencia) desde el prisma de su capacidad para impulsar la eficacia de las normas internacionales contra la violencia en el trabajo.

Antes de este análisis es procedente realizar una breve referencia a lo que entendemos por *Derecho Transnacional de las Cadenas Globales de Valor.* El autor de referencia en la actualidad en el ámbito de la elaboración de una teoría general sobre el tema que tratamos es Wilfredo Sanguineti (2023). En su obra más reciente, el autor define "Derecho Transnacional" como un "sistema autónomo de reglas conformado por todo ese vasto universo de prácticas, estándares, criterios y contratos generados por la actividad reguladora de base privada desarrollada por los operadores económicos globales con el propósito de ordenar sus actividades y relaciones jurídicas, incluidas las que se desenvuelven al interior de las cadenas de valor". En opinión del autor, sin duda más optimista de la de quien suscribe, no se han cumplido los temores asociados al vaciamiento de los ordenamientos estatales por la vía de la autorregulación transnacional liberalizada. En cambio, y esto es innegable, observamos un diálogo esperanzador que va desde las interacciones horizontales entre instrumentos privados, pasando por la armonización "blanda" heterónoma vertical y que ha llegado hasta los actuales ensayos de fórmulas mixtas de hibridación o de corregulación, entre las que evidentemente destaca la *Loi de Devoir de Vigilance* aprobada en Francia en 2017. Con estas vías alternativas, las barreras a la eficacia del Derecho marcadas por las fronteras territoriales quedarían así parcialmente diluidas y la irresponsabilidad empresarial dejaría de ampararse en las limitaciones geográficas de las normas estatales.

Partiendo de este marco, Sanguineti Raymond (2023) construye un *Derecho Transnacional del trabajo de las cadenas de valor* que busca regular las condiciones esenciales con arreglo a las cuales debe desarrollarse el trabajo en el interior de estas cadenas, mediante un conjunto de instrumentos de distinta naturaleza con capacidad para trascender los límites geográficos y, además, tener una efectividad imposible de alcanzar mediante la puesta en marcha por separado de sus distintos elementos. Esta nueva disciplina tiene como rasgos característicos los siguientes: multiplicidad de niveles de regulación e hibridación de fuentes; aplicación transnacional de sus instrumentos regulatorios (ausencia de límites geográficos); y la trascendencia de los límites derivados por la personalidad jurídica o, en otras palabras, la capacidad para traspasar el velo y asegurar una protección *externa al contrato.* Las piezas que componen este nuevo modelo regulador en opinión del autor serían 4, aunque creemos conveniente añadir una quinta: las cadenas globales de valor; los derechos laborales y la protección del ambiente; el poder de control de las empresas transnacionales; la diligencia debida en derechos humanos (y ambiente) como estándar normativo y (esta es la que añadimos) el poder de negociación de los sindicatos y los productos de esta negociación (los AMI).

3.1. Los Acuerdos Marco Globales y su papel en la lucha contra la violencia en el ámbito laboral

Es innecesario ahondar en la definición de los llamados *acuerdos marco internacionales*, ya bien conocidos entre la doctrina iuslaboralista. Se trata de acuerdos que son suscritos por las organizaciones sindicales internacionales y la dirección de las empresas transnacionales para establecer de manera conjunta una serie de normas y principios mínimos de coordinación en materia de relaciones laborales, basados normalmente en los derechos sociales fundamentales (Schömann, 2008). Según la definición de Hadwiger (2015), retomada de los textos de IndustriALL[28], los acuerdos marco globales son negociados entre sindicatos globales y las empresas transnacionales con el fin de proteger los derechos y las condiciones de trabajo de las personas en todas las etapas de una cadena global de valor de las ETN. Se trata por tanto de un fruto del diálogo social o de la negociación entre capital y trabajo a nivel supra nacional, cuyo objeto es regular las relaciones de trabajo en el conjunto de las actividades de la empresa en cuestión y promover el respeto de los derechos sociales fundamentales[29].

---

28 IndustriALL Global Union. "Review of experiences and way forward for the future", presentación en la Conferencia de IndustriALL Global Union sobre los acuerdos marco internacionales y las redes sindicales, Frankfurt am Main. *Apud,* Hadwiger, 2015.

29 Sobre los AMI se remite, entre otras muchas obras, a: Hadwiger, 2015; Baylos, 2005 y 2009; Correa, 2016, 2019, 2022; Nieto, 2019; García-Muñoz, 2015.

Las potencialidades de los AMI han sido exploradas por la doctrina respecto de temas específicos, como por ejemplo la transición ecológica (Correa Carrasco, 2022), sin embargo, no existe hasta el momento ningún estudio específico que indague acerca de las cláusulas que en estos acuerdos se dedican de manera expresa a la lucha contra la violencia en el trabajo. A estos efectos, y sin ánimo de exhaustividad, es particularmente útil la base de datos de la Comisión Europea sobre *transnational company agreements*[30]. En esta base de datos están registrado 305 acuerdos de empresas transnacionales y textos identificados y catalogados de manera similar por la OIT y la Comisión Europea en vigor. De entre ellos, 10 tienen como firmante por la parte empresarial a una transnacional española. La mayoría de los acuerdos datan de una fecha posterior al 2010 pero hay numerosos textos de la primera década de este siglo e incluso algunos de la última década del siglo pasado[31].

En lo que aquí nos interesa, existen dos acuerdos que mencionan expresamente el objetivo de la lucha contra el acoso en su título, el de UNILEVER (Compromiso conjunto de UITA–IndustriAll–Unilever para prevenir el acoso sexual) de 2016 y el de Sodexo de 2011, renovado en 2017 (Compromiso conjunto SODEXO UITA para la prevención del acoso sexual Anexo al Acuerdo Marco Internacional SODEXO-UITA del 12 de diciembre de 2011)[32]. Sin perjuicio de constatar que tras la adopción del Convenio 190 los dos acuerdos deberían adaptar su contenido a este texto (en ambos casos se utiliza el Convenio 111 para afirmar que el acoso sexual es una forma de discriminación prohibida por la normativa de la OIT), es importante destacar que algunas de las cláusulas que integran abren vías para

---

30 Esta base de datos está disponible en: https://ec.europa.eu/social/main.jsp?catId=978&langId=en&company=&hdCountryId=&companySize=§orId=&year=&esp=&geoScope=&refStandard=&keyword=harassment&mode=advancedSearchSubmit

31 Dentro de los más antiguos destaca el de Danone, de 1998, titulado "Convention for the promotion of equality of men and women in the workplace"

32 La contraparte es la UITA: Unión Internacional de Trabajadores/as de la Alimentación, Agricultura, Hotelería, Restaurantes, Catering, Tabaco y Afines y al conjunto de las organizaciones sindicales afiliadas, dentro de los sectores de actividad de «Sodexo».

avanzar en la lucha contra la violencia laboral, más allá de lo previsto por el C190. En concreto, pueden subrayarse las siguientes cláusulas:

- En el acuerdo de 2011, como viene siendo habitual en los AMI, las partes se comprometen al respeto de los derechos humanos, citando en esta ocasión a la Declaración Universal de los Derechos Humanos y los Convenios fundamentales de la Organización Internacional del Trabajo (OIT). Llama la atención la inclusión de las Líneas Directrices para Empresas Multinacionales de la Organización de Cooperación y de Desarrollo Económico (OCDE), en concreto de su Capítulo 4 y la omisión de la Declaración de la OIT sobre el mismo tema[33].
- En el acuerdo de SODEXO, se incluye la siguiente cláusula: "Sodexo reconoce la obligación de respetar las leyes y reglamentaciones de los países en los cuales opera «Sodexo». Ciertas disposiciones contenidas en los compromisos acordados entre «Sodexo» y «la UITA» pueden ser más favorables que la de ciertos países en su legislación nacional. En este caso, Sodexo procurará, mediante el dialogo, los medios de promover los principios más ventajosos reconocidos en este compromiso para luchar contra el acoso sexual en el trabajo, sin que nada en este Acuerdo pueda obligar a «Sodexo» a no respetar las leyes de ninguno de esos países". Esto convierte a la empresa, bajo la supervisión sindical, en una vía para impulsar la lucha contra el acoso sexual allí donde no existe normativa específicamente orientada a tal efecto.
- En el acuerdo con UNILEVEL se indica que "Unilever, la UITA e IndustriAll desean asegurar que todos los empleados y empleadas, incluyendo los gestionados por proveedores laborales externos, tengan en cuenta lo que constituye el acoso sexual y comprendan lo que se espera de ellos, sepan cómo plantear un problema potencial y se sientan seguros al notificar cualquier presunto abuso". Esta inclusión de la mano de obra de los pro-

---

33 OIT (2017) Declaración tripartita de principios sobre las empresas multinacionales y la política social - 5ª edición (marzo de 2017). https://www.ilo.org/empent/Publications/WCMS_124924/lang—es/index.htm

veedores externos es del máximo interés puesto que sitúa a la empresa y a los sindicatos firmantes en una posición de *vigilancia* respecto del conjunto de la cadena de suministro (al menos la de suministro, la cadena global de valor sería más difícil de encajar).

- En cuanto a las obligaciones de las empresas, ambos acuerdos integran la tolerancia cero; la previsión de sanciones disciplinarias, incluyendo el traslado o el despido; la protección de la víctima, que no será trasladada del puesto de trabajo; la garantía de indemnidad para las personas que denuncien el acoso; la obligación de información y formación al personal de las empresas; la adopción de acciones concretas de prevención del acoso sexual en el lugar de trabajo.
- En el caso del acuerdo con UNILEVER, se pacta además la obligación de la empresa de adoptar un procedimiento que asegure que: los incidentes de acoso sexual sean tramitados por personas de confianza con capacitación específica en esta área; todas las quejas referidas a acoso sexual sean investigadas en forma segura, expedita y confidencial; la investigación de las quejas sea llevada a cabo por personas/ estructuras independientes, según lo define el procedimiento de principios del Código Empresarial u otras disposiciones pactadas recíprocamente; en todos los casos, los demandantes deben ser informados sobre sus derechos jurídicos; los resultados de la investigación de la queja sean registrados formalmente y comunicados al demandante y revisados por él; se estipulen claramente sanciones a quienes se compruebe han cometido acoso sexual; se asegure plena protección y apoyo a las víctimas de acoso sexual a lo largo del proceso y sus resultados

Si se realiza una comparación de estos compromisos con el art. 9 del C190, donde se exige a los Estados miembro la adopción de una legislación que exija a los empleadores tomar medidas apropiadas, se puede observar como las mencionadas en el párrafo anterior tienen una mayor amplitud y grado de detalle.

Más allá de estos dos acuerdos que se dirigen específicamente a la prevención del acoso sexual en el trabajo, la base de datos antedicha nos permite detectar 13 acuerdos con previsiones específicas relativas al acoso. Entre ellas destacan los siguientes acuerdos y cláusulas:

- Global framework agreement for the Americas Union Network International (UNI) and Banco do Brasil. En el artículo 9 de este acuerdo se especifica que:

  "Banco do Brasil is committed, in accordance with each country's legislation, to develop policies that prevent moral and sexual harassment at workplaces, through programs that eliminate their causes and effects, as well as equal opportunity programs for men and women, always considering the issues of race/colour and ethnicity".

- *Global framework agreement on the EDF Group's corporate social responsability*. En el apartado tercero de este texto del grupo EDF se incluye lo siguiente:

  "Out of respect for individuals, the signatories will not tolerate harassment or violence of any kind, whether inside the workplace, which is any place where employees perform work activities, or outside the workplace with respect to the professional relationships established during the course of work activities The EDF Group undertakes to protect its employees from all forms of violence, abuse and harassment in the workplace. More specifically, each Group company will take the measures necessary to prevent and remedy harassment, physical and psychological violence, and with special attention for gender-based ones. They will ensure that all employees are made aware of and trained about the risks of harassment and how they can prevent them and combat such practices. The Group, in cooperation with the employee representatives, in each company, undertakes to develop and implement a prevention and action programme to avoid these forms of harassment and violence in the workplace, and anticipate potential issues, in accordance with the Group's zero tolerance policy and in keeping with the guidelines and best practices of the ILO. Group employees receive training and awareness development on these issues, as well as on the related policies and procedures".

- Declaración sobre inclusión, diversidad e igualdad entre hombres y mujeres, firmada por la empresa Schreiber (USA) junto con la EFFAT (Federación Europea de Sindicatos de Alimentación, Agricultura y Turismo) y el Comité de Empresa Europeo. En esta declaración las partes se comprometen a hacer efectivo el derecho a la igualdad de trato y oportunidades mediante el desarrollo de medidas y políticas para lograr la igualdad real y efectiva entre hombres y mujeres y a eliminar, en su caso, cualquier discriminación directa o indirecta por razón de raza o etnia, origen, religión o creencias políticas, orientación sexual, afiliación sindical o cualquier otra condición o circunstancia personal o social. En la declaración se incluye expresamente la promoción de los derechos, la igualdad y la inclusión de las personas LGTBI así como la ampliación de los derechos de corresponsabilidad y la aplicación de este conjunto de valores en las políticas de prevención del acoso sexual y del acoso por razón de sexo. La declaración tiene aplicación en todos los centros de trabajo del Grupo, con sede en el Espacio Económico Europeo.

– Acuerdo del Grupo SUEZ ENVIROMENNEMENT relativo a la igualdad en el trabajo entre mujeres y hombres. Según se establece en este acuerdo, su objeto es definir las condiciones que permitan reducir y suprimir las diferencias injustificadas que existan, para llegar a: la igualdad de las oportunidades entre mujeres y hombres; la igualdad salarial entre mujeres y hombres que tenga en cuenta el conjunto de los componentes de la remuneración en condiciones de trabajo idénticas; y la mejora del equilibrio entre la vida laboral y la vida personal para las mujeres, así como para los hombres. Con este fin, las empresas del Grupo de más de 150 trabajadores se comprometen a elaborar un balance de las acciones realizadas en materia de igualdad en el trabajo y se comprometen a definir un nuevo plan de acción que incluya los temas del presente acuerdo. El acuerdo dedica su artículo 11 a la prevención del acoso sexual, estableciendo la actuación inmediata de la red de especialistas en deontología, formada en la temática del acoso y de las otras direcciones interesadas para prevenir el acoso y, en el caso de que se produzca, garantizar la aplicación inmediata de los procedimientos propios para resolver el problema y evitar que se repita. Es especialmente destacable que el acuerdo señala que su ámbito de aplicación alcanza a las filiales europeas que estén integradas en el perímetro de consolidación global de SUEZ ENVIRONNEMENT o en las que el Grupo ostente más de 50% siempre y cuando se respete el criterio de influencia dominante.

No todos los acuerdos constituyen un avance, también existen otros textos pactados de contenido mínimo en la materia que tratamos y sin relevancia, como el Acuerdo europeo del grupo GDF Suez sobre igualdad en el trabajo entre hombres y mujeres, firmado entre GDF Suez e IndustriALL, EPSU y CEC.

Más allá de las posibilidades que abre el contenido concreto de estos acuerdos que puede impulsar la promoción del trabajo decente desde la propia actuación de las ETN a través de sus capacidades de control, es bien sabido que esta negociación colectiva trasnacional tiene una serie de limitaciones, que han sido abundantemente reseñadas por la doctrina (Baylos, 2005) entre las que sobresale la falta de reconocimiento jurídico en el ámbito estatal o internacional. Esto, evidentemente, lastra su eficacia y exigibilidad jurídica, dejándoles al albur de la relación de fuerzas y de la capacidad sindical para exigir su cumplimiento en el ámbito de lo pactado. A falta de una norma de ámbito internacional (OIT) que desarrolle los AMI, se están explorado otros caminos para su regular su eficacia, como su inclusión en las normas de diligencia debida.

3.2. La diligencia debida en derechos humanos y sostenibilidad y su posible incidencia en la lucha contra la violencia laboral en las cadenas globales de valor

A la cuestión de la diligencia debida en derechos humanos y sostenibilidad se han dedicado ya numerosas obras (vid. Baylos Grau, 2022; Sanguineti Ramond y Vivero Serrano, 2021; Guamán Hernández, 2021, 2022.a, 2022.b, 2022.c y la bibliografía citada en ellas) por lo que en este epígrafe tan solo se va a resaltar aquello relativo a la posibilidad de convertir los mecanismos de diligencia debida empresarial en ejes de lucha contra la violencia en el trabajo.

Como señala Martín Ortega (2014), el primer documento donde se integró la diligencia debida en el ámbito que nos ocupa no fue redactado por J. Ruggie. Antes de que el relator comenzar la andadura de los Principios Rectores, las Normas sobre responsabilidades de las empresas transnacionales y otras empresas comerciales en la esfera de los derechos humanos de la extinta Subcomisión de Promoción y Protección de los derechos humanos de Naciones Unidas[34] ya utilizaron el término, que se integró en el documento explicativo del texto[35]. Posteriormente, el Representante Especial del Secretario General de la ONU sobre el tema de los derechos humanos y las empresas transnacionales y otras empresas comerciales, J. Ruggie, integró la debida diligencia su conjunto de textos elaborados en 2008 y 2009 y sintetizados posteriormente en los PRNU de 2011, ubicándola en su segundo pilar. Así, según señala el Principio Rector número 15 (principio fundacional), las empresas deben contar con políticas y procedimientos apropiados en función de su tamaño y circunstancias. Uno de los procedimientos en concreto es el de "diligencia debida en materia de derechos humanos", entendiendo este como el proceso que debe llevar a cabo la empresa para identificar, prevenir, mitigar y rendir cuentas de cómo abordan su impacto sobre los derechos humanos. Sobre este concepto, el documento de interpretación de los PRNU indica además que esta diligencia es un "proceso continuo de gestión que una empresa prudente y razonable debe llevar a cabo, a la luz de sus circunstancias (como el sector en el que opera, el contexto en que realiza su actividad, su tamaño y otros factores) para hacer frente a su responsabilidad de respetar los derechos

---

34 Normas sobre las responsabilidades de las empresas transnacionales y otras empresas comerciales en la esfera de los derechos humanos, documento de Naciones Unidas, E/CN.4/Sub.2/2003/12/Rev.2, 2003. Cabe recordar que las Normas fueron aprobadas en el año 2003 y de manera inmediata recibieron una crítica frontal por la Organización Internacional de Empleadores y la Cámara de Comercio Internacional, que "criticaron la violación de los intereses legítimos de las empresas privadas y las responsabilidades con relación a los derechos humanos que se adjudicaban a las empresas cuando es una obligación exclusiva de los Estados". Finalmente, la Comisión de derechos humanos rechazó aprobar el documento, que se descartó en 2004. El texto de 2003 se dividía claramente en una parte sustantiva donde se recogían los distintos derechos que debían ser respetados por las multinacionales y una parte procesal donde se indicaban las responsabilidades respecto del cumplimiento del respeto a los derechos reconocidos.

35 Commentary on the Norms on the Responsibilities of Transnational Corporations and Other Business Enterprises with regard to Human Rights. E/CN.4/Sub.2/2003/38/Rev.2.

humanos"[36]. Este marco ha irradiado el conjunto de guías y normas elaboradas con posterioridad, convirtiéndose en la referencia básica para la construcción de la diligencia debida en derechos humanos tanto a nivel supranacional, fundamentalmente en el ámbito de la OCDE y de la Unión Europea, como en el ámbito estatal.

En el marco de la OCDE, el documento principal son las Líneas Directrices sobre Empresas Multinacionales, que forman parte de la Declaración sobre la Inversión Internacional y las Empresas Multinacionales, adoptada por los países Miembros de la OCDE el 21 de junio de 1976. Las Líneas fueron revisadas en 1979, 1984, 1991, 2000 y en 2011, en esta ocasión para adaptarlas a los PRNU, con la explícita inclusión de la diligencia debida[37]. Las Líneas Directrices incorporan la diligencia como un enfoque basado en riesgos, que abarcan una serie de cuestiones como son la divulgación de información, los derechos humanos, el empleo y las relaciones laborales, el medio ambiente, la lucha contra la corrupción, la solicitud de sobornos y la extorsión, y los intereses del consumidor. Por su parte, la OIT (2021) ha señalado en sus documentos de análisis sobre cadenas que "la debida diligencia, entendida en su sentido más amplio, que incluye la identificación, la prevención y la mitigación de los riesgos, ha surgi-

---

36 Vid. Alto Comisionado Derechos Humanos "La responsabilidad de las empresas de respetar los derechos humanos. Guía para la interpretación" Naciones Unidas, 2012.

37 Su versión actual fue adoptada el 25 de mayo de 2011 en la Reunión Ministerial conmemorativa del 50 Aniversario de la OCDE. Posteriormente se han adoptado diversas guías orientadas a materias concretas: Guía de Debida Diligencia de la OCDE para Cadenas de Suministro Responsables de Minerales en las Áreas de Conflicto o de Alto Riesgo, 2011 (fue complementada por el documento "Practical actions for companies to identify and address the worst forms of child labour in mineral supply chains, 2017); Guía de la OCDE de debida diligencia para cadenas de suministro responsables en el sector textil y del calzado, 2017; Guía OCDE-FAO para la cadena de suministro responsable para el sector agrícola, 2016; Guía de Diligencia Debida para la Participación Significativa de las Partes Interesadas del Sector Extractivo 2017; Due Diligence Guidance for Meaningful Stakeholder Engagement in the Extractive Sector 2017. El 31 de mayo de 2018 la OCDE publicó la Guía de diligencia debida para una conducta empresarial responsable, siempre basada en las Líneas Directrices.

do como un importante mecanismo de procedimiento que permite tomar en consideración de manera más abarcadora las diversas dificultades que se plantean a lo largo de la cadena de suministro. Esto incluye los derechos humanos y laborales, junto a otros temas como la sostenibilidad medioambiental y la gobernanza. Se trata de un enfoque que ya adoptan muchas empresas cuando analizan los riesgos financieros, jurídicos y demás riesgos operativos".

Son tres los textos de la OIT que mencionan actualmente el mecanismo de diligencia debida. Por un lado, el Protocolo de 2014 relativo al Convenio sobre el trabajo forzoso, que en su art. segundo establece que a efectos de prevenir el trabajo forzoso y de responder a los riesgos que conlleva los Estados deberán incluir "apoyo a los sectores público y privado para que actúen con la debida diligencia". Por otro lado, la Recomendación núm. 205 también señala que los Estados Miembros deberían adoptar medidas inclusivas para "el establecimiento de incentivos para que las empresas multinacionales cooperen con las empresas nacionales a fin de crear empleo productivo y libremente elegido y trabajo decente y de aplicar la debida diligencia en materia de derechos humanos con miras a asegurar el respeto de los derechos humanos y laborales, teniendo en cuenta la Declaración tripartita de principios sobre las empresas multinacionales y la política social". En último y más importante lugar, la Declaración sobre las Empresas Multinacionales[38] incorpora la diligencia debida

---

[38] Esta Declaración fue adoptada en 1977 y modificada posteriormente en diversas ocasiones, hasta su actualización de 2017. La primera modificación tuvo lugar tras la 279ª reunión de la Conferencia Internacional del Trabajo en noviembre del año 2000, se incluyó en el texto la necesaria referencia a la recién aprobada Declaración de los Principios y Derechos Laborales Fundamentales en el Trabajo y su seguimiento; posteriormente en la 295ª reunión de la CIT en marzo de 2006 se incluyó la referencia al Pacto Mundial, a los Objetivos del Milenio y al Programa Global de Empleo. En el Consejo de Administración de la OIT de 2014 se incluyó un nuevo mecanismo de seguimiento a la Declaración EMN para permitir un aumento de las actividades promocionales y de capacitación y el establecimiento del mecanismo de compilación de datos que fomenta las discusiones sobre políticas entre gobiernos, organizaciones de empleadores y de trabajadores, en el marco de las Reuniones Regionales de la OIT. En el año 2017 esta Declaración fue actualizada.

dentro del elenco de medidas (Guamán Hernández, 2021). Más allá de estos textos, otros documentos con valor meramente orientativo incluyen la diligencia, como las "Orientaciones no normativas son los Principios generales y directrices para la contratación equitativa y Definición de las comisiones de contratación y los gastos conexos (2019)" o el informe titulado "Erradicar el trabajo infantil, el trabajo forzoso y la trata de personas en las cadenas mundiales de suministro (2019). Además, la Comisión de Expertos en Aplicación de Convenios y Recomendaciones (CEACR) ha recabado información de los Gobiernos sobre las iniciativas de debida diligencia relativas al trabajo forzoso.

La transición de la diligencia debida del *soft law* al *hard law* se ha producido en un doble plano. Por un lado, en el ámbito de la Unión Europea, donde desde el año 2010 diversas normas han incluido mecanismos de este tipo y, en la actualidad, se está discutiendo en la actualidad un borrador de Directiva sobre diligencia debida de las empresas en materia de sostenibilidad[39]. Por otro lado, en el ámbito estatal, donde la diligencia debida se ha situado como mecanismo central para abordar el problema de las cadenas globales de valor, destacándose las siguientes normas: Ley de deber de vigilancia (Francia, 2017); Ley sobre trabajo infantil y debida diligencia (Holanda, 2019); Ley sobre diligencia debida en cadenas de suministro (Alemania, 2021); Ley de Transparencia (Noruega, 2021); la Proposición No de Ley presentada en el Congreso de los Diputados español en octubre del año 2021. Además, en el ámbito español, el Plan Anual Normativo de la Administración General del Estado 2022 incluyó la elaboración de la Ley de protección de los derechos humanos, de la sostenibilidad y de la diligencia debida en las actividades empresa-

---

39 El Parlamento Europeo aprobó en marzo de 2021 un documento con recomendaciones a la Comisión sobre diligencia debida de las empresas y responsabilidad corporativa (2020/2129(INL). La Comisión presentó el 23 de febrero de 2022 el borrador de Directiva sobre diligencia debida de las empresas en materia de sostenibilidad, dando inicio al procedimiento legislativo ordinario 2022/0051. El Consejo y el Parlamento Europeo alcanzaron el 14 de diciembre de 2023 un acuerdo provisional con respecto a la Directiva. Sobre este proceso vid. Methven y Martín-Ortega, 2022; Guamán, 2022; Martín, 2021.

riales transnacionales[40]. La redacción del borrador de anteproyecto, por una comisión formada por expertas y representantes de sindicatos y organizaciones de derechos humanos finalizó en el mes de junio de 2022, sin que se elevara a Consejo de Ministros el borrador de anteproyecto de ley.

Ninguna de las normas aprobadas o en preparación contempla la violencia por motivos sexogenéricos de manera expresa, tampoco en el Soft Law sobre la materia lo incluye. No obstante, algunos de estos textos incluyen previsiones respecto de la *perspectiva de género* a partir de las cuales puede enlazarse la prevención y reparación de la violencia laboral por motivos sexogenéricos.

Los Principios Rectores contienen, de manera escueta, lo que se ha venido a denominar tres *ventanas de género* (Grupo de Trabajo sobre la cuestión de los derechos humanos y las empresas transnacionales y otras empresas, 2019): el principio de no discriminación; las disposiciones que establecen la necesidad de integrar una perspectiva de género en determinados aspectos y las menciones específicas a otros instrumentos como la CEDAW. Además, el documento integra el diseño de un ciclo de tres etapas aplicables a los tres pilares de los Principios: la evaluación reactiva de género, las medidas transformadoras de género y las reparaciones transformadoras de género. Por su parte, la Guía de Diligencia Debida de la OCDE de 2018 proporciona posibles puntos de entrada sobre cuestiones relacionadas con el género. Por ejemplo, señala desde el principio que la diligencia debida se basa en el riesgo, y subraya que esto significa tener en cuenta cómo los riesgos "afectan a diferentes grupos, como la aplicación de una perspectiva de género". La Guía también pide a las empresas que identifiquen y eliminen las posibles barreras para la participación de las partes interesadas, como los "desequilibrios de género y

[40] El 14 de febrero de 2022, el Ministerio de Derechos Sociales y Agenda 2030 abrió el periodo de consulta pública previa para recabar la opinión de los sujetos y de las organizaciones potencialmente afectadas por el futuro anteproyecto de Ley de Protección de los Derechos Humanos, de la Sostenibilidad y de la Diligencia debida en las actividades empresariales. El texto puede consultarse en: https://www.mdsocialesa2030.gob.es/agenda2030/documentos/220208-consulta-publica-definitiva.pdf.

poder". Como es bien sabido, ni los PRNU ni las guías de la OCDE son vinculantes. Estos textos no establecen obligaciones en derecho internacional para los Estados y mucho menos para las empresas lo que amputa su capacidad para impulsar un cambio real en cuanto a la lucha contra la impunidad de las ETN.

La necesidad de integrar la perspectiva de género de manera efectiva, plasmada en medidas está particularmente presente en el debate sobre la futura Directiva sobre diligencia debida. Ni el texto de la Comisión ni el del Consejo sobre diligencia debida contienen una previsión que tenga en cuenta la necesidad de incluir medidas específicas para prevenir y reparar los riesgos particulares que las actividades de las transnacionales suponen para las mujeres y las niñas, así como para las personas disidentes de la heteronormatividad binaria. En el debate en el Parlamento se realizaron propuestas orientadas a enriquecer el texto con enmiendas que integran un *enfoque sensible al género* en el conjunto del ciclo de la diligencia, desde el levantamiento de información y el mapeo de riesgos a la disposición de las medidas o la evaluación y, por supuesto la reparación. En el texto final del acuerdo político institucional, aun no aprobado en el momento de ultimar estas páginas, no se ha incluido una específica mención al enfoque de género.

El borrador de anteproyecto de Ley de Protección de los Derechos Humanos, de la Sostenibilidad y de la Diligencia debida en las actividades empresariales[41] incluyó un enfoque sensible al género desde su inicio como elemento transversal que se concreta en cada etapa del ciclo de la diligencia. Además, se establecía la obligación a las empresas de desarrollar mecanismos específicos para la identificación de los posibles impactos que debido a su actividad las mujeres

---

41 La consulta pública inicial a partir de la cual se elaboró el borrador de anteproyecto puede consultarse en: https://www.mdsocialesa2030.gob.es/agenda2030/documentos/220208-consulta-publica-definitiva.pdf. Según el propio ministerio proponente, con la tramitación de esta ley se aspira a evitar las vulneraciones de derechos humanos y daños al medio ambiente derivados de las actividades empresariales a lo largo de sus cadenas globales, siguiendo el camino ya comenzado por otros Estados Miembros y adelantándose a la futura, aun cuando todavía lejana, directiva sobre diligencia debida de las empresas en materia de sostenibilidad.

puedan sufrir en sus derechos humanos, tanto desde una perspectiva laboral en sus derechos como trabajadoras como desde una perspectiva más general como integrantes de comunidades afectadas por proyectos empresariales.

La juventud del mecanismo de diligencia debida en derechos humanos y sostenibilidad impide afinar el análisis respecto de su eficacia como vía para contribuir a la erradicación de la violencia en el trabajo. El ejemplo de la ley francesa, que está en su quinto año de vigencia, aporta elementos interesantes que acreditan la eficacia del mecanismo en las situaciones de descentralización productiva como vía para proteger los derechos humanos y el medio ambiente (Guamán Hernández, 2023) pero la notable ausencia de una mención respecto de la perspectiva de género en su articulado lastra las posibilidades. Queda por ver el alcance de la traducción de la perspectiva de género en instrumentos concretos en las normas que se están negociando, pero las perspectivas son optimistas por dos razones fundamentales que se enuncian a modo de conclusión. En primer lugar, porque la transformación del Derecho, y muy particularmente del Derecho del Trabajo, desde el feminismo jurídico hacia un modelo no heteropatriarcal parece haber llegado para quedarse, tal y como demuestra el íter legislativo de 2022 y 2023[42]; en segundo lugar, porque la necesidad de ampliar los instrumentos regulatorios para alcanzar la plena eficacia de las garantías de los derechos laborales en el actual escenario de globalización productiva es igualmente innegable. Ambos aspectos conjugados son, sin duda, una vía útil y posiblemente efectiva para la protección frente a las violencias sexogenéricas en el ámbito laboral.

---

42 Vid., las siguientes leyes, con un apunte de los análisis más destacados: Ley Orgánica 10/2022, de garantía integral de la libertad sexual (Sáez Lara, 2022; Molina Navarrete, 2022); Ley 15/2022, integral para la igualdad de trato y no discriminación (Ballester Pastor, 2022; Álverz del Cuvillo, 2022, Monereo Pérez y Olarte Encabo, 2022); Ley 3/2023 de Empleo (Cardona Rubert, 2023): Ley 4/2023 para la igualdad real y efectiva de las personas trans y para la garantía de los derechos de las personas LGTBI.

4. REFERENCIAS BIBLIOGRÁFICAS

Altés Tárrega, Juan A. (2008). *El acoso del trabajador en la empresa.* Valencia: Tirant lo Blanch.

– (2022). El Convenio 190 OIT y la tutela administrativa de la violencia y el acoso en el trabajo. *Revista Crítica de Relaciones de Trabajo-Laborum,* n.° 4, pp. 97-121.

Álvarez del Cuvillo, Antonio (2022). La ley integral para la igualdad: un frágil puente Entre el derecho europeo y la constitución. *Temas Laborales,* n.° 165/2022, pp. 87-120.

Ballester Pastor, Inmaculada (2023). La expansión aplicativa de la ley integral para la igualdad de trato y la no discriminación: secuelas sociolaborales. *Revista General del Derecho del Trabajo y de la Seguridad Social,* n.° 64, pp. 58-96.

Barrère Unzueta, Maggy. (2013). El "acoso sexual": una mirada a sus orígenes y a su evolución en la Unión Europea. En Gil Ruiz, J.M.ª (Coord.) *Acoso sexual y acoso por razón de sexo: actuación de las administraciones públicas y de las empresas.* Centre d'Estudis Jurídics i Formació Especialitzada (Catalunya) IV. Col·lecció: Justícia i societat

– (2018). Filosofías del Derecho antidiscriminatorio ¿Qué Derecho y qué discriminación? Una visión contra-hegemónica del Derecho antidiscriminatorio, *AFD,* XXXIV.

– (2021). La introducción de la interseccionalidad en el derecho con especial referencia a la legislación sobre igualdad de mujeres y hombres. En Otazua Zabala, G. y Gutiérrez-Solana Journoud, A. (Eds.) *Justicia en clave feminista. Reflexiones en torno a la inserción de la perspectiva de género en el ámbito judicial.* Bilbao: Universidad del País Vasco.

Barrère Unzueta, Maggy, Morondo Taramundi, Dolores (2011). Subordiscriminación y discriminación interseccional: elementos para una teoría del derecho antidiscriminatorio. *Anales de la Cátedra Francisco Suárez,* n.° 45, pp. 15-42.

Barrientos, Stephanie et al. (2019.a). Gender and governance of global value chains: Promoting the rights of women workers. *International Labour Review,* n.°158.

– (2019.b). *Gender and work in global value chains: Capturing the gains?* Cambridge, UK: Cambridge University Press, 2019.

Baylos Grau, Antonio (2005). Códigos de conducta y acuerdos-marco de empresas globales: apuntes sobre su exigibilidad jurídica. *Lan Harremanak,* n.° 12, pp. 103-138.

– (2022). Empresas transnacionales y diligencia debida. *Diritti Lavori Mercati International*, n.º 2.

Bodelón, Encarna. (2009). Feminismo y Derecho, Mujeres que van más allá de lo jurídico. En Nicolás, G., et al. (Coords.) *Género y dominación: críticas feministas del derecho y el poder*. Barcelona: Anthropos.

(2010). Leyes de igualdad en Europa y transformaciones de la ciudadanía". En Heim, D. y Bodelón, E. (Coords.) *Derecho, género e igualdad cambios en las estructuras jurídicas androcéntricas*. Grupo Antígona UAB.

Boix, Isidor y Garrido, Víctor (2017). *Balance sindical de los 10 años del Acuerdo Marco Global con INDITEX. Una experiencia de Acción Sindical por una Globalización sostenible*, CCOO-Industria.

Borderías, Cristina (1994). *Las mujeres y el trabajo: Rupturas conceptuales*. Barcelona. Icaria.

Brino, Vania (2020) *Diritto del lavoro e catene globali del valore. La regolazione dei rapporti di lavoro tra globalizzasione e localismo*. Torino: Giappichelli.

Cardona Rubert, M.ª Belén (2022). Tratamiento de datos personales e inteligencia artificial en el marco de las relaciones laborales. *Documentación Laboral*, n.º 126, pp. 9-26.

– (2023). Las mujeres en la nueva Ley de Empleo. Ley 3/2023, de 28 de febrero. *Revista del Ministerio de Trabajo y Economía Social*, n.º 155.

Carrasco, Cristina (Ed.) (1999). *Mujeres y economía: Nuevas perspectivas para viejos y nuevos problemas*. Barcelona: Icaria.

Comisión Europea (2017). *Sustainable garment value chains through EU development action*. Commission Staff Working Document, 24.4.2017 SWD (2017) 147 final, Brussels.

Correa Carrasco, Manuel (2016). *Acuerdos marco internacionales: de la responsabilidad social empresarial a la autonomía colectiva transnacional*. Valencia: Tirant lo Blanch.

– (2019). La negociación colectiva transnacional como instrumento de gobernanza mundial del trabajo del futuro. *Revista de Trabajo y Seguridad Social*. CEF.

– (2021). El elemento teleológico (intencionalidad lesiva) en el concepto de violencia y acoso laboral contenido en el Convenio 190 OIT. En Correa Carrasco, M. y Quintero Lima, G. (Dirs.) *Violencia y acoso en el trabajo: significado y alcance del convenio n.º 190 OIT en el marco del trabajo decente (ODS, 3,5,8 de la Agenda 2030)*. Madrid: Editorial Dykinson.

– (2022). Transición ecológica y diálogo social transnacional: el papel de los acuerdos marco internacionales. *Revista de Trabajo y Seguridad Social.* CEF, n.º 469.

Ezquerra, Sandra (2011). Crisis de los cuidados y crisis sistémica: la reproducción como pilar de la economía llamada real. *Investigaciones Feministas,* Volumen 2.

Facio, Alda (2000). Hacia otra teoría crítica del Derecho. En Herrera, G. (Coord.) *Las fisuras del patriarcado, Reflexiones sobre Feminismo y Derecho.* Quito: FLACSO.

Federici, Silvia (2010). *Calibán y la bruja. Cuerpo y acumulación originaria.* Madrid: Traficantes de sueños.

Fotinopoulou Basurko, Olga. (2023). La actuación y el control administrativo de la discriminación: potestad sancionadora y concurrencia de infracciones y de sanciones. *Revista General de Derecho del Trabajo y de la Seguridad Social, n.º* 64. Madrid: Traficantes de Sueños.

Fudge, Judy y Mundlak, Guy. (2022). El ordenamiento jurídico y la segmentación del mercado de trabajo por razón de género. *Revista Internacional del Trabajo, vol. 141, núm. 4.*

García-Muñoz Alhambra, Manuel A. (2015). Acuerdos marco globales multilaterales: una nueva expresión colectiva del derecho transnacional del trabajo. *Revista de Derecho Social, n.º* 70.

Gil y Gil, José L. (2016). Globalización y universalidad del derecho: la lex Mercatoria y el derecho internacional del trabajo en el mercado global. *Revista Internacional y Comparada de Relaciones Laborales y Derecho del Empleo,* Vol. 4, n.º 2, pp.83-128.

Global Labor Justice and Asia Floor Wage Alliance (2019). *End Gender Based Violence and Harassment: Gender Justice on Garment Global Supply Chains, An Agenda to Transform Fast-Fashion.*

Guamán Hernández, Adoración (2021.a). *Diligencia debida en derechos humanos: Posibilidades y límites de un concepto en expansión* (1st ed.). Valencia: Tirant lo Blanch.

– (2021.b). Lex Mercatoria: una aproximación desde la óptica de los derechos humanos. *Revista de la Academia Colombiana de Jurisprudencia,* n.º 374, Julio-Diciembre.

– (2022.a). El borrador de directiva sobre diligencia debida de las empresas en materia de sostenibilidad: Un análisis a la luz de las normas estatales y de la propuesta del parlamento europeo. *Trabajo Y Derecho: nueva revista de actualidad y relaciones laborales,* n.º 88.

– (2022.b). Diligencia debida en derechos humanos: Análisis crítico de los principales marcos normativos estatales. *Trabajo y Derecho: nueva revista de actualidad y relaciones laborales,* n.º 87.

– (2022.c). El borrador de Directiva sobre diligencia debida de las empresas en materia de sostenibilidad: Un análisis a la luz de las normas estatales y de la propuesta del Parlamento Europeo. *Trabajo y derecho: nueva revista de actualidad y relaciones laborales,* n.º 88.

– (2023). La esclavitud moderna tiene rostro de mujer: un análisis de las cadenas globales del textil desde la perspectiva de género. En Marullo, Chiara et al. *Empresas transnacionales, derechos humanos y cadenas de valor: nuevos desafíos.* Colex.

Hadwiger, Félix. (2015). *Acuerdos marco internacionales Lograr el trabajo decente en las cadenas mundiales de suministro.* Ginebra: Documento de referencia OIT.

Lebaron, Genevieve y Gore, Ellie (2019). Gender and Forced Labour: Understanding the Links in Global Cocoa Supply Chains. *The Journal of Development Studies,* 56:6.

Lousada Arochena, José F. (2019). El Convenio 190 de la Organización Internacional del Trabajo sobre la violencia y el acoso en el trabajo, *Revista de Derecho Social,* n.º 88.

Mackinnon, Catharine. (1979). *Sexual Harassment of Working Women. A case of Sex Discrimination,* Yale University Press, New Haven and London.

Maira, M.ª Mar (2014). Los acuerdos marco internacionales: sentando las bases de la negociación colectiva de ámbito supranacional. *Lan Harremanak,* n.º 30.

Martín Hernández, M.ª Luisa (2021). El tránsito hacia la debida diligencia obligatoria de las empresas multinacionales: la perspectiva de la Unión Europea. *Trabajo y Derecho,* n.º 14, monográfico (La diligencia debida en materia de derechos humanos laborales).

Methven O'Brien, C. & Martin-Ortega, O. (2022). Commission proposal on corporate sustainability due diligence: analysis from a human rights perspective. Technical Report. *Publications Office European Union* - Think Tank European Parliament, Brussels.

Mezzadri, Alessandra (2016). Class, gender and the sweatshop: on the nexus between labour commodification and exploitation. *Third World Quarterly,* 37:10.

Molina Navarrete, Cristobal. (2019). La "des-psicologización" del concepto constitucional de acoso moral en el trabajo: ni la intención ni el daño son elementos del tipo jurídico. *Revista de Derecho Social,* n.º 86.

– (2022). La violencia sexual en el trabajo: ¿nuevo riesgo laboral en virtud de la LO 10/2022, de 6 de septiembre? *Boletín LARPSICO: nuevas claves para la salud psicosocial en las organizaciones,* n.° 2.

Monereo Pérez, José L-; Rodríguez Escanciano, Susana y Rodríguez Iniesta, Guillermo (2022). Contribuyendo a garantizar la igualdad integral y efectiva: la ley 15/2022, de 12 de julio, integral para la igualdad de trato y no discriminación. *Revista Crítica de Relaciones de Trabajo-Laborum,* n.° 4.

Nieto Rojas, Patricia (2019). Cadenas mundiales de suministro y trabajo decente: instrumentos jurídicos ordenados a garantizarlo. *Cuadernos de Relaciones Laborales,* Vol. 37, n.° 2, pp. 419-434.

Olarte Encabo, Sofía (2020). La aplicación de inteligencia artificial a los procesos de selección de personal y ofertas de empleo: impacto sobre el derecho a la no discriminación, *Documentación Laboral,* n. °119.

Partenio, Flora. (2022). El trabajo visto desde los lentes feministas: viejos tópicos y nuevos problemas de un debate clásico en la agenda de los feminismos. En Lozano, M.P. et al (Coords) *Derecho laboral feminista.* Buenos Aires: Mil campanas.

Pérez Alonso, Esteban (Dir.) (2017). *El Derecho ante las formas contemporáneas de esclavitud.* Valencia: Tirant lo Blanch.

– (2022). Propuesta de incriminación de los delitos de esclavitud, servidumbre y trabajo forzoso en el Código Penal español. *Revista Electrónica de Ciencia Penal y Criminología,* n.° 24-07.

Pérez Alonso, Esteban, Olarte Encabo, Sofía, (Dirs.) (2020). *Formas Contemporáneas de Esclavitud y Derechos Humanos en clave de Globalización, Género y Trata de Personas.* Valencia: Tirant lo Blanch.

Pistor, Karen. (2019) *The Code of Capital. How the Law Creates Wealth and Inequality,* Princeton University Press, Oxford.

Pitch, Tamar (2010). *Sexo y género de y en el derecho: el feminismo jurídico.* Anales de la Cátedra Francisco Suárez, 44.

Pons Carmena, María (2020). Aproximación a los nuevos conceptos sobre violencia y acoso en el trabajo a partir de la aprobación del Convenio OIT 190. *Labos,* Vol. 1, n.° 2.

Ramos Quintana, Margarita I. (2021). Violencia de género y relaciones de trabajo en el marco del convenio número 190 de la OIT. *Revista de Derecho Laboral VLex,* n.° 4.

Rivas Vallejo, Pilar (2021). Aproximación laboral a los conceptos de esclavitud, trabajo forzoso y explotación laboral en los tratados internacionales. *Revista de Estudios Jurídico Laborales y de Seguridad Social,* n.° 2.

Sáez Lara, Carmen. (2022). Violencia Sexual, Mujer y Trabajo. *Revista Galega de Dereito Social*, n.° 16, pp. 9-44.

Sanguineti Raymond, Wilfredo (2019). Las cadenas mundiales de producción y la construcción de un derecho del trabajo sin fronteras. En AEDTSS (Ed.) *El futuro del trabajo: cien años de OIT. XXIX Congreso Anual de la Asociación Española de Derecho del Trabajo y de la Seguridad Social.* Madrid: Ministerio de Trabajo, Migraciones y Seguridad Social, pp. 23-77.

– (2022). *Teoría del derecho transnacional del trabajo.* Navarra: Aranzadi.

Schömann, Isabelle, et at. (2008). *Códigos de conducta y acuerdos marco internacionales: nuevas formas de gobernanza a nivel de empresa.* Bruselas: ETUI-REHS.

(2012). *Transnational collective bargaining at company level A new component of European industrial relations?* Bruselas: ETUI-REHS.

Smart, Carol (1992). La teoría feminista y el discurso jurídico. En AAVV. *El derecho en el género y el género en el derecho.* Buenos Aires: Biblos.

Supiot, Alain (2015). « Face à l'insoutenable: les ressource du droit de la responsabilité» en Supiot, A., Delmas-Marty, M. (dir). *Prendre la responsabilité au sérieux.* PUF.

Valdés Dal-Ré, Fernando (2013). Derecho constitucional y violencia en el trabajo en España. *Revista Internacional y Comparada de Relaciones Laborales y Derecho del Empleo-ADAPT*, Vol. 1, n.° 4.

Velázquez Fernández, Manuel P. (2019). El Convenio 190 de la OIT sobre violencia y acoso en el trabajo: principales novedades y expectativas. *Revista de Trabajo y Seguridad Social. CEF.*

Yagüe Blanco, Sergio (2020). Convenio núm. 190 de la OIT sobre violencia y acoso: delimitación de su ámbito de aplicación ante la posible ratificación por España. *Revista General de Derecho del Trabajo y de la Seguridad Social*, n.° 57.

Otras fuentes: informes citados

OIT (2016.a). *Normas de la OIT sobre el trabajo forzoso - El nuevo Protocolo y la nueva Recomendación de un vistazo*, Oficina Internacional del Trabajo, Servicio de Principios y derechos fundamentales en el trabajo (FUNDAMENTALS).

– (2016.b). *El trabajo decente en las cadenas mundiales de suministro*, Conferencia Internacional del Trabajo, 105.ª reunión, 2016 Informe IV.

– (2018.a). *Acabar con la violencia y el acoso contra las mujeres y los hombres en el mundo del trabajo, Informe V (1).* Conferencia Internacional del Trabajo, 107.ª reunión.

- (2018.b). Informe V (1). *Acabar con la violencia y el acoso contra las mujeres y los hombres en el mundo del trabajo.* Ginebra: Oficina Internacional del Trabajo, pp. 42-44.
- (2019). *Sexual Harassment at Work: Insights from the Global Garment Industry*, Better Work. Thematic Brief. ILO and IFC.
- (2021) *La violencia y el acoso en el mundo del trabajo: Guía sobre el Convenio núm. 190 y sobre la Recomendación núm. 206.* Oficina Internacional de Trabajo-Ginebra.
- (2021.a). *Moving the Needle Gender equality and decent work in Asia's garment sector.*
- (2021.b). *Value Chain Development for Decent Work. A systems approach to creating more and better jobs.* Third edition.
- (2021.c). *Análisis de las deficiencias de las medidas normativas y no normativas de la OIT para asegurar el trabajo decente en las cadenas de suministro.*
- (2021.d). *Guía: desarrollo de cadenas de valor para el trabajo decente Un enfoque sistémico para crear más y mejores empleos*, OIT, Ginebra (tercera edición).
- (2022). *Global Estimates of Modern Slavery: Forced Labour and Forced Marriage*, International Labour Organization (ILO), Walk Free, and International Organization for Migration (IOM), Geneva.
- (2023.a). *Informe de la Comisión de Expertos en Aplicación de Convenios y Recomendaciones (artículos 19, 22 y 35 de la Constitución).* Tercer punto del orden del día: Informaciones y memorias sobre la aplicación de convenios y recomendaciones. Informe General y observaciones referidas a ciertos países.
- (2023.b). *Estudio General sobre el Convenio sobre la discriminación (empleo y ocupación), 1958 (núm. 111), el Convenio sobre los trabajadores con responsabilidades familiares, 1981 (núm. 156), el Convenio sobre la protección de la maternidad, 2000 (núm. 183), la Recomendación sobre la discriminación (empleo y ocupación), 1958 (núm. 111), la Recomendación sobre los trabajadores con responsabilidades familiares, 1981 (núm. 165) y la Recomendación sobre la protección de la maternidad, 2000 (núm. 191). Tercer punto del orden del día: Informaciones y memorias sobre la aplicación de convenios y recomendaciones. Informe de la Comisión de Expertos en Aplicación de Convenios y Recomendaciones (artículos 19, 22, 23 y 35 de la Constitución). Informe III (Parte B)*

Parlamento Europeo (2017). *EU flagship initiative on the garment sector.*

Capítulo 9

Impacto de la normativa de la OIT en la protección de las empleadas de hogar frente a las violencias sexuales

ALEX MINCULEASA COPCEA[1]
Doctorando
Universitat Jaume I
alexminculeasacopcea@gmail.com

1. INTRODUCCIÓN

En un limitado intervalo de tiempo, nuestro país ha ratificado el Convenio 190 de la Organización Internacional del Trabajo (en adelante, OIT) sobre violencia y acoso, el Convenio 189 de la misma organización, relativo a las trabajadoras y trabajadores domésticos, ha promulgado el *Real Decreto-ley 16/2022, de 6 de septiembre, para la mejora de las condiciones de trabajo y de Seguridad Social de las personas trabajadoras al servicio del hogar* (en adelante, RDL 16/2022) —que a su vez trae causa en la sentencia del Tribunal de Justicia de la Unión Europea, de 24 de febrero de 2022, C-389/20— y ha aprobado la Ley 15/2022, de 12 de julio, integral para la igualdad de trato y la no discriminación (en adelante, Ley de igualdad de trato) y la *Ley Orgánica 10/2022, de 6 de septiembre, de garantía integral de la libertad sexual* (en adelante, Ley de libertad sexual).

Todo este conjunto normativo contribuye enormemente a acercar la regulación de la relación laboral especial de las personas trabajadoras del hogar a la del común de personas trabajadoras asalariadas, también, por lo que ahora interesa, en materia de prevención

---

[1] A fecha de envío de este trabajo disfrutaba de una Beca de Investigación (FICYT) en el área de Derecho del Trabajo y de la Seguridad Social en la Universidad de Oviedo

de riesgos laborales, y en particular, en la prevención de la violencia sexual en este peculiar entorno de trabajo. Ahora bien, aunque con ello se dispone ya de las piezas necesarias para montar el puzzle que abre las puertas hacia esa equiparación, es justo señalar que del largo camino que ha de recorrerse para que esa igualdad sea real, apenas se han dado unos pocos pasos. Pues bien, las siguientes líneas tienen por propósito analizar el estado de esos primeros pasos.

2. ¿DE QUÉ HABLAMOS CUANDO HABLAMOS DE PREVENCIÓN DE LA VIOLENCIA SEXUAL?

La prevención de la violencia sexual en el entorno laboral se compone —como es lógico— de varios elementos. El principal de ellos es el de la tutela de la persona trabajadora en una situación de riesgo, pero también ha venido de la mano de una fuerte protección, más específica, contra la discriminación por razón de género. A ello ha de añadirse el componente estrella en el sector que nos ocupa: la intimidad del hogar familiar —ajeno—, ámbito en el cual ya ha quedado patente —de modo tan evidente que lo han admitido incluso nuestros, en ocasiones, muy ciegos tribunales— su fuerte feminización y, por supuesto, una disparidad de trato manifiestamente discriminatoria.

Cuando hablamos de violencia sexual, hablamos, casi siempre, de violencia de género —si manejamos un concepto más amplio que el de nuestro legislador estatal—. Ello se pone de manifiesto en la propia normativa comunitaria, que considera el *acoso relacionado con el sexo* y el *acoso sexual* como una vulneración del principio de igualdad entre hombres y mujeres y, además, como una discriminación por razón de género (Yagüe Blanco, 2020).

Como se verá en los párrafos posteriores, además de la clásica tutela que nuestro ordenamiento jurídico —ya sea estatal o comunitario— le ha pretendido garantizar a las víctimas de todo tipo de violencias y, en particular, la violencia de género y la violencia sexual, es ahora cuando se empieza a valorar lo antes, quizás, impensable: no solo existe un deber de prevenir estas violencias, sino que, además, este recae también sobre el empresario o la persona empleadora, pues el entorno del trabajo tampoco es ajeno a estas conductas.

3. LA PREVENCIÓN DE RIESGOS EN EL ENTORNO DEL HOGAR FAMILIAR

3.1. ¿Qué nos exigen los Convenios 189 y 190 OIT?

Como se anticipaba, hemos de tener presentes, en todo momento, los dos Convenios de la OIT que más van a incidir en esta materia: el 189 y el 190. El Convenio 189 de la OIT, sobre las trabajadoras y los trabajadores domésticos (2011), pone de manifiesto en su preámbulo —también en su art. 2— una cuestión tan evidente como olvidada: "los convenios y las recomendaciones internacionales del trabajo se aplican a todos los trabajadores, incluidos los trabajadores domésticos, a menos que se disponga otra cosa". Téngase en cuenta que esta posible vía de escape, que no resulta inusual en la normativa que nos ocupa, exige que cada Estado que pretenda hacer uso de ella lo explicite, cosa que no ha hecho el Gobierno español, por tanto, nuestro legislador viene obligado a aplicar por entero este Convenio al trabajo que nos concita, si no quiere incurrir en una discriminación inaceptable por ausencia de sostén jurídico alguno, que desde luego no es la mera alusión a las peculiaridades del trabajo del hogar.

Hecha esta obligada aclaración, en lo que respecta al contenido del Convenio 189° en prevención de riesgos, se ha condensado principalmente en su art. 13, que alude a un genérico derecho a un *entorno de trabajo seguro y saludable.* Pero, esta vez, va más allá, e indica que el Estado miembro en cuestión "...deberá adoptar medidas eficaces, teniendo debidamente en cuenta las características específicas del trabajo doméstico, a fin de asegurar la seguridad y la salud en el trabajo de los trabajadores domésticos".

Vuelve a incidir en esta cuestión en su art. 17.3, disipando cualquier duda que pudiese aún albergar la mente del legislador español sobre los límites de la fiscalización de una posible falta de protección, haciendo una mención expresa a las condiciones para el acceso al domicilio familiar en aras de comprobar y garantizar el cumplimiento de la normativa de riesgos laborales, siempre, claramente, con el "debido respeto a la privacidad". Se verá en los epígrafes siguientes si se ha dado cumplimiento a este precepto o, siquiera, si es posible —sin una nueva norma con rango de ley—, considerando el panorama normativo al que nos enfrentamos.

En todo caso, esta previsión debe leerse acompasadamente del Convenio 190 de la OIT, sobre la violencia y el acoso (2019) y la Recomendación 206, sobre la violencia y el acoso (2019). Resulta difícil discutir que las personas trabajadoras del hogar entran dentro del ámbito de aplicación de este Convenio, no solo por encontrarse expresamente en el marco de su art. 2 —incluso aquellas trabajadoras sin alta en la Seguridad Social—, sino, además, porque no cabe lugar a dudas de que la acción protectora de este ha de extenderse también al hogar familiar, como se pone de manifiesto en su artículo tercero. Así, en el apartado a) habla expresamente de "lugar de trabajo, inclusive en los espacios públicos y privados cuando son un lugar de trabajo".

La prevención de la violencia sexual es abordada también de modo explícito en el artículo noveno, exigiendo a los Estados Miembros "en la medida en que sea razonable y factible (...) tener en cuenta la violencia y el acoso, así como los riesgos psicosociales asociados, en la gestión de la seguridad y salud en el trabajo". Indicándose, además, en el art. 4.2.h) que se ha de "garantizar que existan medios de inspección e investigación efectivos de los casos de violencia y acoso, incluyendo a través de la inspección del trabajo o de otros organismos competentes".

Por si ello fuese poco, la Recomendación 206 dedica una sección completa a la protección y prevención. Podría resultarnos de especial interés el hincapié que hace en el art. 8, relativo a la evaluación de riesgos en el lugar de trabajo, en la consideración de "las condiciones y modalidades de trabajo", teniendo la mente puesta en factores que incrementen las probabilidades de violencia y acoso. Volveremos sobre ello posteriormente, viendo algunos ejemplos prácticos de riesgos a valorar propios del hogar.

3.2. La reforma realizada por el RDL 16/2022, con la mirada puesta en la Ley de libertad sexual

Ya hemos dicho que también el RDL 16/2022 aborda la prevención de riesgos laborales. Así, se modifica la *Ley 31/1995, de 8 de noviembre, de Prevención de Riesgos Laborales* (en adelante, LPRL)[2] para suprimir el apartado 4 del artículo 3 y añadir una nueva disposición adicional decimoctava, a fin de garantizar a través del correspondiente desarrollo reglamentario, un nivel de protección de la seguridad y salud de las personas al servicio del hogar familiar equivalente a la de cualquier otra persona trabajadora, especialmente por lo que respecta a la prevención de la violencia contra las mujeres.

El precepto de la LPRL modificado por el RDL 16/2022 excluía expresamente esta relación laboral especial de su ámbito de aplicación, sin perjuicio de un mandato genérico al titular del hogar de cuidar "[...] que el trabajo de sus empleados se realice en las debidas condiciones de seguridad e higiene". Dicha exclusión no era tampoco arbitraria, sino que se trasladaba de la *Directiva Marco 89/391/CEE, de 12 de junio de 1989, relativa a la aplicación de medidas para promover la mejora de la seguridad y de la salud de los trabajadores en el trabajo* que, lamentablemente, dejaba al margen de su concepto de trabajador a aquellas personas al servicio del hogar familiar.

Queda por ver qué consecuencias tendrá la entrada en juego de la LPRL en este ámbito, considerando las obligaciones que ello pasará a suponer para la persona empleadora. El análisis de esta cuestión habrá de hacerse también con la mente puesta en las otras normas recientes relativas a la protección frente a las violencias sexuales, principal y especialmente, la ley de libertad sexual.

---

2 Paralelamente, la disposición final primera incorpora una modificación de la disposición adicional quinta de la *Ley 31/1995, de 8 de noviembre, por la cual se regula la Fundación Estatal para la Prevención de Riesgos Laborales*, FSP, para aclarar los extremos relativos a la financiación de la fundación, la elaboración de las bases y convocatorias, el desarrollo de las acciones previstas en los ámbitos territoriales y las organizaciones beneficiarias de las subvenciones, en la línea apuntada por la recomendación del Tribunal de Cuentas.

La ley orgánica, por su parte, menciona, a lo largo y ancho de su articulado, la prevención de las violencias sexuales en el ámbito laboral. Ya en su art. 1.3.b) habla de sensibilización y formalización en este, que posteriormente, desarrolla detalladamente en su art. 12. Así, establece una serie de obligaciones y sugerencias —con los famosos *deberán* y *podrán* que, sin embargo, solamente están destinadas a empresas. No podemos encontrar mención alguna a este sector, pese a su particular vulnerabilidad, en toda la norma. Esta omisión choca con lo que se venía diciendo respecto a la aplicabilidad de los Convenios 189 y 190 de la OIT al ámbito del servicio doméstico y podría suponer un incumplimiento de estos preceptos o, por lo menos, otro apartado más en el largo listado de normativa pendiente de nuestro legislador, que aún es incapaz de equiparar, por razones evidentes derivadas de su propia naturaleza, las personas empleadoras al común de los empresarios.

3.3. La prevención de riesgos cuando el lugar de trabajo es el domicilio ajeno

Es habitual por parte de nuestra doctrina equiparar o, al menos, buscar soluciones en el servicio de ayuda a domicilio[3], que sean desplazables a la relación laboral especial que aquí nos concierne. Los paralelismos que podemos encontrar entre estos dos sectores, nos hacen más difícil comprender la diferencia de trato que se les dan en nuestro ordenamiento jurídico, especialmente porque el servicio de ayuda a domicilio no ha sido excluido de la LPRL (Fernández Artiach y García Testal, 2021), por lo que las supuestas dificultades

---

[3] Ámbito de especial interés en estos tiempos, pues el reciente convenio aprobado en este sector en Asturias ha dado mucho que hablar. El cual, además, contiene un apartado específico de prevención de riesgos. https://sede.asturias.es/ast/bopa-disposiciones?p_p_id=pa_sede_bopa_web_portlet_SedeBopaDispositionWeb&p_p_lifecycle=0&_pa_sede_bopa_web_portlet_SedeBopaDispositionWeb_mvcRenderCommandName=%2Fdisposition%2Fdetail&p_r_p_dispositionText=2022-08529&p_r_p_dispositionReference=2022-08529&p_r_p_dispositionDate=17%2F11%2F2022 (última consulta 10 de marzo de 2023).

de aplicación práctica fundadas en las particularidades del lugar de trabajo no tienen cabida, dadas las circunstancias.

Si bien de modo meramente ejemplificativo, una revisión de las disposiciones relativas a la prevención de riesgos en el servicio de ayuda a domicilio puede constituir un punto de partida para desplazar estas normas al trabajo del hogar, precisamente por estar ante el mismo tipo de entorno —el hogar familiar— y el mismo tipo de persona trabajadora e, incluso, la misma persona para la cual se realizan las prestaciones —aun cuando esta goza de título distinto—, y ello puede darnos una idea de qué hablamos cuando hablamos de prevención de riesgos en el ámbito del hogar familiar. Sin embargo, tampoco se nos pueden escapar las amplias diferencias entre un régimen y otro ni las capacidades y recursos de unas y otras personas empleadoras.

Es imprescindible en la comparación entre estos sectores, recalcar la diferencia entre violencia externa y violencia interna, cuando hablamos de entornos laborales en los que hay un contacto con el público. "La primera es la que se produce entre los trabajadores, incluidos directivos. Mientras que la segunda se lleva a cabo entre estos y cualquier otra persona externa a la organización con la que se pueda tener contacto por estar presente en el lugar de trabajo (clientes, usuarios, pacientes, pasajeros, etc.). Si bien, y pese a la amplitud de la conceptualización de la violencia externa, a efectos de estas recomendaciones, la víctima es «todo trabajador o empleado que es objeto de violencia en el lugar de trabajo», lo que excluye los posibles actos violentos ejercidos por trabajadores a sujetos ajenos a la organización" (Yagüe Blanco, 2020).

Así, para las personas trabajadoras en el servicio de ayuda a domicilio, la violencia que puedan sufrir en el marco del hogar familiar, por parte de quien recibe dichos servicios, se podría calificar de *violencia externa*, en tanto que se trata de un cliente y no forma parte de la empresa para la que trabaja, mientras que los mismos hechos, en un mismo lugar y con las mismas personas, se calificaría de *violencia interna* cuando se trata de una persona trabajadora del hogar, pues la persona para quien realiza dichas prestaciones es la propia persona empleadora.

En cualquier caso, como se adelantaba, esta diferencia no supone la exclusión del ámbito de aplicación de la normativa de la OIT. Sin embargo, nos da un indicio, imposible de ignorar, de que cualquier parecido entre estos regímenes se vuelve marginal cuando consideramos que, la cuestión esencial en cuanto a la prevención de riesgos en un domicilio de una persona física no deja de ser, precisamente, quién es la persona sobre la que recae este deber.

3.4. Obstáculos para ello

No se nos puede escapar, por un lado, que, más allá del desarrollo reglamentario pendiente, esta nueva realidad ha de combinarse y adaptarse con la normativa ya existente en la materia. Así, se topa con una serie de obstáculos, principalmente de falta de normativa adecuada, en ocasiones complicados de superar.

En esta línea, es clave la *Ley 23/2015, de 21 de julio, Ordenadora del Sistema de Inspección de Trabajo y Seguridad Social*. En su art. 13, relativo a las facultades de los inspectores de Trabajo y Seguridad Social, se establece expresamente la necesidad de autorización judicial —o, evidentemente, consentimiento expreso— para entrar al domicilio de una persona física. Con la dificultad añadida de que el domicilio de la persona empleadora tendría la consideración de centro de trabajo (Sanz Sáez, 2020), pero solamente mientras se presta el servicio, limitando todavía más —incluso temporalmente—, la capacidad de actuación de Inspección de Trabajo. Siendo así las cosas, el mero desarrollo reglamentario resultaría insuficiente sin una modificación y adaptación del resto del ordenamiento jurídico.

Por otro lado, tampoco se reforma el art. 7.2 del RD 1620/2011. Este precepto se recrea otra vez en aquel deber genérico —en esta ocasión, ligeramente menos genérico—, de “cuidar de que el trabajo del empleado de hogar se realice en las debidas condiciones de seguridad y salud, para lo cual adoptará medidas eficaces, teniendo debidamente en cuenta las características específicas del trabajo doméstico”. Indicando, además, que “el incumplimiento grave de estas obligaciones será justa causa de dimisión del empleado”.

Sin embargo, tampoco la resolución de la relación por esta vía, que permitiría a la persona trabajadora obtener una indemnización correspondiente a la del despido improcedente, es cuestión sencilla sin más ajustes normativos, pues, como ya ha puesto sobre la mesa la doctrina, "el trabajador no puede decidir de manera unilateral qué es un incumplimiento grave y abandonar su puesto de trabajo, ya que ese comportamiento se considerará como baja voluntaria sin derecho a indemnización" (Sanz Sáez, 2020).

Finalmente, una dificultad añadida a la que nos enfrentamos es, para más inri, toda aquella relativa a determinar quién es, efectivamente, la persona empleadora. El RD 1620/2011 es claro en este aspecto, identificando a la persona empleadora con la titular del hogar. Entendiéndolo en el sentido más estricto, ha de ser quien resida en el domicilio en el que se presten efectivamente los servicios objetos del contrato. Pese a la claridad del precepto, la realidad es otra, y es más habitual que quien actúe efectivamente como persona empleadora no resida en dicho domicilio —piénsese, por ejemplo, los hijos adultos, que viven en otra casa, que contratan a una persona para el domicilio de su madre o padre mayor—. Esta problemática es especialmente relevante en este ámbito, pues habrá que aclarar, de forma previa, en quién recaen todas las obligaciones relativas a la prevención de riesgos.

4. LA RESPONSABILIDAD DERIVADA DEL INCUMPLIMIENTO DEL DEBER DE PREVENCIÓN: ¿EL RECARGO DE PRESTACIONES?

Es ahora donde procede parar a preguntarse: ¿qué consecuencias tiene, entonces, el incumplimiento por parte del empleador de sus obligaciones respecto a la prevención de riesgos? ¿Cabe el recargo de prestaciones? Responder a estas cuestiones sin el resultado del futuro desarrollo reglamentario es un reto complicado. Podríamos, quizás, adelantar la respuesta para el mientras tanto.

Más allá de la literalidad del art. 7.2 del RD 1620/2011 previamente mencionado, que abre la puerta del empleado a una dimisión, no podemos considerar la existencia de consecuencia alguna si metemos en este mix la —todavía— exclusión de la aplicación del art. 167 LGSS. Así, es difícil justificar la existencia de un recargo de prestaciones, aunque la jurisprudencia ha venido reconociendo este —si bien en otros ámbitos y en casos puntuales—, como consecuencia de un incumplimiento del deber genérico.

Actualmente se excluye la aplicación del régimen de imputación de responsabilidades, debido a la previsión del art. 251.c LGSS, que mantiene la misma redacción desde la entrada en vigor de la norma. Hemos de recordar que, en aquel momento, ya estaba integrado este régimen en el régimen general y ya se había comenzado a cotizar también por contingencias profesionales tiempo atrás. Siendo así las cosas, no podemos considerar que se trata de un mero despiste del legislador, sino que esta exclusión de la responsabilidad es muy intencionada y puede estar fundamentada precisamente en las particularidades del hogar familiar y del empleador. El propio origen de esta exclusión nos lo deja claro: ya se contemplaba en la LGSS de 1994 de manera expresa (disposición adicional quincuagésima tercera, añadida por la *Ley 39/2010, de 22 de diciembre, de Presupuestos Generales del Estado*), a la vez que el reconocimiento de la protección de las contingencias profesionales, con lo que la teoría de la posible falta de intencionalidad y descuido del legislador en este aspecto ha de quedar completamente descartada.

La jurisprudencia, por su parte, es extremadamente escasa y tampoco nos aclara este extremo. En la STSJ Castilla La Mancha (Social), de 25 de febrero de 2022, Rec. 2177/2021, tras el fallecimiento de un trabajador del hogar en tiempo y lugar de trabajo, se valora si cabe la imposición de responsabilidad empresarial. El propio Tribunal ve la incoherencia en nuestro ordenamiento jurídico, recalcando que, mientras que el RD 1620/2011 incluye la previsión mencionada anteriormente, la Ley de Prevención de Riesgos Laborales excluye —ahora ya podemos hablar en pasado— de su ámbito de aplicación esta relación laboral especial. Sin embargo, sin atreverse a entrar a resolver este conflicto y determinar si cabe o no la imposición de tal responsabilidad, directamente lo descarta por no concurrir "los fundamentos (...) al ser necesaria la existencia de algún tipo de culpa en la actuación del empleador para reconocimiento para el éxito de la pretensión entablada" (FJ 4º). Podríamos, quizás, preguntarnos si, al detenerse el Tribunal a analizar si concurre la culpa o no, está admitiendo que, en efecto, de concurrir, cabría exigir dicha responsabilidad.

Quizás sea aquí adecuado echar la mirada atrás y recordar lo referido al Convenio 189 de la OIT que, en su art. 14, dice expresamente que "...deberá adoptar(se) medidas apropiadas a fin de asegurar que los trabajadores domésticos disfruten de condiciones no menos favorables que las condiciones aplicables a los trabajadores en general con respecto a la protección de la seguridad social...". ¿Podemos considerar que esto alcanza también al recargo de prestaciones? Es ya histórico el debate en torno a la naturaleza de esta aún extraña figura (Menéndez Sebastián, 2018), y no vale la pena detenerse ahora en ello, sin embargo, por su, como mínimo, intimísimo vínculo con las prestaciones de la Seguridad Social habrá que preguntarse, pues, si su exclusión nos impide dar cumplimiento a dicho Convenio.

Quedará por ver, además, cuál será el panorama ante el que nos enfrentaremos, o incluso, al que nos enfrentamos —dependiendo de la concepción que tengamos del carácter del deber de prevención general—, una vez se desarrollen los mandatos reglamentarios que impone el RDL, y se reconozcan, previsiblemente, algunas enfermedades profesionales en este ámbito, relacionado con el respectivo deber de prevención vinculado a su inclusión en el cuadro de enfermedades profesionales.

Por un lado, si consideramos que ya basta con el deber general de prevención —siguiendo la jurisprudencia previamente mencionada que fundamenta el recargo en ello—, habría que reformar la propia norma, modificación sin la cual no podría entrar en juego el recargo de prestaciones. Por otro, si en un futuro —en teoría cercano— se realiza un desarrollo más adecuado relativo a la prevención de riesgos laborales en este ámbito, con las correspondientes obligaciones que se puedan imponer a la persona titular de hogar familiar —así como el, ya más problemático, control de esta situación— y, para más inri, la inclusión de una serie de enfermedades profesionales reconocidas en este sector en el cuadro correspondiente, no tendríamos duda alguna de que el recargo de prestaciones debería funcionar y podríamos considerar, fundamentadamente, que mantener la exclusión del régimen de responsabilidad ex art 251 LGSS no se ajustaría al Convenio 189 OIT, pues no habría ya justificación razonable de su inaplicación, volviendo entonces a encontrar más diferencias injustificadas de trato en este relación especial.

5. CONCLUSIONES

La amplia deuda que el legislador estatal ha de saldar con las personas trabajadoras del hogar no empieza ni termina con el desempleo y no se soluciona tampoco con una remisión genérica al ET, pues las particularidades que encontramos en esta relación laboral —tanto en las partes, como en la prestación e, incluso, y sobre todo, en el lugar de trabajo— han de abordarse expresamente y precisan de una acomodación del resto de nuestro ordenamiento jurídico sin la cual resultaría imposible ver resultado práctico alguno en este ámbito. Sin embargo, estas cuestiones han sido las protagonistas en la consideración mediática de la nueva normativa española, dejando en un segundo plano la cuestión preventiva.

No obstante, esta es una cuestión clave para garantizar que la pretendida igualdad jurídica entre las trabajadoras del servicio doméstico y el resto de las personas asalariadas sea real y efectiva. Igualdad a la que también ha querido contribuir el Gobierno estatal con la ratificación de los Convenios 189 y 190 OIT. Ahora bien, qué duda cabe que este loable propósito encuentra en su ejecución una cantidad nada desdeñable de dificultades, que son objeto de estudio en este trabajo.

Así, veíamos, primero, todos los obstáculos planteados para el acceso al domicilio que constituye el lugar de trabajo de la persona trabajadora, por el choque que ello supone con los derechos de la persona empleadora a la intimidad y privacidad de este. Segundo, aun habiendo resuelto todas las demás cuestiones, todavía quedaría pendiente resolver la definitiva: la posibilidad de imposición del recargo de prestaciones, que constituye, quizás, la consecuencia más grave del incumplimiento de las obligaciones de prevención de riesgos laborales.

En suma, para no convertir las ratificaciones de los dos Convenios en papel mojado, el legislador ha de esmerarse en la elaboración de mecanismos legales que solventen las dos dificultades planteadas, y hacerlo a la mayor brevedad posible.

6. REFERENCIAS BIBLIOGRÁFICAS

Fernández Artiach, Pilar; García Testal, Elena (2021). La prevención de riesgos en el trabajo doméstico y de cuidados en España: la necesidad de ratificar los Convenios 189 y 190 de la OIT. *Lex Social, Revista de Derechos Sociales,* Vol. 11, n.º 2, pp. 628-661

Menéndez Sebastián, Paz (2018). El recargo de prestaciones y su compleja convivencia procesal con las responsabilidades penales y administrativas derivadas de accidente de trabajo. *Revista del Ministerio de Trabajo, Migraciones y Seguridad Social,* n.º 138, pp. 483-512

Ramos Quintana, Margarita Isabel (2021). Violencia de género y relaciones de trabajo en el marco del Convenio número 190 de la OIT. *Revista de Derecho Laboral vLex,* n.º 4, pp. 158-171

Sanz Sáez, Concepción (2021). La exclusión de la prevención de riesgos laborales de la relación laboral especial del trabajo doméstico: análisis crítico de las posibles razones. *Lan Harremanak,* n.º 44, pp. 79-102

Yagüe Blanco, Sergio (2020). Convenio núm. 190 de la OIT sobre violencia y acoso: Delimitación de su ámbito de aplicación ante la posible ratificación por España. *Revista General de Derecho del Trabajo y de la Seguridad Social,* n.º 57, pp. 498-538.

Capítulo 10

La necesaria Reforma de la Ley de voluntariado a raíz de la ratificación por España del Convenio 190 de la Organización Internacional del Trabajo

NANCY SIRVENT HERNÁNDEZ
Catedrática EU de Derecho del Trabajo y de la Seguridad Social
Universidad de Alicante
nancy.sirvent@ua.es

1. EL CONVENIO 190 DE LA ORGANIZACIÓN INTERNACIONAL DEL TRABAJO SOBRE LA VIOLENCIA Y EL ACOSO EN EL MUNDO DEL TRABAJO

1.1. Alcance y significado

El 10 de junio de 2019, la Conferencia General de la Organización Internacional del Trabajo (OIT) aprobó el *Convenio número 190 para la eliminación y la prevención de la violencia y el acoso en el mundo del trabajo.* Se trata del primer Tratado Internacional que reconoce el derecho de toda persona a un mundo laboral libre de violencia y acoso, incluyendo la violencia y el acoso por razón de género. Tras la ratificación por los dos primeros países (Argentina y Fiji), el Convenio entró en vigor, con carácter general, el 25 de junio de 2021. La aprobación de este Convenio está en línea con la defensa de los valores del trabajo en el mundo —y del trabajo decente en particular— que compete a este organismo internacional (Landa Zapiraín, 2009, p. 953).

España firmó el instrumento de ratificación de dicho Convenio el 25 de mayo de 2022 (el BOE de 16 de junio de 2022 publicó el

Instrumento de adhesión de nuestro país), teniendo lugar su entrada en vigor el 25 de mayo de 2023 (de conformidad con lo establecido en el artículo 14.3 del propio Convenio).

Como reconoce expresamente el Preámbulo del Convenio, la violencia y el acoso en el mundo del trabajo son susceptibles de constituir una violación o un abuso de los derechos humanos y resultan incompatibles con el trabajo decente, pudiendo afectar a la salud psicológica, física y sexual de las personas, a su dignidad, y a su entorno familiar y social. Asimismo, afectan a la calidad de los servicios públicos y privados, a la organización del trabajo, a las relaciones en el lugar de trabajo, y a la reputación de las empresas y la productividad.

El objetivo último del Convenio es prevenir y erradicar la violencia y el acoso en el mundo del trabajo exigiendo a los Estados miembros que lo ratifiquen adoptar medidas legales y políticas dirigidas a abordar este problema con un enfoque inclusivo, integrado y que tenga en cuenta las consideraciones de género[1].

El Convenio se complementa con la Recomendación sobre la violencia y el acoso número 206 de la OIT, que fue aprobada en la misma fecha al objeto de concretar la forma de aplicar las medidas que los Estados firmantes deben adoptar.

Un importante número de países reconocen que, pese a contar con un sólido marco normativo y con medidas de prevención y protección frente a esta suerte de conductas y situaciones —de mayor o menor alcance, en función de la situación de cada caso particular—, en la mayoría de los casos no resultan suficientes. De ahí la importancia de tomar el testigo y establecer un sistema de gestión y una política eficaz, capaz de anticiparse y poner fin a esta lacra social. Y a tal fin, dicho Tratado internacional aborda la violencia y el acoso en

---

1 Como reconoce el propio Convenio, corresponde a los Estados "la importante responsabilidad de promover un entorno general de tolerancia cero frente a la violencia y el acoso con el fin de facilitar la prevención de este tipo de comportamientos y prácticas, y que todos los actores del mundo del trabajo deben abstenerse de recurrir a la violencia, el acoso, prevenirlos y combatirlos".

el trabajo de una forma integral, inclusiva, y, por ende, adoptando una línea más efectiva que las medidas adoptadas en el pasado.

Por lo que atañe a nuestro país, la ratificación de este Convenio no parece que vaya a suponer cambios significativos desde el punto de vista de las medidas de protección que se contemplan en el ámbito de las relaciones de trabajo, en la medida en que la mayor parte de los instrumentos de tutela que se recogen ya se están aplicando de una u otra manera. Lo verdaderamente relevante e innovador, y que seguramente va a provocar mayor impacto, es la extensión material y subjetiva, principalmente a la hora de delimitar la violencia en el trabajo, concepto inexistente en el Derecho español, y el acoso moral laboral (Molina Navarrete, 2021, p. 98 y 99); así como la amplitud con la que se delimita la dimensión espacio-temporal, abarcando situaciones que exceden de los márgenes de la relación jurídico-laboral, y que van a dar lugar a la necesaria intervención legislativa al objeto de adaptar la normativa interna vigente en esta materia.

Ello es lo que ocurre, particularmente, con la relación jurídica de voluntariado que, pese a tratarse de una prestación de trabajo expresamente excluida del ordenamiento laboral, al afectar a actividades sin ánimo oneroso (y que como consecuencia de ello se configuran con ausencia de retribución —García Testal, 2006, p.104—) y quedar comprendidas entre los "trabajos realizados a título de amistad, benevolencia o buena vecindad" (artículo 1.3.d) Estatuto de los Trabajadores), también viene afectada por el Convenio. Se trata, en suma, de prestaciones altruistas en el buen entendido de que la benevolencia del trabajo es independiente de la del empresario al que se presta (Blat Gimeno, 1990, p.166). Con esta inclusión, el Convenio se hace eco de los acontecimientos derivados de la pandemia de Covid-19, que constató el relevante papel de este colectivo (cohortes de médicos y farmacéuticos jubilados, estudiantes universitarios de Ciencias de la Salud, etc.), e hizo aflorar una nueva realidad de *trabajadores* (Ribeiro Costa, 2021, p. 37). Así, cabe entender que la alusión a los *voluntarios* a que se refiere dicho instrumento internacional lo es tanto respecto a aquellos que prestan acciones de esta naturaleza en entidades de carácter altruista como a quienes lo hacen en empresas lucrativas. Empero, el análisis que se lleva a cabo en estas páginas se circunscribe únicamente a los primeros.

Como se tendrá oportunidad de señalar en las líneas que siguen, la regulación actual de esta prestación de servicios que se presta con fines altruistas no se ajusta a las mínimas exigencias que plantea el Convenio 190 de la OIT, por lo que se torna necesario abordar la reforma legal pertinente al objeto de adaptar dicha regulación al nuevo marco jurídico que viene exigido tras la ratificación de dicho instrumento internacional.

1.2. Ámbito subjetivo y material

El ámbito de aplicación del Convenio 190 OIT resulta muy ambicioso, tanto en lo que atañe al ámbito subjetivo y material al que se pretende aplicar, como a la hora de definir el tipo de conductas que quedan comprendidas dentro del mismo. Desde este punto de vista, puede afirmarse que resulta muy novedoso en sus planteamientos. Más aún, si cabe, teniendo en cuenta que las normas que se ocupan de definir las prácticas prohibidas (artículo 1), y de delimitar los ámbitos subjetivo y objetivo de aplicación del convenio (artículos 2 y 3), constituyen normas de self executing que no precisan ser desarrolladas para su aplicación (Sanguinetti Raymond, 2022, p. 4).

A tenor de lo dispuesto en el artículo 2 del Convenio, el mismo resulta de aplicación no sólo a los trabajadores asalariados entendidos éstos en sentido estricto, sino a las personas que trabajan, independientemente de cuál sea su situación contractual, incluyendo expresamente a las personas en formación, los pasantes y aprendices, los trabajadores despedidos, los voluntarios, las personas en busca de empleo, los postulantes a un empleo, y quienes ejercen la autoridad, las funciones o las responsabilidades de un empleador.

Asimismo, el Convenio se aplica a todos los sectores, público o privado, de la economía formal e informal, y en zonas urbanas o rurales.

Desde este punto de vista puede afirmarse que el ámbito subjetivo al que se extiende dicha norma internacional resulta omnicomprensivo, abarcando los distintos momentos y fases que pueden acontecer en la vida laboral de las personas trabajadoras (el momento de búsqueda y acceso al empleo, durante el desarrollo del mismo, y una vez finalizada la relación laboral), e independientemente también del vínculo jurídico que una a la misma con la entidad empleadora, protegiendo por igual a los trabajadores con contrato indefinido y a aquellos otros que se encuentran vinculados mediante un contrato de trabajo de carácter temporal o formativo, tanto si se desarrollan servicios a tiempo completo o a tiempo parcial, y sin que tampoco resulte relevante a estos efectos que la prestación de servicios se desenvuelva en el sector público o privado, o que se encuentre instalado en el ámbito de la economía informal.

Más allá de la relación jurídico-laboral en sentido estricto, la protección se extiende a otra suerte de prestaciones de servicios que también pueden resultar afectadas por situaciones de violencia y acoso, como es el caso de los becarios, los postulantes a un empleo, o los voluntarios[2].

Y otro tanto cabe señalar en cuanto al tipo de conductas, y a la dimensión espacio-temporal que delimita la norma, que presentan, asimismo, un gran alcance. De este modo, la expresión violencia y acoso en el mundo del trabajo designa un "conjunto de comportamientos y prácticas inaceptables, o las amenazas de tales comportamientos y prácticas, cuando se manifiesten una sola vez o de forma repetida, y que tengan por objeto, o causen o sean susceptibles de causar, un daño físico, psicológico, sexual o económico, incluyendo la violencia y el acoso por razón de género". Se opta por procurar una noción amplia de lo que constituye violencia y acoso, dando entrada a todas las variables posibles en aras de evitar limitaciones indeseadas en cuanto al alcance real del Convenio. En este sentido, resulta indiferente que los comportamientos y conductas lesivas se hayan materializado o que no hayan pasado de meras amenazas; que se trate de un solo acto o de conductas reiteradas en el tiempo; que haya habido o no intención de causar daño; o el tipo de daño ocasionado o susceptible de ocasionar, que puede ser de naturaleza física, psicológica,

---

2 Esta voluntad por abarcar el mayor número de personas y situaciones posibles se pone de manifiesto en el cambio de denominación operado en el texto definitivo del Convenio, pasando de referirse las primeras versiones a la *violencia "en el lugar de trabajo"*, a la más amplia que recoge definitivamente el texto, relativa al "*mundo del trabajo*".

sexual o incluso de índole económica. Basta con el hecho de que los comportamientos y las prácticas resulten inaceptables y susceptibles de ocasionar un resultado dañoso a la víctima.

No obstante, la finalidad que persigue el Convenio de alcanzar al mayor número de situaciones y personas posibles puede verse truncada por la delimitación que el mismo hace del concepto de violencia y acoso atendiendo a *conductas y comportamientos "inaceptables"*, lo cual deja un amplio margen a los Estados a la hora de identificar aquellos actos que resultan reprobables, pues qué duda cabe que el grado de tolerancia e intolerancia hacia este tipo de conductas puede variar en función de pautas culturales. En este sentido, quizá hubiera resultado más apropiado recurrir a los estándares internacionales vigentes en materia de discriminación y violencia (Lobato, 2019, p. 3). Ya en el plano interno, es preciso que el legislador aquilate con precisión en cada esfera jurídica concernida, el concepto técnico-jurídico de los diferentes tipos de acoso laboral a fin de captar la genuina naturaleza del fenómeno y evitar aplicaciones indeseables (Correa Carrasco, 2021, p. 27).

Concerniente a la dimensión espacio-temporal, la protección se plantea, asimismo, en términos muy amplios abarcando situaciones de violencia o acoso que tengan lugar durante el trabajo, o en relación o como resultado del mismo, cuando acontezcan en el lugar de trabajo (abarcando los espacios públicos y privados), en lugares donde se paga al trabajador, lugares de descanso, comedores, instalaciones sanitarias, de aseo, o vestuarios; en los desplazamientos, viajes, eventos, actividades sociales, o de formación que tengan que ver con el trabajo; en el marco de las comunicaciones relacionadas con el mismo; en el alojamiento proporcionado por el empleador; así como en los trayectos en el domicilio y el lugar de trabajo (*in itinere*).

1.3. Medidas de prevención y protección frente a la violencia y el acoso en el mundo del trabajo

En aras de alcanzar los objetivos trazados en el Convenio, se demanda a los Estados la adopción de un amplio y completo abanico de medidas que garanticen el tratamiento transversal del problema, permitiendo la adaptación particular requerida en función del nivel de protección de que se parta en cada caso concreto.

En este sentido, se contemplan medidas de muy distinto signo dirigidas a la prevención y protección frente a tales conductas, mediante campañas de formación, educación y sensibilización de la población en general, y también a nivel específico en el ámbito del mundo del trabajo y las empresas; la protección a las víctimas, estableciendo vías de recurso, reparación y medidas de apoyo; la imposición de sanciones a los autores de esta suerte de conductas; el establecimiento de instrumentos de seguimiento y control de las medidas implementadas y su mejora; así como la investigación de los casos de violencia y acoso que pueden acaecer, cobrando un especial protagonismo en este terreno la ITSS.

Pese a que la ratificación del Convenio 190 de la OIT por nuestro país no va a suponer grandes cambios desde el punto de vista de la relación laboral *strictu sensu*, no cabe decir lo mismo tratándose de la relación jurídica de voluntariado, ya que prácticamente ninguna de estas medidas aparecen recogidas actualmente en la regulación estatal que se ocupa de ordenar esta materia, a saber, la *Ley 45/2015, de 14 de octubre* (en adelante, LV)[3], por lo que la adaptación normativa en este campo resultará inexorable.

---

3 Aunque existen otras disposiciones, estatales y autonómicas, que se encargan de regular las acciones de voluntariado, la LV ocupa un lugar central en esta materia, por lo que el análisis que se desarrolla a continuación pone el foco de atención en lo dispuesto en esta norma. En este sentido, cabe señalar que, junto a la LV, existen disposiciones específicas relativas a determinadas parcelas de voluntariado, como ocurre, por ejemplo, con la *Ley 17/2015, de 9 de julio, del Sistema Nacional de Protección Civil*; o la *Ley 43/2015, de 9 de octubre, del Tercer Sector de Acción Social*. Asimismo, la acción voluntaria cuenta con un importante número de normas autonómicas aprobadas, en su caso, en base a la competencia que puedan haber asumido en sus respectivos estatutos de autonomía.

2. LA IMPLEMENTACIÓN DEL CONVENIO 190 DE LA ORGANIZACIÓN INTERNACIONAL DEL TRABAJO EN EL MARCO DE LA RELACIÓN JURÍDICA DE VOLUNTARIADO

2.1. Derechos de los voluntarios y de las personas destinatarias de la acción voluntaria en materia preventiva y de protección de riesgos

Como se ha anticipado, el Convenio 190 de la OIT también resulta de aplicación a los *voluntarios*. La extensión de esta Norma Internacional al ámbito de la relación jurídica de voluntariado se torna esencial en este marco dada la especial situación de vulnerabilidad en la que suelen encontrarse los destinatarios de este tipo de acciones (migrantes, niños, discapacitados, mayores, personas vulnerables, etc.)[4]. En este sentido, pese a que el Convenio hace referencia a los *voluntarios* parece que, en realidad, está pensando no sólo en quienes se ocupan de desarrollar materialmente las acciones de voluntariado sino también en los destinatarios de tales acciones que son, en verdad, quienes padecen una mayor situación de vulnerabilidad. No en balde la exposición de motivos de la LV reconoce expresamente que la actividad de voluntariado carecería de sentido si no se protegiesen al máximo los derechos de las personas destinatarias de la acción voluntaria, de ahí que se incluyan diversas previsiones en este sentido. Teniendo en cuenta lo anterior, se colige que el Convenio exige a los Estados que lo ratifiquen el abordaje de medidas que promuevan y garanticen que los programas y acciones de voluntariado

---

[4] La LV resulta muy ilustrativa en este sentido al precisar como principales ámbitos de actuación del voluntariado, entre otros, el relativo al voluntariado social (mediante la intervención en las personas frente a situaciones de vulneración o privación de derechos u oportunidades); el internacional de cooperación para el desarrollo (aportando acciones humanitarias y de solidaridad internacional); el deportivo (fomentando la práctica del deporte, inclusive para las personas con discapacidad); educativo, mediante el desarrollo de actividades complementarias; socio-sanitario (dedicado a la atención social de colectivos en situación de vulnerabilidad); el de ocio y tiempo libre, o el comunitario (artículo 6).

se desarrollan libres de violencia y acoso debiendo adoptar para ello un enfoque inclusivo, integral y con perspectiva de género, mediante la aprobación de una legislación específica que prohíba este tipo de conductas, y políticas que garanticen su eficacia. En aras de alcanzar los objetivos trazados se demanda a los Estados que legislen en este terreno y que desarrollen políticas dirigidas a garantizar los resultados pretendidos, debiendo abordar el problema de la violencia y el acoso desde un punto de vista integral, por lo que la batería de medidas que contempla es realmente extensa, comprendiendo instrumentos de tutela preventiva, reparadora, resarcitoria, sancionadora, y de control y seguimiento de la aplicación de todos estos instrumentos.

Pero como se ha anticipado, la LV presta escasa atención a la prevención de la seguridad y la salud, en general, y, particularmente, a las medidas destinadas a la prevención y protección frente a la violencia y el acoso en el ámbito de la relación de voluntariado, por lo que la aplicación del Convenio va a provocar la necesidad de acometer reformas de gran calado en este ámbito.

Las principales obligaciones que se desprenden del (parco) articulado de esta norma relativas a la materia que nos ocupa vienen representadas por el deber genérico que tienen tanto los voluntarios como las personas destinatarias de la acción voluntaria de cumplir las medidas de seguridad y salud existentes, y respetar los derechos de las personas que se benefician de tales acciones, en esencia, por lo que se refiere a los derechos de dignidad e intimidad personal y familiar, por parte de los voluntarios.

Los deberes de información y formación a cargo de las entidades de voluntariado, y el correlativo derecho de los voluntarios, que aparecen contemplados en la LV están dirigidos, única y exclusivamente, a garantizar el correcto desarrollo de las actividades a desempeñar sin mención alguna de los aspectos preventivos, y más concretamente, a la adopción de medidas preventivas específicas frente a los riesgos derivados de la violencia y el acoso.

Y algo similar ocurre con la cuestión relativa al reconocimiento de derechos de protección a la víctima mediante vías de recurso, reparación y medidas de apoyo, cuya mención también se obvia en la norma.

Dejando a salvo la hipotética responsabilidad civil que quepa exigir a las entidades de voluntariado a consecuencia de los daños y perjuicios que se hayan podido ocasionar por los voluntarios que participen en esta suerte de programas, o que pueda ir ligada a la comisión de alguna actividad delictiva por parte de la persona voluntaria, y/o de la propia entidad de voluntariado, ninguna otra previsión específica se contempla para estos casos, lo cual resulta muy llamativo y extremadamente alarmante teniendo en cuenta que en un gran número de casos los programas de voluntariado tienen como destinatarios a colectivos de personas que se encuentran en situación de vulnerabilidad económica, social y/o jurídica.

Si bien es cierto que dicha norma contempla la facultad de las entidades de voluntariado de suspender a los voluntarios de la actividad que desarrollan; o el derecho de las personas destinatarias de tal suerte de acciones a solicitar y obtener la sustitución del voluntario asignado, cuando existan razones que lo justifiquen (y siempre que la entidad pueda estar en condiciones de atender su solicitud); a prescindir o rechazar la acción voluntaria; o a solicitar la intervención de la entidad para solucionar los conflictos que puedan haber surgido con los voluntarios, dicho haz de facultades y derechos no ha sido diseñado de modo específico para la prevención y la protección de la violencia y el acoso, sino con un carácter muy genérico que permite dar salida a problemas y desencuentros de muy distinta naturaleza[5]. Y otro tanto ocurre con la previsión de recurrir al arbitraje, si así se ha pactado, para dirimir los conflictos que surjan entre los voluntarios y las entidades para las que prestan las actividades propias de voluntariado. En este sentido, no estaría de más que se modificara la norma para referirse de manera singular a esta suerte de problemas, estableciendo medidas concretas.

---

5 Así, por ejemplo, la facultad que tienen las entidades de voluntariado para suspender la actividad de los voluntarios está prevista para aquellos casos en que queda afectada gravemente la calidad o los fines de los programas de voluntariado (artículo 14.1.b LV). En la misma línea, el derecho reconocido a las personas destinatarias de la acción voluntaria a solicitar y obtener la sustitución del voluntario, o a prescindir o rechazar la acción, se anuda a causas muy genéricas ("cuando existan razones que lo justifiquen", señala la norma) teniendo cabida una amplia gama de situaciones.

Desde el punto de vista de la tutela sancionadora, ésta se limita a los casos más graves, con pleno encaje en el ámbito del Derecho Penal, particularmente por lo que respecta a ciertos tipos delictivos generalmente relacionados con detenciones ilegales, secuestros, trata de seres humanos, agresiones sexuales, o delitos contra los derechos de los ciudadanos extranjeros.

La extensión del Convenio 190 de la OIT al campo de la relación de voluntariado, y la necesidad de abordar la violencia y el acoso con un enfoque integral, exige una intervención legislativa capaz de definir de un modo más concreto todo este arco de tutelas necesarias, configurando las medidas singulares que deben adoptarse en atención a las circunstancias particulares, así como el alcance de las consecuencias jurídicas que puedan derivarse de los distintos incumplimientos.

Desde este punto de vista, las medidas que actualmente contempla la LV resultan a todas luces insuficientes, no sólo porque la batería de instrumentos que recoge es extremadamente limitada, sino porque los previstos no están diseñados para resolver de manera específica esta suerte de problemas. La ratificación de esta Norma Internacional supone la necesidad de abordar reformas profundas al objeto de definir y acotar las medidas de tutela más eficaces que deben abordarse en este ámbito, concretar los derechos y obligaciones que corresponden en estos casos a cada uno de los sujetos intervinientes, y establecer los instrumentos que deben ponerse al alcance de las personas destinatarias de las acciones de voluntariado, y de los propios voluntarios, así como las consecuencias que puedan derivar de todo ello. Así, las medidas más efectivas deberían estar focalizadas en la prevención de conductas de violencia y acoso en el ámbito de actuación de los programas de voluntariado, y en la puesta en marcha de campañas de sensibilización y acciones informativas y de formación específicas en cada campo atendiendo al tipo de programa a desarrollar y de quiénes sean sus destinatarios.

Trasladando a este lugar las previsiones que contempla la LV, no cabe pasar por alto que es a la Administración General del Estado a la que corresponde "proveer lo necesario para adaptar las previsiones de la normativa sobre seguridad y salud en el trabajo a los voluntarios e incluirlas en los planes de igualdad de las entidades de voluntariado y, en su caso, en los de prevención de acoso sexual o por razón de sexo" (artículo 18.1k), por lo que todas las instrucciones que, con carácter general se adopten en este terreno, deberán extrapolarse al ámbito de la relación jurídica de voluntariado. Ello, sin perjuicio de que, una vez realizadas las adaptaciones correspondientes, deberían ser las entidades de voluntariado las que asumieran los deberes de información y formación pertinentes para evitar que las personas destinatarias de las acciones y programas de voluntariado puedan verse afectadas por situaciones de violencia y acoso, pudiendo recabar de las Administraciones Públicas con competencia en la materia el asesoramiento, la asistencia, o los apoyos que fueran necesarios, y el establecimiento de mecanismos eficaces de supervisión y control.

Más allá de las campañas de sensibilización y la información y formación específica que haya de procurarse en este terreno, entre las medidas a adoptar debería contemplarse el diseño de protocolos eficaces con procedimientos específicos y transparentes que permitan canalizar las quejas y denuncias relacionadas con incidentes de violencia y acoso, debiendo informar sobre la existencia y contenido de tales procedimientos, y arbitrando posibles vías de solución y de apoyo a las víctimas; e implementar también en este ámbito instrumentos de evaluación de riesgos que tengan en cuenta los factores específicos que pueden incrementar las probabilidades de violencia y acoso, singularmente, en aquellos sectores más expuestos a este tipo de riesgos por la especial vulnerabilidad de sus destinatarios. En esta línea, cabe tener presente que el Convenio número 190 y, de manera más específica, la Recomendación número 206 de la OIT, sobre la violencia y el acoso, identifican entre los factores que aumentan las probabilidades de violencia y acoso y que deben estar muy presentes en las evaluaciones de riesgos en los lugares de trabajo aquellos relacionados con la gestión de recursos humanos, o con determinados sectores o modalidades de trabajo tales como el sector de la salud, los servicios sociales, servicios de emergencia, la educación o el ocio), haciendo, asimismo, especial mención a la situación de los trabajadores migrantes (artículos 9.1.a), y 8.a), 9 y 10, respectivamente). Sin embargo, no puede perderse de vista que la mayor propensión a la violencia y al acoso en estos supuestos presenta un carácter bidireccional, pues tan vulnerables resultan los trabajadores que se encuentran ocupados en dichos sectores, como las personas destinatarias de esta suerte de servicios.

2.2. *La ineludible revisión de las causas de exclusión de los voluntarios*

Además de las reformas que deban acometerse en aras de implementar medidas de prevención y protección eficaces que garanticen que las acciones y programas de voluntariado se desenvuelvan en un entorno libre de violencia y acoso, la ratificación por nuestro país del Convenio número 190 de la OIT plantea ciertos interrogantes en cuanto a clarificar si es necesario rectificar algunas medidas específicas en los términos en que aparecen planteadas actualmente en la LV.

Como cautela preventiva, la LV contempla determinadas causas de exclusión que impiden obtener la condición de voluntario, en particular, por tratarse de personas con antecedentes penales no cancelados por la comisión de delitos de violencia doméstica o de género, por atentar contra la vida, la integridad física, la libertad, la integridad moral o la libertad e indemnidad sexual del otro cónyuge o de los hijos, o por delitos de tráfico ilegal o inmigración clandestina de personas, o por delitos de terrorismo en programas cuyos destinatarios hayan sido o puedan ser víctimas de estos delitos, añadiendo la norma que esta circunstancia se acreditará mediante una declaración responsable de no tener antecedentes penales que traigan su causa en estos delitos (artículo 8.5).

Con carácter más específico, esta norma exige para tener la condición de voluntarios en entidades de voluntariado o programas cuyo ejercicio conlleve el contacto habitual con menores, el requisito de no haber sido condenados por sentencia firme por delitos contra la libertad e indemnidad sexual, trata y explotación de menores, debiendo acreditar tal circunstancia mediante certificación negativa del Registro Central de Penados por estos delitos.

Qué duda cabe que con estas exclusiones se está tratando de proteger a los beneficiarios de las acciones de voluntariado, evitando que puedan quedar en manos de personas que en el pasado hayan cometido actos delictivos en los que quedan comprometidos derechos fundamentales de las personas (derecho a la vida, derecho a la integridad física o moral, libertad sexual, etc.).

Pero teniendo en cuenta el fuerte impulso que el Convenio 190 de la OIT trata de dar a las medidas de tutela de carácter preventivo, y sin perjuicio de las buenas intenciones que se esconden tras todas estas previsiones, cabe objetar que estas causas de exclusión se hayan contemplado sólo en relación con determinados tipos penales sin tener en cuenta otras conductas delictivas que resultan igualmente reprobables, como sucede, a modo de ejemplo, con el abandono de familia, de menores o de personas con discapacidad necesitadas de especial protección (artículos 226 y siguientes del Código Penal), la sustracción de menores, el quebrantamiento de deberes de custodia, la alteración de la paternidad, tratándose de la participación en programas dirigidos a menores; o las detenciones ilegales y secuestros, con carácter general.

O, en la misma línea, que no se haya sopesado otro tipo de comportamientos que, aunque menos graves, pueden suponer también un serio riesgo de cara a la efectiva protección de las personas destinatarias de este tipo de programas, como puede ser el caso de las personas que se encuentran sometidas a órdenes de alejamiento como medida cautelar mientras se desarrolla el procedimiento correspondiente derivado de presuntos delitos relacionados con la violencia de género.

Tampoco parece de recibo que, de conformidad con el tenor literal de la norma, la exclusión afecte únicamente a los autores de estos delitos cuando las víctimas hayan sido el propio cónyuge o los hijos, y no, en cambio, cuando se trate de terceros.

Asimismo, se antoja cuando menos dudoso si las causas de exclusión que contempla la LV, limitadas en la actualidad como se ha dicho a los supuestos más graves que dan lugar a la comisión de delitos específicos, no deberían ser objeto de revisión para dar entrada a ciertas incompatibilidades o exigir, al menos, determinadas garantías adicionales cuando se trate de comportamientos que, no llegando a ser tan graves, pueden suponer también un serio riesgo de cara a la efectiva protección de las personas destinatarias de este tipo de programas, como sucede en aquellos casos de personas que hayan sido despedidas por su empresa por causas relacionadas con agresiones graves, de carácter físico, psicológico y/o sexual, en el contexto de la relación laboral o violencia o acoso de origen racial o étnico, religión o convicciones, discapacidad, edad u orientación sexual o acoso sexual o por razón de sexo al empresario, a personas que trabajan en la empresa, a los familiares que convivan con ellos o a terceros.

3. REFERENCIAS BIBLIOGRÁFICAS

Blat Gimeno, Francisco (1990). Trabajos amistosos. En Borrajo Dacruz, E. (Dir.) *Comentarios a las Leyes Laborales. El Estatuto de los Trabajadores.* Madrid: Edersa.

Correa Carrasco, Manuel (2021). El elemento teleológico (intencionalidad lesiva) en el concepto de violencia y acoso laboral contenido en el convenio 190 OIT. En Correa Carrasco, M. y Quintero Lima, G. (Dirs.). *Violencia y acoso en el trabajo. Significado y alcance del Convenio nº 190 OIT en el marco del trabajo decente (ODS 3, 3, 8 de la Agenda 2030),* Madrid: Dykinson.

García Testal, Elena (2016). El artículo 1.3 ET: las exclusiones del ámbito de aplicación del contrato de trabajo. En Goerlich Peset, J.M. (coord.) *Comentarios al Estatuto de los Trabajadores. Libro Homenaje a Tomás Sala Franco.* Valencia: Tirant lo Blanch.

Landa Zapiraín, Juan P. (2009). Organización Internacional del Trabajo. En Sempere Navarro, Antonio Vicente, Pérez de los Cobos Orihuel, Francisco, y Aquilera Izquierdo, Raquel (coord.). *Enciclopedia Laboral Básica «Alfredo Montoya Melgar»*. Navarra: Civitas.

Lobato, Julieta (2019). El Convenio 190 y la Recomendación 206 de la OIT. Un avance decisivo haca el fortalecimiento de la protección de derechos fundamentales en el trabajo. *Revista de Derecho Laboral, Actualidad,* tomo 2 (número especial).

Molina Navarrete, Cristóbal (2021). Impacto en España del Convenio 190 OIT para la tutela efectiva frente a la violencia en el trabajo: obligados cambios legales y culturales. En Correa Carrasco, M. y Quintero Lima, G. (Dirs.). *Violencia y acoso en el trabajo. Significado y alcance del Convenio nº 190 OIT en el marco del trabajo decente (ODS 3, 3, 8 de la Agenda 2030),* Madrid: Dykinson.

Ribeiro Costa, Ana C. (2021). El contenido del convenio nº 190 de la Organización Internacional del Trabajo: definiciones y ámbito de aplicación.

"Vino nuevo en odres viejos"? En Correa Carrasco, M. y Quintero Lima, G. (dirs.). *Violencia y acoso en el trabajo. Significado y alcance del Convenio nº 190 OIT en el marco del trabajo decente (ODS 3, 3, 8 de la Agenda 2030)*, Madrid: Dykinson.

Sanguinetti Raymond, Wilfredo (2022). El Convenio 190 de la OIT sobre la violencia y el acoso y los desafíos de su aplicación por los Estados. *Trabajo y Derecho*, n.º 95, p. 4.

PARTE IV
LA PREVENCIÓN DE RIESGOS LABORALES EN EL CONVENIO 190 DE LA OIT

Capítulo 11

Alcance y aplicación del Convenio 190 de la OIT y prevención de riesgos laborales

CAYETANO NÚÑEZ GONZÁLEZ
Profesor Titular de Derecho del Trabajo y de la Seguridad Social
Universitat de València
Cayetano.Nunez@uv.es

1. INTRODUCCIÓN

Como es conocido, la actividad preventiva de las normas internacionales del trabajo ha sido profusa desde su creación. La mayoría de las veces elaborando Convenios y/o Recomendaciones que versan sobre aspectos concretos y variados de la prevención, como la protección de determinados colectivos (menores, mujeres en minas, trabajo doméstico), el trabajo en algunas actividades (marítimo, agricultura) o sobre determinados riesgos (asbesto, ruido). En otras ocasiones y con una mayor incidencia universal creando normas de carácter general, como el *Convenio 155* y la *Recomendación 164 sobre seguridad y salud de los trabajadores en el trabajo* (1981) y el *Convenio 187 de fomento de las obligaciones preventivas* (2006).

Los últimos tiempos han dado lugar, no obstante, a una dedicada atención académica por la aprobación del Convenio 190 y la Recomendación 206 de la OIT sobre la eliminación de la violencia y el acoso en el mundo del trabajo (2019), ratificado por España y en vigor desde el 25 de mayo de 2023. La idea de estas palabras, en el escaso tiempo disponible, consisten en valorar cuál es el impacto que dicho Convenio tiene sobre dos aspectos de la normativa española de prevención de riesgos laborales: su ámbito de aplicación y el alcance de su naturaleza jurídica.

Ciertamente, la preocupación por estos instrumentos es comprensible, en palabras de la OIT, porque incluyen por vez primera en el derecho internacional un marco común para prevenir, remediar y eliminar la violencia y el acoso en el mundo del trabajo, incluidos la violencia y el acoso por razón de género, así como el consecuente reconocimiento específico del derecho de toda persona a un mundo del trabajo libre de violencia y acoso, y establece la obligación de respetar, promover y asegurar el disfrute de este derecho (artículo 4 C.190 OIT).

Como se observa, la redacción de la norma muestra una clara intencionalidad de crear un clima libre de violencia en el trabajo, haciendo énfasis en asegurar el disfrute de este derecho, algo que solo es posible obtener con las adecuadas medidas preventivas, porque cualquier medida que repare la situación sufrida, aunque necesaria, pierde el sentido tutelar que fundamenta la prevención.

Pues bien, la fuerte naturaleza preventiva de esta norma ha venido a coincidir con otro salto de alto interés jurídico, como es la decisión de la 110ª Conferencia Internacional del Trabajo que ha añadido la seguridad y la salud a los Principios y Derechos Fundamentales en el Trabajo. Esta decisión significa que todos los Estados miembros de la OIT se comprometen a respetar y promover el derecho fundamental a un entorno de trabajo seguro y saludable, hayan ratificado o no los Convenios correspondientes, pasando a ser la quinta categoría de la *Declaración de la OIT de 1998 relativa a los Principios y Derechos Fundamentales en el Trabajo.* Su naturaleza de norma fundamental implica un avance cualitativo en la defensa de estos derechos, al consolidarse su vínculo natural con el derecho a la vida y a la integridad personal y habilitar con mayor fundamento el acceso a los procedimientos de tutela de derechos fundamentales.

Lo afirmado se refuerza con la conectividad que el Convenio y la Recomendación reconocen, al afirmar que, para prevenir y eliminar la violencia y el acoso en el mundo del trabajo, los Miembros deben respetar, promover y llevar a efecto los principios y derechos fundamentales en el trabajo, y fomentar el trabajo decente (art. 5 C 190 OIT), en su inevitable vínculo con la igualdad y la no discriminación, exigiendo el Convenio que los Miembros adopten una legislación y políticas que garanticen estos derechos.

Quiero ahora poner en relación el texto del Convenio 190 OIT con la normativa de prevención de riesgos laborales en los temas señalados (ámbito y alcance), para hacer un pequeño balance de qué avances aporta al derecho español esta norma internacional y, si es el caso, que previsiones debería tomar el legislador para su adecuación a la misma.

2. EL ÁMBITO DEL CONVENIO 190 DE LA OIT

2.1. Ámbito subjetivo

El artículo 2 del Convenio tiene un efecto claramente expansivo que supera el artículo 3 de la Ley de Prevención de Riesgos Laborales, al ir más allá de las relaciones laborales reguladas en el Estatuto de los Trabajadores y a las relaciones administrativas y estatutarias al servicio de las Administraciones Públicas. En efecto, la LPRL acoge bajo su órbita, en exclusiva, al trabajo subordinado, salvo las escasas previsiones que contempla para el trabajo autónomo (artículo 24 LPRL respecto a coordinación) y lo señalado sobre esta materia en la *Ley 20/2007, de 11 de julio, del Estatuto del trabajo autónomo*

Sin embargo, el Convenio "protege a los trabajadores y a otras personas en el mundo del trabajo, con inclusión de los trabajadores asalariados según se definen en la legislación y la práctica nacionales, así como a las personas que trabajan, cualquiera que sea su situación contractual, las personas en formación, incluidos los pasantes y los aprendices, los trabajadores despedidos, los voluntarios, las personas en busca de empleo y los postulantes a un empleo, y los individuos que ejercen la autoridad, las funciones o las responsabilidades de un empleador". Y añade el artículo 2 que "se aplica a todos los sectores, público o privado, de la economía tanto formal como informal, en zonas urbanas o rurales".

Respecto del ámbito subjetivo cabe hacer una doble valoración. De un lado, es evidente que la LPRL quiso reducir el despliegue de sus obligaciones preventivas a las relaciones de trabajo en vigor y sólo a aquellas que tengan dicha naturaleza. Aunque también es cierto que las normas encargadas de regular la igualdad y la no discriminación en el empleo no se someten, en exclusiva, a este tipo de personas trabajadoras, sino que extienden sus efectos a cualquier norma, conducta o práctica en cualquier fase de la relación de trabajo, incluida la de selección.

Al mismo tiempo, la LPRL tiene como fin a lo largo de su texto proteger la seguridad y salud de las personas trabajadoras, respecto de si mismas y de las demás con las que comparte en la empresa, incluso de las que están vinculadas a otras empresas (con ese objeto existe el artículo 24 LPRL sobre coordinación de las actividades empresariales). Esta idea se hace cargo no solo de las personas que pueda estar en la empresa realizando cualquier actividad, tengan o no un vínculo laboral, lo que incluye a pasantes y voluntarios, sino que ha de proteger también a terceros, como son los clientes, proveedores, usuarios, pacientes y público en general. Al mismo tiempo y de manera recíproca, ha de proteger a sus personas trabajadoras respecto de cualquier otra que pueda intervenir en la relación de trabajo, como las señaladas, con la única exclusión de las conductas de terceros no inevitables cuando exista una absoluta desconexión de laboralidad.

A mayor abundamiento, es relevante la referencia del artículo 6 del Convenio, cuando exige adoptar "una legislación y políticas que garanticen el derecho a la igualdad y a la no discriminación en el empleo y la ocupación, incluyendo a las trabajadoras, así como a los trabajadores y otras personas pertenecientes a uno o a varios grupos vulnerables, o a grupos en situación de vulnerabilidad que están afectados de manera desproporcionada por la violencia y el acoso en el mundo del trabajo". Sin duda que a nivel material nos queda mucho por hacer, pero considero que la normativa española en este sentido tiene un nivel de vanguardia a la existente en otros muchos contextos a los que también va dirigida esta norma. La normativa europea, acompañada por las normas española, empezando por la *Ley Orgánica 3/2007, de 22 de marzo, para la igualdad efectiva de mujeres y hombres* y la *Ley 15/2022, de 12 de julio, integral para la igualdad de trato y la no discriminación*, el *Estatuto de los Trabajadores* y, recientemente, la *Ley Orgánica 10/2022, de 6 de septiembre, de garantía integral de la libertad sexual* y la *Ley 4/2023, de 28 de febrero, para la igualdad real y efectiva de las personas trans y para la garantía de los derechos de las personas LGTBI,* con sus complejidades técnico-jurídicas, crean un cuadro normativo que en su plena aplicación cumplen de manera bastante adelantada con las exigencias internacionales, también en materia de trabajo, mucho más si se hicieran efectivas las previsiones de la *Ley 3/2023, de 28 de febrero, de Empleo* en políticas activas de empleo respecto de los colectivos prioritarios contenidos en su artículo 50, incluida la multicausalidad e interseccionalidad a la que se refiere.

2.2. Ámbito objetivo

Por lo que hace referencia al ámbito objetivo, el artículo 3 del Convenio presenta varias cuestiones interesantes para nuestro ordenamiento jurídico.

La primera hace referencia a su aplicación a la violencia y el acoso en el mundo del trabajo que ocurren "durante el trabajo, en relación con el trabajo o como resultado del mismo". La conectividad directa o indirecta entre la violencia y el trabajo puede hacernos pensar que la clásica expresión de seguridad social que incluye como contingencias profesionales aquellas que están provocadas "por ocasión o como consecuencia" sería suficiente para que dicha expresión cumpla con las previsiones del Convenio. No obstante, la LPRL utiliza una expresión, "en todos los aspectos relacionados con el trabajo" que podría parecer más restrictiva. Sin embargo, creo que esto no es del todo cierto, en la medida que la propia Ley debe tener en cuenta todos los aspectos que tengan la capacidad de influir en el trabajo, algo que hace imprescindible tomar decisiones no solo ante situaciones de etiología laboral, sino de aquellas que de un modo u otro puedan incidir en el trabajo, así tengan su origen fuera del mismo.

La segunda define dónde se extiende la obligación empresarial de prevenir y proteger frente a la violencia y el acoso, haciendo un listado amplio de lo que entiende por lugar de trabajo (que no centro), en una descripción bastante concordante con lo que la jurisprudencia ha venido a describir de manera histórica, si bien es saludable tener una mayor clarificación en un texto normativo. Incluye así como lugar de trabajo cualquier espacio público y privados donde este se desarrolle; aquellos donde se paga al trabajador, descansa, come o en los que utiliza instalaciones sanitarias o de aseo y en los vestuarios;

en los desplazamientos, viajes, eventos o actividades sociales o de formación relacionados con el trabajo; en el marco de las comunicaciones que estén relacionadas con el trabajo, incluidas las realizadas por medio de tecnologías de la información y de la comunicación; en el alojamiento proporcionado por el empleador y en los trayectos entre el domicilio y el lugar de trabajo.

La tercera hace referencia a que el Convenio 190 OIT no se refiere solo a la violencia de origen discriminatorio en el trabajo, sino a cualquiera de ellas. De esta forma, aunque toda discriminación genera violencia, no toda violencia es debida a factores discriminatorios, lo que sin embargo no reduce el compromiso empresarial a evitar o controlar cualquier disposición, conducta, acto, criterio o práctica en este sentido. Por cierto, a nivel terminológico, es manifiesto el uso de la expresión "violencia de género" en términos mucho más amplios que lo hace el ordenamiento español, en el que para enmendar la restricción conceptual se ha visto en las últimas normas la incorporación de la expresión violencia sexual; quizás sea tiempo de actualizar la norma interna en el sentido internacional (incluyendo el Convenio de Estambul), más allá de la protección que cada víctima requiera en cada ocasión.

De esta forma, la claridad literal del Convenio 190 puede facilitar mucho las cosas, en la medida en que su entrada en vigor la hace exigible y puede aclarar algunos puntos que podían ser objeto de dudas técnicas en la aplicación de la LPRL, si bien no me parece que lo fuera indispensable desde un punto de vista jurídico. De un lado, por la finalidad manifiesta de la propia LPRL, incluyendo los riesgos psicosociales y en especial el acoso como un factor de riesgo para la seguridad y salud en el trabajo. De otra, con su conexión con otras normas laborales, como las que protegen la igualdad y la no discriminación en todas las etapas o fases del mundo del trabajo.

3. LA NATURALEZA PREVENTIVA DEL CONVENIO 190 OIT

La naturaleza y pretensiones contra la violencia y a favor de la igualdad y no discriminación del Convenio 190 OIT residen en una clara naturaleza preventiva. El artículo 9 no puede ser más claro y explícito al establecer la obligación de exigir a las empresas la medidas "apropiadas y acordes" con el objetivo de prevenir la violencia y el acoso en el mundo del trabajo, incluido por razón de género, en consulta con las personas trabajadoras y sus representantes, una política del lugar de trabajo relativa a la violencia y el acoso, teniendo en cuenta los riesgos psicosociales asociados en la gestión de la seguridad y salud en el trabajo, identificando y evaluando los riesgos de violencia y acoso y adoptando las medidas para prevenirlos y controlarlos, así como proporcionar la información y capacitación que sean precisas.

Ya he afirmado anteriormente la relevancia que tiene la conexión de la seguridad y salud en el trabajo como norma fundamental y su conectividad con bienes jurídicos protegidos como el derecho a la vida y a la integridad personal de artículo 15 de la Constitución, lo que de otro lado ya había sido reconocido por el Tribunal Constitucional. La STC 56/2019 lo reafirma claramente en un supuesto de acoso moral descrito como una conducta de marginación laboral deliberada, continuada y carente de un objetivo legítimo incursa en abuso de poder o arbitrariedad, donde se identifica lo que entiende por trato degradante, señalando la intención, el menoscabo y la vejación como elementos integrantes.

Lo que ahora interesa es destacar que la mención de los riesgos psicosociales ha sido celebrada por parte de la doctrina académica, lo que a mi juicio es importante en el marco del Convenio, tanto por una referencia a cualquier tipo de acoso que era normativamente necesaria, como por la definición que hace del mismo. Ello no obstante, creo que la celebrada clarificación no significa que dichos riesgos estuvieran ya comprendidos en el ámbito objetivo de la LPRL y de las no obligaciones empresariales.

Cuando el artículo 1 del Convenio 190 OIT habla de comportamientos y prácticas inaceptables, o de amenazas de tales comportamientos y prácticas, ya sea que se manifiesten una sola vez o de manera repetida, que tengan por objeto, que causen o sean susceptibles de causar, un daño físico, psicológico, sexual o económico, e incluye la violencia y el acoso por razón de género, siendo como es aclaratorio por su naturaleza normativa, pienso que dichas situaciones ya estaban en la exigencia de protección eficaz a la que la empresa está obligada, teniendo como debía adoptar "todas las medidas necesarias en todos los aspectos relacionados con el trabajo", según el artículo 14 de la LPRL.

La combinación de los artículos 14 y 15 establecen una deuda de seguridad que exige un altísimo nivel de diligencia, en el que se exigen todas las medidas necesarias (no sólo las reglamentarias), la eliminación cuando sea posible de los riesgos, su control permanente teniendo en cuenta la evolución de la técnica (la STJUE 2007/141 de 14 junio entendió que la razonabilidad de la protección no puede estar limitada ni a la capacidad económica ni a la dimensión de la empresa), la mejora constante de los niveles de seguridad, integrar la prevención en la empresa, tener en cuenta las capacidades de las personas trabajadoras, entre otras muchas.

Conviene tener presente que la deuda de seguridad es una obligación empresarial que se mide en términos muy estrictos, a la vista de la interpretación que hace la jurisprudencia de los artículos 5 y 19 ET y 14 y 15 LPRL y de su fundamento constitucional. El nivel de prudencia exigible es tan alto, dado el valor jurídico en juego, el derecho a la vida y la integridad personal, que la atribución de responsabilidades es viable con la existencia de un incumplimiento de obligaciones generales, ni siquiera es precisa una infracción de normas concretas o específicas (STS de 12 de diciembre de 2019 —Rec. 2735/2017—). La deuda de seguridad es una obligación de hacer que se mide en virtud de un comportamiento empresarial diligente, con el que consiga la protección eficaz del trabajador, actividad que se ha considerado incondicionada y prácticamente ilimitada (STS 8 de octubre de 2001 —Rec. 4403/2000—), más allá, incluso, de las exigencias reglamentarias (por todas, STS 11 de diciembre de 2018 —Rec. 1653/2016).

El artículo 9 del Convenio viene a establecer unos objetivos que están perfectamente cubiertos con el cumplimiento material (que no formal) de la deuda de seguridad, los principios de la acción preventiva y las obligaciones específicas repartidas a lo largo y ancho de la LPRL y su normativa de desarrollo, incluida la necesidad de consultar a las personas trabajadoras y sus representantes (artículo 18 y 33 y ss. de la LPRL).

Respecto del concepto de riesgo, se incluye en la LPRL en un sentido amplio, incorporando aquel que pretende evitar cualquier accidente o enfermedad, además que la necesidad de generar bienestar (siguiendo la definición de la OMS y en la línea del art. 2 del Convenio 155, al significar que, en relación con el trabajo, "abarca no solamente la ausencia de afecciones o de enfermedad, sino también los elementos físicos y mentales que afectan a la salud"). En esta línea, se puede observar cómo el artículo 4 de la LPRL incluye la organización y ordenación del trabajo, las relaciones sociales y los factores ambientales (recogidos en el artículo 7 de la Recomendación 206 OIT), todos ellos de gran preeminencia para los riesgos psicosociales, en consonancia con el mencionado artículo 9 C.190 OIT.

Para ello, son clave las previsiones del artículo 16 cuando exigen evaluar y planificar la prevención, incluido el trabajo a distancia y el teletrabajo, entendiendo que en la evaluación es fundamental considerar los riesgos psicosociales y, desde luego, adoptar las medidas que eviten o controlen las situaciones de acoso moral y discriminatorio. Aunque parezca que, a diferencia de los protocolos para la "violencia de género" utilizando la expresión del Convenio, el protocolo para el acoso moral no es exigible salvo por la mención que hace el artículo 12 de la Ley 10/2022, no cabe duda de que su consideración de factor de riesgo laboral lo hace imprescindible en cualquier evaluación preventiva. Así se ha podido ver de manera reciente en pronunciamientos judiciales con perspectiva de género donde se reprocha a la empresa su ausencia en profesiones feminizadas, por la doble carga o jornada. Aunque igualmente en otras situaciones donde una depresión por amonestaciones injustificadas ha sido considerada accidente de trabajo STSJ Castilla y León —Burgos— de 26 de mayo de 2021 —Rec. 216/2021—), idéntica calificación que se le da a la misma enfermedad tras un traslado injustificado (STSJ País Vasco de 24 mayo 2022), abriéndose las posibles responsabilidades derivadas, incluyendo el recargo de prestaciones.

La referencia a los grupos vulnerables a las que me refería en el epígrafe previo, mencionados en los artículos 6 C190 OIT y 13 R 206 OIT, no solo tiene una relevancia máxima en el ordenamiento jurídico por la igualdad, sino que tiene presencia en la LPRL. El artículo 22 de la LPRL obliga a tener en cuenta la vigilancia de la salud activando las medidas del artículo 25 para colectivos especialmente sensibles y 26 para el riesgo durante el embarazo y la lactancia natural.

A diferencia del artículo 26, cuyo régimen jurídico es bastante más clarificador, aunque no exento de problemas (por poner un ejemplo, la STS del 14 de julio de 2022 —CA— Rec. 7102/2020 permite cobrar guardias no realizadas en la situación de riesgo durante el embarazo), la precaria redacción del artículo 25 LPRL ha obligado a la doctrina judicial, sin olvidar lo que digan los convenios colectivos, a construir una secuencia de actuación empresarial. En este sentido, exige que el empresario garantice específicamente la protección de los trabajadores especialmente sensibles a los riesgos derivados del trabajo por sus propias características personales o estado biológico conocido (incluida discapacidad física, psíquica o sensorial), espacio en el que sin duda cabe incluir cualquier persona que sea susceptible de ser discriminada por cualquier condición personal o social a las que se refiere el artículo 2 de la Ley 15/2022. Cuando esto ocurra, se prohíbe emplear a estas personas en aquellos puestos de trabajo que puedan suponer un peligro para ellos, para otras personas trabajadoras o para terceros. Se incluye en esta prohibición los estados o situaciones transitorias que no respondan a las exigencias psicofísicas del puesto de trabajo. El art. 15 LPRL obliga, siempre, a adaptar el trabajo a la persona, desde el cambio de ritmos y descansos, la modificación de la posición de trabajo, prescindir del trabajo nocturno o a turnos o de algunas funciones. Cuando ello no es posible se exige un intento de movilidad funcional o geográfica (sin sujeción a las reglas del artículo 39 y 40 ET) y, en último extremo, la extinción por ineptitud prevista en el artículo 52 a) del TRET. La admisión de la procedencia de este despido objetivo choca, sin embargo, cuando se ordenan funciones incompatibles a una persona con discapacidad reconocida, en el que se declara nulo el despido por discriminatorio (STSJ Extremadura —Cáceres— de 29 de enero de 2020 —Rec. 645/2019).

La exigencia de informar y formar a las personas trabajadoras tampoco es ajena al ordenamiento preventivo español. Los artículos 18 y 19 de la LPRL son muy claros a la hora de determinar la exigencia de que dichos derechos sean efectivos, en todos los riesgos, incluyendo sin duda los relacionados con cualquier tipo de violencia en el trabajo, entre los que se incluye el acoso y, desde luego, el acoso por razón de sexo o por razones sexuales. La obligación de informar solo se entiende cumplida cuando está asegurado que la persona trabajadora ha comprendido su contenido, imponiendo la LPRL informar sobre los riesgos para la seguridad y la salud (en conjunto y a cada puesto de trabajo), las medidas y actividades de protección y prevención aplicables a los riesgos y las medidas de emergencia adoptadas. La formación, regulada en el art. 19 LPRL debe ser consustancial con la propia del puesto de trabajo, teórica y práctica, suficiente y adecuada y, en ambientes diversos, puede perfectamente incluir una capacitación para la cultura y la diversidad.

Estos derechos de información y formación han de tener en cuenta la existencia de un riesgo grave e inminente y cómo actuar en este caso, tal y como regula el artículo 21 de la LPRL, que es perfectamente aplicable cuando exista un caso de violencia y acoso en el trabajo que incorporen los elementos del tipo definidos en dicho precepto.

Es precisamente la formación e información recibida del empresario, junto con los equipos de trabajo que ponga a su disposición (artículo 17 LPRL) la que se configura como el eje fundamental de las posibles actuaciones a demandar de las personas trabajadoras en materia preventiva, impuesta por la legislación en el art. 29 LPRL, que regula una obligación de colaboración (que no de iniciativa), en conexión con los arts. 5 y 20 del TRET. De esta forma, todas las personas vinculadas en el ámbito de aplicación del art. 3 LPRL deben velar, según sus posibilidades y mediante el cumplimiento de las medidas de prevención que en cada caso sean adoptadas, por su propia seguridad y salud en el trabajo y por la de aquellas otras personas a las que pueda afectar su actividad profesional, a causa de sus actos y omisiones en el trabajo, de conformidad con las instrucciones del empresario, que deben ser coherentes con su capacidad (artículo 15 LPRL).

4. EL CONVENIO 190 OIT COMO NORMA FUNDAMENTAL: LA TUTELA DEL BIEN JURÍDICO PROTEGIDO

El derecho del trabajador a la salud genéricamente reconocido en el artículo 43.1 CE y el derecho de los trabajadores a su integridad física reconocido en el artículo 4.2.d) del ET son "derechos que indudablemente, derivan del respeto al ineludible derecho a la vida misma y a la integridad que previamente se declara, en el sentido más amplio del artículo 15 de la Norma Suprema", según expresa la STS de 12 de diciembre de 2019 —Rec.2735/2017—.

Si este argumento es indubitable, como parece a la vista de dicha conexión, la parte que aspira a la restitución de un derecho fundamental que entiende vulnerado será la que determine la adecuación del procedimiento, como afirma la STS de 17 de junio de 2014 (—Rec. 157/2013—), teniendo sentido la canalización de estas pretensiones por el procedimiento de tutela de los artículos 177 y ss. de la LRJS. En esta lógica, cuando exista un planteamiento razonable de que la pretensión versa sobre un derecho fundamental, se dará curso al procedimiento solicitado, con independencia de que posteriormente el análisis de la cuestión debatida conduzca o no al reconocimiento de la infracción del derecho constitucional invocado (STC 31/1984). Por tanto, cuando esta no existe o se produce una simple infracción del ordenamiento jurídico sin relevancia constitucional, el artículo 179.4 LRJS impone al Juez la obligación de dar la tramitación que corresponda, ya ordinaria o especial, siempre que sea competente y la demanda reúna los requisitos del procedimiento.

Es cierto que la admisión del procedimiento de tutela no ha sido pacífica en la jurisprudencia, aunque el análisis de esta contradicción desborda estos comentarios. No obstante, merece destacar que una de las confusiones para esta incongruencia reside en la creencia de que existen pretensiones acumuladas, escenario en la que la inadmisión sería adecuada por la posible quiebra del principio de cognición limitada del artículo 178 LRJS. Sin embargo, esta opinión no se sostiene, a mi juicio, en la medida que aquí hay una sola demanda, con una sola pretensión y un único fundamento, teniendo en cuenta que las medidas de seguridad están pensadas para custodiar la vida e integridad personal, no son algo anexo o una pretensión diferente.

En este sentido, el TC ha afirmado que cuando se alega la vulneración de un derecho fundamental no se pretende una mera decisión declarativa, declarar el derecho vulnerado y condenar a que se cumpla con las medidas necesarias es una sola pretensión, porque hacerlo de otro modo, declarando la vulneración y tener que ir a otro procedimiento para conseguir un ambiente de trabajo seguro sería desproporcionado desde la perspectiva del derecho fundamental a la tutela judicial efectiva (ver STC 178/1996).

La doctrina constitucional que construye esta actuación judicial integral tiene su reflejo en el ordenamiento laboral, específicamente, en el artículo 182 de la LRJS, al exigir que cuando la sentencia reconozca la pretensión, para su que su tutela sea efectiva e inmediata, deberá decretar simultáneamente diferentes acciones. De un lado, declarar la existencia de la vulneración del derecho fundamental, así como la nulidad radical de la actuación del empleador, ordenando el cese inmediato de la actuación contraria a este derecho, es decir, la existencia de un riesgo grave contra la vida y la integridad personal. De otro, disponer el restablecimiento del demandante en la integridad de su derecho o, lo que es lo mismo, cumplir con las obligaciones de proteger su vida y su salud eficazmente. Además, debe reponer la situación al momento anterior a producirse la lesión del derecho fundamental, es decir, el mismo derecho a que su salud integral sea respetada, aunque ahora en el trabajo. Y reparar las consecuencias derivadas de la acción u omisión del sujeto responsable, incluida la indemnización que procediera en los términos señalados en el artículo 183, derivada del daño provocado por la existencia del riesgo grave o de su actualización.

Este debate tiene especial referencia respecto de la carga de la prueba ante el incumplimiento de las medidas preventivas. Cierto es que en los supuestos en los que hay accidente de trabajo o enfermedad profesional está atribuida a la empresa por la LRJS por voluntad del artículo 96 de la LRJS.

Y también lo es el debate iniciado por la cuestión prejudicial sobre carga de la prueba en periodo de lactancia natural planteada por el TSJ de Galicia, resuelta por la STJUE de 19 de octubre 2017 (C 531/15) y las posteriores sentencias del TSJ Galicia de 8 de noviembre de 2017, Rec. 1052/2014 y las del TS de 26 de junio de 2018, Rec. 1398/2016, de 24 de enero de 2019, Rec. 4164/2017 o de 6 de febrero de 2019, Rec. 401672017, entre otras. Si se revisa su hilo conductor, es fácil comprobar que el punto de partida del debate es siempre el mismo, las normas de prevención de riesgos laborales, empezando por la Directiva 89/391/CEE (conocida como Directiva marco) y la Directiva 92/85/CEE sobre protección de las mujeres embarazadas, continuando por su conexión con el artículo 26 LPRL. De su incumplimiento es de lo que se deriva la vulneración de los derechos fundamentales, el de la vida e integridad física y, por su repercusión específica en las mujeres, de la discriminación por razón de género que, con posterioridad, priorizan por la aplicación de otras normas comunitarias, como es la Directiva 2006/54/CE.

Lo que también podría ocurrir si la doctrina judicial se pacificara, ante la consideración de derecho fundamental de las normas preventivas y su conexión directa con el derecho a la vida, permitiendo que el conflicto preventivo a resolver tenga su cauce por la modalidad de tutela de derecho fundamentales, en los que procederá a ajustar la carga de la prueba, aplicando los artículos 96.1 y 181.2 de la LRJS, siempre que la persona trabajadora presente indicios suficientes que creen la sospecha en el juzgador de la posible existencia de la vulneración del derecho fundamental. Cuando se consigue esta evidencia, será el empresario quien deba demostrar su comportamiento diligente, es decir, que según las reglas del *lex artis* puso todas las medidas necesarias para garantizar la protección eficaz de las personas trabajadoras, sin exponerlo a ningún riesgo grave que consolide la vulneración de su integridad personal. No se trata de exigir al demandado la prueba de un hecho negativo (STC 214/2000), sino la prueba de que su conducta se ajusta a las exigencias constitucionales de su actuación.

Cuestión distinta es qué ocurre con la carga de la prueba en el procedimiento ordinario o de conflicto colectivo cuando la vulneración del derecho a la vida y a la integridad personal se desestima o, simplemente, no se plantea por parte del actor. Llegados a este punto, el juicio se encuentra ante una perspectiva de mera legalidad ordinaria.

Está claro que, con objeto de facilitar la cuestión probatoria, existe una solución que podría liberar al posible acreedor del incumplimiento preventivo empresarial: acudir a la Inspección de Trabajo y que sea quien determine si las obligaciones de seguridad y salud laboral se han incumplido y en qué grado. La ventaja de esta actuación administrativa implica que sus actas gozan de presunción de certeza, iuris tantum, lo que va a requerir a la empresa el esfuerzo probatorio.

Ahora bien, si este episodio en el que participa la Inspección no se produce o la misma entiende que no hay incumplimiento, es evidente que si el trabajador o sus representantes (unitarios o sindicales) insisten en la existencia de un riesgo grave para su integridad física, no queda otro remedio que acudir al procedimiento ordinario, de conflicto colectivo, despido, sanciones..., con el consiguiente retorno al problema descrito ante el espinoso compromiso de demostrar dicha situación.

La fuerza de los hechos, manifestada en la dificultad probatoria para el trabajador, obliga a buscar una solución a esta tesitura, como la que en este sentido aporta la STS de 11 de diciembre de 2018, Rec. 1653/2016, cuando afirma que respecto a la "carga de la prueba ha de destacarse la aplicación analógica del artículo 1183 del Código Civil, del que derivar la conclusión de que el incumplimiento de la obligación ha de atribuirse al deudor y no al caso fortuito, salvo prueba en contrario; y la del 217 LEC, tanto en lo relativo a la prueba de los hechos constitutivos (secuelas derivadas de AT) y de los impeditivos, extintivos y obstativos (diligencia exigible), en cuanto a la disponibilidad y facilidad probatoria (es más difícil para el trabajador acreditar la falta de diligencia que para el empresario demostrar la concurrencia de esta)".

Dicho lo anterior, sería sugerente pensar en utilizar recursos ya existentes en la LRJS, tanto por su naturaleza procesal como por su finalidad preventiva. En este sentido, no es desdeñable, por su propia identidad, adicionar, a la solución propuesta de utilizar el artículo 217.7 LEC y analógicamente el 1183 CC, la aplicación del artículo 96.2 LRJS.

Lo ideal sería ideal que el legislador intervenga y lo modifique, haciendo de este precepto un mecanismo que exija la prueba de la diligencia a quien haya debido emplearla, mejorando las herramientas jurídicas para tutelar los derechos fundamentales, sean las sustantivas o las adjetivas.

Una solución así, en materia de prevención de riesgos laborales, permite llegar a la verdad material cuando la empresa, que es quien dispone de los elementos de prueba, demuestre que ha cumplido con las garantías que le exige ser deudor de la protección eficaz. Y lo permite, una vez actualizado el riesgo, como antes del acontecimiento lesivo, que sería lo ideal.

En esta lógica, se observa cómo la existencia del accidente de trabajo o enfermedad profesional crea la presunción del incumplimiento que la empresa debe destruir. Y de igual forma puede ocurrir ante la existencia de indicios suficientes, como una acción demostrativa inicial de la existencia de un riesgo con entidad para vulnerar un derecho fundamental o, simplemente, para privar al trabajador de sus derechos preventivos. De esta forma, ni se está vulnerando la presunción de inocencia, ni rompiendo de un modo absoluto la regla general de que quien demanda prueba.

El tema es que, mientras el legislador se convence de la calidad de dicha intervención, el alivio probatorio contemplado en el 96.2 LRJS convierte en un buen aporte si se procede a su aplicación analógica, dispositivo que vendría a reforzar la posibilidad de aplicar el 217.7 LEC que, no se olvide, va a depender de la discrecionalidad judicial.

Capítulo 12

Medidas preventivas frente a la violencia y el acoso: Convenio 190 OIT, regulación interna y aplicación práctica

MARÍA TERESA IGARTUA MIRÓ
Catedrática de Derecho del Trabajo y de la Seguridad Social
Universidad de Sevilla
Igartua@us.es

1. EL ENFOQUE DEL CONVENIO 190: GENERAL, INCLUSIVO, PREVENTIVO Y DE GÉNERO

1.1. Enfoque preventivo

La ratificación por nuestro país del Convenio 190 OIT sobre la eliminación de la violencia y el acoso[1], en vigor desde el 25 de mayo de 2023, supone un buen momento para reflexionar sobre su probable incidencia en nuestro marco normativo y, más concretamente, en la faceta estrictamente preventiva y, por ende, su plena integración en las políticas empresariales de tutela de la seguridad y salud.

Teniendo en cuenta el descuido del tratamiento del acoso moral u hostigamiento laboral en el orden interno se acoge positivamente el planteamiento amplio y omnicomprensivo del Convenio de los conceptos de acoso y violencia, en el que no entraré en detalle, al venir abordado en otro lugar de esta obra, que habría de inspirar un posible movimiento legislativo en nuestro país, sin perjuicio de incluir un mayor grado de definición, detalle y clasificación de las formas de acoso, de estimarse necesario. Pese a las numerosas previ-

---

1 Instrumento de adhesión al Convenio sobre la eliminación de la violencia y el acoso en el mundo del trabajo, hecho en Ginebra el 21 de junio de 2019 (BOE 16 de junio de 2022).

siones específicas existentes, este tema sigue siendo una asignatura pendiente en el ámbito laboral (Ginés i Fabregat, 2018, p. 297), con carencia de una regulación específica y completa, notoria dispersión normativa (por todos, Molina Navarrete, 2019, p. 2 o Lousada Arochena, 2019, p. 73) y un gran número de reglas centradas de forma casi exclusiva en el acoso como forma de discriminación[2], sin un ajuste pleno a este enfoque.

En lo que ahora me interesa, la prevención ha de abarcar el "conjunto de comportamientos y prácticas inaceptables, o de amenazas de tales comportamientos y prácticas, ya se manifiesten de manera puntual o recurrente, que tengan por objeto, que causen o sean susceptibles de causar, un daño físico, psicológico, sexual o económico", incluyendo la violencia y el acoso por razón de género. La doctrina se muestra crítica con el empleo por parte del Convenio de este tipo de conceptos jurídicos indeterminados en referencia al término *inaceptables*, respecto al que caben dos interpretaciones: o los incluye a todos, en cuyo caso resulta ociosa o sugiere que cabe una modulación en tales comportamientos, de forma que los podría haber más suaves o aceptables, llevando a cuestionarse si son los jueces los encargados de esta operación (Suárez González, 2020, p. 392).

Asimismo, en una línea de tendencia expansiva, se apuesta por un enfoque inclusivo, abarcando sujetos que, en puridad, con las normas laborales tradicionales suelen quedar extramuros de la tutela (por todos, Yagüe Blanco, 2020, pp. 498 ss.). Este planteamiento, a mi juicio acertado, exigiría una revisión del ámbito de aplicación de la *Ley 31/1995, de 8 de noviembre, de Prevención de Riesgos Laborales* (en adelante, LPRL) y su marco normativo de referencia. El convenio pretende comprender tanto la economía formal como la informal y a personas trabajadoras, al margen de su vinculación contractual,

---

2 En este sentido, la *Ley 15/2022, de 12 de julio, integral para la igualdad de trato y la no discriminación* (BOE 13 de julio) en su art. 6.4 incluye una definición del acoso discriminatorio: "constituye acoso, a los efectos de esta Ley, cualquier conducta realizada por razón de alguna de las causas de discriminación previstas en la misma, con el objetivo o la consecuencia de atentar contra la dignidad de una persona o grupo en que se integra y de crear un entorno intimidatorio, hostil, degradante, humillante u ofensivo".

con una serie de supuestos ejemplificativos (pasantes, aprendices, personas en formación, trabajadores despedidos, personas en busca de empleo y postulantes a un empleo) (art. 2 Convenio 190 OIT). Si bien la intención es loable y en línea con la satisfacción de los estándares del trabajo decente, resulta poco realista, en especial en relación con la economía informal, ámbito con escaso control donde resultará prácticamente inviable su aplicación.

De forma coherente el posicionamiento es también muy amplio en lo que hace a los sujetos activos del acoso (englobando clientes, proveedores de servicios, usuarios, pacientes o el público —art. 3—) y sus modalidades, sea horizontal o vertical. Además, se habla de *mundo del trabajo*, centrando la atención en la conexión entre la conducta y el trabajo (durante, en relación o como resultado del trabajo, según el mismo artículo). Especial trascendencia cobran, dada la extensión imparable de las tecnologías y la creciente digitalización del mundo laboral, nuevas formas de acoso (ciberacoso u hostigamiento digital, al margen de su motivación concreta) a las que también da cabida el convenio, apostando por su prevención y represión, con independencia de quién, cuándo —fuera del tiempo de trabajo— o a través de qué vías las realice, siempre que la conexión entre acosador y víctima pueda trazarse en el ámbito laboral (en detalle, Vicente Pachés, 2018, pp. 1 ss).

Se enlaza así con la necesidad de revisar, al menos en el ámbito preventivo, el concepto de lugar de trabajo, difuminado por nuevas formas de trabajar y por la disrupción tecnológica, con tendencia clara al desbordamiento y la ocupación de nuevos espacios, tornándose más *fluido*[3]. Resulta incuestionable que esta aproximación amplia, que incluye también lugares (más o menos informales) a los que se acude en relación con el trabajo o con compañeros de trabajo, medios de transporte, visitas a clientes y otros análogos (art. 3), aunque

---

3 Así lo afirma el *Marco estratégico de la UE en materia de Seguridad y Salud en el Trabajo 2021-2027. La seguridad y salud en el trabajo en un mundo laboral en constante transformación* (Bruselas 28.06.2021, COM (2021) 323 final) que considera que “el concepto del lugar de trabajo empieza a ser más fluido, pero también más complejo, a medida que emergen nuevas formas de organización, modelos de negocio y sectores”.

precisaría indicaciones legales, se compadece bien con las referencias de la LPRL a la garantía de seguridad "en todos los aspectos relacionados con el trabajo", con sus escasas menciones al centro de trabajo como criterio de imputación de las obligaciones, los amplísimos conceptos de riesgo laboral o de condición de trabajo del art. 4 LPRL y el deber de adaptar las medidas preventivas "a las modificaciones que puedan experimentar las circunstancias que incidan en la realización del trabajo" (art. 14.2 LPRL).

Son reiteradas las referencias a la *prevención* de la violencia y el acoso (art. 4.2 y 5 entre otros) y, a partir de la exigencia de que todo Miembro adopte una legislación que defina y prohíba la violencia y el acoso en el mundo del trabajo, se entra a enumerar una serie de medidas preventivas generales (art. 8) y específicas, definidas en el art. 9 del Convenio 190, que centrarán mi atención.

Lo más interesante, sin duda, es el llamamiento para superar un tratamiento centrado preponderantemente en el marco de las políticas antidiscriminatorias, aunque resulten esenciales, o de abordar la cuestión exclusivamente en el plano sancionador (sobre este aspecto, Altés Tárrega, 2022, pp. 27 ss.). Se pone el acento, de forma más marcada que en otros textos legales, en la necesidad de afrontar el problema desde una perspectiva preventiva, con inclusión en las normas de PRL y en las políticas empresariales en el terreno, refiriéndose de forma explícita a aspectos tan esenciales como la evaluación de riesgos psicosociales, la formación, sensibilización e información de los trabajadores, incluyéndolos en la gestión de la seguridad y salud en el trabajo, adoptando, con participación de los trabajadores y sus representantes, medidas para prevenir y controlar dichos peligros y riesgos (art. 9 c).

El avance es notorio, constituyendo un hito en las recientes intervenciones por parte de la OIT, tanto por la sequía normativa que la acompaña en los últimos años como por su encuadre en la normativa de seguridad y salud, aunque el planteamiento no es absolutamente desconocido. Así, y pese a la falta de actuaciones legislativas concretas, la Unión Europea muestra desde hace tiempo su preocupación por este problema y resalta la necesidad de enfocarlo desde un prisma claramente preventivo, de manera destacada en las Recomendaciones en la materia (*in extenso*, Ramos Quintana, 2018, pp. 19 ss) y de modo particular tanto en el Código de conducta sobre las medidas para combatir el acoso sexual[4] como en el *Acuerdo Marco Europeo sobre Acoso y Violencia en el lugar de trabajo* de 26 de abril de 2007 (en adelante, AMEAVT) y su acuerdo de seguimiento del año 2011. Documentos que identifican el acoso como un riesgo laboral e imponen el deber de adoptar medidas para reducirlo al mínimo, empleando los instrumentos existentes en cada Estado miembro para la prevención de los riesgos psicosociales, sin necesidad de nuevos instrumentos específicos de garantía, por tanto, las normas de trasposición de la Directiva Marco (LPRL, en nuestro caso).

El 16 de julio de 2010 se suscribió un acuerdo entre diversos agentes sociales europeos de corte bastante más general denominado *Directrices multisectoriales para solucionar la violencia y el acoso de terceros relacionados con el trabajo*, problema de notables dimensiones en determinados sectores, fijando obligaciones empresariales en relación con la evaluación de riesgos, sensibilización, formación y actuación. Más recientemente, con carácter general y no centrado exclusivamente en el ámbito laboral, se aprueba la *Resolución del Parlamento Europeo, de 26 de octubre de 2017, sobre la lucha contra el acoso y los abusos sexuales en la Unión Europea*[5], que lo aborda (Considerando F) como un problema de salud y seguridad, abogando por la adopción de medidas de prevención.

---

4 Anexo a la *Recomendación de la Comisión de 27 noviembre de 1991 relativa a la protección de la dignidad de la mujer y del hombre en el trabajo* (DO L 49 de 24 febrero 1992).

5 2017/2897 (RSP) (DOUE 27 septiembre 2018, C 346/192). En el considerando E señala que "los casos de acoso sexual y de intimidación no se notifican lo suficiente a las autoridades debido a una persistente falta de sensibilización sobre el tema, a la insuficiencia de los canales de apoyo a las víctimas y a la idea de que se trata de un tema sensible para la sociedad, a pesar de que existen procedimientos formales para abordar esta cuestión en el lugar de trabajo y en otras esferas". Vid. también la *Resolución del Parlamento Europeo, de 11 de septiembre de 2018, sobre las medidas para prevenir y combatir el acoso sexual y psicológico en el lugar de trabajo, en los espacios públicos y en la vida política de la Unión* (2018/2055 (INI)) (DOUE 23 diciembre 2019, C 433/31).

El convenio OIT también pretende asegurar procedimientos de control y aplicación de la legislación y un fácil acceso a vías de recurso y reparación apropiadas y eficaces y a mecanismos y procedimientos de notificación y de solución de conflictos pero, entiéndase bien, para los supuestos en que la prevención no logre evitar que se den estos comportamientos y prácticas inaceptables.

1.2. El enfoque de género

El Convenio, junto a una definición de acoso y violencia por razón de género[6], exige a los Estados un enfoque que tenga en cuenta las consideraciones de género en este ámbito. Sin entrar en profundidad en esta cuestión, abordada por solvente doctrina (por todos, Olarte Encabo, 2021, pp. 61 ss), no quiero dejar pasar la ocasión de hacer una mínima referencia a la relación entre el género y la salud laboral, asumida por la normativa interna en relación con el acoso sexual o por razón de sexo, pero pendiente de extensión efectiva a todas las políticas preventivas.

Hasta el momento, como se sabe, la LPRL se caracteriza por un planteamiento "neutro" respecto al género pero que, en la práctica, descansa sobre tradiciones, estudios, investigaciones, análisis y medidas preventivas que toman como modelo al varón. El enfoque de género en salud laboral aparecía recogido en la *Estrategia española de seguridad y salud en el trabajo* (2015-2020), en el art. 3 a) de la *Ley 33/2011, General de Salud Pública* o en la propia LPRL (art. 5.4) en lo relativo a la recogida y tratamiento de datos o en el estudio e investigación por parte de las Administraciones Públicas. La cuestión ha recibido un renovado impulso en la Estrategia aprobada en 2023, que apunta a la modificación de la LPRL. Sin embargo, está muy lejos de ser una realidad en la práctica diaria de las empresas. Tampoco es un ejemplo de éxito la negociación colectiva, aunque cabría esperar ciertos avances derivados de la necesaria inclusión de la perspectiva

---

[6] "Dirigidos contra las personas por razón de su sexo o su género, o que afectan de manera desproporcionada a personas de un sexo o género determinado, incluyendo el acoso sexual".

de género en salud laboral en el Plan de Igualdad, según reza el Punto 4 Anexo, letra e) RD 901/2020, de 13 de octubre.

Incluir una mirada de género en este terreno no implica acciones positivas o negativas hacia un género u otro, ni férrea igualdad, sino atender a la diversidad biológica, social, laboral y/o familiar existente a fin de lograr la máxima seguridad para todas las personas trabajadoras. Son patentes aún factores con especial incidencia en los riesgos laborales partiendo de la propia segregación (horizontal y vertical) del mercado de trabajo (sobre la cuestión Nieto Rojas, 2019, pp. 70 ss), con diferencias palpables en la siniestralidad laboral, menos accidentes mortales entre las mujeres, afectadas por enfermedades menos graves pero en mayor medida por problemas relativos a la organización del trabajo, que pasan más desapercibidos, incluso invisibilizados o silentes. Para la Agencia Europea para la SST (*European Agency for safety and Health at work,* 2013, p. 16) la adopción de un enfoque "neutral a los géneros" en la evaluación de riesgos y su prevención ha contribuido a infravalorar los riesgos que aquejan a las mujeres y la dedicación de menos recursos a su prevención.

De nuevo aquí es dable acudir a la LPRL para exigir esta consideración al género en la conformación de los sistemas preventivos, pero quizás demanda impulsos más decididos, a través de instrumentos normativos y de *soft law,* para evitar determinados resultados perversos derivados de esta mirada neutra. Las previsiones omnicomprensivas del art. 14 LPRL y la necesidad de evaluar los riesgos de forma ajustada a las características personales de quien desempeña el trabajo (art. 16 LPRL) dan cobertura a este aspecto, aunque la realización en la práctica es mejorable en cuanto a la toma en consideración de las diferencias motivadas por el tipo de trabajo, temporalidad, parcialidad, responsabilidades y doble carga, entre otras, además de la subestimación de los riesgos en determinados trabajos en sectores altamente feminizados. Aun sin cambios legales, sería conveniente cierto impulso en las políticas públicas y una mayor sensibilización de las empresas y los especialistas en prevención. Insiste en la gestión *diversificada* el criterio técnico 104/2021, 13 abril, sobre actuaciones de la ITSS en riesgos psicosociales (en adelante CTITSS-104/2021). También el *Plan Estratégico de la Inspección de Trabajo para el bienio 2021-*

2023[7], tras reflejar interesantes diferencias estadísticas, incluye en la actuación 5.3 una referencia a la planificación de las actuaciones con perspectiva de género.

El peligro latente es que esta necesaria integración y esta valoración del diferente impacto de los riesgos en hombres y mujeres, adecuando la tutela a las necesidades preventivas de los trabajadores según su sexo, provoque nuevos estereotipos y sesgos de género conducentes a nuevas discriminaciones. Debe prestarse atención a la complexión y dimensiones corporales diversas en el diseño ergonómico de los puestos y equipos de trabajo y de protección individual, o a otras diferencias en la organización del trabajo y las tareas o a la hora de gestionar el tiempo de trabajo, incluido el derecho a la desconexión, con recurso a medidas de adaptación del tiempo de trabajo, fórmulas flexibles y teletrabajo. Lástima que la *Ley 10/2021, de Trabajo a distancia* (en adelante, LTD) se muestre bastante tímida a la hora de afrontar este enfoque de género, limitándose prácticamente a llamar la atención sobre la necesidad de evitar la discriminación por razón de sexo, teniendo en cuenta las particularidades de este tipo de trabajo en la configuración y aplicación de los planes de igualdad o las medidas contra el acoso (art. 4). Por su parte, al art. 8.3 LTD le basta con invocar el impacto de género y el fomento de la corresponsabilidad al establecer las prioridades en el tránsito del trabajo presencial al teletrabajo y viceversa, desbancando del texto legal las preferencias previstas en fase de proyecto, tema que tampoco preocupa en demasía a los convenios.

Las diferencias debidas al sexo/género deberían tener mayor relevancia en la vigilancia de la salud, con elaboración de protocolos específicos e, incluso, con la revisión de la lista de enfermedades profesionales. Hay que destacar la labor desplegada por los tribunales que han comenzado una hermenéutica en clave de género respecto a determinadas enfermedades no listadas o más específicamente no contempladas para profesiones altamente feminizadas[8]. Asimismo,

---

7 Resolución de 29 de noviembre de 2021 (BOE 3 diciembre).

8 Vid. STS (Social) de 11 de febrero de 2020, Rec. 122/2020 que extiende la consideración de enfermedad profesional al síndrome del túnel carpiano sufrido por camarera de piso. Más recientemente a las auxiliares do-

se detectan también carencias en la promoción del enfoque de género en las actuaciones de los servicios de prevención, siendo necesario también el incremento de la participación femenina en los órganos de representación especializada y en las comisiones negociadoras, para dar un impulso al tratamiento convencional. Recientemente se ha anunciado la intención de integrar este enfoque en el cuadro de enfermedades profesionales, mediante la creación de una comisión específica en la Disposición Adicional 4ª del *Real Decreto-ley 16/2022, de 6 de septiembre, para la mejora de las condiciones de trabajo y de Seguridad Social de las personas trabajadoras al servicio del hogar*[9].

En línea con el Convenio, por tanto, debe exigirse el enfoque de género no solo para la violencia y el acoso, donde la prevalencia de las conductas ofensivas contra las mujeres se refleja en los datos estadísticos, sino en general respecto a los riesgos psicosociales y para toda la política preventiva. En esta dirección avanza también la UE en el Marco Estratégico SST 2021-2027 y en otros documentos, ninguno con valor normativo directo. Por su parte, ha autorizado a los Estados para ratificar el convenio contra la violencia y el acoso (190), poniendo el foco en condiciones como el sexo, la edad, la discapacidad, religión o convicciones, raza u origen étnico u orientación sexual como causantes de la violencia, el acoso o la discriminación y sus posibles efectos negativos en la seguridad y salud de los trabajadores con la correspondiente irradiación de efectos a sus familias, compañeros, organizaciones y la sociedad en general. Por su parte,

---

miciliarias en SSTS (Social) de fecha 6 de julio de 2022, Recs. 3579/2019; 3850/2019; 2531/2021, 7 de julio de 2022, Rec. 3442/2019 y 8 de julio de 2022, Rec. 24/2020. Por otra parte, es interesante resaltar cómo algunos pronunciamientos incluyen la perspectiva de género; así la STSJ (Social) de Canarias de 2 de julio de 2019, Rec. 369/2019 para interpretar el concepto de peligrosidad contenido en el art. 39.3 LOLS a la hora de graduar la sanción administrativa (camareras de piso). O la STSJ Cataluña (Social) 742/2019, 28 de noviembre, que constata la interacción entre factores ergonómicos y psicosociales en actividades feminizadas (trabajadora cosedora textil), aunque no apreció incumplimiento preventivo de la empresa. Expresamente se alude a este enfoque para sustentar la conclusión alcanzada (carácter común o profesional de las dolencias) en la reciente STS (Social) de 20 de septiembre de 2022, Rec. 3353/2022.

9 BOE 8 de septiembre.

se compromete a proponer una iniciativa legislativa sobre la prevención y la lucha contra la violencia de género contra las mujeres y la violencia doméstica antes de fin de 2021[10], pero atribuye a los Estados miembros la promoción de consideraciones de género en el diseño, la aplicación y la elaboración de informes.

Sin entrar en esta compleja cuestión, por lógicas limitaciones espacio-temporales, el Convenio también avanza incluyendo concretas referencias, en especial en el preámbulo, a los efectos colaterales de la violencia doméstica en el ámbito laboral: en el empleo, la productividad o la seguridad y salud, afirmando que los gobiernos, las organizaciones de empleadores y de trabajadores y las instituciones del mercado de trabajo pueden contribuir, como parte de otras medidas, a reconocer, afrontar y abordar el impacto de la violencia doméstica. El resultado, a nivel normativo, es menor del esperado pues se ha reducido bastante respecto a borradores anteriores.

De esta forma, el art. 10 f) del Convenio hace recaer sobre los Estados miembros el deber de reconocer los efectos de la violencia doméstica y, en la medida en que sea razonable y factible, mitigar su impacto en el mundo del trabajo. Por tanto, cabría esperar alguna actuación más específica en el terreno. Ahora bien, nuestro ordenamiento contiene diferentes medidas laborales en orden a facilitar la permanencia en el mercado de trabajo de la mujer víctima de este tipo de violencia, actualizadas para incluir expresamente a las víctimas de las violencias sexuales en la *LO 10/2022, de 6 de septiembre, de garantía integral de la libertad sexual*[11], pero la complejidad para afrontar el asunto desde una perspectiva estrictamente de PRL se

---

10 Vid. la Propuesta presentada en Estrasburgo de fecha 8.3.2022, COM (2022) 105 final.

11 BOE 7 de septiembre. En especial art. 38 (Derechos laborales y de Seguridad Social) y DF Decimocuarta de modificación del TRET. No obstante, incluye algún aspecto novedoso que seguramente hubiera exigido su mención expresa en el ET y que requerirá mayor atención sobre su finalidad y aplicación práctica, en especial cuando en el art. 38.4 se alude a que las ausencias o faltas de puntualidad al trabajo motivadas por la situación física o psicológica derivada de las violencias sexuales se considerarán justificadas y serán remuneradas cuando así lo determinen los servicios sociales de atención o servicios de salud, según proceda, sin perjuicio de que dichas

nos antoja mayúscula, al tratarse de una cuestión de gran dificultad y que ocurre fuera del *mundo del trabajo.* La previsión en la Recomendación 206 (aptdo 17) a "la inclusión de la violencia doméstica en la evaluación de riesgos en el lugar de trabajo", aunque pudiera ser conveniente, inclusive su tratamiento, de darse los requisitos legales, como persona especialmente sensible a determinados riesgos, es un problema *exógeno* y parece *desbordar* los márgenes de la deuda de seguridad; evidentemente tales medidas, cuya dificultad es manifiesta, quedarán condicionada a que se tenga constancia de la condición de víctima de la persona afectada.

2. OBLIGACIÓN DE LOS ESTADOS MIEMBROS DE ADOPTAR UNA LEGISLACIÓN PREVENTIVA FRENTE A LA VIOLENCIA Y EL ACOSO

2.1. El mandato a los Estados miembros

El art. 9 del Convenio OIT se centra de manera específica en las medidas de prevención frente a la violencia y el acoso, señalando que todo Miembro "deberá adoptar una legislación que exija a los empleadores tomar medidas apropiadas y acordes con su grado de control para prevenir la violencia y el acoso en el mundo del trabajo, incluidos la violencia y el acoso por razón de género". De forma más detallada, impone una serie de actuaciones más específicas "en la medida en que sea razonable y factible". Esta fórmula, caracterizada por su generalidad y el uso de conceptos jurídicos indeterminados, plantea algunos escollos interpretativos para dilucidar la obligación de acometer cambios legislativos en el orden interno así como para fijar el alcance de las obligaciones dimanantes de su tenor literal. Antes de analizar la adecuación de la LPRL a los parámetros enunciados y su necesidad de actualización, afrontaré sucintamente dos cuestiones previas.

---

ausencias sean comunicadas por la trabajadora a la empresa a la mayor brevedad.

En primer lugar, podría suscitar dudas la referencia a "en la medida en que sea razonable y factible". Fórmula típica de los ordenamientos de corte anglosajón que, como se sabe, admite cierta ponderación costes-beneficios para determinar el alcance de las obligaciones preventivas y, por ende, permite tomar en consideración factores económicos en la adopción de las medidas. Ahora bien, no cabe reconocer fisuras ni que el Convenio rebaje los estándares existentes en tanto la LPRL se sitúa en el ámbito de la máxima seguridad técnicamente posible, como atestiguan también los pronunciamientos judiciales. Seguramente, resulta admisible reconducir la expresión empleada a que los riesgos sean significativos, no solo genéricos de toda organización, teniendo en cuenta también la viabilidad de las acciones del empleador (Molina Navarrete, 2019, p. 15). Con ello el Convenio estaría poniendo los pies en el suelo y apuntaría a cierto *realismo*, olvidado en otros pasajes del texto, destacando la factibilidad de las medidas, tomando en consideración las peculiaridades propias de la acción preventiva en este terreno, las dificultades en orden a su evitación y previsión, que exigen una modulación a lo que resulte *razonable*, pero entendido en el sentido del diccionario de la RAE como "adecuado, conforme a razón" o "proporcionado o no exagerado".

Esta exégesis en absoluto cuestiona la apuesta de la OIT por un enfoque preventivo, enmarcado en el ámbito de las políticas de seguridad y salud, con técnicas profilácticas encaminadas a evitar o minimizar el propio riesgo previas a la aparición de concretas conductas de violencia y acoso o de denuncias de estos comportamientos, insertándolas en la gestión de los riesgos psicosociales en la empresa. Se aboga, asimismo, por un abordaje en el ámbito de la organización del trabajo (también Rodríguez Escanciano, 2022, p. 176) y no como un conflicto interpersonal, a nivel de la prevención primaria, esto es, actuaciones dirigidas al foco u origen del problema para tratar de eliminar o reducir el factor de riesgo, prioritarias porque inciden en las condiciones de trabajo y su organización, combatiendo los riesgos en su origen. Lógicamente, en la práctica, éstas habrán de acompañarse y completarse con medias de prevención secundaria e, inclusive, terciarias, dirigidas a la recuperación y rehabilitación de los trabajadores que sufran daños derivados de su exposición a los riesgos psicosociales[12]. Poner el foco de atención en las primeras y su correcta implementación debería ir disminuyendo proporcionalmente el recurso a las terceras.

En segundo lugar, supone cierta dificultad desentrañar el significado y alcance de la referencia a medidas "apropiadas y acordes con su grado de control". En esencia, no sorprende la alusión a medidas apropiadas (ajustadas y conformes a las condiciones o a las necesidades de alguien o algo, en definición del mismo diccionario RAE), equivalente a la reiterada *adecuadas* en la LPRL. Más enigmática resulta la mención al grado de control. Espero no ser simplista en exceso cuando entiendo que seguramente la restricción guarda cierta coherencia con la previa delimitación del extenso ámbito objetivo y subjetivo de aplicación y de la noción de acoso, con situaciones tremendamente heterogéneas que generarán problemas prácticos dadas las restricciones aún existentes respecto al ámbito aplicativo de las normas preventivas que, con algunas y limitadas ampliaciones, se centran en prestaciones que responden a la tipología construida en torno al concepto de *dependencia*. Así, a modo ejemplificativo, en relación con las personas en formación, los trabajadores despedidos, voluntarios, personas en búsqueda de empleo... o los clientes u otros terceros ajenos a la relación laboral o bien el acoso con uso de dispositivos tecnológicos o redes... será fácil estar ante realidades que escapan al control empresarial. Exactamente igual cuando se trate de espacios donde se halla el trabajador, pero ajenos al lugar estricto de desarrollo de la prestación, como lugares de descanso, comida, aseos, vestuarios, desplazamientos consecuencia del trabajo, alojamiento proporcionado por el empleador, trayectos o a través de comunicaciones. En todos ellos late el denominador común de su encuadramiento en la *esfera laboral* con vastas dificultades para delimitar su alcance en el plano preventivo.

En definitiva, con cierta dosis de practicidad, el Convenio estima que el empresario habrá de adoptar las medidas adecuadas y suficientes acordes con la magnitud de los riesgos identificados pero tam-

---

12 *Criterio Técnico 104/2021, sobre actuaciones de la Inspección de Trabajo y Seguridad Social en riesgos psicosociales*, Dirección del Organismo Estatal de Inspección de Trabajo y Seguridad Social, p. 14.

bién con sus posibilidades de control sobre los mismos; ir más allá de eso supondría apostar por un planteamiento difícilmente realizable, quedándonos de nuevo en una prevención mucho más formal que eficiente y real. A estos efectos, cabría un llamamiento a las normas internas para delimitar de la forma más clara posible el alcance de las obligaciones empresariales en este terreno. En coherencia con nuestro orden legislativo, habrá que entenderlo referido al marco de las potestades directivas del empresario o de su responsabilidad, atendidos los arts. 20 ET y 14.2 LPRL (Velázquez Fernández, 2019, p. 131)[13].

Desentrañados estos aspectos, antes de pronunciarme sobre la necesidad de actualizar la normativa preventiva existente atendiendo al mandato del Convenio, pasaré revista al enfoque preventivo en el orden interno.

2.2. El enfoque preventivo "difuso" en el ordenamiento español

Habrá quien piense que resulta superfluo plantear esta cuestión, pues pocas dudas arroja a estas alturas la inclusión (aunque sea implícita) de los riesgos psicosociales en la LPRL y en el sistema preventivo que la empresa debe instaurar para darle cumplimiento, incluyendo las distintas formas de acoso y violencia. Ahora bien, a mi juicio, la ausencia de mención expresa diluye su relevancia y puede propiciar interpretaciones formalistas que pretendan socavar su obligatoriedad. Como es sobradamente conocido, nuestro ordenamiento, siguiendo los dictados de la norma europea, incluye una definición amplia de riesgo laboral (art. 4.2 LPRL), de condiciones de trabajo (art. 4.7 LPRL), incluyendo "cualquier característica del mismo que pueda tener una influencia significativa en la generación de riesgos para la seguridad y salud en el trabajo", y una extensa obligación de seguridad (art. 14 LPRL) que abarca la tutela de la seguridad y la

---

13 También el art. 8.11 LISOS se refiere al acoso por razón de sexo y el acoso por razón de orientación sexual "cuando se produzcan dentro del ámbito a que alcanzan las facultades de dirección empresarial, cualquiera que sea el sujeto activo del mismo, siempre que, conocido por el empresario, éste no hubiera adoptado las medidas necesarias para impedirlo".

salud en todos los aspectos relacionados con el trabajo, mediante la adopción de cuantas medidas sean necesarias para la protección de la seguridad y salud de los trabajadores. En el ámbito concreto del acoso sexual y el acoso por razón de sexo, esta consideración es expresa en el art. 27.3 c) *Ley Orgánica 3/2007, de 22 de marzo, para la igualdad efectiva de mujeres y hombres* (en adelante LOI)[14] que obliga a las Administraciones públicas a incluirlas "dentro de la protección, promoción y mejora de la salud laboral".

Por su parte, nuestros tribunales tienden a reconocer el deber de prevenir el riesgo de acoso, así a modo de ejemplo en la STC 160/2007, de 2 de julio, que considera que "...para apreciar la vulneración del derecho fundamental a la integridad moral no es preciso que la lesión se haya consumado, siendo suficiente que exista un riesgo cierto de que la lesión pueda llegar a producirse", de forma que "la tutela reparadora, *ex post*, resulta ineficaz para proteger la integridad moral y la salud". Así, también el TS ha reconocido el deber general de evaluar los riesgos psicosociales (STS (Social), de 16 de febrero de 2016)[15]. Asimismo, la STS de 4 de marzo de 2014[16]

---

14 BOE 23 marzo.

15 Rec. 250/2014. La STSJ Asturias (Social) de 30 de diciembre de 2014, Rec. 2643/2014, pese a no reconocer la existencia de acoso ni imponer el recargo, afirma que los riesgos psicosociales se encuentran dentro del ámbito de aplicación de la LPRL, destacando la obligación de evaluación de riesgos y la relevancia de la presencia de expertos (propios o ajenos) en su elaboración. También la STSJ Cataluña (Social) de 21 de mayo de 2012, Rec. 221/2011. Otros pronunciamientos prescinden de la existencia o no de *mobbing* en una concepción estrictamente jurídica para centrarse en el posible incumplimiento de las obligaciones empresariales en materia preventiva (en el caso, una Administración Pública), así STSJ Castilla y León (Valladolid) (C-advo) de 14 de noviembre de 2014 (Sentencia nº 229/2014); STJ Cataluña (Social) 13 de junio de 2014, Rec. 1281/2014 o SSTSJ País Vasco (Social) de 24 de noviembre de 2016, Rec. 1944/2015 y Cataluña (Social) 18 de abril de 2017, Rec. 7781/2016.

16 Rec. 788/2013. Pueden verse también los AATS (Social) de 15 de enero de 2014, Rec. 422/2013 y 22 de septiembre de 2015, Rec. 2714/2014. En la misma línea, la STS de 14 de febrero de 2012, Rec. 1535/2011, pese a inadmitir el recurso por falta de contradicción, deja la puerta abierta a la aplicación del recargo a los supuestos de acoso, a pesar de las dificultades que plantea, en especial en casos de tolerancia, consentimiento o participación

impone el recargo en un supuesto de trastorno de ansiedad y estado de ánimo reactivo a una situación calificada como acoso moral, por falta de acción preventiva, pues la previsión de este tipo de conductas está integrada en el deber de protección del empresario[17].

Al margen de lo anterior y de una casi unánime aceptación doctrinal de una interpretación extensiva, que incluye los riesgos psicosociales en la LPRL (por todos, Gorelli Hernández y Gómez Álvarez, 2003, pp. 23 ss; Grau Pineda, 2007, pp. 430 ss o Fabregat Monfort, 2015, p. 71) esta falta de alusión explícita puede generar dudas o permitir interpretaciones restrictivas que den al traste con la tutela[18]. Ello parecería aconsejar una previsión expresa, inclusive con un catálogo ejemplificativo y una definición amplia del acoso y la violencia, al menos en la vertiente estrictamente preventiva del problema, como parte de los riesgos que el empresario debe evaluar, planificar y controlar. La práctica refleja un número escaso de empresas que

---

de la empresa, que supondría la falta de cumplimiento de sus obligaciones en materia de PRL.

17 En consonancia con lo anterior, es lógico que se descarte la imposición del recargo en un supuesto donde la empresa había realizado una identificación de riesgos, detectándose riesgos psicosociales y adoptándose medidas de prevención, STS de 1 junio de 2016, Rec. 609/2015.

18 Así, en su momento, la STS 15 de diciembre de 2008, Rec. 178/2008, en relación al acoso sexual vino a entender que la responsabilidad empresarial por actos del trabajador no puede basarse en los deberes de prevención de riesgos que al empresario impone la ley 31/1995, de 8 de noviembre, pues las obligaciones empresariales establecidas en sus arts. 14 y 15 en modo alguno pueden abarcar la prevención en un ámbito tan cambiante como es el campo de las relaciones humanas entre los trabajadores que coinciden, incluso por azar, en el desempeño de su cometido laboral. Sentencias posteriores mayoritariamente avalan la existencia de obligaciones preventivas, por todas, SSTSJ Aragón (Social) de 25 noviembre 2009, Rec. 807/2009, o País Vasco (Social) de 28 de septiembre de 2010, Rec. 1680/2010, incluso desestimando la existencia del acoso en este caso. También la STS (Social) de 20 de septiembre de 2007, Rec. 3326/2006, aprecia el incumplimiento por el empresario de su deber de seguridad, en concreto, omisión de la evaluación de riesgos y medidas de protección de la trabajadora frente a agresiones sexuales que le han causado daños psicológicos, reconociendo el derecho a la extinción causal del contrato *ex* art. 50 ET. Vid. STSJ Andalucía (Granada) (Socia) de 18 de julio de 2019, Rec. 13/2019.

actúan de esta forma, integrando realmente la prevención del acoso en su sistema general de prevención.

Más allá de las lacónicas referencias al acoso *común* en el ET —como derecho básico en el art. 4.2 e) o causa de despido, art. 54.2 g)[19]—, el encuadre conceptual ha correspondido a los tribunales y a ciertas delimitaciones más precisas en las dispersas regulaciones sobre el acoso sexual y por razón de sexo donde se ha centrado la atención; en cambio, los datos demuestran que las conductas más frecuentes en las empresas responden al genérico tipo de acoso moral, hostigamiento laboral o acoso psicológico[20].

Al margen de la LPRL, se ha venido defendiendo que las medidas derivan ya en nuestro ordenamiento del art. 48 LOI, al menos en relación con el acoso sexual y por razón de sexo. La reciente *LO 10/2022, de garantía integral de la libertad sexual* viene a completar esta regulación insistiendo en que las empresas deberán promover condiciones de trabajo que eviten la comisión de delitos y otras conductas contra la libertad sexual y la "integridad moral en el trabajo"[21], incidiendo especialmente en el acoso sexual y por razón de sexo en los términos previstos por el mencionado artículo, incluidos los cometidos en el ámbito digital. Añadiendo que "deberán arbitrar procedimientos específicos para su prevención y para dar cauce a las denuncias o reclamaciones que puedan formular quienes hayan sido víctimas de estas conductas, incluyendo específicamente las sufridas

---

19 Normas más recientes también mencionan expresamente el acoso moral, aun cuando no lo definen. Así, a modo meramente ejemplificativo el art. 4.4 *Ley 10/2021, de Trabajo a Distancia* señala que "De conformidad con lo previsto en la normativa aplicable, las empresas deberán tener en cuenta las particularidades del trabajo a distancia, especialmente del teletrabajo, en la configuración y aplicación de medidas contra el acoso sexual, acoso por razón de sexo, acoso por causa discriminatoria y acoso laboral".

20 Según los datos del Observatorio Vasco sobre Acoso y Discriminación p. 14, el 90,15% de los casos de las demandas judiciales corresponden a este tipo de acoso, por tanto, el resto de los tipificados no alcanza ni al 10% del total.

21 Como a estas alturas es sobradamente conocido, el TC pone en relación el acoso laboral con la vulneración del derecho a la integridad moral y la dignidad de la persona (STC 56/2019, de 6 de mayo) pero si la LO quería apuntar en esta dirección debería haber sido mucho más precisa.

en el ámbito digital". Referencia esta última que se traslada ahora a este texto y es eliminada de la nueva redacción del art. 48 LOI.

Son tan livianos los cambios operados que vuelve a incidir en la tan criticada formulación de *podrán* establecer medidas "que deberán negociarse con los representantes de las personas trabajadoras, tales como la elaboración y difusión de códigos de buenas prácticas, la realización de campañas informativas, protocolos de actuación o acciones de formación". Nótese cómo se incluye ahora expresamente la referencia a los "protocolos de actuación" que, como tales, no figuraban ni figuran en el elenco ejemplificativo del art. 48 LOI. Artículo respecto al que la doctrina, pese a su desafortunada redacción, ha rechazado su talante facultativo, en base a su carácter claramente imperativo cuando se refiere a la adopción de medidas para evitar el acoso (Pérez del Río, 2009, p. 173; Ginés i Fabregat, 2018, p. 322). Dando por buena esta idea, lo que quedaría en manos del empresario y la negociación es decidir los instrumentos más adecuados para su evitación y prevención. Seguramente hubiera sido más apropiado optar por mecanismos más cerrados o la previsión de algún instrumento obligatorio, a modo de norma mínima, que entrase en juego en defecto de pacto.

Cabe ya notar cierta influencia del Convenio 190 en la redacción legal, pues a renglón seguido (art. 12.2 2º LO 10/2022 de garantía libertad sexual) fija una serie de reglas extensivas sobre el ámbito de aplicación. Ahora bien, se entremezclan colectivos a quienes ya se aplica sin fisuras la normativa laboral y la preventiva ("la plantilla total de la empresa cualquiera que sea la forma de contratación laboral, incluidas las personas con contratos fijos discontinuos, con contratos de duración determinada y con contratos en prácticas", o "a las personas que prestan sus servicios a través de contratos de puesta a disposición", conforme con la posición de garante de la empresa usuaria) con la referencia a las "becarias y el voluntariado", fuera del ámbito de aplicación de la LPRL, como es sabido.

El precepto (art. 12.2.4º LO 10/2022) recoge una clara medida preventiva, limitada a una vertiente del problema cuando señala que "las empresas deberán incluir en la valoración de riesgos de los diferentes puestos de trabajo ocupados por trabajadoras, la *violencia sexual*[22] entre los riesgos laborales concurrentes, debiendo formar e informar de ello a sus trabajadoras". Sorprende este grado de detalle en una legislación que previamente no se ha encargado de aludir a la evaluación de riesgos laborales en relación con el acoso. Por su parte, habida cuenta que estamos ante una obligación que recae exclusivamente sobre los puestos de trabajo a ocupar por las trabajadoras quién sabe si no va a suponer un nuevo obstáculo para su contratación y, en especial, para su acceso a puestos de trabajo en sectores abiertamente masculinizados, así los ligados a las tecnologías.

Volviendo al art. 48 LOI, la referencia legal a la negociación ha planteado dudas a la doctrina, existiendo bastante consenso en una interpretación omnicomprensiva (medidas preventivas y cauces para las denuncias) y en la obligación empresarial de adoptar medidas, en defecto de acuerdo (Ginés i Fabregat, 2018, p. 323).

En consonancia con las someras modificaciones apuntadas, se citan expresamente en el art. 48 LOI (DF décima. Tres LO 10/2022) las conductas contra la integridad moral en el trabajo, aún sin utilizar la palabra acoso, y los actos cometidos en el ámbito digital. Se mantiene inalterado el apartado 2 del art. 48 LOI que atribuye a los representantes el deber de contribuir a su prevención, mediante la sensibilización de los trabajadores y trabajadoras frente al mismo y la información a la dirección de la empresa de las conductas o comportamientos de que tuvieran conocimiento y que pudieran propiciarlo.

De nuevo, en una operación no exenta de polémica, y aunque no vaya a tratar en profundidad esta cuestión, sigue siendo bastante más explícito el art. 13 LO 10/2022 en relación con la Administraciones Públicas estableciendo que "deben arbitrar procedimientos y protocolos específicos para su prevención, detección temprana, denuncia y asesoramiento a quienes hayan sido víctimas de estas conductas". Por ello mismo, no introduce cambios en el art. 62 LOI que brinda una tutela algo más completa, regulando la negociación con los representantes legales de los trabajadores de un protocolo de actua-

---

22 Entendida en los términos legales como "cualquier acto de naturaleza sexual no consentido o que condicione el libre desarrollo de la vida sexual en cualquier ámbito público o privado, incluyendo el ámbito digital" (art. 3.1 LO 10/2022).

ción, con un contenido mínimo preestablecido, en el que se incluye el compromiso de prevenir y no tolerar el acoso sexual y el acoso por razón de sexo.

Estos cambios legales puntuales siguen reflejando una apuesta por la dispersión legislativa que, aparte de no compadecerse bien con el tratamiento integral postulado por la OIT, descuida la faceta preventiva, caracterizada por la insuficiencia de medidas específicas y por previsiones concretas solo para determinados tipos de acoso, dando al traste con la seguridad jurídica y dificultando su eficaz aplicación. Además, la llamada a la negociación y, en su defecto, la adopción por el empresario de aquellas que estime más oportunas, sean o no del listado ejemplificativo, puede conducir a prácticas desviadas o abusivas o a cumplir meramente el expediente, sin acometer una actuación completa, no exenta de complejidad, que conduzca a la evitación, prevención y erradicación de esta lacra. Por tanto, serían aconsejables reformas legislativas que pueden contribuir también a paliar su precaria aplicación práctica en las empresas, pues seguramente el marco existente no se ajusta a lo pedido por la OIT al requerir una regulación expresa (así, Molina Navarrete, 2019, p. 11; también Sáez Lara, 2022, p. 31), con bastante unanimidad a la hora de reclamar el establecimiento del marco preventivo donde habría de ubicarse (entre otros, Moreno Solana, 2021, p. 190).

2.3. Por un tratamiento legislativo de los riesgos psicosociales: en especial, la violencia y el acoso

El Convenio 190 OIT, en un intento de ubicar correctamente el tratamiento del problema de la violencia y el acoso, explícitamente lo enlaza con los riesgos psicosociales, aun cuando no los define ni aporta pistas para su delimitación. Vinculación que conduce a pensar que la intervención legislativa *impuesta* por el Convenio no debería detenerse en una mera inclusión de referencias concretas a la violencia y el acoso sino comprender la regulación de la gestión preventiva de los riesgos psicosociales, en base a una serie de razones que trataré de exponer a continuación.

Fijando la vista en Europa, no han faltado declaraciones institucionales[23] que han apuntado expresamente a que la Directiva Marco establece la obligación legal de que los empleadores protejan a los trabajadores contra todos los riesgos en el lugar de trabajo y por lo tanto "los empresarios están obligados a proteger a los trabajadores contra los riesgos psicosociales y estos riesgos deben tenerse en cuenta en el proceso de evaluación de riesgo". En esta misma línea bastante autocomplaciente con la "salud" del acervo normativo de seguridad y salud a nivel de la Unión, también el Marco Estratégico SST 2021-2027 estima que todos estos nuevos riesgos, en particular los psicosociales y el acoso y la violencia, quedan de suyo amparados por la Directiva Marco. No obstante, arroja el guante a los Estados Miembros recalcando la conveniencia de modernizar los ordenamientos nacionales.

Siendo esta la postura de la Comisión, hay voces discordantes en el Comité de las Regiones o, señaladamente, en el discurso mantenido por el Parlamento Europeo que considera necesario, entre otras que no vienen al caso en este momento, acometer actuaciones legislativas relacionadas con la prevención de los riesgos psicosociales. En su reciente Resolución sobre la salud mental en un mundo laboral digital[24] estima que es precisa una definición nueva y más amplia de seguridad y salud en el trabajo, que no puede prescindir de la salud mental, considerando que los instrumentos normativos en vigor no bastan para garantizar la seguridad y salud, sino que deben actualizarse y reforzarse. Específicamente insta a la Comisión a que proponga una iniciativa legislativa sobre la gestión de los riesgos psicosociales y el bienestar en el trabajo.

Pudiera pensarse que el debate es estéril, que una posible reforma resulta indiferente o que el Convenio desvanece las *escasas* dudas existentes, sin embargo, hay razones claras para apostar por incluir explícitamente los riesgos psicosociales en general y, en particular,

---

23 Así en la Comunicación de la UE de 10 de enero de 2017 sobre *Trabajo más seguro y saludable para todos. Modernización de la legislación y las políticas de la UE de salud y seguridad en el trabajo.*

24 Resolución del Parlamento Europeo, de 5 de julio de 2022, sobre la salud mental en el mundo laboral digital (2021/2098 (INI)).

la violencia y el acoso en la normativa preventiva[25]. La falta de una regulación acarrea dificultades en la implantación de las medidas, agravadas por la ausencia de unos conceptos con perfiles definidos y la propia imprecisión acerca de los contenidos y el método de la evaluación de riesgos. Ello se refleja en el patente descuido y la falta de atención en la realidad de las empresas, con escaso éxito preventivo.

Muy sintéticamente, una regulación legal acabaría con la dispersión, aportaría precisión, evitaría distorsiones, facilitaría el cumplimiento si incluyera una delimitación conceptual y una mejor sistemática, esquivando la inseguridad jurídica. Pese a su complejidad, la extensión imparable de los efectos sobre la salud de los riesgos psicosociales, aun a falta de datos estadísticos certeros, aconsejarían ciertos retoques legales, a modo de ejemplo, la inclusión de los factores de riesgo psicosocial en las evaluaciones de riesgos, con previsión de ciertas definiciones clarificadoras y unívocas, criterios para su realización o unas mínimas reglas de procedimiento comúnmente aceptadas, poniendo fin a la dispersión legislativa. Son notorias también las carencias de técnicos especialistas en psicosociología aplicada en las empresas y la conveniencia de una mayor formación en este ámbito en los programas de cualificación profesional. No obstante, una intervención legislativa no nos libra de los errores del pasado de búsqueda de una aplicación más formal que real y efectiva, por ejemplo, imponiendo a todas las empresas, con independencia de su tamaño o de sus condiciones, un procedimiento de evaluación, planificación y control altamente protocolizado y estandarizado, con procesos formativos poco eficaces, centrados en cubrir el expediente, riesgos que exigen también actuar en el terreno de la sensibilización y la promoción.

---

25 El CTITSS 104/2021, ya citado, sostiene que se mantiene en vigor el CT 69/2009 sobre Acoso y Violencia en el Trabajo, teniendo en cuenta que todavía no hay suficientes avances en la jurisprudencia de los tribunales respecto al establecimiento de un concepto unívoco de acoso laboral y al hecho cierto de que puede estar próxima la ratificación y aplicación del Convenio 190 de la OIT sobre violencia y acoso en el trabajo, lo cual implicaría la aprobación de una regulación legal en esta materia.

3. MEDIDAS PREVENTIVAS ESPECÍFICAS

3.1. Catálogo abierto de medidas

A tenor de lo dispuesto en el art. 9 del Convenio 190 las legislaciones deben exigir a los empleadores para prevenir la violencia y el acoso: a) adoptar y aplicar, en consulta con los trabajadores y sus representantes, una política del lugar de trabajo relativa a la violencia y el acoso; b) tener en cuenta la violencia y el acoso, así como los riesgos psicosociales a ellos asociados, en la gestión de la seguridad y salud en el trabajo; c) identificar los peligros y evaluar los riesgos de violencia y acoso, con participación de los trabajadores y sus representantes, y adoptar medidas para prevenir y controlar dichos peligros y riesgos y d) proporcionar a los trabajadores y otras personas concernidas, en forma accesible, según proceda, información y capacitación acerca de los peligros y riesgos de violencia y acoso identificados, y sobre las medidas de prevención y protección correspondientes, inclusive los derechos y responsabilidades de los trabajadores y otras personas concernidas en relación con la aplicación de la política mencionada en el apartado a) del presente artículo. Llama la atención también la referencia expresa, entre las medidas de control de la aplicación y vías de recurso y reparación, a la garantía del derecho de interrupción en caso de riesgo grave e inminente (art. 10 g) Convenio).

Este listado, en modo alguno exhaustivo, pues se adoptarán cuantas medidas resulten necesarias de la evaluación, está comprendido implícitamente en la LPRL, interpretada conforme al Convenio. Por ello, un sector doctrinal sostiene que no existen novedades relevantes respecto del sistema ya vigente de gestión eficaz de los riesgos laborales en nuestro país, aunque su reconocimiento legislativo es vital para generalizar este tipo de procedimiento (Molina Navarrete, 2019, p. 11 y 18). Sin duda, la inclusión expresa, sistematizando y unificando las dispersas normas existentes, puede contribuir a la aplicación efectiva y a la prevención eficaz, más allá de posibles avances judiciales, claramente positivos, con frecuencia reactivos a daños ya producidos.

3.2. Elaboración y aplicación de una política del lugar de trabajo relativa a la violencia y el acoso

3.2.1. Concepto y contenido

No es la primera vez que se recurre a esta fórmula obligando al empresario a elaborar una *política* sobre una cuestión determinada; como se sabe, este es el término también usado por el art. 88 *Ley Orgánica 3/2018, de 5 de diciembre, de protección de datos personales y garantía de los derechos digitales* (en adelante, LOPD), cuya interpretación no está exenta de dificultad. La expresión empleada es de enorme amplitud, sin que se acompañe de algún género de requisito o límite ni una descripción de sus instrumentos o herramientas básicas. Si acudimos al diccionario de la RAE entre las distintas definiciones esbozadas las que pueden orientar en algo la interpretación serían las últimas, esto es, "arte o traza con que se conduce un asunto" o "se emplean los medios para alcanzar un fin determinado" o bien "orientaciones o directrices" que rigen una actuación. En definitiva, que admitiría fórmulas bien diversas y lo determinante sería el objetivo que pretende lograrse, en este caso, la protección integral y en especial en su faceta preventiva frente a la violencia y el acoso. Un mínimo pasador de seguridad viene constituido por la obligación de consultar a los representantes de los trabajadores; consulta que, a tenor de las disposiciones contenidas en el texto de la LPRL será preceptiva pero no vinculante.

Algo más explícita se muestra la Recomendación 206 que, junto a su relación con los convenios anteriores, en especial el 155 y el 187, especifica un poco su contenido que, ejemplificativamente, debería: a) afirmar que la violencia y el acoso no serán tolerados; b) establecer programas de prevención de la violencia y el acoso, si procede, con objetivos medibles; c) definir los derechos y las obligaciones de los trabajadores y del empleador; d) contener información sobre los procedimientos de presentación de quejas e investigación; e) prever que todas las comunicaciones internas y externas relacionadas con incidentes de violencia y acoso se tengan debidamente en consideración y se adopten las medidas que correspondan; f) definir el derecho de las personas a la privacidad y la confidencialidad, como se establece en el art. 10 c) del Convenio, manteniendo un equilibrio con el derecho de los trabajadores a ser informados de todos los riesgos, y g) incluir medidas de protección de denunciantes, víctimas, testigos e informantes frente a la victimización y las represalias.

Estas menciones no difieren en lo esencial de las incluidas en los protocolos frente al acoso, aunque conviene poner el foco de atención a las medidas estrictamente preventivas, en ocasiones algo descuidadas. Habida cuenta el tamaño de un buen porcentaje de las empresas de nuestro país, debe insistirse en no primar la elaboración de la política o su plasmación documental sobre su efectiva aplicación y en la necesidad de prestar apoyo (técnico y financiero) a estas empresas para su puesta en marcha. Aspecto en el que incide también la Recomendación del Parlamento Europeo sobre la salud mental en un mundo laboral digital (punto 27).

3.2.2. Dispersión conceptual y tratamiento conjunto o diferenciado

Como se sabe, los tipos de acoso tipificados legalmente y el concepto jurídico de acoso moral construido por los tribunales pueden resultar restrictivos en exceso, vetando solamente determinadas formas de acoso y haciendo en ocasiones sumamente difícil la prueba del comportamiento prohibido. A nivel comunitario, ante el despropósito conceptual del acoso, se ha avanzado la necesidad de una acción normativa europea dirigida a definir un único concepto de acoso como categoría jurídica autónoma y genérica a partir de la cual identificar y reformular las distintas modalidades, también en los distintos ámbitos (Robles Carrillo, 2014, p. 844).

En el plano de la PRL y de las responsabilidades por incumplimiento de las obligaciones legales, los tribunales tienden a superar las definiciones estrictas y encorsetadas en unos típicos patrones para primar la efectividad del daño producido y la ausencia de medidas preventivas. Corriente que se ve reforzada tras la ratificación del Convenio 190 que obliga a afrontar, dentro de la política de empresa, la evaluación de los riesgos laborales de violencia y acoso de forma omnicomprensiva y los riesgos a ellos asociados, con la consiguiente adopción de las medidas preventivas suficientes y adecuadas. Se debe hacer especial hincapié en el tema de la violencia, sin mención expresa en el orden interno, a salvo la "sexual" en los términos vistos, que entraña notorias dificultades conceptuales y que, dada su notable expansión en determinados sectores, exigiría un abordaje específico. A pesar de que los tribunales han reconocido el deber de adoptar medidas en supuestos como el atraco, en la práctica es una materia que las empresas tienden a ignorar o a minusvalorar, al considerarla "inevitable" y extralaboral con un alto grado de incumplimiento y una inadecuación de las medidas.

Pues bien, el Convenio llama a los Estados a la delimitación conceptual partiendo de un concepto conjunto, seguramente el único posible a este nivel por las dificultades de deslinde y para alcanzar un consenso (Velázquez Fernández, 2019, p. 214) que, sin embargo, no impide la opción por uno separado o diferenciado (art. 1.2 Convenio). Con independencia de la definición que escoja nuestro legislador, que podría considerar conveniente una delimitación más precisa de algunos tipos específicos de acoso, en especial en el ámbito de la represión-reparación, con solventes defensores (por ejemplo Molina Navarrete, 2019, p. 3), a efectos netamente preventivos, para evitar la enorme confusión, mayores cargas financiero-burocráticas y procedimientos farragosos e infructuosos, me inclino por un tratamiento unificado (Moreno Solana, 2021, p. 196; en sentido contrario, Sierra Hernáiz, 2017, p. 15).

También podría cuestionarse si la política de empresa ha de integrarse o no en la de prevención de riesgos laborales, algo que vendría aconsejado por la ubicación sistemática en el precepto dedicado a la prevención y por el recurso a medidas típicas integrantes de la garantía de la seguridad y salud, con intervención de los servicios de prevención o trabajadores designados y los delegados de prevención, a fin de lograr la mejora de las condiciones de vida y trabajo y el bienestar laboral. De esta forma, el Convenio encuadra las medidas dentro de la gestión preventiva y la organización de la empresa, librándola, al menos en parte, del excesivo tufo subjetivo, de conflicto interpersonal con que se ha tratado hasta ahora. Línea en la que ya se movía la Agencia Europea para la Seguridad y Salud en el Trabajo al sostener que si los riesgos psicosociales y el estrés se plantean como un problema de las organizaciones y no como un defecto personal, se pueden gestionar como cualquier otro riesgo para la salud y seguridad en el trabajo. Aspectos que laten al exigir una *política de empresa*, pues no se trata de un asunto puntual que exige la *reacción* de la empresa ni de un *contratiempo* del que debe alertarse por medio de denuncias u otros procedimientos, sino de un problema ligado a las condiciones de trabajo, su organización y las relaciones personales que debe afrontarse globalmente, de forma proactiva, con anticipación y por medio de mecanismos y herramientas, si bien adaptados, propios de los sistemas de gestión preventiva de las empresas.

En definitiva, exigir una política no supone romper con todo lo anterior y no obsta que pueda plasmarse en los protocolos ya implantados en muchas empresas, en ocasiones fruto de la negociación colectiva, pero sí incide en los aspectos netamente preventivos, que pese a su relevancia son obviados en algunos instrumentos más centrados en el procedimiento aplicable para actuar o reaccionar ante una situación de riesgo ya materializada con escasas medidas preventivas específicas (por todos, Moreno Solana, 2021, p. 200, Álvarez del Cuvillo, 2021, pp. 167 ss., o Sierra Hernáiz, 2017, p. 20)[26]. A ello debe unirse la crítica de la doctrina a la confusión y poca utilidad de algunos protocolos, que imponen la necesidad de mejorar su calidad aplicativa (Molina Navarrete, 2021, p. 112). El Convenio, sin denostar este tipo de respuestas, a las que presta la debida atención en otros lugares de su articulado, aboga por la gestión eficaz en el terreno de la prevención de riesgos, con obligaciones empresariales que se *anticipan* y se valen de instrumentos capaces de evitar o disminuir las situaciones de violencia y acoso, minimizando sus efectos sobre la salud de los trabajadores.

Como señalé en su momento, es ahora cuando se ha incluido la referencia específica a los protocolos en el art. 12 de la LO 10/2022, además centrada en el acoso sexual y por razón de sexo, por tanto, no tenemos datos sobre su contenido específico. Pese a alguna mención a nivel reglamentario el grado de imprecisión es máximo y

---

26 Un buen ejemplo de imbricación entre ambos aspectos preventivo y reparador a los que ha de responder el protocolo, con constantes referencias a la LPRL, en el anexo al *Convenio colectivo de la Agencia Pública Andaluza de Educación* (BOJA 16 de marzo de 2020).

se descuida la faceta preventiva. No obstante, el RD 901/2020 en el Apartado 7 del Anexo) considera que los procedimientos de actuación frente al acoso sexual y al acoso por razón de sexo (que formarán parte de la negociación del plan de igualdad) contemplarán en todo caso: una declaración de principios, definición de acoso sexual y por razón de sexo e identificación de conductas que pudieran ser constitutivas de acoso; procedimiento de actuación para dar cauce a las quejas o denuncias que pudieran producirse, medidas cautelares y/o correctivas e identificación de medidas reactivas frente al acoso y, en su caso, el régimen disciplinario. Sí que es verdad que entre sus principios inspiradores se incluye expresamente la prevención y sensibilización.

La flexibilidad de que hace gala el Convenio 190 OIT, seguramente admite que la política —de obligatoria elaboración en todas las empresas frente a todo tipo de violencia y acoso— sea independiente de la de PRL, sin perjuicio de que deban incluirse en la evaluación de riesgos de la empresa y la consiguiente planificación preventiva, cumpliendo como mínimo las obligaciones pertinentes en ámbitos como la información, la formación o la vigilancia de la salud. En definitiva, al margen de cómo se regule, su concreto contenido y su ubicación sistemática, se extrae con meridiana claridad de los postulados de la OIT la insuficiencia de un enfoque parcial o una perspectiva preeminentemente "reactiva" centrada en los procedimientos para responder a situaciones ya manifestadas, poniendo en primer plano un abordaje integral y preventivo, al que obviamente acompañarán otras medidas de tutela de todo orden, despojadas de procedimientos protocolizados, estandarizados y gobernados por el formalismo, a fin de cumplir el objetivo de garantizar a los trabajadores el disfrute efectivo de sus derechos (Velázquez Fernández, 2019, p. 137).

3.3. La evaluación de riesgos

Como he señalado previamente, el art. 9 b) Convenio 190 OIT expresamente considera que la legislación interna debe exigir a los empleadores "tener en cuenta la violencia y el acoso, así como los riesgos psicosociales asociados, en la gestión de la seguridad y salud en el trabajo" para añadir el deber de "identificar los peligros y evaluar los riesgos de violencia y acoso, con participación de los trabajadores y sus representantes" (art. 9 c) Convenio 190 OIT). Resulta significativo el enlace con los riesgos psicosociales, aunque pueda plantear alguna duda sobre el alcance de la obligación de evaluación. Hablar de riesgos psicosociales es entrar en un ámbito dominado por cierta nebulosa conceptual, lo que unido al adjetivo *asociados* que los acompaña dificulta aún más la delimitación. Intentaré arrojar algo de luz en esta cuestión que supone un auténtico desafío.

En la práctica, como se sabe, pese al mutismo de la LPRL, pocas dudas plantea la obligación de evaluar este tipo de riesgos y de incluirlos en la plantificación preventiva, como expresamente se refleja en el art. 5.3 de la Orden ESS/1451/2013 por la que se establecen disposiciones para la prevención de lesiones causadas por instrumentos cortantes y punzantes en el sector sanitario y hospitalario[27] que habla de "factores psicosociales laborales" y en el art. 16 de la LTD que menciona "los factores psicosociales, ergonómicos y organizativos". La referencia explícita en el Convenio a los *riesgos* psicosociales, debiera reforzar la implantación práctica de este tipo de evaluaciones, aún con claras deficiencias motivadas, entre otras razones, por la propia complejidad en su definición (entremezclándose los factores de riesgo psicosocial y los riesgos psicosociales), la heterogeneidad, las propias dificultades inherentes a la evaluación y la falta de instrumentos normativos y técnicos uniformes para realizar con éxito la identificación y, sobre todo, la valoración de tales riesgos, a lo que suelen añadirse la escasa demanda de profesionales especializados en el área psicosocial o la subestimación de este tipo de riesgos (vid. Louzán Mariño, 2022, pp. 227 y 237). Situación que aconsejaría *modernizar* nuestra normativa preventiva para dar cabida de forma expresa a la tutela frente a este tipo de riesgos, idea a la que ya apuntaba la doctrina hace unos años (Pérez del Río, 2009, p. 174) y sigue defendiéndose actualmente por un notable número de autores (por todos, Velázquez Fernández, 2019, p. 134, Vicente Pachés, 2020, p. 73 o Pons Carmena, 2020, p. 57). Probablemente sería conveniente la inclusión de algunos criterios propios o metodológicos para realizar

---

27 BOE 31 de julio.

la evaluación de manera eficaz y eficiente, ocupando un lugar central en la LPRL sin ser relegada a textos reglamentarios.

Entrando brevemente en el terreno conceptual, el grado de confusión terminológica es incontestable, hasta el punto de no resultar inusual encontrarse con una utilización indistinta de los términos factor psicosocial, factor psicosocial de riesgo o riesgo psicosocial, vista también a nivel normativo, pese a ser nociones diferenciadas (Louzán Mariño, 2022, p. 237). En puridad, habría que distinguir entre factores psicosociales y factores psicosociales de riesgo, poniendo el acento en que los primeros, que aluden a la estructura de la organización y las condiciones psicosociales del trabajo, pueden tener efectos positivos o negativos y son descriptivos (cultura corporativa, clima laboral, estilo de liderazgo o diseño del puesto de trabajo) mientras los segundos son predictivos y se refieren a las condiciones organizacionales cuando tienen una probabilidad de tener efectos lesivos sobre la salud de los trabajadores, actuando como factores desencadenantes de la tensión y el estrés laboral (Moreno Jiménez, 2011, p. 7; Gil Monte, 2009, p. 169 o Igartua Miró, 2017, pp. 44 ss.). Aun cuando el matiz es relevante, si tenemos en cuenta la amplitud de la definición legal del riesgo laboral, la generalidad de los factores y la falta de certeza sobre su grado de afectación a la salud, en hipótesis de partida todos los factores psicosociales serían factores de riesgo, en la medida en que exista una probabilidad de causar daños a la salud o a la integridad física, psíquica o moral de los trabajadores. Aquí es donde entran en juego las consideraciones realizadas *supra* que apuntan al alcance del riesgo y las posibilidades de control empresariales, jugando un papel crucial la evaluación.

En esta cuestión pone el foco de atención también el CTITSS 104/2021 cuando señala, siguiendo la guía del SLIC, que "el objetivo de la evaluación de riesgos psicosociales es determinar qué factores psicosociales de los presentes en un entorno organizativo se consideran de riesgo (identificación) y si tienen alta o baja probabilidad de desencadenar un riesgo psicosocial (evaluación)" (Criterio p. 9). Por tanto, y más allá de disquisiciones puramente teóricas, la tendencia es admitir la amplitud de los conceptos y su dinamismo manejando listados no exhaustivos a la hora de contemplarlos en las políticas preventivas, pues los factores son innumerables y pueden provenir de distintos o múltiples componentes del trabajo (Moreno Jiménez, 2011, p. 7). Por tanto, para la ITSS los *factores de riesgo psicosocial* serían "las condiciones de trabajo (factores psicosociales) que, por una configuración deficiente o un diseño inadecuado, presentan la probabilidad de afectar negativamente a la salud y el bienestar del trabajador", acompañado de un elenco que sería la clasificación propuesta por PRIMA-EF[28], pues la comunidad científica y técnica no utiliza una única clasificación, aun cuando subyace en todas ellas un marco teórico y conceptual común. En la parcela que nos ocupa, como factor psicosocial incluye las relaciones personales en el trabajo y como *factores psicosociales de riesgo* el aislamiento, relaciones insuficientes, malas relaciones con compañeros de trabajo, conflictos, conductas inapropiadas (hostigamiento, acoso), relaciones adversas con usuarios o clientes, atraco[29]. En la práctica, este sistema de lista abierta arroja unos resultados más positivos que cualquier intento de definiciones cerradas y encorsetadas, pero espera al legislador la compleja decisión del modo de enfrentar esta cuestión, en su caso. Además, tales factores no actúan de forma independiente unos de otros y en la práctica se ha podido comprobar que se produce con frecuencia una concatenación e interacción entre distintos factores, teniendo un origen multicausal los riesgos psicosociales, siendo aconsejable un tratamiento unificado en un mismo proceso de gestión preventiva y no uno separado para cada factor de riesgo (CT 104/2021).

Para concluir, considera *riesgos psicosociales* aquellos hechos, acontecimientos, situaciones o estados que son consecuencia de la organización del trabajo y tienen una alta probabilidad de afectar negativamente a la salud del trabajador. Siendo los más reconocidos, entre otros, el estrés, la violencia y el acoso en el trabajo.

---

28 *Psychosocial Risk Management-Excellence Framework*, que es del que parten las actuaciones para la gestión del riesgo psicosocial a nivel de la Unión europea.

29 Para el INSST (NTP 874) determinados aspectos de la organización del trabajo pueden favorecer la aparición de situaciones de acoso en el trabajo, entre ellos, los conflictos o ambigüedades de rol, la falta de autonomía, las malas relaciones personales, ausencia o ineficacia de los canales de información, comunicación y participación.

Realizadas estas consideraciones, el Convenio parece apuntar a la inclusión en la gestión y, por ende, en la evaluación y planificación, de los factores de riesgo psicosocial, que están en la base o propician las conductas de violencia y acoso prohibidas y sería preciso disponer de instrumentos, de fácil utilización también en las pymes, que los identificaran de forma diáfana, con herramientas para medir su magnitud y que permitan la adopción de medidas estrictamente preventivas. Apuntala esta idea la Recomendación 206 que resulta bastante más esclarecedora, cuando en su punto 8 señala expresamente que la evaluación de riesgos en el lugar de trabajo debería tener en cuenta los factores que aumentan las probabilidades de violencia y acoso, incluyendo los peligros y riesgos psicosociales. Más específicamente, debería prestarse especial atención a los peligros y riesgos que: a) se deriven de las condiciones y modalidades de trabajo, la organización del trabajo y la gestión de los recursos humanos, según proceda; b) impliquen a terceros como clientes, proveedores de servicios, usuarios, pacientes y el público y c) se deriven de la discriminación, el abuso de las relaciones de poder y las normas de género, culturales y sociales que fomentan la violencia y el acoso. Añadiendo en el punto 9 que "los Miembros deberían adoptar medidas apropiadas para los sectores o las ocupaciones y las modalidades de trabajo más expuestos a la violencia y el acoso, tales como el trabajo nocturno, el trabajo que se realiza de forma aislada, el trabajo en el sector de la salud, la hostelería, los servicios sociales, los servicios de emergencia, el trabajo doméstico, el transporte, la educación y el ocio".

Baste con llamar nuevamente la atención sobre las carencias que existen en la regulación sobre la evaluación de riesgos, el amplio margen de libertad dejado a las empresas en orden a la elección de las metodologías, con escasez de límites que no avanzan mucho más allá de la confianza sobre el resultado o la participación de los trabajadores, ambas aplicadas de forma bastante deficiente. Asimismo, es preciso volver a recordar que la evaluación de riesgos no es un fin en sí misma sino que, por una parte, es elemento esencial del plan de prevención, herramienta diseñada en la LPRL para hacer realidad el principio de integración de la prevención en la empresa y, por otra, es el instrumento para elaborar la planificación de la actividad preventiva o, lo que es lo mismo, adoptar decisiones sobre la necesidad de adoptar medidas preventivas y, en su caso, las más adecuadas. La realidad, sin embargo, sigue mostrándose tozuda y se ha criticado que hasta la fecha "ha habido un exagerado énfasis sobre el proceso y los métodos de evaluación de estos riesgos descuidando un aspecto más sustancial como es el de su integración en la gestión ordinaria de la empresa" (Velázquez Fernández, 2021, p. 302).

3.4. Formación, sensibilización e información

Este tipo de medidas resultan cruciales para el logro de los fines pretendidos, por ello el Convenio, en línea con la tradicional distinción entre las políticas públicas o estatales de prevención y las obligaciones empresariales, aborda esta temática desde ambas perspectivas. Sin restar un ápice de su importancia a su inclusión en las políticas nacionales, sean de seguridad y salud, de igualdad o de migraciones reguladas en el art. 11, me ceñiré a las previsiones para el ámbito de la empresa y dirigidas a empleadores y trabajadores, así como a otros posibles sujetos implicados, según lo señalado en el art. 9 del Convenio. No obstante, baste recordar cómo también el art. 5.2 LPRL alude a esta promoción de la formación preventiva y su inclusión en los distintos niveles de enseñanza, y poco se ha avanzado en este terreno en los 28 años transcurridos desde su aprobación. Queda mucho por hacer en este campo y, en concreto, señala el Convenio que los Estados han de garantizar, en consulta con los agentes sociales, que "se proporcionen orientaciones, recursos, formación u otras herramientas sobre la violencia y el acoso en el mundo del trabajo... a los empleadores y a los trabajadores y a sus organizaciones respectivas...", incluyendo campañas de sensibilización. Más explícita aún se muestra la Recomendación en su punto 23 alude a la formación de diferentes profesionales implicados en la lucha contra el acoso, las campañas de sensibilización y los "planes de estudios y materiales didácticos" para todos los niveles de educación y la formación profesional.

Las referencias a la información y capacitación de los trabajadores en relación con los peligros y riesgos de acoso identificados y sobre las medidas de prevención y protección correspondientes, inclusive sobre los derechos y responsabilidades de los trabajadores y otras personas concernidas en relación con la aplicación de la política, quedan de suyo incluidas en la amplia configuración legal del derecho a la información y la formación suficiente y adecuada regulados en los arts. 18 y 19 LPRL (sobre esta última *in extenso*, Fernández Martínez, 2022, pp. 1 ss.), cruciales para la eficacia preventiva. La única característica que se impone es la de que resulte *accesible*, que podría equipararse a nuestro *suficiente y adecuada*.

Algo más de dificultad entraña el presumible deber de informar y capacitar a otras personas concernidas. Sin duda, el ámbito de aplicación de la LPRL hace imposible considerar el cumplimiento directamente incluido en sus dictados, aunque derivaría del propio Convenio, pese a la complejidad para delimitar sus contenidos y sus concretos destinatarios. Por otro lado, cabría interpretar que la expresión *según proceda*, serviría para delimitar las obligaciones, de forma que la capacitación viniera limitada solo a los trabajadores y la información a otras posibles personas concernidas. Dudas arroja también la interpretación de la fórmula personas concernidas. Me parece que no apunta tanto a clientes o terceros, sino más bien a sujetos que prestan servicios, por ejemplo, de forma autónoma, pero con cierta vinculación con la empresa, lo que sería razonable en el caso del TRADE o el personal en formación (sin vinculación laboral) o que desarrolla trabajos voluntarios. Ahora bien, habrá que entenderlo referido a relaciones que se extienden en el tiempo y siempre que la evaluación arroje una situación específica y concreta de riesgo, no hipotética, que demande este tipo de medidas para sujetos distintos a los trabajadores. No obstante, la complejidad en el cumplimiento y la inseguridad jurídica que provoca exigirían una aclaración por parte del legislador sobre el alcance de la formación en este concreto ámbito. En el caso específico de la formación, las actuaciones normativas tendrían no solo que concretar el alcance de las obligaciones sino reforzar su efectividad, entrando en aspectos clave como sus contenidos, duración y modalidades (presencial u *on line*), al menos en sus aspectos mínimos, dado el escaso papel aún jugado por los convenios en este ámbito. No estaría de más tampoco, como ha ocurrido recientemente en ordenamientos de nuestro entorno, colmar la laguna que sigue existiendo en relación con la obligación empresarial de seguir una formación específica en materia preventiva, esencial teniendo en cuenta su posición de garante (Alessi, 2022, p. 64).

La reciente LO 10/2022 de garantía de la libertad sexual prevé que "las empresas promoverán la sensibilización y ofrecerán formación para la protección integral contra las violencias sexuales a todo el personal a su servicio" (art. 12.2. 3.º). El establecimiento de esta obligación para este tipo de violencia, sin matización alguna, podría implicar una carga desproporcionada a empresas pequeñas, con un cumplimiento formal y seguramente poco eficaz, alentado por determinadas entidades formativas. El alcance de la obligación, en todo caso, dependerá de los resultados de la evaluación de riesgos.

La formación, en línea con lo previsto en otras disposiciones, señaladamente el art. 88 LOPD, cobra especial relevancia en las formas de violencia y acoso que se ejercen sirviéndose de las TICs. Las peculiaridades de estas conductas, con frecuencia realizadas fuera de los lugares de trabajo, más allá del tiempo en que se desarrolla, inclusive con el uso de dispositivos particulares, reducen las posibilidades de control, estándar que emplea el Convenio y que hemos reconducido a medidas factibles o viables, aspectos que realzan el valor de la formación como mecanismo para reforzar la prevención y evitación, si entendida como un mecanismo para incrementar el nivel de exigencia en el cumplimiento de las propias obligaciones que recaen sobre el trabajador según el art. 29 LPRL.

Asimismo, confusa cuanto menos resulta la referencia a los derechos y responsabilidades de los trabajadores y otras personas concernidas con la aplicación de la política. Y ello en tanto no se ha procedido ni a señalar que tenga que haber unas personas responsables de su aplicación ni una implicación especial de los trabajadores, aunque con frecuencia los protocolos incidan en esta obligación de nombrar un instructor para los procedimientos de denuncias y otras figuras análogas.

3.5. *Participación de los trabajadores*

Un aspecto esencial, que debía ser afrontado definitivamente en una supuesta modernización del marco normativo de referencia, sería el refuerzo del papel de los trabajadores en las políticas preventivas, poniendo el acento en una participación más activa y en consultas vinculantes en determinadas cuestiones, más allá de los trámites meramente formales de informe, que no implican a los trabajadores en la toma de decisiones. La necesidad de intervención de los trabajadores en los procesos decisorios es palmaria pues arroja efectos positivos en orden a la aceptación de las medidas impuestas por la empresa. En este sentido, debe realzarse el papel del Comité de Seguridad y Salud como órgano de debate y consulta permanente en la materia, foro donde debería actuarse con contundencia sobre los riesgos psicosociales, la violencia y el acoso. No obstante, para las empresas que no alcancen los 50 trabajadores, sería también conveniente apostar por el ejercicio de los derechos de participación por los delegados de prevención o directamente por los trabajadores en empresas sin representación o el recurso a fórmulas territoriales que cubran a las empresas que no alcanzan los umbrales legales.

El Convenio alude en reiteradas ocasiones a la consulta con los trabajadores y los representantes, en relación con la política del lugar de trabajo (art. 9 a) o a su participación para identificar los peligros y evaluar los riesgos (art. 9 b). Es verdad que la doctrina al comparar el texto del Convenio y el art. 48 LOI tilda de más garantista esta última norma, en tanto que fija un deber de negociar colectivamente (al menos para determinados tipos de acoso), frente a la mera consulta del Convenio (Molina Navarrete, 2019, p. 18). Pese a este papel, el problema es que un número elevado de protocolos, aun provenientes de la negociación colectiva, no contemplan medidas preventivas de primer orden, siguiendo aún más centrados en los procedimientos de actuación ante situaciones ya manifestadas.

Seguramente el texto no podía avanzar más en este terreno, quedando a los ordenamientos nacionales la definición del papel que deben desplegar los representantes y aquí nuestra legislación tiene aún bastantes flecos pendientes. Faltan también mayores impulsos a la negociación colectiva, con escasas invocaciones al convenio por parte de la LPRL, ámbito que sigue siendo apreciado como exclusivo de la acción empresarial con cierta visión de la intervención de los trabajadores casi como una *intromisión* indebida. La negociación colectiva tiene un nuevo papel que asumir, resultando indispensable un mayor protagonismo a la hora de afrontar los nuevos desafíos en el campo preventivo, pues permite un mayor y mejor ajuste a las necesidades cambiantes, en especial las derivadas de la innovación tecnológica (los actos de violencia y acoso que se sirven del uso de las TICs).

También el AENC 2023 contiene una llamada a la negociación en este terreno, incluida en el capitulo dedicado a la seguridad y salud, recomendando a los convenios la elaboración y el seguimiento de protocolos de gestión de los conflictos psicosociales asociados a la violencia y/o acoso en el trabajo, incluyendo el ciberacoso, mobbing y la violencia a través de los medios digitales.

Es verdad que uno de los ámbitos donde la LPRL llama expresamente a la participación de los trabajadores es en relación con la metodología empleada para la evaluación de riesgos y, en este sentido, la obligación prevista en el Convenio podría entenderse cubierta. No obstante, se echa en falta un mayor peso específico en la toma de decisiones que sigue siendo exclusiva y propia del ámbito de los típicos poderes organizativos y decisorios de los empleadores. En el plano del fomento de la negociación también el art. 12 del Convenio estima que sus disposiciones "deberán aplicarse por medio de la legislación nacional, así como a través de convenios colectivos o de otras medidas acordes con la práctica nacional, incluidas aquellas que amplían y adoptan medidas de seguridad y salud en el trabajo existentes para que abarquen la violencia y el acoso y aquellas que elaboran medidas específicas cuando sea necesario".

3.6. Interrupción por riesgo grave e inminente

El art. 10 g) Convenio OIT[30] expresamente recoge el derecho del trabajador a interrumpir su actividad en caso de riesgo grave e inminente. Podría afirmarse que no estamos ante novedad alguna en tanto dicha facultad, asentada la afirmación de la *natural* e *implí-*

---

30 Los Estados deberán "garantizar que todo trabajador tenga el derecho de alejarse de una situación de trabajo sin sufrir represalias u otras consecuencias indebidas si tiene motivos razonables para considerar que esta presenta un riesgo grave e inminente para su vida, su salud o su seguridad a consecuencia de actos de violencia y acoso, así como el deber de informar de esta situación a la dirección". Velando también por que la ITSS y otras autoridades pertinentes estén facultadas para dictar órdenes de este tipo (art. 10 h).

cita inclusión de los riesgos psicosociales en la LPRL, derivaría del art. 21.2 LPRL. Siendo ello cierto, no lo es menos que, a mi juicio, seguramente aquí es donde más debe apreciarse la consideración del Convenio sobre el carácter de derecho fundamental del que se reconoce a toda persona "a un mundo del trabajo libre de violencia y acoso" (art. 4 Convenio OIT), en clara conexión con el mismo valor asignado recientemente al propio derecho a la seguridad y salud en el trabajo[31]. Si bien para la eficacia de los derechos, más que en sí su reconocimiento cobran particular relevancia las garantías otorgadas para su ejercicio y protección, debe valorarse positivamente la "elevación" de estos derechos, otorgando un plus de tutela para quien decida alejarse del lugar de trabajo, ejerciendo su derecho fundamental. Relación crucial en el derecho interno donde aún a veces resulta difusa la tutela por la necesidad de recurrir al genérico art. 15 CE, conectado teleológicamente al art. 40.2 CE y al 21 LPRL, con un lazo de unión ahora mucho más patente e indudable. A ello se une la tozudez de la práctica y pese a la teórica vía de la interrupción por riesgo grave e inminente como medida preventiva, en realidad, en su caso, lo más que ocurrirá será que la víctima se aleje "voluntariamente" del trabajo por la vía del art. 50 ET, quizás la solución más práctica y segura, se vea injustamente apartada (vía despido disciplinario[32] u otras facultades empresariales) o, a lo sumo, perciba una reparación, siempre insuficiente, por los daños causados[33]. Debe ser, por tanto,

---

31 Así adoptado por la Conferencia de la OIT en su 110° reunión celebrada el 10 de junio de 2022 por la que se incluyen las condiciones de trabajo seguras y saludables en la Declaración de la OIT de los principios y derechos fundamentales en el trabajo de 1998.

32 Sobre la nulidad del despido por enfermedad de la trabajadora consecuencia de una situación de acoso moral puede verse la STSJ Cataluña de 28 de febrero de 2019, Rec. 6299/2018, con referencias al incumplimiento por parte de la empresa de sus obligaciones preventivas. Es interesante la STS (Social) de 20 de abril de 2022, Rec. 2391/2018 sobre la indemnización por daños morales consecuencia del acoso en Sentencia que declara la nulidad del despido.

33 Así lo atestiguan los datos, por ejemplo, los del Observatorio Vasco sobre Acoso y Discriminación, 2019, que sitúan la suma de procedimientos por despido y extinción relacionados con el acoso en un 42,3% del total. También Molina Navarrete, 2019, p. 159. La Recomendación 206 (punto 14) alude con cierto grado de detalle a posibles respuestas a esta situación in-

bienvenida la referencia expresa que apunta a la indispensable vía de autotutela respecto a una situación de inminente peligro. No obstante, ante situaciones ya materializadas y ante su posible carácter prolongado resulta más adecuado y certero el recurso a las medidas cautelares reguladas en el art. 180.4 LRJS.

Junto a lo anterior, aspecto emplazado para mejor ocasión, las obligaciones preventivas derivadas de la LPRL, reforzadas por el Convenio, implicarán, en su caso, la adopción de medidas de tutela como podrían ser la adaptación de las condiciones o el lugar de trabajo, incluyendo el recurso al teletrabajo que, no obstante, puede suponer una fuente de nuevos riesgos si las situaciones de acoso y violencia se perpetúan a través de las redes sociales, sistemas de mensajería instantánea u otros medios tecnológicos tan en boga actualmente.

4. REFERENCIAS BIBLIOGRÁFICAS

Alessi, Cristina (2022). La formazione in materia di sicurezza dopo il d.l. 21 ottobre 2021, n.146. *Diritto della Sicurezza Sul Lavoro,* n.º 2, pp. 62-73.

Altés Tárrega, Juan A. (2022). El Convenio 190 OIT y la tutela administrativa de la violencia y el acoso en el trabajo", *Revista Crítica de Relaciones de Trabajo-Laborum,* n.º 4, 2022, pp. 97-121.

Álvarez del Cuvillo, Antonio (2021). El ciberacoso en el trabajo como categoría jurídica. *Temas Laborales,* n.º 57, pp. 167-192.

European Agency for safety and Health at work (2013). *Risks and Trends in the Safety and Health of women at work,* Brussels.

Fabregat Monfort, Gema (2015). El recargo por accidente de trabajo en las enfermedades consecuencia del acoso. *Revista de Derecho de la Seguridad Social,* n.º 6, pp. 69-88.

Fernández Martínez, Silvia (2022). Reflexiones sobre la formación en materia preventiva: especial referencia a los nuevos riesgos laborales. *Trabajo y Derecho,* n.º 96, pp. 1-34 (versión digital Smarteca).

---

tentando salvaguardar los derechos del trabajador tales como el derecho a dimitir y percibir una indemnización; readmisión; indemnización apropiada; imposición de órdenes de aplicación inmediata para velar porque se ponga fin a determinados comportamientos, que deberían sistematizarse y concretarse de la mejor forma posible en el orden interno.

Ginés i Fabrellas, Anna (2018). Acoso sexual y por razón de sexo en la Ley Orgánica de Igualdad. Prevención y responsabilidad empresarial. En Romero Burillo, A. (Dir y Coord.) *Trabajo, género e igualdad. Un estudio jurídico-laboral tras diez años de la aprobación de la Ley Orgánica 3/2007, para la igualdad efectiva de mujeres y hombres.* Cizur Menor: Thomson-Reuters-Aranzadi, pp. 295-367.

Gorelli Hernández, Juan y Gómez Álvarez, Tomás (2003). El acoso moral. Perspectivas jurídico-laborales. *Revista General de Derecho del Trabajo y de la Seguridad Social,* n.º 2, pp. 1-46.

Grau Pineda, M.ª Carmen (2007). El acoso moral en el trabajo como riesgo profesional de nueva generación: el empresario como principal deudor de seguridad. *Actualidad Laboral,* Tomo I, pp. 423-440.

Igartua Miró, M.ª Teresa (2017). Los riesgos psicosociales: evaluación y prevención. El caso Caixabank, *Trabajo y Derecho,* n.º 27, pp. 1-21 (versión digital).

Lousada Arochena, José F. (2019). El convenio 190 de la Organización Internacional del Trabajo sobre la violencia y el acoso en el trabajo. *Revista de Derecho Social,* n.º 88, pp. 55-74.

Louzán Mariño, Rita (2022). Motivos que han propiciado que la evaluación de riesgos psicosociales sea la asignatura pendiente de la prevención de riesgos laborales. Estudio Delphi. *Methaodos. Revista de Ciencias Sociales,* 10 (2), pp. 226-242.

Molina Navarrete, Cristóbal (2019). Nuevo marco normativo de la OIT sobre acoso y violencia en el trabajo a través de las NTIC: impacto en el derecho español, El ciberacoso en el trabajo, *La Ley,* pp. 2-19 (versión digital, LA LEY 11283/2019).

– (2021). Impacto en España del Convenio 190 OIT para la tutela efectiva frente a la violencia en el trabajo: obligados cambios legales y culturales. En Correa Carrasco, M. y Quintero Lima, M.G. (Dirs.) *Violencia y acoso en el trabajo. Significado y alcance del Convenio nº 190 OIT en el marco del trabajo decente (ODS 3,5,8 de la Agenda 2030),* Madrid: Dykinson, pp. 91-116.

Moreno Jiménez, Bernardo, (2011). Factores y riesgos laborales psicosociales: conceptualización, historia y cambios actuales. *Medicina y Seguridad en el Trabajo,* n.º 57 (suplem. 1), pp. 4-19.

Moreno Solana, Amanda (2021). Acoso sexual, acoso por razón de género y acoso moral. Los refuerzos legislativos para un tema que no pasa de moda. En Nieto Rojas, P. (Dir.) *Acciones públicas y privadas para lograr la igualdad en la empresa.* Madrid: Dykinson, pp. 175-207.

Nieto Rojas, Patricia (2019). La promoción profesional de las mujeres en el mercado de trabajo español. Propuestas para reducir la segregación horizontal y vertical. *Femeris,* Vol. 4, nº 2, pp. 70-104.

Observatorio Vasco sobre Acoso y Discriminación (2019). *La protección judicial en materia de acoso en el trabajo en el horizonte del convenio 190 OIT. Estudio (cuantitativo y cualitativo) de los últimos 5 años,* pp. 1-122.

Olarte Encabo, Sofía (2021). Los principios fundamentales del Convenio 190 OIT: un análisis desde la perspectiva de género. La novedosa inclusión del trabajo de servicio doméstico". En Correa Carrasco, M. y Quintero Lima, M.G. (Dirs.) *Violencia y acoso en el trabajo. Significado y alcance del Convenio nº 190 OIT en el marco del trabajo decente (ODS 3,5,8 de la Agenda 2030).* Madrid: Dykinson, pp. 61-90.

Pérez del Río, Teresa (2009). *La discriminación por razón de género en el empleo y las condiciones de trabajo,* Guías de Negociación, Sevilla: CARL, pp. 1-225.

Pons Carmena, M. (2020). Aproximación a los nuevos conceptos sobre violencia y acoso en el trabajo a partir de la aprobación del Convenio OIT 190. *Labos,* Vol.1, nº 2, pp. 30-60.

Ramos Quintana, Margarita I. (2018). Actos de violencia y estrés en el trabajo: análisis jurídico y marco europeo de prevención y protección. *Revista de Trabajo y Seguridad Social. CEF,* n.º 421, pp. 19-44.

Robles Carrillo, Margarita (2014). El concepto de acoso en el derecho de la Unión Europea. *Revista de Derecho Comunitario Europeo,* n.º 49, pp. 805-846.

Rodríguez Escanciano, Susana (2022). *La salud mental de las personas trabajadoras: tratamiento jurídico preventivo en un contexto productivo postpandemia.* Valencia: Tirant lo Blanch, pp. 1-412.

Sáez Lara, Carmen (2022). Violencia sexual, mujer y trabajo. *Revista Galega de Dereito Social* -2ª ET-, n.º16, pp. 9-44.

Sierra Hernáiz, Elisa (2017). Los protocolos de acoso moral y política preventiva de la empresa: puntos críticos y propuestas de mejor., *Revista Española de Derecho del Trabajo,* n.º 203, pp. 92-123.

Suárez González, Fernando (2020). El Convenio 190 de la OIT y su repercusión en el ordenamiento español. *Revista del Ministerio de Trabajo y Economía Social,* n. º 147, pp. 385-403.

Velázquez Fernández, Manuel P. (2019). El Convenio 190 de la OIT sobre violencia y acoso en el trabajo: principales novedades y expectativas. *Revista de Trabajo y Seguridad Social. CEF,* n.º 437-438, pp. 119-142.

– (2021). Consecuencias de la aplicación del Convenio 190 sobre acoso y violencia en el trabajo en el ordenamiento español. En Correa Carrasco, M. y Quintero Lima, M.G. (Dirs.) *Violencia y acoso en el trabajo. Significado y alcance del Convenio nº 190 OIT en el marco del trabajo decente (ODS 3,5,8 de la Agenda 2030)*. Madrid: Dykinson, pp. 281-306.

Vicente Pachés, Fernando (2018). *Ciberacoso en el trabajo.* Barcelona: Atelier, pp. 1-247.

– (2019). El convenio 190 OIT y su trascendencia en la gestión preventiva de la violencia digital y ciberacoso en el trabajo. *Revista de Trabajo y Seguridad Social. CEF,* n.º 448, pp. 69-106.

Yagüe Blanco, Sergio (2020). Convenio núm. 190 de la OIT sobre violencia y acoso: delimitación de su ámbito de aplicación ante la posible ratificación por España. *Revista General de Derecho del Trabajo y de la Seguridad Social,* n.º 57, pp. 498-538.

Capítulo 13

Prevención de riesgos, violencia y acoso en el trabajo doméstico, a la luz de los Convenios 189 y 190 de la OIT

PILAR FERNÁNDEZ ARTIACH
ELENA GARCÍA TESTAL
Profesoras titulares de Derecho del Trabajo y de la Seguridad Social
Universitat de València
Pilar.Fernandez@uv.es; Elena.Garcia@uv.es;

1. A MODO DE INTRODUCCIÓN: PREVENCIÓN DE RIESGOS Y TRABAJO DOMÉSTICO

Acometer la cuestión de la prevención y de la protección de los riesgos laborales en el trabajo doméstico exige, a nuestro parecer, abordar dos elementos previos de estudio: el análisis de sus condiciones laborales y la adopción de una perspectiva de género. Sólo partiendo de un adecuado enfoque en estas dos premisas ya es posible identificar el conflicto jurídico creado por la ausencia de un sistema de prevención y de protección de los riesgos en que se realiza el trabajo doméstico en España.

Con respecto al primero de los elementos enunciados, el relativo a las condiciones de prestación del servicio doméstico, es necesario comenzar recordando que para la delimitación del trabajo doméstico se utilizan tres criterios: un criterio locativo (se trata de un trabajo realizado en el ámbito del hogar familiar, de acuerdo con el art. 1.2 del *RD 1620/2011, de 14 de noviembre, por el que se regula la relación laboral de carácter especial del servicio del hogar familiar*), un criterio subjetivo (es un trabajo realizado para una familia y contratado por una persona física como titular del hogar familiar, entendiendo el concepto de familia en sentido extenso) y un criterio objetivo, relativo a las tareas que se han de realizar, incluyéndose un catálogo de funciones vinculadas tanto al cuidado del hogar como al cuidado de las personas que habitan en él (art. 1.4 del RD 1620/2011). De acuerdo con ello amplia es también la variedad de riesgos laborales a los que puede verse expuesta la persona prestadora de servicios domésticos, aunque esta amplitud no sea visible tanto por la ausencia de un desarrollo legislativo en la materia como por la, hasta ahora, inexistencia de la obligación de efectuar la correspondiente evaluación de los riesgos (CCOO, 2019, p. 21).

De manera que hemos de partir de la idea de que la exposición a riesgos que pueden originar daños en la salud de las personas que realizan trabajo doméstico puede ser sustancialmente diferente si el trabajo que se realiza en el hogar consiste en actividades vinculadas exclusivamente al cuidado del hogar mismo o, por el contrario, se desempeñen labores vinculadas al cuidado de las personas que residen en el hogar, cuidado de los miembros de la familia, o labores de guardería, jardinería o conducción de vehículos. Además, junto a los riesgos derivados de las tareas desarrolladas en el puesto de trabajo, hay que añadir los procedentes del especial lugar de trabajo, que no es un centro de trabajo sometido a una evaluación de riesgos, y en los casos en los que el trabajo se realice para más de un empleador, habría que considerar los riesgos existentes en cada hogar de prestación de servicios (CCOO, 2019, p. 47), así como los correspondientes al traslado entre los distintos domicilios.

En realidad, lo que define el trabajo doméstico es tanto el lugar de prestación de servicios como el realizarse para un empleador que no desarrolla una actividad productiva empresarial, pero no las concretas tareas desempeñadas, no sólo porque las funciones incluidas son muy variadas y de diferente intensidad, sino además porque, si las mismas funciones se realizan para una empresa —directamente o como intermediaria de un hogar familiar—, corresponde un régimen jurídico diferente y la formalización de una relación laboral ordinaria, mientras que en el caso del trabajo doméstico en España nos encontramos con una relación laboral especial de empleados del hogar, en la que el Estatuto de los Trabajadores sólo es de aplicación supletoria al trabajo doméstico, siendo su fuente normativa principal el Real Decreto 1620/2011 (García Testal, 2022, p. 121).

En segundo lugar, a efectos de aproximarse al estudio de los riesgos laborales en este trabajo es preciso igualmente tomar en consideración el perfil de las personas que lo desarrollan, tanto por el elevado porcentaje de informalidad[1] e irregularidad —según se ha señalado cerca de un 37% de personas que trabajan en este sector en situación irregular, mayoritariamente en personas trabajadoras migrantes (CCOO, 2019, p. 26-30)—, como por la feminización de los trabajos en el hogar familiar —tanto en cuanto a los trabajos en el hogar remunerados como en los no remunerados— (Garcia Testal, 2022, p.120 y ss.) ya que se trata de un sector con un definidísimo nivel de ocupación femenina (cerca del 90 %, según la EPA del segundo trimestre de 2022)[2]. Y es al respecto de esta feminización de los trabajos domésticos cuando se plantea como imprescindible adoptar la perspectiva de género al abordar las cuestiones de prevención de riesgos laborales de estas trabajadoras. En este sentido, y como se ha señalado, en relación a la salud laboral se ha de recordar que el principio de transversalidad de género se incorporó por mandato de la *Ley Orgánica 3/2007, de 22 de marzo, para la igualdad efectiva de mujeres y hombres,* estableciendo que las administraciones públicas tienen que promover la efectividad del principio de igualdad entre mujeres y hombres y, en consecuencia, deben considerar "las variables relacionadas con el sexo tanto en los sistemas de recogida y tratamiento de datos como en el estudio e investigación generales en materia de prevención de riesgos laborales, con el objetivo de detectar y prevenir posibles situaciones en las que los daños derivados del trabajo

---

1 Se trata de un trabajo afectado por *un alto grado de informalidad*, con un 32% de los trabajadores del sector no afiliados a la Seguridad Social: la afiliación en septiembre de 2022 asciende al 67,38 %, habiendo oscilado "entre el 43,33% de 2008 y el 75,90% de 2017".
Y es que, en el empleo formal, esto es, dados de alta en el sistema especial del hogar familiar, a último día del mes de septiembre de 2022, son 367.718 personas trabajadoras, de las cuales mujeres son 351.148 y hombres 16.549.

2 De acuerdo con los datos extraídos de la EPA en el segundo trimestre de 2022, la tasa de feminización del sector era de un 89,35%; ya que integraban este sector un total de 545.700 personas trabajadoras, de las cuales solo 58.100 eran hombres. En cambio, en el mismo período, del total de ocupados en el mercado de trabajo español la tasa de feminización es del 45,9%.

puedan aparecer vinculados con el sexo de los trabajadores" (CCOO, 2019, p. 20).

En el impulso por la dignificación del servicio doméstico la perspectiva de género resulta incuestionable, en la medida que se trata de un colectivo feminizado, pero también por los roles de género del trabajo que realizan, y por la funcionalidad que adquiere en el hogar familiar (Benito, 2022, p. 281).

2. VIOLENCIA, ACOSO Y TRABAJO DOMÉSTICO

Como quedará evidenciado a lo largo de este trabajo, la OIT se ha postulado claramente por considerar el trabajo doméstico como un sector particularmente expuesto a la violencia y el acoso en el trabajo, siendo las trabajadoras domésticas personas especialmente vulnerables a sufrir situaciones de este tipo, principalmente, por las condiciones en que se realizan esos servicios (el lugar de prestación, las tareas realizadas y las condiciones de trabajo, especialmente en el caso de las trabajadoras internas); por la especial vulnerabilidad derivada de sus elevados índices de informalidad y precariedad; y por las características personales de quienes los prestan, dado que, como ya se ha mencionado, se trata de un sector profundamente feminizado e integrado en alta proporción por población migrante, circunstancias ambas que se han demostrado especialmente proclives para sufrir de violencia y acoso en el trabajo (OIT, 2022, pp. 30 y ss.).

Así, los estudios que se han realizado sobre los riesgos a que se encuentra expuesto el sector confirman, además de la presencia de riesgos físicos, químicos o biológicos, la concurrencia de riesgos psicosociales, entre los que se encuentran el estrés laboral y la violencia en el trabajo y, dentro de esta última, tanto la violencia física como la psicológica (CCOO, 2019, pp. 46 y ss.). Las trabajadoras domésticas, debido a su precariedad y vulnerabilidad, y en mayor medida en los supuestos de cuidado de personas mayores, están sometidas a mayor riesgo de situaciones de violencia y trato injusto y discriminatorio, agravadas por las situaciones de aislamiento (Casanova Martin, 2023, p. 75).

Hasta ahora, la mayoría de los estudios académicos venían centrándose en la existencia en el trabajo doméstico de violencia económica, caracterizada por la existencia de bajos salarios, la vulneración de derechos laborales básicos, el subempleo, la informalidad y temporalidad. Sin embargo, algunas investigaciones realizadas principalmente desde la sociología han puesto el foco en la violencia como el modo de interacción habitual en esta profesión (Paniagua de la Iglesia, 2022), tratándose de un espacio en el que las relaciones entre trabajadoras y empleadores se caracterizan por su fuerte asimetría, por el abuso de relaciones de poder desiguales (Tomei, 2019, p. 3).

En este contexto, las situaciones de violencia emocional o psicológica se muestran habituales[3], caracterizándose por la existencia de conductas en el espacio de trabajo que buscan mostrar la posición subordinada de la trabajadora, y que generan en ella una fuerte inseguridad. Como manifestaciones de esta violencia la doctrina (Acosta-Uribe y Pulido-Criollo, 2022; Paniagua de la Iglesia, 2022) destaca, entre otras, la reprobación constante del trabajo realizado; la intimidación y amenaza referida al mantenimiento del puesto de trabajo, sobre todo en el caso de trabajadoras migrantes; las ofensas personales; los usos verbales racistas y clasistas en el caso de trabajadoras migrantes; la fiscalización de la vida privada; el recelo constante; el control sobre el uso de los tiempos y del espacio en la casa; la violación de su intimidad; incluso no comer lo mismo que la familia, o no disponer de agua caliente para ducharse pueden considerarse violencias.

También se denuncian situaciones de violencia sexual, que incluyen "tocamientos no consentidos, comentarios con connotaciones

---

3 Esto no significa, necesariamente, que sean mayoritarias, pues puede que quienes las padecen las asuman como algo "natural" (Acosta-Uribe y Pulido-Criollo, 2022, p. 48). En un estudio realizado en el sector en Portugal las autoras insisten en que una proporción no menor de personas trabajadoras (el 51,8 % de la muestra) reporta no haber sufrido abuso en el lugar de trabajo, y sólo un pequeño grupo reporta abusos graves (Figuereido, Suleman y Botelho, 2018, pp. 65 y ss.). Y en otro estudio realizado en México, el porcentaje de trabajadoras que considera ser tratada con respeto se eleva al 75% de la muestra (Velázquez Narváez, Peña Cárdenas y Ruíz Ramos, 2020).

sexuales e, incluso, proposiciones para mantener relaciones sexuales a cambio de dinero" (Paniagua de la Iglesia, 2022), siendo el agresor en estas situaciones siempre el hombre, sea éste el empleador, el receptor de cuidados, u otro miembro del entorno familiar. Son pocas las veces en que dichas violencias se ponen en conocimiento de la autoridad, del empleador cuando no es este quien las comete, o del entorno familiar del agresor. Esta ausencia de denuncia no es exclusiva de este sector de actividad, sucediendo con carácter general en el ámbito del trabajo (OIT, 2022, pp. 38 y ss.).

En el caso de las trabajadoras migrantes —como se ha dicho, parte importante del colectivo de personas trabajadoras en el sector—, se han identificado como condiciones determinantes de un elevado riesgo de sufrir violencia y acoso en el trabajo, entre otras, la estancia en situación administrativa irregular, las barreras sociales, culturales y lingüísticas, el desconocimiento de la legislación aplicable, la falta de infraestructura y recursos, la inexistencia de sindicatos y de acceso a información, así como la falta de experiencia en la actividad (Papadaki, Ratsika, Pelekidou, Halbmayr, Kouta, Lainpelto, Solinc, Apostolidou, Christodoulou, Kohont et al., 2021, pp. 272-273;). Dentro del colectivo de trabajadoras migrantes, sin embargo, las mujeres con más alta cualificación resultan menos tolerantes con el mal trato, pero sólo en aquellos casos en que no tienen cargas económicas familiares, o cuando cuentan con redes sólidas de apoyo (Paniagua de la Iglesia, 2022). Esta última circunstancia es también factor importante para toda trabajadora migrante a la hora de rechazar situaciones de violencia.

Con carácter general, la escasa protección de los derechos de las trabajadoras domésticas refuerza su dependencia de sus empleadores, e incrementa su vulnerabilidad. En nuestro caso, la tradicional exclusión de este colectivo de trabajadoras del ámbito de la normativa española en materia de *prevención de riesgos*, así como la falta de reconocimiento hasta tiempo reciente del derecho a *prestación por desempleo* ha incrementado el riesgo de sufrir violencia y explotación, dada la falta de recursos económicos necesarios para aspirar a mejores empleos, de modo que ha habido una mayor "tolerancia", cuando no rendición, a relaciones laborales basadas en la explotación y el abuso.

Centrándonos en la normativa española aplicable al trabajo doméstico, el RD 1620/2011, de 14 de noviembre, por el que se regula la realización de las tareas del hogar y de cuidados de personas en el hogar a cambio de una retribución, surgió con el propósito de dignificar la situación de este colectivo tras la aprobación ese año por la OIT —que no ratificación por España— de su Convenio 189 y la Recomendación 201, adecuando con ella, reforzando y mejorando sus condiciones de trabajo y de protección social.

En aquel momento, el legislador optó por reducir o eliminar aquellas diferencias de regulación que no se justificaban por el objetivo último de alcanzar la equiparación entre esta relación laboral de carácter especial y la común, y mantener tan solo las diferencias en aquellos aspectos que, a su juicio, lo requerían. Sin embargo, con el transcurso del tiempo la pretendida equiparación se ha demostrado fallida.

Y así, la situación de las personas trabajadoras del hogar se ha caracterizado hasta hace bien poco por la existencia de evidentes deficiencias en el reconocimiento de ciertos derechos básicos (como el de la prevención de los riesgos laborales, la protección por desempleo, o la extinción causal del contrato) carentes de una justificación objetiva y razonable y constitutivas de discriminación indirecta por razón de sexo, como el TJUE ha puesto de manifiesto respecto de la protección por desempleo en su sentencia de 24 de febrero de 2022 (Caso CJ contra TGSS), de la que trae causa la más reciente modificación de la normativa aplicable al colectivo.

3. UN ANÁLISIS DE LAS REFORMAS ESPAÑOLAS ¿POR LLEGAR? A LA LUZ DE LOS CONVENIOS 189 Y 190 OIT

En este contexto, la aprobación del *Real Decreto-Ley 16/2022, de 6 de septiembre, para la mejora de las condiciones de trabajo y de Seguridad Social de las personas trabajadoras al servicio del hogar*, tiene como objetivo la equiparación definitiva de la normativa aplicable en el trabajo doméstico con la aplicable al resto de personas trabajadoras por cuenta ajena, suprimiendo todas las diferencias que no estuvieran amparadas en una causa que las justificara y que colocaban a las personas trabajadoras del hogar en una situación de desventaja particular y que, por ello, podían resultar discriminatorias, como la doctrina había puesto de manifiesto de forma reiterada tras las continuas denuncias de la situación realizadas con la movilización del colectivo de trabajadoras afectadas, organizadas colectivamente desde hace años, primero en ejercicio del derecho general de asociación pero más recientemente a través de la constitución de sus propias organizaciones sindicales (Fernández Artiach y García Testal, 2021, pp. 640 y ss.). La reforma elimina las regulaciones discriminatorias y no justificadas suficientemente por las particularidades de la relación laboral especial, aunque sin garantizar condiciones de trabajo plenamente decentes, ni aprovechar la oportunidad para extender otras protecciones, por ejemplo, frente a posibles impactos del trabajo doméstico gestionado a través de plataformas digitales (Quintero Lima, 2023, p. 120-123).

De este modo la norma, en respuesta a la decisión del TJUE, modifica, para suprimirlas, todas las diferencias de trato citadas como carentes de justificación objetiva y razonable, destacando a los efectos de este trabajo la tradicional falta de inclusión del colectivo de trabajadoras del hogar y los cuidados en el ámbito de la Ley de Prevención de Riesgos Laborales (LPRL). La principal causa que ha llevado a incorporarlas al ámbito de aplicación de la norma preventiva ha sido la ratificación por España del Convenio 189 OIT (ratificado en fecha 28 febrero 2023, el Convenio entrará en vigor para España el 29 febrero 2024), y del Convenio 190 sobre violencia y acoso en el trabajo (ratificado en fecha 5 mayo 2022, en vigor para España desde el 25 mayo 2023). Se ha identificado esta inclusión con un hito histórico a favor de la igualdad y no discriminación, aunque requiere de concreción y desarrollo para su efectividad (Casanova Martin, 2023, p. 83).

El art. 13.1 del Convenio 189 OIT reconoce el derecho de todo trabajador doméstico a un "entorno de trabajo seguro y saludable", lo que se corresponde con la obligación de todo Estado miembro de adoptar medidas eficaces para asegurar la seguridad y salud en el trabajo, "teniendo debidamente en cuenta las características específicas del trabajo doméstico". También puede advertirse en el apartado 2 del art. 13 la llamada al diálogo social tripartito, como herramienta para la aplicación progresiva de dichas medidas.

Si se analiza la Recomendación 201, que proporciona pautas de orientación a los Estados para la puesta en práctica del Convenio, las medidas que se proponen en su párrafo 19, sobre prevención de riesgos laborales, ya existen en nuestra LPRL como obligaciones de los empresarios allí donde esta norma se aplica. Tales medidas, como ya destacamos en un trabajo anterior (Fernández Artiach y García Testal, 2021, p. 643) son: *a)* eliminar o reducir al mínimo, en la medida de lo posible, los peligros y riesgos relacionados con el trabajo, para con ello proteger a los trabajadores domésticos, previniendo accidentes, enfermedades y muertes de los trabajadores, y promoviendo así la seguridad y salud en los hogares que constituyen un lugar de trabajo; *b)* establecer un sistema de inspección suficiente y apropiado, y sanciones adecuadas en caso de infracción de la normativa en materia de prevención; *c)* instaurar procedimientos para recopilar y publicar estadísticas sobre enfermedades y accidentes profesionales en el trabajo doméstico, y otras estadísticas consideradas útiles para la prevención de los riesgos y accidentes en el contexto de la seguridad y salud en el trabajo; *d)* prestar asesoramiento en materia de seguridad y salud en el trabajo, incluyendo los aspectos ergonómicos y los equipos de protección; *e)* desarrollar programas de formación y difundir orientaciones relativas a los requisitos en materia de seguridad y salud en el trabajo específicos del trabajo doméstico.

Por su parte, en el párrafo 4 de la Recomendación 201 se recomienda a los Estados que consideren "poner a disposición de los miembros de los hogares y de los trabajadores domésticos la información sobre salud pública de que dispongan con respecto a los principales problemas de salud y enfermedades que puedan suscitar la necesidad de someterse a reconocimientos médicos, y de información sobre los reconocimientos médicos voluntarios, tratamientos médicos y buenas prácticas de salud e higiene, en consonancia con iniciativas de salud pública destinadas a la comunidad en general"; así como "difundir información sobre las mejores prácticas en la materia, teniendo en cuenta el carácter especial del trabajo doméstico".

En materia de reconocimientos médicos, además, los Estados habrán de garantizar el respeto al principio de confidencialidad de los datos personales y la privacidad de los trabajadores domésticos, así como prevenir cualquier discriminación, y asegurar que no se les exija someterse a pruebas de detección de VIH o embarazo o revelar su estado (párrafo 3).

Destacable resulta también el art. 5 del Convenio 189 OIT, que se refirió a la obligación de los Estados Miembros de "adoptar medidas para asegurar que los trabajadores domésticos gocen de una protección efectiva contra toda forma de abuso, acoso y violencia", y el párrafo 7 de la Recomendación 201.

Por su parte, la ratificación por España del Convenio 190 de la OIT, sobre la violencia y el acoso (2019), debe servir de estímulo para incluir la violencia y el acoso como riesgos psicosociales en la normativa en materia de prevención de riesgos, pero, además, debe conllevar un cambio de políticas y de culturas de gestión de la violencia y el acoso en el trabajo. Este cambio debe extender sus efectos a la prestación de servicios de las trabajadoras del hogar y los cuidados, a las que resulta aplicable esta norma internacional como muestra una lectura de sus artículos 2 y 3, que repasamos a continuación. Así, del art. 2 del Convenio 190 queremos destacar una serie de previsiones. Por un lado, la remisión a la noción de trabajo subordinado utilizado en cada una de las legislaciones y prácticas nacionales (el trabajo doméstico se considera trabajo subordinado en nuestra norma interna). Por otro lado, la inclusión tanto de los trabajadores asalariados típicos, como otras formas atípicas de trabajo o de relación pre-laboral como son las personas que trabajan al amparo de cualquier situación contractual, personas en formación, pasantes y aprendices, trabajadores que han finalizado su prestación de servicios; quienes prestan servicios de tipo voluntario; quienes buscan empleo, acceden a entrevistas o portales de empleo; y quienes realizan funciones directivas, ejercen autoridad o responsabilidad propias de un empleado. Finalmente, la previsión relativa a los sectores públicos o privados, urbanos o rurales, pero especialmente la referencia a la economía formal e informal. Esta inclusión de la economía informal deviene fundamental para la protección del trabajo doméstico que, como se ha señalado, tiene una alta incidencia de empleo informal.

También el art. 3 del Convenio afecta a la consideración amplia del ámbito de protección al establecer que el Convenio se aplica a la violencia y el acoso en el mundo del trabajo que ocurren durante el trabajo, en relación con el trabajo o como resultado de este. E incluye la violencia y el acoso que se manifiesten en distintos lugares: a) en el lugar de trabajo, inclusive en los espacios públicos y privados cuando son un lugar de trabajo; b) en los lugares donde se paga al trabajador, donde éste toma su descanso o donde come, o en los que utiliza instalaciones sanitarias o de aseo y en los vestuarios; c) en los desplazamientos, viajes, eventos o actividades sociales o de formación relacionados con el trabajo; d) en el marco de las comunicaciones que estén relacionadas con el trabajo, incluidas las realizadas por medio de tecnologías de la información y de la comunicación; e) en el alojamiento proporcionado por el empleador —de especial interés para las trabajadoras domésticas internas—, y f) en los trayectos entre el domicilio y el lugar de trabajo.

Esta es, en nuestra opinión, una delimitación de un ámbito de aplicación que trata de no dejar sin protección a ningún sujeto que se encuentre en el ámbito de organización y dirección de un empleador, incluso aunque se trate de economía informal. En palabras de la propia OIT: “El término «economía informal» hace referencia al conjunto de actividades económicas desarrolladas por los trabajadores y las unidades económicas que, tanto en la legislación como en la práctica, están insuficientemente contempladas por sistemas formales o no lo están en absoluto. Las actividades de esas personas y empresas no están recogidas por la ley, lo que significa que se desempeñan al margen de ella; o no están contempladas en la práctica, es decir que, si bien estas personas operan dentro del ámbito de la ley, ésta no se aplica o no se cumple; o la propia ley no fomenta su cumplimiento por ser inadecuada, engorrosa o imponer costos excesivos” (OIT, 2002). De manera que, conforme se ha interpretado, “el legislador internacional estaba incluyendo las actividades por cuenta propia, el trabajo en plataformas, el trabajo *gig*, *freelancers*, el trabajador autónomo económicamente dependiente, trabajadores que hacen pequeñas tareas (como la elaboración de bases de datos, lectura de reseñas de restaurantes y hoteles, cumplimentación de cuestionarios creación de sitios web, traducciones), pequeña artesanía, ventas online de particulares...” (Ribeiro Costa, 2021, p. 39-40). Esta inclusión de la economía informal deviene fundamental para la protección del trabajo doméstico que, como se ha señalado, tiene una alta incidencia de empleo informal (Olarte Encabo, 2021, p. 81).

Además, junto a esta delimitación amplia del concepto de trabajador, en un estudio como este sobre la protección frente a la violencia y el acoso en el trabajo doméstico deben tomarse en consideración los artículos 5 y 6 del Convenio 190 OIT, no sólo en cuanto encomiendan prevenir y eliminar la violencia y el acoso a través de la eliminación de la discriminación en materia de empleo y ocupación, así como fomentar el trabajo decente y seguro, sino también en cuanto se refieren a trabajadoras y trabajadores pertenecientes a uno o a varios grupos vulnerables, o a grupos en situación de vulnerabilidad, en la medida en que están afectados de manera desproporcionada por la violencia y el acoso en el mundo del trabajo. Debe precisarse aquí que la vulnerabilidad a la que se hace referencia se vincula a la transitoria, incorrecta e insuficiente protección ante la exposición a la violencia y el acoso (Pons Carmena, 2020, p. 52). En este sentido, queremos destacar que la violencia y el acoso afectan de forma desproporcionada a las mujeres, y ello no es sino consecuencia del desequilibrio de poder que históricamente ha existido entre hombres y mujeres, y respecto del que el acoso y la violencia son su manifestación más grave y perjudicial (Yagüe Blanco, 2020).

Al respecto de los grupos vulnerables encontramos mayores indicaciones y concreciones en el párrafo 9 de la Recomendación 206 de la OIT, que se refiere de manera expresa a colectivos concretos, cuando encomienda a los miembros "adoptar medidas apropiadas para los sectores o las ocupaciones y las modalidades de trabajo más expuestos a la violencia y el acoso, tales como el trabajo nocturno, el trabajo que se realiza de forma aislada, el trabajo en el sector de la salud, la hostelería, los servicios sociales, los servicios de emergencia, el trabajo doméstico, el transporte, la educación y el ocio".

Son varias las conclusiones que pueden extraerse.

Como puede apreciarse, la OIT se postula claramente por considerar el trabajo doméstico en sí mismo como sector especialmente expuesto a la violencia y el acoso. Previamente ya lo había señalado así el art. 5 del Convenio 189 OIT, como ya se ha mencionado.

Pero, además, el Convenio 190 no olvida calificar a ciertos colectivos como especialmente vulnerables, cuyas características también son predicables de una parte importante de las trabajadoras domésticas.

En primer lugar, el Convenio reconoce que las mujeres son afectadas de manera desproporcionada por la violencia y el acoso en el trabajo, así como incluye la exigencia y adopción de medidas específicas para que ellas puedan beneficiarse de una protección efectiva (TOMEI, 2019, p. 2).

Además, en segundo lugar, también existe una especial atención a las trabajadoras migrantes, como entendemos que ocurre al señalar el párrafo 10 de la Recomendación 206 que "Los Miembros deberían adoptar medidas legislativas o de otra índole para proteger a los trabajadores migrantes, y particularmente a las trabajadoras migrantes, contra la violencia y el acoso en el mundo del trabajo, con independencia de su estatus migratorio, en los países de origen, tránsito o destino, según proceda".

En tercer lugar, también debe adoptarse una especial protección frente a la violencia y el acoso en el trabajo en la economía informal (otra de las características del trabajo doméstico), y al mismo se refiere el párrafo 11 de la Recomendación 206, que señala que: "Al facilitar la transición de la economía informal a la economía formal, los Miembros deberían proporcionar recursos y asistencia a los trabajadores y empleadores de la economía informal, y a sus asociaciones, para prevenir y abordar la violencia y el acoso en ésta".

Comprobamos de este modo que las trabajadoras domésticas deben ser consideradas colectivo vulnerable frente a la violencia y el acoso en el trabajo por una multitud de factores: por la especial preocupación del Convenio 190 y de la Recomendación 206 hacia la violencia y acoso por razón de género, es decir, contra las mujeres, lo que se corresponde también con el perfil mayoritario de trabajadoras domésticas; por las características del propio trabajo doméstico; por ser realizado por población migrante y por mantenerse en la economía informal en un porcentaje excesivamente elevado.

De acuerdo con lo señalado, deviene inevitable la extensión de la protección frente a la violencia y el acoso no sólo al trabajo doméstico formal como grupo especialmente vulnerable, sino también y especialmente para aquellas trabajadoras y trabajadores domésticos que se sitúan en la economía informal. En definitiva, la especial vulnerabilidad de los trabajadores domésticos frente a la violencia y acoso en el trabajo deriva tanto de las condiciones de empleo (alto porcentaje de trabajo informal, especial lugar de trabajo en condiciones de invisibilidad y aislamiento, difícil control del tiempo de trabajo, especialmente en el caso del trabajo interno[4]), como del perfil de las trabajadoras domésticas (mujeres y migrantes).

Esta especial vulnerabilidad debe ser tomada en consideración para la adecuación de la normativa interna abordando las causas y los riesgos de violencia y acoso de género en el trabajo, y en este contexto la Recomendación (párrafo 5) encomienda una especial atención a los instrumentos de la OIT sobre igualdad y no discriminación —Convenio núm. 100 y la Recomendación núm. 90 sobre igualdad de remuneración, 1951, y el Convenio núm. 111 y la Recomendación núm. 111 sobre la discriminación (empleo y ocupación), 1958—; que deben sumarse a los instrumentos de la OIT sobre seguridad y salud en el trabajo (párrafo 6 de la Recomendación), tales como el Convenio núm. 155 sobre seguridad y salud de los trabajadores, de 1981, y el Convenio núm. 187 sobre el marco promocional para la seguridad y salud en el trabajo, de 2006.

---

4 Queremos destacar, en este sentido, que en el concepto de lugar de trabajo al que se refiere el art. 3 del Convenio 190 se incluye *el alojamiento proporcionado por el empleador* como ámbito de protección frente a la violencia y el acoso en el mundo del trabajo.

4. SOBRE LA REFORMA DEL RÉGIMEN JURÍDICO EN ESPAÑA: ¿TODO CAMBIA O TODO SIGUE IGUAL?

4.1. El RD-Ley 16/2022 de 6 de septiembre, para la mejora de las condiciones de trabajo y de Seguridad Social de las personas trabajadoras al servicio del hogar

Como ya se anticipó, el Tribunal de Justicia de la Unión Europea, en Sentencia de 24 de febrero de 2022, en el asunto C 389/20, determinó que la regulación española excluyendo la protección por desempleo de las trabajadoras domésticas no era compatible con el ordenamiento de la Unión Europea, al situarlas en desventaja particular con respecto a los trabajadores, diferencia de trato que no está justificada por factores objetivos y ajenos a cualquier discriminación por razón de sexo, por lo que constituye una discriminación indirecta por razón de sexo contraria al derecho de la Unión Europea, concretamente a la Directiva 79/7/CEE del Consejo, de 19 de diciembre de 1978. Como consecuencia de la decisión, el Gobierno español llevó a cabo una modificación del régimen jurídico del trabajo doméstico, que va más allá de su inclusión en el sistema de protección por desempleo, y se desplaza hacia la equiparación de condiciones con el resto de trabajadores por cuenta ajena, no únicamente en lo relativo a la protección por desempleo sino también en otros aspectos de la relación laboral común. La intervención normativa se justifica asimismo en la necesidad de adecuar la normativa española para incorporar al ordenamiento español lo establecido en el Convenio 189 de la OIT, sobre las trabajadoras y los trabajadores domésticos, del año 2011, cuya ratificación, compromiso adquirido por el Gobierno de España, (Quesada Segura, 2022, p. 192) se ha materializado el 28 de febrero de 2023.

La reforma cambia, de forma importante, los derechos de las trabajadoras del hogar familiar, pero el legislador intenta minimizar el impacto para las familias, trasladando parte de los gastos sociales a la aportación pública (Quesada Segura, 2022, p. 192). El Real Decreto Ley 16/2022, de 6 de septiembre, depura aquellos tratamientos laborales y de seguridad social cuya diferencia respecto del ordenamiento común carecía de justificación objetiva y razonable por razón de las peculiaridades de la prestación de servicios, por lo que tras la reforma es acorde con la ratificación del Convenio 189 de la OIT, pues la regulación mantenida hasta ahora no permitía cumplir con los mandatos de la norma internacional, pero también, como declara, busca evitar el planteamiento de futuras cuestiones prejudiciales (Benito, 2022, p. 282).

Pues bien, aunque la reforma mantiene un régimen propio (como relación laboral especial) —y por eso podrían compartirse las palabras de Giuseppe di Lampedusa adaptadas a nuestros días: "hay que cambiar algo para que todo siga igual" como ha señalado en su última publicación la profesora Quesada (Quesada Segura, 2022, p. 191)— entre las modificaciones introducidas se encuentra la revisión de determinados aspectos de la Ley 31/1995, de 8 de noviembre, de Prevención de Riesgos Laborales (LPRL), derogando el apartado 4 del art. 3 LPRL que excluía, de su ámbito de aplicación, esta relación laboral especial, y añadiendo una disposición adicional decimoctava a la LPRL, relativa a la "Protección de la seguridad y la salud en el trabajo de las personas trabajadoras en el ámbito de la relación laboral de carácter especial del servicio del hogar familiar".

Ahora bien, el cambio no es, de momento, sustancial, pues es precisa una norma reglamentaria que desarrolle cuáles son los derechos —de las trabajadoras— y las obligaciones preventivas y protectoras —de sus empleadores— en materia de seguridad y salud laboral. En este sentido la Disposición final sexta del RD-Ley 16/2022 estableció el plazo de seis meses para el desarrollo reglamentario de la disposición adicional decimoctava de la Ley 31/1995, de 8 de noviembre.

Pues bien, el contenido de la disposición adicional decimoctava mencionada es del siguiente tenor: "En el ámbito de la relación laboral de carácter especial del servicio del hogar familiar, las personas trabajadoras tienen derecho a una protección eficaz en materia de seguridad y salud en el trabajo, especialmente en el ámbito de la prevención de la violencia contra las mujeres, teniendo en cuenta las características específicas del trabajo doméstico, en los términos y con las garantías que se prevean reglamentariamente a fin de asegurar su salud y seguridad."

Así, pese a la necesidad de desarrollo reglamentario, dos cuestiones quedan ya trazadas: la primera es que el derecho a una protección eficaz en materia de seguridad y salud en el trabajo vendrá determinado por las características del trabajo doméstico, lo que hace pensar que su inclusión en la LPRL no será a todos los efectos ni imponiendo el conjunto de obligaciones preventivas; la segunda que debe prestarse especial atención a la prevención de la violencia contra las mujeres trabajadoras. Y para ello deben tomarse en consideración las previsiones del Convenio 189 OIT y la Recomendación 201 OIT, en cuanto a la necesidad de adopción de medidas eficaces a fin de asegurar la salud y seguridad de las trabajadoras del hogar familiar y atención; y las del Convenio 190 OIT para la prevención de todo tipo de violencias contra las trabajadoras domésticas —violencia física, violencia psicológica y violencia sexual— como veremos en el apartado siguiente.

Las preguntas a las que esta norma reglamentaria —cuyo plazo de realización ya ha transcurrido, pues los 6 meses otorgados por el legislador para el desarrollo reglamentario finalizaban en marzo de 2023— debería dar respuesta serán las relativas a:

- cuáles son las medidas preventivas en que se concretan las obligaciones del empleador en la relación de trabajo doméstico;
- cómo se controla su cumplimiento; y
- cómo se penaliza al infractor, en su caso.

Antes de esta reforma, el mencionado artículo 3.4 LPRL, hoy suprimido, establecía que la ley no era "de aplicación a la relación laboral de carácter especial del servicio del hogar familiar" y tan solo encomendaba al titular del hogar familiar, que es el empleador en esta relación, la genérica obligación de "cuidar de que el trabajo de sus empleados se realice en las debidas condiciones de seguridad e higiene". La exclusión suponía la falta de reconocimiento del derecho a una protección eficaz de los trabajadores del hogar respecto a todos los riesgos laborales, y suponía también la supresión del conjunto de obligaciones preventivas del empleador titular del hogar familiar como elementos de garantía de la prevención de riesgos laborales, tales como:

- la evaluación de riesgos (art. 16 LPRL),
- la adaptación de equipos y métodos de trabajo (art. 17 LPRL),

- la formación de las personas trabajadoras (art. 19 LPRL),
- la planificación preventiva (que es la calendarización de todas las actividades a las que está obligada la empresa en materia preventiva, es decir, cuándo realizar la vigilancia de la salud (individual o colectiva), cuándo dar la formación sobre vías de emergencia o uso de mecanismos tipo extintores o de rcp, etc.),
- la vigilancia de su cumplimiento por parte de la Inspección de Trabajo y Seguridad Social, que incluye las importantes labores de asesoramiento e información (art. 9 LPRL), y en general, la vigilancia de la salud de los trabajadores domésticos respecto a los riesgos inherentes al trabajo (art. 22 LPRL).

Ello no quedaba remediado, siquiera, por el RD 1620/2011, que en su art. 7.2 sí establecía desde un principio una obligación de seguridad del empleador, pero de forma indeterminada, previendo como única consecuencia de su incumplimiento grave la dimisión de la persona trabajadora.

En su momento, hubo doctrina que defendió esta exclusión del ámbito de aplicación de la LPRL por considerar que en el trabajo doméstico los riesgos para la salud laboral eran prácticamente inexistentes. Sin embargo, hoy sabemos, por las evidencias, que en el trabajo doméstico se produce la exposición a riesgos específicos derivados tanto de las tareas desarrolladas en el puesto de trabajo, como de los vinculados al peculiar lugar de trabajo —el hogar o los hogares familiares—.

Entre las razones que se han dado para esta exclusión están las dificultades de control del cumplimiento de las medidas preventivas a llevar a cabo por la Inspección de Trabajo y Seguridad Social (ITSS) en el hogar familiar considerado como centro de trabajo. Esas dificultades derivan del necesario respeto del derecho a la intimidad personal y familiar y la inviolabilidad del domicilio (previstos en el art. 18 CE), configurados como límites al ejercicio de control por la autoridad laboral, necesitándose para el acceso a la vivienda el expreso consentimiento de la persona física titular del domicilio o, en su defecto, autorización judicial (art. 13 Ley 23/2015).

Sin duda, el acceso al hogar familiar es el mayor problema para la Inspección, pues el sistema de denuncias y comunicaciones en el Buzón de la ITSS puede resultar insuficiente. Destaca, sin embargo, en algunas experiencias comparadas, el desarrollo de nuevos métodos para la inspección de los hogares, como pueden ser las entrevistas realizadas a empleadores y trabajadoras en la puerta del domicilio, sin entrar en el hogar familiar, o la revisión de documentos contractuales (Papadaki, Ratsika, Pelekidou, Halbmayr, Kouta, Lainpelto, Solinc, Apostolidou, Christodoulou, Kohont et al., 2021, p. 288).

No queremos finalizar este apartado sin mencionar dos datos más: el Real Decreto Ley 16/2022, en su Disposición Adicional Cuarta prevé la creación de la Comisión para la integración de la perspectiva de género en el listado de enfermedades profesionales, en el plazo de seis meses, comisión de estudio cuya función será elaborar una propuesta de reforma del Real Decreto 1299/2006, de 10 de noviembre, por el que se aprueba el cuadro de enfermedades profesionales en el sistema de la Seguridad Social y se establecen criterios para su notificación y registro, a efectos de integrar en el mismo la perspectiva de género. Además, no se ha eliminado la letra c) del art. 251 LGSS por el cual y "con respecto a las contingencias profesionales del Sistema Especial para Empleados de Hogar, no será de aplicación el régimen de responsabilidades en orden a las prestaciones regulado en el artículo 167" (Benito, 2022, p. 283).

4.2. La LO 10/2022, de 6 de septiembre, de garantía integral de la libertad sexual ¿se aplica al ámbito laboral? ¿Y al trabajo doméstico?

La aprobación de la LO 10/2022 procura la garantía y protección integral del derecho a la libertad sexual y la erradicación de todas las violencias sexuales, mediante la adopción y puesta en práctica de políticas que garanticen la sensibilización, prevención, detección y la sanción de las violencias sexuales, e incluyan todas las medidas de protección integral pertinentes que garanticen la respuesta integral especializada frente a todas las formas de violencia sexual, la atención integral inmediata y recuperación en todos los ámbitos en los que se desarrolla la vida de las mujeres, niñas, niños y adolescentes, en tanto víctimas principales de todas las formas de violencia sexual (art. 1 de la LO).

El ámbito de aplicación de la LO 10/2022 se ciñe a las violencias sexuales, incluyendo cualquier acto de naturaleza sexual no consentido o que condicione el libre desarrollo de la vida sexual *en cualquier ámbito público o privado*, el feminicidio sexual (homicidio o asesinato de mujeres y niñas), la mutilación genital femenina, el matrimonio forzado, el acoso con connotación sexual y la trata con fines de explotación sexual, las violencias sexuales cometidas en el ámbito digital (difusión de actos de violencia sexual, la pornografía no consentida y la infantil en todo caso, y la extorsión sexual a través de medios tecnológicos), y desde un punto de vista subjetivo se aplica a las mujeres, niñas y niños que hayan sido víctimas de violencias sexuales en España, con independencia de su nacionalidad y de su situación administrativa; o en el extranjero, siempre que sean de nacionalidad española (vid. art. 3 de la LO 10/2022).

Junto a las diferentes medidas que se anuncian en la LO con objeto de promover la sensibilización y prevención en diferentes ámbitos (educativo, sanitario, sociosanitario o de servicios sociales, en el ámbito digital y de la comunicación, en el ámbito publicitario), la ley se refiere también a la *prevención y sensibilización en el ámbito laboral* (art. 12).

Este precepto establece una serie de obligaciones a las empresas:

- Una primera obligación general de prevención, no concretada en una actuación determinada: se impone la promoción de condiciones de trabajo que eviten la comisión de delitos y otras conductas contra la libertad sexual y la integridad moral en el trabajo, incidiendo especialmente en el acoso sexual y el acoso por razón de sexo.
- Una segunda obligación de carácter procedimental, que obliga a arbitrar procedimientos específicos para su prevención y para dar cauce a las denuncias o reclamaciones que puedan formular quienes hayan sido víctimas de estas conductas, incluyendo específicamente las sufridas en el ámbito digital.

- Una tercera obligación, que impone la negociación de medidas con los representantes de las personas trabajadoras, para la elaboración y difusión de códigos de buenas prácticas, la realización de campañas informativas, protocolos de actuación o acciones de formación.
- Una cuarta obligación de sensibilización y formación para la protección integral contra las violencias sexuales a todo el personal a su servicio. Esta obligación empresarial de sensibilización y formación se extiende a la representación legal de las personas trabajadoras, pues la nueva redacción del art. 48.2 de la LO 3/2007 establece ahora que: "Los representantes de los trabajadores deberán contribuir a prevenir la comisión de delitos y otras conductas contra la libertad sexual y la integridad moral en el trabajo, con especial atención al acoso sexual y el acoso por razón de sexo, incluidos los cometidos en el ámbito digital, mediante la sensibilización de los trabajadores y trabajadoras frente al mismo y la información a la dirección de la empresa de las conductas o comportamientos de que tuvieran conocimiento y que pudieran propiciarlo".
- Y finalmente, la necesaria inclusión, en la valoración de riesgos de los diferentes puestos de trabajo ocupados por trabajadoras, de la violencia sexual entre los riesgos laborales concurrentes, debiendo formar e informar de ello a sus trabajadoras.

A estos efectos se modifica también el art. 48 de la *Ley Orgánica 3/2007, de 22 de marzo, para la igualdad efectiva de mujeres y hombres*, para la determinación de las medidas específicas para prevenir la comisión de delitos y otras conductas contra la libertad sexual y la integridad moral en el trabajo.

La falta de especificación en la LO 10/2022 del tipo de empresas a las que resulta ineludible el cumplimiento de las obligaciones previstas en el art. 12[5] conduce a pensar que obliga a todas las empresas,

---

5 A diferencia de lo que ocurre con el art. 15 de la *Ley 4/2023, de 28 de febrero, para la igualdad real y efectiva de las personas trans y para la garantía de los derechos de las personas LGTBI,* que establece obligaciones en el ámbito empresarial para garantizar la igualdad y no discriminación LGTBI en las empresas,

con independencia tanto del volumen de su plantilla como de su configuración. Lo anterior genera dos tipos de inquietudes opuestas: las medidas aprobadas parecen estar diseñadas para empresas con cierto volumen de plantilla, de manera que nos cuestionamos ¿cómo se aplicarían estas obligaciones en empresas de 5 o menos trabajadores? ¿quiénes son los representantes de las personas trabajadoras con las que se impone la obligación de negociar en empresas o centros de trabajo en los que no existe representación? ¿servirían en estos supuestos las comisiones ad hoc a las que se hace referencia en algunos preceptos del ET?

Simultáneamente, nos queda la duda sobre la aplicación al trabajo realizado en el ámbito doméstico por tratarse de una prestación de servicios que no se realiza en un ámbito empresarial. Podemos coincidir en la percepción de que no deben imponerse las mismas obligaciones a las personas que contratan como titulares del hogar familiar que a las empresas, entendidas como organización en la que se realiza una actividad productiva, pero eso no puede significar una desprotección de las trabajadoras domésticas frente a las violencias sexuales, porque resultaría contrario a lo establecido en el Convenio 190 OIT, por lo que se impone la necesidad de arbitrar mecanismos de protección de las trabajadoras que desarrollan este tipo de trabajos en el ámbito doméstico.

La anterior reflexión nos sitúa en la conclusión que nos vemos forzadas a mantener en el momento en que esto se escribe.

Desde luego, compartimos con la doctrina especialista en la cuestión la sensación de que no podemos sino celebrar la aprobación del Real Decreto Ley 16/2022, en la medida en que supone un extraordinario avance para las trabajadoras domésticas al eliminar tratamientos laborales y de protección social inasumibles para el ordenamiento español, pues carecían de justificación objetiva, y que celebramos igualmente la ansiada ratificación del Convenio 189 de

---

pero sólo exige el cumplimiento de obligaciones relativas a los protocolos de actuación de atención del acoso y violencia contra las personas LGTBI a las empresas de más de cincuenta personas trabajadoras.

la OIT, así como la del Convenio 190 OIT y la adecuación de la normativa interna con las normas internacionales.

Sin embargo, no podemos finalizar sin señalar que la falta de desarrollo reglamentario de las medidas preventivas en el ámbito del trabajo doméstico mantiene la desprotección de la salud laboral de sus trabajadoras en los mismos términos en que se encontraba antes de la aprobación del Real Decreto Ley, pues será ese necesario desarrollo, únicamente, el que permitirá celebrar la existencia de un sistema eficaz de prevención de los riesgos laborales, incluidos la violencia y el acoso, en el trabajo doméstico.

5. REFERENCIAS BIBLIOGRÁFICAS

Acosta-Uribe, Beatriz y Pulido-Criollo, Frank (2022). Hostigamiento psicológico laboral en trabajadoras domésticas. *Salud y Administración*, Vol. 9, n. 26, pp. 37-51.

Benito, Angustias (2022). El Real Decreto Ley 16/2022, de 6 de septiembre, para la mejora de las condiciones de trabajo y de seguridad social de las personas trabajadoras el servicio del hogar familia. En AEDTSS (Ed.) *Los briefs de la Asociación Española de Derecho del Trabajo y de la Seguridad Social, Las claves de 2022.* Madrid: Cinca, pp.281-284.

Casanova Martín, Laura (2023). Prevención de riesgos laborales con perspectiva de género: novedades en el trabajo doméstico. *Revista de Derecho de la Seguridad Social. Laborum,* n.º 34, pp. 69-85.

Fernández Artiach, Pilar y García Testal, Elena (2021). La prevención de riesgos en el trabajo doméstico y de cuidados en España: la necesidad de ratificar los Convenios 189 y 190 de la OIT. *Lex Social, Revista De Derechos Sociales,* Vol. 11, n.º 2, pp. 628-661.

Figuereido, Maria da Conceiçao; Suleman, Fatima y Botelho, Maria do Carmo (2018). Workplace Abuse and Harassment: The Vulnerability of Informal and Migrant Domestic Workers in Portugal. *Social Policy & Society,* Vol. 17, n. º 1, pp. 65-85.

García Testal, Elena (2022). ¿Trabajo doméstico decente?: una reflexión sobre los déficits de protección del régimen jurídico de las personas que realizan trabajo doméstico en España. *Documentación Laboral,* n.º 125, pp. 117-138.

Lenzi, Olga (2019). Trabajo doméstico decente: ¿una combinación alcanzable en España? En AEDTSS (ed.) *El futuro del trabajo: cien años de la OIT*. Madrid: Ministerio de Trabajo, Migraciones y Seguridad Social.

Olarte Encabo, Sofía (2021). Los principios fundamentales del Convenio 190 OIT: un análisis desde la perspectiva de género. La novedosa inclusión del trabajo de servicio doméstico. En Correa Carrasco, M. y Quintero Lima, G. (Dirs.) *Violencia y acoso en el trabajo. Significado y alcance del Convenio núm. 190 OIT en el marco del trabajo decente (ODS 3,5,8 de la Agenda 2030)*, Madrid: Dykinson.

Paniagua de la Iglesia, Tania (2022). En territorio hostil: una aproximación cualitativa a experiencias de violencia entre empleadas de hogar migrantes. *Revista Internacional de Sociología* 80, n.º 2: e205.

Papadaki, Maria; Ratsika, Nikoleta; Pelekidou, Lina; Halbmayr, Brigitte; Kouta, Christiana; Lainpelto, Katrin; Solinc, Miran; Apostolidou, Zoe; Christodoulou, Josie; Kohont, Andrej; et al. (2021). Migrant Domestic Workers' Experiences of Sexual Harassment: A Qualitative Study in Four EU Countries. *Sexes*, n.º 2, 272-292.

Pons Carmena, María (2020). Aproximación a los nuevos conceptos sobre violencia y acoso en el trabajo a partir de la aprobación del Convenio OIT 190, *Labos: Revista de derecho del trabajo y protección social*, Vol. 1, n.º 2.

Quesada Segura, Rosa (2022). Sobre los derechos que mejoran las condiciones de trabajo y seguridad social de las trabajadoras del hogar familiar. Análisis del real decreto-ley 16/2022, de 6 de septiembre. *Revista General de Derecho del trabajo y de la Seguridad Social-Iustel*, n.º 63, pp. 190-218.

Quintero Lima, Gema (2017). Salud laboral de las empleadas de hogar: una aproximación de urgencia. En Blázquez Agudo, E. (Dir.) *Informe sobre la salud laboral desde la* perspectiva de género. Madrid: Universidad Carlos III.

- (2021). Las violencias del trabajo. En Correa Carrasco, M; Quintero Lima, G. (Dirs.) *Violencia y acoso en el trabajo. Significado y alcance del Convenio nº 190 OIT en el marco del trabajo decente (ODS 3,5,8 de la Agenda 2030)*, Madrid: Dykinson.
- (2023). La desprecarización de un colectivo discriminado: una norma de urgencia para la mejora de las condiciones de trabajo y de Seguridad Social de las personas trabajadoras al servicio del hogar familiar. ¿Oportunidades perdidas? *Revista de Trabajo y Seguridad Social*. CEF, n.º 473, pp. 87-124.

Ramos Quintana, Margarita I. (2018). Enfrentar la violencia y el acoso en el mundo del trabajo: la discusión normativa de la OIT. *Revista del Ministerio de Trabajo, Migraciones y Seguridad Social*, n.º 138.

Ribeiro Costa, Ana Cristina, (2021). El contenido del convenio n.º 190 de la organización Internacional del trabajo: definiciones y ámbito de Aplicación, ¿vino nuevo en odres viejos? En Correa Carrasco, M. y Quintero Lima, G. (Dirs.) *Violencia y acoso en el trabajo. Significado y alcance del Convenio núm. 190 OIT en el marco del trabajo decente (ODS 3,5,8 de la Agenda 2030),* Madrid: DYKINSON.

Tomei, Manuela (2019). Un mundo de trabajo libre de violencia y acoso: la apuesta del nuevo Convenio núm. 190 y Recomendación núm. 206 de la Organización Internacional del Trabajo. *Noticias CIELO*, n.º. 11, www.cielolaboral.com

Velázquez Narváez, Yolanda; Peña Cárdenas, Fabiola; y Ruíz Ramos, Lucía (2020). Trabajadoras del hogar: grupo vulnerable al maltrato y desigualdad laboral. *Revista de Estudios de Género, La Ventana,* n.º 51, pp. 138-162.

Yagüe Blanco, Sergio (2020). El Convenio núm. 190 de la OIT sobre violencia y acoso: delimitación de su ámbito de aplicación ante la posible ratificación por España. *Revista General de Derecho del Trabajo y de la Seguridad Social,* n.º 57.

Otras fuentes: informes citados

CCOO de Construcción y Servicios (2019). *Estudio para la detección de riesgos psicosociales en el Trabajo del Hogar AS2018-0012.* Madrid: Ministerio de Trabajo, Migraciones y Seguridad Social, 2019. Disponible en: http://shorturl.at/dmEIZ

OIT (2002). *Resolución relativa al trabajo decente y la economía informal.* Disponible en https://www.ilo.org/public/spanish/standards/relm/ilc/ilc90/pdf/pr-25res.pdf

OIT (2022). *Experiences of violence and harassment at work: A global first survey.* Disponible en https://www.ilo.org/global/publications/WCMS_863095/lang-en/index.htm

Capítulo 14

Violencia doméstica y teletrabajo: el alcance del Convenio 190 y de la recomendación 206 de la OIT

TALITA CORRÊA GOMES CARDIM
Doctoranda en Derecho del Trabajo y de la Seguridad Social
Universitat de València; Università Degli Studi di Milano
cocarta@alumini.uv.es

1. VIOLENCIA DOMÉSTICA Y SU IMPACTO EN EL TRABAJO

La violencia doméstica es la expresión más genérica de la violencia de género en la medida en que puede afectar a cualquier mujer en su vida privada, independientemente de su situación laboral, y cuando se produce a una mujer trabajadora, genera inevitablemente grandes repercusiones en el contexto de la relación laboral, lo que nos lleva a toparnos con las actividades cotidianas de la mujer empleada, es decir, la cuestión de su trabajo y responsabilidades con el empleador.

El Convenio del Consejo de Europa n. 210/2011[1] define el concepto de violencia doméstica como "todos los actos de violencia física, sexual, psicológica o económica que se producen en la familia o en el hogar o entre cónyuges o parejas, independientemente de que el autor del delito comparta o haya compartido el mismo domicilio que la víctima"[2].

---

1 Convenio de Estambul, artículo 3, b. Disponible en https://rm.coe.int/1680462543.

2 Se delimita este estudio a la violencia domestica contra las mujeres, aunque el concepto sea más amplio.

El maltrato condiciona la relación entre las mujeres y el mercado laboral, dificultando o impidiendo muchas veces el acceso al empleo. De hecho, aunque la violencia doméstica se origina en el hogar privado, tiene efectos el mundo del trabajo, a través del estrés, trauma, disminución la capacidad para trabajar y de la productividad, mayor absentismo, impactos en la salud física y mental, abandono del empleo, entre otros.

A partir de la pandemia de la COVID-19, la Organización Mundial de la Salud ha recomendado como principal medida preventiva el distanciamiento social. Este hecho fue un hito en el derecho laboral en la medida que vivemos una situación global de cambio en los modelos de relación laboral para la modalidad del teletrabajo.

Y aquí nos cuestionamos, ¿qué puede suceder cuando el hogar se convierte en el lugar de trabajo? La violencia doméstica plantea un riesgo aún más relevante para ciertas modalidades laborales, como el teletrabajo en domicilio, así como para algunas categorías de trabajadores, como los trabajadores domésticos.

Si por un lado en el teletrabajo, se vislumbra, inúmeros beneficios, al mismo tiempo surgen nuevos problemas y cuestiones para el derecho laboral.

Durante el período de la pandemia y a medida que mundialmente millares de trabajadoras laboran cada vez más desde sus domicilios, lamentablemente se ha producido un aumento en la violencia doméstica.

Esta nueva realidad ha incidido en índices alarmantes de incidentes, violencia y acoso relacionados con las tecnologías de la información y comunicación[3]. El trabajo en el domicilio ha exacerbado una crisis que ya existía mundialmente, la violencia doméstica. Los inúmeros informes realizados por la Organización Internacional del Trabajo también sugieren un aumento de los incidentes relacionados con las TIC como resultado del cambio al teletrabajo.

---

3 Datos oficiales del Instituto Nacional de Estadística. Fuente: https://www.ine.es/prensa/evdvg_2021.pdf, acceso en 20.01.2023.

El ámbito laboral debe ser un entorno no violento que suprima cualquier tipo de violencia, previniendo e impidiendo la salida del mercado laboral de las mujeres víctimas de violencia doméstica, a través de un conjunto de medidas previstas en la legislación, convenios colectivos o acuerdos individuales que favorezcan el mantenimiento del empleo y empleo profesional de las mujeres.

No es novedad que inúmeros ordenamientos jurídicos han tenido en cuenta el efecto de la violencia doméstica, el bienestar y la productividad de los trabajadores en sus acuerdos de trabajo y empleo.

Un número creciente de países ha introducido diferentes tipos licencias para los trabajadores que son víctimas de violencia doméstica[4]. Otros han incluido la violencia doméstica como una razón para la discriminación en el empleo y la profesión, y requieren que los empleadores ofrezcan acuerdos razonables. Algunos consideraron que es deber de los empleadores tomar medidas preventivas para proteger al empleado u otros trabajadores, o incluyeron la violencia doméstica en la gestión de la seguridad y la salud en el trabajo. Además, a fin de proteger a categorías específicas de trabajadores, como los trabajadores domésticos, de la violencia y el acoso, algunas leyes y reglamentos han ampliado la definición de "violencia doméstica" más allá de las relaciones familiares tradicionalmente entendidas, para incluir a quienes trabajan en la esfera doméstica (OIT, 2021, p. 14)[5].

2. EL ALCANCE DEL CONVENIO 190 DE LA OIT Y DE LA RECOMENDACIÓN 206 EN MATERIA DE VIOLENCIA DOMÉSTICA

En primer lugar, importa esclarecer que un Convenio es un tratado internacional legalmente vinculante a los países que lo han ra-

---

4 En España, la norma que regula derechos laborales y de Seguridad Social para las víctimas de violencia de género es la LO 1/2004, de 28 diciembre, con medidas de protección contra la violencia de género en el derecho laboral, incluso más allá de la relación de trabajo.

5 Véase el Informe de la OIT para el listado de países y disposiciones legales a este respecto.

tificado. En este caso, el Estado miembro está obligado a aplicarlo en su legislación y en las prácticas nacionales. Por su vez, una Recomendación es tan solo una directriz no vinculante, pero que viene para complementar un Convenio y así proporcionar directrices más detalladas sobre su aplicación.

Casi al mismo tiempo de la adopción del Convenio 190 de la OIT, hemos vivido la mayor experiencia mundial de teletrabajo por la pandemia, posible a través de las TIC, conllevando a muchos riesgos laborales.

Dicho Convenio fue adoptado el 21 de junio de 2019, durante la Conferencia Internacional del Trabajo del centenario de la OIT y está complementado por la Recomendación 206.

Aunque hasta el momento tan solo 24 países han ratificado el Convenio[6], a nivel mundial, está más fuerte que nunca, con inúmeras campañas de los países por su adopción.

El Convenio 190 incluye el acoso sexual en la violencia y el acoso por razón de género, exigiendo a los Estados definirlos y prohibirlos, identificando tres tipos de violencia en este contexto: la violencia doméstica, el ciberacoso y el acoso sexual en el contexto del trabajo.

El Convenio reconoce expresamente la relación entre la violencia doméstica y el mundo del trabajo y la Recomendación 206 complementa el Convenio recomendando algunas medidas específicas que pueden adoptarse, en particular, la inclusión de la violencia doméstica en las evaluaciones de riesgo en el lugar de trabajo y la sensibilización sobre sus efectos.

De la lectura de los artículos 2° y 3° se constata el amplio ámbito de aplicación, en lo cual todas las personas están protegidas, independientemente de su situación contractual, incluidos los pasantes, aprendices, voluntarios, las personas que solicitan empleo y ejercen la autoridad de un empleador. Se aplica a los sectores público y privado, la economía formal e informal y las zonas urbanas y rurales.

---

6 El Convenio ha sido ratificado por España en mayo de 2022, y está en vigor desde el 25 de mayo de 2023.

Se destaca la gran importancia del ámbito de aplicación, incluyendo todas las personas independientemente de su situación laboral.

La expresión *mundo del trabajo* constante en el Convenio comprende el lugar de trabajo físico, incluyendo los espacios públicos y privados cuando son un lugar de trabajo. Es decir, en el teletrabajo, cuando el trabajador ejerce su actividad en su domicilio, o sea, un lugar privado, este hogar está comprendido en el mundo del trabajo. Estos dos instrumentos internacionales incluyen, por primera vez, la violencia en el hogar como elemento que repercute en el empleo y la salud de los trabajadores.

Sin embargo, en el teletrabajo, la violencia domestica cometida por un tercero ajeno a la relación laboral deberá ser objeto de prevención y medidas apropiadas a ser tomadas por el empleador.

La inclusión de disposiciones relativas a la violencia doméstica refleja un cambio histórico fundamental, ya que la violencia doméstica siempre ha sido tratada como una cuestión de ámbito privado, no relacionada con el trabajo, aunque que ya se reconocía reflejos en el mundo laboral. En general, las normas jurídicas se derivan de procesos culturales reguladores ideológicos. "La norma puede actuar como un pueblo que induce procesos culturales emancipadores, multiculturales o democráticos, porque, abiertos a la interacción con otros procesos culturales, pueden actuar en la búsqueda de la creación de espacios basados en el acceso igualitario a los bienes materiales e inmateriales de la vida." (Herrera Flores, 2005, pp. 87, 96).

A partir del Convenio 190 se reconoce efectivamente las consecuencias reales para los trabajadores, las empresas y la sociedad en general de este tipo de violencia, bien como la contribución que el trabajo puede aportar para el bienestar de todas las víctimas de violencia doméstica.

El Convenio señala en su preámbulo que la violencia doméstica puede afectar al empleo y que los Gobiernos, empleadores, trabajadores y las instituciones del mercado de trabajo pueden contribuir a reconocer, afrontar y mitigar el impacto de la violencia doméstica en el mundo del trabajo. En este sentido, el artículo 10, f, del Convenio prevé expresamente que "todo Miembro deberá adoptar medidas apropiadas para: f) reconocer los efectos de la violencia doméstica y, en la medida en que sea razonable y factible, mitigar su impacto en el mundo del trabajo."

Ha traído la responsabilidad de la empresa en la lucha contra la violencia doméstica. Es decir, la empresa también asumirá el papel de agente de cambio social.

Es innegable el impacto negativo en la vida económica de las mujeres y de la comunidad en la que se insertan, lo que hace necesaria la creación de una red de protección entre el Estado y las empresas con el objetivo de acoger a las trabajadoras víctimas de violencia doméstica, a fin de a que se pueda asegurar la prevención, seguimiento y empleabilidad de estas mujeres.

Una vez que el Convenio haya sido internalizado en la legislación nacional, cada Estado miembro deberá adoptar leyes y reglamentos que exijan a los empleadores que adopten medidas apropiadas, proporcionadas a su nivel de control, para prevenir la violencia y el acoso en el mundo del trabajo, en la medida en que sea razonablemente factible[7].

Se identifica el principio de prevención en el Convenio 190 de la OIT cuando se abordan temas de seguridad y salud ocupacional, bien como el ambiente de trabajo. Lo que se debe buscar es evitar el daño y en este caso, la violencia. Este principio también es complementario al principio de riesgo mínimo. (Corrêa Cruz, 2021, p. 97).

La protección física y psicológica es una garantía fundamental para todo ser humano y se deriva del papel del Estado para garantizar la seguridad y la vida de las mujeres que sufren violencia doméstica.

En complemento, el párrafo 18 de la Recomendación 206 establece una serie de medidas que podrían adoptarse para responder y mitigar los impactos de la violencia doméstica, con especial destaque

---

[7] A ejemplo, Italia transpuso el Convenio de la OIT en el propio ordenamiento jurídico a través de la Ley n. 4 del 15 de enero de 2021. Esta ley abarca todas las manifestaciones y formas de violencia o acoso que se producen en el lugar de trabajo, incluyéndose las nuevas formas de acoso como el ciberacoso, dicta normas para la prevención y protección de las personas sometidas a ella, bien como prevé que estas normas sean acompañadas por actividades de orientación y formación.

a las alineas "d" y "f": "Entre las medidas apropiadas para mitigar el impacto de la violencia doméstica en el mundo del trabajo que se mencionan en el artículo 10, f), del Convenio se podrían incluir: a) licencia para las víctimas de violencia doméstica; b) modalidades de trabajo flexibles y protección para las víctimas de violencia doméstica; c) protección temporal de las víctimas de violencia doméstica contra el despido, según proceda, salvo que el motivo del mismo no esté relacionado con la violencia doméstica y sus consecuencias; d) la inclusión de la violencia doméstica en la evaluación de los riesgos en el lugar de trabajo; e) un sistema de orientación hacia mecanismos públicos de mitigación de la violencia doméstica, cuando existan, y f) la sensibilización sobre los efectos de la violencia doméstica."

Aunque las medidas mencionadas no tienen carácter vinculante pues se trata de una Recomendación, es imprescindible la creación de una política de campañas de prevención y acogida de víctimas de violencia doméstica, debiendo formar parte de la cultura de la empresa[8]. El Convenio y la Recomendación tienen un gran mérito al prever expresamente la cuestión de la violencia doméstica y reco-

---

8 En este sentido, se presenta un ejemplo práctico de enfrentamiento a la violencia doméstica implementado por una empresa privada en Brasil, creada a partir de un trágico episodio de muerte de una empleada víctima de esta violencia (es importante resaltar que Brasil no ha ratificado hasta la fecha de finalización de este artículo el Convenio 190 de la OIT): el programa "Canal de la Mujer —MAGALU—", de la empresa nacional Magazine Luiza, donde cualquier colaborador puede denunciar una situación de violencia doméstica y buscar ayuda. Se trata de un conjunto de canales de comunicación donde la víctima de violencia u otro empleado que tenga conocimiento puede denunciarlo. La denuncia es investigada por la empresa que en primer lugar, solicita información a su superior jerárquico, para que se noten los primeros indicios de violencia. Tras esta primera investigación, la víctima tiene encuentros con un equipo de tres psicólogos. Este equipo femenino tiene como objetivo conocer los detalles de la denuncia y la víctima comienza a recibir orientación emocional, a través de una relación de confianza, para que pueda salir de la situación de maltrato. Durante el seguimiento, los psicólogos logran ver las necesidades reales del trabajador, para que puedan empezar con acciones prácticas: la empresa se encarga de brindar gestiones prácticas, como, por ejemplo, el pago de honorarios legales en casos judiciales, el costo de alojamiento temporal en casos extremos, en los que la mujer necesita salir de casa con urgencia, o incluso el

mendaciones para mitigar su impacto en el lugar de trabajo, principalmente ahora que cada vez más se confunde con el domicilio en el caso del teletrabajador.

3. AGENDA 2030

El Convenio 190 y la Recomendación 206 de la OIT también pueden ser considerados instrumentos clave para alcanzar los Objetivos de Desarrollo Sostenible de la Agenda 2030 de las Naciones Unidas, en cuanto a crear una nueva normalidad en el trabajo, libre de violencia y acoso, y centrada en la dignidad de la persona, en especial el Objetivo 5 sobre el logro de la igualdad de género y el Objetivo 8 sobre la promoción del trabajo decente y el crecimiento económico.

La Agenda 2030 trata de un compromiso de las empresas como agente de transformación social, no solo como agente económico de la economía de mercado.

Juntos, proporcionan un marco hacia a un futuro del trabajo basado efectivamente en la dignidad, libre de violencia y acoso, que, hasta entonces, nunca se había articulado claramente en un tratado internacional.

4. PROBLEMAS PLANTEADOS PARA MITIGAR EL IMPACTO DE LA VIOLENCIA DOMESTICA EN EL MUNDO DEL TRABAJO. PREVENCIÓN Y EVALUACIÓN DE RIESGOS

Importa destacar el compromiso de los Estados que ratificaron el Convenio con la realización del derecho a un entorno de trabajo libre de violencia, debiendo garantizar por medio de políticas gubernamentales abordar la cuestión internamente, con la adopción de una estrategia integral para aplicar medidas para prevenir y reprimir

---

traslado del empleado a otra unidad laboral. Disponible en http://magalu.canaldamulher.com.br/, acceso en 15.01.2023.

la violencia. Debe destacarse que no es suficiente pronosticar, pero también es necesario monitorear las situaciones laborales.

Los principios informativos no son suficientes para la realización del derecho al mundo del trabajo libre de acoso, por lo que es necesario garantizar una verdadera eficacia según la norma convencional.

Disponemos de numerosas normativas, convenios, notas técnicas de prevención, entre otros, que mencionan la necesidad del empleador de mitigar riesgos en el trabajo, siendo masivamente discutido cuestiones sobre prevención en cuestiones ergonómicas, privacidad, etc., pero ahora, en el teletrabajo, en el cual el domicilio y el lugar de trabajo se confunden, es esencial realizar una prevención en cuanto a violencia doméstica, ya que es un riesgo en concreto.

El teletrabajo ya era utilizado como una vía alternativa para mantener el empleo en casos de violencia de género en el trabajo. Pero ¿qué ocurre cuando la trabajadora sufre violencia doméstica justamente en el teletrabajo? Hay actualmente medidas para acoger las víctimas que ya sufrieron la violencia, pero ¿cómo prevenir? ¿Es realmente posible prever una violencia en el ámbito privado en una evaluación de riesgos laborales?

En particular, respecto al teletrabajo se debe atentar a las dificultades en la integración y separación de espacios y conciliación entre la vida laboral y la vida familiar y doméstica, la cuestión del aislamiento profesional, entre otros, que dificultan la acción empresarial.

Es cierto que las evaluaciones de riesgos en el lugar de trabajo pueden contribuir a cambiar y mitigar la violencia, tal como se establece en el Convenio y se detalla en la Recomendación, teniendo en cuenta factores que aumentan la probabilidad de casos de violencia y acoso. La gran cuestión es cómo se podría realizar realmente una efectiva evaluación de este riesgo, en la medida en que, en este caso en concreto, nos deparamos con cuestiones complejas, como por ejemplo la privacidad del trabajador.

No hay dudas de que no es una tarea fácil transportar las recomendaciones para la práctica, ya que existe una falta de control del empleador en cuanto al que ocurre fuera del local de trabajo, del horario de labor y principalmente en el ámbito privado. Sin embargo, el hecho de que el trabajo se realice fuera de la organización empresarial no implica la falta de obligaciones empresariales de proteger la salud y el bienestar de las personas trabajadoras, ahora más que nunca, con la ratificación del Convenio.

Ocurre que justamente bajo la óptica del empleador, la disposición para la mitigación de la violencia doméstica es justamente la que causa más preocupación y dificultad.

Estamos frente a una cuestión compleja, ya que se plantea hasta qué punto puede llegar el empleador dentro de la organización del trabajo y cuánto se puede exigir del empresario que el ambiente de trabajo sea seguro y libre de violencia cuando escapa de su control, como es el caso en la modalidad del teletrabajo, en lo cual las condiciones no son homogéneas y cambian de domicilio a domicilio.

Hasta entonces, se defendía plenamente que el mundo laboral no podría ingresar al mundo privado y doméstico, ya que no se puede adentrar en la intimidad de los trabajadores. Ocurre que también se reconoce que la violencia domestica supone un gran impacto en el mundo laboral y que hay que mapearlo y prevenirlo. Principalmente con la ratificación del Convenio 190 esta cuestión se ve completamente afectada.

En cuanto a las situaciones en que el trabajador se encuentra en el régimen de teletrabajo, como se podría hacer este mapeo, ¿el empleador podría basarse únicamente en la palabra del trabajador con relación a su intimidad y privacidad?

Se configura aquí un deber preventivo, que se fundamenta con carácter general en la buena fe del empresario y se concreta en el deber legal de protección de la seguridad y salud laboral.

Sería recomendable empezar a evaluar y planificar la prevención de la violencia doméstica. Aunque no sea obligatorio seguir la recomendación 206, ¿qué efectividad tendría la adopción del Convenio 190, si el Estado miembro no va a planear acciones para mitigar el riesgo en concreto?

La Ley de Prevención de Riesgos Laborales no hace referencia específicamente a la situación de acoso o violencia doméstica, pero, su lectura nos permite utilizar las normas generales, de manera que, si este conociera la existencia del riesgo y no adoptara las medidas necesarias para evaluarla y evitarla, incurriría en responsabilidad por incumplimiento de los previsto en el art. 16 de la LPRL.

Es cierto que la LPRL deberá ser actualizada frente a la ratificación del Convenio 190, de manera que se asegure en este tema una prevención suficiente y eficaz de la violencia en general. (Pons Carmena, 2020, p. 57)

Hay que considerar que muchas mujeres sufren violencia en el trabajo no consiguen denunciar lo ocurrido por inúmeros motivos y hay que tener en cuenta el reflejo del mayor aislamiento en el teletrabajo, en que se dificulta cada más que la persona trabajadora que ha sufrido violencia doméstica pueda acudir a su empleador.

Por esta razón, es esencial crear ambientes de trabajo saludables, inclusivos y de apoyo en los que las víctimas se sientan cómodas para buscar ayuda.

Parece más factible que el empleador pueda efectivamente garantizar en este primero momento la sensibilización sobre los efectos de la violencia doméstica en el ámbito laboral.

Las campañas e iniciativas de sensibilización, formación para desarrollar la capacidad de los empleadores de identificar y acoger los casos de violencia doméstica, facilitar información en el lugar de trabajo sobre las medidas y servicios existentes y ofrecer apoyo a las víctimas es de extrema importancia.

Finalmente, la conciencia a través de la educación puede ser uno de los aspectos más importantes a destacar, porque no hay otra forma más efectiva de modificar la cultura ya establecida, sin promover un cambio social y cultural, en el que todos puedan verificar sus posiciones, especialmente, para que la víctima tome conciencia de su condición. (Corrêa Cruz, 2021, p. 95).

Para que se pueda dar efectividad al Convenio, es imprescindible capacitación de todas las partes de la relación laboral.

5. CAMINOS PARA LA EFECTIVIDAD DEL DERECHO

Aunque en el Convenio y en la Recomendación conste expresamente el impacto de la violencia doméstica en el empleo y medidas para su mitigación, es cierto que en el ámbito laboral el tema aun no ocupa un lugar central.

No hay dudas que el Convenio innova en destacar los efectos de la violencia doméstica, pero al mismo tiempo ha sido muy tímido al promover la protección efectiva contra este tipo de violencia, en la medida en que apenas menciona que los efectos de la violencia doméstica deben ser reconocidos y *en la medida de lo posible*, su impacto en el mundo del trabajo debe ser mitigado.

Así, los convenios colectivos representan una primera oportunidad para garantizar la mitigación de la violencia doméstica.

Eso porque, el propio Convenio alienta a que las comunidades de trabajadores puedan buscar la lucha contra el acoso a través de convenios colectivos u otras medidas consistentes con la práctica nacional y la adaptación de las medidas existentes de seguridad y salud en el trabajo para cubrir la violencia y el acoso, siempre que no se altere ni subvierta la idea central de la propia Convención. En este sentido, el párrafo 4 de la Recomendación 206 fomenta la negociación colectiva.

Como se ve, resta claro que el Convenio 190 de la OIT tiene características que lo convierte en una norma diferenciada. Sin embargo, depende de los agentes sociales, acuerdos y demás mecanismos para que se pueda verdaderamente crear acciones para mitigar la violencia en debate.

Como dicho anteriormente, el Estado tiene la responsabilidad principal de eliminar la violencia doméstica, pero es cierto que con la ratificación del Convenio 190, los empleadores y sindicatos pueden convertirse en aliados frente a esta forma de violencia, valiéndose de la Recomendación 206 que indica una serie de medidas que podrían adoptarse, no siendo un rol taxativo[9].

Es necesario asegurar que los sindicatos incluyan en sus convenios colectivos y negociaciones las recomendaciones y previsiones efectivas para prevención y control de la violencia doméstica. Por cierto, se puede sufrir la violencia domestica independientemente de teletrabajar, del lugar de trabajo y el lugar de vida privada ser lo mismo. Pero es muy importante que los acuerdos colectivos e individuales incluyan disposiciones efectivas y minuciosas en sus negociaciones y no solamente repitan el texto del Convenio y de la Recomendación. (Labigalini Martins y Corrêa Gomes Cardim, 2020, p. 137).

6. CONSIDERACIONES FINALES

Pese el papel clave jugado por el Convenio en debate, aún queda un largo camino a recorrer, especialmente con referencia a la prevención, que probablemente es el punto más débil de protección frente a la violencia y el acoso en el trabajo.

Las legislaciones nacionales de los Estados Miembros, así como los convenios colectivos u otras medidas acordes con la practica nacional, deberán contener expresas previsiones que compelen a los empleadores a asumir un rol de garantías del Convenio, así como un estricto acatamiento de medidas que velen por la prevención, protección y cumplimiento del Convenio, en particular, previniendo y mitigando la violencia y el acoso en el mundo laboral, con un especial hincapié en la violencia doméstica.

Los países que han ratificado el Convenio deben reexaminar urgentemente sus políticas nacionales de seguridad y salud en el tra-

---

9 En este sentido, véase importantes recomendaciones en Argentina para la implementación efectiva del Convenio 190 en cuanto a la violencia doméstica, en la perspectiva Estatal, Sindical, Empresarial, de los trabajadores y de la sociedad: La violencia laboral en Argentina en el marco del Convenio 190 de la OIT. Entre el trabajo informal y los desafíos de la implementación. Argentina: FES, 2022, p. 32. Disponible en https://library.fes.de/pdf-files/bueros/chile/19762.pdf

bajo, debiendo ser actualizadas para abordar la violencia y acoso en el trabajo dentro de los factores de riesgo, conforme se ha dispuesto en el Convenio y Recomendación. "Nos enfrenta a un gran desafío como sociedad, como actores de ámbitos laborales y como auxiliares de la justicia a cambiar el abordaje respecto de estas cuestiones invisibilizadas y con un usual escaso compromiso a involucrarse por parte de los integrantes del mundo laboral, a mi entender nos compele a una reconstrucción colectiva para que definitivamente la violencia y el acoso sean inaceptables en nuestra sociedad." (Luján Sánchez, 2021, p. 21)

No se trata apenas de ratificar convenios, sino de cómo regular internamente y de forma efectiva. Los Estados no pueden contentarse con internalizar la norma, sino que tendrán que asegurar el establecimiento de mecanismos para que sea una realidad que los trabajadores ya no sufren ningún tipo de acoso y violencia en el trabajo.

7. REFERENCIAS BIBLIOGRÁFICAS

Aguilar, Vegas; Juan C.; Martínez García, Elena y Boix Reig, Javier (2012). *La prevención y erradicación de la violencia de género: un estudio multidisciplinar y forense.* Navarra, Cizur Menor: Aranzadi.

Corrêa da Cruz, Alexandre (2021). A convenção 190 da OIT e seu potencial emancipatório. *Revista da Escola Judicial do TRT4*, Vol. 3, n.º 6, pp. 83-112.

Herrera Flores, Joaquín (2005). *Los derechos humanos como productos culturales: crítica del humanismo abstracto.* Madrid: Los Libros de la Catarata.

Juárez, Blanca (2021). ¿Qué tiene que ver la violencia doméstica con el trabajo? Las empresas y la prevención. *CE Noticias Financieras.*

Luján Sánchez, Verónica (2022). Violencia y acoso laboral en el trabajo de las mujeres y grupos en situación de vulnerabilidad. Convenio 190 OIT. *Revista del Instituto de Estudios Interdisciplinarios en Derecho Social y Relaciones del Trabajo,* n.º 74, julio, pp. 1-28

Labigalini Martins, Giovana; Corrêa Gomes Cardim, Talita (2020). O afastamento do trabalho da mulher vítima de violência doméstica: o caminho para a efetividade do direito. *Revista do Tribunal Superior do Trabalho.* Vol. 86, pp. 122-138.

OIT (2021). *Violência e assédio no mundo do trabalho: Um guia sobre a Convenção n. 190 e a Recomendação n. 206.* Genebra: Escritório Internacional do Trabalho. Disponible en https://www.ilo.org/brasilia/publicacoes/WCMS_832010/lang—pt/index.htm

Pons Carmena, María (2020). Aproximación a los nuevos conceptos sobre violencia y acoso en el trabajo a partir de la aprobación del Convenio OIT 190. *Labos: Revista De Derecho Del Trabajo y Protección Social,* Vol.1, n.º 2, pp. 30-60.

PARTE V
LA PROTECCIÓN Y REPARACIÓN DE LA VIOLENCIA Y EL ACOSO LABORAL

Capítulo 15

La tutela administrativa y penal frente a la violencia y el acoso en el trabajo

JUAN ANTONIO ALTÉS TÁRREGA
Catedrático de Derecho del Trabajo y de la Seguridad Social
Universitat de València
Juan.A.Altes@uv.es

1. INTRODUCCIÓN

En la tarea de erradicar la violencia y el acoso en el trabajo se requiere tomar distintas medidas de prevención y protección.

Unas se toman a nivel interno en las empresas. En este sentido la empresa está obligada a llevar a cabo una adecuada prevención de estos riesgos psicosociales, mediante la realización de campañas de información, educación y sensibilización dirigidas a todo el personal de la empresa, incluyendo a los mandos intermedios, directivos y también al personal que realice su prestación laboral a distancia, pero también evaluando los riesgos que tienen los trabajadores de una empresa de sufrir estas conductas en atención a las características del puesto de trabajo que ocupan y la prestación de servicios que desarrollan.

Junto a estas medidas preventivas, la empresa también debe facilitar la denuncia interna de estas conductas y tomar medidas para paliar sus efectos. Esta actuación se articula a través de protocolos que permiten determinar la existencia de la conducta y adoptar medidas protectoras para la víctima y, en su caso, disciplinarias para el sujeto activo de la conducta. Estos aspectos han sido tratados en anteriores capítulos de esta obra y a ellos me remito para su conocimiento y comprensión.

Junto a ellas, otras medidas se toman a nivel externo. La eliminación de este estigma social no sólo implica a los sujetos que intervienen en las relaciones de trabajo, sino también a las organizaciones e instituciones públicas que igualmente han de participar en la prevención, promoviendo una cultura que favorezca entornos de trabajo exentos de violencia, adoptando políticas públicas adecuadas y proporcionando ayuda y herramientas a los empresarios y trabajadores y a sus órganos de representación, pero también tutelando a las víctimas. El Convenio 190 OIT incide en este último aspecto y obliga a los países a adoptar, junto al conjunto de medidas a implementar en el seno de la empresa, medidas de tutela externa para las víctimas de violencia y acoso. Así, en su artículo 10.b, se establece que todo estado miembro deberá adoptar medidas que faciliten el acceso a vías de recurso y reparación de las víctimas al recurso como la posibilidad de acudir a los juzgados o tribunales (iii); establecer "medidas de protección de los querellantes, las víctimas, los testigos y los informantes frente a la victimización y las represalias" (iv); y "medidas de asistencia jurídica, social, médica y administrativa para los querellantes y las víctimas" (v). Además, de acuerdo con el art. 10.d, todos los países miembros "deberán prever sanciones, cuando proceda, para los casos de violencia y acoso en el mundo del trabajo"; y, en atención al art. 10.h "velar por que la Inspección del trabajo y otras autoridades pertinentes (...) estén facultadas para actuar en caso de violencia y acoso en el mundo del trabajo".

A priori, nuestro ordenamiento jurídico cumple con esta prerrogativa. Desde hace ya tiempo se ha desplegado un régimen sancionador público tanto administrativo, como penal en relación con la violencia en el trabajo. Sin embargo, este sistema punitivo no ha sido ajeno a los problemas interpretativos y las sucesivas reformas de las que ha sido objeto no han remediado esta situación. Por ello, en las siguientes páginas se ofrece un breve recorrido por las distintas sanciones administrativas y delitos penales relacionados con la violencia y el acoso en el trabajo, al efecto de señalar estos problemas, así como, en su caso, la incidencia que pueda tener sobre el mismo el Convenio 190 OIT.

2. RESPONSABILIDAD EMPRESARIAL ADMINISTRATIVA EN MATERIA DE VIOLENCIA Y ACOSO

2.1. Normativa aplicable

Las infracciones y sanciones administrativas relacionadas con la violencia y el acoso en el trabajo se encentran tipificadas en el *Real Decreto Legislativo 5/2000, de 4 de agosto, por el que se aprueba el texto refundido de la Ley sobre Infracciones y Sanciones en el Orden Social* (LISOS). Las posibles infracciones pueden encuadrarse entre las que esta disposición normativa clasifica como "infracciones en materia de relaciones laborales" y entre las "infracciones en materia de prevención de riesgos laborales".

Además, hay que hacer también referencia a tres disposiciones muy recientes que han incidido directa o indirectamente sobre la LISOS y que, como a continuación se expondrá, han creado ciertas disfunciones en su aplicación. Se trata de *Ley 15/2022, de 12 de julio, integral para la igualdad de trato y la no discriminación* (LIIT); la *Ley 2/2023, de 20 de febrero, reguladora de la protección de las personas que informen sobre infracciones normativas y de lucha contra la corrupción* (LPPI); y la *Ley 4/2023, de 28 de febrero, para la igualdad real y efectiva de las personas trans y para la garantía de los derechos de las personas LGTBI* (LLGTBI).

2.2. Infracciones en las relaciones laborales

Entre las infracciones en las relaciones laborales hay que hacer mención, en primer lugar, al artículo art. 8.13 LISOS que configura como infracción empresarial "el acoso sexual, cuando se produzca dentro del ámbito a que alcanzan las facultades de dirección empresarial, cualquiera que sea el sujeto activo de la misma".

Debe significarse, por un lado, que la referencia al ámbito de las facultades de dirección empresarial permite incluir las conductas ilícitas que se producen más allá de los márgenes espaciales y temporales de la relación de trabajo. Lo importante es la existencia de una conexión entre dicha conducta y la relación laboral.

Por otro lado, el sujeto activo de la infracción administrativa es la empresa, que responde bien por actos propios cometidos por el empleador persona física, bien por actos de terceros, incluso cuando no tienen una vinculación laboral directa con la empresa. El sujeto pasivo de la infracción puede ser cualquier trabajador que realice la prestación en el ámbito de las facultades de dirección empresarial, por lo no se exige que exista una relación laboral directa entre la empresa responsable y la víctima del acoso sexual.

Desde mi punto de vista, sobre estas cuestiones existe, por tanto, correspondencia con la, ya analizada en un capítulo anterior, amplia delimitación subjetiva y objetiva que se hace de la violencia y el acoso en el trabajo en el Convenio 190 OIT (arts. 2 y 3).

Con relación a esa infracción debe hacerse obligatoriamente una mención a los supuestos de exoneración empresarial. Así, por una parte, si la conducta ilícita se realiza por actos propios se viene aplicando una suerte de responsabilidad objetiva o de resultado. De esta manera la mera inobservancia de la norma, sumada a la constatación del ilícito determina la responsabilidad empresarial y difícilmente puede probarse la ausencia de culpabilidad, ya que las conductas que perfeccionan el acoso sexual seguramente tendrán tal entidad que no permitirán al empresario exculparse en el desconocimiento de que las mismas constituían un acoso. Además, si no alcanzan esta gravedad o, incluso, se encuadran como conductas socialmente toleradas, el ilícito se habrá concretado por su mantenimiento en el tiempo, junto con su carácter indeseado, que, hay que tener presente, no requiere que se haya dado a conocer directamente. Por otra parte, si la conducta se imputa a terceros la empresa deberá demostrar que puso todos los medios para evitar el resultado y a tal fin hay que valorar si se ha llevado a cabo una adecuada prevención y sanción de las conductas.

La segunda infracción a la que hay que hacer necesariamente referencia está descrita en el art. 8.13 bis LISOS. En este precepto se consideran como infracciones empresariales los distintos tipos de acosos discriminatorios que se cometen en el ámbito al que alcanza la dirección empresarial, cualquiera que sea el sujeto activo del mismo, cuando, teniendo conocimiento del ilícito, no hubiera adoptado las medidas necesarias para impedirlo.

Pues bien, la primera cuestión a destacar tiene que ver con los distintos supuestos de discriminación que se engloban en el tipo infractor y la disfunción que ha originado en ellos la LIIT.

Originariamente, pues ha sido recientemente modificado, el precepto, introducido por la *Ley 62/2003, de 30 de diciembre, de medidas fiscales, administrativas y del orden social*, se refería al *acoso por razón de origen racial o étnico, religión o convicciones, discapacidad, edad y orientación sexual* y, tras la reforma operada por la *Ley Orgánica 3/2007, de 22 de marzo, para la igualdad efectiva de mujeres y hombres* (LOI) pasó a incluir *el acoso por razón de sexo.*

Ahora bien, los ámbitos de discriminación han sido ampliados considerablemente por la mencionada LIIT, la cual, según se explicita en la parte expositiva de la misma, tiene el doble objetivo de prevenir y erradicar cualquier forma de discriminación y proteger a las víctimas, intentando combinar el enfoque preventivo con el enfoque reparador. Efectivamente, en el art. 2.1 de la ley, tomando como base el art. 14 CE y la normativa comunitaria se señala que "nadie podrá ser discriminado por razón de nacimiento, origen racial o étnico, sexo, religión, convicción u opinión, edad, discapacidad, orientación o identidad sexual, expresión de género, enfermedad o condición de salud, estado serológico y/o predisposición genética a sufrir patologías y trastornos, lengua, situación socioeconómica, o cualquier otra condición o circunstancia personal o social". Además, la norma lleva a cabo una descripción de las conductas discriminatorias mucho más detallada y amplia, sumando, en el art. 4.1, a la discriminación directa, la discriminación indirecta, la orden de discriminar, los comportamientos de acoso y el trato adverso o efecto negativo como consecuencia del ejercicio del derecho a no ser discriminado ya presentes en la LOI, la discriminación por asociación y por error, la discriminación múltiple o interseccional, la denegación de ajustes razonables, la inducción, orden o instrucción de discriminar o de cometer una acción de intolerancia, las represalias o el incumplimiento de las medidas de acción positiva derivadas de obligaciones normativas o convencionales, la inacción, dejación de funciones, o incumplimiento de deberes.

Se trata, además, de una norma, como indica el art. 3.1, aplicable al empleo por cuenta ajena y por cuenta propia, lo que comprende "el acceso, las condiciones de trabajo, incluidas las retributivas y las de despido, la promoción profesional y la formación para el empleo".

El régimen jurídico al derecho a la igualdad de trato y no discriminación en el empleo por cuenta ajena se recoge en el art. 9 y debe resaltarse el cometido encargado a la Inspección de Trabajo para que vele particularmente del derecho a la igualdad de trato y no discriminación en el acceso al empleo y en las condiciones de trabajo. Destaca, asimismo, la necesidad de adoptar medidas para detectar, prevenir y para el cese de las situaciones discriminatorias (art. 25.1), lo que resulta de aplicación a los empleadores (art. 27.2); así como el establecimiento, en su caso, de "responsabilidades administrativas, así como, en su caso, penales y civiles…".

En relación con la responsabilidad administrativa que ahora nos ocupa, la LIIT incluye un régimen de infracciones y sanciones aplicable en todos los ámbitos descritos, pero que no sustituye el recogido en la LISOS. Así lo determina expresamente el art. 46.2 LIIT, en el que taxativamente se indica que, en el orden social, el régimen aplicable será el regulado por la LISOS. Como consecuencia, el art. 8.13 bis LISOS mantiene un elenco cerrado de motivos de discriminación sustancialmente menor al que integra el referido art. 2.1 LIIT que sirve de base para delimitar el acoso discriminatorio definido en el art 6.4 LIIT, sin que pueda defenderse una interpretación integradora que permita incluir los nuevos motivos de discriminación en el art. 8.13 LISOS, pues a la contundente excepción establecida en el art. 46.2 LIIT hay que sumar el juego del principio de tipicidad que rige en materia sancionadora; o, al menos, entender que los acosos laborales por estos nuevos motivos son sancionables en atención al art. 47.4.b de la LIIT.

Esta situación podría haberse corregido con la promulgación de la LLGTBI, pues la misma ha dado una nueva redacción al art. 8.13 bis LISOS, sumando el acoso por "identidad sexual, expresión de género o características sexuales". Como puede deducirse, en lo que entiendo no es más que un nuevo ejemplo de la deficiente técnica legislativa con la que actúa el legislador en estos últimos años, sigue quedando al margen de la sanción administrativa laboral el acoso por "enfermedad o condición de salud, estado serológico y/o predisposición genética a sufrir patologías y trastornos, lengua, situación socioeconómica" o cualquier otro acoso "por cualquier otra condición o circunstancia personal o social".

Para más inri, la cuantía de las sanciones previstas en la LITT es más alta que la de la LISOS. De acuerdo con el art. 40.1c LISOS, las cuantías de las multas por la comisión de infracciones muy graves van, en su grado mínimo de 7.501 a 30.000 euros; en su grado medio de 30.001 a 120.005 euros; y, en su grado máximo, de 120.006 a 225.018 euros; mientras que en el art. 49 LIIT se prevén multas, en su grado mínimo, de 40.001 a 100.000 euros; en su grado medio, de 100.001 a 200.000 euros; y en su grado máximo de 200.001 a 500.000 euros. Resulta desconcertante que la norma no haya previsto esta situación, creando una desigualdad en la aplicación de la norma que carece de sentido y que da lugar a una infraprotección en el ámbito laboral respecto de otros ámbitos que, hasta ahora, no tenían un régimen de infracciones y sanciones propio; sobre todo porque es precisamente en el entorno del contrato de trabajo donde se producen con mayor frecuencia comportamientos de este tipo, lo que ha llevado a que esta rama del ordenamiento jurídico pueda considerarse, en muchos aspectos, pionera en la protección de la igualdad y no discriminación.

Por lo demás, hay que mencionar otro aspecto controvertido del tipo infractor del art. 8.13 bis LISOS que la doctrina se ha encargado de destacar en estudios previos. Me refiero al hecho de que la responsabilidad empresarial se haga depender acumulativamente del conocimiento de la conducta y la inacción frente a la misma, no adoptando las medidas necesarias para impedirlo. Más allá de la crítica que merece esta diferencia de concreción de la responsabilidad en relación con la infracción por acoso sexual, hay que precisar cómo debe entenderse el conocimiento empresarial de la conducta. En mi opinión, como he venido sosteniendo de forma reiterada, hay que demostrar que la falta del mismo no es imputable al empresario, por lo que no basta para exonerar a la empresa con constatar que no se ha producido una denuncia. En este sentido hay que recordar que el Tribunal Constitucional determina que no hace falta denuncia y sólo es necesario un conocimiento mínimo (STC 250/2007) o una sospecha fundada (STC 74/2007).

Más allá de estos tipos acosos, el resto de las manifestaciones de la violencia y el acoso no se han plasmado como supuestos de infracciones específicos, aunque, en parte, pueden quedar englobados en otros tipos incluidos en la LISOS.

Así, por un lado, el denominado acoso moral (*mobbing*) encuentra acomodo en la infracción recogida en el art. 8.11 LISOS que sanciona "los actos del empresario que fueren contrarios al respeto de la intimidad y consideración debida a la dignidad de los trabajadores", aunque se deja sin sancionar el *mobbing* realizado por otros trabajadores. Además, en este tipo también se encuadrarían otras manifestaciones de violencia que atenten contra la dignidad del trabajador.

Por otro lado, el art. 8.12 LISOS, califica como infracción muy grave "las decisiones unilaterales de la empresa que impliquen discriminaciones directas o indirectas desfavorables por razón de edad o discapacidad o favorables o adversas en materia de retribuciones, jornadas, formación, promoción y demás condiciones de trabajo, por circunstancias de sexo, origen, incluido el racial o étnico, estado civil, condición social, religión o convicciones, ideas políticas, orientación e identidad sexual, expresión de género, características sexuales, adhesión o no a sindicatos y a sus acuerdos, vínculos de parentesco con otros trabajadores en la empresa o lengua dentro del Estado español, así como las decisiones del empresario que supongan un trato desfavorable de los trabajadores como reacción ante una reclamación efectuada en la empresa o ante una acción administrativa o judicial destinada a exigir el cumplimiento del principio de igualdad de trato y no discriminación".

La primera parte del precepto, la que se refiere a las decisiones unilaterales de la empresa de contenido discriminatorio permite sancionar ciertas manifestaciones de la violencia laboral, en tanto que se viene entendiendo que cualquier forma de discriminación es un acto de violencia hacia el trabajador. Hay que precisar que, aunque en este caso el precepto contempla un listado de motivos de discriminación más amplio que el del art. 8.13 bis LISOS, tampoco alcanza la extensión que contiene la LIIT. Al igual que como se ha señalado anteriormente, no hubiera estado de más que la LLGTBI, al modificar el precepto para incluir la identidad sexual, la expresión de género y las características sexuales como motivos de discriminación específicos hubiera incluido una cláusula abierta como la referida en la LIIT para poder incluir cualquier causa de discriminación por condición o circunstancia personal o social.

La segunda parte del precepto está relacionada con la garantía de indemnidad y reprende la violencia ejercida por el empresario como reacción a una reclamación del trabajador destinada a exigir el principio de igualdad de trato y no discriminación. También aquí se ha producido otra disfunción o, al menos, una importante descoordinación normativa por efecto de otra ley de reciente promulgación, en este proceso de intensificación de *paralaboralidad* normativa, como lo ha denominado Del Rey Guanter, al que nos está sometiendo el legislador con el consiguiente incremento de posibles conflictos entre normas, aumentado, añadiría yo, por la deficiente técnica legislativa que muestran las mismas. En este caso, el conflicto se produce con la *Ley 2/2023, de 20 de febrero, reguladora de la protección de las personas que informen sobre infracciones normativas y de lucha contra la corrupción*, que obliga a las empresas y organizaciones, tanto privadas como del sector público, a establecer canal de denuncias interno para informar sobre incumplimientos del derecho de la Unión Europea y sobre delitos e infracciones administrativas muy graves, lo que incluye las infracciones muy graves tipificadas en la LISOS, y a adoptar un sistema de protección que garantice la indemnidad de las personas que comuniquen esta información. Para garantizar esta protección se sanciona como infracción muy grave "la adopción de cualquier represalia derivada de la comunicación frente a los informantes o las demás personas incluidas en el ámbito de protección establecido en el artículo 3 de esta ley" (art. 63.1.b); y entre las conductas que se consideran represalias se encuentra la "discriminación, o trato desfavorable o injusto" (art. 36.3.g). Parece evidente que el supuesto de hecho se inscribe en el ámbito de ambas normas y, además, da lugar sanciones en forma de multas pecuniarias muy distintas: entre 7.501 y 225.018 euros por aplicación de la LISOS (art. 40.1.c); y entre 30.001 y 300.000 euros si el responsable es una persona física y entre 600.001 y 1.000.000 de euros si se trata de una persona jurídica de acuerdo con la Ley de protección del informante (art. 65 1.a y b). Aunque no se establecen reglas para determinar cuándo será de aplicación una u otra sanción, parece que la LISOS será de aplicación cuando la represalia se corresponda a una reclamación canalizada al margen de los canales establecidos en la Ley de protección del informante.

Finalmente, otros supuestos de violencia y acoso de menor gravedad como algunos supuestos de acoso ambiental se integrarían en el art. 7.10 LISOS en referencia a los actos y omisiones contrarios a los derechos reconocidos en el art. 4 ET, lo que incluye el derecho a no ser discriminado y el derecho a la integridad física, salvo que merezcan la calificación de muy graves.

2.3. Infracciones en materia de salud laboral

El Convenio 190 OIT está construido desde el punto de vista de la prevención, considerando la violencia y el acoso como conductas que tienen "por objeto, que causen o sean susceptibles de causar, un daño físico, psicológico, sexual o económico" (art. 1.1.a), es decir, que afectan negativamente a la salud en el trabajo, entendido el concepto de salud en un sentido amplio en consonancia con la definición que la OMS ofrece del mismo y que deben erradicarse para conseguir como fin último "respetar, promover y asegurar el disfrute del derecho de toda persona a un mundo del trabajo libre de violencia y acoso" (art. 4.1). La adhesión al Convenio 190 por parte de España no tiene especial trascendencia en términos sustantivos para la normativa de prevención de riesgos laborales, pues todas las medidas que se establecen para prevenir la violencia y el acoso en el trabajo están integradas en la misma, pero debe ayudar a superar el déficit que implica la ausencia de una mención en la misma de los riesgos psicosociales, ya que deberá incluirse expresamente la protección frente a estos riesgos y, específicamente, frente a la violencia y el acoso, así como crear normas que desarrollen cómo deberá llevarse a cabo esta protección.

Desde esta lógica preventiva, el empresario incumple sus obligaciones por el mero hecho de no prevenir posibles comportamientos de violencia y acoso, aun sin que se concreten, si existe riesgo de que ocurran —como ha defendido la Inspección de Trabajo en el *Criterio Técnico 69/2009, sobre acoso y violencia en el trabajo* y en el de *Criterio Técnico 104/2021, sobre actuaciones en riesgos psicosociales*—, lo que implica aplicar el régimen sancionador previsto en la LISOS en materia de infracciones sobre prevención de riesgos laborales, sin necesidad de que se perfeccionen estas conductas.

En este sentido, en primer lugar, la empresa incurrirá en infracción grave cuando incumpla con la obligación de evaluación de estos riesgos o de revisar y controlar periódicamente las condiciones de trabajo y actividades que pueden generar violencia y acoso en el trabajo (art. 12.1.b LISOS).

Igualmente, se cometerá una infracción grave cuando, tras llevar a cabo la evaluación e identificación de los posibles riesgos que puedan derivar en situaciones de violencia y acoso en el trabajo, no se planifique la activad preventiva para eliminarlos (art. 12.6 LISOS).

Además, el incumplimiento de las obligaciones de información y formación a los trabajadores sobre los riesgos en el trabajo y sobre las medidas preventivas aplicables que recogen los artículos 18 y 19 de la *Ley 31/1995, de 8 de noviembre, de prevención de Riesgos Laborales* (LPRL) —que conectan, a su vez, con la obligación de llevar a cabo campañas informativas y acciones de formación em materia de acoso sexual y acoso por razón de sexo conforme al art. 48 LOI—, conllevan una infracción grave (art. 12.8 LISOS).

En segundo lugar, junto con estas posibles infracciones de carácter puramente preventivo, la empresa puede incurrir en otras que se perfeccionan cuando se ha tenido, o debiera haberse tenido, conocimiento de una situación de violencia o acoso en el trabajo y no se actúa diligentemente, lo que conllevaría un incumplimiento por acción u omisión del art. 14.2 LPRL. Estos incumplimientos darían lugar a una infracción leve, grave o muy grave, en función de que este incumplimiento carezca de trascendencia grave para la integridad física o la salud de los trabajadores (art. 11.4 LISOS), dicha trascendencia sea grave (art. 12.16 LISOS) o grave e inminente (art. 13.10 LISOS).

Además, la inactividad de la empresa puede dar lugar a dos tipos de infracciones. Por un lado, si no se adoptan protocolos o no se toman medidas, poniendo a disposición de la víctima los servicios de prevención de la empresa; o cuando se toman de manera equivocada y se actúa sobre las condiciones de trabajo de la víctima, manteniéndola o adscribiéndola a puestos de trabajo incompatibles con sus circunstancias personales o con su estado o situación transitoria causada por la violencia y el acoso en el trabajo, se incumple el art. 25 LISOS y se comete una infracción grave (art. 12.7 LISOS) o muy grave (art. 13.4 LISOS); y por otro lado, la falta de investigación sobre las causas que han dado lugar a una situación de violencia y acoso que ha afectado a la salud del trabajador, daría lugar a una infracción grave conforme a los arts. 16.3 LPRL y 12.3 LISOS.

En tercer lugar, en los casos de violencia y acoso ocurridos en centros de trabajo con presencia de trabajadores autónomos o con trabajadores de distintos empresarios puede dar lugar a responsabilidades derivadas de la falta de cooperación y coordinación de riesgos laborales (art. 24 LPRL), subsumibles en las infracciones previstas en el art. 12.13 y 13.7 LISOS.

Las sanciones previstas para el incumplimiento de la normativa sobre prevención de riesgos laborales se encuentran en el art. 40.2 LISOS y son las siguientes: "a) Las leves, en su grado mínimo, con multa de 45 a 485 euros; en su grado medio, de 486 a 975 euros; y en su grado máximo, de 976 a 2.450 euros; b) Las graves con multa, en su grado mínimo, de 2.451 a 9.830 euros; en su grado medio, de 9.831 a 24.585 euros; y en su grado máximo, de 24.586 a 49.180 euros; c) Las muy graves con multa, en su grado mínimo, de 49.181 a 196.745 euros; en su grado medio, de 196.746 a 491.865 euros; y en su grado máximo, de 491.866 a 983.736 euros".

Como puede observarse las cuantías previstas para los distintos tramos de estas sanciones son notablemente más altos que para los equivalentes en materia de relaciones laborales, lo que tiene consecuencias en caso de concurrencia de infracciones.

3. LA TUTELA PENAL DE LA VIOLENCIA Y ACOSO

La tutela penal de la violencia y el acoso en el trabajo se canaliza expresamente a través de dos tipos delictivos: el de acoso laboral regulado en el art. 173.1 *Ley Orgánica 10/1995, de 23 de noviembre, del Código Penal* (CP); y el de acoso sexual en el trabajo al que se refiere el art. 184 CP. Este último delito ha sido modificado por la *Ley Orgá-*

nica 10/2022, de 6 de septiembre, de garantía integral de la libertad sexual (LOGILS), que también ha actuado en materia de responsabilidad de la empresa, cuando se trate de una persona jurídica. En las líneas siguientes se destacan los aspectos más controvertidos de estos delitos y de las modificaciones que ha introducido la norma citada.

3.1. El acoso laboral y los acosos discriminatorios

En primer lugar, hay que hacer referencia al delito configurado en el art. 173.1, párrafo tercero CP, que castiga con pena de prisión de seis meses a dos años a "los que, en el ámbito de cualquier relación laboral o funcionarial y prevaliéndose de su relación de superioridad, realicen contra otro de forma reiterada actos hostiles o humillantes que, sin llegar a constituir trato degradante, supongan grave acoso contra la víctima". La inclusión de este delito por la Ley Orgánica 5/2010, de 22 de junio, significo un importante y significativo avance en la lucha contra el acoso laboral o *mobbing*.

El tipo penal de acoso laboral se incluye entre las conductas penadas que infringen un trato degradante a las personas, es decir que atentan contra la incolumidad o inviolabilidad personal y cuyo tipo general castiga a cualquier sujeto que infrinja "a otra persona un trato degradante, menoscabando gravemente su integridad moral, será castigado con la pena de prisión de seis meses a dos años" (art. 171.1, párrafo primero CP). Como puede observarse, el tipo especifico implica por tanto un grave acoso, pero sin llegar a constituir la conducta que delimita el tipo general, esto es, un trato degradante. Con ello se confiere al delito unos perfiles muy abstractos, en tanto que se define por lo que no es, además de que, al compartir la misma pena, se castigan de la misma manera conductas menos graves. Seguramente esta última anomalía se desvanece por efecto de la reiteración que caracteriza el acoso laboral, que no se exige para el delito contra la integridad moral y serviría para igualar la gravedad de ambos delitos.

Respecto del tipo específico de acoso laboral hay que resaltar, en primer lugar, la limitación del ámbito en el que se realiza la conducta al trabajo por cuenta ajena bien sea en el marco de una relación laboral o funcionarial.

En segundo lugar, hay que referirse a la exigencia de una relación de superioridad entre el sujeto activo y el pasivo del delito, lo que lleva a preguntarse si se limita a la existencia de una superioridad jerárquica o si cabe un prevalimiento fáctico o circunstancial que permite a personas que ocupan una relación jerárquica similar aprovechar determinadas circunstancias parapara ejercer *de facto* un poder sobre las víctimas. Aun admitiendo esta posibilidad, otros casos de acoso horizontal (acoso entre compañeros) que desembocan en un acoso ambiental, sólo serían punibles a través del tipo general.

En tercer lugar, debe señalarse el elemento de reiteración que requiere la conducta tipificada, lo que impide en principio considerar punibles por esta vía los actos aislados. Estos, si son lo suficientemente graves, podrían castigarse con base en el tipo general, al constituir un trato degradante. En cualquier caso, en los últimos tiempos se ha abierto la posibilidad de incluir aquellos actos aislados cuyos efectos se prolongan en el tiempo.

Pero, sin duda, lo que más llama la atención en relación con este delito es la desproporción entre la incidencia del acoso laboral en las empresas y el escaso número de sentencias estimatorias. Esta realidad admite diversas lecturas. Cabe atribuirla a la ausencia de denuncias, de manera que muchas conductas de acoso no se destapan o, si salen a la luz, se canalizan y mantienen en el ámbito privado de la relación de trabajo. También puede explicarse por la dificultad probatoria para lograr una condena. Y, por último, puede fundarse en una falta de sensibilidad de los órganos penales en la compresión del ilícito, en lo referente a los contornos que diferencian el conflicto laboral, el ilícito laboral y el propio delito, para lo que ayuda poco la indefinición de la conducta delictiva que ha de constituir un grave acoso que no llega a constituir un trato degradante. Sin embargo, los tribunales, amparándose en el principio de intervención mínima de la norma penal, ponen el énfasis en la gravedad de las conductas. En realidad, se acaba por utilizar los mismos criterios que para el trato degradante, como ejemplifican la SAP-La Coruña, de 20 de mayo de 2018, nº. 184/2018, cuando señala que "uno de los tratos más degradantes en el trabajo es hacer el vacío cuando se hace con la intención de que la persona trabajadora lo abandone. De hecho, en la práctica judicial y forense son numerosas las referencias que se hacen a las situaciones de vacío y ninguneo como lesivas para la dignidad y consideración de quien las padece"; o el AAP-Jaén de 18 de diciembre de 2012, nº 333/2012 y el AAP-Jaén, de 7 de febrero de 2017, nº 80/2017 al requerir una *violencia psicológica extrema.* Desde aquí abogamos por un entendimiento diferente del acoso laboral. Al respecto, hay que manifestar que el principio de intervención mínima penal no es tanto un criterio de aplicación de la norma, como una guía para el legislador, como ha señalado recientemente la STS (Penal), de 15 de marzo de 2023, 185/2023, por lo que, una vez este ha decidido configurar un determinado delito no puede dejar de aplicarse sobre la base de que encuentra acomodo en otro tipo de sanciones civiles o administrativas.

Además, el cambio operado por la STC 56/2019, de 6 de mayo, en la delimitación del acoso laboral, verificando que la intencionalidad y el daño no son determinantes, bastando probar la conexión entre la conducta y el resultado y que sea idónea para producir un daño, debe también trasladarse al ámbito penal. En este sentido, en mi opinión, resulta mucho más acertada la doctrina seguida por la SAP-Alicante de 20 de noviembre de 2018, n.º 392/2018 que condena por un acoso por los comentarios reiterados que desbordan el marco de lo socialmente tolerable.

En segundo lugar, en este mismo tipo delictivo pueden entenderse incluidos los acosos discriminatorios, puesto que, en relación con el acoso laboral, prácticamente solo se diferencian por el objeto perseguido con la conducta. Por tanto, si el acoso se realiza por motivos discriminatorios daría lugar a la aplicación de la agravante del artículo 22.4 CP: "cometer el delito por motivos racistas, antisemitas, antigitanos u otra clase de discriminación referente a la ideología, religión o creencias de la víctima, la etnia, raza o nación a la que pertenezca, su sexo, edad, orientación o identidad sexual o de género, razones de género, de aporofobia o de exclusión social, la enfermedad que padezca o su discapacidad, con independencia de que tales condiciones o circunstancias concurran efectivamente en la persona sobre la que recaiga la conducta".

3.2. El acoso sexual

El delito de acoso sexual en el marco de una relación laboral, funcionarial, docente o de prestación de servicios o análoga, continuada o habitual, está recogido en el art. 184 CP. Este delito, como se ha señalado, ha sido parcialmente reformado por la controvertida LOGILS. Estas y otras cuestiones son expuestas a continuación.

El delito de acoso sexual comprende tres tipos distintos con un incremento de las penas en función de distintos elementos contextuales y subjetivos.

En este sentido, el tipo básico castiga la solicitud de favores sexuales que provocan a la víctima una situación objetiva y gravemente intimidatoria, hostil o humillante y establece una pena de prisión de seis a doce meses o multa de diez a quince meses e inhabilitación especial para el ejercicio de la profesión, oficio o actividad de doce a quince meses.

Como puede observarse, no se exige una relación de superioridad, por lo que se penaliza también el acoso entre iguales. Sin embargo, al perfeccionarse exclusivamente por la solicitud de favores sexuales, la visión del acoso sexual horizontal es claramente parcial, dejando fuera conductas que, objetivamente, pueden ser incluso de mayor gravedad. A modo de ejemplo traigo a colación la decisión de la SAP-Madrid, de 9 de julio de 2012, n.º 310/2012. El conflicto se origina entre un oficial de farmacia y dos compañeras, con las que mantiene contactos libidinosos no deseados (palmadas, besos en la oreja, abrazos) que no se tienen en cuenta y solo se considera la proposición de ir a un hotel a echar una siesta y no se entiende suficientemente grave para configurar el delito de acoso sexual.

También resulta problemática la exclusiva consideración objetiva de los efectos de la conducta punible, pues, a falta de un estándar, permite un amplio margen de discrecionalidad al juzgador y olvida que las circunstancias de la víctima tienen una influencia clara en la creación de una situación intimidatoria, hostil u humillante.

Finalmente, debe señalarse que la pena de inhabilitación, reivindicada por la doctrina e incluida por la LOGILS, proporciona un tratamiento punitivo más acorde con el fenómeno de acoso, pues, además de disuadir, permite el alejamiento del acosador respecto de la víctima.

Junto a este tipo básico se incluyen dos tipos agravados recogidos en el art. 184.2 y 3 CP para los que se establece una pena de prisión de uno a dos años e inhabilitación especial para el ejercicio de la profesión, oficio o actividad de dieciocho a veinticuatro meses.

El primer supuesto se refiere al acoso sexual cometido con prevalimiento de una situación de superioridad laboral, docente o jerárquica o sobre persona sujeta a guarda o custodia o con el anuncio expreso o tácito de causar a la víctima un mal relacionado con las legítimas expectativas que aquella pueda tener en el ámbito de la indicada relación. Entiendo que el requisito de la situación de superioridad, como se ha señalado en relación con el delito de acoso laboral, debe interpretarse de forma extensiva, como una superioridad funcional y no jerárquica, lo que está en consonancia con la inclusión de la amenaza de perjudicar las expectativas de la víctima.

El segundo supuesto se ha incluido también con la reforma de la LOGILS y castiga esta pena agravada a quien comete el delito en centros de protección o reforma de menores, CIEs, o cualquier otro centro de detención, custodia o acogida, incluyendo los de estancia temporal.

Finalmente, el art. 184.4 CP establece un tipo hiperagravado que implica imponer las penas en su mitad superior si el delito se comete con personas que se encuentran en situación de vulnerabilidad por edad, enfermedad o discapacidad.

Para acabar este repaso de la tutela penal hay que señalar que la LOGILS ha introducido en estos dos delitos la responsabilidad penal de la persona jurídica. Por tanto, tal y como se establece en el art. 173.1 y en el art. 184.5 CP, cuando, de acuerdo con lo establecido en el artículo 31 bis CP, una persona jurídica sea responsable de estos delitos se le impondrá la pena de multa de seis meses a dos años, además de las que puedan imponerse, conforme a las reglas establecidas en el artículo 66 bis CP, de entre las recogidas en las letras b) a g) del apartado 7 del artículo 33 CP, lo que incluye la suspensión de actividades, la clausura de locales y establecimientos y la extinción de la personalidad jurídica.

Aquí es importante señalar que el ar. 31 bis CP permite exonerar a las personas jurídicas que, con anterioridad a la realización del delito, han adoptado un modelo de organización y gestión idóneos para prevenirlos. Esto implica incorporar al *compliance* penal los canales de denuncia sobre acoso. Así, estos protocolos de actuación pasan a tener mayor importancia en cuanto que pueden evitar la sanción penal de la empresa. Además, se han ampliado los supuestos en que su implantación resulta obligatoria.

Efectivamente, en un principio sólo eran necesarios *ex* art. 48 LOI para canalizar y dar solución a los casos de acoso sexual y acoso por razón de sexo. Sin embargo, tras las recientes reformas, esta obligación se extiende, con base en el art. 12.1 LOGILS, a todas las conductas contra la libertad sexual y la integridad moral en el ámbito de la empresa, lo que incluye también el acoso moral y otras situaciones de violencia distintas al acoso. Además de acuerdo con la LPPI serán necesarios en las empresas con más de 50 trabajadores para posibilitar la información sobre incumplimientos empresariales de delitos penales e infracciones administrativas muy graves, lo que comprende la práctica totalidad de las sanciones y los delitos analizados en este trabajo. Finalmente, con carácter específico, según establece el art. 15 LLGTBI, son obligatorios, también en las empresas de más de 50 trabajadores, para los casos de acoso y violencia que afectan a las personas LGTBI. Ciertamente, la LOGILS y la LPPI no se refieren de forma expresa a los protocolos de actuación, como sí hace la LLGTBI, pero, si se tiene en cuenta que, tradicionalmente, éstos se han identificado con los procedimientos para prevenir estas conductas y dar cauce a las denuncias, ambas normas se solapan. La generalidad con la que se describen las conductas en la LOGILS incluye, a mi modo de ver, las posibles situaciones de violencia y acoso que puede sufrir una persona LGTBI y, dado que las medidas de prevención y para dar cauce a las denuncias son exigibles en todas las empresas, independientemente de su tamaño, resulta difícil determinar que plus aporta el art. 15 LLGTBI, salvo que, como defiende por ejemplo Moreno Solana, se entienda que la obligación establecida en este precepto va más allá y configura un plan de igualdad de empresa específico para las personas LGTBI en el que se deberá incorporar el protocolo de prevención protección frente al acoso y la violencia de este colectivo.

4. LA CONCURRENCIA DE SANCIONES

Finalmente, se ofrece ahora un apunte sobre las reglas que rigen la concurrencia entre infracciones administrativas y entre éstas y las infracciones penales.

Pues bien, por un lado, el carácter pluriofensivo de las conductas de violencia y acoso puede dar lugar a que los mismos hechos se integren en más de un tipo de infracción administrativa, de manera que pueden concurrir varías infracciones laborales o, y especialmente, infracciones en materia laboral y de prevención de riesgos laborales laboral. En este último caso, la concurrencia se produce cuando se haya constatado la existencia de una situación de violencia y acoso y, al mismo tiempo, se hayan vulnerado las obligaciones de prevención y protección de la salud de los trabajadores, pero también cuando sea de aplicación el art. 7.10 LISOS, esto es, cuando se hayan producido actos u omisiones que han dado lugar a una situación de violencia, que no puede considerarse muy grave y, al mismo tiempo, la empresa no ha previsto estos riesgos o no ha intervenido frente a ellos adecuadamente.

Estas situaciones se han resuelto aplicando al orden sancionador administrativo los principios que rigen el derecho penal, en especial el principio *non bis in idem*, impidiendo que se "sancione repetidamente una misa conducta, por entrañar esta posibilidad una inadmisible reiteración en el ejercicio del "ius puniendi" del Estado " (STC 94/1986, de 8 de julio). De esta manera, se aplican las reglas sobre concurso de normas que protegen un mismo bien jurídico desde distintas perspectivas y, en su caso, el del concurso ideal de infracciones, por lo que cabe entender que debe penalizarse exclusivamente la sanción más grave.

Sobre esta base, cuando concurren infracciones laborales y de prevención de riesgos, generalmente se aplicarán las relativas a la protección de la salud laboral, por ser las sanciones más altas. No obstante, puede darse una concurrencia entre infracciones preventivas graves y laborales muy graves, en cuyo caso serán de aplicación estas últimas.

Por otro lado, si como consecuencia de la conducta violenta se produce concurrencia de ilícitos penales con las infracciones laborales y/o en materia de prevención de riesgos se aplicarán las reglas previstas en la propia LISOS. De esta manera, se impide que puedan "sancionarse los hechos que hayan sido sancionados penal o administrativamente, en los casos en que se aprecie identidad de sujeto, de hecho y de fundamento" (art. 3.1 LISOS); y, en los casos, en que se inicie con anterioridad la vía administrativa, si se entiende que las infracciones pueden ser constitutivas de ilícito penal, "la Administración pasará el tanto de culpa al órgano judicial competente o al Ministerio Fiscal y se abstendrá de seguir el procedimiento sancionador mientras la autoridad judicial no dicte sentencia firme o resolución que ponga fin al procedimiento o mientras el Ministerio Fiscal no comunique la improcedencia o proseguir actuaciones " (art. 3.3 LISOS).

La paralización del expediente administrativo sancionador por el inicio de actuaciones penales debe ser acordada cuando haya plena coincidencia de sujetos, hechos y fundamento entre el ilícito penal y la sanción administrativa que se pretende imponer. A estos efectos se debe tener en cuenta que la tipificación de los ilícitos penales no tiene el mismo contenido que las infracciones administrativas en el orden social y que, por regla general, la definición de las conductas infractoras suele ser más amplia y precisa; y que, el requisito de dolo y gravedad no tiene la misma trascendencia en las sanciones penales y administrativas.

Finalmente, aunque no afecta a la concurrencia de sanciones, quiero dejar constancia de un problema añadido en relación con las sanciones administrativas y penales, pues existe cierta incongruencia entre las mismas. Me refiero a hechos como que la pena de prisión para el acoso laboral sea mayor que la del tipo básico de acoso sexual o que la pena de multa más alta de este mismo delito, unos 180.000 euros, sea inferior a establecida para la sanción administrativa más alta 225.000 euros.

5. A MODO DE CONCLUSIÓN

Tras este repaso al marco jurídico actual, se pueden poner de relieve algunas consideraciones sobre su compatibilidad con el Convenio 190 OIT. La primera de ellas y, sin duda, muy significativa es que puede afirmarse que nuestro ordenamiento jurídico cumple con las directrices que determina dicho Convenio, lo que no quita que sean necesarias algunas actuaciones precisas por parte de nuestro legislador.

En primer lugar, por una parte, en función de la decisión que se adopte en cuanto a conceptualizar violencia y acoso de forma conjunta o separadamente deberían incorporarse infracciones y sanciones que aglutinaran todas estas situaciones, integrando el acoso laboral o *mobbing* de forma expresa. Lo más natural sería establecer una infracción muy grave por acoso, independientemente de su naturaleza sexual, discriminatoria o de vulneración de la integridad moral del individuo y otras que podrían calificarse como graves y muy graves que recojan otros tipos de violencia en función de cómo se definan los mismos. En el ámbito penal, debería ocurrir algo parecido. Quizás lo más conveniente sería englobar todos los supuestos de violencia en el trabajo en un único delito, sin restringirlo a los supuestos de acoso y mantener como delito independiente el de acoso sexual.

Por otro lado, debería de tenerse en cuenta a efectos de una intervención legislativa la perspectiva preventiva del Convenio 190 OIT y la necesidad de incorporar a la normativa sobre prevención de riesgos laborales previsiones específicas en esta materia, tanto en la LPRL, incluyendo los riesgos psicosociales y la violencia y acoso. También habría que invertir en la normativa reglamentaria, a fin de establecer protocolos para facilitar a las empresas identificar los riesgos y planificar su prevención e intervenir en caso de que se materialicen. Ello, en fin, permitirá incluir entre las infracciones relativas a la prevención de riesgos laborales referencias a los incumplimientos relativos a los riesgos psicosociales y, en especial, a la violencia y el acoso en el trabajo.

Junto a estos cambios, sería aconsejable modificar la normativa para incorporar soluciones a los problemas interpretativos que la configuración de las infracciones administrativas y los delitos pernales plantean y resolver las incertidumbres y disfunciones que han traído consigo las últimas reformas legislativas.

Así, sobre todo, resulta necesario revisar y corregir las disfunciones que ha provocado la LIIT en relación con la infracción del acoso discriminatorio y las cuantías de las sanciones relativas a las conductas discriminatorias independientemente de la manera en que se perfeccionen (discriminación directa, indirecta, acoso sexual, discriminatorio o de cualquier otra manera). En otro caso, el ámbito de las relaciones laborales se ve infraprotegido respecto de otros incluidos en la norma mencionada, pese a ser pionero en la regulación de estos ilícitos y sus consecuencias. Igualmente, debe aclararse el alcance de la obligación empresarial de implantar protocolos en esta materia, pues existe una superposición normativa a la vista de las reformas introducidas en esta materia por la LOGILS, la LPPI y en la LLGTBI que dificulta la actuación de las empresas en orden a exonerar su posible responsabilidad penal.

6. REFERENCIAS BIBLIOGRÁFICAS

Altés Tarrega, Juan Antonio (2021). La represión penal del acoso en el trabajo, *Labos Revista de Derecho del Trabajo y Protección Social*, 2(1), 2021, pp. 43-67.

Altés Tarrega, Juan Antonio; Estardid Colom, Federico (2022). Violencia y acoso en el trabajo: plasmación en las empresas y mecanismos de prevención, *Gestión Práctica de Riesgos Laborales*, (202).

Altés Tarrega, Juan Antonio (2022). El Convenio 190 OIT y la tutela administrativa de la violencia y el acoso en el trabajo, *Revista crítica de relaciones de trabajo* (4), 2022, pp. 97-121.

Altés Tarrega, Juan Antonio; Aradilla Marqués, María José (2023), Teletrabajo, violencia y acoso y Convenio 190 OIT, *Temas laborales*, (166), pp. 65-92.

Azagra Solano, M. (2010). Recargo de prestaciones: ¿también en los casos de mobbing?", *Revista Aranzadi Doctrinal*, (5), 2010, pp. 67-80.

Del Rey Guanter, Salvador (2023). La reciente intensificación de la "paralaboralidad" normativa: algunas causas y consecuencias. *AEDTSS. Briefs de la AEDTSS*, (25)- Disponible en https://www.aedtss.com/la-reciente-intensificacion-de-la-paralaboralidad-normativa-algunas-causas-y-consecuencias

Igartua Miró, M.ª Teresa (2020). Los canales de denuncia internos (*whistleblowing*) como mecanismo de tutela frente al acoso laboral. *Revista de Trabajo y Seguridad Social. CEF*, (447), pp. 37-69

López Rubia, Edurne (2020). Los protocolos de acoso sexual y acoso por razón de sexo, en Pedrosa Alquézar, Sonia Isabel (Dir.), *Diseño e implementación de planes de igualdad en las empresas cuestiones claves,* Cizur Menor (Navarra): Thomson Reuters Aranzadi, pp. 579-208.

Nieto Rojas, Patricia. (2023) El complicado entramado normativo de planes de igualdad y protocolos en las empresas. Algunas reflexiones sobre protocolos anti-acoso y de gestión de la diversidad, *Labos Revista de Derecho del Trabajo y Protección Social* (n.º extraordinario "Tormenta de reformas"), pp. 122-142.

Molina Navarrete, Cristóbal (2011), El recargo de prestaciones por infracción del deber de evaluar los riesgos psicosociales: la doctrina judicial hace «justicia disuasoria». Comentario a la STSJ, Sala Social, Cataluña, 14 de septiembre de 2010", *Revista Doctrinal Aranzadi Social,* 3(22).

Molina Navarrete, Cristóbal (2019). Redes sociales digitales y gestión de riesgos profesionales: prevenir el ciberacoso sexual en el trabajo, entre la obligación y el desafío" [en línea], *Diario la Ley,* (9452).

Molina Navarrete, Cristóbal (2019). *El ciberacoso en el trabajo. Cómo identificarlo, prevenirlo y erradicarlo en las empresas,* Las Rozas (Madrid), Wolters Kluwer, 2019.

Pons Carmena, María (2020). Aproximación a los nuevos conceptos sobre violencia y acoso en el trabajo a partir de la aprobación del Convenio 190", *Labos Revista de Derecho del Trabajo y Protección Social,* 1(2), pp. 30-60

Vallejo Costa, Ruth. (2006): Acoso sexual y acoso por razón de sexo: riesgos de especial incidencia en la mujer trabajadora", *Revista de la Asociación Estatal de Centros Universitarios de Relaciones Laborales y Ciencias del trabajo,* (17), pp. 55-64.

Yagüe Blanco, S. (2020). Violencia y acoso en el trabajo: un análisis del nuevo concepto a la luz del 190 Convenio de la OIT, *Revista General de Derecho del Trabajo y de la Seguridad Social,* (57).

Capítulo 16

Los protocolos de acoso sexual y acoso por razón de sexo tras las novedades normativas de 2022[1]

MIREN EDURNE LÓPEZ RUBIA
Profesora Titular EU de Derecho del Trabajo y de la Seguridad Social
Universidad del País Vasco/Euskal Herriko Unibertsitatea
mirenedurne.lopez@ehu.eus

1. INTRODUCCIÓN

Tras la ratificación en 2022 del Convenio 190 de la OIT sobre la violencia y el acoso (2019) por parte de España, este entró en vigor en nuestro país el 25 de mayo de 2023[2]. Por ello, puede resultar interesante hacer una valoración de cuál será la incidencia de esta norma internacional sobre algunas de las materias que contempla.

En concreto, en este Capítulo intentaré adentrarme en las consecuencias que acarreará la entrada en vigor del Convenio OIT 190 sobre los protocolos de acoso sexual y acoso por razón de sexo en el trabajo.

Adelanto que dicho análisis no será sencillo, no tanto por el estudio de la incidencia que el Convenio OIT 190 pueda tener en la regulación estatal, cuanto por la necesidad de aclarar y analizar previamente cuál es el estado actual de la cuestión en la regulación estatal sobre la materia anotada, después de la aprobación y entrada en

---

1 Trabajo realizado al amparo del grupo de investigación GIU-EHU 21/014, del que la que suscribe es IP junto con Olga Fotinopoulou Basurko.

2 Información obtenida de: https://www.ilo.org/dyn/normlex/en/f?p=1000:11300:0::NO:11300:P11300_INSTRUMENT_ID:3999810 (último acceso: 12-04-2023).

vigor de la *Ley 15/2022, de 12 de julio, integral para la igualdad de trato y la no discriminación*[3] y, sobre todo, de la *Ley Orgánica 10/2022, de 6 de septiembre, de garantía integral de la libertad sexual*[4], que es la que, por un lado, ha regulado el acoso sexual y el acoso por razón de sexo y, por otro lado, ha modificado la regulación existente al respecto, que se encontraba en la *Ley Orgánica 3/2007, de 22 de marzo, para la igualdad efectiva entre mujeres y hombres* (LOI).

Si con anterioridad a la aprobación de las dos leyes apenas citadas, teníamos que hacer una lectura conjunta de la LOI y su reglamento de desarrollo, el *Real Decreto 901/2020, de 13 de octubre, por el que se regulan los planes de igualdad y su registro y se modifica el Real Decreto 713/2010, de 28 de mayo, sobre registro y depósito de convenios y acuerdos colectivos de trabajo*; ahora, y tras las reformas citadas, esa lectura conjunta abarca, como mínimo, cuatro normas: LOI, RD 901/2020, LO 10/2022 y Ley 15/2022[5].

2. LAS OBLIGACIONES DE LAS EMPRESAS Y DE LAS ADMINISTRACIONES PÚBLICAS

Antes del 7 de septiembre de 2022, las obligaciones de las empresas y de las administraciones públicas para actuar contra el acoso sexual y el acoso por razón de sexo en el trabajo se regulaban en la *Ley Orgánica 3/2007, de 22 de marzo, para la igualdad efectiva de mujeres y hombres* (LOI), concretamente en los artículos 48 y 62. A partir de la aprobación de la *Ley Orgánica 10/2022, de 6 de septiembre, de garantía integral de la libertad sexual*, para poder conocer todas las obligaciones que existen en esta materia, hay que hacer una lectura integrada de los artículos 12 y 13 de esa nueva Ley Orgánica, del artículo 48 LOI

---

3 Entró en vigor el día siguiente de su publicación (BOE 13-07-2022) (Disposición final 10ª).

4 Entró en vigor a los 30 días de su publicación (BOE 07-09-2022) (Disposición final 25ª).

5 Además de la Constitución española y la *Ley 31/1995, de 8 de noviembre, de Prevención de Riesgos Laborales (LPRL)*, puesto que el acoso sexual y el acoso por razón de sexo, son tanto conductas, actos o comportamientos discriminatorios (art. 7.3 LOI), como riesgos laborales de carácter psicosocial.

que, aunque ha sido modificado por la nueva LO 10/2022, sigue regulando obligaciones en esta materia[6], y del artículo 62 LOI.

2.1. Promover condiciones de trabajo adecuadas

La primera y más importante obligación que tienen tanto las empresas, como las administraciones públicas, los organismos públicos y los órganos constitucionales[7] es la de promover condiciones de trabajo que eviten (arts. 12.1 y 13.1 de la LO 10/2022[8]):

- La comisión de delitos sexuales[9].
- Otras conductas contra la libertad sexual, incidiendo especialmente en el acoso sexual y el acoso por razón de sexo, incluidos los cometidos en el ámbito digital.

---

6 El actual art. 48.1 párrafo primero LOI, tras la nueva redacción que le ha dado la Disposición final décima (Tres) de la LO 10/2022, es prácticamente idéntico al art. 12.1 párrafo primero de esta última.

7 La inclusión explícita de esta obligación para las administraciones públicas, organismos públicos y órganos constitucionales es novedosa, ya que no existía en la LOI.

8 El art. 13.1 de la LO 10/2022, al establecer las obligaciones de las administraciones públicas, los organismos públicos y los órganos constitucionales, no menciona la comisión de delitos sexuales, pero recoge la obligación de evitar "las conductas que atenten contra la libertad sexual y la integridad moral en el trabajo", de forma que, dentro de las conductas atentatorias, se pueden considerar incluidas las que constituyen delito.

9 La introducción, en el art. 48.1 LOI y en el art. 12.1 de la LO 10/2022, de la obligación de promover condiciones de trabajo que eviten la comisión de delitos sexuales me parece excesivo o, cuanto menos, poco acertada, no sólo por la duda que plantea la exigencia de responsabilidad al empresario cuando alguna persona de la plantilla cometa este tipo de delitos, sino, sobre todo, porque no hace más que ahondar en la confusión que existe en las empresas y "en la calle" entre el acoso sexual en el trabajo y el delito de acoso sexual que lleva a la mayoría, en primer lugar, a pensar que el acoso sexual en el trabajo siempre es delito y, en segundo lugar, a creer que la empresa no debe actuar ante una situación constitutiva de un posible delito de acoso sexual, es decir, que al tratarse de un posible delito, ello excede el ámbito de la empresa y que no hay que adoptar ningún tipo de medida. Sobre el delito de acoso sexual, véase Olaizola Nogales (2020).

– Otras conductas contra la integridad moral.

Antes de entrar en el análisis de los protocolos propiamente, es necesario recordar que el acoso sexual y el acoso por razón de sexo, además de actos discriminatorios (art. 7.3 LOI), son riesgos laborales de carácter psicosocial[10]. Es más, el Convenio OIT 190 hace hincapié en ello cuando establece que cada Miembro debe adoptar las leyes y reglamentos que obliguen a las personas empleadoras a tomar medidas "para prevenir la violencia y el acoso en el mundo del trabajo, incluidos la violencia y el acoso basados en el género", por un lado, y para "tener en cuenta la violencia y el acoso y los riesgos psicosociales asociados en la gestión de la seguridad y salud en el trabajo"; "identificar los peligros y evaluar los riesgos de violencia y acoso, con la participación de los trabajadores y sus representantes, y tomar medidas para prevenirlos y controlarlos"; "proporcionar a los trabajadores y otras personas interesadas información y formación, en formatos accesibles según corresponda, sobre los peligros y riesgos identificados de violencia y acoso y las medidas de prevención y protección asociadas, incluidos los derechos y responsabilidades de los trabajadores"; y para implementar "una política en el lugar de trabajo sobre violencia y acoso" (art. 9), por otro lado.

---

[10] El *Código de conducta sobre las medidas para combatir el acoso sexual* que contiene el Anexo de la Recomendación de la Comisión, de 27 de noviembre de 1991, relativa a la protección de la dignidad de la mujer y del hombre en el trabajo, en su apartado tres, ya contemplaba el acoso sexual como un riesgo para la salud y la seguridad de las personas trabajadoras y establecía la responsabilidad de las personas empresarias de tomar medidas para reducir al mínimo ese riesgo, al igual que hacían con el resto de riesgos. En cuanto a nuestra doctrina, desde finales de los 90, Lousada ya hacía hincapié en esta cuestión y ponía de manifiesto la problemática que podía derivarse del hecho de no haber contemplado explícitamente el acoso sexual como riesgo laboral en ninguna norma legal (Cabeza Pereiro y Lousada Arochena, 2000, p. 2). En ese mismo sentido se expresa Bernal Santamaría (2020, pp. 443-444). Sobre la inclusión del acoso (moral y sexual) como riesgo laboral en la normativa de la Unión Europea, léase Yagüe Blanco (2020, pp. 508-511).

De esa forma, y en aplicación de lo regulado por el art. 16 LPRL[11], empresas y administraciones tendrán que llevar a cabo la evaluación de riesgos laborales, es decir, la estimación de "la magnitud de aquellos riesgos que no hayan podido evitarse", como punto de partida para obtener la información necesaria de cara a la adopción de medidas (art. 3.1 del RD 39/1997)[12]. Como la LPRL no concreta qué tipo de riesgos laborales existen, toda mención a los mismos debe entenderse hecha a todo tipo de riesgo laboral, incluidos los psicosociales y, en consecuencia, deberán analizarse todos los factores de riesgo psicosocial que pudieran dar lugar a situaciones o comportamientos de acoso sexual y acoso por razón de sexo.

En ese sentido, resulta novedosa la referencia expresa que hace el último párrafo del art. 12.2 de la LO 10/2022 a la obligación de incluir en la evaluación de riesgos laborales de los puestos de trabajo "la violencia sexual entre los riesgos laborales concurrentes". Novedosa, sin duda, porque es la primera vez que una ley, además orgánica, incide en la necesidad de valorar este tipo de riesgo, pero no necesariamente positiva. Es más, me atrevería a afirmar que, lejos de ser una previsión positiva, es más bien negativa, puesto que el precepto se refiere literalmente a "los diferentes puestos de trabajo ocupados por trabajadoras" y la obligación de "formar e informar de ello a sus trabajadoras"[13]. A continuación, expongo las razones que me llevan a hacer tal valoración:

- El hecho de referirse a la evaluación de los puestos de trabajo ocupados exclusivamente por mujeres trabajadoras y que las destinatarias de la información y formación sean sólo las mujeres trabajadoras da una imagen errónea del problema de la violencia y del acoso en el trabajo.

---

11 Desarrollado por los arts. 3 y siguientes del *Real Decreto 39/1997, de 17 de enero, por el que se aprueba el Reglamento de los Servicios de Prevención.*

12 De acuerdo con los principios de la actividad preventiva previstos en el art. 15. 1 a) y b) LPRL.

13 Art. 12.2 párrafo último de la LO 10/2022: "Las empresas deberán incluir en la valoración de riesgos de los diferentes puestos de trabajo ocupados por trabajadoras, la violencia sexual entre los riesgos laborales concurrentes, debiendo formar e informar de ello a sus trabajadoras".

Esa previsión, me traslada a la época en la que se discutía si la evaluación de riesgos laborales que, con carácter general, se debía hacer del puesto de trabajo, debía o no incluir la evaluación de los riesgos que podían afectar a la maternidad (en el sentido del art. 26 LPRL); si no era suficiente con evaluar los puestos ya ocupados por trabajadoras o "que pudieran ser ocupados por ellas" o, incluso, si no era suficiente con evaluar los puestos de trabajo de aquellas trabajadoras que ya estuvieran embarazadas o en situación de lactancia natural. Y con ello, visualizo, de nuevo, los problemas y las situaciones discriminatorias[14] que podían darse de no admitir que la evaluación de riesgos laborales de un puesto de trabajo tenía que incluir todos los riesgos, incluidos los que afectasen al embarazo y a la lactancia natural.

Si bien es cierto que, en el caso del acoso sexual y el acoso por razón de sexo, el mayor número de víctimas son mujeres, no estamos ni ante una cuestión que afecta exclusivamente a mujeres, ni es un problema exclusivo de las mismas, ya que hay víctimas que son hombres[15] y, en la mayoría de los supuestos, las personas acosadoras son hombres. De ahí, que la mención exclusiva a las mujeres no pueda valorarse de forma positiva.

---

14 Los problemas de realizar la evaluación de riesgos una vez conocida la situación de embarazo de la trabajadora derivaban de una adopción tardía de las medidas oportunas, agravado por el hecho de que la legislación española no prevé la obligación de comunicar la situación de embarazo. Por otro lado, en cuanto a la discriminación, téngase en cuenta que, si dicha evaluación sólo tenía que hacerse en puestos ocupados por trabajadoras o que pudieran serlo, el efecto *boomerang* siempre estaba presente, porque evitando la contratación de mujeres, se evitaba la obligación de realizar esa evaluación *extra*.

15 Como bien señala Lousada, el Convenio OIT 190, al destacar las características del derecho de toda persona a un mundo libre de violencia y acoso, que incluye específicamente la violencia y el acoso por razón de género, y admitir que la mayoría de las víctimas son mujeres y niñas, está abriendo "el camino para reconocer la eventual afectación de los hombres y los niños como víctimas de violencia y acoso por razón de género, en particular las llamadas ovejas negras, esto es aquellos hombres que no se comportan conforme a los roles de género masculinos" (Lousada Arochena, 2019, p. 58).

– Hay que tener en cuenta que siempre ha existido cierta dificultad en evaluar los riesgos de carácter psicosocial, de cuya importancia, sin embargo, nadie duda. Cuando se habla de factores de riesgo psicosocial, estamos hablando de condiciones de trabajo relacionadas, por un lado, con los aspectos organizativos del trabajo y, por otro lado, con las relaciones interpersonales que se dan en el lugar o centro de trabajo, o en la empresa. Tampoco parece existir duda alguna sobre qué tipo de condiciones hay que analizar para determinar la existencia o no del riesgo psicosocial[16]. Cabe preguntarse, entonces, cuál es el problema de evaluar este tipo de riesgos, por qué resulta tan difícil.

En cuanto a los riesgos psicosociales derivados de los aspectos organizativos, la respuesta es sencilla: evaluar los aspectos organizativos y llegar a la conclusión de que existen riesgos de este tipo es admitir de que se priorizan otros objetivos en la empresa, y no la protección y el bienestar de las personas trabajadoras; es admitir que la prevención de riesgos laborales no está integrada en el sistema general de gestión de la empresa, que no se proyecta en los procesos técnicos, en la organización del trabajo y en las condiciones en que éste se presta, que los niveles jerárquicos de la empresa no han asumido y, por tanto, no cumplen con la "obligación de incluir la prevención de riesgos en cualquier actividad que realicen u ordenen y en todas las decisiones que adopten" (art. 16.1 LPRL y art. 1 del RD 39/1997).

Si nos centramos en los riesgos psicosociales derivados de las relaciones interpersonales existentes en el lugar de trabajo, centro o empresa, la respuesta suele incidir en el aspecto *subjetivo* de este tipo de riesgos, en la diferente reacción que cada persona puede tener hacia los mismos. Es más, en el caso de

16 De hecho, el apartado 8 a) de la Recomendación 206 sobre violencia y acoso (2019) se pronuncia en ese sentido y establece que "debería prestarse especial atención a los peligros y riesgos que: a) se deriven de las condiciones y modalidades de trabajo, la organización del trabajo y de la gestión de los recursos humanos, según proceda".

los acosos, se llega a decir que es una cuestión individual de la persona que acosa y que, contra ese tipo de comportamientos, no hay nada que hacer. Nada más lejos de la realidad.

Si bien es cierto que los comportamientos o situaciones de acoso sexual y acoso por razón de sexo proceden de personas particulares, no lo es menos que se lleva a cabo dentro de una organización que está obligada a proteger a su personal[17] y que deber evitar todo tipo de discriminaciones[18]. Alegar que, en el supuesto de los acosos, estamos ante conductas individuales y que, consecuentemente, no se puede actuar sobre esas situaciones, es un intento de ignorar, en primer lugar, que en este tipo de comportamientos subyace una relación de poder de un sexo sobre el otro, que nos lleva a afirmar que el acoso sexual y el acoso por razón de sexo son manifestaciones del dominio de un sexo sobre el otro (Cabeza Pereiro, 2012, pp. 92-93), en la mayoría de los casos de trabajadores sobre trabajadoras y, en segundo lugar, que estamos ante una organización que permite estas relaciones de poder y que, con probabilidad, se

17 En el ámbito de las empresas, las personas trabajadoras, en sus respectivas relaciones de trabajo, tienen derecho, entre otros, "a su integridad física y a una adecuada política de prevención de riesgos laborales", "Al respeto de su intimidad y a la consideración debida a su dignidad, comprendida la protección... frente al acoso sexual y al acoso por razón de sexo" y, en la prestación de servicios, "a una protección eficaz en materia de seguridad y salud en el trabajo" (art. 4.2 d y e, y art. 19 del *Real Decreto Legislativo 2/2015, de 23 de octubre, por el que se aprueba el Texto Refundido de la Ley del Estatuto de los Trabajadores* [ET]; y art. 14 LPRL). El personal al servicio de las administraciones públicas goza de los mismos derechos (art. 14 h del *Real Decreto Legislativo 5/2015, de 30 de octubre, por el que se aprueba el Texto Refundido del Estatuto Básico del Empleado Público* [EBEP]; y art. 14.1 LPRL).

18 En el ámbito de las empresas, las personas trabajadoras, en sus respectivas relaciones de trabajo, tienen derecho "a no ser discriminados directa o indirectamente para el empleo, o una vez empleados, por razones de sexo...", a no ser discriminadas en las relaciones laborales (art. 4.2 c y 17 ET). Lo mismo se regula para el personal al servicio de las administraciones públicas (art. 14 h y 20 EBEP)

trata de una estructura organizativa en la que el objetivo de igualdad está lejos de lograrse[19].

A todo ello se suma el hecho de que los incumplimientos sobre esta cuestión no hayan sido suficientemente controlados (Altés Tárrega, 2022, p. 98)[20].

- El hecho de que la evaluación de riesgos se tenga que circunscribir, con carácter general, al puesto de trabajo (art. 4.1 del RD 39/1997) y, con carácter particular, a "los diferentes puestos de trabajo ocupados por trabajadoras" (art. 12.2 de la LO 10/2022) no favorece la evaluación de los riesgos psicosociales, porque estos exceden el ámbito del puesto de trabajo: los aspectos organizativos se refieren a toda la empresa y, cuando hablamos de los riesgos derivados de las relaciones interpersonales, también nos referimos a un ámbito mayor al del puesto de trabajo. En definitiva, cuando se trate de riesgos psicosociales, el ámbito de análisis tiene que ser claramente superior al puesto de trabajo.
- Por último, respecto de la formación e información que hay que dar sólo a las trabajadoras, ex art. 12.2 de la LO 10/2022, se me plantea una primera duda sobre el contenido de dicha información y formación. Ciertamente, no sé si el precepto se está refiriendo únicamente a la evaluación de los riesgos o si, por el contrario, se está refiriendo a los propios riesgos, a una formación más extensa.

  No se me ocurre cuál puede ser la información y, sobre todo, la formación que se puede dar sobre la inclusión o consideración de la violencia y el acoso junto con el resto de riesgos en la evaluación de los riesgos laborales, más allá de la notificación de que así ha sido o de una justificación o explicación del porqué

---

19 El apartado 8. c) de la Recomendación 206 sobre violencia y acoso menciona expresamente la necesidad de prestar una especial atención, en la evaluación de riesgos, a los que "se deriven de la discriminación, el abuso de las relaciones de poder y las normas de género, culturales y sociales que fomentan la violencia y el acoso".

20 Altés Tárrega realiza un interesante y pormenorizado estudio de la tutela administrativa de la violencia y el acoso en el trabajo.

de dicha inclusión (habría que ver cómo se justifica que esa evaluación sólo se realice en los puestos ocupados por trabajadoras).

Tendría más sentido que la información y formación se refiriese al propio riesgo de violencia o de acoso, que contemplase explicaciones sobre las situaciones que se pueden producir, las medidas que ha implementado la empresa para que no se produzcan, cómo debe actuar una persona que sufre violencia o acoso, cuáles son los procedimientos de actuación o protocolos que tiene previstos la empresa para cuando esas situaciones o comportamientos se produzcan, a quién deben acudir o comunicar su situación, medidas de apoyo que ofrece la empresa... Si fuera así, en principio merecería una valoración positiva. Sin embargo, el hecho de que las destinatarias sean sólo las mujeres supone que se esté teniendo en cuenta, única y exclusivamente, a las personas que, en la mayoría de los casos, son las víctimas de violencia y acoso sexual y acoso por razón de sexo en el ámbito del trabajo[21], es decir, a una sola de las partes implicadas[22].

Ya se ha señalado que este tipo de acosos se producen porque existe una relación de poder de un sexo sobre el otro, en la mayoría de los casos de trabajadores sobre trabajadoras. Si ello es así, y si la formación es una de las medidas de prevención más importante, tanto o más importante que formar a las trabajadoras será formar a los trabajadores, los posibles sujetos activos de estos acosos, para que sepan cuáles son las conductas

---

21 La OIT reconoce "que la violencia y el acoso basados en el género afectan de manera desproporcionada a las mujeres y las niñas" (Preámbulo del Convenio OIT 190).

22 Una vez más, esta cuestión me traslada a cursos sobre igualdad entre mujeres y hombres a los que, en algunas ocasiones, he asistido como "alumna" o público, y, en otras, como ponente: la audiencia estaba compuesta, prácticamente, si no, en su totalidad, por mujeres, es decir, por las personas que sufren la desigualdad en el acceso al empleo, en el mantenimiento o salida del mismo; cuando lo realmente interesante y necesario es que "la otra parte" esté presente en estos cursos, para tomar conciencia del problema existente.

de violencia y acoso, intolerables y totalmente reprochables, cuáles son los derechos que están vulnerando y cuál es el régimen disciplinario aplicable[23]. Es más, en virtud de lo regulado en el art. 19 LPRL, la formación sobre prevención de riesgos laborales debería impartirse a todas las personas que integran la empresa y a las que están presentes en ella. Ahora bien, en el caso que nos ocupa, el contenido de la formación no tiene por qué impartirse al mismo tiempo a todo el personal, ni ser programada con el mismo contenido para todas las personas (López Rubia, 2020, p. 595).

Además, una vez que el art. 12.2 de la LO 10/2022 ha hecho la precisión de que la violencia sexual también debe ser objeto de la evaluación de riesgos laborales, se puede afirmar que se ha perdido una buena oportunidad para trasladar al ordenamiento jurídico español la previsión del art. 9 del Convenio OIT 190 que, tal y como se ha señalado anteriormente, prevé que los Miembros regulen las obligaciones de las empleadoras de identificar y evaluar los riesgos de violencia y acoso, con la participación de las personas trabajadoras y su representación, y de proporcionar a todas ellas información y formación oportuna (letras c y d), es decir, la obligación de evaluar todos los puestos de trabajo, independientemente de quién los ocupe e informar y formar a trabajadores y trabajadoras, a todas las personas trabajadoras (no sólo a parte de ellas)[24]. Ahora bien, sin perjuicio de lo señalado por el art. 12.2 de la LO 10/2022, hay que tener en cuenta que, a partir de su entrada en vigor, el contenido del Convenio OIT 190 será derecho interno y, en consecuencia, aplicable y exigible en España.

---

23 Sobre el contenido mínimo de este tipo de formación, véase Fotinopoulou Basurko *et al.*, 2016, p. 18.

24 El apartado 8. b) de la Recomendación 206 sobre la violencia y acoso (2019) va más allá, al señalar que se debería prestar una especial atención a los peligros y riesgos que "impliquen a terceros como clientes. Proveedores de servicios, usuarios, pacientes y público".

2.2. Los protocolos de actuación contra el acoso sexual y el acoso por razón de sexo

Las empresas tienen como segunda obligación "arbitrar procedimientos específicos para su prevención y para dar cauce a las denuncias o reclamaciones que puedan formular quienes hayan sido víctimas de estas conductas, incluyendo específicamente las sufridas en el ámbito digital" (art. 12.1 párrafo segundo de la LO 10/2022). En ese mismo sentido se expresa el art. 13.1 de la LO 10/2022 respecto de las administraciones públicas, organismos públicos y órganos constitucionales. De esta obligación que, salvo en lo relativo al ámbito digital, ya existía con anterioridad en el art. 48.1 LOI (del que ahora ha desaparecido), se deducía la obligación de contar con protocolos de actuación contra el acoso sexual y el acoso por razón de sexo, dado que, la parte principal del protocolo consiste, precisamente, en un procedimiento de actuación para verificar o probar si las conductas, hechos o comportamientos constitutivos de acoso se han producido y, de esa forma, poder actuar en consecuencia[25]. Pero para que no quede ninguna duda al respecto, el art. 12.2 de la LO 10/2022 se refiere a los protocolos de actuación, al contemplarlos explícitamente dentro del elenco de medidas[26] que la empresa puede establecer y que, en todo caso, serán negociadas con la representación de las personas trabajadoras[27].

---

25 Recordemos que estamos ante un procedimiento que debe ponerse en marcha cuando se tenga conocimiento de esos hechos o situación y no exista la certeza de que se han producido. El procedimiento tiene como objetivo determinar si se han producido o no dichos hechos. Es más, si no existe duda alguna de que los hechos o la situación se han producido, porque existen pruebas, porque se han producido públicamente o porque el sujeto activo admite que así ha sido, no debe iniciarse el procedimiento del protocolo, deberá iniciarse el procedimiento sancionador que cada empresa (administración, entidad…) tenga previsto para estos supuestos.

26 Art.12. 2. "Las empresas podrán establecer medidas que deberán negociarse con los representantes de las personas trabajadoras, tales como la elaboración y difusión de códigos de buenas prácticas, la realización de campañas informativas, protocolos de actuación o acciones de formación".

27 En este sentido, sorprende que no se haya dado una nueva redacción al párrafo segundo del art. 48.1, para incluir en ese elenco de medidas los

En el caso de las administraciones públicas, la obligación de contar con un protocolo de actuación se contemplaba —y se contempla— expresamente en el art. 62 LOI[28], aunque, a partir de la aprobación de la LO 10/2022, se específica que es una obligación que, además de a las administraciones públicas, afecta a organismos públicos y órganos constitucionales (art. 13.1 de la LO 10/2022).

De esa forma, ya se está dando cumplimiento a la previsión del Convenio OIT 190 según la cual cada Miembro deberá adoptar medidas apropiadas para "garantizar un fácil acceso a recursos apropiados y efectivos y a mecanismos y procedimientos de denuncia y resolución de disputas seguros, justos y efectivos en casos de violencia y acoso en el mundo del trabajo, tales como: (i) los procedimientos de denuncia e investigación, así como, en su caso, los mecanismos de resolución de conflictos en el ámbito laboral" (art. 10).

En cuanto al contenido del protocolo, este no se limita a contemplar un procedimiento de actuación para cuando se produzcan conductas, situaciones o comportamientos constitutivos de esos dos tipos de acoso, porque el RD 901/2020 (Anexo 7) establece el contenido mínimo que en todo caso deben contemplar los protocolos y es el siguiente:

> "a) Declaración de principios, definición de acoso sexual y por razón de sexo e identificación de conductas que pudieran ser constitutivas de acoso.
> b) Procedimiento de actuación frente al acoso para dar cauce a las quejas o denuncias que pudieran producirse, y medidas cautelares y/o correctivas aplicables.
> c) Identificación de las medidas reactivas frente al acoso y en su caso, el régimen disciplinario"[29].

---

protocolos de actuación y, de esa forma, establecer las mismas medidas en ambos preceptos (art. 12.2 de la LO 10/2022 y art. 48.1 LOI).

28 "Artículo 62. Protocolo de actuación frente al acoso sexual y al acoso por razón de sexo. Para la prevención del acoso sexual y del acoso por razón de sexo, las Administraciones públicas negociarán con la representación legal de las trabajadoras y trabajadores, un protocolo de actuación que…".

29 Es bastante habitual encontrar otros contenidos en el protocolo, más allá de lo que la norma prevé como mínimo, entre otros: derechos que se vulneran, normativa aplicable, ámbito de aplicación, principios que deben

Las definiciones de acoso sexual y por razón de sexo, que se encuentran en el art. 7.1 y 2 LOI, tal vez tengan que ser objeto de revisión, puesto que la definición que contiene el Convenio OIT 190, en su artículo 1 a), va más allá del propósito o producción del efecto de atentar contra la dignidad de una persona que contempla el art. 7 LOI, al incluir, también, la probabilidad de causar el resultado. Ello significa que la violencia y el acoso de género "siempre serán violencia o acoso aunque no tengan por objeto ni causen un daño físico, psíquico, sexual o económico" (Lousada Arochena, 2019, p. 62). Además, el Convenio OIT 190, en su art. 1 b) define la expresión *violencia y acoso por razón de género* como "la violencia y el acoso dirigidos a personas debido a su sexo o género, o que afectan de manera desproporcionada a personas de un sexo o género en particular, e incluye el acoso sexual", un concepto amplio de violencia de género, que permite una interpretación en clave específica dual: un acoso que va dirigido contra las personas en atención a su sexo o factores biológicos (masculino o femenino) y un acoso por su género (roles, estereotipos o comportamientos asociados culturalmente a hombres o a mujeres (Ramos Quintana, 2021, p. 144)[30].

Hay otras cuestiones que el RD 901/2020 no contempla como contenido mínimo del protocolo de actuación que, sin embargo, son prácticamente imprescindibles para que las personas destinatarias sepan que lo previsto en el mismo les es de aplicación. Me refiero al ámbito de aplicación del protocolo, sobre todo, del procedimiento de actuación y de las medidas, cautelares o no, que el mismo prevea. Además, son esos, precisamente, los temas o las cuestiones a las que se refiere el Convenio OIT 190 y que, en consecuencia, habrá que analizar y comparar.

---

respetarse en la aplicación del procedimiento, procedimiento informal y sensibilización, información y formación.

30 Cuestión en la que no me detengo, por ser objeto de otro de los capítulos de esta obra.

2.2.1. Ámbito objetivo

El ámbito objetivo de aplicación del protocolo contra el acoso sexual y el acoso por razón de sexo suele ser, habitualmente, la empresa. Ello significa que, si la empresa tiene varios centros de trabajo, el protocolo será el mismo en todos ellos. Ahora bien, puede haber características especiales que justifiquen una adaptación de alguna parte del protocolo para algún centro de trabajo concreto de una misma empresa.

Sin embargo, esta no es una cuestión pacífica, porque este tipo de conductas no tienen por qué producirse siempre en el lugar de trabajo, centro de trabajo o empresa, ni siquiera tiene que producirse de forma presencial. De hecho, la nueva regulación sobre los acosos ya prevé la posibilidad de que se produzcan en el ámbito digital (arts. 12.1 y 13.1 de la LO 10/2022 y art. 48.1 LOI).

Precisamente, sobre esta cuestión, el Convenio OIT 190 es muy claro, porque, contrariamente a lo que ocurre en la normativa española, prevé la aplicación de su contenido "a la violencia y el acoso en el mundo del trabajo que se produzcan en el curso del trabajo, estén relacionados con este o surjan de él:

> (a) en el lugar de trabajo, incluidos los espacios públicos y privados donde sean un lugar de trabajo;
> (b) en los lugares donde el trabajador cobra[31], toma un descanso o una comida, o utiliza instalaciones sanitarias, de lavado y vestuarios;

---

[31] El lugar en el que se paga a las personas, si bien puede ser el propio lugar de trabajo, lo habitual es que ese pago no se realice en efectivo, salvo que se trate de remunerar actividades de la economía informal o se trate de cuantías inferiores a 1000 euros, dado que el art. 7 Uno 1 de la *Ley 7/2012, de 29 de octubre, de modificación de las normativa tributaria y presupuestaria y de adecuación de la normativa financiera para la intensificación de las actuaciones en la prevención y lucha contra el fraude* establece que "no podrán pagarse en efectivo las operaciones, en las que alguna de las partes intervinientes actúe en calidad de empresario o profesional, con un importe igual o superior a 1.000 euros o su contravalor en moneda extranjera" (límite introducido por la *Ley 11/2021, de 9 de julio, de medidas de prevención y lucha contra el fraude fiscal*, de transposición de la *Directiva (UE) 2016/1164, del Consejo, de 12 de julio de 2016, por la que establecen normas contra las prácticas de elusión fiscal que*

(c) durante viajes relacionados con el trabajo, viajes, capacitación, eventos o actividades sociales;
(d) a través de las comunicaciones relacionadas con el trabajo, incluidas las que permiten las tecnologías de la información y la comunicación;
(e) en alojamiento proporcionado por el empleador; y
(f) al ir y venir del trabajo (art. 3)[32]".

Ante la ausencia de regulación específica al respecto en España, ha sido la doctrina judicial la que se ha ocupado de considerar o no como acoso sexual y acoso por razón de sexo conductas o comportamientos que se han producido en espacios ajenos al lugar de trabajo. Ahora bien, si tenemos en cuenta las previsiones del art. 3 del Convenio OIT 190 apenas citado, hay que recordar que, en el ordenamiento jurídico español, las zonas de descanso, comedores, instalaciones sanitarias o de aseo y los vestuarios se consideran lugar de trabajo[33]; y de hecho, se pueden encontrar sentencias que declaran la procedencia del despido de la persona acosadora o la extinción del contrato de trabajo solicitada por la persona acosada, cuyos hechos se han producido en alguno de los lugares que se acaban de mencionar[34].

En cuanto al acoso sexual o por razón de sexo que se haya producido en "el marco de las comunicaciones que estén relacionados con el trabajo, incluidas las realizadas por medio de tecnologías de

inciden directamente en el funcionamiento del mercado interior, de modificación de diversas normas tributarias y en materia de regulación del juego).

32 Para Lousada Arochena (2019, p. 64) este es el ámbito de aplicación desde una óptica causal y utiliza la referencia al ámbito de aplicación desde una óptica objetiva para referirse al hecho de que el Convenio OIT 190 es de aplicación "a todos los sectores, público o privado, de la economía formal como informal, en zonas urbanas o rurales (artículo 2.2)".

33 Léase el art. 2 del *Real Decreto 486/1997, de 14 de abril, por el que establecen las disposiciones mínimas de seguridad y salud en los lugares de trabajo.*

34 En la STSJ Andalucía-Sevilla (Social), de 14 de febrero de 2019, rec. 414/2018, el comportamiento calificado como acoso sexual se produce en la dependencia de entrada del centro comercial en la que acosada y acosador trabajan, mientras la acosada estaba tomando una bebida; en la STSJ Navarra (Social), de 10 mayo de 2018, rec. 120/2018, los hechos se producen en los vestuarios de las trabajadoras, en cuyas duchas se esconde el trabajador acosador.

la información y de la comunicación", la nueva redacción del art. 48.1 LOI y los nuevos preceptos 12 y 13 de la LO 10/2022 ya han previsto, expresamente, la posibilidad de que las conductas previstas en los mismos, también el acoso sexual y el acoso por razón de sexo, puedan producirse en el ámbito digital. Además, ya son muchas las sentencias en cuyos hechos probados encontramos la referencia a conductas de acoso que se han llevado a cabo por medios electrónicos o digitales[35]. Por ello, entiendo que, al contrario de lo que ocurre en los demás supuestos, en este la legislación española se ha ajustado explícitamente a lo previsto por el Convenio OIT 190 (art. 3).

Mayores problemas podemos encontrar en la calificación de las conductas o comportamientos de acoso, cuando los mismos tienen lugar en "los desplazamientos, viajes, eventos o actividades sociales o de formación relacionados con el trabajo…, en el alojamiento proporcionado por el empleador y en los trayectos entre el domicilio y el trabajo" (art. 3 del Convenio OIT 190).

En palabras de nuestros tribunales, el comportamiento o conducta constitutiva de acoso sexual debe producirse en el contexto de la relación laboral, "puesto que, si se producen fuera del lugar de trabajo y sin relación con el mismo el empresario carece de legitimación para utilizar su poder disciplinario, que únicamente deriva del contrato de trabajo y tiene por objeto proteger sus específicos intereses como empleador" (STSJ Andalucía-Granada (Social), de 22 de marzo de 2018, rec. 2362/2017, f. j. 2º). Según los hechos probados de esta sentencia, el acoso que ha sufrido una trabajadora superior jerárquica, en la calle, por parte de uno de sus trabajadores subordinados, no ha sido considerado acoso sexual en el trabajo y, por tanto, causa de despido del trabajador, porque el lugar en el que ha ocurrido es la calle y, ello, a pesar de la relación de trabajo existente entre ambas personas. Añade la sentencia: "En el presente

---

35 Entre otras: STSJ Andalucía-Sevilla (Social), de 19 de enero de 2010, rec. 1675/2009 (correos electrónicos); STSJ Madrid (Social), de 1 de julio de 2012, rec. 1912/2012 (crear perfiles falsos de una compañera en webs de contactos); STSJ Cataluña (Social), de 27 de septiembre de 2021, rec. 3057/2021 (mensajes de audio, de contenido sexual, enviados por Instagram a una compañera de trabajo).

caso, en atención al momento y lugar en el que constan producidos los hechos relatados en la carta de despido, a saber, en la vía pública a primera hora de la mañana y tras dejar la trabajadora a su hijo en el colegio, no existe relación temporal o espacial entre la conducta vejatoria del demandante y la relación laboral compartida, al margen, como se pone de manifiesto en la sentencia impugnada, del mero conocimiento entre ambos generado en el centro de trabajo, sin que pueda deducirse de dicha sola circunstancia que la referida extralimitación tuvo lugar con ocasión del trabajo o con aprovechamiento de la prestación laboral". Tal y como señala la STSJ Aragón (Social), de 10 de octubre de 2019, rec. 473/2019, "son reiterados los pronunciamientos de los Tribunales que excluyen el ejercicio de la potestad sancionadora por parte de la empresa, cuando los hechos se producen fueran del centro de trabajo y son ajenos al trabajo"[36], sin embargo, en el ejemplo expuesto, cabe preguntarse si la conducta del trabajador sobre su superior jerárquica, aun realizada en la calle, es ajena al trabajo.

En otro supuesto, en el que la conducta se ha producido fuera del horario y lugar de trabajo, pero en un evento promocional de carácter profesional, que se prolongó hasta altas horas de la madrugada, el TSJ Andalucía-Sevilla ha declarado procedente el despido del trabajador que acosó a una compañera de trabajo de otra provincia, que había acudido al mismo evento (TSJ Andalucía-Sevilla [Social], de 24 de junio de 2019, rec. 124/2019).

Y respecto de la protección frente al acoso que se puede producir en los trayectos entre el domicilio y el lugar de trabajo, más allá de lo que pueda preverse en la regulación sobre la contingencia de accidente de trabajo y la interpretación del alcance del art. 156.2 a) del *Real Decreto Legislativo 8/2015, de 30 de octubre, por el que se aprueba el Texto Refundido de la Ley General de la Seguridad Social*, no imagino cómo se puede llevar a cabo tal protección, ni cómo se va a poder exigir a las empleadoras la adopción de medidas que puedan prevenir dichas conductas, puesto que es un ámbito, el de ida y vuelta al

---

36 Esta sentencia recopila otras en las que los tribunales mantienen esa misma doctrina.

trabajo, que queda fuera de todo el ámbito organizativo de empresas y administraciones.

2.2.1. Ámbito subjetivo

La plantilla y personal de empresas, administraciones... tienen que saber a quiénes se dirige el contenido del protocolo, qué personas son las que pueden acogerse a los procedimientos que se prevén en el mismo, quiénes son las personas destinatarias de las medidas que se recogen... en definitiva, tiene que quedar claro quiénes pueden ser sujetos activos y pasivos del acoso. De ahí que resulte imprescindible recoger el ámbito de aplicación, sobre todo subjetivo, en todos y cada uno de los protocolos contra el acoso sexual y el acoso por razón de sexo, tal y como habitualmente se hace[37].

[37] Hay ocasiones en las que la referencia al ámbito de aplicación suele ser genérica, es decir, se utiliza una fórmula general que abarque a todas las personas que nos podemos encontrar en el centro de trabajo. Otras veces, en el ámbito de aplicación se intenta concretar e incluir a todas esas personas. En el primer supuesto, cada vez que se produce alguna situación de acoso entre una persona perteneciente a la empresa y una que no lo es, puede surgir la duda sobre si se debe aplicar o no el protocolo. En el segundo caso, se corre el peligro de dejarse alguna persona o colectivo fuera, lo cual implicaría que a esas personas no se les pudiera aplicar el contenido del protocolo. Por ello, resulta interesante hacer una lista de personas que no pertenecen a la empresa, administración... y finalizar el ámbito de aplicación con algún tipo de "coletilla" que indique claramente la posibilidad de que se aplique lo previsto en el protocolo a otras personas, cuya presencia en la empresa puede producirse (ejemplos: *Grupo MRW, Protocolo de Prevención e Intervención por acoso sexual y/o acoso por razón de sexo*: "El presente documento se aplicará a todo el personal, de cada uno de los centros de trabajo del Grupo MRW, vinculado a la organización por contrato laboral interno o externo (becarios, clientes externos, personal colaborador externo...)" (https://fsc.ccoo.es/7f909436d18ebc1e8890d0373e79cfbd000050.pdf, último acceso: 14-03-2023); Osakidetza, *Protocolo frente al acoso sexual y por razón de sexo en Osakidetza-Servicio Vasco de Salud*: "El protocolo se aplicará a todo el personal adscrito a Osakidetza, incluido el personal directivo, abarcando el ámbito de las relaciones de trabajo internas y también en las que mantengan con personas de empresas contratadas que presten servicio en los centros de Osakidetza, y las personas en prácticas y en formación, en

Así, en cuanto a las personas que se pretende proteger con la adopción e implementación del protocolo, a falta de norma que contemple expresamente el ámbito de aplicación de los protocolos, hay que acudir a lo previsto por el art. 12 de la LO 10/2022, puesto que esta norma introduce modificaciones sobre esta materia con respecto a la regulación anterior recogida en la LOI.

El art. 12.2 párrafo segundo de la LO 10/2022, señala quiénes son las personas beneficiarias de las medidas que se adopten de acuerdo con lo dispuesto en el primer párrafo del art. 12.2 de la propia norma, es decir, de las medidas "que deberán negociarse con los representantes de las personas trabajadoras, tales como la elaboración y difusión de códigos de buenas prácticas, la realización de campañas informativas, protocolos de actuación o acciones de formación"[38].

---

la medida que corresponda", Disponible en https://www.osakidetza.euskadi.eus/contenidos/informacion/osk_servic_proto_aseso_confide/es_def/adjuntos/ACOSO_SEX_WEB_cas.pdf, último acceso: 15-03-2023).

38 En principio, de la lectura de este artículo se podría llegar a la conclusión de que el resto de las medidas, aquellas que no sean negociadas, no tendrían por qué ser aplicadas a todas esas personas beneficiarias. Me refiero a las medidas que se adopten para "promover condiciones de trabajo que eviten la comisión de delitos y otras conductas contra la libertad sexual y la integridad moral en el trabajo, incidiendo especialmente en el acoso sexual y el acoso por razón de sexo…, incluidos los cometidos en el ámbito digital" o "los procedimientos específicos para su prevención y para dar cauce a las denuncias o reclamaciones que puedan formular quienes hayan sido víctimas de estas conductas" (art. 12.1 de la LO 10/2022); o las medidas que la empresa debe adoptar para garantizar la protección de la seguridad y salud en el trabajo de las personas trabajadoras, en virtud de la obligación regulada por el art. 14.1 de la *Ley 31/1995, de 8 de noviembre, de Prevención de Riesgos Laborales* (LPRL). Sin embargo, si hacemos una lectura integradora de los diferentes preceptos que son de aplicación, no cabe duda de que tanto las medidas de prevención de riesgos laborales, como las de igualdad entre mujeres y hombres, sean negociadas o no (recordemos que las medidas de prevención de riesgos laborales no tienen por qué negociarse; existe una obligación de consultar determinadas decisiones, pero no de negociar), son de aplicación a todas las personas beneficiarias citadas por el art. 12.2 de la LO 10/2022 y, tal y como se verá, también a otras que no aparecen expresamente citadas.

Así, las personas beneficiarias de las medidas contra el acoso sexual y el acoso por razón, y, por ende, de lo previsto por el protocolo, son:

- "La plantilla total de la empresa cualquiera que sea la forma de contratación laboral, incluidas las personas con contratos fijos discontinuos, con contratos de duración determinada y con contratos en prácticas".
- "También podrán beneficiarse las becarias y el voluntariado". En relación con el término becarias, si atendemos a la redacción literal de esta oración, se podría pensar que sólo las mujeres becarias serían objeto de la protección que otorgan las medidas a la que se refiere la norma. Sin embargo, si nos fijamos, por un lado, en la oración anterior, en la que la referencia es a las personas, y, por otro lado, en la referencia posterior, la relativa al voluntariado[39], se puede llegar fácilmente a la conclusión de que la referencia lo es a las personas becarias y no exclusivamente a las mujeres.
- "Personas que presten sus servicios a través de contratos de puesta a disposición".

Por lo que respecta a estas previsiones, debe decirse que, aunque, en principio, se pueda pensar que los colectivos de personas protegidos son muchos, porque incluye a personas que no tienen una relación laboral con la empresa, tales como las personas trabajadoras puestas a disposición a través de empresas de trabajo temporal, las personas que desarrollan su actividad en virtud de una beca y las personas que realizan actividades de voluntariado, lo cierto es que son más los colectivos o grupos de personas que se han quedado fuera de esa protección. Se trata de personas trabajadoras de otras empresas que desarrollan su actividad en el centro de trabajo de la empresa, es decir, que concurren en un mismo centro de trabajo (es el caso de las personas que pertenecen a empresas proveedoras, de mantenimiento, de reparto, comerciales...; personal de contratas y subcontratas,

---

39 Art. 3.1 de la Ley 45/2015, de 14 de octubre, de Voluntariado, que hace referencia al conjunto de actividades de interés general desarrolladas por personas físicas.

personas trabajadoras autónomas); clientela, pacientes, usuarios y usuarias, alumnado en prácticas, alumnado de formación dual... En definitiva, se trata de personas que, sin tener una vinculación directa con la empresa, pueden ser víctimas de acoso sexual y acoso por razón de sexo por parte del personal de la empresa y, que, como mínimo, deben tener acceso a los procedimientos de actuación contra el acoso sexual y el acoso por razón de sexo; o que, por el contrario, pueden acosar al personal de la empresa, en cuyo caso, esta última tendrá que actuar para proteger a su propio personal. Lo mismo se puede predicar de la información sobre los acosos y sobre la existencia de medidas para combatirlo y de procedimientos de actuación, que debe proporcionarse a toda persona que tenga acceso al centro de trabajo.

En todo caso, y sin perjuicio de lo expresado, es evidente que tanto las empresas como las administraciones públicas están obligadas a cumplir lo que prevé el art. 24 LPRL sobre coordinación de actividades preventivas cuando, en un mismo centro de trabajo, concurran personas trabajadoras de dos o más empresas.

Además, no podemos obviar que "todas las personas gozarán de los derechos derivados del principio de igualdad de trato y de la prohibición de discriminación por razón de sexo" (art. 2.1 LOI) y que la Ley 15/2022, cuyo objeto es "garantizar y promover el derecho a la igualdad de trato y no discriminación, respetar la igual dignidad de las personas en desarrollo de los artículos 9.2, 10 y 14 de la Constitución" (art. 1.1.), reconoce, igualmente, el derecho de toda persona a la igualdad de trato y no discriminación por razón de sexo, entre otras (art. 2.1)[40], en el "empleo, por cuenta ajena y por cuenta propia, que comprende el acceso, las condiciones de trabajo, inclui-

---

[40] Art. 2 de la Ley 15/2022: "1. Se reconoce el derecho de toda persona a la igualdad de trato y no discriminación con independencia de su nacionalidad, de si son menores o mayores de edad o de si disfrutan o no de residencia legal. Nadie podrá ser discriminado por razón de nacimiento, origen racial o étnico, sexo, religión, convicción u opinión, edad, discapacidad, orientación o identidad sexual, expresión de género, enfermedad o condición de salud, estado serológico y/o predisposición genética a sufrir patologías y trastornos, lengua, situación socioeconómica, o cualquier otra condición o circunstancia personal o social".

das las retributivas y las de despido, la promoción profesional y la formación para el empleo" y en el "acceso, promoción, condiciones de trabajo y formación en el empleo público" (art. 3.1, letras a y b, respectivamente, de la Ley 15/2022)[41].

Por su parte, si atendemos a lo previsto por el Convenio OIT 190, las personas objeto de protección son (art. 2.1): "los trabajadores y otras personas en el mundo del trabajo, incluidos los empleados tal como se definen en la legislación y la práctica nacionales, así como a las personas que trabajan independientemente de su situación contractual, las personas en formación, incluidos los pasantes y aprendices, los trabajadores cuyo empleo ha sido despedidos, voluntarios, buscadores de empleo y solicitantes de empleo, y personas que ejercen la autoridad, deberes o responsabilidades de un empleador".

Como se puede observar, el Convenio OIT 190 contempla de forma más clara y directa los colectivos de personas que pretende proteger, porque incluye directamente a las personas en formación, a las personas buscadoras y solicitantes de empleo, a las personas trabajadoras que han sido despedidas, a las personas que trabajan independientemente de su situación contractual[42] e, incluso, a las personas que ejercen la autoridad, los deberes o las responsabilidades de una persona empleadora.

Sin embargo, el Convenio tampoco incluye de forma directa a terceras personas que pueden estar, por diferentes razones, en un mismo centro de trabajo, aunque se refiere a ellas, en el art. 4.2, al establecer la obligación de cada Miembro de adoptar "un enfoque

---

41 En concordancia con lo establecido por la *Directiva 2006/54/CE del Parlamento Europeo y del Consejo, de 5 de julio de 2006, relativa a la aplicación del principio de igualdad de oportunidades e igualdad de trato entre hombres y mujeres en asuntos de empleo y ocupación* (refundición) (art. 2.2 a y b, art. 26; y apartados 6 y 7 del preámbulo o consideraciones).

42 Dado que en el primer supuesto ya se incluyen a las personas trabajadoras y empleadas, en este caso, podría tratarse de aquellas personas que trabajan sin la formalidad contractual requerida o que no están dadas de alta en la Seguridad Social o que trabajan de cualquier otra forma irregular; interpretación plausible, si se tiene en cuenta que el propio Convenio OIT 190 prevé su aplicación a la economía informal (art. 2.2), opinión que comparte Ortiz Vidal (2021, p. 427).

inclusivo, integrado y que tenga en cuenta las cuestiones de género para la prevención y eliminación de la violencia y el acoso en el mundo del trabajo", enfoque que "debe tener en cuenta la violencia y el acoso que involucran a terceros"[43]. En ese sentido, Coto no duda en afirmar que "bajo este inclusivo ámbito de protección también quedan comprendidas las terceras personas, en particular los clientes, proveedores de servicios y pacientes, que pueden asumir el rol de víctimas o de infractores..." (Coto Aubone, 2020, p. 2).

En definitiva, para poder llegar a la conclusión de que esos mismos colectivos, cuya protección regula en un solo artículo del Convenio OIT 190, también están protegidos por el ordenamiento jurídico español, hay que recurrir a la lectura conjunta e integradora de unas cuantas normas, entre otras: Constitución española[44], LOI[45], LO 10/2022[46], *Real Decreto Legislativo 2/2015, de 23 de octubre, por el que se aprueba el Texto Refundido de la Ley del Estatuto de los Trabajadores*[47], *Real Decreto Legislativo 5/2015, de 30 de octubre, por el que se aprueba el Texto Refundido del Estatuto Básico del Empleado Público*[48], Ley 15/2022[49] y Real Decreto 901/2020[50]/[51].

En la práctica, los protocolos suelen establecer un ámbito subjetivo de aplicación, que suele variar en función de los colectivos de terceras personas que se pueden encontrar en sus centros de trabajo y que no son personal contratado por las mismas. Ahora bien, aunque

---

43 El apartado 8. b) de la Recomendación 206 sobre la violencia y acoso (2019) sí concreta quiénes son esas terceras personas.

44 Arts. 9 y 14.

45 Arts. 2.1, 7, 46, 48 y 62.

46 Arts. 12 y 13.

47 Arts. 4.2 d) y e), 17, 50.1 b) y 54.2 g).

48 Arts. 14 h), 95.2 b) y Disposición adicional séptima.

49 Arts. 2.1 3.1 a) y b), 4.1, 6.4, 9-12, 25 y 27.4 b).

50 Principalmente, arts. 2.1, 7.1 i), 11, 12 y apartado 7 del Anexo.

51 Además de: LPRL, las remisiones a la misma, directas o no, que contienen otras normas (p.e. arts.1 11 j, 16.2 c, 18.1 k) de la *Ley 45/2015, de 14 de octubre, de Voluntariado*) o lo que puedan establecer las normas autonómicas [véase, por ejemplo, el *Decreto Legislativo 1/2023, de 16 de marzo, por el que se aprueba el texto refundido de la Ley para la Igualdad de Mujeres y Hombres y Vidas Libres de Violencia Machista contra las Mujeres, de la Comunidad Autónoma de Euskadi*]).

el ámbito subjetivo de aplicación sea amplio, hay que tener en cuenta que no siempre se puede actuar de la misma forma, ya que las situaciones serán diferentes en función de quién sea la persona que acosa y quién la víctima, y, sobre todo, de la capacidad o legitimación que tenga la empresa para ejercer su poder disciplinario. De hecho, los problemas de aplicación del protocolo pueden surgir cuando alguna de las personas implicadas en el acoso sexual y el acoso por razón de sexo es una tercera persona que no forma parte de la plantilla de la empresa. Si esa tercera persona es la víctima de acoso, la empresa podrá actuar e implementar el procedimiento de actuación, porque la persona acosada pertenece a su plantilla y, por tanto, puede ejercer su poder disciplinario sobre esta persona trabajadora. En el caso contrario, cuando la víctima pertenece a la empresa y la persona que acosa es una tercera persona, no es sencillo implementar ningún tipo de procedimiento, salvo que se haya previsto algún procedimiento específico para estos casos, en virtud de lo regulado por el art. 24 LPRL sobre coordinación de actividades preventivas cuando en una misma empresa haya trabajadores de dos o más empresas.

2.3. *Otras medidas para combatir el acoso sexual y el acoso por razón de sexo*

Además de las medidas propiamente reactivas, la LO 12/2022 prevé otras de marcado carácter preventivo, cuando regula, por un lado, la obligación de las empresas de promover la sensibilización y de ofrecer formación para la protección integral contra las violencias sexuales a todo el personal a su servicio (art. 12) y, por otro lado, la obligación de las administraciones públicas competentes y sus organismos vinculados o dependientes de promover la información y sensibilización y de ofrecer "formación para la protección integral contra las violencias sexuales al personal a su servicio, autoridades públicas y a los cargos públicos electos"[52]. Son precisamente en estas medidas en las que hay que centrarse para poder evitar el acoso sexual y el acoso por razón de sexo; medidas que se adoptarán una vez

---

52 Sobre estas medidas y otras, léase López Rubia (2020, 593-599).

realizada la evaluación de riesgos laborales[53], puesto que, tal y como señala Altés, son las más eficaces para avanzar en la erradicación de la violencia y del acoso (Altés Tárrega, 2022, p. 98).

3. A MODO DE CONCLUSIÓN

En primer lugar, hay que decir que, frente al tratamiento global e integral que hace el Convenio OIT 190 de la violencia y el acoso en el mundo del trabajo (Pons Carmena, 2020, p. 37), la regulación española sobre la cuestión es más bien caótica, debido a su fragmentación y dispersión en múltiples normas, de diferente calado. Por ello, se puede afirmar que los problemas que se puedan derivar de la aplicación de la normativa en materia de prevención y actuación contra el acoso sexual y el acoso por razón de sexo en el trabajo procederán, con toda probabilidad, más de la dificultad e incorrecta interpretación de la dispersa normativa española, que de las novedades que pueda traer consigo la entrada en vigor del Convenio OIT 190.

En segundo lugar, no se puede olvidar que el acoso sexual y el acoso por razón de sexo son riesgos de carácter psicosocial, que estos proceden de factores organizacionales y de factores relacionales y, que, en consecuencia, habrá que actuar sobre dichos factores desde la prevención de riesgos laborales; perspectiva, esta, en la que todavía queda mucho trabajo que hacer.

Sin embargo, tampoco se puede obviar el hecho de que, tanto en el acoso sexual, como en el acoso por razón de sexo, hay una relación de poder de un sexo sobre el otro, lo cual da lugar a la necesidad de actuar, también, desde el punto de vista de la igualdad. Por ello, la solución para combatir estos tipos de acoso pasa, inexorablemente, por actuar desde una doble perspectiva contra las estructuras de poder que existen en las organizaciones: adoptando medidas en el plan de igualdad y adoptando medidas en materia de prevención de riesgos laborales.

---

53 Que debe ir más allá de lo que propiamente es el puesto de trabajo, tal y como he señalado al tratar sobre la evaluación de los riesgos de carácter psicosocial.

No quiero finalizar este capítulo sin mencionar las dificultades que nos podemos encontrar en un futuro, no tan lejano, derivadas de la aprobación de la *Ley 4/2023, de 28 de febrero, para la igualdad real y efectiva de las personas trans y para la garantía de los derechos de las personas LGTBI*[54], por ejemplo, cuando se dice que la mayoría de las personas que son víctimas de acoso sexual y acoso por razón de sexo son mujeres o que la mayoría de las personas acosadoras son hombres; o cuando se trate de explicar las relaciones de poder de un sexo sobre el otro.

4. REFERENCIAS BIBLIOGRÁFICAS

Altés Tárrega, Juan A. (2022). El convenio 190 OIT y la tutela administrativa de la violencia y el acoso en el trabajo, *Revista Crítica de Relaciones de Trabajo Laborum*, n.º 4, pp. 97-121.

Bernal Santamaría, Francisca (2020). Violencia de género en el ámbito laboral: los prototipos de acoso sexual y de acoso sexista en el trabajo. *Revista General de Derecho del Trabajo y de la Seguridad Social, n.º* 57, pp. 409-453.

Cabeza Pereiro, Jaime (2012). El concepto y rasgos de la violencia de género. Particularidades desde el derecho del trabajo. En Mella Méndez,

54 Entró en vigor al día siguiente de su publicación en el Boletín Oficial del Estado (BOE 01-03-2023) (Disposición final vigésima). Recordemos que esta norma regula, dentro del TÍTULO II, dedicado a las *Medidas para la igualdad real y efectiva de las personas trans*, la *Rectificación registral de la mención relativa al sexo de las personas y adecuación documental* (CAPÍTULO I) (artículos 43 y siguientes), es decir, la posibilidad de que, con carácter general, "toda persona de nacionalidad española mayor de dieciséis años podrá solicitar por sí misma ante el Registro Civil la rectificación de la mención registral relativa al sexo" (art. 43.1) y que el ejercicio de ese derecho "en ningún caso podrá estar condicionado a la previa exhibición de informe médico o psicológico relativo a la disconformidad con el sexo mencionado en la inscripción de nacimiento, ni a la previa modificación de la apariencia o función corporal de la persona a través de procedimientos médicos, quirúrgicos o de otra índole" (art. 44.3). Además, transcurridos 6 meses, la persona que haya procedido a la rectificación de la mención registral relativa al sexo puede "recuperar la mención registral del sexo que figuraba previamente a dicha rectificación en el Registro Civil" (art. 47).

Lourdes (Dir.) *Violencia de Género y Derecho del Trabajo: estudios actuales sobre puntos críticos*. Madrid: La Ley, pp. 87-104.

Cabeza Pereiro, Jaime y Lousada Arochena, José F. (2000). El acoso sexual como riesgo laboral. [Comentario a la STSJ Galicia 24 enero 2000] (BIB 2000\154, https://insignis.aranzadidigital.es/, último acceso: 14-04-2023).

Coto Aubone, Mariana (2020). El Convenio n.º 190 de la OIT y su regulación respecto a las tecnologías de la información y la comunicación en el mundo del trabajo. *Noticias Cielo* n.º 9, pp. 1-5 (https://dialnet.unirioja.es/servlet/articulo?codigo=7625060, último acceso: 12-04-2023).

Fotinopoulou Basurko, Olga; Larrazabal Astigarraga, Eider; López Rubia, Edurne; Martínez Balmaseda, Arantza (2016). *Protocolo contra el acoso sexual y el acoso por razón de sexo en el trabajo*. Vitoria-Gasteiz: Emakunde-Instituto Vasco de la Mujer.

López Rubia, Miren Edurne (2020). Los protocolos de acoso sexual y acoso por razón de sexo. En Sierra Hernáiz, Elisa y Vallejo Dacosta, Ruth (Dir.), *Diseño e implementación de planes de igualdad en las empresas*. Cizur Menor: Thomson Reuters, Aranzadi, pp. 579-608

Lousada Arochena, José F. (2019). El Convenio 190 de la Organización Internacional del Trabajo sobre violencia y acoso en el trabajo. *Revista de Derecho Social*, n.º 88, pp. 55-74.

Olaizola Nogales, Inés (2020). La relación entre el delito de acoso sexual y el delito de acoso laboral. En Sierra Hernáiz, Elisa y Vallejo Dacosta, Ruth (dir.), *Diseño e implementación de planes de igualdad en las empresas*. Cizur Menor: Thomson Reuters, Aranzadi, pp. 609-638

Ortiz Vidal, M.ª Dolores (2021). Migración y derechos laborales: la violencia y el acoso en el mundo del trabajo. *Revista Española de Derecho Internacional*, Vol. 73, n.º 2, pp. 425-433.

Pons Carmena, María (2020). Aproximación a los nuevos conceptos sobre violencia y acoso en el trabajo a partir de la aprobación del Convenio OIT 190. *Labos*, Vol. 1, n.º2, pp. 30-60.

Ramos Quintana, Margarita I. (2021). Violencia de género y relaciones de trabajo en el marco del convenio número 190 de la OIT. *Revista de Derecho Laboral vLex* (RDLV), n.º 4, p. 141-154.

Yagüe Blanco, Sergio (2020). Convenio núm. 190 de la OIT sobre violencia y acoso: delimitación de su ámbito de aplicación ante la posible ratificación por España. *Revista General de Derecho del Trabajo y de la Seguridad Social, n.º* 57, pp. 498-538.

Capítulo 17

La contratación pública estratégica como forma de tutela administrativa ante la violencia en el trabajo

JOSÉ MIGUEL SÁNCHEZ OCAÑA
Personal Investigador en Formación Predoctoral (FPU)
de Derecho del Trabajo y de la Seguridad Social
Universitat de València
Jose.Miguel.Sanchez-Ocana@uv.es

1. VIOLENCIA, TRABAJO Y DISCRIMINACIÓN

Los factores lesivos de los derechos fundamentales actúan desde distintas dimensiones y ángulos. La violencia es uno de los fenómenos que atacan la libertad y la dignidad de las personas como la Hidra de Lerna. Al atajar los mecanismos jurídicos de tutela ante la violencia en el mundo del trabajo estamos ante una labor hercúlea que requiere, no solo capacidad de actuación por parte de las instituciones públicas y privadas, sino, antes de todo, capacidad de diagnóstico y análisis de los elementos fundamentales que la componen: causas, sujetos, escenarios y consecuencias.

El concepto de violencia contra la que pretende desplegar su acción el Convenio es marcadamente amplio. El significado de violencia alude, en síntesis, al conjunto de comportamientos y prácticas inaceptables, o la amenaza de realizarlos, que causen o puedan causar potencialmente daño físico, psicológico, sexual o económico. El ámbito subjetivo del instrumento de la OIT, por otra parte, alcanza a una multiplicidad de instituciones jurídicas, por lo que no se agota en las personas que trabajan en régimen laboral. En efecto, el Convenio protege, tanto en el ámbito público como en el privado, a cualquier persona que desempeñe un trabajo (incluido el autónomo, el informal o atípico o el voluntariado), a las personas que han sido despedidas o que están buscando empleo, así como las personas que ejercen de empleadoras o que organizan y dirigen a personas a su cargo.

El ámbito funcional sobre el que se erige el Convenio es *el mundo del trabajo*. La indivisibilidad e interdependencia de los derechos fundamentales se afirma de forma velada en el art. 5 del Convenio, ya que se apremia a respetar, promover y llevar a efecto los derechos fundamentales en el trabajo como base para prevenir y eliminar la violencia en dicho ámbito. Esta interpretación no es más que la constatación de dos realidades: en primer lugar, la susceptibilidad del mundo del trabajo para convertirse ser un ámbito en el que la violencia gana terreno, sobre todo respecto de grupos vulnerables, y, en segundo lugar, que, aunque no toda vulneración de derechos se conceptualiza como violencia, toda violencia es en sí misma la vulneración de derechos fundamentales.

A esto añadimos una realidad evidente: los sistemas de protección social no alcanzan, generalmente, a satisfacer los derechos sociales de todas las personas independientemente de que realicen un trabajo subordinado o independiente. En este sentido, garantizar un trabajo decente, en el sistema actual, es un requisito estructural y estructurante del acceso efectivo a los derechos fundamentales. La relación entre un trabajo decente, ausente de violencia, discriminatoria o no, y los derechos fundamentales es simbiótica. Por ello, la dogmática garantista exige aproximarse a tales derechos desde la indivisibilidad e interdependencia de los mismos (Pisarello, 2007; Ferrajoli, 2019).

Con estos mimbres, puede aseverarse que el Convenio 190 sobre la violencia y el acoso no tiene por qué incardinarse estrictamente en el Derecho antidiscriminatorio, entendido como el conjunto de disposiciones jurídicas dirigidas a prevenir y reaccionar las prácticas o conductas discriminatorias (Rey Martínez, 2019; Barrère Unzueta, 1997). Dicho lo anterior, las actuaciones tendentes a atajar la violencia en el trabajo se desvelan más apremiantes si cabe cuando las destinatarias son personas pertenecientes a colectivos, grupos o segmentos de la población golpeados por factores de exclusión. A esto se añade que el ámbito del trabajo tiene un potencial gravoso para las violencias discriminatorias debido a que, por un lado, el trabajo es la principal puerta de entrada de que dispone la ciudadanía para acceder a los derechos sociales, económicos y culturales y, por otro lado, porque es un campo abonado para la presión de quienes ostentan mayor poder de negociación hacia las personas trabajadoras para disponer, transigir o alienar derechos fundamentales.

Precisamente, el Convenio 190 reconoce en su preámbulo la importancia de los instrumentos internacionales dirigidos a combatir la discriminación y la desigualdad desde distintas dimensiones objetivas y subjetivas como, por ejemplo, los Pactos Internacionales de Nueva York de 1966 o las convenciones sobre la eliminación de la discriminación racial, contra la mujer, las personas migrantes o las personas con discapacidad. Las motivaciones discriminatorias son aquellas basadas en factores así catalogados por normas internacionales como las mencionadas o normas nacionales como la *Ley 15/2022, de 12 de julio, integral para la igualdad de trato y no discriminación.* Citamos estas causas literalmente, tal y como las relaciona el art. 2 de esta ley: "nacimiento, origen racial o étnico, sexo, religión, convicción u opinión, edad, discapacidad, orientación o identidad sexual, expresión de género, enfermedad o condición de salud, estado serológico y/o predisposición genética a sufrir patologías y trastornos, lengua, situación socioeconómica, o cualquier otra condición o circunstancia personal o social".

En este punto traemos a colación, de nuevo, el preámbulo del Convenio 190, en el que se hace un llamamiento a tomar en consideración "las formas múltiples e interseccionales de discriminación" entendiendo que esto es "indispensable para acabar con la violencia y el acoso en el mundo del trabajo". La interseccionalidad es la concurrencia simultánea de diversos elementos de discriminaciones que atraviesan a las personas (Crenshaw, 1989). En efecto, la interacción de factores discriminatorios en una misma persona o grupo social genera una sinergia perversa que actúa como factor multiplicador de la incidencia y la intensidad de la violencia. Es por ello por lo que las discriminaciones interseccionales requieren de una respuesta más sofisticada que aquellas que atienden exclusivamente a un factor; solo de ese modo pueden combatirse las distintas aristas de la discriminación[1].

2. LA CONTRATACIÓN PÚBLICA COMO ESCENARIO ESTRATÉGICO DE TUTELA

El enfoque integral que demanda el Convenio 190 supone tener en cuenta, no solo la necesidad de redimensionar el ámbito subjetivo del derecho antidiscriminatorio, sino tomar en consideración los riesgos que se generan en las distintas esferas laborales y, a su vez, en todos los ámbitos sociales y económicos relacionados con el trabajo. Es en este punto donde los poderes públicos han de adoptar una actitud activa que incluya en sus distintas actividades y entidades los impulso tuitivos y antidiscriminatorios.

Una de las facetas en las que los poderes públicos adquieren un rol trascendente respecto de las personas trabajadoras es en el marco de los contratos del sector público con los que adquieren obras, servicios y suministros. El trabajo en contratas públicas, aunque sometida plenamente al derecho del trabajo, no se desarrolla en un escenario puramente público ni privado. Lo que sí es cierto es que el titular de la actividad y el gestor, aun indirecto, es el sector público como un responsable cualificado en la satisfacción del interés general y especialmente vinculado al principio, no solo de no discriminación, sino de igualdad material.

No podemos dejar de mencionar que el preámbulo del Convenio 190 reconoce que la violencia afecta también al funcionamiento de los servicios públicos y al acceso de las mujeres al mercado de trabajo. Pues bien, en estos ejes de coordenadas puede imbricarse la contratación pública socialmente responsable como respuesta multidimensional al fenómeno de la violencia en el mundo del trabajo contra los colectivos más vulnerables.

---

1 Kimberle Williams Crenshaw fue la académica afroamericana que propuso este término en la década de los 80 del siglo pasado para referirse a la interacción en una misma persona de diversos factores de discriminación como, por ejemplo, la raza, el género y la clase social.

2.1. Contratación pública socialmente responsable (CPSR)

La perspectiva estratégica de la contratación pública es aquella concepción de este instrumento de gestión que favorece la introducción en los pliegos de condiciones administrativas y en el contrato de consideraciones de tipo innovador, ambiental y social que deben satisfacer las empresas adjudicatarias en el ámbito de la organización de la actividad; lo que conlleva la influencia, por parte de los poderes públicos, de la actividad de los agentes económicos privados (Gimeno Feliu, 2013). La contratación pública socialmente responsable (CPSR) constituye la vertiente social de la citada concepción estratégica y está prevista tanto en la normativa interna como en la europea. Si bien esta configuración hunde sus raíces en diversos textos de soft law de la Comisión Europea de finales de la década de los 90, la referencia más directa la encontramos en la senda abierta por la Directiva 24/2014/UE sobre contratación pública que fue seguida y aumentada, con creces, por la *Ley 9/2017, de 8 de noviembre, de Contratos del Sector Público* (LCSP)[2].

Ambas normas fundamentales en materia de contratación pública permiten a los órganos de contratación de las entidades públicas emplear los procesos contractuales no solo para adquirir el concreto objeto contractual (objetivo operativo), sino para, al mismo tiempo, dar cumplimiento a objetivos sociales (objetivos estratégicos) mediante la adjudicación y la ejecución del contrato. Estas premisas se despliegan en su dimensión práctica incentivando a los licitadores o, directamente, exigiendo que adoptar determinadas acciones en el seno de su organización económica que coadyuven a la satisfacción de consideraciones o necesidades sociales o sociolaborales.

---

2 El término *contratación pública estratégica* ha sido utilizado por la Comisión Europea en diversas resoluciones como, por ejemplo, el *Libro Verde sobre la modernización de la política de contratación pública de la UE. Hacia un mercado europeo de la contratación pública más eficiente*, 2011; la *Comunicación al Parlamento Europeo, al Consejo, al Comité Económico y Social Europeo y Al Comité de las Regiones "Conseguir que la contratación pública funcione en Europa y para Europa"*, 2017; *Conseguir que la contratación pública funcione en Europa y para Europa*, 2017; *Adquisiciones sociales: una guía para considerar aspectos sociales en las contrataciones pública (2.ª edición)*, 2021.

Estos objetivos vienen explicitados por la LCSP en diversos artículos, entre los que destacan el 145 (criterios de valoración de ofertas), 147 (criterios de desempate) y 202 (condiciones especiales de ejecución). Nos limitamos a realizar un ejercicio de síntesis apuntando a los propósitos relacionados con el objeto de este texto. En este sentido destacan el fomento de la integración social; el desarrollo de planes de igualdad de género; la mejora de las condiciones laborales; la protección de la salud; el fomento de la responsabilidad social; el cumplimiento de las convenciones de las Naciones Unidas y los convenios fundamentales de la OIT; la eliminación de desigualdades entre hombres y mujeres; y, el respeto de los derechos laborales básicos en la cadena de valor.

2.2. Cláusulas sociolaborales contra la vulnerabilidad discriminatoria

Las cláusulas sociales son la herramienta jurídica para la materialización concreta de la CPSR. Se trata de dispositivos jurídicos de los que disponen los órganos de contratación para señalar en los procesos de contratación pública condiciones o exigencias, superiores a los estándares legales, dirigidas a los licitadores y adjudicatarios del contrato a través de las cuales se contribuye al cumplimiento de objetivos de política social (Lesmes, 2005; Rodríguez-Piñero y Bravo-Ferrer, 2016).

Como no podría ser de otro modo, el artículo 12 del Convenio avala en términos generales cualquier intervención legislativa o administrativa orientada aplicar las disposiciones de aquel. Pues bien, los instrumentos jurídicos a los que denominamos cláusulas sociales pueden coadyuvar a ello abordando, principalmente, tres tipos fundamentales de materias: condiciones y derechos laborales de las personas trabajadoras adscritas a la contrata; medidas o decisiones de fomento del empleo de determinados colectivos o grupos vulnerables; y, protección de los derechos humanos en las cadenas de valor de las empresas contratistas.

En cualquier caso, el punto de partida para incorporar cláusulas sociales dirigidas a prevenir y reaccionar ante la violencia no es otro que el que constituyen los análisis o diagnósticos preliminares de la situación en la que se encuentra la actividad que se pretende contratar en el contexto general y en el específico del ámbito territorial de la entidad contratante. Los diagnósticos de las Administraciones Públicas (AAPP) deben identificar las actividades económicas y los grupos sociales en los que concurre una mayor incidencia e intensidad de la violencia y el acoso en el mundo del trabajo, como demanda la *Recomendación sobre la violencia y el acoso*, 2019 (núm. 206). En ella, de forma no exhaustiva, se citan algunos ejemplos de sectores de actividad a los que debe prestarse la debida atención por la susceptibilidad ante la violencia: el trabajo nocturno, el trabajo que se realiza de forma aislada, el trabajo en el sector de la salud, la hostelería, los servicios sociales, el trabajo doméstico o el transporte. Sobre la base de los mismo puede enfocarse la intervención, sobre todo, en los grupos de personas en los que concurren factores de discriminación como, por ejemplo, el origen, el sexo, la posición socioeconómica, etc.

3. CLÁUSULAS CONTRACTUALES ANTE LA VIOLENCIA DISCRIMINATORIA

Los análisis cuantitativos y cualitativos sobre la situación de partida permiten a las AAPP abordar la redacción de los pliegos de condiciones administrativas con mayor tino y precisión. Los estudios preliminares dan cobertura no solo a diseñar cláusulas concretas en los pliegos, sino a adoptar guías de CPSR vinculantes para los órganos de contratación mediante instrumentos normativos reglamentarios o que cualesquiera otros que orienten la actividad de aquellos y reduzcan el grado de discrecionalidad, tales como Reglamentos, Decretos, Acuerdos de gobierno o Instrucciones, entre otros.

Sea como fuere, todas las cláusulas contenidas en los pliegos deben guardar la debida relación con el objeto del contrato, entendida como la relación de las consideraciones sociales con algunos de los factores que intervienen en la prestación contratada desde la perspectiva funcional (actividad contratada) y temporal (duración de la contrata).

3.1. Planes de igualdad e instrumentos alternativos

Los planes de igualdad son uno de los instrumentos idóneos para incorporar exigencias en materia de prevención y reacción ante la violencia. Ahora bien, se trata de una institución jurídica regulada por el Real Decreto 901/2020, de 13 de octubre, que atribuye a los representantes de los trabajadores y a la empresa la labor de negociación para su adopción. La influencia de los órganos de contratación en su contenido podría suponer una intromisión ilegal en el derecho a la negociación colectiva, por lo que debería descartarse la utilización de condiciones especiales de ejecución que obligasen a hacer constar contenidos específicos en el seno de los planes. A pesar de ello, puede resultar procedente incentivar, no ya un contenido concreto, sino procedimientos o medidas generales, a través de los criterios de valoración de ofertas.

Por todo ello, en materia de medidas contra la violencia, puede afirmarse que no solo se podría tratar de influir parcial y limitadamente en el contenido de los planes de igualdad, sino que, con más margen, se podría exigir la adopción de protocolos específicos que combinen el alma antidiscriminatoria y alma preventiva de la tutela ante la violencia que demanda el convenio 190. En cierto modo, puede decirse que, aunque estos protocolos *ad hoc* no disponen de la misma trascendencia jurídico-constitucional que un instrumento acordado en el marco de la negociación colectiva, sí pueden gozar de unos efectos prácticos similares.

3.2. Fomento del empleo desde una perspectiva interseccional

En segundo lugar, las medidas de fomento del empleo deben enfocarse en promover la contratación de colectivos en situación de vulnerabilidad social que, por sus características, condiciones y circunstancias, son víctimas, potenciales o reales, de actos de discriminación. De forma complementaria, y siguiendo la estela de las previsiones legales en favor de los Centros Especiales de Empleo y de las Empresas de Inserción de economía social, no es desmesurado considerar como propuesta de *lege ferenda* ampliar el radio de acción de las reservas de contratos a entidades que superen determinados umbrales de contratación de personas pertenecientes a colectivos vulnerables frente a la violencia en el trabajo.

De este modo, nos encontraríamos ante dos clases de medidas de fomento del empleo inclusivo articuladas a través de criterios de adjudicación o de condiciones especiales de ejecución. En primer lugar, el establecimiento de cláusulas que incentiven o exijan en términos proporcionados la contratación de colectivos discriminados interseccionalmente como, por ejemplo, mujeres con discapacidad, personas racializadas en situación socioeconómica precaria, personas de más de 50 años desempleadas de larga duración, etc. En segundo lugar, se trataría de ensanchar la labor taxonómica que realiza, por ejemplo, la *Ley 44/2007, de 13 de diciembre, para la regulación del régimen de las empresas de inserción,* y crear previsiones específicas de reserva de contratos respecto de entidades que contraten víctimas de violencia entendida *lato sensu* y prestar atención a los colectivos atravesados por diversos factores discriminatorios como los ya relacionados.

3.3. Control de la cadena transnacional de valor de las contratistas

Por último, es posible establecer cláusulas que impliquen obligaciones de información, transparencia y vigilancia respecto de la cadena nacional y trasnacional de valor de las empresas adjudicatarias de contratos públicos. En lo referente a la cadena nacional, intramuros del ordenamiento jurídico interno, no se plantean graves dificultades jurídico-técnicas a la hora de arbitrar medidas de transparencia y vigilancia del cumplimiento de normativa laboral aplicable en España ni de los instrumentos internacionales en materia de derechos humanos.

Ahora bien, una de las mayores potencialidades de los mecanismos de información, transparencia y vigilancia de la cadena de valor se proyecta sobre los eslabones situados más allá del ámbito territorial español. La prevención y eliminación de la violencia en el mundo del trabajo exige promover, como advierte el art. 5 del Convenio 190, la eliminación de todas las formas de trabajo forzoso u obligatorio, así como la abolición efectiva del trabajo infantil; todos ellos fenómenos que se producen con asiduidad en las cadenas transnacionales de valor de las empresas contratistas del sector público[3].

El abordaje de esta clase de previsiones está amparado por el derecho europeo e interno. Como paradigma tomamos la tradición jurídica de incentivar o exigir que las entidades adjudicatarias de contratos públicos certifiquen mediante sellos de comercio justo o de agricultura ecológica los productos o los procesos que forman parte de la actividad económica contratada. Estos sellos atienden a la cadena transnacional de la empresa contratista y, además, las regulaciones de estos se adentran también, en mayor o menor medida dependiendo del tipo de certificado, en aspectos laborales de las empresas que constituyen la cadena.

Estas premisas nos llevan a aseverar que la contratación pública, desde una perspectiva estratégica, es un campo propicio para articular formas innovadoras de tutela administrativa ante la violencia por lo que se refiera al respeto de los derechos humanos en las empresas que componen los eslabones de la cadena de valor de las adjudicatarias. Las dificultades jurídico-técnicas de aplicabilidad, si bien pueden comprometer la efectividad de esta clase de cláusulas en el corto plazo, no se vislumbran insalvables.

4. CONCLUSIONES

En un sentido estrictamente lingüístico, la tutela hace referencia a la dirección, amparo o defensa de una causa, persona o norma respecto de quien pretende su negación. La tutela que ejerce la administración de los intereses generales y, entre ellos, de los derechos de la ciudadanía en el marco de sus competencias, dispone de diversos

---

3 Los estudios de la OIT señalan que unos 50 millones de personas se encuentran en situación de esclavitud moderna en todo el mundo, sin que ninguna región se encuentre libre de la misma: se encuentran en trabajo forzoso 28 millones de personas, mientras que 22 millones lo estarían en situación de matrimonio forzado. La gran mayoría de los casos de trabajo forzoso se dan en el sector privado y respecto de actividades que no son la explotación sexual (OIT, 2022).

canales o vías y no se agota en los mecanismos jurídicos de control y sanción de conductas antijurídicas. En efecto, las AAPP tienen atribuidas las funciones de tutela del derecho positivo en el marco de sus distintas actividades ya sean de organización interna, regulatorias, de fomento, de servicio público o de control y sanción.

La tutela administrativa contra la discriminación, como una forma de violencia, encuentra acomodo también en los procesos de contratación pública. Así, las entidades públicas no solo pueden controlar que los contratistas cumplen con la normativa laboral vigente en materia de lucha contra la violencia y la discriminación, sino que pueden promover o exigir que superen los estándares positivos. Las cláusulas de fomento del empleo, las relacionadas con planes de igualdad o protocolos contra la violencia y la discriminación o las que tratan de transparentar los eslabones de la cadena de valor son tres de los mecanismos propuestos en estas páginas como medidas de acción positiva interseccional para prevenir y combatir la violencia discriminatoria.

La implementación de instrumentos como los derivados de la concepción estratégica de la contratación pública actúan a modo de *vis atractiva* de la responsabilidad de las AAPP respecto de los derechos de las personas que, de forma indirecta, contribuyen a la gestión de servicios y actividades públicas. La concreta tutela ante la violencia encuentra un dispositivo eficaz en las cláusulas sociolaborales. Estas cláusulas tienden a potenciar su efecto y eficiencia cuando adoptan configuraciones interseccionales que protejan a los colectivos en situaciones de vulnerabilidad socioeconómica.

5. REFERENCIAS BIBLIOGRÁFICAS

Barrère Unzueta, M.ª Angeles (1997). *Discriminación, Derecho antidiscriminatorio y acción positiva en favor de las mujeres.* Madrid: Cuadernos Cívitas.

Crenshaw, Kimberle Williams (1989). Demarginalizing the Intersection of Race and Sex: A Black Feminist Critique of Antidiscrimination Doctrine, Feminist Theory and Antiracist Politics. *University of Chicago Legal Forum,* pp. 139-167.

Ferrajoli, Luigi (2019). *Derechos y garantías: la ley del más débil.* Madrid: Trotta.

Gimeno Feliu, José M.ª (2013). Las nuevas directivas —cuarta generación— en materia de contratación pública. Hacia una estrategia eficiente en compra pública. *Revista española de derecho administrativo*, n.º 159, pp. 39-106.

Lesmes Zabalegui, Santiago (2005). Contratación pública y discriminación positiva. Cláusulas sociales para promover la igualdad de oportunidades entre mujeres y hombres en el mercado laboral. *Revista de Relaciones Laborales - Lan Harremanak*, Vol. 13, n.º 2, p. 62.

OIT (2022). *Estimaciones mundiales sobre la esclavitud moderna. Trabajo forzoso y matrimonio forzoso (Resumen ejecutivo).*

Pisarello, Gerardo (2007). *Los derechos sociales y sus garantías. Elementos para una reconstrucción.* Madrid: Trotta.

Rey Martínez, Fernando (2019). *Derecho Antidiscriminatorio.* Pamplona: Aranzadi.

Rodríguez-Piñero y Bravo-Ferrer, Miguel (2016). "Cláusulas sociales y contratación pública", *La Ley Digital 2955/2016.*

Capítulo 18

Los planes de igualdad y los protocolos contra el acoso sexual en la contratación pública[1]

EIDER LARRAZABAL ASTIGARRAGA
Profesora Agregada de Derecho del Trabajo y de la Seguridad Social
Universidad del País Vasco/Euskal Herriko Unibertsitatea
eider.larrazabal@ehu.eus

1. INTRODUCCIÓN

Como es sabido, contar con un plan de igualdad es obligatorio para determinadas empresas. No obstante, existen dudas sobre si es contenido obligatorio mínimo de dichos planes la prevención del acoso sexual y por razón de sexo. Y mayores son las dudas sobre qué tipo de medidas son exigibles en atención a dicha prevención. Sobre esto último, el Convenio 190 sobre la violencia y el acoso (2019) de la OIT aporta más concreción y seguridad jurídica.

El Convenio 190 de la OIT está en vigor en el Estado español desde el 25 de mayo de 2023[2]. Será necesario adaptar la normativa del ordenamiento jurídico interno al Convenio. Según el mismo, los Estados miembros deberán exigir a las empresas "tomar medidas apropiadas y acordes con su grado de control para prevenir la violencia y el acoso en el mundo del trabajo, incluidos la violencia y el acoso por razón de género" (art. 9. C.190 OIT).

---

1 Comunicación realizada en el marco del Proyecto de Investigación GIU21/014 "El Derecho transnacional del Trabajo y Transporte", dirigido por la Catedrática Olga Fotinopoulou Basurko.

2 De conformidad con el artículo 14.3 del Instrumento de adhesión de España.

En este contexto, el objeto del presente trabajo es analizar qué posibilidades existen a la hora de valorar o exigir estar en posesión y/o aplicar dichos planes y protocolos en el ámbito de la contratación pública, para poder resolver si la contratación pública puede erigirse como una política activa en la consecución de la igualdad entre mujeres y hombres y la prevención del acoso sexual y por razón de sexo. A pesar de que la temática objeto de análisis viene constituyendo una de las principales dudas a las que se enfrentan los órganos de contratación encargados de redactar los pliegos de contratación, se trata de un tema poco estudiado desde el punto de vista del Derecho del Trabajo, por lo que también se aspira a contribuir en esa labor. De todas formas, téngase en cuenta que, por límites de extensión, la cuestión no podrá abordarse con la profundidad merecida.

2. LA OBLIGATORIEDAD DE LOS PLANES DE IGUALDAD Y DE LOS PROTOCOLOS CONTRA EL ACOSO SEXUAL Y POR RAZÓN DE SEXO

La obligación que recae sobre las empresas de estar en posesión de planes de igualdad y protocolos contra el acoso sexual y por razón de sexo (en adelante, protocolos contra el acoso) va a resultar clave a la hora de conocer qué posibilidades caben en el marco de la contratación pública. Es decir, como se verá más adelante, las posibilidades son diferentes en el caso de las empresas sobre las que recaen dichas obligaciones y sobre las que no incurren las mismas. A tal fin, resulta determinante recordar en primer lugar, de forma breve, cuándo las empresas están obligadas a estar en posesión de dichos planes y protocolos.

En materia de planes de igualdad, la normativa actual impone la obligación de contar con un plan de igualdad a las empresas cuando: a) cuenten con cincuenta o más personas trabajadoras en plantilla, b) estén obligadas a ello mediante convenio colectivo y c) la autoridad laboral hubiera acordado en un procedimiento sancionador la sustitución de las sanciones accesorias por la elaboración y aplicación de dicho plan. Así, para las demás empresas, la elaboración e implantación de dicho plan será voluntaria, previa consulta a la representación legal de las personas trabajadoras (art. 45 *Ley Orgánica 3/2007, de 22 de marzo, para la igualdad efectiva de mujeres y hombres*, en adelante, LOI).

En cuanto a los protocolos contra el acoso, cabe realizar una serie de matizaciones al respecto, ya que la normativa, a mí parecer, deja algunas cuestiones en el aire. Estos protocolos suelen ser normalmente incluidos en el contenido de los planes de igualdad, no obstante, ¿es legalmente obligatoria dicha inclusión en los planes de igualdad en todo caso? Si se tiene en cuenta la literalidad de la LOI, la respuesta final a dicha pregunta es que no. Ello es así porque, según la LOI, únicamente existe la obligación de incorporar dentro del contenido mínimo obligatorio de los planes de igualdad la "prevención del acoso sexual y por razón de sexo", cuando después de realizar un diagnóstico previo de situación quepa concluir que existe dicha necesidad. Esto es, conforme a la LOI, la única obligación existente al respecto es la de incluir entre las materias obligatorias a tener en cuenta en el diagnóstico previo la prevención del acoso sexual y por razón de sexo, pero la obligación de incorporar dicha temática en el contenido del plan de igualdad solamente existe en los casos en los que tras la realización de dicho diagnóstico se derive tal necesidad (art. 46 LOI). En este sentido, el *RD 901/2020, por el que se regulan los planes de igualdad y su registro*, a la hora de formular el contenido mínimo de los planes de igualdad, establece claramente que "el plan de igualdad contendrá las medidas que resulten necesarias en virtud de los resultados del diagnóstico" y que, "en todo caso, las medidas de igualdad contenidas en el plan de igualdad deberán responder a la situación real de la empresa individualmente considerada reflejada en el diagnóstico (...)" (art. 8.2, 3 y 4 RD 901/2020). El mismo Real Decreto dispone claramente que la obligación de referirse al menos a la materia de prevención del acoso sexual y por razón de sexo recae sobre el diagnóstico, y no en todo caso sobre el contenido mínimo del plan de igualdad. Por tal razón, como se exponía anteriormente, atendiendo a la LOI pueden generarse dudas al respecto, aunque, como se ha podido comprobar, el RD 901/2020 no genera tal incertidumbre.

Sin perjuicio de ello, más allá del contenido mínimo que han de recoger, o no, los planes de igualdad, lo que sí es cierto es que todas las empresas "deberán promover condiciones de trabajo que eviten la comisión de delitos y otras conductas contra la libertad sexual y la integridad moral en el trabajo, incidiendo especialmente en el acoso sexual y el acoso por razón de sexo, incluidos los cometidos en el ámbito digital" y que, con esa finalidad, "se podrán establecer medidas que deberán negociarse con los representantes de los trabajadores" (art. 48 LOI). Aunque tampoco en esta disposición se establezca de forma directa la obligación para todas las empresas de estar en posesión de procedimientos o protocolos específicos contra el acoso sexual, ya que únicamente se hace mención a la promoción de condiciones de trabajo que eviten dichas situaciones y a la posibilidad de establecer medidas a tales efectos, la irrebatible obligación se impone en la LO 10/2022, de garantía integral de la libertad sexual. Según esta reciente norma, las empresas "deberán arbitrar procedimientos específicos para su prevención y para dar cauce a las denuncias o reclamaciones que puedan formular quienes hayan sido víctimas de estas conductas, incluyendo específicamente las sufridas en el ámbito digital" (art. 12). Además, regula expresamente que las administraciones y los organismos públicos deben "arbitrar procedimientos o protocolos específicos para su prevención, detección temprana, denuncia y asesoramiento a quienes hayan sido víctimas de estas conductas" (art. 13). Es decir, que las administraciones públicas están obligadas a contar con procedimientos o protocolos específicos a tales efectos. De este modo, es en el ámbito de la contratación pública el único terreno donde la normativa hace referencia expresa a *protocolos específicos* a tales efectos. Sobre las medidas concretas a adoptar en el seno de dichos protocolos y procedimientos, una vez que el Estado español está hoy día obligado a aprobar una ley que aborde las cuestiones previstas en el Convenio 190 de la OIT, será esa futura norma la que especificará en qué consistirán las mismas. Por ahora, y en lo que aquí más interesa, el Convenio 190 enumera, para todas las empresas, las siguientes medidas: "a) adoptar y aplicar, en consulta con los trabajadores y sus representantes, una política del lugar de trabajo relativa a la violencia y el acoso; b) tener en cuenta la violencia y el acoso, así como los riesgos psicosociales asociados, en la gestión de la seguridad y salud en el trabajo; c) identificar los peligros y evaluar los riesgos de violencia y acoso, con participación de los trabajadores y sus representantes, y adoptar medidas para prevenir y controlar dichos peligros y riesgos, y d) proporcionar a los trabajadores y otras personas concernidas, en forma accesible, según proceda, información y capacitación acerca de los peligros y riesgos de violencia y acoso identificados, y sobre las medidas de prevención y protección correspondientes, inclusive sobre los derechos y responsabilidades de los trabajadores y otras personas concernidas en relación con la aplicación de la política mencionada en el apartado a) del presente artículo" (art. 9 C.190 OIT).

En fin, por un lado, todas las empresas de más de cincuenta personas trabajadoras están obligadas a contar con un plan de igualdad. Por otro lado, todas las empresas, independientemente de su tamaño, deben arbitrar procedimientos específicos dirigidos a prevenir el acoso sexual y por razón de sexo y, en el caso de las administraciones públicas, la obligación hace referencia a procedimientos o *protocolos* específicos.

3. LOS PLANES DE IGUALDAD Y LOS PROTOCOLOS CONTRA EL ACOSO EN LA CONTRATACIÓN PÚBLICA

3.1. Normativa de aplicación

Tanto la normativa específica sobre contratación pública como la normativa en materia de igualdad entre mujeres y hombres hacen alusión expresa a la posibilidad, a veces, obligatoriedad, de introducir cláusulas sociales en las diferentes fases del procedimiento de contratación pública. Las cláusulas sociales pueden ser de diferentes tipos y contenidos[3]. Entre otras materias, dos de las cuestiones a las que pueden —y suelen— referirse tales cláusulas son precisamente los planes de igualdad y los protocolos contra el acoso sexual. Es decir, mediante este tipo de cláusulas, a la hora de contratar con el sector público, se plantea o bien la opción de valorar, como criterio de adjudicación, estar en posesión de dicho plan o dicho protocolo,

---

[3] Sobre la legitimidad y los límites de las cláusulas sociales, en general, véase Molina Navarrete, 2016, pp. 79-110.

o bien la exigencia, como condición especial de ejecución, de aplicar por parte de la adjudicataria alguna de las dos medidas a la hora de ejecutar la prestación contratada.

Por un lado, en relación a las cláusulas sociales en general, la *Ley 9/2017, de 8 de noviembre, de Contratos del Sector Público* (en adelante, LCSP), en su primer artículo establece que “en toda contratación pública se incorporarán de manera transversal y preceptiva criterios sociales y medioambientales siempre que guarde relación con el objeto del contrato, en la convicción de que su inclusión proporciona una mejor relación calidad-precio en la prestación contractual, así como una mayor y mejor eficiencia en la utilización de los fondos públicos” (art. 1.3 LCSP). En la misma línea, en cuanto a la definición del objeto del contrato, señala que, en especial, el objeto del contrato no se definirá aferrándose a una solución única en aquellos casos en los que se estime que pueden introducirse innovaciones sociales que mejoren la eficiencia y sostenibilidad de los bienes, obras o servicios que se contraten (art. 99 LCSP).

Dejando a un lado las disposiciones de índole general, la LCSP realiza alusiones expresas a las cuestiones específicas objeto de interés en este trabajo, esto es, a los planes de igualdad y a los protocolos contra el acoso sexual, aunque las menciones a esta última materia son de forma indirecta.

Así, entre las prohibiciones para contratar con el sector público (art. 71 LCSP), se señala que no podrán contratar con este sector aquellas empresas que, estando obligado a ello, no cumplan con la obligación de contar con un plan de igualdad conforme a lo dispuesto en el artículo 45 de la LOI. Aunque la LCSP no prevea en este punto ninguna prohibición expresa en materia de protocolos o procedimientos contra el acoso sexual, sí menciona que incurrirán en la misma prohibición todas aquellas que hayan sido sancionadas mediante sentencia firme por delitos contra los derechos de las personas trabajadoras, así como aquellas que hayan sido sancionadas con carácter firme por infracción muy grave en materia laboral o social, de acuerdo con lo dispuesto en la LISOS. Eso sí, a tales efectos, como se ha podido observar, se requiere o bien una sentencia firme o bien una sanción firme. Recuérdese en este lugar que constituyen infracción muy grave el acoso sexual, *“cuando se produzca dentro del ámbito a que alcanzan las facultades de dirección empresarial, cualquiera que sea el sujeto activo de la misma"* y el acoso por razón de sexo en las mismas circunstancias, *"siempre que, conocido por el empresario, éste no hubiera adoptado las medidas necesarias para impedirlo"* (arts. 8.13 y 13.bis LISOS).

En lo que respecta a la fase de adjudicación del contrato, la LCSP establece que entre los criterios cualitativos para evaluar la mejor relación calidad-precio, podrán incluirse aspectos sociales vinculados al objeto del contrato en la forma establecida en el apartado 6 del artículo 145. Entre tales materias, se mencionan de forma explícita "los planes de igualdad de género que se apliquen en la ejecución del contrato y, en general, la igualdad entre mujeres y hombres; el fomento de la contratación femenina; la conciliación de la vida laboral, personal y familia (...); la formación y la protección de la salud y la seguridad en el trabajo (...)". A los efectos de determinar cuándo un criterio de adjudicación está o no vinculado con el objeto del contrato, el citado apartado 6 del artículo 145 subraya que lo estará, cuando dicho criterio "se refiera o integre las prestaciones que deban realizarse en virtud de dicho contrato, en cualquiera de sus aspectos y en cualquier etapa de su ciclo de vida, incluidos los factores que intervienen en los siguientes procesos: a) en el proceso específico de producción, prestación o comercialización de, en su caso, las obras, los suministros o los servicios, con especial referencia a formas de producción, prestación o comercialización medioambiental y socialmente sostenibles y justas; b) o en el proceso específico de otra etapa de su ciclo de vida, incluso cuando dichos factores no formen parte de su sustancia material"[4]. Esto es, la actual ley sobre contratación pública viene a establecer una interpretación "amplia" de dicha vinculación en comparación con la regulación, más rígida, mantenida por

---

4 A tales efectos, debe traerse también a colación lo reflejado en al artículo 148 de la LCSP: "se entenderán comprendidos dentro del «ciclo de vida» de un producto, obra o servicio todas las fases consecutivas o interrelacionadas que se sucedan durante su existencia y, en todo caso: la investigación y el desarrollo que deba llevarse a cabo, la fabricación o producción, la comercialización y las condiciones en que esta tenga lugar, el transporte, la utilización y el mantenimiento, la adquisición de las materias primas necesarias y la generación de recursos; todo ello hasta que se produzca la eliminación, el desmantelamiento o el final de la utilización".

la anterior regulación sobre la materia. No obstante, sin perjuicio de que en su día el paso dado fuese enorme, sigue quedando lejos de la propuesta formulada en el Programa Nacional de Reformas de 2014, donde se proponía que la adjudicación recayera siempre "*en la oferta económica y social más ventajosa*" (Rodríguez Escanciano y VVAA, 2019, p. 63). En el siguiente apartado de este trabajo se analizará cómo viene siendo interpretada esta disposición por parte del Tribunal Administrativo Central de Recursos Contractuales (en adelante, TACRC), ya que dicha interpretación constituye uno de los mayores obstáculos existentes hoy día a la hora de introducir cláusulas sociales en general, y cláusulas relativas a la igualdad entre mujeres y hombres en particular, en el procedimiento de contratación pública.

En cuanto a la fase de ejecución del contrato, la LCSP prevé en este caso que los órganos de contratación "*podrán establecer condiciones especiales en relación con la ejecución del contrato, siempre que estén vinculadas al objeto del contrato, en el sentido del artículo 145, no sean directa o indirectamente discriminatorias, sean compatibles con el Derecho de la Unión Europea y se indiquen en el anuncio de licitación y en los pliegos*" (art. 202 LCSP). Es más, según la propia norma es obligatorio, en todo caso, establecer al menos una condición especial de ejecución que haga referencia a alguna de las finalidades que enuncia, entre las que cita "eliminar las desigualdades entre el hombre y la mujer en dicho mercado, favoreciendo la aplicación de medidas que fomenten la igualdad entre mujeres y hombres en el trabajo; favorecer la mayor participación de la mujer en el mercado laboral y la conciliación del trabajo y la vida familiar; combatir el paro, en particular el juvenil, el que afecta a las mujeres y el de larga duración; favorecer la formación en el lugar de trabajo; garantizar la seguridad y la protección de la salud en el lugar de trabajo y el cumplimiento de los convenios colectivos sectoriales y territoriales aplicables; (…)"[5].

Por otra parte, en el marco normativo específico de la igualdad entre mujeres y hombres, la *Ley 15/2022, de 12 de julio, integral para*

---

[5] A pesar de que el artículo 202 no haga referencia expresa a los planes de igualdad, "se puede colegir fácilmente la posible subsunción" dentro del mismo (LÓPEZ INSUA, 2019, p. 359.).

la igualdad de trato y no discriminación[6], *indica que "las administraciones públicas, en el ámbito de sus respectivas competencias, a través de sus órganos de contratación y en relación con la ejecución de los contratos que celebren, podrán establecer condiciones especiales con el fin de promover la igualdad de trato y no discriminación y fomentarán la inclusión de criterios cualitativos en la contratación pública que faciliten la participación de miembros de grupos vulnerables entre las personas asignadas a la ejecución del contrato, de acuerdo con lo establecido en la legislación de contratos del sector público"* (art. 37.2 LO 15/2022)[7].

3.2. Doctrina del TACRC y de otros tribunales y órganos de recursos contractuales

Las cláusulas relativas a planes de igualdad y protocolos contra el acoso sexual han sido, hasta el momento, analizadas en vía administrativa, no constando, que se conozca, sentencia alguna en vía jurisdiccional al respecto. En este contexto, procede a continuación examinar qué dictaminan al respecto los tribunales y órganos de recursos contractuales.

Para empezar, cabe destacar que, por un lado, existen cinco resoluciones que analizan el fondo del asunto sobre litigios surgidos a raíz de la incorporación, como criterio de adjudicación, de cláusulas relativas a planes de igualdad. Esto es, en dichas resoluciones se determina si cabe o no la posibilidad de otorgar determinada puntuación por estar en posesión de un plan de igualdad. Por otro lado, únicamente se tiene constancia de una resolución que analiza una condición especial de ejecución mediante la cual se obliga a estar en posesión de un plan de igualdad durante la ejecución del contrato. En lo que respecta a cláusulas relativas a protocolos contra el acoso sexual, únicamente se tiene conocimiento de una resolución que entra al fondo del asunto.

Una vez realizado un profundo análisis sobre dichas resoluciones, cabe concluir lo siguiente. En primer lugar, tanto el TACRC como

---

6 Artículo 37.2 Ley 15/2022.

7 En el mismo sentido, véase el artículo 34 de la LOI.

el Órgano Administrativo de Recursos Contractuales del País Vasco (OARC), no admiten la posibilidad de establecer: a) ni criterios de adjudicación que otorguen puntos por contar con un plan de igualdad[8], b) ni condiciones especiales de ejecución que exijan poseer o aprobar dicho plan de cara a la ejecución del contrato y de aplicación para la plantilla adscrita a la misma[9]. En segundo lugar, si bien no contamos con resoluciones del TACRC al respecto, el Tribunal Administrativo de Recursos Contractuales de la Junta de Andalucía (TARCJA)[10] ha concluido que tampoco es posible valorar, entre los criterios de adjudicación, que la empresa cuente con protocolos contra el acoso laboral y sexual y ante la violencia de género.

Los citados tribunales mantienen una postura negativa al respecto, ya que, a su juicio, por un lado, dichas cláusulas hacen referencia a una característica general de la empresa y, por otro lado, resultan inadecuadas y discriminatorias respecto de las empresas que no están obligadas a su elaboración y aplicación. Además, por si ello no fuese suficiente, en la mayoría de los casos argumentan que, de la justificación recogida en el expediente de contratación, no se aprecia la vinculación de tales cláusulas con el objeto del contrato, ni con la mejor calidad en la prestación del servicio. Esto es, en los casos en los que la empresa, por el número de plantilla, esté obligada a contar con un plan de igualdad, consideran que, en la medida en que previamente ya está obligada a cumplir con ello, se trata de una medida que viene a valorar una política general de la empresa y que, además, resulta discriminatoria, ya que supone una carga adicional para aquellas empresas que no lo están, tratándose en este último caso principalmente de medianas y pequeñas empresas[11]. Tampoco aprecian, aunque la cláusula haga referencia expresa a su aplicación en la fase de ejecución y a la plantilla adscrita a dicha prestación, su vinculación con

---

8 Resoluciones del TACRC 660/2018, de 6 de julio de 2018; 742/2018, de 31 de julio de 2018; 719/2019, de 27 de junio de 2019; 262/2020, de 20 de febrero de 2020; y Resolución del OARC 186/2018, de 27 de diciembre de 2018.

9 Resolución del TACRC 427/2021, de 16 de abril de 2021.

10 Resolución 11/2021, de 21 de enero de 2021.

11 Esto es, supondría una situación de ventaja a las empresas de mayor tamaño. En esta línea, véase LÓPEZ INSUA, 2019, p. 360.

el objeto del contrato, pues no entienden de qué manera ello mejora la calidad o el rendimiento de la prestación contratada. Dicha fundamentación la sustentan en base a lo recogido en los Considerandos 92 y 97 de la Directiva 24/2014/UE, sobre contratación pública.

El Considerando 97 indica que "no obstante, la condición de que exista un vínculo con el objeto del contrato excluye los criterios y condiciones relativos a la política general de responsabilidad corporativa, lo cual no puede considerarse como un factor que caracterice el proceso específico de producción o prestación de las obras, suministros o servicios adquiridos. En consecuencia, los poderes adjudicadores no pueden estar autorizados a exigir a los licitadores que tengan establecida una determinada política de responsabilidad social o medioambiental de la empresa". Sin embargo, la LCSP no hace referencia expresa alguna a ello en ninguna de sus disposiciones, teniendo en cuenta que el apartado dedicado a los criterios de adjudicación es extenso, cabe preguntarse el porqué de dicha omisión. Más aún, si se atiende al tenor literal del enunciado, lo que queda prohibido es establecer criterios o condiciones relativas a la política general de responsabilidad corporativa de la empresa. Por ende, quedarían fuera de dicha prohibición aquellos criterios y aquellas condiciones que no hagan referencia a características generales de la empresa, sino a características concretas a aplicar, por ejemplo, durante la ejecución de la prestación contratada y al personal adscrito a la ejecución del contrato.

El Considerando 92 establece que "al evaluar la mejor relación calidad-precio, los poderes adjudicadores deberían determinar los criterios económicos y de calidad relacionados con el objeto del contrato que utilizarán a tal efecto. Estos criterios deben, pues, permitir efectuar una evaluación comparativa del nivel de rendimiento de cada oferta respecto del objeto del contrato tal como se define en las especificaciones técnicas. En el contexto de la mejor relación calidad-precio, la presente Directiva incluye una lista no exhaustiva de posibles criterios de adjudicación que incluyen aspectos sociales y medioambientales. Se debe alentar a los poderes adjudicadores a elegir los criterios de adjudicación que les permitan obtener obras, suministros y servicios de gran calidad que respondan lo mejor posible a sus necesidades". Pues bien, si bien la interpretación principal mantenida por la mayoría de los tribunales, sobre todo por el TACRC, es aquella que sostiene que estas cláusulas no ofrecen tal mejora, no puede obviarse que no es la única interpretación posible al respecto, ya que parte de la doctrina defiende que, conforme a la Directiva aludida, las cláusulas son admisibles siempre y cuando supongan una mejora en el nivel de rendimiento o ejecución del contrato, en cualquiera de sus aspectos (social, laboral, medioambiental o de innovación) y en cualquier etapa de su ciclo de vida, aunque dichos aspectos no formen parte de su sustancia material, dando cabida a criterios que valoren aspectos que trasciendan las cualidades intrínsecas de las prestaciones que se contratan, o que se refieran a factores sociales, laborales, medioambientales o de innovación de alguna etapa del ciclo de vida de la obra, producto o servicio (Gimeno Feliu, 2022).

4. CONCLUSIONES

En ese orden de ideas, partiendo de la premisa general de que los planes de igualdad son obligatorios para aquellas empresas que cuenten con cincuenta o más personas trabajadoras en plantilla y que los procedimientos o protocolos contra el acoso sexual son obligatorios para todas las empresas, cabe concluir que en tales casos no puede establecerse como criterio de adjudicación ni como condición especial de ejecución estar en su posesión, ya que legalmente están obligadas a ello.

No obstante, teniendo en cuenta que la propia LCSP hace alusión expresa a los planes de igualdad entre los criterios de adjudicación y a finalidades ligadas con la igualdad entre mujeres y hombres tanto en la fase de adjudicación como en la de ejecución, resulta acertado preguntarse acerca de la conformidad a derecho de cierto tipo de cláusulas en determinadas situaciones.

Primero, en los casos en los que los planes y protocolos son obligatorios, ¿sería posible exigir mediante las cláusulas medidas concretas dirigidas a aplicar o ejecutar lo dispuesto en los mismos, de cara a la ejecución de la prestación y a la plantilla adscrita a la misma? En mi opinión, la respuesta es afirmativa, ya que lo valorado o lo exigido no constituye una política general de la empresa, sino un conjunto de medidas concretas a aplicar exclusivamente durante la fase de ejecución y solamente a la plantilla adscrita a dicha fase[12]. Además, en el futuro, deberá tenerse en cuenta que ley que venga a adaptar el ordenamiento interno al Convenio 190 de la OIT determinará qué medidas gozarán de carácter imperativo para todas las empresas en materia de acoso sexual y por razón de sexo, por lo que lo exigido mediante la cláusula recién mencionada, debería de ir, en todo caso, más allá de dichas medidas.

Segundo, en los casos en los que la empresa no está obligada a disponer de un plan de igualdad (en el caso de los protocolos contra el acoso sexual, siempre lo están, por lo que no cabe este planteamiento), ¿sería posible exigir mediante las cláusulas medidas dirigidas a aplicar o ejecutar lo dispuesto, en su caso, en un hipotético plan de igualdad, de cara a la ejecución de la prestación y a la plantilla adscrita a la misma? Es decir, no se valoraría o exigiría en sí poseer o aplicar un plan de igualdad, sino más bien algunas medidas concretas relacionadas con las diferentes materias que suelen incluirse en los planes de igualdad. De esta forma, no se impondría una carga adicional a las empresas que carecen de la obligación de contar con un plan de igualdad, y la exigencia es la misma en ambas situaciones, eliminando así posibles efectos discriminatorios.

Para finalizar, pocas dudas caben a mi juicio sobre la mejora que tales cláusulas pueden suponer sobre el nivel de rendimiento de la prestación, mejora que queda reflejada en el aspecto social y laboral de la prestación a ejecutar, obteniéndose de esa forma una mejora en la "eficiencia social" del contrato, tal y como vienen defendiendo

---

12 De hecho, hoy día contamos con una reciente resolución del TACRC que admite una condición especial de ejecución mediante la cual se obliga a la empresa que cuente con una proporción desequilibrada de mujeres (o de hombres) en su plantilla, a priorizar la contratación de mujeres (o hombres) durante la ejecución del contrato. Resolución del TACRC 80/2022, de 20 de enero de 2022. Aún está por ver si la decisión adoptada supone un cambio en la línea interpretativa del TACRC, o no. Lo cierto es que en el caso concreto la cláusula viene a favorecer la contratación masculina, ya que el sector afectado se trata de un sector muy feminizado.

parte de la doctrina, así como otros tribunales y órganos de recursos contractuales[13].

5. REFERENCIAS BIBLIOGRÁFICAS

Gimeno Feliu, José M.ª (2022). El necesario big bang en la contratación pública; hacia una visión disruptiva regulatoria y en la gestión pública y privada que ponga el acento en la calidad. *Instituto Nacional de Administración Pública.* Disponible en *https://laadministracionaldia.inap.es/noticia.asp?id=1512589*

López Insua, Belén M. (2019). La exigencia o baremación de planes de igualdad entre hombres y mujeres por el operador económico. En Pardo López, M.ªM. y Sánchez García, A. (Dirs.), *Inclusión de cláusulas sociales y medioambientales en los pliegos de contratos públicos. Guía Práctica Profesional.* Pamplona: Aranzadi, pp. 347-362.

Molina Navarrete, Cristóbal (2016). Cláusulas sociales, contratación pública: del problema de "legitimidad" al de sus "límites". *Revista andaluza de trabajo y bienestar social,* nº135, pp. 79-110.

Olmo López, Fernando (2022). *Consideraciones sociales en la contratación pública: criterios de adjudicación y condiciones especiales de ejecución. Las falsas cláusulas sociales. Especial referencia a la doctrina del Tribunal Administrativo Central de recursos contractuales.* Valencia: Tirant lo Blanch.

Rodríguez Escanciano, Susana; Álvarez Cuesta, Henar; Megino Fernández, Diego y Fernández Fernández, Roberto (2019). *La apuesta por la igualdad efectiva entre mujeres y hombres desde la Ley de contratos del sector público.* Madrid: CEF.

---

13 Entre otras, véanse las Resoluciones 80/2016, de 30 de agosto de 2016 del Tribunal Administrativo de Contratación Pública de Aragón y 16/2016, de 3 de febrero de 2016 del Tribunal de Contratación Pública de Madrid. No obstante, existe la opinión contraria, según la cual "considerar que las mencionadas circunstancias inciden o redundan directamente en la calidad del servicio y/o en su nivel de rendimiento parece un tanto arriesgado… " (Olmo López, 2022, p.150).

Capítulo 19

Seguridad social, violencia y acoso

CELIA FERNÁNDEZ PRATS
Profesora Contratada Doctora de Derecho del Trabajo y de la Seguridad Social
Universitat de València
Celia.Fernandez@uv.es

1. LA VIOLENCIA DE GÉNERO EN LA NORMATIVA DE SEGURIDAD SOCIAL

1.1. Consideraciones previas

La violencia de género, entendida en un sentido amplio como toda forma de violencia contra las mujeres, es una de las manifestaciones más graves de desigualdad entre hombres y mujeres (García Testal, 2018).

El sometimiento de la mujer, por el simple hecho de serlo, a las relaciones de poder de los hombres se sigue produciendo en el siglo XXI (Sanz Sáez, 2018). La menor representación femenina en el ámbito laboral y su mayor dedicación a las tareas domésticas y de cuidados familiares favorecen situaciones de aislamiento y de mayor dependencia económica y vulnerabilidad de la mujer que colaboran en el mantenimiento de una concepción supremacista del varón que, en ocasiones, puede degenerar en violencia física o psíquica en el ámbito familiar (Ortiz Lallana, 2013). Las relaciones de dominio masculino se trasladan también a la esfera pública y el trato vejatorio se puede manifestar también en el ámbito laboral. De modo que la violencia se puede producir en todos los ámbitos (García Romero, 2012): por un lado, en el ámbito privado, dentro de lo que son las relaciones familiares; por otro, en el ámbito público, en el marco de la vida social de las mujeres, en forma de agresiones sexuales. Por supuesto, también en el ámbito laboral se pueden producir comportamientos violentos contra las mujeres en forma de acoso, ya sea sexual o por razón de sexo (Ramos Quintana, 2018, p. 96).

La violencia doméstica, esto es la violencia de género en sentido estricto, puede afectar a cualquier mujer en el ámbito de su vida privada, con independencia de su condición o no de trabajadora. Pero cuando la mujer trabaja, las situaciones de maltrato en el ámbito familiar van a condicionar y dificultar su permanencia en el mercado laboral y se corre el riesgo de que la mujer termine abandonando el mercado laboral. Lo mismo sucede con las agresiones sexuales sufridas en el ámbito social. Por su parte, la violencia en el trabajo necesariamente se produce en el marco de una relación laboral y se puede llevar a cabo por compañeros de la víctima, por superiores jerárquicamente, por el empresario o por terceros y se puede manifestar en forma de acoso sexual o acoso por razón de sexo (Ortiz Lallana, 2013; Ramos Quintana, 2018, p. 99).

De todo ello se desprende que la violencia ejercida dentro o fuera de la relación laboral va a tener una repercusión innegable en la vida laboral de las mujeres. Así, las víctimas de violencia de género, entendida la violencia en un sentido amplio, como toda violencia ejercida sobre las mujeres, pueden sufrir daños físicos, psicológicos, sexuales y económicos que las van a obligar a ausentarse de su puesto de trabajo para realizar trámites administrativos o judiciales o recibir apoyo psicológico o social; pueden verse obligadas a cambiar de residencia; pueden sufrir procesos más o menos largos de incapacidad temporal por lesiones o trastornos psicológicos, e incluso pueden verse obligadas a abandonar su puesto de trabajo temporal o definitivamente. Frente a ello el legislador se ha visto obligado a incorporar en nuestra normativa determinados derechos laborales y a establecer medidas de protección social que contribuyan a paliar las necesidades que sufren las mujeres víctimas de violencia en sus distintas manifestaciones.

1.2. Regulación normativa de la violencia contra las mujeres

La primera norma que en nuestro ordenamiento jurídico reguló derechos laborales y de Seguridad Social para las mujeres víctimas de violencia fue la *LO 1/2004, de medidas de protección integral contra la violencia de género*. Esta norma protege a las víctimas de violencia de género, entendida como toda violencia ejercida sobre las mujeres por parte de quienes sean o hayan sido sus cónyuges o de quienes estén o hayan estado ligados a ellas por relaciones similares de afectividad, aún sin convivencia.

A pesar de que la norma fue un hito en la materia no cubría toda la violencia ejercida sobre las mujeres, pues sólo se ocupaba de la violencia ejercida en el seno de relaciones afectivas, presentes o pasadas, y dejaba sin protección otro tipo de violencia, que también son fruto de la desigualdad social entre mujeres y hombres, como son la violencia sexual, el acoso sexual o el acoso laboral por razón de sexo (Sanz Sáez, 2018, p. 109).

Más recientemente, la polémica *LO 10/2022, de 6 de septiembre, de garantía integral de la libertad sexual,* más conocida como la "Ley del solo sí es sí", amplía la protección a las víctimas de violencias sexuales, entendiendo por tales cualesquiera actos de naturaleza sexual no consentidos o que condicionen el libre desarrollo de la vida sexual en cualquier ámbito público o privado, incluyendo el ámbito digital.

Esta norma, que se aplicará a las mujeres, niñas, niños y adolescentes, considera violencia sexual, en todo caso, los delitos contra la libertad sexual previstos en el Código Penal, la mutilación genital femenina, el matrimonio forzado, el acoso con connotación sexual y la trata con fines de explotación sexual. Se prestará especial atención a las violencias sexuales cometidas en el ámbito digital, lo que comprende la difusión de actos de violencia sexual, la pornografía no consentida y la infantil en todo caso, y la extorsión sexual a través de medios tecnológicos.

Se alude, por tanto, de manera expresa al acoso con connotación sexual, aunque hay que destacar que permanece fuera de la norma el acoso por razón de sexo. Es importante que la norma recoja expresamente el acoso sexual y que se dote de derechos laborales a sus víctimas que, al igual que las víctimas de violencia de género, van a necesitar protección frente a sus ausencias al trabajo. Es más, como se ha visto, el acoso sexual se va a ejercer necesariamente dentro del entorno laboral, por lo que en estos casos las ausencias, suspensiones, traslados, en fin, las medidas protectoras van a resultar, si cabe, más necesarias (Argüelles Blanco, 2019).

La LO 10/2022 modifica algunos preceptos del ET para extender a las víctimas de violencia sexual, los derechos que ya existían en favor de las víctimas de violencia de género y de terrorismo. Concretamente, modifica los arts. 37.8, 40.4 y 5, 45.1.n), 49.1.m), 53.4.b), y 55.5.b) ET, y congruentemente se modifican también distintos preceptos de la normativa de empleo público y de Seguridad Social.

Ambas normas presentan numerosas similitudes:

- Se trata de normas de carácter transversal que procuran una protección integral de las víctimas. Parten de la premisa de que la violencia no se combate centrándose únicamente en la tipificación y en la sanción (Sanz Sáez, 2018, p. 108)
- Junto a las típicas medidas sancionadoras, se establecen medidas de prevención, sensibilización y detección. Se trata de normas que dan, por tanto, una respuesta global al fenómeno de la violencia, contemplando medidas en el ámbito educativo, sanitario, social y penal.
- Recogen también medidas para las víctimas con la finalidad de garantizar su autonomía económica a través del establecimiento de derechos en el ámbito laboral y en materia de protección social. Pretenden minimizar el impacto que la violencia pueda tener en la relación laboral de las víctimas.
- Por último, el reconocimiento de estos derechos sociales a las víctimas de violencia se va a producir sin distinción del ámbito público o privado en el que las mujeres hayan sufrido la violencia.

En otras palabras, la empresa o el sistema público de Seguridad Social van a atender situaciones puramente personales de las trabajadoras víctimas de violencia de género o de violencia sexual.

A pesar de la intencionalidad del legislador de incluir expresamente la violencia sexual, y con ella el acoso sexual, entre las medidas de protección, sorpresivamente ha desaparecido de la normativa laboral toda referencia a la violencia sexual tras la aprobación de la *Ley 4/2023, de 28 de febrero, para la igualdad real y efectiva de las personas trans y para la garantía de los derechos de las personas LGTBI*, ya que su disposición adicional 14 ha devuelto los arts. 37.8, 40.4 y 5, 45.1.n), 49.1.m), 53.4.b), y 55.5.b) ET a su redacción anterior a la entrada en vigor de la LO 10/2022. La explicación de este cambio sólo puede responder a un error legislativo derivado de la paralela tramitación parlamentaria de ambas normas (Goerlich Peset, 2023). Primero se inició la tramitación de la LO 10/2022 que, como se ha indicado, modificó los arts. 37.8, 40.4 y 5, 45.1.n), 49.1.m), 53.4.b), y 55.5.b) ET para equiparar los derechos laborales de las víctimas de violencia de género y de violencia sexual. Posteriormente, se inició la tramitación de la Ley 4/2023 que en su proyecto pretendía la reforma de los mismos preceptos estatutarios para equiparar los derechos laborales de las víctimas de violencia de género y de las personas LGTBI que sufran violencia intragénero. Sin embargo, en la tramitación de esta última norma se incorporaron unas enmiendas que suprimieron las referencias a la violencia intragénero, quedando la redacción de los aludidos preceptos del ET sin esta referencia y sin la incorporación de la violencia sexual que se tramitaba paralelamente en otra norma distinta. La entrada en vigor de la Ley 4/2023 con posterioridad a la LO 10/2022, ha provocado la desaparición de las víctimas de violencia sexual de la normativa laboral, que solo estuvieron vigentes unos meses.

Para contribuir aún más a la confusión, las referencias a las víctimas de violencia sexual no se han suprimido de la LGSS, que establece prestaciones específicas para estas víctimas, aunque difícilmente van a poder adquirir virtualidad ya que exigen del ejercicio paralelo de un derecho laboral ahora inexistente. Se impone por tanto con urgencia una corrección legislativa que arroje luz sobre el conflicto que se ha generado.

1.3. Acreditación de la condición de víctima de violencia

Para el reconocimiento de todos estos derechos sociales es necesario que se acredite objetivamente la condición de víctima de violencia de género o de violencia sexual, evitando así que quede en manos de la trabajadora la consideración de su condición de víctima. La obtención de esta acreditación va a permitir exigir ante terceros (empresa o entidades gestoras de la Seguridad Social) los derechos y prestaciones reconocidas a las víctimas.

Según el art. 23 de la LO 1/2004, las trabajadoras por cuenta ajena acreditarán la condición de víctima de violencia de género:

- Mediante sentencia condenatoria por cualquiera de las manifestaciones de la violencia contra las mujeres previstas en dicha norma.
- Por orden de protección o cualquier otra resolución judicial que acuerde una medida cautelar a favor de la víctima.
- Por informe del Ministerio Fiscal que indique la existencia de indicios de que la demandante es víctima de violencia de género.
- Por informe de los servicios sociales, de los servicios especializados, o de los servicios de acogida de la Administración pública competente destinados a las víctimas de violencia de género.

La condición de víctima de violencia sexual se acreditará, en virtud de lo dispuesto en el art. 37 de la LO 10/2022, mediante:

- Informe de los servicios sociales, de los servicios especializados en igualdad, o de los servicios de acogida de la Administración Pública competente destinados a las víctimas de violencias sexuales.
- Informe de la Inspección de Trabajo y de la Seguridad Social, en los casos de actuación inspectora.
- Sentencia recaída en el orden jurisdiccional social.

Resulta evidente que la LO 10/2022 está incluyendo expresamente entre las víctimas de violencia sexual a las víctimas de acoso sexual, ya que difícilmente la Inspección de Trabajo y Seguridad Social o el orden jurisdiccional social van a tener competencias en otro tipo de violencias sexuales que se manifiesten fuera del ámbito laboral.

2. MEDIDAS DE PROTECCIÓN SOCIAL PARA LAS VÍCTIMAS DE VIOLENCIA DE GÉNERO Y DE VIOLENCIA SEXUAL

Las medidas de protección social para las víctimas de violencia de género ya se introdujeron, hace tiempo, por la LO 1/2004. La novedad que incorpora la LO 10/2022 no radica tanto en las medidas que contempla, sino en los sujetos a los que se dirige, ya que amplía la protección a las víctimas de violencia sexual, entre las que se incluyen las víctimas de acoso sexual. La nueva norma se limita, pues, salvo alguna excepción, a extender a las víctimas de violencia sexual las medidas que ya se contemplaban para las víctimas de violencia de género.

Se establecen distintas medidas en el ámbito laboral que se aplicarán a todas las víctimas con independencia del tipo de violencia y de si ésta la han sufrido dentro o fuera del ámbito laboral. Estas medidas básicamente están encaminadas a hacer compatible la prestación laboral de las víctimas con sus necesidades de asistencia social, protección y recuperación y, en última instancia, de no ser ello posible, a extinguir su relación laboral con la menor pérdida económica posible. Ambas normas, por tanto, reconocen a las víctimas una serie de derechos laborales que van acompañados de las correspondientes prestaciones de Seguridad Social, pues de nada serviría ofrecer a las víctimas un derecho laboral si ello conlleva la pérdida salarial y la ruptura de su carrera asegurativa (Monereo Pérez y Rodríguez Iniesta, 2017, p. 21)

Como ya se ha comentado, y en mi opinión debido a un error del legislador, los derechos laborales de las víctimas de violencia sexual han desaparecido del Estatuto de los Trabajadores tras la entrada en vigor de la Ley 3/2023, pero no la protección en materia de Seguridad Social, que en todo caso será de dudosa aplicación si no se puede gozar de la medida laboral.

El presente estudio se centrará únicamente en la protección que el sistema de Seguridad Social otorga a las víctimas trabajadoras por cuenta ajena, pero similares medidas se introducen también para las trabajadoras por cuenta propia y para las funcionarias.

2.1. Protección por desempleo

La normativa laboral otorga a la víctima de violencia de género el derecho a reducir su jornada de trabajo, suspender e incluso extinguir su relación laboral con el fin de hacer efectiva su protección o su derecho a la asistencia social. Estos derechos laborales que van a suponer una pérdida o reducción del salario para la trabajadora víctima de violencia van acompañados del derecho a la protección por desempleo en la normativa de Seguridad Social y ello pese a que el cese o la suspensión de la relación sea decisión de la trabajadora.

2.1.1. Reducción de jornada

Así, en primer lugar, el art. 37.8 del ET prevé la posibilidad de que las víctimas de violencia de género puedan, para hacer efectiva su protección o su derecho a la asistencia social integral, reducir su jornada de trabajo con idéntica disminución del salario. También posibilita la reordenación del tiempo de trabajo, a través de la adaptación del horario, de la aplicación del horario flexible o de otras formas de ordenación del tiempo de trabajo que se utilicen en la empresa. Incluso prevé la realización del trabajo total o parcialmente a distancia o la posibilidad de dejar de hacerlo si este fuera el sistema establecido.

Las medidas contenidas en el art. 37.8 del ET, especialmente la reducción de jornada con disminución proporcional del salario, no generan derecho a la protección por desempleo. No obstante, si en un futuro la trabajadora víctima de violencia de género que hubiera reducido su jornada de trabajo acabara solicitando una prestación por desempleo, para el cálculo de la base reguladora de la prestación, las bases de cotización se computarán incrementadas hasta el 100 por ciento de la cuantía que hubiera correspondido si se hubiera mantenido, sin reducción, el trabajo a tiempo completo o parcial (art. 270.6 LGSS).

Igualmente, si se produce la situación legal de desempleo estando la trabajadora en situación de reducción de jornada, las cuantías máximas y mínimas de la prestación por desempleo se determinarán en función de la jornada que tuviera la trabajadora antes de producirse la reducción.

Como se ha advertido, las víctimas de violencia sexual han desaparecido del art. 37.8 del ET, por ello, al no poder hacer uso de la reducción de jornada allí prevista, tampoco podrán beneficiarse de las previsiones contenidas en el art. 270.6 LGSS. En todo caso, esta medida de reducción de jornada, al no generar prestación por desempleo, comporta una pérdida económica para la trabajadora, lo que va a provocar que su ejercicio no resulte muy atractivo en la práctica. No se comprende la razón por la que la reducción de jornada no se ha configurado como situación legal de desempleo, de manera análoga a la reducción temporal de jornada en virtud de expediente temporal de empleo, o de la prevista para la suspensión de la relación laboral por ser víctima de violencia de género.

2.1.2. Suspensión de la relación laboral

El art. 45.1.n) del ET permite suspender el contrato de trabajo por decisión de la trabajadora que se vea obligada a abandonar su puesto de trabajo como consecuencia de ser víctima de violencia de género. La suspensión del contrato de trabajo exonera de las obligaciones recíprocas de trabajar y de retribuir el trabajo. Esta suspensión podrá tener una duración de 6 meses, prorrogables por períodos trimestrales hasta un máximo de 18 meses.

Por tanto, la decisión de la trabajadora de suspender el contrato de trabajo llevará aparejada la pérdida del salario, que se podrá sustituir mediante la prestación por desempleo. De este modo, el art. 267 LGSS configura como situación legal de desempleo la suspensión del contrato de trabajo por decisión de las trabajadoras víctimas de violencia de género o de violencia sexual al amparo de lo dispuesto en el art. 45.1.n) del ET. Ahora bien, para que la trabajadora pueda percibir la prestación por desempleo, deberá acreditar un período mínimo de cotización de 360 días dentro de los seis años inmediatamente anteriores a la situación legal de desempleo y el período de desempleo que se genere estará en función de las cotizaciones que la trabajadora acredite en esos seis años. Esto puede suponer que la trabajadora tenga derecho a la suspensión de la relación laboral, pero no a la prestación por desempleo o que la prestación no alcance a todo el período de suspensión contractual.

De este modo, no se establece ningún beneficio en el acceso a la protección por desempleo para las trabajadoras víctimas de violencia de género o violencia sexual, más allá de considerar situación legal de desempleo la suspensión por decisión voluntaria de la trabajadora, aunque el art. 269.2 LGSS sí que contempla algunas medidas más beneficiosas para este colectivo relacionadas con el ejercicio de este derecho:

- Así, en primer lugar, si tras la suspensión de la relación laboral la trabajadora víctima de violencia de género se viera obligada, por cualquier causa, a extinguir su contrato de trabajo, las cotizaciones tenidas en cuenta para generar la prestación por desempleo durante la suspensión podrán volver a computarse para generar un derecho posterior. Se trata de una excepción a la regla general en materia de desempleo que implica que una vez computadas unas cotizaciones para generar un derecho a prestación por desempleo, se consumen, ya no se pueden volver a utilizar. En el caso de la suspensión por decisión de las trabajadoras víctimas de violencia de género o de violencia sexual las cotizaciones se podrán computar dos veces, para generar derecho al desempleo durante la suspensión y para un fututo derecho posterior.
- Además, en segundo lugar, las cotizaciones efectuadas durante la percepción de la prestación por desempleo computarán como período cotizado para causar una nueva prestación. Nuevamente se introduce una excepción a la regla general que impide computar las cotizaciones efectuadas durante la percepción de la prestación por desempleo para generar un derecho a desempleo posterior.

Por último, este período de suspensión, con reserva del puesto de trabajo, tendrá la consideración de período de cotización efectiva a efectos de las correspondientes prestaciones de la Seguridad Social por jubilación, incapacidad permanente, muerte y supervivencia, nacimiento y cuidado de menor, desempleo y cuidado de menores afectados por cáncer u otra enfermedad grave (art. 165.5 LGSS).

Se puede deducir, pues, que a la trabajadora le va a resultar más interesante optar por la suspensión del contrato prevista en el art. 45.1.n) del ET que por la extinción del art. 49.1.m) del ET, ya que, en caso de tener que terminar finalmente extinguiendo el contrato, no va a perjudicar su posibilidad de percibir prestación por desempleo el hecho de haber lucrado previamente dicha prestación durante la situación suspensiva. Esta medida favorece la vinculación de las víctimas con el mercado de trabajo, situando la extinción de la relación laboral como última opción. Además, esta suspensión previa a la extinción también puede beneficiar a las víctimas cuando no se reúne el período de cotización para acceder al desempleo, ya que, como hemos señalado, computará como período cotizado se perciba o no prestación durante el mismo (Sanz Sáez, 2018, p. 128).

A pesar de que el art. 267 LGSS configura expresamente como situación legal de desempleo la suspensión del contrato de trabajo por decisión de la trabajadora víctima de violencia sexual remite a la regulación del art. 45.1.n) del ET, lo que va a complicar la aplicación de esta protección prestacional.

2.1.3. Extinción de la relación laboral

El art. 49.1.m) del ET regula la extinción del contrato de trabajo por decisión de la trabajadora que se vea obligada a abandonar definitivamente su puesto de trabajo como consecuencia de ser víctima de violencia de género.

El art. 40.4 del ET, en su redacción dada por LO 10/2022, contemplaba además la posibilidad de extinguir el contrato de trabajo tras el período de movilidad geográfica solicitado por las víctimas para hacer efectiva su protección o su derecho a la asistencia social integral, extinción que generaba derecho a una indemnización de veinte días de salario por año de servicio, prorrateándose por meses los periodos de tiempo inferiores a un año y con un máximo de doce mensualidades. Esta posibilidad extintiva ha desaparecido tras la entrada en vigor de la Ley 4/2023.

Por su parte, el art. 267.1.a).5ª LGSS considera situación legal de desempleo la extinción del contrato de trabajo por resolución voluntaria por parte de las trabajadoras víctimas de violencia de género y de violencia sexual, en los supuestos previstos en los artículos 40 y 49.1.m) del ET. De modo que, de reunir el resto de los requisitos exigidos, las trabajadoras podrán percibir prestación por desempleo.

Nuevamente la desaparición de la alusión expresa a las víctimas de violencia sexual en las normas laborales pone en tela de juicio su posibilidad de percibir prestaciones por desempleo para las víctimas de violencia sexual.

La situación legal de desempleo, tanto en los supuestos del art. 49.1.m) como del art. 45.1.n) del ET, se acreditará por comunicación escrita del empresario sobre la extinción o suspensión temporal de la relación laboral, junto con la orden de protección a favor de la víctima o, en su defecto, junto con cualquiera de los documentos que sirven para acreditar la condición de víctima y que hemos visto que se regulan en el art. 23 de la LO 1/2004, para la violencia de género, o el art. 37 de la LO 10/2022, para la violencia sexual.

En todo caso, la trabajadora que perciba la prestación por desempleo viene obligada a suscribir un acuerdo de actividad. Este acuerdo, al que ante se refería el art. 300 de la LGSS, viene definido en el art. 3.f) de la *Ley 3/2023, de Empleo,* como el "acuerdo documentado mediante el que se establecen derechos y obligaciones entre la persona demandante de los servicios públicos de empleo y el correspondiente Servicio Público de Empleo para incrementar la empleabilidad de aquella, atendiendo, en su caso, a las necesidades de los colectivos prioritarios". El art. 300 de la LGSS, en su redacción anterior a la llevada a cabo por la Ley de Empleo, establecía que el Servicio Público de Empleo Estatal tendría en cuenta la condición de víctima de violencia de género o de violencia sexual a la hora de exigir el cumplimiento de las obligaciones derivadas del compromiso de actividad. Sin embargo, el actual art. 300 LGSS simplemente remite a la Ley de Empleo para saber qué debemos entender por acuerdo de actividad y ésta no contiene ninguna previsión específica en esta materia para las víctimas de violencia.

2.2. Protección en materia de pensiones

El sistema de Seguridad Social también protege a las víctimas de violencia en su acceso a las pensiones, fundamentalmente contiene previsiones relacionadas con las pensiones de viudedad y orfandad, pero también hay alguna leve referencia a ellas en el acceso a la pensión de jubilación.

Por otra parte, existe una tendencia en los últimos tiempos de legislar en materia de pensiones con perspectiva de género, incorporándose determinados beneficios para mejorar la cuantía de las pensiones de las mujeres, como, por un lado, el denominado complemento para la reducción de la brecha de género (art. 60 LGSS), que otorga un complemento para las mujeres que han tenido uno o más hijos y que sean beneficiarias de una pensión contributiva de jubilación, de incapacidad permanente o de viudedad y que se aplicará mientras la brecha de género sea superior al 5 por ciento[1]; por otro, se establecen beneficios en las carreras de seguro de las trabajadoras, pudiéndose otorgar cotizaciones ficticias en los supuestos previstos en los arts. 235, 236 y 237 LGSS[2]; más recientemente, el RDLey 2/2023, ha previsto mejoras en la integración de lagunas para el cálculo de la base reguladora de las pensiones de jubilación de las mujeres, en tanto la brecha de género sea superior al 5 por ciento (DT 41ª LGSS)[3]. Estas medidas, que no se han introducido

---

1 El complemento de pensiones contributivas para la reducción de la brecha de género, que viene a sustituir al anterior complemento por maternidad que fue declarado discriminatorio por la STJUE de 12 de diciembre de 2019, también podrán percibirlo los hombres que reúnan los requisitos exigidos en el art. 60 de la LGSS y que básicamente consisten en acreditar que el hecho de haber tenido hijos ha perjudicado de algún modo su vida laboral y su carrera asegurativa. En cualquier caso, el complemento sólo lo podrá percibir uno de los dos progenitores, de modo que de reunir los requisitos ambos progenitores lo percibirá aquel con pensión de menor importe.

2 Los beneficios previstos en los arts. 236 y 237 también pueden resultar aplicables a los hombres que acrediten la interrupción de la vida laboral como consecuencia del cuidado de los hijos u otros familiares.

3 Aunque esta medida también se aplicará a los hombres que reúnan alguno de los requisitos establecidos en el art. 60 LGSS y ello, aunque no lleguen

expresamente pensando en ellas, indirectamente, en tanto que son mujeres, van a poder beneficiar las víctimas de violencia de género o de violencia sexual.

2.2.1. Pensión de jubilación

Por lo que respecta a la pensión de jubilación, el art. 207.1.d).7ª LGSS considera como causa de jubilación anticipada no imputable a la libre voluntad del trabajador la extinción del contrato por voluntad de la trabajadora por ser víctima de la violencia de género o violencia sexual prevista en el artículo 49.1.m) del ET.

Como es sabido, el acceso a la pensión de jubilación es voluntaria y, cuando se anticipa la jubilación a una edad anterior a la edad ordinaria de jubilación, la pensión sufre la aplicación de unos coeficientes reductores por cada mes de anticipación. Estos coeficientes reductores son menos perjudiciales para los pensionistas cuando el acceso a la pensión de jubilación se hace por causa no imputable a la libre voluntad del trabajador que cuando ésta responde a la libre voluntad de este. Pues bien, el art. 207 LGSS recoge una serie de causas en las que el cese en el trabajo no se va a considerar voluntario y entre ellas se encuentra la decisión de la trabajadora víctima de violencia de género o de violencia sexual de extinguir su contrato de trabajo.

También el acceso a la jubilación va a plantear dudas interpretativas con relación a las víctimas de violencia sexual, ya que a pesar de que el art. 207 LGSS alude expresamente a ellas, remite a la extinción prevista en el art. 49.1.m) del ET del que sí han desaparecido.

2.2.2. Pensión de viudedad

Respecto a la pensión de viudedad y las víctimas de violencia, lógicamente la Ley únicamente se refiere a las víctimas de violencia de

---

a generar derecho al complemento para la reducción de la brecha de género.

género, ya que sólo se podrá ser sujeto causante o beneficiario de estas prestaciones si entre ambos se ha tenido una relación de afectividad. No se contempla en estos casos, por tanto, la violencia sexual.

En la relación de la pensión de viudedad y las víctimas de violencia de género se deben distinguir dos situaciones distintas: por un lado, cuando la persona que fallece es el agresor y, por otro, cuando fallece la víctima de violencia de género o de violencia sexual.

Así, en primer lugar, en caso de fallecimiento del agresor, el art. 219 LGSS establece con carácter general que tendrá derecho a la pensión de viudedad el cónyuge superviviente. También, el art. 221 LGSS otorga el derecho a la pensión de viudedad a la persona que se encuentre unido al causante como pareja de hecho[4]. Por su parte, el art. 220 LGSS, para los supuestos de separación, divorcio o nulidad matrimonial, establece que la pensión de viudedad corresponderá a quien sea a haya sido cónyuge legítimo, en este último caso siempre que no hubiera contraído nuevas nupcias o hubiera constituido una pareja de hecho y el art. 221 LGSS extiende la pensión de viudedad al superviviente de una pareja de hecho ya extinguida, siempre que no haya constituido una nueva pareja de hecho ni contraído matrimonio.

Ahora bien, para que un excónyuge o expareja de hecho puedan percibir pensión de viudedad, se exige que sean beneficiarios de la pensión civil compensatoria a la que se refiere el art. 97 del Código Civil. Esto es, en casos de separación, divorcio, nulidad matrimonial o extinción de la pareja de hecho, para que la persona supérstite pueda ser beneficiaria de una pensión de viudedad se exige que sea acreedora de una pensión civil compensatoria y que ésta se extinga como consecuencia del fallecimiento del causante, es decir, que pruebe la existencia de dependencia económica (Serrano Argüello, 2010). Además, en estos casos, la cuantía de la pensión de viudedad no podrá exceder del importe de la cuantía de la pensión civil compensatoria.

---

4 Tras la Ley 21/2021 se han suprimido del art. 221 LGSS los requisitos vinculados a las rentas para que la pareja de hecho superviviente pueda ser beneficiaria de la pensión de viudedad, manteniéndose únicamente requisitos de inscripción y convivencia.

Sin embargo, al constatarse que muchas víctimas de violencia de género no cumplían este requisito pues preferían renunciar a la pensión compensatoria a cambio de garantizar su propia seguridad personal, se reformó la Ley General de Seguridad Social para eximirles del cumplimiento de este. Por tanto, el art. 220.1 LGSS, para los supuestos de separación, divorcio y nulidad matrimonial y el art. 221.3 LGSS, para los supuestos de extinción de las parejas de hecho, establecen que tendrán derecho a la pensión de viudedad las mujeres víctimas de violencia de género, aunque no sean acreedoras de una pensión civil compensatoria, siempre que pudieran acreditar que eran víctimas de violencia de género en el momento de la separación, divorcio o extinción de la pareja de hecho mediante sentencia firme, o archivo de la causa por extinción de la responsabilidad penal por fallecimiento; en defecto de sentencia, a través de la orden de protección dictada a su favor o informe del Ministerio Fiscal que indique la existencia de indicios de ser víctima de violencia de género, así como por cualquier otro medio de prueba admitido en Derecho. Así, en estos casos se prioriza el cese de la convivencia y de la violencia, no exigiéndose la renta de sustitución que sí que tienen que acreditar el resto de las exparejas.

De estas normas se deben destacar las siguientes cuestiones:

- Por un lado, que la exención del requisito de percibir pensión civil compensatoria actuará siempre, tanto en los casos de inexistencia de pensión como en los casos de pensiones temporales ya extinguidas.
- En relación con la cuantía, en aquellos casos que la víctima no perciba pensión civil compensatoria, ante su inexistencia, la pensión de viudedad no podrá quedar limitada por dicha cuantía, pudiendo llegar a percibirse el 100% de la pensión de viudedad. No obstante, la cuantía de la pensión sí que vendrá limitada en caso de concurrencia con otras beneficiarias, en los términos dispuestos en el art. 220.2 LGSS.
- Finalmente, cabe destacar que la normativa de Seguridad Social suaviza considerablemente los mecanismos de acreditación de la condición de víctima, ya que a los medios de acreditación previstos con carácter general en el art. 23 de la LO

1/2004, se añade la acreditación por cualquier medio de prueba admitido en derecho. Y, en esta línea la jurisprudencia ha venido realizando una interpretación muy flexible y en clave de perspectiva de género a la hora de entender acreditada la condición de víctima de violencia de género (Menéndez Sebastián, 2017, p. 153; García Testal, 2018, p. 143).

En segundo lugar, también se contienen previsiones en la LGSS para el caso de que la persona fallecida sea la víctima de violencia de género. Se trata de evitar que el autor de la muerte de la fallecida pueda beneficiarse de una pensión de viudedad. Así, en estas situaciones, quien sea condenado por sentencia firme por la comisión de un delito doloso de homicidio en cualquiera de sus formas, no podrá tener la condición de beneficiario de la pensión de viudedad, cuando la víctima fuera el sujeto causante de dicha prestación (art. 231.1 LGSS). Además, en aquellos casos en los que ya se hubiera reconocido al condenado por sentencia firme el derecho a la pensión de viudedad, la entidad gestora podrá revisar de oficio en cualquier momento la resolución por la que se hubiera reconocido el derecho y el condenado vendrá obligado a devolver las cantidades que hubiera percibido en concepto de pensión de viudedad (art. 231.2 LGSS).

Se contemplan también, en el art. 232 LGSS, una serie de medidas cautelares mientras se está investigando la responsabilidad de un sujeto en un delito doloso de homicidio en cualquiera de sus formas. Si existen indicios razonables de que el sujeto investigado es responsable de un delito doloso de homicidio en cualquiera de sus formas, y la víctima fuera el sujeto causante de la prestación, la entidad gestora suspenderá cautelarmente el abono de la pensión. Si aún no se hubiera reconocido el derecho, se continuará con la tramitación del procedimiento, se reconocerá la prestación si se reúnen los requisitos para ello, y se suspenderá cautelarmente la prestación. La suspensión cautelar se mantendrá hasta que recaiga sentencia u otra resolución firme que ponga fin al procedimiento penal. Una vez exista sentencia firme pueden ocurrir dos cosas: que el beneficiario de la pensión sea condenado o, por el contrario, que recaiga sentencia absolutoria; en el primer caso, se revisará el reconocimiento de la pensión y, en su caso, se devolverán las cantidades que se hubieran percibido por el condenado en concepto de pensión de viudedad; en el segundo, se rehabilitará el pago de la prestación suspendida con los efectos que hubieran procedido de no haberse acordado la suspensión, una vez descontadas, en su caso, las cantidades satisfechas en concepto de obligación de alimentos (art. 232.1 LGSS)[5]. Durante la suspensión cautelar de la pensión de viudedad se podrán hacer efectivas las obligaciones de alimentos en favor de los titulares de la pensión de orfandad o en favor de otros familiares.

Por otra parte, cuando el condenado por sentencia firme por la comisión de un delito doloso de homicidio en cualquiera de sus formas no adquiera la condición de beneficiario de la pensión de viudedad o la pierda, sus hijos, si son beneficiarios de la pensión de orfandad causada por la víctima, tendrán derecho al incremento previsto para las pensiones de orfandad en los supuestos de orfandad absoluta.

Por último, la DA 1ª de la LO 1/2004, va más allá y extiende la imposibilidad de beneficiarse de la pensión de viudedad no sólo al condenado por un delito de homicidio, sino también al que hubiera sido condenado por delito de lesiones, que no podrá beneficiarse en un futuro de la pensión de viudedad que pudiera causar la víctima, aunque la muerte derive de otra causa, salvo que medie reconciliación.

2.2.3. Pensiones de orfandad

Por último, también se contienen previsiones en materia de protección social para los hijos de las víctimas de violencia de género que quedan en una situación de total desprotección y vulnerabilidad

---

5 Si recae sentencia absolutoria en primera instancia y ésta se recurre, se levanta la suspensión cautelar hasta que haya sentencia firme. Si la sentencia firme es también absolutoria, se abonarán al beneficiario las prestaciones dejadas de percibir desde que se acordó la suspensión cautelar hasta que se levantó, con descuento de las cantidades que, en su caso, se hubieran satisfecho a terceros en concepto de obligación de alimentos. Si la sentencia firme resulta condenatoria, procederá la revisión del reconocimiento de la prestación, así como la devolución de las prestaciones percibidas por el condenado, incluidas las correspondientes al período en que estuvo alzada la suspensión (art. 232.2 LGSS).

a la muerte de su progenitora y estas previsiones se extienden tanto a las mujeres víctimas de violencia de género como a las víctimas de violencia sexual, además, al no hacerse depender del ejercicio de un derecho laboral, no se ven afectadas por la entrada en vigor de la Ley 4/2023. De este modo, al fallecer la mujer víctima de violencia de género o de violencia sexual, los hijos huérfanos podrán ser beneficiarios de pensiones de orfandad.

En primer lugar, podrán generar pensión de orfandad cada uno de los hijos e hijas de la causante fallecida siempre que, en el momento de la muerte, sean menores de 21 años o están incapacitados para el trabajo. También podrán percibir la pensión los hijos menores de 25 años cuando no realicen ningún trabajo lucrativo o cuando realizándolo sus ingresos en cómputo anual resulten inferiores a la cuantía del salario mínimo interprofesional, también en cómputo anual. En este caso se exigirá que la causante reúna los requisitos exigidos para causar derecho a la pensión, esto es, si se encuentra en alta o situación asimilada, no se exige de cotización previa; si no se encuentra en alta ni en situación asimilada en el momento del fallecimiento, deberá acreditar 15 años cotizados a la Seguridad Social.

Además, como se ha indicado anteriormente, si se genera la pensión de orfandad, ésta se podrá ver mejorada, en los casos de orfandad absoluta o de condena por sentencia firme por la comisión de un delito doloso de homicidio en cualquiera de sus formas, con el importe de la pensión de viudedad.

Por otra parte, cuando no se reúnan los requisitos necesarios para causar una pensión de orfandad también se contempla una prestación específica, denominada prestación de orfandad, para cada uno de los hijos e hijas de la causante fallecida cuando el fallecimiento se haya producido como consecuencia de violencia contra la mujer, en los términos en que se defina por la ley o por los instrumentos internacionales ratificados por España, y en todo caso cuando se deba a la comisión contra la mujer de alguno de los supuestos de violencias sexuales determinados por la Ley Orgánica de garantía integral de la libertad sexual, siempre que los hijos e hijas se hallen en circunstancias equiparables a una orfandad absoluta. De este modo, en aquellos casos en los que la mujer haya fallecido por ser víctima de violencia de género o de violencia sexual y no pueda causar derecho a pensión de orfandad por no reunir los requisitos de alta y/o cotización previa, sus hijos e hijas, si están en una situación equiparable a la orfandad absoluta, podrán ser beneficiarios de esta prestación específica, regulada en el art. 224.1 3º párrafo LGSS. La cuantía de esta prestación será del 70% de la base reguladora, siempre que los rendimientos de la unidad familiar de convivencia, incluidas las personas huérfanas dividida por el número que la componen, no supere el 75% del salario mínimo interprofesional, excluida la parte proporcional de pagas extraordinarias.

A estos efectos, se presumirá que existe orfandad absoluta cuando el progenitor supérstite hubiera abandonado su responsabilidad familiar y se hubiera otorgado el acogimiento o tutela de la persona huérfana por violencia contra la mujer a favor de terceros o familiares (art. 224.2 LGSS).

La normativa también prevé la situación de que la muerte por violencia de la mujer causante de la pensión o la prestación de orfandad se haya producido por un agresor distinto del progenitor de los hijos e hijas. En estos casos, a pesar de no existir orfandad absoluta, también se contempla la posibilidad de que los menores perciban la correspondiente prestación de orfandad incrementada con la pensión de viudedad, cuando los rendimientos de la unidad de convivencia en que se integran, divididos por el número de miembros que la componen, incluidas las personas huérfanas adoptadas, superen en cómputo anual el 75 por ciento del Salario Mínimo Interprofesional vigente en cada momento, excluida la parte proporcional de las pagas extraordinarias (art. 224.2 LGSS).

Con carácter general, la pensión de orfandad y la prestación de orfandad se abonará a quien tenga a su cargo a los beneficiarios menores de edad (art. 224.4 LGSS). Sin embargo, cuando los beneficiarios de la pensión fueran hijos de quien fuera condenado por sentencia firme por la comisión de un delito doloso de homicidio en cualquiera de sus formas, la pensión no se abonará a la persona condenada (art. 234 LGSS).

3. CONSIDERACIONES FINALES

Es innegable que en la última década se ha producido un avance importante en la protección de las víctimas de violencia de género y de violencia sexual y de sus hijos e hijas y, por tanto, el conjunto de normas que se han analizado merece una valoración altamente positiva. No obstante, todavía se observan algunas carencias que de subsanarse podrían mejorar la regulación actual.

Por un lado, sería necesaria una regulación integral de todas las medidas a las que pueden acceder las víctimas de violencia de género y de violencia sexual. Las medidas que tenemos actualmente se encuentran dispersas entre distintas normativas y ello hace que en ocasiones el desconocimiento de todas ellas genere desprotección a las víctimas (Monereo Pérez y Rodríguez Iniesta, 2017, p. 22).

Por otra parte, se debería garantizar que el ejercicio de los derechos que se han puesto a disposición de las víctimas para procurar su seguridad y protección no les supongan en ningún caso una pérdida económica. En este sentido, hemos visto como algunos de los derechos laborales consisten en la posibilidad de reducción de jornada, suspensión o extinción de la relación laboral. El ejercicio de estos derechos va a suponer para la víctima una disminución o pérdida de su renta salarial que se va a tener que suplir con la prestación por desempleo. Pues bien, algunos supuestos, como la reducción de jornada, hemos visto que no tiene prevista la posibilidad de acceso a la protección y, en el resto, la trabajadora deberá reunir la cotización necesaria para poder ser beneficiaria de la prestación. Además, la duración de la prestación por desempleo se determina en función del período cotizado en los seis años anteriores a la situación legal de desempleo, de manera que, si este período no es muy prolongado, puede ser que no todo el período de suspensión quede cubierto por la prestación. Tampoco se prevé ningún subsidio por desempleo específico para este colectivo que le exima de la necesidad de acreditar la existencia de responsabilidades familiares, una determinada edad o las libere del plazo del mes de espera para acceder al subsidio (Monereo Pérez y Rodríguez Iniesta, 2017, p. 21).

No se han previsto medidas específicas para que las posibles interrupciones de la vida laboral de las víctimas de violencia de género no perjudiquen su futura carrera de seguro. Se podrían extender a las víctimas de violencia medidas similares a las contempladas en los arts. 235, 236 y 237 LGSS de protección a la familia y otorgar cotizaciones ficticias por determinados períodos en los que la mujer no haya podido trabajar como consecuencia de haber sido víctima de violencia de género o de violencia sexual.

Además, teniendo en cuenta que en España la mayoría de las empresas son pequeña y mediana empresa, en muchas ocasiones no va a resultar posible ejercitar los derechos laborales que se reconocen a las víctimas. Van a resultar inviables las medidas de movilidad geográfica por la existencia de un único centro de trabajo, de reordenación del tiempo de trabajo, adaptación de horario, aplicación de horarios flexibles, etc…, y el único recurso posible va a ser el acceso a las situaciones de incapacidad temporal. No se prevé en la norma ninguna situación protegida específica para estos casos que pudiera tener en cuenta las especificidades o necesidades de este colectivo.

Finalmente, la entrada en vigor de la *Ley 4/2023, de 28 de febrero, para la igualdad real y efectiva de las personas trans y para la garantía de los derechos de las personas LGTBI* ha puesto en tela de juicio la tutela prestacional de los derechos de las víctimas de violencia sexual. Podríamos ampararnos en la normativa de Seguridad Social que mantienen vigente la protección a las víctimas de violencia sexual en los arts. 207 y 267 LGSS, aunque las incertidumbres que se generan hacen aconsejable dar una solución formal al problema que clarifique los derechos de las víctimas de violencia sexual (Goerlich Peset, 2023).

4. REFERENCIAS BIBLIOGRÁFICAS

Argüelles Blanco, Ana R. (2019). Violencia de género en el trabajo: conceptualizando el acoso a las mujeres. *Revista del Ministerio de Empleo y Seguridad Social,* n.º extra 1, pp. 223-248.

García Romero, Belén (2012). La violencia de género desde la perspectiva del derecho del trabajo y de la Seguridad Social. *Aranzadi Social,* n.º 11, pp. 117-148.

García Testal, Elena (2018). Violencia de género y pensión de viudedad: la acreditación de las situaciones de violencia de género. *Lex Social,* Vol 8, pp. 131-146.

Goerlich Peset, José M.ª (2023). ¿Qué ha pasado con los derechos de las víctimas de violencia sexual? *El Foro de Labos* (7 de marzo de 2023).

Ortiz Lallana, Carmen (2013). La violencia de género en la relación de trabajo en España. *Revista Internacional y Comparada de Relaciones Laborales y Derecho del Empleo,* Vol. 1, n.º 4, pp. 73-103.

Menéndez Sebastián, Paz (2017). Pensión de viudedad y violencia machista: el enfoque de género desde la interpretación (Comentario a la STSJ de Canarias, Las Palmas, de 7 de marzo de 2017, rec. núm. 1027/2016). *Revista de trabajo y Seguridad Social. CEF,* n.º 470, pp. 148-154.

Monereo Pérez, José L. y Rodríguez Iniesta, Guillermo (2017). Género y Seguridad Social (I). La Seguridad Social ante las víctimas de violencia de género. *Revista de Derecho de la Seguridad Social- Laborum,* n.º 11, pp. 13-22.

Ramos Quintana, Margarita I. (2018). Enfrentar la violencia y el acoso en el mundo del trabajo. *Revista del Ministerio de Empleo y Seguridad Social,* n.º 138, pp. 91-114.

Sanz Sáez, Concepción (2018). Medidas de protección laboral y de Seguridad Social para víctimas de violencia de género. *Femeris,* Vol. 4, n.º 2, pp. 105-131.

Serrano Argüello, Noemí (2010). Pensión de viudedad para excónyuges víctimas de violencia de género, de la denegación judicial a la nueva regulación legal. *Aranzadi Social,* vol. 3, n.º 1, pp. 53-68.

Capítulo 20

La violencia en el concepto de accidente de trabajo

MARÍA JOSÉ ARADILLA MARQUÉS
Profesora Titular de Derecho del Trabajo y de la Seguridad Social
Universitat de València
Maria.J.Aradilla@uv.es

1. INTRODUCCIÓN

La eterna separación entre contingencias comunes y contingencias profesionales que sigue hoy manteniendo un papel protagonista en nuestro sistema de Seguridad Social, lleva a tener que seguir en la labor de distinguir cuando nos encontramos ante una contingencia profesional y, por ende, cuando corresponde aplicar ese plus de protección que nuestro régimen público de Seguridad Social les reserva.

Por otro lado, la efectiva adhesión de España al Convenio 190 de la OIT, *Convenio sobre la eliminación de la violencia y el acoso en el mundo del trabajo,* que entró en vigor en nuestro país el 25 de mayo de 2023, justifican la necesidad de detenerse en el análisis de la violencia como factor que desencadena una contingencia profesional. Para ello, se ha de recurrir al concepto de dichas contingencias, especialmente, al concepto de accidente de trabajo y delimitar qué tratamiento recibe la violencia y sus consecuencias, en sus diferentes manifestaciones, en este marco conceptual. Pero antes, se hace necesario recoger, al menos de forma sucinta, la importancia que tiene actualmente en nuestro sistema de Seguridad Social, la calificación de una contingencia como profesional.

2. LA SOBREPROTECCIÓN EN LOS CASOS DERIVADOS DE CONTINGENCIAS PROFESIONALES

Si analizamos con detenimiento nuestro sistema de Seguridad Social advertimos que son muchos los ámbitos en los que se pone de manifiesto la importancia de la distinción entre las contingencias comunes y las contingencias profesionales, generándose diferencias de protección importantes en favor de estas últimas.

El término contingencia aparece en el momento de la gran transformación hacia el sistema de Seguridad Social, incorporado por la *Ley de Bases de Seguridad Social* de 1963 (LBSS), y como reacción a la etapa de los seguros sociales. Entre los principios básicos que debían informar el nuevo sistema de Seguridad Social, se introdujo el de la consideración conjunta de las contingencias. Mientras la protección en base al riesgo atendía, principalmente, a sobrevalorar la causa por encima de la necesidad que aquella causa provocaba en el individuo, la consideración conjunta de las contingencias, en cambio, lleva aparejada la necesaria delimitación de situaciones o contingencias susceptibles de protección en vista de sus efectos (I.6 LBSS). En definitiva, se trataba de construir un sistema de protección, que atendiera a la protección de necesidades (incapacidad para trabajar, vejez, desempleo…) y no a los riesgos que las provocan (accidente, enfermedad…). Como reacción en el nuevo sistema se "evita deliberadamente la noción de riesgo" y a través de este principio de consideración conjunta de las contingencias, se pretendía "conseguir en la medida de lo posible la uniformidad de las prestaciones ante un mismo evento" (II.2 LBSS). Sin embargo, la desaparición de las diferencias en función de la causa no ha llegado nunca a superarse, aunque la transformación supuso trasladar el objeto de protección, de riesgos a necesidades.

La dualidad puede apreciarse en múltiples ámbitos. Desde las reglas de cotización hasta la acción protectora sin olvidar las peculiaridades en la gestión. Así, en materia de cotización, manteniendo una cuota específica para las contingencias profesionales, la diferencia se puede observar en las bases, distinguiéndose la base de cotización por contingencias comunes y la base de cotización por contingencias profesionales y en las cuotas, siendo la tarifa de primas reflejo de una cotización que se sigue sustentando en el nivel de peligrosidad de la actividad realizada y en la objetividad de la responsabilidad y por ello, hay diferencias también entre sujetos responsables, señalándose a la empresa como única obligada y responsable de la cotización por contingencias profesionales. En materia de gestión, especialmente la presencia de las *Mutuas colaboradoras con la Seguridad Social* (MCSS), en origen denominadas mutuas de accidentes de trabajo y enfermedades profesionales de la seguridad Social, sigue confirmando la necesidad de la distinción a efectos de protección pues, aunque han evolucionado adquiriendo de manera gradual competencias también en prestaciones derivadas de contingencias comunes, no es posible una elección por estas entidades colaboradoras que no incluya la protección por accidentes de trabajo y enfermedades profesionales, que son y siguen siendo la razón de su propia existencia, herencia del antiguo seguro de accidentes de trabajo.

En cuanto a la acción protectora, el origen profesional de la contingencia implica un verdadero régimen de sobreprotección prestacional que la contingencia común no siempre comparte, al menos, en ningún caso si se trata de una enfermedad común, ya que el accidente no laboral en algunas cuestiones puntuales recibe un tratamiento diferencial y más favorable al de la enfermedad común.

La mencionada sobreprotección se pone de manifiesto de diferentes formas. Por un lado, puede apreciarse entre los requisitos de acceso a las prestaciones, con la norma general y sin excepciones según la cual si deriva de contingencia profesional no se exigen periodos previos de cotización, siendo indiferente si estamos ante una prestación de naturaleza temporal, como la incapacidad temporal, o ante una de carácter vitalicio, como la pensión de incapacidad permanente o las pensiones derivadas de muerte y supervivencia; en esta materia, el accidente no laboral también tiene especial protección al establecerse similar regla, sin embargo, cede cuando la persona no se encuentra de alta o en situación asimilada al alta. También en las cuantías de las prestaciones se observan diferencias relevantes entre contingencias comunes y profesionales y en favor de estas últimas, recayendo en diferentes aspectos como en el porcentaje o nacimiento de la prestación, en el caso de la incapacidad temporal, o en la configuración de las bases reguladoras en el caso de las pensiones. En otras ocasiones, la diferencia se pone de manifiesto porque la prestación únicamente existe si el origen es una contingencia profesional, como el caso de la indemnización especial ante el fallecimiento por esta causa, o la indemnización por lesiones permanentes no invalidantes, que no puede generarse por una contingencia común. Por último, requieren de mención las situaciones de alta de pleno derecho que llevan a la protección automática por la entidad gestora o, en su caso, por la MCSS, de las personas que sufran un accidente de trabajo o contraigan una enfermedad profesional en situaciones de total incumplimiento empresarial de sus obligaciones de alta y cotización y pese a su responsabilidad, protección que se proyecta de forma parecida en casos de personas extranjeras sin permisos de residencia y trabajo, por efecto del Convenio 19 OIT.

Por último, en relación con los sujetos protegidos por contingencias profesionales, de la inicial reducción de esta sobreprotección únicamente en favor de personas trabajadoras por cuenta ajena y una total exclusión de los trabajadores por cuenta propia, se ha pasado de forma gradual a extenderles también a éstos la protección por contingencias profesionales, inicialmente fue voluntaria hasta que se reguló para todo el colectivo su obligatoriedad (2019). Desde entonces y salvando las distancias entre el Régimen General y el Régimen especial de trabajadores por cuenta propia o autónomos, también sobre éstos planea la misma distinción entre contingencias comunes y contingencias profesionales. Esta evolución afectó también a otros colectivos inicialmente al margen, como personas al servicio del hogar familiar, además actualmente ya son escasos los colectivos de entre los asimilados a trabajadores por cuenta ajena sobre los que no se proyecta la distinción entre contingencias comunes y contingencias profesionales.

En cuanto a la delimitación de las contingencias profesionales, la definición que aporta la LGSS se ciñe al concepto de accidente de trabajo, al concepto de enfermedad profesional, y a vincular la contingencia profesional en la delimitación de la necesidad protegida en otros supuestos de incorporación más moderna, como los riesgos durante el embarazo y los riesgos durante la lactancia natural, en la medida en que son riesgos profesionales los protegidos; se trata de riesgos que ante una hipotética actualización estaríamos en presencia del accidente de trabajo o de la enfermedad profesional, en su caso; pero mientras eso no ocurra, la necesaria separación de la mujer trabajadora del puesto de trabajo que le genera el riesgo por su estado de embarazo o por su situación de lactancia natural, cuando concluye en la suspensión del contrato de trabajo, requiere de una protección que obviamente se considera también derivada de contingencia profesional.

Delimitadas las contingencias profesionales, es en el concepto de accidente de trabajo en el que se va a situar el objeto de estudio, en tanto que la enfermedad profesional se calificará si se encuentra en la lista de enfermedades profesionales, si no es el caso, cualquier enfermedad provocada por el trabajo tendrá que ser calificada como accidente de trabajo, como veremos, por la vía de las llamadas enfermedades del trabajo.

3. LA VIOLENCIA EN EL CONCEPTO DE ACCIDENTE DE TRABAJO

De manera sucinta, pueden señalarse los siguientes rasgos que caracterizan el concepto de accidente de trabajo del art. 156 del texto refundido de la *Ley General de la Seguridad Social* (RD-Leg 8/2015; en adelante, LGSS), respecto de los trabajadores por cuenta ajena. Para empezar, se trata de un concepto legal dotado de gran flexibilidad; las ampliaciones del concepto derivadas de la propia ley favorecen una muy diversa casuística, y su carácter abierto al caso concreto permite la calificación del mismo por doctrina judicial y jurisprudencia; ello, unido a la vital importancia de las consecuencias que puede tener para la persona beneficiaria de prestaciones su calificación y unido a la presencia de intereses contrapuestos entre las entidades que deberán asumir las prestaciones, lo convierten en un concepto dinámico y actualizado, alimentado continuamente por la intervención judicial. Si bien, y como aspecto negativo, estos caracteres favorecen una excesiva litigiosidad y ponen de manifiesto, en ocasiones, lo pequeños que pueden llegar a ser los detalles que acaban sustentando, en el caso concreto, la importante decisión sobre si se reúnen o no los requisitos necesarios para acceder a una concreta prestación del sistema de la Seguridad Social, en la mayoría de las ocasiones, de carácter vitalicia.

La doctrina señala ante la casuística y la generosa interpretación en pro de la calificación del accidente de trabajo que se observa "un claro interés en buscar la justicia del caso concreto" de ahí que se hable de desbordamiento del concepto de accidente de trabajo y de una tendencia de reconstrucción judicial del principio de conjunta consideración de las contingencias (Garcia-Perrote Escartin y Mercader Uguina, 2017, p.7).

3.1. Las diferentes manifestaciones de la violencia en el marco del trabajo

La violencia puede ejercerse de muchas formas y provocar diferentes consecuencias en las personas que pueden presentar una sintomatología variada.

En primer lugar, puede ejercerse de forma súbita mediante una agresión física y producirse en un corto espacio de tiempo, provocando la lesión corporal consecuencia exclusivamente del ataque recibido. No importaría si dicho ataque se ha producido valiéndose de algún instrumento o arma, o se ha ejercido con las propias manos.

En segundo lugar, la violencia puede ejercerse de forma latente y extendida, sin signos exteriores de actitud súbita o violenta y provocar en las personas agredidas enfermedades psíquicas propias de una continuada exposición a riesgos psicosociales, cuyas consecuencias pueden no corresponderse con una lesión física visible sino todo lo contrario, provocando enfermedades psíquicas (depresión, estrés, síndrome de ansiedad generalizada, estrés post traumático...) aunque incluso podrían provocar el propio fallecimiento de manera repentina (infartos de miocardio, ictus...)[1]. Y sería indiferente también

---

1 Puede consultarse la información al respecto que proporciona la *NTP 476 sobre el hostigamiento psicológico en el trabajo* (INSST, 1998) actualizada por *NTP 854 sobre acoso psicológico en el trabajo* (INSST, 2009). Allí se señala también que estos problemas pueden dar lugar también a que el trabajador

la herramienta a través de la cual se produce esta conducta violenta o de acoso, ya sea de forma presencial, aprovechando la presencia física en el lugar o en el entorno vinculado al trabajo, o de forma virtual aprovechando los medios de comunicación digitales, instrumentos que pueden canalizar conductas de ciberacoso (Molina Navarrete, 2019).

Y, por último, no debe olvidarse que las consecuencias de la violencia en el trabajo pueden desencadenar en la persona trastornos psíquicos que podrían llegar a adoptar conductas de suicidio.

Por sí sola la presencia de violencia en el origen o en los factores que han llevado a las lesiones sufridas por la agresión, sea cual sea el tipo de agresión, como se verá, no impide la calificación y puede adaptarse al concepto de accidente de trabajo si se dan los elementos causales necesarios, si bien, cabe plantearse en qué medida cualquiera de sus manifestaciones admitiría con la legislación y jurisprudencia actual estos resultados.

3.2. El tratamiento de la violencia en el art. 156 LGSS

Según el art. 156 LGSS se entiende por accidente de trabajo toda lesión corporal que el trabajador sufra con ocasión o por consecuencia del trabajo que ejecute por cuenta ajena. Sin intención de llevar a cabo un análisis exhaustivo de este precepto, sí considero necesario llamar la atención sobre algunos de sus aspectos. La relación con el trabajo o nexo causal se muestra ya de forma amplia en su apartado primero, pues no solo las lesiones consecuencia directa del trabajo que se ejecuta serán consideradas accidente de trabajo, sino también aquellas que se sufren, aunque sea realizando una actividad que no es propiamente la ejecución del trabajo, pero que se sufren con ocasión del trabajo, es decir mediando una causalidad más amplia comprensiva de aquellas lesiones que si no hubiera relación con el

afectado con el objeto de disminuir la ansiedad desarrolle comportamientos sustitutivos tales como drogodependencias y otros tipos de adicciones que además de constituir comportamientos patológicos en sí mismos, están en el origen de otras patologías.

trabajo no se hubieran producido. Esta vía ha permitido la evolución expansiva que ha caracterizado este concepto, y que es apreciable también a lo a lo largo de todo el precepto, en el que se recoge entre otras, el accidente *in itinere*, ya que con ocasión del trabajo tal desplazamiento tiene que realizarse; las enfermedades del trabajo, así como las previas o intercurrentes al accidente, y la presunción de tiempo y lugar sobre la que, la prolija jurisprudencia del Tribunal Supremo permite que hoy puedan acogerse a ella determinadas patologías que súbitamente se presentan en lugar y tiempo de trabajo aunque no respondan fielmente al concepto de accidente por tratarse de patologías que se desarrollan y surgen internamente, como los infartos de miocardio, cerebrales, ictus...ya que generalmente es siempre posible admitir que el trabajo podría haber actuado como detonante de las mismas, de manera que quien pretenda que no lo ha sido debe probar el origen de aquéllas.

Por otro lado, cabe recordar sobre la *lesión corporal* que se sufre y sin la cual no hay accidente de trabajo sujeto a protección, que ésta debe producirse para poder calificar el accidente de trabajo y que la expresión permite incluir tanto lesiones físicas como lesiones psíquicas.

Una vez el art. 156 LGSS delimita el concepto de accidente de trabajo en positivo (apartados 2 y 3) y en negativo (apartado 4), el apartado 5 señala, entre los factores que no van a impedir la calificación de un accidente como de trabajo "la concurrencia de culpabilidad civil o criminal del empresario, de un compañero de trabajo del accidentado o de un tercero, salvo que no guarde relación alguna con el trabajo".

Siendo por tanto la violencia el origen de la lesión, será indiferente la persona que la ejerza, basta con que esté presente el nexo causal con el trabajo en cualquiera de las vertientes del art. 156 LGSS y que el origen de dicha conducta no sea de los que no guarden relación alguna con el trabajo. Se trata de una afirmación que ha permitido mantener que, habiéndose producido la agresión en el marco del trabajo, entendido en el amplio sentido que el citado precepto recoge, cuando en el origen de la lesión se encuentre la conducta violenta de cualquier persona, la calificación del accidente de trabajo no se verá, en principio, afectada.

Sin embargo no es el único apartado al que se han derivado las agresiones por actos de violencia, ya que como se verá, también el apartado e) del art. 156.1 es aplicado en numerosas ocasiones en los que las citadas agresiones han provocado que la persona trabajadora víctima de las mismas desarrolle una enfermedad psíquica; en tales casos se calificaría de accidente de trabajo aquella enfermedad que, no pudiendo calificarse como enfermedad profesional, contraiga el trabajador con motivo de la realización de su trabajo, "siempre que se pruebe que la enfermedad tuvo por causa exclusiva la ejecución del mismo".

Por último, también la presunción de tiempo y lugar del 156.3 adquiere relevancia cuando el resultado concluye en patologías que se presentan súbitamente, como los infartos de miocardio y similares; y el apartado 4 del mismo precepto, en casos de suicidio.

3.3. Aportaciones de jurisprudencia y doctrina judicial

3.3.1. Pautas en la aplicación del apartado 5

En relación al concepto de accidente de trabajo cabe plantearse en primer lugar, cómo la interpretación judicial y jurisprudencial aplican el apartado 5.b) del art. 156 y determinar si el vínculo causal con el trabajo se concibe en todos los casos con los amplios términos de flexibilidad con que se expresa el propio precepto, y cómo actúa la salvedad, es decir, qué elementos han de concurrir para interpretar que la calificación del accidente como de trabajo no es posible porque no guarda relación alguna con el trabajo.

Se trata de un apartado que, en principio, se aplica a cualquier situación de las protegidas en que la violencia se produzca, por tanto, cuando acontece en tiempo y lugar de trabajo o en un espacio o momento propiciado "con ocasión del trabajo" como cuando ocurre *in itinere.*

La conocida Sentencia del TS de 20 de febrero de 2006, Rec.4145/2004, califica como accidente de trabajo el fallecimiento de un trabajador a consecuencia de un tiro en la cabeza en el trayecto al domicilio, que llevó a cabo un desconocido y que pudo haber atacado a cualquier persona. En esta Sentencia, conocida como el caso del asesino de la baraja se aporta una muestra de Sentencias anteriores del mismo Tribunal sobre actos dolosos cometidos por terceros y señala que "la conclusión única que se obtiene es que cuando la agresión que sufre el trabajador por parte de un tercero —sea en el lugar de trabajo o in itinere— obedece a razones personales entre agresor y agredido, cobra fuerza la excepción legal y el resultado lesivo de la agresión no puede calificarse como accidente de trabajo…el inciso final del núm. 5 del art. 115, (actualmente se corresponde con el 156.5 LGSS/2015) que establece la excepción, no está referido a los accidentes «in itinere», sino a todos. Por tanto, la excepción final referida del 115.5 de la Ley General de la Seguridad Social deberá interpretarse como excluyente de la calificación de accidente de trabajo cuando la agresión obedezca a motivos determinados ajenos al trabajo y próximos a circunstancias de agresor y agredido, pero no en los casos en los que, por las circunstancias, el suceso deba ser calificado como caso fortuito".

En otra Sentencia posterior la solución acoge esta misma interpretación, a la que se remite. Así, en STS de 14 de octubre de 2014, Rec.1786/2013, se califica como accidente de trabajo las lesiones sufridas por la trabajadora, también *in itinere* al sufrir un atraco por una persona en principio desconocida, pues no quedó demostrado que hubiera relación alguna entre ambos que propiciara el entendimiento de que podía obedecer a razones personales situación en la que entraría en juego la excepción prevista en el art. 156.5 LGSS.

Debe llamarse la atención de que, sobre la citada excepción y su interpretación, en ambas Sentencias se señala que una interpretación *a contrario sensu* de este último inciso, "salvo que no guarde relación alguna con el trabajo" llevaría a la conclusión de que, "cuando la agresión externa no guarda relación con el trabajo, su resultado no puede calificarse de accidente laboral, conclusión, sin duda extensiva de un mandato legal que, por su naturaleza de excepción a la regla, ha de ser objeto de una interpretación estricta y acorde con la naturaleza de la institución". Por tanto, deriva de esta jurisprudencia como telón de fondo, que en la aplicación del apartado 5 del art. 156 no ha de quedar demostrado que la agresión esté relacionada con el trabajo (bastaría que se produjera en el marco del trabajo en toda la extensión que el concepto admite) sino que no responde a un asunto personal entre agresor y agredido.

Siguiendo esta línea, cuando en actos realizados por terceros queda demostrada la causa personal existente entre trabajador y tercero, se hace jugar la excepción, como ocurre en la STSJ de Canarias de 23 de abril de 2019, Rec. 875/2018 cuyas rencillas entre las personas implicadas tienen su origen en su relación de vecinos. Si tal circunstancia no se aprecia, el carácter fortuito adquiera fuerza, como sucede también en la STSJ de Asturias, de 15 de septiembre de 2006, Rec.3094/2005, que hace además reflexión para admitir la calificación en la presencia de la ocasionalidad, ya que el ataque por una persona desconocida a la persona trabajadora también se produce *in itinere*.

Cabe plantearse si cuando la agresión se produce entre compañeros de trabajo también se aplica la misma interpretación, porque seguramente mantener que existen asuntos personales que invaliden la calificación es más complejo, pues compartiendo lugar de trabajo se ha de partir de que las relaciones interpersonales se provocan, se originan, o se alimentan en el marco laboral, y que éste no es del todo extraño en conductas de violencia que puedan llevarse a cabo en su entorno, como serían los casos de acoso, sea cual sea la causa que lo motive.

Al respecto, en la doctrina judicial encontramos que también se atiende a este criterio cuando la agresión se produce entre compañeros de trabajo, a pesar de que podría mantenerse que en tales casos la relación con el trabajo estaría presente al menos cuando ocurre en tiempo y lugar o aprovechando el marco del trabajo, como *in itinere*. En STSJ del PV de 2 de junio de 2015, Rec. 896/2015, se utiliza esta argumentación, aunque para favorecer la calificación del accidente de trabajo, ya que se considera que la agresión no se debió a ninguna razón de relación personal con el agresor, "sino a un hecho fortuito, cual el de que éste quiso lucrarse con una cadena de oro que el trabajador llevaba al cuello, lo que no puede ser calificado sino de imprevisible. No existe relación personal que explique estos trágicos hechos, sino tan sólo un conocimiento circunstancial de ambas personas en el marco del trabajo para la misma empresa, que movió uno de ellos a atentar contra la vida del otro para sustraer la cadena de oro referida". Puede apreciase que se acude a esta interpretación para evitar la aplicación de la excepción en un caso en que la agresión se produce entre compañeros de trabajo en el desplazamiento que cada día hacían juntos, compartiendo coche, hacia el lugar de trabajo, un supuesto en que el nexo causal con el trabajo se presenta pues de forma contundente y quizá no debiera haber sido necesaria esa construcción argumental.

En Sentencias anteriores del Tribunal Supremo se hizo valer la presunción de tiempo y lugar a la agresión sufrida por un compañero de trabajo, motivado por una situación personal entre ambas personas, pues "mantenía algún tipo de relación con su esposa" (STS 27 de diciembre de 1975); en cambio posteriormente se da un giro en esta interpretación, y aunque se admite que "cuando la actuación ...se revela que tiene su razón de ser en el trabajo realizado por la víctima o con ocasión de este último, indudablemente, no se podrá negar el carácter de accidente laboral a la agresión sufrida en tales circunstancias. Sin embargo, cuando los hechos...responden a una motivación claramente ajena al trabajo, en sí mismo considerado, es evidente que a tenor del apartado b) del núm. 5... no puede calificárseles de propio accidente laboral". Se trataba también en este caso de trabajador agredido por un compañero a causa de problemas personales en torno a la esposa de uno de los afectados (STS de 20 de junio de 2002, Rec. 2297/2001).

Si bien, tratándose de violencia ejercida entre compañeros de trabajo, debería adquirir fuerza la aplicabilidad de la teoría de la ocasión relevante que ha acogido la doctrina del Tribunal Supremo en el conocimiento de otros asuntos y que podría extrapolarse también a los de violencia. Esta teoría se caracteriza "por una circunstancia negativa y otra positiva. La primera es que los elementos generadores del accidente no son específicos o inherentes al trabajo y la positiva es que o bien el trabajo o bien las actividades normales de la vida del trabajo hayan sido condición sin la que no se hubiese producido el evento" (reiterada en STS de 23 de junio de 2015, Rec. 944/2014, entre otras); no puede desconocerse que las relaciones interpersonales entre compañeros de trabajo surgen, se crean y, sobre todo, se alimentan en el marco del trabajo por lo que lo difícil debiera ser demostrar que hay un factor personal totalmente ajeno que pueda por sí solo desvincular la agresión del marco laboral. La teoría de la ocasionalidad relevante ha adquirido cierto protagonismo en los últimos años, como señala la doctrina (Cuadros Garrido, 2022) y ha sido aplicada en diversos pronunciamientos, recogidos algunos de ellos en la más reciente STS de 9 de febrero de 2023, Rec. 2617/2019.

Y en un caso de violencia ha sido aplicada por STSJ de Galicia, de 15 de septiembre de 2020, Rec.5979/2019. En este caso los compañeros de trabajo entre los que se produjo la agresión tenían la condición de marido y mujer que, encontrándose realizando su trabajo en una zona rural a la que se habían desplazado juntos, discuten y ante la amenaza de que él se marchara y la dejara sola sin posibilidades de volver sin vehículo, ella se coloca bajo el coche para evitar su marcha y él la atropella; en este caso la citada Sentencia señala que "es cierto que la discusión que los compañeros de trabajo y esposos tuvieron, nada tenía que ver con el trabajo, sino con su situación de pareja y que la misma motivó que el compañero de trabajo y marido subiera al vehículo de la empresa con el que se habían desplazado para realizar el trabajo, con la intención de ausentarse del lugar, dejando a la trabajadora allí, momento en el que ésta procedió a meterse debajo del vehículo para impedir que se marchara y el trabajador inició la marcha del vehículo, pasando con la rueda trasera por encima de la pelvis, causándole múltiples fracturas, pero, tal y como indican las sentencias antes citadas, el siniestro se produjo en todo caso en relación con el trabajo, pues si ambos trabajadores y esposos no se hubieran desplazado en el vehículo de la empresa hasta el monte, para realizar las tareas de aplicación de herbicida a un gasoducto, es evidente que no habría sido posible que, como consecuencia de la actuación de ambos, el accidente se hubiera producido".

La excepción debe interpretarse por tanto de forma estricta y no ceder ante la regla general que marca el legislador en favor de la calificación del accidente de trabajo, ya sea por aplicación de la presunción de tiempo y lugar como, si ésta no fuera posible, por aplicación de la teoría de la ocasionalidad relevante, que debiera ser suficiente para abarcar cualquier manifestación de agresión entre compañeros de trabajo cuando seguramente el entorno laboral ha sido causa, si no necesariamente del origen, sí de que se desarrollen en tal sentido sus relaciones personales. El nexo con el trabajo, entre compañeros de trabajo, debería apreciarse por su sola relación profesional, mientras que tratándose de actos cometidos por terceros extraños al ámbito del trabajo, tiene todo el sentido la argumentación del acto fortuito que mantiene el Tribunal Supremo en el citado caso del asesino de la baraja, entre otros.

3.3.2. Pautas en la aplicación del apartado 1.e)

Los actos de violencia pueden terminar por provocar daños psíquicos y aletargados provocando enfermedades en lugar de lesiones externas y en tales casos la aplicación del art. 156 se deriva hacia las llamada enfermedades del trabajo, no planteándose para estos casos ante los tribunales qué efecto pueda tener el apartado 5 en estas situaciones, que parece quedar reducido por doctrina judicial y jurisprudencia a situaciones en que la violencia ejercida se realiza de forma súbita y en un único acto más o menos imprevisible frente a otras conductas violentas dosificadas a lo largo del tiempo, originadas y alimentadas por una suma de continuados comportamientos, violencia propia por ejemplo de una situación de acoso. Así, se observa que mientras que, en el primero de los casos, la violencia provoca un accidente en sentido estricto, en el segundo de los casos la violencia provoca una enfermedad psicológica, que puede ser considerada "del trabajo" y por ello se recurre al apartado e) del art. 156.2 LGSS.

En este apartado se establece que se calificarán como accidente de trabajo aquellas enfermedades que, no pudiendo calificarse como enfermedades profesionales contraiga el trabajador con motivo de la realización de su trabajo, "siempre que se pruebe que la enfermedad tuvo por causa exclusiva la ejecución del mismo". La exposición a situaciones de acoso y violencia puede conducir a que la persona agredida experimente sintomatología propia de enfermedades que, sin relación alguna con el trabajo, tendrían generalmente la consideración de enfermedad común.

Para la aplicación del art. 156.2.e) se requiere que el nexo causal quede demostrado, de manera que pueda probarse o haya indicios suficientes de que la conducta lesiva tuvo lugar y desencadenó "en exclusiva" la enfermedad que padece la víctima. Por tanto la casuística está servida: se consideró la existencia del nexo causal en el caso en que no hubo bajas médicas similares anteriores al periodo en que se ejerce la conducta de acoso, cuando durante este periodo se sitúan las bajas médicas, y en cuanto a la existencia de antecedentes clínicos en la persona agredida que puedan llevar a la conclusión de que es más predispuesta a vivir con más intensidad el hostigamiento a que le tenía sometido su superior, se considera que es una característica que no desvirtúa sino que corrobora la tesis mantenida, puesto que es una característica de la conducta del hostigador elegir a las personas más sensibles o débiles (STSJ de la Comunidad Valenciana, de 12/3/2014, rec. 2174/2013).

La calificación no siempre es fácil si debe demostrarse el nexo causal en exclusividad. En STSJ de Castilla y León de Valladolid, de 31/5/2018, Rec. 194/2018, se observa en los hechos relatados que se dictó resolución en el procedimiento de declaración de contingencia que se sustancia ante el INSS en la que se establecía que "no se aprecia una conexión concluyente entre el diagnóstico de "estado de ansiedad" emitido el 9/1/2017 con el desempeño de su actividad laboral, puesto que dicho padecimiento pudo haber tenido su origen en cualquier otro ámbito de la vida cotidiana, entendiendo que no es suficiente la mera alegación de que esa ansiedad deriva de su situación laboral para considerarla como derivada de contingencia profesional"; la Sentencia en cambio sí aprecia el nexo con el trabajo, pues se trata de un caso en que había multitud de partes de incidencias realizados por la trabajadora (docente) por problemas con la actitud de diversos alumnos y alumnas en sus clases, incluso mediando denuncia previa a uno de ellos ante el puesto de la Guardia Civil que dio lugar a actuaciones ante la Fiscalía del Menor por las que aquél fue condenado como autor de un delito leve de amenazas. Según consta en la propia Sentencia, en el informe médico trimestral de control de incapacidad temporal la Mutua informó de problemas laborales recomendando acudir a la autoridad competente incluso policial. Presenta estado de ansiedad, fatigabilidad, dificultad para la concentración, alteración del sueño, tensión, irritabilidad, actitud aprensiva, miedo a regresar al puesto de trabajo. Cabe llamar la atención de que, aun con todo ello, el INSS declaró el origen común de la contingencia, recurrido por la trabajadora a quien se estima su demanda en instancia y se confirma en suplicación ante el recurso interpuesto por la entidad gestora. En esta Sentencia se confirma la calificación de accidente de trabajo por la vía del art. 156.2.e) pues "en el singular caso que nos ocupa resulta acreditado que no existe factor extraño al trabajo que haya generado o desencadena el proceso de baja médica sobre cuya contingencia se controvierte, no sólo porque no está descrito proceso previo alguno de común naturaleza con el mismo diagnóstico, sino porque resulta incuestionable la presencia de una situación de violencia en el trabajo que ha generado el estado de ansiedad y alteración mental desencadenante del proceso de baja iniciado el 9 de enero de 2017. Afirmar lo contrario resulta infundado, no compartiendo la Sala la afirmación de la entidad gestora relativa a que las dolencias que padece ...sean el fruto del singular modo en que ha vivido una concreta situación, pues cualquier hombre medio sometido a la presión, agresividad y violencias verbales a las que fue sometida aquélla durante su tiempo de trabajo hubiera padecido las alteraciones psíquicas en ella descritas". En fechas más recientes, la Sentencia de Castilla y León de Burgos de 14/7/2021 contiene un resumen de la doctrina judicial entorno a la aplicación del art. 115.2.e) LGSS, en un caso que afecta a una enfermera en relación con la violencia ejercida sobre ella por familiares de un enfermo, en la que también se aprecia el nexo causal.

3.3.3. Otras manifestaciones

Cuando el resultado de estas conductas violentas provocan enfermedades psicosociales de aparición lenta y progresiva no se aplica, por tanto, la presunción de tiempo y lugar, en cambio si son de súbita aparición, como es el caso de los infartos de miocardio, cerebrales... este tipo de manifestaciones visibles y fulminantes manifestadas en tiempo y lugar de trabajo han permitido la calificación del accidente de trabajo sin tener que demostrar que el trabajo la provocó, haciendo valer las altas posibilidades de que actuara de detonante. En estos casos, como señala la STS 22 de diciembre de 2010, Rec. 719/2010, "el juego de la presunción haría irrelevantes los factores de riesgo previos que no sirven para romper aquélla pues lo decisivo es el infarto mismo y no la eventual propensión a la lesión cardiaca del fallecido", en similar sentido y entre otras STS de 20 de marzo de 2018, Rec. 2942/2016.

Cabe añadir que, cuando la situación vivida por la persona trabajadora lleva al resultado del suicidio, la calificación ya no pasa por ninguno de los apartados anteriores, ni tampoco de manera determinante por la aplicación de la presunción de tiempo y lugar, que no acaba de acomodarse interpretativamente a una situación en la que dicha presunción "puede ser enervada por el carácter voluntario que tiene normalmente el acto de quitarse la vida" (STS de 25 de septiembre de 2007, Rec. 5452/2005). Efectivamente la voluntariedad en la lesión sufrida es un elemento que, de entrada, juega en contra de la calificación del accidente como laboral, si atendemos al apartado 4 del art. 156, que excluye de tal calificación "los que sean debidos a dolo o imprudencia temeraria del trabajador accidentado".

En la doctrina del TS se observa cierta evolución que es relatada en la propia Sentencia citada, en la que se afirma que hasta finales de los años sesenta solía descartarse automáticamente la calificación del suicidio como accidente de trabajo y que a partir de entonces se entra a valorar los factores determinantes que pudieran concretarse en la conexión de causalidad entre el trabajo y la conducta del suicidio. En definitiva, la presencia del apartado 4 en el artículo 156 no implica una exclusión automática del accidente de trabajo por suicidio, y debe atenderse a la existencia o no del nexo causal con el trabajo.

Ahora bien, como se ha señalado, en las situaciones en que el suicidio se lleva a cabo en tiempo y lugar de trabajo, la citada Sentencia del TS señaló que, "aunque la presunción de laboralidad puede ser enervada por el carácter voluntario que tiene normalmente el acto de quitarse la vida, no es menos cierto que el suicidio se produce a veces por una situación de estrés o de trastorno mental que puede derivar tanto de factores relacionados con el trabajo como de factores extraños". En aplicación de esta doctrina se observa que la presunción por sí sola no es suficiente ya que no impide la comprobación de la relación de causalidad que debe quedar acreditada (STSJ de la Comunidad Valenciana, de 1 de septiembre de 2008, Rec. 3739/2007); a veces se ha sido más contundente en que la presunción no es aplicable a los supuestos de autolesión (STSJ de Aragón, de 30 de octubre de 2000, Rec. 780/1999); en otros casos todo lo contrario, subyace la idea de que el suicidio es la consecuencia de la enfermedad mental que sufre el trabajador que, si se puede relacionar con el trabajo (una decisión empresarial de cambiarle de puesto fue el detonante de la misma), estamos ante una enfermedad que surge en tiempo y lugar, y, como ocurre con el infarto, debe aplicársele la presunción (STSJ de Cataluña, de 3 de octubre de 2002, Rec. 7667/2001). En STSJ de Madrid, de 4 de abril de 2016, Rec. 667/2015, se explicita la necesaria causalidad a través de la teoría de la ocasionalidad relevante, porque el suicidio no constituye accidente de trabajo en el caso que no guarde conexión con el trabajo, se requiere pues "que la patología guarde algún tipo de relación con alguna situación laboral, que a consecuencia del trabajo desarrollado o por alguna problemática suscitada en su ejecución, se generara o al menos se agravara la sintomatología ansiosa, que el incidente se hubiera rodeado de un clima de conflictividad laboral o estresante para de ahí colegir que el trastorno del causante se hubiera producido con ocasión del trabajo, o al menos, que aun cuando no respondiera inicialmente a una etiología laboral, se hubiera agravado en sus síntomas, a consecuencia del entorno laboral en el que prestaba servicios ".

4. AL HILO DEL CONVENIO 190 OIT

Si atendemos ahora al Convenio 190 OIT, esta flexibilidad que caracteriza el propio concepto de accidente de trabajo en relación con el nexo causal, es también la que se infiere del art.3 del Convenio 190 OIT, según el cual el mismo se aplica "a la violencia y el acoso en el mundo del trabajo que ocurren durante el trabajo, en relación con el trabajo o como resultado de este:

a) En el lugar de trabajo, inclusive en los espacios públicos y privados cuando son un lugar de trabajo;
b) En los lugares donde se paga al trabajador, donde éste toma su descanso o donde come, o en los que utiliza instalaciones sanitarias o de aseo y en los vestuarios;
c) En los desplazamientos, viajes, eventos o actividades sociales o de formación relacionados con el trabajo;
d) En el marco de las comunicaciones que estén relacionadas con el trabajo, incluidas las realizadas por medio de tecnologías de la información y de la comunicación;
e) En el alojamiento proporcionado por el empleador, y
f) En los trayectos entre el domicilio y el lugar de trabajo".

Puede observarse un alcance similar al que está presente en la configuración del concepto de accidente de trabajo en nuestro derecho interno, en el que identificamos la gran parte de estos escenarios, como el accidente in itinere (letra f), el accidente en misión (letra c), y la presencia en todos los casos del nexo causal que permitiría calificar como accidente de trabajo por haberse sufrido por causa directa, que representa el ocurrido en tiempo y lugar de trabajo (letra a y b) o con ocasión del trabajo, nexo amplio que podemos reconocer en las letras b, c, d y e. En el caso de la letra d), además cabe llamar la atención en que el espacio en el que se ejerce la violencia deja de ser físico para convertirse en un espacio virtual, en el marco de las comunicaciones relacionadas con el trabajo, "incluidas las realizadas por medio de tecnologías de la información y comunicación" afirmación que alude también a la herramienta a través de la cual se ejerce la violencia, y que se muestra de forma indiferente, no importa si la violencia se ha ejercido a través de las tecnologías de la información y comunicación, como tampoco importa cómo se ha ejercido en el resto de casos enumerados en este artículo, que aluden simplemente a espacios en los que se puede encontrar la persona trabajadora a consecuencia o con ocasión de la realización de su prestación de servicios entendida ampliamente: durante el trabajo, en relación con el trabajo o como resultado del mismo, todo ello entra en la consideración de violencia "en el mundo del trabajo".

Volviendo a nuestro derecho interno, cabe plantearse si el nexo causal con el trabajo se observa de forma similar en el art. 156 LGSS y especialmente en la interpretación que se hace del mismo por jurisprudencia y doctrina judicial. El concepto de accidente de trabajo deja caer el peso de esta protección en la existencia del nexo causal, mediato o inmediato, pero excluye aquellas manifestaciones de violencia que no guarden relación alguna con el trabajo, expresión que se ha utilizado para excluir del concepto de accidente de trabajo actos de violencia aunque se produzcan "durante el trabajo (tiempo y lugar), o en relación con el trabajo (por ejemplo aprovechando el trayecto) o como resultado del mismo", cuando entre persona agresora y agredida media otro tipo de relación que ha podido considerarse extraña al trabajo y causa principal del acto de violencia acontecido.

En este sentido, podría concluirse que el art. 3 del convenio 190 OIT abarca todo tipo de violencia en todo tipo de los escenarios enumerados, por lo que puede implicar mayor amplitud que la que se infiere de la aplicación del art. 156 LGSS, pero también es cierto que el citado art. 3 no tiene como finalidad proporcionar un concepto de accidente de trabajo, en tanto que delimita la violencia y el acoso que debe ser considerado en el mundo del trabajo no solo a efectos de su protección, sino también y especialmente a efectos de su prevención; por tanto en ambas vertientes deben acometerse las modificaciones necesarias para que tanto la calificación de la contingencia profesional se acomode a las diferentes realidades que surgen de los escenarios de violencia considerados, como para delimitar la obligación de prevención específica frente a los factores generadores de violencia susceptibles de provocar, no solo lesiones físicas, sino también enfermedades propias de riesgos psicosociales.

Debiéramos reflexionar sobre una posible actualización del art. 156 LGSS y tratar de evitar diferencias de protección sustentadas en cuál sea la manifestación que se produce en la persona trabajadora víctima de comportamientos de violencia; ya la doctrina ha puesto de manifiesto las grandes dificultades y trabas con que se encuentra la protección eficaz de los riesgos psicosociales (Martínez Barroso, 2007).

5. REFERENCIAS BIBLIOGRÁFICAS

Cuadros Garrido, M.ª Elisa (2022). *Ocasionalidad y presunción en el accidente de trabajo.* Cizur Menor: Aranzadi.

García-Perrote Escartín, Ignacio y Mercader Uguina, Jesús (2017). La reconstrucción judicial del principio de conjunta consideración de las contingencias: nuevos episodios en el desbordamiento del concepto de accidente de trabajo. *Revista de Información Laboral,* nº4.

Martínez Barroso, M.ª Reyes (2007). *Riesgo psicosocial en el sistema de protección social.* Murcia: Ediciones Laborum.

Molina Navarrete, Cristóbal (2019). *El ciberacoso en el trabajo. Como identificarlo, prevenirlo y erradicarlo en las empresas.* Wolters Kluwer.

PARTE VI
LA VIOLENCIA Y EL ACOSO LABORAL EN EL DERECHO COMPARADO

Capítulo 21

El Convenio N.º 190 de la OIT y la protección de la trabajadora víctima de violencia de género. Análisis comparativo de los instrumentos jurídicos adoptados en Italia y España

Ph. D. GABRIELLA DE CHIARA
Ph.D Dipartimento di Management
Università Politecnica delle Marche
gabriella_dechiara@libero.it

1. LAS MEDIDAS NORMATIVA DE RECURSO Y REPARACIÓN PREVISTOS EN EL CONVENIO N.º 190 DE LA OIT

El Convenio núm. 190 de la OIT de 2019 es el primer tratado internacional sobre la violencia y el acoso en el lugar de trabajo, incluido el acoso por motivos de género.

La violencia y el acoso representan una amenaza para la igualdad de oportunidades, además de ser inaceptables e incompatibles con el trabajo decente. El Convenio exige a los Estados Miembros que promuevan un entorno general de *tolerancia cero* con respecto a ese comportamiento.

La Convención llega a una definición real de violencia y acoso, entendiendo por "un conjunto de prácticas y comportamientos inaceptables, o la amenaza de llevarlos a cabo, ya sea en una sola ocasión, o repetidamente, que tienen la intención, causan o pueden resultar en daños físicos, psicológicos, sexuales o económicos, e incluye la violencia y el acoso por motivos de género".

Concretamente, el Convenio prevé el compromiso de los Estados Miembros de adoptar disposiciones más incisivas para la prevención de la violencia y el acoso, de intervenir en la legislación en el ámbito de la salud y la seguridad en el trabajo, así como de establecer sistemas que permitan a las víctimas acceder fácilmente a los mecanismos de indemnización, denuncia y solución de controversias y garantizar a los trabajadores el derecho a abandonar situaciones de trabajo de riesgo.

El Convenio en su contenido insiste en tres aspectos fundamentales de los derechos personales del trabajador: la responsabilidad del empleador de proporcionar un entorno seguro y saludable para el trabajador; el derecho del trabajador a elegir si desea continuar la relación laboral y, por lo tanto, tener derecho a la reincorporación, o a tener derecho a rescindir la relación laboral, entonces a renunciar con una indemnización y en el ámbito de la salud y la seguridad en el trabajo, se proporciona una mayor protección y asistencia para el trabajador con la introducción de mecanismos de compensación capaces de definir medidas inmediatamente exigibles para garantizar el cese de ciertos comportamientos o cambiar políticas o prácticas.

Es tarea del empleador, en consulta con los trabajadores y sus representantes, detectar los peligros que pueden contaminar el espacio de trabajo, previendo así cualquier riesgo en el documento de evaluación de riesgos de la empresa.

El Convenio insiste en los medios de información y formación para los trabajadores, con el fin de dar a conocer tanto las conductas inadecuadas que generan violencia o acoso, como las formas de protección previstas para el trabajador.

Cada Estado está obligado a respetar, promover e implementar un ambiente de trabajo libre de violencia y acoso y, por lo tanto, se compromete a adoptar leyes, reglamentos y políticas que garanticen el derecho a la igualdad y la no discriminación en el empleo y la ocupación de los trabajadores y las personas pertenecientes a uno o más grupos vulnerables.

Las formas de protección y prevención de los sujetos de la Convención se indican en el capítulo IV. En particular, los Estados signatarios están obligados a promulgar leyes y reglamentos destinados a garantizar una mayor protección y prohibir la violencia y el acoso en el lugar de trabajo. Para ello, se requiere la participación de las autoridades públicas en los casos de actividades de la economía informal, así como de las asociaciones de empleadores y los sindicatos para reforzar la disciplina en la negociación colectiva. Los empleadores también están obligados a adoptar, en consulta con los trabajadores y sus representantes, una política de violencia y acoso en toda la empresa; llevar a cabo una evaluación de riesgos específica en relación con tales comportamientos e incluir la violencia y el acoso por razón de género, así como los riesgos psicosociales conexos, en la gestión de la salud y la seguridad en el trabajo.

Tanto el artículo 10 del C190 que el párrafo 15 de la Recomendación núm. 260, prevén la introducción de medidas para contribuir al acceso a la indemnización en caso de lesiones o enfermedades de naturaleza psicosocial o física, o de cualquier otra naturaleza, que causen incapacidad para el trabajo, atribuible a la disciplina de protección del seguro en el lugar de trabajo. En el párrafo 16 también se menciona el asesoramiento y la asistencia legal para los demandantes y las víctimas y la inversión de la carga de la prueba, según proceda, en procedimientos distintos de los penales.

2. LEGISLACIÓN NACIONAL DE LA IGUALDAD DE GÉNERO EN EL MUNDO DEL TRABAJO EN LOS ORDENAMIENTOS JURÍDICOS ITALIANO Y ESPAÑOL

Hay pocos Estados que hayan promulgado leyes *ad hoc* para prevenir y combatir la violencia y el acoso en el lugar de trabajo; de hecho, la mayoría de las veces estos dos casos se rastrean de acuerdo con las características distintivas de la definición de daño biológico y daño moral. Un análisis de la OIT nos muestra algunas de las leyes más importantes adoptadas: en Bélgica la *Ley sobre el bienestar de los trabajadores y trabajadoras* (1996)[1]; en Suecia *Violencia y amenazas en*

---

1 Esta ley exige que los empleadores lleven a cabo una evaluación de riesgos y tomen las medidas preventivas necesarias con respecto a situaciones que puedan dar lugar a riesgos psicosociales, estrés, violencia, acoso moral y

el trabajo (AFS 1993:2), *Ordenanza de la Comisión Nacional de Salud y Seguridad en el Trabajo*[2]; *en Canadá con el Reglamento de Salud y Seguridad Ocupacional*[3]; *y finalmente en Colombia Ley sobre acoso sexual y otras formas*

---

sexual (artículo 2/32). Las medidas preventivas mínimas que el empleador y el empleador deben adoptar para evitar que se produzcan actos de violencia, acoso *psicológico* y sexual en el trabajo incluyen: medidas prácticas y organizativas; medidas específicas para proteger a los trabajadores en contacto con personas distintas de su empleador y otros trabajadores (terceros); información y formación de los trabajadores; información al Comité de Prevención y Protección en el Trabajo (artículo 32 quater). De conformidad con el artículo 2/32, un trabajador que haya sido objeto de violencia, acoso psicológico o sexual en el trabajo puede solicitar una intervención psicosocial informal, ya sea al consejero confidencial o al consejero de prevención (una práctica informal consistente en encontrar una solución a través de entrevistas, intervención de terceros o conciliación), o el consultor de prevención (pedir al empleador que tome las medidas colectivas e individuales adecuadas, tras el análisis de la situación laboral del solicitante y las medidas sugeridas por el consultor).

2 Estas disposiciones complementan la Ordenanza sobre el lugar de trabajo de 1977 y obligan a los empleadores a ampliar los riesgos de violencia o amenazas de violencia en el lugar de trabajo y a adoptar medidas apropiadas para combatirlos (art. 2). Los trabajadores deben recibir suficiente formación e información y recibir la instrucción adecuada. para ser capaz de realizar el trabajo en condiciones de seguridad (art. 4); Cuando exista un riesgo de violencia o amenazas recurrentes de violencia, los trabajadores deben recibir apoyo y orientación especiales (art. 5). Si se producen casos de violencia o amenazas de violencia, deben registrarse e investigarse (artículo 10) y se debe prestar asistencia y apoyo a las víctimas para prevenir o mitigar cualquier daño físico y psicológico (artículo 11).

3 El reglamento establece la obligación del empleador y del empleador de preparar y publicitar, en un lugar visible para todos los empleados, una política para la prevención de la violencia en el trabajo que establezca, entre otras cosas, las obligaciones del empleador y del empleador de garantizar: a) un lugar de trabajo más seguro y libre de violencia y acoso; b) atención, recursos y tiempo adecuados para hacer frente a los factores que contribuyen a la violencia en el trabajo, como la intimidación, la burla, el abuso y otros comportamientos agresivos, y para aplicar las medidas de prevención y protección conexas; c) información sobre los factores que contribuyen a la violencia en el trabajo; y d) asistencia a las víctimas de la violencia en el trabajo (sección 1) 20.3). El empleador y el empleador también están obligados a identificar los factores que contribuyen a la violencia en el tra-

de acoso en el contexto de las relaciones laborales (Ley n.° 1010 de 23 de enero de 2006)[4].

A continuación, vemos, en cambio, cuál es el escenario socio jurídico que opera actualmente en Italia y España y qué perspectivas se esperan de la ratificación de la Convención para ambos Estados.

2.1. El Código de Igualdad de Oportunidades

A lo largo de los años, se han tomado disposiciones significativas para proteger a las mujeres en el lugar de trabajo, pero es solo después de la entrada en vigor de la Constitución, que también comenzó el camino de la emancipación para las mujeres trabajadoras. Dos importantes leyes pioneras de la nueva perspectiva femenina: la *Ley n.° 903/1977 sobre la igualdad de trato entre hombres y mujeres en materia de trabajo* y la *Ley n.° 125/1991 que contiene medidas positivas para el logro de la igualdad de trato entre hombres y mujeres en el trabajo*, ambas transfundidas en un único texto legislativo, el *Decreto legislativo de 11 de abril de 2006*, más conocido como el *Código de igualdad de oportunidades entre hombres y mujeres.*

El Código de igualidad de oportunidades enre hombres y mujeres promueve la igualdad de oportunidades entre hombres y mujeres mediante la regulación de las diferentes esferas de la vida, ya sea en las relaciones ético-sociales, las relaciones entre cónyuges, el acceso a bienes y servicios y su suministro, el acceso a cargos electivos y las relaciones laborales. El código prohíbe cualquier tipo de discriminación directa o indirecta en el lugar de trabajo.

El artículo 26 del Código indica todas aquellas conductas clasificables como acoso y acoso sexual. Lo mismo artículo 26 define el acoso

---

bajo (sección 20.4) y evaluar el potencial relativo de violencia en el trabajo (sección 20.5).

4 La ley prevé la adopción de medidas preventivas y correctivas para hacer frente al acoso en el trabajo. En particular, las medidas adoptadas deben incluir mecanismos para la prevención del acoso y el establecimiento de procedimientos internos, confidenciales y de conciliación para tratar eficazmente los casos de acoso (artículo 9).

refiriéndose a la conducta discriminatoria y no deseada cometida por razones relacionadas con el sexo y el propósito o efecto de violar la dignidad de un trabajador y crear un entorno intimidatorio, hostil, degradante, humillante u ofensivo. El mismo artículo, en su párrafo 2, define como forma de discriminación también el acoso sexual, o aquellas conductas no deseadas de naturaleza sexual, expresadas en forma física, verbal o no verbal, que tengan por objeto o efecto violar la dignidad de un trabajador y crear un clima intimidatorio, hostil, degradante, humillante u ofensivo. Por último, el párrafo 2 bis especifica que incluso el trato menos favorable sufrido por el trabajador por haber rechazado la conducta mencionada en los párrafos 1 y 2 o de sumisión, se considera discriminatorio.

Igualmente, importante, el párrafo 3-ter establece que los empleadores están obligados, de conformidad con el artículo 2087 del Código Civil, a garantizar condiciones de trabajo que garanticen la integridad física y moral y la dignidad de los trabajadores, acordando también con los sindicatos de trabajadores las iniciativas más adecuadas de carácter informativo y formativo para prevenir el fenómeno del acoso sexual en el lugar de trabajo.

La medida contra la discriminación se rige por el artículo 38 del Código que introduce un procedimiento de urgencia que puede aplicarse en apelación del trabajador o por delegación de los sindicatos, asociaciones y organizaciones representativas del derecho o interés lesionado, o del concejal o concejal de igualdad provincial o autonómica territorialmente competente. El juez, en los dos días siguientes, después de convocar a las partes y asumir información sumaria, si considera la violación a que se refiere la apelación, además de proporcionar, si se solicita, una indemnización por daños, incluso no pecuniarios, dentro de los límites de las pruebas aportadas, ordena al autor de la conducta denunciada, con un decreto razonado e inmediatamente ejecutable, el cese de la conducta ilícita y la eliminación de los efectos (Di Stasi, Giubboni y Pinto, 2022, p. 254).

2.2. *De la ley contra la violencia de género a la ley del consentimiento*

El marco legal español que regula la violencia de género y el acoso laboral tiene su origen en la *Ley Orgánica 1/2004, de 28 de diciembre, de medidas de protección integral contra la violencia de género*, y en la *Ley orgánica 3/2007, de 22 de marzo, para la igualdad efectiva entre mujeres y hombre* que garantiza a la trabajadora víctima de violencia de género la reducción o reorganización de su jornada laboral, la movilidad geográfica, la posibilidad de cambiar de lugar de trabajo y el apoyo en caso de imposibilidad de reincorporación al puesto de trabajo o en caso de suspensión de la relación laboral con reserva del puesto. El artículo 7 define el acoso: "El acoso por razones de sexo es cualquier conducta llevada a cabo sobre la base del sexo de una persona, con la intención de violar su dignidad. Las dos conductas se consideran discriminatorias, en cualquier caso. El condicionamiento de un derecho o expectativa del derecho a aceptar una situación de acoso sexual o por razón de sexo también se considera un acto de discriminación. La misma ley en el artículo 48 señala los medios necesarios para prevenir la ocurrencia de delitos y otras conductas contra la libertad sexual y la integridad moral en el trabajo, afectando especialmente el acoso sexual y el acoso por razones de sexo, incluido el acoso cometido en el ámbito digital.

Recientemente la *Ley Orgánica 10/2022 de 6 de septiembre de 2022*, conocida como ley de "consentimiento" o ley de *"solo sí es sí"*, propone nuevas medidas para la protección de la víctima de violencia de género. La Ley 10/2022 introduce protección frente a aquellas conductas de violencia sexual que se generan en el mundo digital, incluyendo la difusión de actos de violencia sexual, pornografía no permitida y la de menores, extorsión sexual a través de medios tecnológicos. Otra novedad se refiere a la extensión de los efectos de la legislación para proteger a las mujeres, niñas y adolescentes víctimas de violencia ya sean ciudadanas españolas o extranjeras en España.

La ley de consentimiento también se refiere a la violencia y el acoso sexual que pueden surgir en el lugar de trabajo, introduciendo un sistema adecuado de reglas para proteger al trabajador que se enfrenta a la situación, previendo además de las medidas sancionadoras ya previstas, también medidas de prevención, sensibilización y detención. Además, se reconocen medios adecuados de apoyo a las mujeres víctimas de violencia dentro o fuera del lugar de trabajo.

Finalmente, con la Ley de *consenso*, se agrega un capítulo sobre el "derecho a la reparación" al Título VII, que incluye, entre las medidas para garantizar este derecho, la consideración de la pérdida de oportunidades de empleo y beneficios sociales como una posibilidad de compensación; la compensación por daños físicos y psicológicos, incluidos los daños morales y daños a la dignidad. Las administraciones públicas deben garantizar a las víctimas los medios necesarios para la recuperación de la víctima de violencia de género mediante la ayuda de fondos de reparación asignados a la Administración General del Estado y a las administraciones de las comunidades autónomas con competencia en la materia.

3. ANÁLISIS DE LOS MECANISMOS DE PROTECCIÓN DE LOS TRABAJADORES VÍCTIMAS DE VIOLENCIA DE GÉNERO EN EL LUGAR DE TRABAJO

3.1. Las formas de protección en Italia y la posición del INAIL sobre el acoso y la violencia de género

El trabajador que sufre violencia o acoso en el lugar de trabajo puede hacer uso de la protección civil o penal dependiendo de la gravedad de la situación y, dependiendo de la magnitud del daño físico o mental, se proporciona protección de seguro.

En los procesos penales, ya con la aprobación de la Ley 28/2009 n.11 que contiene "medidas urgentes de seguridad pública y lucha contra la violencia sexual, así como actos discriminatorios", el delito de *stalking* se fortalece al introducir el delito de "actos persecutorios" insertado en el art. 612 bis del Código Penal. El *stalking* se define como un conjunto de comportamientos intrusivos, repetidos, no deseados, de vigilancia y control, búsqueda de contactos y comunicación que se infligen de un individuo a otro y que generan miedo. Este delito puede integrarse con el previsto en el art. 610 del Código Penal de violencia sexual cuando la víctima se ve obligada a sufrir un acoso injusto que conduce al sufrimiento, malestar y prejuicios sobre su serenidad en el trabajo y sus perspectivas de carrera[5][6].

En el ámbito civil, por otro lado, la protección contra la violencia o el acoso en el lugar de trabajo se proporciona mediante apelación al juez laboral después de una queja. El empleador, en este caso, incluso si no es el autor material del acoso, puede responder, junto con el condenado, a la indemnización material por el acoso o la violencia como responsable solidario por no haber cumplido con el deber de supervisión de la seguridad de los trabajadores según el artículo 2087 del Código Civil.

Decreto Legislativo 81/2008 Testo Unico per la sicurezza sul lavoro en el artículo 17 y 18 definen las obligaciones del empleador con respecto a la protección y la seguridad en el lugar de trabajo, que coinciden con lo que se informa en el artículo 40 del Código Penal: "no prevenir un evento, que usted tiene la obligación legal de prevenir, equivale a causarlo". Del mismo modo, se puede pedir al empleador que indemnice el daño causado por su incumplimiento a un trabajador lesionado, como informa el art. 2043 del Código Civil: "cualquier hecho, intencional o negligente, que cause un daño injusto a otros, obliga a la persona que cometió el acto a reparar el daño ". Este último con el mencionado art. 2087 del Código Civil saca a relucir la responsabilidad civil del empresario.

En cambio, la protección del seguro se aplica con la Testo unico, d.P.R. n. 1124 del 1965 e dal d.lgs. n. 38 del 2000 por el que se establecen disposiciones relativas al seguro contra los accidentes de trabajo y las enfermedades profesionales.

Cuando hablamos de violencia o acoso en el lugar de trabajo nos referimos a aquellas conductas que tienen como objetivo dañar la integridad psicofísica derivadas de hechos violentos que pueden ser no solo físicos, sino también morales, o de la repetición de conductas no deseadas, realizadas por razones relacionadas con el sexo, que

---

5 Ghirardelli, P. (2011). Acechando. Directrices para la prevención y protección. Italia: Lampi di Stampa, p. 21.

6 Ninci A., Mujeres y violencia. Cassiopea: un proyecto Inail para la prevención, *Revista de accidentes y enfermedades profesionales – Edición nº 3/2010.*

tengan el propósito o efecto de violar la dignidad de un trabajador y crear un clima intimidatorio, hostil, degradante, humillante u ofensivo, que constituya acoso[7].

Diferente es el *mobbing*, para el cual no existe una legislación real, pero puede reconocerse cuando se repite un comportamiento agresivo y vejatorio en el tiempo que tiene como objetivo generar graves molestias a la víctima en el lugar de trabajo, reconocido como dañino en el ámbito psíquico o físico.

Estos casos que se configuran como un daño psicofísico del trabajador están sujetos a la protección del seguro por parte del INAIL en el marco de las enfermedades profesionales no tabuladas. En este sentido, para que se reconozca la protección del seguro, debe probarse que la enfermedad se produjo como resultado del trabajo realizado. Esto fue confirmado por el Tribunal de Casación, Sección Laboral, 14 de mayo de 2020, n. 8948, con referencia a la naturaleza profesional de la enfermedad derivada del *mobbing*: *"Todas las enfermedades de naturaleza física o mental atribuibles al riesgo del trabajo, ya se refieran al trabajo o a la organización del trabajo, tienen derecho a indemnización"*.

Sin embargo, la forma de acoso no se incluye entre los riesgos psicosociales, incluso si se remontan a la categoría de "estrés relacionado con el trabajo", según una sentencia reciente del Tribunal de Casación, sec. VI, 5 de agosto de 2022, n. 24339 sobre *esfuerzo*: *"La relación interpersonal, de hecho, especialmente si se inserta en una relación jerárquica continua, es una posible fuente de tensiones cuyo resultado en una enfermedad del trabajador no es en sí mismo una indicación de responsabilidad según el art. 2087 del Código Civil"*.

El seguro INAIL (Instituto Nacional de Accidentes de Trabajo) protege al trabajador en caso de accidentes derivados de hechos que produzcan incapacidad absoluta o parcial y que impliquen abstención del trabajo durante más de tres días, así como todas las deficiencias derivadas de la lesión a la integridad psicofísica[8].

---

7 Artículo 26, d.lgs n.º 198 de 2000, Código de igualdad de oportunidades.

8 *D.P.R 1124/1965Texto refundido de las disposiciones relativas al seguro obligatorio contra accidentes de trabajo y enfermedades profesionales. Decreto Legislativo*

INAIL desempeña un papel fundamental en la protección de formas de discriminación como el acoso y la violencia de género en el lugar de trabajo. De hecho, hay varios proyectos que ha seguido y promovido a lo largo de los años, incluida la creación de un Comité de Garantía único para la igualdad de oportunidades, la mejora del bienestar de quienes trabajan y la lucha contra la discriminación. Las tareas del comité son proactivas, consultivas y de verificación en el contexto de la creación de un entorno de trabajo caracterizado por la lucha contra la discriminación por motivos de género, raza, origen étnico, orientación sexual, religión, idioma, edad y discapacidad. Cada año, el CUG elabora un informe en el que examina la aplicación de los principios de organización, igualdad e igualdad de oportunidades entre los trabajadores, en lo que respecta al acceso al trabajo, las condiciones de trabajo, las oportunidades de formación, la progresión profesional y la seguridad.

3.2. Formas de protección en España y regulación estricta de las enfermedades profesionales

La responsabilidad civil del empresario, la encontramos en la *Ley 31/1995, la Ley de Prevención de Riesgos Laborales* (LPRL), donde en el artículo 42.1 se establece que en el caso de que el empresario no cumpla con las obligaciones establecidas por la ley para garantizar la seguridad en el lugar de trabajo, esto dará lugar a responsabilidad administrativa, penal y civil en función de los daños y perjuicios derivados del incumplimiento.

Especial reflexión merece la entrada en vigor de la nueva ley 10/2022 que reforma el régimen sancionador en casos de violencia o acoso sexual, incluso en el ámbito laboral. En particular, la nueva Ley Orgánica 10/2022 se erige como una herramienta para reestructurar los tipos de delitos sexuales, primero identificados con criterios que se refieren a los métodos de actuación, ahora por una única negación: la falta de consentimiento.

38/2000 Disposiciones relativas al seguro contra accidentes de trabajo y enfermedades profesionales, de conformidad con el párrafo 1 del artículo 55 de la *Ley n.º 144 de 17 de mayo de 1999*

En el ámbito penal, la novedad de la ley reciente, de hecho, se refiere a la distinción entre violencia sexual y acoso, unificada en un solo delito de violencia sexual regulado por el art. 178 Código Penal, en el que la nueva versión especifica que la falta de consentimiento constituye un delito y define como violencia sexual todos "los actos con contenido sexual mediante violencia, intimidación o abuso de una situación de superioridad o vulnerabilidad de la víctima, así como los que se realicen sobre personas sin sentido o cuya situación psíquica sea maltratada y los que se lleven a cabo cuando la víctima ve anulada su voluntad por cualquier motivo".

Incluso el tratamiento sancionador ha sufrido algunos cambios, de hecho, se hace una diferenciación entre agresión sexual y agresión con actos sexuales con penetración; para los primeros, la pena se reduce de 1 a 4 años de la prevista anteriormente; mientras que, para el segundo, la pena es de 4 a 12 años[9].

Como hemos visto, el acoso en el lugar de trabajo también puede ser el resultado de formas de intimidación. La protección del *mobbing* en España no encuentra una disciplina específica en el ámbito laboral; por ello, en el caso de acoso laboral es posible remitirse a algunas disposiciones normativas al respecto, como la LPRL, en relación con el perfil de riesgos laborales. El artículo 4 de esta define el *riesgo profesional* como la posibilidad de que un trabajador pueda sufrir un determinado daño relacionado con el trabajo. Se consideran *daños relacionados con el trabajo* las enfermedades, patologías o lesiones sufridas como consecuencia o a causa de un trabajo que, sin embargo, no se remontan a los casos de accidentes de trabajo o enfermedades profesionales mencionados en los artículos 126, 155 y 157 de la *Ley General de la Seguridad Social*. Otras fuentes reguladoras con respecto a la conducta derivada del *mobbing* se pueden encontrar dentro del Estado de los Trabajadores en el art. 4.2 donde hablamos del derecho del trabajador a no sufrir discriminación directa o indirecta; y en el Código del Trabajo en el art. 160 con referencia a la prevención

---

9 Arte. 179 código penal: "Cuando la agresión sexual consista en acceso carnal por vía vaginal, anal o bucal, o introducción de miembros corporales u objetos por alguna de las dos primeras vías, el responsable será castigado como reo de violación con la pena de prisión de cuatro a doce años".

dentro de la empresa y en la que se hace referencia al acoso laboral (co.1, letra b) entre los motivos de extinción del contrato de trabajo por conducta impropia de carácter grave, sin derecho a indemnización para el trabajador[10].

El Instituto de Seguridad Social reconoce el acoso derivado del acoso escolar como un daño psicofísico del que puede producirse un accidente laboral. Para reconocer, es necesario distinguir la relación entre los factores psicosociales, como el estrés laboral, y las causas, en cambio, que se derivan de la depresión o la ansiedad. La Ley General de Seguridad Social no cubre los daños psicofísicos entre enfermedades profesionales, pero según la jurisprudencia, para que puedan calificarse de enfermedad o accidente de trabajo es necesario que exista un vínculo entre el período de trabajo y la aparición de la enfermedad[11].

4. CONCLUSIONES

El análisis comparativo en los dos países europeos ha permitido observar el compromiso a lo largo de los años para combatir la violencia de género, demostrado por las disposiciones reglamentarias que se han producido a lo largo de los años y, en particular, desde principios del siglo XXI de una manera cada vez más incisiva, introduciendo nuevas disposiciones también sobre la cuestión peculiar de la protección del trabajador víctima de violencia y acoso en el lugar de trabajo.

---

10 Una disciplina especificación en *bullying* es sido previsto para 2011, con referencia a la Pública administración, mediante la *Resolución de 5 de mayo de 2011, de la Secretaría de Estado para la Función Pública, por la que se aprueba y publica el Acuerdo de 6 de abril de 2011 de la Mesa General de Negociación de la Administración General del Estado sobre el Protocolo de actuación frente al acoso laboral en la Administración General del Estado* (BOE n.º 130 de 01-06-11)

11 Tribunal Superior de Justicia STSJ PV 343/2021 - ECLI:ES: TSJPV: 2021:343. Si veda anche: Sala de lo Social STS de 24 de mayo de 1990, RJ 4498); Sentencia de nuestra Sala del TSJ del País Vasco de 22 de febrero de 2000, AS 5763.

La ratificación del Convenio de la OIT en los dos Estados, apoyada por leyes nacionales sólidas que protejan la igualdad de género, podría ser una oportunidad para reflexionar a fin de garantizar una mayor prevención y protección de los riesgos derivados de comportamientos discriminatorios que crean situaciones de violencia y acoso por motivos de género.

En una perspectiva de *iure condendo*, las posibles mejoras deseadas después de la ratificación del Convenio de la OIT deberían llevar a ambos Estados a introducir medidas eficaces para fortalecer la disciplina, como también se prevé en el art. 10 del mismo Convenio n.º 190 y en la Recomendación n.º 206. En particular, las dos disposiciones prevén la introducción de medidas reforzadas tanto dentro de la empresa, a través de las formas existentes, como las normas para proteger la gestión de la seguridad en el lugar de trabajo; las normas relativas a la vía de reparación e indemnización por violencia y acoso en el lugar de trabajo; mayor poder disciplinario del empleador frente al agresor; la determinación de la condena por responsabilidad civil tanto para el agresor como para el empleador y, finalmente, mediante el fortalecimiento de las sanciones administrativas y penales.

Aunque el proceso de ratificación y entrada en vigor del Convenio núm. 190 y la Recomendación núm. 206 de la OIT aún no ha concluido, España ha introducido recientemente algunas de las medidas exigidas por el mismo Convenio para ampliar las protecciones contra la violencia y el acoso sexual en el sector laboral.

Por su parte, Italia, el 29 de octubre de 2022, concluyó el proceso de ratificación de la Ley 15/2021 de ratificación y aplicación del Convenio de la OIT. Por lo tanto, es reciente la introducción de las nuevas medidas de prevención requeridas de los Estados, por lo que veremos con el tiempo qué acciones se implementarán y cuáles se fortalecerán para combatir la violencia y el acoso en el lugar de trabajo.

5. REFERENCIAS BIBLIOGRÁFICAS

Di Stasi, Antonio; Giubboni, Stefano; Pinto, Vito (2022), *Lezioni di diritto del lavoro*, Bologna: Il Mulino.

Ege, Harald (2005), *Oltre il mobbing: straining, stalking e altre forme di conflittualità sul posto di lavoro*, Milano: Franco Angeli.

Fernández Velázquez, Manuel P. (2019), El Convenio 190 de la OIT sobre violencia y acoso en el trabajo: principales novedades y expectativas. *Revista de Trabajo y Seguridad Social, p.* 119-142.

Fernández Prieto, Marta (2012) La violencia de género en el ámbito laboral como enfermedad del trabajo. En Mella Méndez, L. (Dir.) *Violencia de género y Derecho del Trabajo: estudios actuales sobre puntos críticos*. España: Lex Nova.

Giubboni, Stefano; Giuseppe, Ludovico; Andrea Rossi (2020). *Infortuni sul lavoro e malattie professionali*, seconda edizione. Milano: Cedam.

Ghirardelli, Paolo (2011). *Lo stalking. Linee guida per la prevenzione e la tutela.* Italia: Lampi di Stampa.

Greco, Tommaso (2019). *Le violenze psicologiche nel mondo del lavoro: un'analisi sociologico-giuridica del fenomeno mobbing*, Milano: Giuffrè Editore.

Iglesias Canle, Inés C. (2019). La víctima de violencia de género en el ordenamiento jurídico español, En Franca Dente A.C. (Dir.) *Comunicazione di genere tra immagini e parole*. España: Farhen House.

INAIL (2020). *Infortuni e malattie professionali*, in *Dossier donne*. Realizzazione a cura di: Inail Direzione centrale pianificazione e comunicazione Consulenza statistico attuariale, Italia.

ISTAT (2021). *Violenza sul luogo di lavoro*, Istituto nazionale di statistica, in https://www.istat.it/it/violenza-sulle-donne/il-fenomeno/violenza-sul-luogo-di-lavoro.

Lanata Fuenzalida, Ruth G.(2018). El acoso laboral y la obligación de seguridad en el trabajo. *Revista de derecho (Valdivia)*, Vol. 38, n.º 1, p. 105-126.

Ninci, Antonella (2010). Donne e violenza. Cassiopea: un progetto dell'Inail per la prevenzione. *Rivista degli infortuni e delle malattie professionali* – Fascicolo n.º 3, p. 726.

Pagano, Carla e Deriu, Fiorenza (2018), *Analisi preliminare sulle molestie e la violenza di genere nel mondo del lavoro in Italia*, Ufficio OIL per l'Italia e San Marino.

Piñuel y Zabala, Iñaki; Oñate Cantero, Araceli (2000). La incidencia del *mobbing* o acoso psicológico en el trabajo en España: Resultados del barómetro sobre violencia en el entorno laboral. *Lan harremanak: Revista de relaciones laborales*, n.º 7, p. 35-62.

Poggi Francesca (2017). Violenza di genere e Convenzione di Istanbul: un'analisi concettuale. *Diritti umani e diritto internazionale, Rivista quadrimestrale* n.º 1, pp. 51-76.

Trigueros Sánchez, Carmen (2019). La violencia de género en el ámbito laboral. *Revista de derecho,* Vol. 15, n. 1, p. 91.

Capítulo 22

Violencia y acoso laboral en Chile. Hacia la ratificación del Convenio 190 de la OIT

RODRIGO PALOMO VÉLEZ[1]

Profesor Asociado de Planta Regular de Derecho del Trabajo y de la Seguridad Social

Universidad de Talca (Chile)

rpalomo@utalca.cl

1. ANTECEDENTES

1.1. La situación normativa previa a la ratificación del Convenio n.° 190

En Chile existen diversas normas constitucionales, legales e infralegales referidas a la violencia y acoso en el mundo del trabajo. Aunque son normas dispersas, imprecisas, incompletas, insuficientes y, en buena medida, ineficaces, se configuran como el punto de partida para enfrentar los importantes desafíos que impondrá la ratificación del Convenio N° 190 de la Organización Internacional del Trabajo (en adelante, OIT).

En particular, cabe mencionar las leyes que tipifican y sancionan el acoso sexual (Ley 20.005, de 2005) y el acoso laboral (Ley n.° 20.607, de 2012). Si bien ambas normas, incorporadas al Código del Trabajo, definen las conductas que resultan proscritas y el régimen sancionatorio, sólo respecto del acoso sexual se contemplan reglas procedimentales especiales. En el caso del acoso laboral, se restrin-

---

1 El autor agradece a Diego Bravo Aguilera, ayudante de investigación, por su colaboración en la sistematización de fuentes de información y revisión de aspectos formales de este trabajo.

ge el alcance de posibles víctimas y las denuncias deben tramitarse como una vulneración genérica de derechos fundamentales.

Antes de dichas leyes, los casos de acoso sexual y laboral —también las demás manifestaciones de violencia en el trabajo— sólo quedaban amparados por el deber génerico de protección del empleador.

De acuerdo con los datos entregados por la Dirección del Trabajo, entre los años 2019 a 2021 se registraron en el sector privado 5.197 denuncias de acoso laboral y 2.003 denuncias de acoso sexual. En los servicios públicos, el total de denuncias de acoso alcanzó las 6.097 en el mismo lapso. La última Encuesta Laboral publicada, ENCLA 2019, por su parte, informa que el 10,1% de los trabajadores sostiene haber presenciado actos de violencia o acoso en el trabajo[2].

Seguramente dichos datos se quedan cortos ante una realidad que afecta transversalmente a todo tipo de trabajos. En los últimos años, hemos conocido casos muy mediáticos, que han afectado especialmente a migrantes. La tolerancia a estos actos es también menor, de la mano principalmente de reivindicaciones feministas.

1.2. Antecedentes de la ratificación del Convenio n.° 190 por Chile

El Convenio n.° 190 está directamente relacionado con los Objetivos para el Desarrollo Sostenible 2030 de la Organización de Naciones Unidas, en especial su Objetivo n° 8, que busca promover el crecimiento económico sostenido, inclusivo y sostenible, el empleo pleno y productivo y el trabajo decente para todas y todos. Específicamente, busca "proteger los derechos laborales y promover un entorno de trabajo seguro y sin riesgos para todos los trabajadores". A su vez, este instrumento tiene, de acuerdo con la normativa de la OIT, el carácter de actualizado y técnico, lo que implica que dicho organismo internacional promueve activamente su ratificación en cuanto herramienta moderna y adaptada a las realidades del mundo laboral.

---

2 Véase la web institucional de la Dirección del Trabajo: https://www.dt.gob.cl/portal/1629/w3-channel.html (visitada el 27.02.23).

La relevancia de este Convenio ha sido ampliamente destacada por la doctrina iuslaboralista, tanto por la materia que aborda, por su carga simbólica, asociada a la conmemoración del centenario de la OIT y la recuperación de su labor normativa, y su abordaje innovador, que traspasa los moldes y los límites de textos precedentes (Sanguineti Raymond, 2022, p. 1).

Chile votó a favor de la adopción del Convenio n.º 190 en la 108ª reunión de la Conferencia Internacional del Trabajo, en 2019. Al año siguiente, en noviembre de 2020, la Cámara de Diputadas y Diputados aprobó una resolución para requerir al Presidente de la República la aprobación del Convenio. Lo mismo hizo el Senado, en enero de 2021.

Con todo, no fue sino hasta el 30 de agosto de 2022 (Boletín n.° 15307-10) que el Presidente de la República Gabriel Boric Font, cuyo Gobierno había asumido meses antes, ingresó al Congreso el proyecto para aprobar el Convenio n.º 190 en nuestro país[3]. Entre los fundamentos destacan los siguientes:

- El Gobierno ha sostenido que tiene un firme compromiso con el trabajo decente en condiciones de libertad, equidad, seguridad y dignidad. En efecto, el Programa de Gobierno de la coalición Apruebo Dignidad compromete reforzar y proteger los derechos fundamentales de las trabajadoras y los trabajadores, entre los que se encuentra el derecho de toda persona a un mundo del trabajo libre de violencia y acoso[4].
- De otra parte, el Gobierno del Presidente Boric se ha declarado como un gobierno feminista. En tal perspectiva, ha asumido el compromiso de garantizar espacios de trabajo seguros para las mujeres, que les permitan acceder, permanecer y progresar en el mundo del trabajo.

---

3 Los antecedentes de la tramitación legislativa pueden revisarse en el sitio web de la Cámara de Diputadas y Diputados de Chile: https://www.camara.cl/legislacion/ProyectosDeLey/proyectos_ley.aspx (visitado el 03.03.23).

4 El Programa puede revisarse en https://observatorioplanificacion.cepal.org/es/planes/programa-de-gobierno-2022-2026-de-chile (visitado el 12.02.23).

- La ratificación del Convenio n.º 190 de la OIT provee un marco para la creación y mejora de normas y políticas que adopten un enfoque inclusivo, que permita abordar las causas subyacentes de la violencia y acoso en el mundo del trabajo.

El proyecto fue aprobado en la Cámara de Diputadas y Diputados por amplia mayoría (119 votos a favor, 7 en contra y 15 abstenciones). Lo propio ocurrió en el segundo trámite constitucional, en el Senado, donde fue aprobado de mantera contundente el 8 de marzo de 2023 (sólo 1 abstención), despachando así el instrumento internacional, que quedó en condición de ser ratificado por el Ejecutivo.

De esta manera, Chile se suma a los países sudamericanos que ya han ratificado el Convenio (algunos aún no en vigor): Argentina, Ecuador, Uruguay y Perú.

2. COTEJO DEL CONVENIO N.º 190 CON LA NORMATIVA Y REALIDAD CHILENA

El Convenio asegura un margen para el desarrollo de políticas públicas, encargando su implementación a la potestad legislativa en lo que corresponda al dominio legal, al marco del ejercicio de la autonomía colectiva, y a otras medidas de acción reconocidas en la Constitución y la ley a la autoridad nacional, como lo es la potestad reglamentaria y administrativa.

En efecto, de las normas del Convenio sólo las definiciones y las referidas a los ámbitos subjetivo y objetivo pueden considerarse autoejecutables (artículos 1, 2 y 3); el resto del articulado requiere desarrollo normativo interno.

A partir de dicha constatación, se analizan enseguida algunos de los puntos principales del Convenio, contrastándolos con la normativa vigente en Chile y las prácticas de las relaciones laborales, a fin de identificar las principales brechas que habrá que superar para una correcta implementación del texto internacional (véase especialmente a Donaire, 2020).

2.1. Definiciones

El Convenio n.° 190 establece un concepto único de violencia y acoso en el trabajo. En tal sentido, su artículo 1.1.a establece que "la expresión *violencia y acoso* en el mundo del trabajo designa un conjunto de comportamientos y prácticas inaceptables, o de amenazas de tales comportamientos y prácticas, ya sea que se manifiesten una sola vez o de manera repetida, que tengan por objeto, que causen o sean susceptibles de causar, un daño físico, psicológico, sexual o económico, e incluye la violencia y el acoso por razón de género".

Como puede apreciarse, lo determinante es el elemento objetivo (causar daño o que sea posible causarlo), quedando en un lugar secundario el elemento subjetivo (intencionalidad) (Pons Carmena, 2020, p. 37). Otra cuestión relevante del concepto es que no exige reiteración del comportamiento o práctica para ser considerado violencia o acoso.

En Chile, varias son las normas que tipifican situaciones de acoso y violencia que pueden estar asociadas al trabajo.

Respecto del acoso, destaca ciertamente el artículo 2 inciso segundo del Código del Trabajo: "Las relaciones laborales deberán siempre fundarse en un trato compatible con la dignidad de la persona. Es contrario a ella, entre otras conductas, el acoso sexual, entendiéndose por tal el que una persona realice en forma indebida, por cualquier medio, requerimientos de carácter sexual, no consentidos por quien los recibe y que amenacen o perjudiquen su situación laboral o sus oportunidades en el empleo. Asimismo, es contrario a la dignidad de la persona el acoso laboral, entendiéndose por tal toda conducta que constituya agresión u hostigamiento reiterados, ejercida por el empleador o por uno o más trabajadores, en contra de otro u otros trabajadores, por cualquier medio, y que tenga como resultado para el o los afectados su menoscabo, maltrato o humillación, o bien que amenace o perjudique su situación laboral o sus oportunidades en el empleo".

De este precepto legal se desprende con claridad que las conductas de acoso sexual y laboral pueden manifestarse en múltiples formas de hostigamiento y acoso ambiental, y generalmente suponen ilícitos pluriofensivos de derechos, pues atentan contra diversos bienes jurídicos, como la libertad de trabajo, la autodeterminación sexual, la integridad psíquica y física, entre otros.

En el caso del acoso sexual, supone una conducta no deseada de naturaleza sexual, impetrada por la parte empleadora o por otro trabajador. En efecto, el discurso centrado en la noción unidimensional de poder (poder jerárquico generalmente masculino) "debe ser integrada con la idea de la posición de tensión multidireccional —vertical y horizontal— de los derechos fundamentales en el espacio de trabajo, no siendo una condición indispensable para el acoso sexual, en consecuencia, una situación de sujeción respecto a quien comete la conducta (Ugarte, 2020, p. 14). El acoso laboral, por su parte, comprende "los hostigamientos periódicos realizados en el lugar de trabajo con la finalidad de humillar y marginar a un determinado trabajador, provocando, incluso, su renuncia, muchas veces acompañada de daños a su salud, como la depresión, estrés o ansiedad, además de trastornos psicosomáticos" (Gamonal, 2020, p. 302)[5].

En lo que dice relación con la violencia, tampoco existe una definición única en Chile. En materia penal, por ejemplo, se plantean definiciones de violencia a propósito de delitos de robo con violencia e intimidación (artículo 439 del Código Penal) y en materia de violencia intrafamiliar (Ley n.° 20.006). Por otro lado, no existe una conceptualización de violencia para el ámbito de las relaciones laborales, sino sólo referencias a las vías de hecho o fuerza física en las cosas o fuerza física o moral en las personas, para los efectos de sancionar a los trabajadores si incurren en ellas[6].

Por tanto, en relación a la conceptualización de violencia y acoso, la legislación nacional deberá ajustarse al Convenio, incorporando, por una parte, un concepto de violencia para el ámbito laboral, considerando la amplia gama de conductas que puede comprender, e incorporando también a la violencia y acoso por razón de género.

---

5 Otros conceptos normativos de acoso en Chile se encuentran en el artículo 494 ter del Código Penal (acoso sexual en espacios públicos) y en Instructivos Presidenciales sobre maltrato laboral en la Administración del Estado.

6 El artículo 160 n.° 1, literal c) del Código del Trabajo contempla las vías de hecho como causal de despido disciplinario.

Habrá que considerar, además, que la noción abierta y omnicomprensiva de acoso y violencia en el Convenio prescinde de elementos que en Chile limitan su aplicación (intención del agente, reiteración, gravedad), para lograr su aplicación universal.

2.2. *Ámbitos subjetivo, espacial y temporal de aplicación del Convenio*

Conforme al artículo 2 del Convenio, el ámbito subjetivo de aplicación del Convenio pretende ser universal. En efecto, protege a los trabajadores y a otras personas en el mundo del trabajo, con inclusión de los trabajadores asalariados según se definen en la legislación y la práctica nacionales, así como a las personas que trabajan, cualquiera que sea su situación contractual, las personas en formación, incluidos los pasantes y los aprendices, los trabajadores despedidos, los voluntarios, las personas en busca de empleo y los postulantes a un empleo, y los individuos que ejercen la autoridad, las funciones o las responsabilidades de un empleador. Se aplica a todos los sectores, público o privado, de la economía tanto formal como informal, en zonas urbanas o rurales.

Así las cosas, se deberá legislar para otorgar el mismo estándar de protección frente a la violencia y el acoso a todas las personas que trabajan. En Chile, persisten diferencias importantes, normativas y fácticas, entre trabajadores del sector privado y del sector público; ni qué decir con trabajadores de sector informal, trabajadores domésticos y trabajadores de otros sectores especialmente vulnerables y precarios (por ejemplo, los trabajadores agrícolas, especialmente los de temporada).

En cuanto a los espacios laborales donde se asegura protección, el artículo 3 del Convenio n.º 190 no atiende ni al lugar ni al momento en que se realizan estas conductas de violencia o acoso, sino a su conexión con el trabajo.

En el instrumento internacional se indican como espacios laborales protegidos diversos lugares, habida consideración de la distinta realidad espacial y temporal de los trabajadores en la actualidad. Se incluye no sólo el espacio mismo de la empresa, sino que los desplazamientos hacia el hogar, los desplazamientos con fines laborales, entre otros. Un punto que llama la atención es la consideración explícita como espacio de protección de las comunicaciones que estén relacionadas con el trabajo, incluidas las realizadas por medio de tecnologías de la información y de la comunicación. Lo anterior cobra relevancia frente a las nuevas fuerzas laborales, como los *freelancers* y los trabajadores vía plataformas digitales.

En general, las regulaciones existentes en Chile no abordan con detalle la cuestión de si la protección puede abarcar espacios físicos distintos a las dependencias de la empresa. Si bien el asunto podría decantar en la casuística judicial, con ayuda de los principios del Derecho del Trabajo, es importante una aclaración legislativa en este punto, que brinde seguridad jurídica, en el sentido de comprender por *espacios laborales* todos aquellos lugares donde las personas puedan desarrollar actividades laborales, o donde deban estar por actividades relacionadas con el trabajo o como resultado de éste.

2.3. La necesaria implementación de políticas públicas que aborden de manera integral la violencia y acoso en el trabajo

Los Estados que ratifiquen el Convenio deberán "respetar, promover y asegurar el disfrute del derecho de toda persona a un mundo del trabajo libre de violencia y acoso (...) y adoptar, de conformidad con la legislación y la situación nacional y en consulta con las organizaciones representativas de empleadores y de trabajadores, un enfoque inclusivo, integrado y que tenga en cuenta las consideraciones de género para prevenir y eliminar la violencia y el acoso en el mundo del trabajo" (artículo 4 del Convenio).

En general, Chile sólo ha avanzado en sancionar el acoso sexual y laboral, estableciendo obligaciones para el empleador e instrumentos de protección en materia de prevención, atención y sanción de estas conductas. En materia procesal, ha establecido una acción (y reglas procedimentales) para casos de vulneración de derechos fundamentales en el trabajo, aplicable para trabajadores del sector privado y, más recientemente, también para trabajadores del Estado.

Sin embargo, no existe una política pública, como exige el Convenio, para respetar, promover y asegurar espacios laborales libres de violencia, siendo además débil la acción del Estado en la implementación de un estrategia integral, mecanismos de control de aplicación y de seguimiento.

En esa línea, debe señalarse que no se garantiza a todas las víctimas acceso a recursos, medidas de apoyo y acciones de reparación. Tampoco se han realizado —hasta ahora— acciones sistemáticas de sensibilización sobre esta problemática.

Por lo anterior, la implementación de una política pública con enfoque inclusivo, integrado y de género, para respetar, promover y asegurar espacios laborales libres de violencia, es uno de los mayores desafíos para la implementación del Convenio en Chile.

Considerando las orientaciones de la Recomendación n.º 206 de la OIT, deben diseñarse indicadores para medir la eficacia de la política pública que se adopte, así como para generar estadísticas de prevalencia de las conductas, de resultados de la aplicación de procedimientos y sanciones, entre otras. Estos indicadores permitirán dar cuenta a los órganos de control de la OIT del cumplimiento del Convenio una vez iniciada su vigencia en nuestro país.

2.4. *Respeto de los derechos fundamentales en el trabajo, en especial, la igualdad de género y la no discriminación*

Con objeto de prevenir y eliminar la violencia y el acoso en el mundo del trabajo, los Estados que ratifiquen el Convenio deberán "respetar, promover y llevar a efecto los principios y derechos fundamentales en el trabajo, a saber, la libertad de asociación y el reconocimiento efectivo del derecho de negociación colectiva, la eliminación de todas las formas de trabajo forzoso u obligatorio, la abolición efectiva del trabajo infantil y la eliminación de la discriminación en materia de empleo y ocupación, así como fomentar el trabajo decente y seguro" (artículo 5). Asimismo, deberán "adoptar una legislación y políticas que garanticen el derecho a la igualdad y a la no discriminación en el empleo y la ocupación, incluyendo a las trabajadoras, así como a los trabajadores y otras personas pertenecientes a uno o a varios grupos vulnerables, o a grupos en situación de vulnerabilidad que están afectados de manera desproporcionada por la violencia y el acoso en el mundo del trabajo" (artículo 6).

Pues bien, en Chile existen derechos fundamentales débilmente garantizados en la legislación y práctica nacional, como es el reconocimiento efectivo del derecho de negociación colectiva y la eliminación de la discriminación en materia de empleo, sobre todo en etapas precontractuales y durante la vigencia de la relación de trabajo.

Con todo, los problemas en la satisfacción de derechos fundamentales del trabajo no podían ser un óbice para la ratificación del Convenio, pues se trata de estándares que deben cumplirse igualmente por todos los Estados miembros de la OIT.

En la misma perspectiva, se debe mejorar sustancialmente la legislación nacional y adoptar medidas de política pública destinadas a garantizar una respuesta institucional que garantice la igualdad de género y la no discriminación. Junto con la sanción de las conductas discriminatorias, deben incluirse medidas correctivas destinadas a reparar los efectos de la discriminación, y sobretodo medidas preventivas o de acción positiva, a fin de lograr la igualdad efectiva de la mujer en el mundo del trabajo. Normas como la que proscribe la discriminación salarial entre hombres y mujeres han demostrado ser abiertamente ineficaces.

2.5. Las obligaciones de prevención, seguimiento, control, orientación, formación y sensibilización

El artículo 8 del Convenio establece la obligación de los Estados en materia de prevención. Tal es así que el diseño del instrumento internacional supone que uno de sus propósitos centrales es anticipar la tutela, pasando de la represión a la prevención de las prácticas de violencia y acoso (Sanguineti Raymond, 2022, p. 4).

En Chile no existe regulación laboral específica ni política pública destinada a la prevención de la violencia y el acoso en sectores de la economía informal o con mayor prevalencia, como establece el Convenio.

Por ejemplo, el sector de trabajo doméstico ha demandado protección a las trabajadoras del sector, especialmente a las migrantes o nacionales que se trasladan desde sus localidades de origen a trabajar a otros lugares.

Si bien el objetivo preventivo atañe especialmente a los Estados, el Convenio también contempla obligaciones preventivas para los empleadores (artículo 9). En general, las leyes que tipifican y sancionan el acoso sexual y laboral en Chile consideran obligaciones para los empleadores que, en una interpretación finalista, permiten concluir una intención legislativa clara de imponerles ciertos deberes en materia de prevención del acoso, laboral y sexual. Sin embargo, no existe un deber similar en materia de prevención de la violencia, como tampoco existe claridad acerca de cómo se traducen estas obligaciones en materia de gestión de los riesgos psicosociales asociados, la adopción de medidas preventivas y de control de peligros y riesgos, como de capacitación e información a los trabajadores, y el rol de estos en la política.

La coordinación de medidas preventivas puede darse a través de la Política Nacional de Salud y Seguridad en el Trabajo, incorporando la prevención de la violencia y el acoso en los lugares de trabajo o donde se presenten estas conductas relacionadas al contexto laboral, pero la calidad de la respuesta de la seguridad social a las víctimas, sea en el caso de acceso a la atención médica o psicológica oportuna, curativa, recuperativa y/o reparadora, como en las prestaciones económicas frente a órdenes de reposo, deben garantizarse a todas las personas que trabajan, sin distinciones.

Por otra parte, en materia de control de la aplicación y vías de recurso y reparación, el artículo 10 del Convenio establece deberes de seguimiento y control por los Estados de la aplicación de la legislación nacional relativa a la violencia y el acoso en el mundo del trabajo. Asimismo, les exige garantizar un fácil acceso a vías de recurso y reparación apropiadas y eficaces y a mecanismos y procedimientos de notificación y de solución de conflictos en los casos de violencia y acoso en el mundo del trabajo, que sean seguros, equitativos y eficaces.

Pues bien, el seguimiento y control de la aplicación de las medidas legislativas y de política pública relativa a la violencia y acoso en el trabajo no forma parte del quehacer actual del Estado, salvo en el caso del Servicio Civil que, para el sector de la Administración del Estado, ha generado una norma de aplicación general destinada levantar reporte estadístico en materia de maltrato laboral, acoso sexual y laboral.

En materia de acceso a vías de recurso y reparación existe mucho en lo que avanzar para garantizar acceso a mecanismos seguros, equitativos y eficaces a todas las personas trabajadoras, con independencia del sector al que pertenecen, naturaleza del vínculo contractual con quien emplea los servicios y empresa, organización o servicio de que se trate.

Los servicios de inspección laboral hasta ahora han jugado un rol en materia de atención de denuncias, investigación y sanción, como también los tribunales laborales, respecto de los trabajadores del sector formal y privado (y en el último tiempo, también del sector público, según se adelantó).

Con todo, hasta ahora la regulación existente tiene una aplicación heterogénea, dependiendo de la calidad de las medidas de prevención, atención y sanción que implementan las empresas y organizaciones, así como la red de apoyo a la que pueden acceder las víctimas. La implementación de instrumentos de medición o indicadores deberán confirmar estas percepciones y orientar la definición de qué sectores requieren atención especial.

Finalmente, el artículo 11 del Convenio dispone que los Estados deberán esforzarse por garantizar acciones de orientación, formación y sensibilización sobre violencia y acoso en el mundo del trabajo.

Sobre este punto, cabe señalar que, en Chile, desde 2013, la medición del riesgo psicosocial laboral es obligatoria en los lugares o centros de trabajo, lo que permite identificar riesgos de violencia y acoso, entre otras "condiciones de trabajo que pueden afectar a la salud de las personas a través de mecanismos psicológicos y fisiológicos" (cuestionario ISTAS21).

No obstante, ello, la Política Nacional de Salud y Seguridad en el Trabajo y el Programa Nacional homónimo hasta ahora no han desarrollado en forma especial la temática de la violencia y el acoso en el mundo del trabajo. El tratamiento de los efectos de estas conductas en la salud de las personas que trabajan tampoco tiene una consideración especial. Por tanto, dichas Política y Programa deben incorporar una acción coordinada y sistemática a favor de la prevención de la violencia y el acoso. Hasta ahora las acciones son aisladas, no se levantan objetivos y tampoco se miden los efectos.

3. ALGUNAS IDEAS FINALES

Es una buena noticia que el Congreso chileno haya aprobado el Convenio n.º 190 de la OIT, y que haya ocurrido el 8 de marzo de 2023, coincidiendo con la conmemoración del Día Internacional de la Mujer.

Ahora bien, es esencial que la implementación del Convenio se lleve a cabo a partir de un conocimiento profundo de la realidad fáctica y normativa, lo que exige identificar con toda claridad las brechas legales y pragmáticas, partiendo por un diagnóstico de los mecanismos existentes para hacer frente a la violencia y acoso en el mundo del trabajo.

Algunas cuestiones que resultarán centrales en la implementación serán, entre otras, las siguientes:

- La consideración de la fragilidad del modelo normativo laboral chileno, sostenido en la hiperregulación legal, el mínimo espacio de la autonomía colectiva y una judicatura laboral en general reticente a aplicar normas del Derecho Internacional del Trabajo, sobretodo como *decisoria litis.*
- Las normas sobre tipificación y sanción del acoso sexual (2005) y laboral (2012), y aquellas que han establecido el actual sistema procesal laboral (2008) han supuesto avances considerables en la materia en comento, aunque de alcance limitado.
- Existen varios proyectos de ley en trámite referidos a las materias que aborda el Convenio. Especialmente relevante es el

denominado Proyecto de ley Karin (Boletín n.°15.093-13), que tiene por finalidad introducir una serie de modificaciones al Código del Trabajo, en orden a mejorar los mecanismos de prevención y sanción del acoso laboral en las empresas, y establecer procedimientos de intervención psicológica a las víctimas de acoso laboral, tendientes a asegurar un acompañamiento profesional coetáneo al momento que se presente la denuncia de acoso laboral.

A la fecha de publicación de esta obra, se ha publicado la Ley N° 21.643, que modifica el Código del Trabajo y otros cuerpos legales, en materia de prevención, investigación y sanción del acoso laboral, sexual y violencia en el trabajo. Entre otros avances, elimina la exigencia de reiteración para la configuración del acoso laboral, define expresamente la violencia en el trabajo como aquella ejercida por terceros a la relación laboral, y regula el protocolo de prevención respecto del acoso sexual, laboral y la violencia en el trabajo.

– La OIT vuelve con fuerza sobre la idea de tripartismo como elemento transversal de gobernanza del Convenio. En Chile, habrá que atender de manera especial la necesidad de avanzar hacia mecanismos eficaces de diálogo social institucionalizado, que acompañen y den soporte al diálogo político, para abordar el referido diagnóstico, pero sobre todo para elaborar las políticas y medidas requeridas por el Convenio. El texto internacional es claro en este sentido, procurando que en su implementación participen activamente los representantes de trabajadores, empleadores y Gobiernos.

En definitiva, no se parte de cero tras la aprobación del Convenio, pero sí hay desafíos importantes para suplir vacíos y limitaciones, y adoptar normas promocionales, para llegar a un amplio espectro de realidades no reguladas. Dada las singulares características del Convenio, apuntadas en este texto y analizadas con detención en este libro, su aplicación conlleva retos inéditos para los Estados que lo ratifiquen: sentar las bases para la construcción de un futuro del trabajo basado en la igualdad, el respeto y la dignidad de las personas, combatiendo estereotipos y hábitos culturales muy arraigados en nuestras sociedades (Sanguineti Rayomnd, 2022, p. 1).

4. REFERENCIAS BIBLIOGRÁFICAS

Donaire, Claudia (2020). *Convenio 190 de la OIT: contraste con la legislación y práctica en Chile.* Santiago de Chile: Friedrich Ebert Stiftung.

Gamonal Contreras, Sergio (2020). *Derecho Individual del Trabajo.* Santiago de Chile: DER Ediciones.

Pons Carmena, María (2020). *Aproximación a los nuevos conceptos sobre violencia y acoso en el trabajo a partir de la aprobación del Convenio OIT 190. Labos: Revista de Derecho del Trabajo y Protección Social,* Vol. 1, n.º 2, pp. 30-60.

Sanguineti Raymond, Wilfredo (2022). *El Convenio 190 de la OIT sobre la violencia y el acoso y los desafíos de su aplicación por los Estados.* Trabajo y Derecho, n.º 95, pp. 1 a 6.

Ugarte, José Luis (2020). *Informe en derecho Acoso sexual y sexista en el trabajo: revisión desde la doctrina y jurisprudencia.* Santiago de Chile: Poder Judicial, Secretaría Técnica de igualdad de género y no discriminación.

Capítulo 23

La aplicación del Convenio 190 OIT en Brasil

THEREZA CHRISTINA NAHAS
Profesora de Derecho del Trabajo y de la Seguridad Social
Universitat Oberta de Catalunya
tnahas@uoc.edu

1. LÍNEAS GENERALES DEL CONVENIO 190/OIT

El convenio 190 de la Organización Internacional del Trabajo (de aquí en adelante OIT) fue aprobado en la Conferencia del centenario de 2019 y, se puede concluir, que es el documento más importante para el mundo del trabajo en que se reconoce el derecho que todo ser humano tiene de no ser acosado o violentado mientras esté trabajando, sea en un ambiente físico o virtual, con la presencia directa o no de su empleador. Es importante decir que el convenio tiene la naturaleza del Tratado y, por eso, los Países que lo ratifican tienen obligaciones a cumplir con el compromiso internacional que asumen. Además, la Recomendación 206 que lo acompaña es una normativa que proporciona orientaciones acerca de cómo el convenio debe ser aplicado.

Antes de tratar de la aplicación de la norma supranacional en Brasil, es conveniente hacer un recorrido por la normativa para definir algunos puntos imprescindibles, y lo haré de modo muy resumido.

El convenio 190 cumple con el objetivo de la OIT de resguardar el ambiente laboral garantizando a los trabajadores el derecho de estar en un medio sin violencia o acoso. Va más allá para reiterar que la responsabilidad, en especial de las empresas, en mantener un entorno saludable y en que la tolerancia de actos u omisiones frente al acoso sea cero. Por otra parte, deben adoptar medidas de prevención, de reclamación, consulta, orientación y formación. Entre las medidas de aplicación de las normativas de protección contra el acoso y la violencia en el trabajo, aquéllas que los Estados deben adoptar tienen que prever, además de la ley represora, medidas que van desde el acompañamiento de la implementación de las normas internas y su aplicación, hasta las que deben garantizar la asistencia médica y social y el acceso fácil a la justicia, con la protección de la víctima y de su intimidad.

La OIT estableció orientaciones a los Estados miembros para la adopción de las políticas públicas dirigidas al cumplimiento del principio de la igualdad y no discriminaciones destinadas a la garantía de la seguridad y salud en el trabajo. Eso es, el Estado cuando firma el convenio, incorpora el instrumento que tiene naturaleza de *tratado internacional* por lo que quedan comprometidos a garantizar la salud y la integridad física y psíquica del trabajador, el ambiente de trabajo sin acoso y sin violencia, al mismo tiempo que reitera que es fundamental el cumplimiento de los principios de la igualdad y la no discriminación, situando "la dignidad humana y el respeto en su centro" (OIT, 2021).

Al final, la OIT anima a los Estados a ratificar el convenio 190, lo que es fundamental para crear una nueva cultura en los países para la eliminación o, al menos disminución hasta la erradicación definitiva, del acoso y de la violencia en el trabajo y, también, permitir alcanzar una política más igualitaria en el ámbito laboral.

El convenio 190 y la Recomendación n.º 206 son las primeras normas internacionales específicas sobre el acoso y la violencia en el trabajo y tiene por fundamento la reafirmación de la *Declaración de Filadelfia* el derecho fundamental de la no discriminación y de la igualdad: "todos los seres humanos, sin distinción de raza, credo o sexo tienen derecho a perseguir su bienestar material y su desarrollo espiritual en condiciones de libertad y dignidad, de seguridad económica y en igualdad de oportunidades" (OIT,1944).

Este principio viene reiterado en la *Declaración Americana de los Derechos del Hombre* de 1948, que dispone, en el artículo XIV, que toda persona que trabaja tiene derecho al trabajo en condiciones dignas, disposición que encuentra sus límites e inclusión en el artículo 26 de la *Convención Interamericana de Derechos Humanos* (de aquí en adelante, CIDH) cuya lectura se hace con el *Pacto Internacional de los Derechos Económicos, Sociales y Culturales* (de aquí por adelante PIDESC o Pacto).

Un paréntesis. No es que la OIT no tratase hasta ahora el tema de los riesgos, pero lo hacía en distintos sitios. Ejemplo de eso es el Convenio sobre al trabajo marítimo de 2006 que dispone que la autoridad competente debe asegurarse de que se tengan en cuenta las implicaciones para la seguridad y la salud en relación con intimidación y el acoso. La pauta B4.3.6. prevé que, con respecto a las investigaciones debería tenerse en cuenta la inclusión de los problemas derivados del acoso y la intimidación; la Recomendación sobre la transacción de la economía informal a la economía formal de 2015 que en párrafo 1, f) insta a la adopción de un marco integral de políticas, que debería incluir "la promoción de la igualdad y la eliminación de todas las formas de discriminación y de violencia, incluida la violencia de género en el lugar de trabajo"; entre otros instrumentos ya publicados por la OIT

Sin embargo, en todos ellos, la OIT trataba del tema de la igualdad y la no discriminación con la seguridad y salud de modo fraccionado, siendo que el convenio 190 lo hace de integralmente, considerando todos los aspectos del mundo del trabajo y las condiciones del trabajador.

2. LA SITUACIÓN DE BRASIL EN EL MARCO DEL DERECHO SUPRANACIONAL

Brasil no ha ratificado el Convenio n.° 190 OIT no obstante su naturaleza de norma vinculante internacional de protección al derecho fundamental de salud y seguridad del trabajador. En efecto, hace hincapié plantear si, de no haber hecho, referido Convenio tiene puede vincular a su cumplimiento el Estado brasileño, eso es, si sería posible argumentar que Brasil estaría incumpliendo una obligación internacional aunque no haya ratificado la respectiva normativa y su recomendación (OIT, 2021, p.16).

Es cierto que Brasil ha publicado leyes y reglamentos que objetivan la protección del trabajo de la mujer[1] y la prohibición de discriminación[2], pero lo hace el legislador en distintas normas, todas ellas dirigidas solamente a los trabajadores por cuenta ajena. Debo hacer aquí la referencia a la última publicación del Gobierno, en 21/9/2022, que es la Ley n.º 14.457/2022, instituyendo el programa *más mujeres*, y que por la primera vez trata de la parentalidad sin considerar, para el tema de la tutela, el sexo del tutelado, más la protección a la parentalidad con intención de eliminar la discriminación, especialmente contra la mujer.

En definitiva, se puede concluir que Brasil adopta medidas fraccionadas, como, por ejemplo, las destinadas a la violencia doméstica, protección a la maternidad, la parentalidad, normas de salud y seguridad, insuficientes, sin embargo, para el cumplimiento de la amplitud que se reviste el Convenio 190, pues no consideran su amplio contenido. Tampoco la ley brasileña dispone de tutela dirigida a las relaciones del trabajo por cuenta propia.

Brasil no cuenta con ninguna ley o reglamento con el contenido que tiene el Convenio 190 y, como no lo ha ratificado, no tiene en el país la validez de Tratado Internacional vinculante. Sin embargo, sería posible la aplicación del Convenio, ¿aunque no ratificado?

No sé si lo haces, pero me parecería interesante hablar del convenio como norma de seguridad y salud, de modo que se contendría dentro de los principios fundamentales de la OIT tras la inclusión de esta materia entre los mismos.

---

1 *Consolidaçao das Leis do Trabalho* (de aquí por adelante, CLT), equivalente al *Estatuto del Trabajador* en España, tiene disposiciones para la tutela del tiempo de trabajo de la mujer, el local de trabajo y la protección a la maternidad (art. 372 para delante)

2 La Ley 9029/95 establece un marco importante en materia laboral pues prohíbe la práctica discriminatoria para el acceso al empleo o su manutención o por el tema de remuneración. La ley tiene un contenido flexible lo que permite una interpretación para toda la situación que se pueda caracterizar discriminatoria por cualquier motivo.

3. EL NECESARIO CONTROL DE CONVENCIONALIDAD

El primer punto para señalar es que la protección que trata el Convenio 190 es un derecho fundamental de naturaleza social pues se refiere al mundo del trabajo libre de violencia y acoso dirigido a la protección de la salud y seguridad del trabajador mientras esté a la disposión del tomador del resultado del trabajo (empleador), sea la relación por cuenta propia o ajena. Así que, esta situación jurídica está protegida por el PIDESC. A continuación, los Principios de Limburg sobre la aplicación de PIDESC forma parte integral del derecho internacional de derechos humanos (Part I, A, Observaciones Generales). Además de eso, Brasil es signatario de la *Convención Interamericana de Derechos Humanos* (de aquí por adelante CIDH) y sujetándose a la *Carta de la Organización de los Estados Americanos* (de aquí por adelante, OEA) y los Protocolos que la perfeccionaran[3]. Por el articulo 26 de la CIDH no se admite el retroceso y los parámetros que tienen que ser respectados son: (i) regresión; (ii) estancamiento; (ii) progreso insuficiente; (iv) progreso suficiente y por ello se examine: (i) si las medidas adoptados por el estado son destinadas a concretar y orientar a los derechos económicos, sociales, y culturales; (ii) si el Estado actúa de modo no arbitrario; (ii) si las normativa que el Estado adopta coincide y respecta a los derechos humanos internacionales; (iv) si las medidas no limitan los derechos reconocidos y garantizados por el PIDESC; (v) el marco cronológico de las medidas adoptadas; (vi) si las medidas adoptadas priorizan los grupos vulnerables y cumplen con el principio de la no discriminación. Todo de acuerdo con las Orientaciones Generales n.º 3 del *Comité de Derechos Económicos, sociales y Culturales* (índole de las obligaciones de los Estados Parte art. 2, par. 1° del PIDESC).

Es importante que se plantear el tema, especialmente porque la *Corte Interamericana de Derechos Humanos* (en adelante, Corte IDH) afirma que los derechos asegurados en el artículo 26 de la CIDH son obligaciones legales, de manera que, si un Estado es miembro de la

---

3 Protocolo de Buenos Ayres (1967), Protocolo de Cartagena de las Indias (1985), Protocolo de Managua (1993) y Protocolo de Washington (1992)

OEA, tiene que sujetarse a los mandatos de la Carta de su formación y respectivos protocolos adicionales. Dentro de esa orden de ideas para garantir el desarrollo social y económico sostenible, el Protocolo de Buenos Aires al Capitulo VII titulado Normas Sociales incopora un rol de derechos fundamentales que se destinan a "todos los seres humanos, sin distinción de raza, sexo, nacionalidad, credo o condición social, que tienen derecho al bienestar material y a su desarrollo espiritual, en condiciones de libertad, dignidad, igualdad de oportunidades y seguridad económica" (art. 43, a).

Cuando los Estados Americanos, entre ellos Brasil, decidieron crear una organización para "ofrecer al hombre una tierra de libertad y un ámbito favorable para el desarrollo de su personalidad y la realización de sus justas aspiraciones" (preámbulo de la Carta de la OEA) adquirieron el compromiso de contribuir con la civilización del mundo (considerando del preámbulo de la Carta de la OEA), lo que solamente es posible mediante una intensa cooperación internacional y cumplimiento del respeto al orden interno e internacional.

Sobre el control de convencionalidad la Corte IDH ya había se manifestado por primera vez en el *caso Almonacid Arellano y otros Vs. Chile*

> "La Corte es consciente de que los jueces y tribunales internos están sujetos al imperio de la ley y, por ello, están obligados a aplicar las disposiciones vigentes en el ordenamiento jurídico. Pero cuando un Estado ha ratificado un tratado internacional como la Convención Americana, sus jueces, como parte del aparato del Estado, también están sometidos a ella, lo que les obliga a velar porque los efectos de las disposiciones de la Convención no se vean mermadas por la aplicación de leyes contrarias a su objeto y fin, y que desde un inicio carecen de efectos jurídicos. En otras palabras, el Poder Judicial debe ejercer una especie de "control de convencionalidad" entre las normas jurídicas internas que aplican en los casos concretos y la Convención Americana sobre Derechos Humanos. En esta tarea, el Poder Judicial debe tener en cuenta no solamente el tratado, sino también la interpretación que del mismo ha hecho la Corte Interamericana, intérprete última de la Convención Americana (...) En esta misma línea de ideas, esta Corte ha establecido que "[s]egún el derecho internacional las obligaciones que éste impone deben ser cumplidas de buena fe y no puede invocarse para su incumplimiento el derecho interno". Esta

> regla ha sido codificada en el artículo 27 de la Convención de Viena sobre el Derecho de los Tratados de 1969" [4].

En el voto razonado del Juez A.A. Cançado Trindade, se hace una importante ponderación sobre la universalidad de los derechos humanos y las situaciones en que las acciones u omisiones del Estado viola las normas de contenido internacional, la víctima no solamente son los afectados directamente, sino también toda la humanidad. Esta idea, como recoge en su decisión en su decisión,

> "ha sido expresamente reconocido por el TPIY (en el caso Tadic, 1997); tales crímenes afectan la conciencia humana (TPIY, caso Erdemovic, 1996) —la conciencia jurídica universal—, y tanto los individuos agraviados como la propia humanidad tórnanse víctimas de los mismos. Esta línea de entendimiento, que alcanzó el Derecho Internacional Humanitario y el Derecho Penal Internacional contemporáneo, debe, a mi juicio, integrarse también al universo conceptual del Derecho Internacional de los Derechos Humanos. La presente Sentencia de la Corte Interamericana en el presente caso Almonacid Arellano y Otros constituye un primer paso en este sentido"[5].

Los derechos fundamentales se sujetan también, al principio del desarrollo progresivo y la no regresividad lo que, igualmente ya ha decidido la Corte IDH. Tales derechos son desplegables de manera que, en algunas situaciones específicas, podrá haber restricción como ya se decidió en el *Caso Asociación Nacional de Ex servidores del Instituto Peruano de Seguridad Social x Perú* en el que la Comisión

> "considera de especial relevância aclarar que la restricción en el ejercicio de un derecho no es sinónimo de regresividad. El corpus iuris interamericano en materia de derechos económicos, sociales y culturales, evidencia que el concepto de progresividad —y la obligación correlativa de no regresividad— establecida en el artículo 26 de la Convención Americana, no es excluyente de la posibilidad de que un Estado imponga ciertas restricciones al ejercicio de los derechos incorporados en esa norma. La obligación de no regresividad implica

---

4 Corte IDH, Caso Almonacid Arellano y otros Vs. Chile, 26/09/2006, apartado 124 y 125 disponible en https://www.corteidh.or.cr/tablas/fichas/almonacidarellano.pdf (acceso en 15/2/23).

5 *Ibidem,* voto del Juez Cançado Trindade de la Serie C No. 154, disponible en http://www.corteidh.or.cr/docs/casos/votos/vsc_cancado_154_esp.doc, acceso en 23/1/2023,

> un análisis conjunto de la afectación individual de un derecho con relación a las implicaciones colectivas de la medida. En ese sentido, no cualquier medida regresiva es incompatible con el artículo 26 de la Convención Americana"[6].

La misma posición había fijado en el *Caso Cinco Pensionistas*. La verdad es que la Corte IDH decide sobre la cláusula de no retroceso de acuerdo con las OG n.° 3 del Comité de los Derechos Sociales, Culturales y Económicos lo que explica que el PIDESC en el art. 2° determina obligaciones de comportamiento y de resultado, teniendo em cuenta las limitaciones de los recursos de los Estado, desde que no violen el compromiso que tienen de garantizar el ejercicio de los derechos sin discriminación. Por eso el párrafo 1° de aquel artículo cuando impone al Estado adoptar medidas quiere decir que ese

> "compromiso que en sí mismo no queda condicionado ni limitado por ninguna otra consideración. El significado cabal de la oración puede medirse también observando algunas de las versiones dadas en los diferentes idiomas. En inglés el compromiso es "to take steps",en francés es"s'engage à agir"("actuar") y en español es "adoptar medidas". (OG nº 3, 2). Y, "los medios que deben emplearse para dar cumplimiento a la obligación de adoptar medidas se definen en el párrafo 1 del artículo 2 como "todos los medios apropiados, inclusive en particular la adopción de medidas legislativas". (OG nº 3, 3.).

El convenio 190, cuando impone a los Estados el deber de control de aplicación y vías de recursos y reparación, orientación, formación y sensibilización (art. 10 y 11), no hace sino reiterar la necesidad de "adoptar medidas" del dispositivo comentado. El art. 12 del Convenio 190 se refiere a la realización de "los medios que deben emplearse para dar cumplimiento a la obligación de adoptar medidas" conforme se definen en el párrafo 1 del artículo 2 como "todos los medios apropiados, inclusive en particular la adopción de medidas legislativas". El Comité reconoce que, en numerosos casos, las "medidas legislativas son muy deseables y en algunos pueden ser incluso

---

6 Corte IDH: Caso Asociación Nacional de Cesantes y Jubilados de la Superintendencia Nacional de Administración Tributaria vs. Perú, 21/11/2019, disponible en https://www.corteidh.or.cr/docs/casos/articulos/seriec_394_esp.pdf (acceso en 2/1/2023).

indispensables" para realizar el objetivo buscado por la tutela de los derechos sociales, económicos y culturales (OG 3, 3).

No basta que los Estados tengan consciencia de sus deberes, pero sí que los concrete para alcanzar la progresiva efectividad que nada más "constituye que no el reconocimiento del hecho de aquella plena efectividad de todos los derechos económicos, sociales y culturales en general no podrá lograrse en un breve periodo de tiempo" (OG 3,9).

En conclusión y considerando el fuerte contenido harmónico que tienen los derechos sociales fundamentales de naturaleza supranacional especialmente en los órganos de la misma naturaleza es que resulta en el grande mosaico que se está consolidando, cada vez más fuerte, para dar efectividad y concreción al cumplimento del respecto a los núcleos duros de derechos fundamentales, y eso se puede apreciar claramente en el contenido del Convenio 190.

Así que, Brasil, aunque no ha ratificado el convenio, no se puede excusar de no hacerlo alegando que la normativa internacional no fue ratificada[7]. Pues, teniendo por cierto que el art. 26 se extiende a la protección de los derechos de los trabajadores, no solamente los trabajadores por cuenta ajena, mas todo tipo de trabajador independientemente de su orientación sexual, profesión, o su raza, color o cualquier otra condición. Al final que el articulo 26 de CIDH así mismo todo el sistema de protección internacional de los derechos humanos tiene como motivación central los principios de la igualdad y no discriminación, la misma razón de ser del convenio 190 de la OIT. Además, que la orientación del convenio es una norma más en el escenario internacional para realización núcleo duro del trabajo decente cuyos principios son: i) el respeto a los derechos; ii) fundamentales; ii) salario mínimo adecuado, establecido por ley o negociado; iii) límites máximos al tiempo de trabajo; y iv) la seguridad y salud en el trabajo.

En último término, los derechos humanos y fundamentales son interdependientes de modo que las interpretaciones deben integrar

---

7 Importa consignar que ese artículo fue cerrado en 04/03/2023 y, hasta esta fecha, Brasil no había ratificado el Convenio

todos los instrumentos de los organismos de las Naciones Unidas. Los principios de no discriminación e igualdad están reconocidos en todo el Pacto y en los muchos Tratados de los más diversos organismos internacionales (*Carta Social Europea*, por ejemplo). Como destaca el preámbulo del Pacto

> "derechos iguales e inalienables" de todos, y se reconoce expresamente el derecho de "todas las personas" al ejercicio de los distintos derechos previstos en el Pacto en relación, entre otras cosas, con el trabajo, condiciones de trabajo equitativas y satisfactorias, las libertades de los sindicatos, la seguridad social, un nivel de vida adecuado, la salud, la educación y la participación en la vida cultural ... Para que los Estados parte puedan "garantizar" el ejercicio sin discriminación de los derechos recogidos en el Pacto, hay que erradicar la discriminación tanto en la forma como en el fondo (OG 20)

Así que, en Brasil, la Constitución impone la regla de que un Convenio o Tratado Internacional sobre derechos humanos, solamente tendrá fuerza de norma de naturaleza Constitucional cuando se apruebe por tres quintos de votos en las dos casas del Congreso Nacional. En ese mismo artículo, en el párrafo 2°, se dispone que los derechos y garantías expresados en la Constitución no excluirán otros que resulten de tratados internacionales de los que Brasil sea miembro de la organización.

Cuando el Tribunal Constitucional (de aquí en adelante STF)[8] se ha manifestado sobre el tema ha incurrido en contradicción en dos recursos en los que analizaba la misma materia. En el caso[9] del re-

---

8 El STF es el Tribunal Constituían brasileño. Los jueces son indicados por el presidente de la república para mandato vitalicio.

9 "Por conseguinte, parece mais consistente a interpretação que atribui a característica de *supralegalidade* aos tratados e convenções de direitos humanos. Essa tese pugna pelo argumento de que os tratados sobre direitos humanos seriam infraconstitucionais, porém, diante de seu caráter especial em relação aos demais atos normativos internacionais, também seriam dotados de um atributo de *supralegalidade*. Em outros termos, os tratados sobre direitos humanos não poderiam afrontar a supremacia da Constituição, mas teriam lugar especial reservado no ordenamento jurídico. Equipará-los à legislação ordinária seria subestimar o seu valor especial no contexto do sistema de proteção dos direitos da pessoa humana. a premente neces-

curso de amparo en el que se discutía el caso de la no aprobación de los tratados de derechos humanos por la mayoría cualificada, como señala la Constitución Federal brasileña, el STF llego a una interpretación de naturaleza más política que jurídica, sobre la vinculación del Estado brasileño a los Tratados internacionales ratificados y no ratificados, conforme las disposiciones expuestas en el marco del art. 5° y sus incisos de la Constitución Federal[10]. Dijo el Tribunal que la preferencia está en la propia letra de la Constitución y su autonomía por lo que, siempre debe prevalecer la norma Constitucional si no la ratifica en poder legislativo nacional, excepto si se tratase de derechos humanos, que tienen naturaleza de normas supralegales, esto es, por debajo de la Constitución y encima de las normas no constitucionales, de modo que, según la sentencia, el legislador les garantiza un lugar reservado especial. Sin embargo, como sustenta Valério, con quien estoy de acuerdo, la tesis mantenida se equivoca por tratar de manera distinta instrumentos que tienen el mismo fundamento ético en el orden internacional y no solamente en el interno. El STF estableció "categorías" de tratado de nivel constitucional (si son aprobados) y supralegal (si no son aprobados), lo que viola

---

sidade de se dar efetividade à proteção dos direitos humanos nos planos interno e internacional torna imperiosa uma mudança de posição quanto ao papel dos tratados internacionais sobre direitos na ordem jurídica nacional. É necessário assumir uma postura jurisdicional mais adequada às realidades emergentes em âmbitos supranacionais, voltadas primordialmente à proteção do ser humano". (STF, São Paulo, 3/12/2008, caso *RE* 466.343-1/SP).

10 Art. 5° Todos são iguais perante a lei, sem distinção de qualquer natureza, garantindo-se aos brasileiros e aos estrangeiros residentes no País a inviolabilidade do direito à vida, à liberdade, à igualdade, à segurança e à propriedade, nos termos seguintes:
1.° As normas definidoras dos direitos e garantias fundamentais têm aplicação imediata.
2.° Os direitos e garantias expressos nesta Constituição não excluem outros decorrentes do regime e dos princípios por ela adotados, ou dos tratados internacionais em que a República Federativa do Brasil seja parte.
3.° Os tratados e convenções internacionais sobre direitos humanos que forem aprovados, em cada Casa do Congresso Nacional, em dois turnos, por três quintos dos votos dos respectivos membros, serão equivalentes às emendas constitucionais

el principio Constitucional de la isonomía. No se puede equiparar un Tratado internacional ratificado o no por el País a las normas de naturaleza no constitucionales. Eso queda claro, por ejemplo, en el Código del Consumidor, que dispone que el Código no excluye las normas de los tratados y los convenios de que Brasil haya firmado (art. 7º, Ley n.º 8078/1990) o el articulo 5º del Código Penal. No se puede confundir vigencia con validez de la norma jurídica: la primera se refiere al procedimiento legislativo interno; y, validez, al atributo de la norma que tiene su autoridad protegida y respetada por ser compatible con el ordenamiento Constitucional o los Tratados internacionales, sean de derechos humanos o no (Mazzuoli, 2019, pp.495-502).

Resume, finalmente, Valério Mazzuoli, que “en otros términos, los tratados sobre los derechos humanos no pueden contrariar la supremacía de la Constitución, pero tienen un lugar especial y reservado en el ordenamiento jurídico. Intentar equipararlos a la legislación no constitucional es subestimar su valor especial en el contexto del sistema de la protección a la persona humana” (traducción libre) [11] (*ibidem*).

En seguida, en la sentencia que analiza el litigio que se discutía la prevalencia de la lei ordinaria o el Convenio de Varsovia sobre transporte aéreo, el STF[12] ha dado interpretación diferente al tema en

---

11 Texto originario: “Em outros termos, os tratados sobre direitos humanos não poderiam afrontar a supremacia da Constituição, mas teriam lugar especial reservado no ordenamento jurídico. Equipará-los à legislação ordinária seria subestimar o seu valor especial no contexto do sistema de proteção da pessoa humana”.

12 “Quanto à aparente antinomia entre o disposto no Código de Defesa do Consumidor e a Convenção de Varsóvia e demais normais internacionais sobre transporte aéreo, deve-se considerar que, nesse caso, não há diferença de hierarquia entre os diplomas normativos em conflito. Os diplomas normativos internacionais em questão não gozam de estatura normativa supralegal de acordo com a orientação firmada no RE 466.343, uma vez que seu conteúdo não versa sobre a disciplina dos direitos humanos. Sendo assim, a antinomia deve ser solucionada pela aplicação ao caso em exame dos critérios ordinários, que determinam a prevalência da lei especial em relação à lei geral e da lei posterior em relação à lei anterior. Em relação ao critério cronológico, vale destacar que os acordos internacionais em

materia de consumo, cuando ha dicho que las normativas del transporte aéreo (Convenio de Varsovia y Montreal) prevalecían sobre el Código de Defensa de Consumidor brasileño por fuerza de la Constitución Federal en su art. 178[13].

En materia laboral no hay manifestación de las Corte superiores sobre el tema y empieza a formarse una jurisprudencia sobre la aplicación de entendimientos consolidados en la Corte IDH por la aplicación del control de convencionalidad. Creo que en los próximos meses el STF se manifestará sobre el tema... que se refiere a denuncia del convenio... de la OIT y su aplicabilidad o no en el tema de los despidos no justificados

Lo que se puede concluyere de todo el sistema Constitucional nacional es que,

i. los derechos expresos en la CF brasileña no excluyen los principios de la Carta y tampoco los tratados internacionales que Brasil sea parte;

---

questão são mais recentes do que Código de Defesa do Consumidor (...). De fato, embora o Decreto 20.704, que promulga o texto original da Convenção de Varsóvia, tenha sido publicado em 24 de novembro de 1931, as modificações que sucessivamente sofreu são posteriores ao Código de Defesa do Consumidor (...) não creio que o conflito deva ser solucionado essencialmente com fundamento no critério cronológico. Prevalecem, no caso, as Convenções internacionais não apenas porque são mais recentes, mas porque são especiais em relação ao Código de Defesa do Consumidor. Em relação ao critério da especialidade, observa-se que a Convenção de Varsóvia e os regramentos internacionais que a modificam são normas especiais em relação ao Código de Defesa do Consumidor, que é norma geral para as relações de consumo. A Lei 8.078, de 1990, disciplina a generalidade das relações de consumo, ao passo que as referidas Convenções disciplinam uma modalidade especial de contrato, a saber, o contrato de transporte aéreo internacional de passageiros (...) De acordo com a disposição transcrita, tem-se que a Lei 8.078/90 não revoga nem é revogada pela Convenção de Varsóvia ou pelos demais acordos internacionais em questão. Ambos os regramentos convivem no ordenamento jurídico brasileiro, afastando-se o Código, no ato de aplicação, sempre que a relação de consumo decorrer de contrato de transporte aéreo internacional" (STF, Rio de Janeiro, 25/5/2017, RE 636.331/RJ).

13 STF: ibidem

ii. los Tratado y Convenios internacionales de derechos humanos tendrán naturaleza constitucional desde que sean ratificaos por las dos casas del Congreso Nacional en dos vueltas por 3/5 de los votos

iii. el hecho de que los Tratados y/o Convenios de derechos humanos no sean ratificados, así mismo hacen parte del sistema normativo, incluso Constitucional, brasileño por lo que es posible su aplicación no en el sentido de reglarse conductas en concreto, pero sí, como paradigma para interpretación y aplicación de la ley nacional, especialmente para la aplicación de la cláusula de no retroceso (OG n.º 3);

iv. la vinculación del Estado se da por el hecho de ser miembro de una organización internacional, aunque no ratifique Tratado y Convenios, especialmente de naturaleza de derecho humanos. Estará vinculado al sistema de supranacionalidad, haciendo hincapié que se sujete a las orientaciones y decisiones de las instancias judiciales de los organismos intencionales por la aplicación de control de convencionalidad, adoptado por Brasil y por los países integrantes de la OEA. Eso resulta del compromiso internacional que asume en la cualidad de miembro de la organización[14].

---

14 Brasil, por ejemplo, se ha vinculado al sistema interamericano cuando ha firmado la Carta de la OEA (1948) que establece, entre otros principios y propósitos, que están los países miembros "convencidos de que la organización jurídica es una condición necesaria para la seguridad y la paz, fundadas en el orden moral y en la justicia". Además, firmó la *Declaración de los Derechos del Hombre* (1948) que entre sus razonables tiene como fundamento que "en repetidas ocasiones, los Estados americanos han reconocido que los derechos esenciales del hombre no nacen del hecho de ser nacional de determinado Estado sino que tienen como fundamento los atributos de la persona humana; Que la protección internacional de los derechos del hombre debe ser guía principalísima del derecho americano en evolución; Que la consagración americana de los derechos esenciales del hombre unida a las garantías ofrecidas por el régimen interno de los Estados, establece el sistema inicial de protección que los Estados americanos consideran adecuado a las actuales circunstancias sociales y jurídicas, no sin reconocer que deberán fortalecerlo cada vez más en el campo internacional, a medida que esas circunstancias vayan siendo más propicias".

4. CONCLUSIÓN

El hecho de que Brasil no haya aprobado el Convenio 190 no supone que las condiciones y normas establecidas en el Convenio no se apliquen en Brasil. Por el contrario, atendiendo a la regla Constitucional relativa a la vinculación del País a los tratados y convenios internacionales sobre derechos humanos, cabe concluir que, si tales normativas internacionales fuesen aprobadas por las dos cámaras del Congreso Legislativo brasileño, se revestirán de fuerza Constitucional. Ahora bien, mientras no lo sean, la jurisprudencia suele negar la aplicación de las reglas contenidas en los tratados internacionales, criterio que no comparto por las siguientes razones: i) las normas sobre derechos humanos dictadas por organizaciones internacionales resultan de los compromisos que los países miembros adquieren sobre el respeto a las normas promulgadas por tales entidades. En el caso de la OEA, en definitiva, lo que se buscaba con su creación era la búsqueda de la igualdad y dignidad para los pueblos americanos; ii) la Constitución Federal brasileña no impide la aplicación o reconocimiento de tratados y convenios internacionales sobre derechos humanos no ratificados, simplemente no les otorga fuerza de norma Constitucional; iii) en el plano supranacional, los Estados deben observar los principios de la cooperación, de la progresividad y del no retroceso: todos los convenios de la OIT son instrumentos derivados que hacen parte del contenido del artículo 26 de la CIDH que se destina, entre otros objetivos, a la tutela de la salud y del ambiente de trabajo. Así que, aunque Brasil no haya ratificado el Convenio, no puede dejar de adoptar medidas apropiadas de naturaleza legislativa, administrativa financiera, educacional y social para el cumplimiento de los objetivos del Convenio 190 y su reglamento.

Existe una hegemonía global sobre los derechos humanos y el Convenio 190 constituye un núcleo duro de derechos mínimos que los Estados tienen que respetar. Además, la Corte IDH ya había decidido en el *Caso de los Buzos Miskitos vs. Honduras*[15] *que las personas trabajadoras tienen garantizadas las condiciones justas, equitativas y satis-*

---

15 Corte IDH: *Caso de los Buzos Miskitos (Lemoth Morris y otros) vs Honduras*, 31 de agosto de 2021, disponible en https://www.corteidh.or.cr/docs/casos/articulos/seriec_432_esp.pdf (acceso en 21/1/2023).

factorias que aseguren su seguridad, salud e higiene, así como la igualdad y no discriminación.

Considerando que Brasil es estado miembro de la OIT, y que el Convenio 190, desde mi punto de vista, debe ser entendido en el ámbito del art. 26 de la CIDH a pesar de no haber sido ratificado, que impone, desde luego, que Brasil se sujete a las obligaciones que derivan de esta disposición. Es importante decir que las obligaciones que deriven del artículo 26 del CIDH son "aquellas de exigibilidad inmediata, y aquellas de carácter progresivo. Al respecto, la Corte recuerda que, en relación con las primeras (obligaciones de exigibilidad inmediata), los Estados deberán adoptar medidas eficaces a fin de garantizar el acceso sin discriminación a las prestaciones reconocidas para los DESCA, y en general avanzar hacia su plena efectividad".

Termino recordando lo que ha señalado la Corte IDH en la sentencia del *Caso Miskitos*, que sostiene que "los tratados de derechos humanos son instrumentos vivos, cuya interpretación tiene que acompañar la evolución de los tiempos y las condiciones de vida actuales. Así que, su efectividad no depende de procesos legales burocráticos"[16]. En consecuencia, vincula a Brasil, que debe aplicar inmediatamente las disposiciones del Convenio desde el momento que ha entrado en vigor en el ámbito internacional. Eso no significa que los Tribunales puedan crear reglas jurídicas a través de sus sentencias, pero sí que puedan llevar a cabo el control de convencionalidad en la interpretación de la ley interna. Además, el Estado debe adoptar políticas públicas para realizar el objetivo del Convenio 190, pues éste entra dentro de los que son los principios fundamentales del ordenamiento jurídico brasileño.

5. REFERENCIAS BIBLIOGRÁFICAS

De Oliveira Mazzuoli, Valerio (2019). *Curso de Direito Internacional Púbico,* 12ª edición. Rio de Janeiro: Ed. Forense.

OIT (2021). La violencia y el acoso en el mundo del trabajo, guía sobre el Convenio núm. 190 y sobre la Recomendación núm. 206. Ginebra: Oficina Internacional del Trabajo. Disponible en https://c190guide.ilo.

16 *Ibidem,* apartado n.º 65

org/es/#:~:text=La%20comunidad%20mundial%20ha%20dejado%20en%20claro%20que,núm.%20190%20y%20en%20la%20Recomendación%20núm.%20206.

Capítulo 24

El Convenio 190 De La OIT y la (im)posibilidad de su ratificación en Brasil en su contexto reglamentario actual

LUIZ ANTONIO DA SILVA BITTENCOURT
Doctorado en Derecho
Pontificia Universidad Católica de Rio Grande do Sul (Brasil)/ Universidad de Sevilla
luizsofia@yahoo.com.br

1. INTRODUCIÓN

El trabajo es una dimensión esencial y estructurante de la vida de la persona, teniendo varias funciones, entre ellas satisfacer las necesidades y también de afirmación social, por lo que siempre se debe tener presente que las conductas que vulneren este derecho deben ser reprimidas por el Estado a través de medidas rápidas y eficaces.

Y de esta forma, la violencia y el acoso en el ámbito laboral o como consecuencia del mismo, además de ser una grave vulneración del derecho humano al trabajo, produce un espacio que priva a la persona de su libertad de producción y de realización, haciendo un espacio vil e insalubre de trabajo.

En ese sentido, en este trabajo se analizará el Convenio 190 de la OIT y la posibilidad de su ratificación en Brasil a razón del actual sistema normativo, como, por ejemplo, las recientes legislaciones que cambiaron el concepto de jornada laboral.

Al final, el camino encontrado para la efectividad de este Convenio en Brasil, si ratificado, es precisamente el Control de Convencionalidad.

2. EL CONVENIO 190 DE LA OIT

El Convenio 190 de la Organización Internacional del Trabajo, adoptado en 2019, al celebrar el centenario de la existencia de esta organización, tiene como objetivo principal la construcción de un nuevo siglo de relaciones laborales globales libres de acoso y violencia sexual, convirtiéndose en el primer tratado internacional emitido con esta temática.

Este convenio Este Convenio entró en vigor a nivel internacional desde el año 2021, ya que ha sido ratificado por dos países signatarios de la OIT, Uruguay y Figi[1], y en este tratado "por primera vez aclara lo que debe entenderse por 'violencia'. y acoso en el mundo del trabajo' e indica qué medidas deben tomarse para prevenirlo y tratarlo, y por quién"[2].

Lo que se reconoció en dicho tratado es que "[...] la violencia y el acoso en el mundo del trabajo pueden constituir una violación o un abuso de los derechos humanos, y que la violencia y el acoso son una amenaza para la igualdad de oportunidades, y son inaceptables e incompatibles con el trabajo decente", y por tanto, en los albores del nuevo siglo de existencia de la OIT, una apuesta de esfuerzo común entre los agentes sociales con la necesidad de erradicar todas y cada una de las formas de acoso y violencia en el trabajo, y es importante destacar que Se discute de manera integral la violencia, no sólo la violencia sexual, sino la violencia que vulnera los derechos humanos de cada trabajador.

Merece atención en este momento la redacción del artículo 1, que trae el concepto de acoso y violencia:

> "1. A efectos del presente Convenio:
> a) la expresión «violencia y acoso» en el mundo del trabajo designa un conjunto de comportamientos y prácticas inaceptables, o de amenazas de tales comportamientos y prácticas, ya sea que se manifiesten una sola vez o de manera repetida, que tengan por objeto, que causen

---

1 Información disponible en https://www.ilo.org/brasilia/noticias/WCMS_831984/lang—pt/index.htm (acceso en 06/12/2022).

2 *OIT* Brasil: https://www.ilo.org/brasilia/noticias/WCMS_831984/lang—pt/index.htm (acceso en 06/12/2022).

> o sean susceptibles de causar, un daño físico, psicológico, sexual o económico, e incluye la violencia y el acoso por razón de género, y
> b) la expresión «violencia y acoso por razón de género» designa la violencia y el acoso que van dirigidos contra las personas por razón de su sexo o género, o que afectan de manera desproporcionada a personas de un sexo o género determinado, e incluye el acoso sexual.
> 2. Sin perjuicio de lo dispuesto en los apartados a) y b) del párrafo 1 del presente artículo, la violencia y el acoso pueden definirse en la legislación nacional como un concepto único o como conceptos separados".

Lo que se puede apreciar es que la OIT buscó establecer un concepto abierto en el sentido de que la violencia y el acoso son aquellas prácticas *inaceptables* que causan daño a una persona, prácticas en las más variadas formas posibles de ocurrencia, ya sea en el ámbito físico, morales y sexuales.

En este Convenio, en un primer momento, la violencia en relación con el trabajo es en una dimensión general y en el segundo momento, la violencia y el acoso es en relación con el género, y para los efectos de este tratado, todo acto que esté motivado por la capacidad de ser hombre o mujer en la relación laboral.

Además, la OIT buscó en este Convenio traer un concepto más abierto en el sentido de otorgar a los Estados nacionales la posibilidad de ampliarlo, adaptándose a la realidad cultural, pero siempre con un mínimo de protección, ya que el objetivo principal es "[...] los trabajadores y otras personas en el mundo del trabajo, incluidos los trabajadores tal como se definen en la legislación y la práctica nacionales", así como "[...] las personas que trabajan independientemente de su situación contractual, las personas en formación" (Altés Tárrega, 2021).

Por el momento, lo importante es entender el ámbito de aplicación de este convenio, lo que se considera lugar de trabajo o tiempo de trabajo, por lo que se puede pensar en una posible (in)aplicación en Brasil. Según el artículo tercero de esta Convención,

> "Artículo 3. El presente Convenio se aplica a la violencia y el acoso en el mundo del trabajo que ocurren durante el trabajo, en relación con el trabajo o como resultado del mismo:
> a) en el lugar de trabajo, inclusive en los espacios públicos y privados cuando son un lugar de trabajo;

b) en los lugares donde se paga al trabajador, donde éste toma su descanso o donde come, o en los que utiliza instalaciones sanitarias o de aseo y en los vestuarios;
c) en los desplazamientos, viajes, eventos o actividades sociales o de formación relacionados con el trabajo;
d) en el marco de las comunicaciones que estén relacionadas con el trabajo, incluidas las realizadas por medio de tecnologías de la información y de la comunicación;
e) en el alojamiento proporcionado por el empleador, y
f) en los trayectos entre el domicilio y el lugar de trabajo".

Este dispositivo del Convenio trae la figura del denominado *tiempo de trabajo*, y aquí se considera de manera muy integral, entiendo que en el cual, de cualquier manera la persona está a disposición del empleador, de cualquier manera, desde el momento de la salida de su residencia hasta su regreso. Es una búsqueda de la protección integral del trabajador en una perspectiva integral, considerando que mientras la persona se traslade de su domicilio al trabajo, cualquier acto que se ajuste a lo dispuesto en este tratado es considerado acoso o violencia en el trabajo[3].

Bueno, lo que ahora queda por analizar, cómo la legislación brasileña puede dialogar con este Convenio y si es posible, de acuerdo con el sistema laboral brasileño, esta ratificación o si hay una imposibilidad, onde habrá pues un choque de normas.

---

3 Según la OIT, la violencia y el acoso "se ejerce muchas veces mediante un comportamiento repetido, de un tipo que, en sí mismo, puede ser relativamente poco importante pero que, al acumularse, puede llegar a ser una forma muy grave de violencia. Si bien puede bastar un único incidente, la violencia psicológica consiste a menudo en actos repetidos, indeseados, no aceptados, impuestos y no correspondidos, que pueden tener para la victima un efecto devastador" (OIT, 2002, pp. 3-4).

3. LA LEY DEL TRABAJO EN BRASIL Y LA (IM)POSIBILIDAD DE RATIFICACIÓN DEL CONVENIO 190 DE LA OIT

En Brasil, en los últimos siete años, ha habido reformas estructurales en la legislación laboral de manera que ha alterado sustancialmente la *Consolidación de las Leyes del Trabajo*, imprimiendo una verdadera política liberal en este códice, ya que el discurso de fondo es del mínimo intervencionismo estatal en las relaciones privadas, discurso que, a principios del siglo XIX, se impuso y el resultado conocido como huelgas, conflictos sociales, entre otros.

Y cabe señalar que el Derecho del Trabajo se construyó a través de la lucha de clases, lucha que se configuró a partir de la formación de la conciencia obrera, que, en la lucha conjunta, en el reconocimiento solidario y fraternal entre iguales, construyó instrumentos de protección colectiva, lo que llamamos una unión, que, desde el embrión en los gremios de la Edad Media hasta su formato actual, tuvo, en cierto modo, el hombre como vértice central.

Y en ese sentido, desde el inicio del proceso de constitucionalización del Derecho del Trabajo en 1934 y la formación del propio Derecho del Trabajo en Brasil, se han alcanzado logros de tal manera que el Estado pasó a adoptar una posición activa en la regulación de las relaciones privadas, una posición de Estado regulador y no sancionador, creciendo en el concepto de la dignidad humana y la dignidad del trabajo. Los derechos constitucionalmente reconocidos y ampliados en cada momento histórico es resultado del avance conceptual de que el trabajo es condición indispensable para la paz, lo cual se verificó en 1919, en el Tratado de Versalles.

Y todo el marco de protección logrado en Brasil durante el proceso de constitucionalización, después de 2015, viene, en cierto modo, sufriendo las incertidumbres del mercado financiero y económico, desde cada decisión tomada a nivel estatal o de política internacional que provoca una crisis, y el primer discurso es precisamente la necesidad de flexibilizar el Derecho del Trabajo, el cual, con las normas que existen, no genera empleo, por el contrario, incentiva la contratación no formal, contribuyendo para la precariedad de las relaciones laborales.

En este sentido, los artículos 4 y 58 de la CLT, que fueron modificados por la Ley 13467/2017, traen un concepto de tiempo de trabajo, algo más restringido que lo que se percibe con el Convenio 190 que, de cierta forma, es contradictorio, como el concepto de este documento.

> "Artículo 4. Se considera como servicio efectivo el período en que el trabajador está a disposición del empleador, esperando o ejecutando órdenes, salvo disposición especial expresamente señalada.
> 1.° Los períodos en que el empleado esté ausente del trabajo prestando servicio militar y por accidente de trabajo serán computados en el cómputo de tiempo de servicio, para efectos de indemnización y estabilidad;
> 2.° No teniendo en cuenta el tiempo a disposición del empleador, no se computará como período extraordinario el que exceda de la jornada normal de trabajo, aunque supere el límite de cinco minutos previsto en el apartado 1° del art. 58 de esta Consolidación, cuando el trabajador, por su propia voluntad, busque protección personal, en caso de inseguridad en la vía pública o condiciones climáticas adversas, así como ingresar o permanecer en los locales de la empresa para realizar actividades privadas, entre otras [...]"
>
> Artículo 58. La duración normal del trabajo, para los empleados en cualquier actividad privada, no podrá exceder de ocho horas diarias, siempre que no se establezca expresamente otro límite.
> 2.° El tiempo transcurrido por el trabajador desde su residencia hasta la ocupación efectiva del puesto de trabajo y para su regreso, a pie o por cualquier medio de transporte, incluido el proporcionado por el empleador, no será computado en la jornada de trabajo, ya que es No Tiempo a disposición del empleador.

Lo que tenemos en este pequeño análisis es que el trayecto entre el domicilio del trabajador y el lugar de trabajo no se considera como tiempo de trabajo, quedando el empresario exento de cualquier responsabilidad por los hechos que puedan producirse, si bien, en la legislación de la seguridad social, la ley 8.2013/1991, considera como accidente de trabajo, el que ocurre en el camino al lugar de trabajo, independientemente de que el transporte sea provisto por el empleador[4].

---

4 Artículo 21: "Para los efectos de esta ley, también equivalen a accidente de trabajo: [...] IV - el accidente sufrido por el asegurado, incluso fuera del lugar de trabajo y del horario de trabajo: [...] d) en el trayecto desde la

De esta forma, como el Convenio de la OIT prevé que se considerarán acoso o violencia en el trabajo los que se produzcan incluso durante el viaje, siendo responsabilidad del empleador, según la *Consolidación de Leyes Laborales de Brasil*, este viaje no tiene la consideración de jornada laboral, y el empleador no es responsable de los actos que allí tuvieron lugar.

4. EL CONTROL DE CONVENCIONALIDAD EN BRASIL

Es claro que la OIT, en estos más de un siglo de existencia, con el diálogo social, para lograr sus objetivos estratégicos en cada país, que es "traducir el desarrollo económico en progreso social y el progreso social en desarrollo económico", con mayor participación en estrategias nacionales para promover el pleno empleo con trabajo decente, libre de cualquier discriminación, violencia o acoso, a través del Convenio 190, ofrece a los países miembros un instrumento para que construyan políticas de buenas prácticas empresariales y laborales (Joachim Ströig, 2004).

En ese sentido, en Brasil, para la implementación de las políticas normativas emitidas por la OIT, considerando que es miembro desde la fundación de esa organización en 1919, tiene un papel único para la implementación de los convenios, principalmente debido a el propio sistema constitucional brasileño, ya que en el art. 5 de la *Constitución Federal*, que trata de los derechos y garantías fundamentales de la persona, trajo expresamente la aplicación nacional de los tratados internacionales de derechos humanos, al ratificarse, además, por supuesto, de que uno de los principios rectores de la República es la prevalencia de los derechos humanos[5].

---

residencia hasta el lugar de trabajo o desde allí, cualquiera que sea el medio de transporte, incluido un vehículo propiedad del asegurado".

5 Art. 4. La República Federativa de Brasil se rige por los siguientes principios en sus relaciones internacionales: "[...] II - prevalencia de los derechos humanos [...]"

Según el tratado constitutivo de la OIT, el Tratado de Versalles, la condición para la eficacia de un convenio a nivel nacional e internacional es la ratificación, conforme a lo dispuesto en el art. 5.3 de la CF pueden ser simples o calificadas, según el quórum de votación: "Los tratados y convenciones internacionales sobre derechos humanos que sean aprobados, en cada Cámara del Congreso Nacional, en dos vueltas, por las tres quintas partes de los votos de los respectivos integrantes, equivaldrá a reformas constitucionales".

En este sentido, si los Tratados Internacionales que sean aprobados por mayoría simple del Congreso Nacional, que según el Supremo Tribunal Federal, al juzgar la RE n.° 466.343 del informe del Ministro César Peluso, el Ministro Gilmar Mendes en su voto expresó que la inclusión del inciso 3 del artículo 5 "[...] terminó destacando el carácter especial de los tratados de derechos humanos en relación con otros tratados de reciprocidad entre los Estados contratantes, otorgándoles un lugar privilegiado en el ordenamiento jurídico"[6]. Por lo tanto, tales tratados tienen eficacia supralegal (Maués, 2013) y, en una jerarquía, están por debajo de la Constitución Federal, pero por encima de la legislación ordinaria.

Si bien Brasil atraviesa una crisis política y social de enorme magnitud, con una clase política compuesta en gran parte por grandes empresarios, que, con un discurso de liberalismo económico, que se reflejó en la Ley 13467/2017, de reforma laboral, que, a pesar de que existen muchas condiciones precarias, en algunos puntos trajo equilibrio y seguridad jurídica, se hace aún más difícil la aprobación de un Convenio que traiga más derechos y garantías a los trabajadores.

Y la aprobación de un Convenio con este tema junto con lo que pretende proteger nunca ha sido más exigente, ya que los casos de violencia y acoso en el trabajo han crecido exponencialmente.

Según el Tribunal Superior de Trabajo, solo en 2021 se presentaron más de 52 mil denuncias laborales relacionadas con acoso moral

---

6 BRASIL (2009). Supremo Tribunal Federal. *Recurso Extraordinário n.° 466.343*. Rel. Min. César Peluso. Publicação em 05 jun. 2009. Brasília: STF, p. 1144.

en el trabajo y más de 2 mil denuncias relacionadas con acoso sexual (Tribunal Superior do Trabalho, 2022).

5. CONSIDERACIONES FINALES

En breves reflexiones, se puede apreciar que cuando se piensa en un ambiente libre de violencia y acoso, lo que se busca es construir e implementar un derecho fundamental al trabajo digno, con empleo de calidad, en condiciones de seguridad, justicia, equidad y libertad, y el Convenio 190 de la OIT ofrece elementos esenciales para orientar a los países hacia esta construcción, tomando al trabajador en su centralidad protectora.

Si bien existe inestabilidad política y económica en Brasil, con altos índices de acoso y violencia en el lugar de trabajo, como sucedió con el ex presidente de Caixa Econômica Federal, la información disponible en varios motores de búsqueda, al tener un tratado internacional que trata este tema será ser de suma importancia, ya que, en cierto modo, sería una forma de tratar de sancionar, incluso a quienes se benefician de un puesto de trabajo para violar a otros, ya sea en el ámbito público o privado.

Si bien los cambios en la legislación laboral ocurridos en los últimos años han flexibilizado en muchos casos los derechos, debido al control de la convencionalidad y la jerarquización de las normas, no habría obstáculo para la aplicación de este convenio, sobre todo porque en Brasil debería, en teoría, prevalecer los Derechos Humanos. Es de destacar que, según Martha Cavallini (2020), casi la mitad de las mujeres brasileñas sufrieron algún tipo de acoso en el trabajo y muchas de ellas prefirieron renunciar antes que denunciarlo, lo que demuestra la necesidad de adoptar medidas más enérgicas contra los agresores.

6. REFERENCIAS BIBLIOGRÁFICAS

Altés Tárrega, Juan A. (2022). El convenio 190 OIT y la tutela administrativa de la violencia y del acoso en el trabajo. *Revista Crítica de Relaciones de Trabajo,* n.º 4, p. 97-121.

Cavallini, Martha (2020). *Quase metade das mulheres já sofreu assédio sexual no trabalho; 15% delas pediram demissão, diz pesquisa.* Rio de Janeiro. Disponible en https://g1.globo.com/economia/concursos-e-emprego/noticia/2020/10/08/quase-metade-das-mulheres-ja-sofreu-assedio-sexual-no-trabalho-15percent-delas-pediram-demissao-diz-pesquisa.ghtml (acceso 07/12/2022).

Joachim Störig, Hans (2004). *Historia universal de la filosofía.* Madrid: Tecnos.

Maués, Antônio M. (2013). Supralegalidade dos tratados internacionais de direitos humanos e interpretação constitucional. *Revista Internacional de Direitos Humanos,* pp. 215-235.

OIT (2002). *Directrices marco para afrontar la violencia laboral en el sector de la salud.* Ginebra: Oficina Internacional del Trabajo. Disponible enhttps://www.ilo.org/wcmsp5/groups/public/—ed_dialogue/—sector/documents/publication/wcms_160911.pdf. (acceso 07/12/2022).

Tribunal Superior do Trabalho (2022). *Em 2021, Justiça do Trabalho registrou mais de 52 mil casos de assédio moral no Brasil.* Brasília: TST. Disponible en https://www.trt13.jus.br/informe-se/noticias/em-2021-justica-do-trabalho-registrou-mais-de-52-mil-casos-de-assedio-moral-no-brasil#:~:text=Dados%20do%20Tribunal%20Superior%20do,numerosas%20no%20mundo%20do%20trabalho (acceso 07/12/2022).

Capítulo 25

El ciberacoso laboral a la luz del Convenio 190 de la OIT. Tutela legal en Cuba

MILEIDY GARCÍA PLÁ
Profesora auxiliar a tiempo parcial de Derecho
Universidad de Oriente (Cuba)
mileidygarciapla4@gmail.com

1. INTRODUCCION

A pesar de los beneficios infinitos que representan las nuevas tecnologías de la información, las relaciones y la comunicación en el mundo actual (TRIC); no podemos olvidar los riesgos que entrañan para las personas ante su utilización impropia, en especial en el marco de las relaciones interpersonales y profesionales. El ciberacoso o acoso en línea es uno de ellos, el que se expresa como un daño intencionado y perpetrado a través de ordenadores, teléfonos móviles u otros aparatos electrónicos, el cual, ante el auge alcanzado por las nuevas tecnologías, ha generado la aparición de nuevas formas de ejercer la violencia, tales como el *sexting* o s*extorsión, ciberstalking, online grooming, pornovenganza,* entre otros.

Y es que la violencia, lamentablemente, es un elemento común que está presente en la vida social en todos sus ámbitos, de ahí la emergencia y re-emergencia de dicho concepto en el plano científico, la cual puede adoptar múltiples y variadas formas, pues estamos ante un problema complejo y extendido a nivel mundial, donde se entremezclan los aspectos sociológicos, psicológicos, culturales, jurídicos y sociales. La violencia puede tratarse de agresiones físicas o de amenazas, así como de violencia psicológica, manifestándose a través de intimidación, hostigamiento o acoso (moral, sexual, sexista), por diversos medios y en múltiples contextos.

Actualmente, uno de los medios más empleados para violentar y acosar son los medios digitales derivados de las TRIC, en otras palabras, se trata de internet, redes sociales y, cada vez en mayor medida, la telefonía móvil. Su existencia ha generado el desarrollo de la violencia digital o virtual, entre otras denominaciones, tales como: acoso cibernético, acoso en red, crueldad social en línea, ciberbullying o simplemente ciberacoso, aunque este último concepto no se encuentra todavía recogido en el actual diccionario de la Real Academia Española de la Lengua (RAE) (Vicente Pachés, 2018, p.11)

El ciberacoso es un fenómeno que ha generado gran alarma social y ha atraído la atención de expertos, sobretodo del área de Iberoamérica. En el caso de nuestro país estamos ante un tema todavía oculto, invisibilizado, lo que obedece, entre otras causas, a la tardía llegada de Cuba a la conexión digital, además de que se trata, según criterio de juristas cubanos[1], de un fenómeno que no se considera de *alta peligrosidad* o extendido a gran escala social, motivado por la escasez de denuncias de estos hechos, y donde es insuficiente la cultura de los internautas en la red.

Partiendo de considerar que el ciberacoso es un fenómeno complejo, multidisciplinario, y de gran importancia para las Ciencias Jurídicas. El objetivo principal del trabajo consiste en fundamentar, desde la doctrina y a la luz de los aportes del Convenio 190 de la Organización Internacional del Trabajo (OIT), el fenómeno de acoso digital y sus modalidades, enfatizando en el tratamiento desde el punto de vista legislativo para la prevención y enfrentamiento al mismo, lo que se entrelaza con una propuesta de acciones para su abordaje como incidente de ciberseguridad y riesgo psicosocial emergente desde el ámbito del Derecho al trabajo.

---

1 Entre estos juristas cubanos se encuentra la Lic. Yarina Amoroso, presidenta de la Sociedad Cubana de Derecho e Informática de la Unión Nacional de Juristas de Cuba, quien planteó: "No podemos permitir en la red el acoso, la incitación al rencor, la pornografía y cuanto acto nocivo contra las buenas costumbres, la convivencia y los valores reconocidos universalmente de la condición y la dignidad humana". Para la abogada, el recurso digital es el medio o espacio para cometer el acto.

El marco metodológico utilizado para la realización del trabajo es la revisión bibliográfica, de instrumentos internacionales y normas jurídicas vigentes en nuestro país, basado en los métodos de análisis-síntesis, exegético y teórico-jurídico.

2. CONVENIO 190 Y LA RECOMENDACIÓN 206 DE LA OIT. ESPECIAL REFERENCIA AL CIBERACOSO LABORAL

La Organización Internacional del Trabajo (OIT), aprobó en junio de 2019, dos instrumentos internacionales sobre el tema de violencia, acoso y ciberacoso, pero enfocado en el mundo del trabajo. Estos son el Convenio 190 y la Recomendación OIT 206; los cuales reconocen el derecho de toda persona a un entorno de trabajo libre de violencia y acoso[2], quedando comprendidas de forma expresa las conductas de este tipo realizadas por medio de las tecnologías de la información, relación y comunicación (TRIC)[3], dígase internet, las redes sociales y la telefonía móvil. En consecuencia, resulta merecedora de protección cualquier forma de comunicación tecnológica que pudiera poner en peligro o riesgo la salud, la dignidad o integridad de las personas trabajadoras.

Por otro lado, resulta trascendente subrayar de este Convenio 190 OIT, la importante perspectiva o dimensión de género que asume

---

2 El Convenio 190, en su artículo 1, establece que violencia o acoso en el mundo del trabajo, comprende: "un conjunto de comportamientos y prácticas inaceptables, o de amenazas de tales comportamientos y prácticas, ya sea que se manifiesten una sola vez o de manera repetida, que tengan por objeto, que causen o sean susceptibles de causar, un daño físico, psicológico, sexual o económico, e incluye la violencia y el acoso por razón de género".

3 El Convenio 190 cita en su artículo 3 los lugares y circunstancias donde se dan estos comportamientos y prácticas, haciendo extensiva la norma a espacios que están más allá del puesto de trabajo, entre ellos "en el marco de las comunicaciones que estén relacionadas con el trabajo, incluidas las realizadas por medio de tecnologías de la información y de la comunicación; (ciberacoso)".

la norma internacional[4], es decir, la especial atención hacia las cuestiones de género, incluyendo un concepto propio y diferenciado de *violencia y acoso por razón de género*, consciente esta norma de que el colectivo femenino sufre en mayor medida estas formas de violencia y acoso, teniendo en cuenta también los supuestos más numerosos de violencia y acoso que se producen a mujeres por medio de dispositivos tecnológicos o digitales, lo cual queda claro de la redacción de varios de sus artículos como de la Recomendación 206 OIT que, aunque no es jurídicamente obligatoria, sienta las bases para la aplicación del convenio y la interpretación de sus reglas por parte de los Estados signatarios.

Como complemento al convenio 190 y la recomendación 206, la OIT publicó, en febrero de 2020, el primer documento de trabajo en relación con el ciberacoso, el cual examina las fuentes legales en torno al ciberacoso en el mundo del trabajo, revisa las medidas adoptadas en los países para contrarrestar el acoso y analiza cómo podrían utilizarse para abordar también el ciberacoso.

En esencia, estos documentos demuestran la actualidad que ha alcanzado la temática de ciberacoso y el interés de un organismo especializado de Naciones Unidas en llamar la atención de los países en cuanto a su tratamiento preventivo y de enfrentamiento, entrando en vigor el Convenio en fecha 25 de junio de 2021.

Como vemos, ambos documentos (Convenio 190 y Recomendación 206), se han convertido en un importante hito normativo de naturaleza internacional, una regulación pionera que supondrá un

---

4 En el preámbulo del Convenio 190 OIT se establece que "la adopción de un enfoque inclusivo e integrado que tenga en cuenta las consideraciones de género y aborde las causas subyacentes y los factores de riesgo, entre ellos los estereotipos de género, las formas múltiples e interseccionales de discriminación y el abuso de las relaciones de poder por razón de género, es indispensable para acabar con la violencia y el acoso en el mundo del trabajo". La referencia a los grupos vulnerables como es el caso del colectivo de mujeres nos dice la Recomendación 206 (art. 13) que "debería interpretarse de conformidad con las normas internacionales del trabajo y los instrumentos internacionales sobre derechos humanos aplicable". En el art. 20 se constata igualmente la importancia de tener conocimientos y formación en cuestiones de género.

cambio de modelo en la lucha contra la violencia y el acoso, la cual implicará para los Estados signatarios, una necesaria reforma de sus normativas en materia de prevención de los riesgos psicosociales, lo cual incluye el fenómeno violento, y muy especialmente el que acontece en el entorno digital.

Hasta la fecha, Cuba, como parte de los Estados miembros que aprobaron este convenio en la *Conferencia del Centenario de la OIT* en el año 2019, aún no ha ratificado el instrumento, aunque estamos en proceso de estudio de sus implicaciones en la legislación interna, valorando la necesidad de dictar normas complementarias y políticas institucionales para garantizar su ratificación futura.

3. EL CIBERACOSO LABORAL. DEFINICIONES Y MODALIDADES DESDE LA DOCTRINA

El ciberacoso no es un fenómeno nuevo en el mundo, ni siquiera en Cuba, a pesar de que no sea común que las personas dialoguen abiertamente sobre el tema. También conocido como acoso en línea, virtual, digital, acoso electrónico o crueldad social en línea, este se refiere a todos los actos de lenguaje producidos por individuos o grupos que utilizan tecnologías digitales, que se publican masiva o repetidamente en canales de comunicación públicos o privados. Su propósito es dañar la psicología y el prestigio social de otra persona o grupo. En casos extremos, puede producir importantes cuadros de ansiedad, depresión, estrés postraumático, e incluso llevar a una persona al suicidio.

El ciberacoso emerge como una de las manifestaciones del acoso, con la peculiaridad de utilizar los medios de comunicación digitales para perseguir y hostigar a una persona o a un grupo de personas, a través de agresiones personales como son las amenazas, el hostigamiento, la humillación o cualquier otra clase de publicación de información íntima a través de medios de tecnologías telemáticas de comunicación, como la telefonía móvil, el internet, videos juegos en línea, las redes sociales, entre muchos otros que emergen del desarrollo tecnológico actual y creciente en las sociedades.

Se dice en varios estudios, que el ciberacoso es un nuevo tipo de acoso que se da a través de las tecnologías de la información y la comunicación, y se puede definir como una agresión intencional, por parte de un grupo o un individuo, usando formas electrónicas de contacto repetidas veces contra una víctima que no puede defenderse fácilmente por sí misma. (Torres Montilla, Mejía Montilla y Reyna Villasmil, 2018).

Como se puede observar, esta definición recoge los tres elementos básicos de la definición de acoso: intencionalidad, repetición y desequilibrio de poder, añadiendo la peculiaridad de que se produce a través de las TIC. En el caso del ciberacoso, estas características tienen matices propios derivados de la naturaleza de los dispositivos o tecnologías utilizadas, por ejemplo, la repetición no resulta en agredir a una persona varias veces, basta con subir una sola vez una imagen indeseada a una red social y que la vean varias personas. La repetición por su parte se produciría cada vez que se vea esa imagen, se comparta o los comentarios abusivos que la pueden acompañar. El carácter intencional de la agresión se mantiene, dado que es muy poco probable que se cometa acoso digital *por imprudencia*, mientras que la cuestión del desequilibrio de poder es relativa, puesto que el hecho puede derivarse de un acoso físico o presencial, o simplemente emerger por vez primera de las redes, sin que exista claridad en cuanto a la posición que ocupa el ciberacosador y la víctima durante el acoso digital.

La realidad es que el acoso, en sus múltiples formas, ha existido desde siempre, pero ahora con la aparición y el uso masivo de internet, las redes sociales y la telefonía móvil, el acoso se introduce en una nueva dimensión, en un nuevo contexto, en un espacio virtual donde da la impresión de que no existen límites. Se ha producido como una mutación del acoso a otro espacio, que no es otro que el espacio virtual con el que en la actualidad convivimos. (Vicente Pachés, 2020, p. 74)

Según este autor español y experto en cuestiones de ciberacoso laboral, constituyen elementos definitorios del ciberacoso, las conductas de violencia que adoptan múltiples formas, el acoso utilizando las TIC de forma repetitiva y sistemática, su realización durante un cierto tiempo, pues se trata de una intromisión disruptiva, en el sentido de inapropiada y abrupta, que se produce en contra de la voluntad de la víctima, y que estas conductas agresivas pretenden destruir a la víctima, su salud, su integridad física y psíquica.

En un mundo hiperconectado y en continuo proceso de influencia por la actividad digital, ninguna persona está exenta de sufrir esta nueva forma de acoso, aunque algunos grupos por su actividad en sí misma, corren mayor riesgo de sufrirla que otros. Especialmente vulnerables son las personas que tienen la condición de empleados, si bien lo padecen en mayor medida las mujeres (ciberviolencia de género), los trabajadores jóvenes (nativos digitales) y las personas que ocupan empleos precarios o se encuentran en una situación social y laboral inestable, de ahí el pronunciamiento de la OIT para llamar la atención sobre esta forma de violencia digital en el espacio laboral.

De todos estos criterios doctrinales, se asume en este trabajo el concepto de ciberacoso laboral, y se define como aquella conducta violenta por medio de la cual se agrede o se hostiga al trabajador, a través de diferentes herramientas telemáticas de comunicación, logrando que éstos se sientan humillados o maltratados en su lugar de trabajo o incluso fuera del mismo, pero estando en cumplimiento de sus funciones laborales.

Partiendo de esta definición, debemos tener en cuenta las modalidades de ciberacoso que se manejan en la doctrina, las que resultan extensibles al entorno laboral. Tal es el caso del sexting, el cual consiste en la distribución de imágenes o datos delicados de la víctima usando los medios tecnológicos. Si con esta práctica se persigue el objetivo de chantajear a la víctima, estaríamos en presencia de la sextorsión. También en estos casos se maneja el concepto en el ámbito laboral de porno-venganza[5].

Otras de las prácticas frecuentes de ciberacoso, y sin ánimo de hacer un listado único y definitivo de las modalidades, dado que ante

---

5 Es una modalidad de extorsión en red conocida también como *revenge porn* o venganza sentimental, consistente en la publicación —a través de la telefonía móvil o cualquier otro dispositivo de mensajería instantánea— de fotografías o vídeos íntimos de la expareja una vez terminada la relación.

el auge cada vez mayor de las nuevas tecnologías, continúan emergiendo nuevas y más modernas formas; podemos citar las siguientes:

- Dar de alta web en un perfil electrónico a la víctima para estigmatizarla o ridiculizarla (web apaleador).
- Usurpar la identidad de la víctima para hacer comentarios ofensivos. (Creación de un perfil falso)
- Dar de alta el email de la víctima para convertirla en blanco de spam y contactos con desconocidos, así como acceder al ordenador de la víctima a través del robo de los datos personales. (Hacking).
- Acciones de presión para cumplir demandas del agresor.
- Uso del teléfono móvil como instrumento de acoso (llamadas telefónicas silenciosas, o con amenazas, insultos, expresiones intimidatorias, colgando repetidamente la comunicación cuando contestan, llamar a horas inoportunas o intempestivas, como el caso de llamar a altas horas de la madrugada).

Al tratarse de un fenómeno en auge, la sociedad todavía no está preparada para afrontarlo. Y es que la nueva cultura propiciada por internet se asocia con la utilización de las nuevas tecnologías de la información y comunicación, permitiendo interactuar instantáneamente, sobre la base del anonimato; de ahí que la intervención del Derecho sea clave en la regulación, prevención y enfrentamiento a este tipo de conductas.

4. TUTELA LEGAL AL CIBERACOSO LABORAL EN CUBA. PROPUESTAS

Actualmente, la mayoría de los empleadores en el país, tanto del sector estatal como el privado, tienen opciones telemáticas para desarrollar sus operaciones comerciales, como es la página web, dirección de contacto, además que muchos de ellos trabajan con los ordenadores conectados en red, lo que nos permite afirmar que están creadas las condiciones para la existencia de casos de ciberacoso laboral en nuestro país.

Si hacemos el análisis del tratamiento legal al fenómeno en Cuba, partiendo de la Constitución de la República proclamada en abril de 2019, se establece, en varios de sus artículos (45, 46, 47 y 48), que "las personas tenemos derecho a la integridad física y moral, la libertad, la justicia, la seguridad, la paz"; y a que se nos respete "la intimidad personal y familiar, su propia imagen y voz, su honor e identidad personal".

Sobre esta base, en el campo del Derecho administrativo, la primera norma que se acerca a la regulación del ciberacoso como fenómeno social, es el *Decreto-Ley n.º 370 Sobre la informatización de la sociedad en Cuba, de fecha 4 de julio de 2019*, el cual establece en el artículo 68, Capítulo I, Título VII, sobre Contravenciones y sanciones asociadas a las tecnologías de la información y la comunicación (TIC) y los recursos administrativos para su impugnación, que "difundir a través de las redes públicas de transmisión de datos, información contraria al interés social, la moral, las buenas costumbres y la integridad de las personas", se considera una contravención, siempre que no constituyan delitos.

Asimismo, en el *Decreto 360/2019, del Consejo de ministros, sobre la seguridad de las TIC y la defensa del ciberespacio nacional*, se define por primera vez qué es el ciberespacio, a la vez que establece en su art. 22 que los usuarios de las TIC asumen, en primera instancia, la responsabilidad de las consecuencias que se deriven de su utilización impropia.

Ya en el ámbito del Derecho del trabajo, nuestro actual *Código de Trabajo* en su Capítulo XI Seguridad y Salud en el Trabajo, Sección Primera Disposiciones generales, establece en su art. 126, que "la seguridad y salud en el trabajo tiene como objetivos (...) prevenir los accidentes, enfermedades profesionales y otros daños a la salud de los trabajadores y al medio ambiente laboral". A su vez, el art. 127 dispone que "el empleador está obligado a (...) la prevención de accidentes de trabajo, enfermedades profesionales, incendios, averías u otros daños que puedan afectar la salud de los trabajadores y el medio ambiente laboral". De la regulación en estos artículos se puede apreciar que, si bien nuestra actual legislación laboral no reconoce expresamente los riesgos psicosociales, entre los cuales se incluye la figura del acoso moral en el trabajo y específicamente el ciberacoso laboral, estas formas de violencia en el entorno laboral, devienen en un problema de salud para los trabajadores, donde la tutela preventiva es la solución ante esta problemática.

En este sentido, seria loable contar con un reconocimiento legal a la actuación en la vía administrativa para el tratamiento a los riesgos psicosociales, donde el trabajador víctima de acoso o ciberacoso pueda ser evaluado por especialistas en salud ocupacional. Por su parte, en cuanto al régimen disciplinario, nuestro Código de Trabajo vigente, establece en su artículo 146 la obligación del empleador de desarrollar adecuadas relaciones con los trabajadores, basadas en la atención a sus opiniones y quejas, la protección a la integridad física, psicológica y el debido respeto a su dignidad. Es de esta forma que los artículos citados pueden constituir un soporte legal necesario para que el trabajador o el empleador, según el caso, puedan solicitar una tutela judicial efectiva ante casos de acoso o ciberacoso en el mundo del trabajo.

Por otro lado, en agosto de 2021, se aprueba la Resolución 105 dictada por el Ministerio de Comunicaciones, denominado *Reglamento sobre el modelo de actuación nacional para la respuesta a incidentes de ciberseguridad*, siendo esta la primera norma jurídica en Cuba que regula de forma expresa el ciberacoso como fenómeno social con consecuencias jurídicas. Esta norma asegura los procedimientos para su implementación en todos los niveles por parte de los órganos, organismos y entidades, además de las personas naturales, son sujetos de aplicación de esta normativa, siempre ajustada y en correspondencia con las características propias de cada una de ellas. Sobre esta base, regula expresamente en su Anexo 2, la tipificación de los incidentes de ciberseguridad y nivel de peligrosidad, reconociendo entre ellos el previsto en su apartado 5. Incidentes contra la dignidad y la individualidad, dentro del cual se incluye la pornografía, el ciberacoso y el engaño pederasta (*Grooming*).

Por primera vez tenemos una definición de ciberacoso en un instrumento legal, lo que constituye un paso de avance para nuestro sistema normativo, siendo las sub categorías presentadas algunos de los principales riesgos del uso de las TIC en el mundo actual, los que se presentan con su descripción normativa y resaltando su nivel de complejidad[6].

De tal manera, esta política de los incidentes de ciberseguridad resulta aplicable a todas las personas, naturales y jurídicas del país, y en estas últimas debe elaborarse como un reglamento más de la entidad, (Reglamento de ciberseguridad), según las etapas obligatorias que enuncia la norma, garantizando también la efectiva protección de los datos personales[7].

Asimismo, en relación con el ciberacoso laboral desde el Derecho Penal, el 1ro de septiembre de 2022 se publica en la Gaceta Oficial de la República un nuevo *Código Penal*, el cual aprobó nuevas tipicidades delictivas, entre ellas el delito de Acoso Laboral, aunque sin mención expresa al acoso a través de los medios digitales en las relaciones de trabajo[8]. No obstante, de la redacción del tipo penal se abre el margen de actuación para la modalidad de acoso digital, al establecer (…) acoso directo o indirecto a través de acciones de aislamiento,

---

6 La figura del ciberacoso se describe en la norma citada como el "uso de las TIC con la intención de acosar u hostigar a una persona, o grupo de personas, mediante ataques personales, divulgación de información privada, íntima o falsa. Intento de obligar a una persona natural o jurídica, mediante el empleo de violencia o intimidación, a realizar u omitir actos con la intención de producir un perjuicio a esta, o bien con ánimo de lucro de la que lo provoca. Abarca comunicaciones no esperadas o deseadas, así como acciones o expresiones que lesionan la dignidad de otra persona, que menoscaban su fama o atentan contra su propia estimación". Este fenómeno se califica con un nivel de peligrosidad medio.

7 En fecha 25 de agosto de 2022, se publicó la *Ley 149 De Protección de Datos Personales*, aprobada por la Asamblea Nacional del Poder Popular el pasado 14 de mayo. En esta nueva ley, la primera de su tipo en el país, se regula el uso y efectivo tratamiento de los datos personales e información pública por parte de las personas, para lo cual establece contravenciones para quienes incumplan con sus disposiciones,

8 En el Título X Delitos contra el honor, específicamente en los delitos de injuria y calumnia, se reconocen como forma agravada, si los hechos "se divulgan en las redes sociales u otros medios de comunicación social". Por otro lado, se tipifica el delito de Actos contra la intimidad o la imagen, voz, datos o identidad de otra persona, previendo una forma agravada, cuando "la reproducción, divulgación o transmisión se realiza en las redes sociales u otros medios de comunicación social (…)".

amenazas, exigencias o con cualquier otro acto o medio potencialmente capaz de producir dicho fin (...), donde se incluye el espacio virtual.

Esta tutela legal del ciberacoso desde la óptica de la ciberseguridad debe a su vez interrelacionarse con una serie de indicaciones a tener en cuenta en el marco de la seguridad y salud en el trabajo, tendentes a prevenir el ciberacoso laboral como un riesgo psicosocial emergente, lo que a su vez garantizará un mejoramiento del medio ambiente laboral y evitar que la víctima acabe en un entorno de trabajo destructivo.

Entre estas acciones podemos proponer las siguientes:

- Aumentar la información en el colectivo laboral sobre los riesgos y vulnerabilidades del sistema de seguridad informática en la entidad, la política de empleo del Internet y otras herramientas telemáticas, así como cuestiones teóricas y legales sobre el fenómeno de acoso y ciberacoso laboral, a fin de garantizar conocimientos sobre el tema tanto en empleadores como en trabajadores.
- La empresa o entidad debe tener un protocolo a seguir para luchar contra el ciberacoso, el que surge como consecuencia de una inapropiada utilización de las tecnologías de la información y comunicación -internet, las redes sociales y la telefonía móvil- presentes de manera tan importante y frecuente en las relaciones personales y, cada vez más, en el ámbito de las relaciones de trabajo.
- Para identificar los casos de ciberacoso, las empresas están obligadas a incluir el acoso y sus formas (ciberacoso), dentro de la evaluación de riesgos, tanto de la seguridad y salud del trabajo, como dentro de los riesgos reconocidos en el plan de prevención de prevención específico del área informática y luego del general de la entidad.
- Se debe reconocer como parte de las violaciones graves de la disciplina laboral en el Reglamento Disciplinario el cometer conductas de acoso en el trabajo y de ciberacoso, además de incluirlo como riesgo a la salud de los trabajadores en el *Con-*

venio Colectivo de Trabajo y el Manual de Seguridad y Salud según corresponda.

- Establecer un procedimiento interno para estos casos, que incluya la denuncia oportuna del mismo ante el Comité de Seguridad y Salud de la empresa y el representante sindical de los trabajadores.
- Instruir, educar, sensibilizar y elevar la cultura de los diferentes órganos colegiados de la entidad, especialmente del órgano de justicia laboral como primera instancia en la que se dirimen los conflictos y violación de derechos laborales.

5. CONCLUSIONES

- Se requieren grandes cambios en el orden social, jurídico y cultural en Cuba para enfrentar con éxito el ciberacoso como fenómeno social, y particularmente el que acontece en el entorno laboral, el cual debe analizarse desde un enfoque multidisciplinario, que debe ser reconocido expresamente en nuestra legislación laboral común y las negociaciones colectivas de trabajo con los reglamentos disciplinarios internos de las entidades, reforzando la prevención como el mecanismo o instrumento necesario para combatirlo y minimizar sus consecuencias.
- La Resolución 105 del Ministerio de Comunicaciones deviene en el primer instrumento jurídico que reconoce legalmente la figura del ciberacoso, lo que demuestra la voluntad política de nuestro Estado de legislar sobre el fenómeno, aunque limita su visibilidad solo al ámbito de la ciberseguridad, careciendo de regulación legal expresa como forma de violencia y riesgo psicosocial emergente desde el ámbito del Derecho al Trabajo.
- En la sociedad cubana actual, nos encontramos precisados de una cultura preventiva de los riesgos existentes y reales en la red, en lo cual incidimos los juristas, generando mayor cultura en empleadores y trabajadores, divulgando la tutela legal ante el fenómeno desde todas las ramas del Derecho, y socializando

situaciones que acontecen en el entorno virtual laboral para hacer visible el fenómeno y poder actuar en consecuencia.

6. REFERENCIAS BIBLIOGRÁFICAS

De Vicente Pachés, Fernando (2018). *Ciberacoso en el trabajo.* Barcelona: Editorial Atelier.

– (2020). El Convenio 190 OIT y su trascendencia en la gestión preventiva de la violencia digital y ciberacoso en el trabajo. *Revista de Trabajo y Seguridad Social. CEF,* n.º 448, pp. 69-106.

Figueredo Reinaldo, Oscar (2021). Cuba actualiza marco jurídico en materia de telecomunicaciones y tipifica incidentes de ciberseguridad. Cubadebate (17 de agosto). Disponible en http://www.cubadebate.cu/noticias/2021/08/17/cuba-actualiza-marco-juridico-en-materia-de-telecomunicaciones-y-tipifica-incidentes-de-ciberseguridad/comentarios/pagina-6.

Ramírez, Helena (2021). Ciberbullying o Ciberacoso. ¿Qué es y cómo prevenirlo? Disponible en https://protecciondatos-lopd.com/empresas/ciberbullying-ciberacoso/amp/

Retana Franco, Blanca; Sánchez Aragón, Rozzana. (2015). Acoso Cibernético: Validación en México del ORI-82. En Acta de Investigación Psicológica. México. pp. 2097-2111. (Soporte digital).

Torres Montilla, Yomar; Mejía Montilla, Jorly y Reyna Villasmil, Eduardo (2018). Características del ciberacoso y psicopatología de las víctimas. *Revista Repertorio de Medicina y Cirugía,* Vol. 27 n.º 2, pp. 189-196.